JN224341

奇跡の名馬Ⅱ

―Fターフメモリー―

兼目和明
【共著】大岡賢一郎
桜井聖良／浅野靖典／朝霧博人
久遠篤聖／矢野吉彦／うまっぷることり
荘司典子／アホヌラ／T・K／松本ぷりっつ

Parade Books

はじめに
～グランド・ゴスペルトゥルース・ファンファーレ～

前作「奇跡の名馬」（2010年）の筆を置いてから、光陰矢の如し。時が経つのは早いもので、10年もの時が刻まれようとしている。この10年の間に世界における馬事文化や競馬を取り巻く環境は大きな変化変遷を遂げてきた。

ホースセラピーや乗馬にも目が向けられる機会も増え、競馬場には家族連れや女性客、小さな子供たちの姿まで随分と増えたように見える。事実、JRAのCM戦略や女性向けの企画が功を奏し、着実に売り上げも入場人員も右肩上がりとなっている。

馬たちの活躍の場も少しずつ広まりを見せつつあるし、競馬においては国際化が大きく進み、ついには海外GⅠの馬券発売も実現された。外国人騎手の活躍も顕著であり、いまやその顔を見ない週は無いほど。

調教の技術、牧場の育成法も研究と進化が進み、鍛錬を重ねられたその叡智は「外厩」という形となって結実を見せている。こうした光景は、10年前には想像も出来ていなかったシーンであり、10年後はまた異なった場面が展開、スプロールを見せている事だろう。

馬にまつわる文化や理念・思想が変貌を遂げていったのと同じ摂理として、この10年間で幾多もの名馬が殷賑との邂逅を繰り返してきた。

「歌は世に連れ、世は歌に連れ」という諺があるが、これは馬にも置き換えられよう。

「馬は世に連れ、世は馬に連れ」。『奇跡の名馬』にて収録しておかねばならないフランケルやオルフェーヴル、ブラックキャビアといった世界的名馬たちはその最たる例であり、また前作でカバーしきれていなかったトウカイテイオー、テイエムオペラオーといった名馬たちは、この馬たちを載せずにどうして『奇跡の名馬』なのか？といった感想を抱かれている方も多かったのではないか。

本作「奇跡の名馬Ⅱ　～Fターフメモリー～」はそんな前作で拾いきれなかった名馬、新時代に降誕していった名馬たちを収録しただけの後継作ではない。ただの後継本ではない所以は後述させて頂くが、前作のコンセプトはもちろんそのまま継承しており、世界で唯一冊となる名馬本とするべく、自国の名馬、世界の名馬、競馬以外の名馬も一同に厳選・選別をかけて結集させた一冊となっている。

執筆陣も豪華な顔触れに集結して頂くことに成功。前作にて中南米の名馬たちの筆を執って頂いた大岡賢一郎氏に再度依頼。大岡氏は世界的南米競馬の権威。世界一中南米競馬に詳しいお方である。今回は中南米に加え、アフリカの名馬の項においても多数執筆を頂いている他、随所にて監修を頂いている。

加えて今作では、元祖競馬アイドルの桜井聖良さん、競馬キャスター兼、競馬史研究家の浅野靖典氏、グリーンチャンネル司会の荘司典子さん、女性Ｙｏｕｔｕｂｅｒ予想家の草分け的存在ともなった、うまっぷることりさん、インターネットサイト『優駿たちの蹄跡』管理者のアホヌラ氏、ウイニング競馬でお馴染みの矢野吉彦アナウンサー、牧場で実働されていたゆみぶんさん、私主催の予想大会で連覇を飾った初代チャンピオンＴ・Ｋ氏と三連覇スリータイムスチャンピオンである朝霧博人氏を共著陣に加わって頂き、万全の厚みを持ってのお届けとなっている。

そして、今作における目玉とも言える、三大スペシャルコンテンツとなるのが、

①『Ｆターフメモリー』
②『Wonderlust～いにしえ幻の名馬たち～』
③『おってけ！3ハロン　奇跡の名馬特別版』

これら3つである。

『Ｆターフメモリー』は、その名の通り、ターフ……競馬場で刻まれていった記録と記憶をまとめたメガアーカイヴであり、世界記録集、世界レコード一覧、馬券レコード一覧、伝説のホースマン列伝、トリビア、都市伝説といった古今東西南北、あらゆる記録とデータのすべてを集積させた超完全版総覧となっている。

『Wonderlust～いにしえ幻の名馬たち～』は全世界の三冠馬、三冠システムを調査していく過程で奇跡的にめぐり会った、世界競馬における〝幻の名馬〟たちであり、世界の片隅で忘却の時に身を委ねる他ないような、誰も知らないような隠秘、秘匿の名馬たちを紹介している。

これ以上にない、ウルトラマニアックの極意的な、それ

こそ奥義のような内容となっている。

そして③。『週刊Gallop』巻末にて大人気好評連載中の「おってけ！3ハロン」の本作スペシャルバージョンで、松本ぷりっつ先生が描いてくれた漫画は、ここでしか読めないスーパーレアなもの。ドリームジャーニー、オルフェーヴル、サトノダイヤモンドら池江厩舎所属馬たちのやりとりを楽しんで頂きたい。

前作の111頭と今作の89頭を合わせ200頭となる。ディープインパクトの立ち位置はオルフェーヴルに。キンツエムの立ち位置はコリスバールに。そしてモロキニドルフィンの立ち位置はセピアメモリーへと継承した。

いつの世までも語り継ぎたい、名馬たちの記録と記憶。忘れたくない馬がいる。語り継ぎたい名勝負がある。子供の代、孫の代、未来の先まで伝え繋ぎたい名馬が一人一人の心の中で生きている。馬は世界のどこか、今日もまた命の炎を滾らせ、誰のためか、自分のためか、答えのない真実へとひた走る。我々人類に寄り添い、進化進歩を歩んできた馬という存在。「人類の友」であり、民俗、文化、思想の中にも生き続ける愛おしき存在。私はその記憶の風を伝えたい。

名馬の影には、忘却の彼方へと、消失していった宇宙の星々の数程の、名もなき馬たちの記憶があることを、忘れてはならない。

名馬の背中には、多くの人々の思い、夢、思念、理想、願い、信念、心愛があることを忘れてはならない。

名馬の目には、生きた時代が映し出されていることを、それを走りで体現していることを忘れてはならない。

そして、名馬の心には、愛してくれた人の記憶が宿ることを忘れてはいけない。

本著が未来の果て、遙かなる時代の行先にて、馬を愛する誰かの手元で愛著となっていたら、これ以上の喜びはない。「この本と出会って、馬を好きに、競馬に興味を持ちました」

そう言ってくださった方がいる。奇跡を起こす歯車に、奇跡のはじまる切っ掛けに、本著が馬を愛する貴方の心支え、心柱、力となれたなら、それは終天終古、常世の至福そのものである。

兼目和明

CONTENTS

3
1

第I部

奇跡の名馬

Wonderlust
～いにしえ幻の名馬たち～

著者が名馬研究・韋編三絶、講究、探究の果てに邂逅を果たし、咫尺の叶った千古に生きる名馬たち。厳選に厳選をかさね、超マニアックな名馬たちをご紹介しよう。

1日に4レースも走った名馬
フレーネアー

フレーネアー。フランスの海外領土にあたる、ニューカレドニア。そのニューカレドニア競馬における伝説の名馬にして、最初の名馬と言える歴史的存在である。1898年にデビューし、1907年まで、およそ9年に渡り競走生活を送ったのだが、1日に4レースも走るのが珍しくなかったと言われ、これが本当ならば、「サラブレッド種の洋式競馬において最も連続して連闘を重ねた馬」ということになる。1日3走したという日本のセンニンブロの記録を超える存在ということになる。ニューカレドニアにおける名馬というと、ヴァーダン、ファルーク、バルトーの3頭がフレーネアーに続く3大名馬とされる。ヴァーダンはニューカレドニア最強の名馬とも謳われる存在で、偉大なチャンピオンで数々の記録を残したという。ファルークはニューカレドニア最大のレース、クラークカップを1954年、1955年、1956年と三連覇し、65勝もの勝ち鞍を上げた。この記録はニューカレドニア最多勝となるだけでなく、フランス競馬においても最多勝数となる記録である。そしてバルトーは78戦54勝の戦績を記録。この54勝の内には、クラークカップ7勝も含まれている。クラークカップ7勝というのはもちろん史上最多勝利となっている。

【・第Ⅰ章・】

駿足

極限の瞬発力。
スプリント界の名馬たち

▼イントロダクション

本書の名馬列伝を綴って行くにあたり、先陣切るにふさわしい名馬がいる。

誰もが〝不敗神話〟というものに憧れと大望を抱く。そこには言い知れぬ神秘的な深淵と無限大の夢と可能性が同居し、とこしえなる世界が作り出されている。

競馬ゲームで誰しもが1度は憧れる無敗の名馬。競走馬育成ゲームは数あれど、貴方も1度は全戦全勝の名馬作りにチャレンジしたことがあるのではなかろうか？

必勝法のような配合やテクニックが存在し、キンツェムの記録を破るような名馬も作られていった。しかし、現実ではそんな名馬はもうお目にかかる機会など死ぬ迄ありえないだろう……誰しもが思った。

このブラックキャビアという女王と邂逅を果たすまでは。

生涯成績25戦25勝。G1競走15勝。ゴールまで本気で必死に追われたのは、初重賞挑戦となったデインヒルSのみ。その1戦すら驚愕の真実があり、万全ではなかった（この後の桜井氏の文章で確認されたい）……

G1数勝あげる短距離の強豪G1馬……それも屈強な牡馬たち何頭も全力で必死に追っているにも関わらず、彼女に馬なりで千切られていく驚愕の光景が何度も繰り広げられ、いつしか彼女は国民的英雄となった。そして彼女の巻き上げる黒き熱風は熱狂となって世界を巻き込み、彼女に魅せられていく。

彼女の素顔を間近で見て触れ合った、元祖競馬アイドルの桜井聖良さんに、この神速無敗のスーパー女王の真実を語って頂こう。

The Eternal Black Wind

ブラックキャヴィア

▼神速無敗の冥王妃。世界が目撃した史上最強スプリンター

父　ベルエスプリ
母　ヘルシンキ
母父　デザートサン
生年　2006年
性別　牝
毛色　黒鹿毛

オーストラリア

生涯成績　25戦25勝［25-0-0-0］
フリーハンデ　136ポンド（英タイムフォーム紙）
主な勝ち鞍　ダイヤモンドジュビリーS、ブラックキャビアライトニング、ライトニングS連覇、パティナックファームクラシック（2回）、ニューマーケットハンデ、ウィリアムレイドS（2回）、T.J.スミスS（2回）、BTCC、CFオーアS、ロバートサングスターS、グッドウッドハンデ。以上、全てG1。以下G2。
デインヒルS、オーストラリアS（2回）、スキラッチS連覇、シュウェップスS連覇ほか

オーストラリア生まれの競走馬で浮かぶのは？　と聞かれたら、サイレントウィットネスやテイクオーバーターゲットの名を挙げる人も多いでしょうが、（実はキンシャサノキセキもオーストラリア生まれ）、２０１３年にオーストラリア調教馬史上初の世界ランキング年間１位を獲得した名馬がいました。

その名も〝ブラックキャビア〟(Black Caviar)。

オーストラリアで見た牝馬ブラックキャビアについて書いていきたいと思います。

２０１１年１月から私は馬の勉強をするためにオーストラリアのメルボルンに滞在していました。やっぱり競馬を見ないとね！　ということで2月19日、初めて訪れたフレミントン競馬場。その日はＧ１レースのライトニングＳがありました。大分早めについたので装鞍所でお馬さんを見ていると（オーストラリアではパドックのように丸見えなんです）、まだ早いからか大分先のレースに出るお馬さんも運動をしているようです。その中に１頭だけやけに筋肉がムキムキで自信を持って凛として歩

くお馬さんがいました。異様な別格感。それが誰なのか知りたくて、急いでお馬さんがつけている番号とレーシングプログラムを見比べて納得。これが私のブラックキャビアとの初対面の時でした。

デビューから無敗の9勝目がかかったライトニングSが近くなり会場はブラックキャビアの旗を持っている人が増え、(G12戦目ということでまだまだグッズを持っている人はその後に比べたら少なかったですが)、ブラックキャビア横断幕もたくさんありました。もちろん私もあの装鞍所でのオーラを見たら、実際のレースが楽しみ過ぎて、なぜか私が緊張していました。そして結果は……そんな私の緊張をよそにブラックキャビアはあっさりと連勝の数字を9へと伸ばしました。スタートが少し悪かったにも関わらず、残り500m付近で先頭へ。持ったまま後続を突き放し、最後は流してゴールイン！3馬身1／4差の完勝でした。噂には聞いていた強さも実際に目の当りにすると、自然と拍手が出てしまうほど！もう形容詞が浮かばないからビックリマークを100個はここにつけたいくらいに、感激しました。まるでG1レースが公開調教かと見間違うかのような圧倒的強さ。

決して他のお馬さんが弱いわけではないんですよ。周りも必死に追っているのですが、それでもただ一頭、ムチを一度も使うことなくどんどん後続を突き放すあの姿……。やっぱりビックリマーク100個は欲しい～(笑)

そんな絶対女王も、引退までに二度危うい勝ち方をした時がありました。それは2009年のデインヒルステークと2012年初海外遠征となったアスコット競馬場でのダイヤモンドジュビリーステークスです。デインヒルステークスではスタートで躓き3／4馬身差。このつまづいた時、なんと胸の筋肉を傷め、さらに右前脚の靭帯を損傷したにも関わらず走り続けさらに勝ってしまったのです。ブラックキャビアの能力は、体の限界を超えた能力だと思うと強すぎるのも心配ですね。ダイヤモンドジュビリーではノレン騎手が興奮のあまり早めに追うのをやめた為にまさかの頭差で、陣営もお客さんも冷や冷や。オーストラリアの新聞でノレン騎手は〝頭がおかしくなった〟等々、かなり批判されていました。ちなみにオーストラリアで盛り上がったのはレースだけではなくレース後のパレードです。アスコット競馬場に来場していた英国エリザベスⅡ世女王陛下が微笑み、パレードに降りてくると、ブラックキャビアの鼻を撫でてその優勝を労っていました。（オーストラリアでは「オーストラリア競馬史上最も偉大な瞬間です！」と実況されていたほどです）

ブラックキャビアは何度か体を痛めながらも大きな故障をすることなく、２０１３年4月ＴＪスミスステークスで25勝目を挙げ無事引退しました。

デビューから無敗で25戦25勝。２０１３年にはオーストラリア調教馬史上初の世界ランキング年間1位を獲得したブラックキャビア。その人気の理由は牝馬でありながら、どんな牡馬にも負けずひるまない精神力と圧倒的な強さでしょう。人は誰しも生まれながらのスターに憧れを抱きます。負ける姿は見たくない。勝ち続ける姿を見せて欲しい、ずっとずっと自分の憧れの存在で居て。その気持ちにいつだって答えてくれる彼女はまさにスターそのもの。それが一番の人気の理由だと私は思っています。

ブラックキャヴィアMEMO

２０１2年、ブラックキャヴィアはカルティエ賞最優秀短距離馬を受賞。

欧州外の調教馬がカルティエ賞のタイトルを受賞したのは史上初の快挙だった。

本馬は牝馬とは到底思えぬ程の巨漢馬であった。体高16・２ハンド、レース出走時のベスト体重は５６５〜５７５ｋｇもあった。体高17・２ハンドだったゼニヤッタより身長では劣るが、ゼニヤッタの体重は１２１７ポンド（約５５３ｋｇ）だったから本馬はさらに重い馬（ヒシアケボノがスプリンターズSを勝ったときの体重５６０ｋｇよりも重い）であった。この体重は脂肪などではなく、有り余るほどの筋肉だったというから圧巻である。

豪州で発行されている女性向けファッション雑誌

「ヴォーグ」の表紙を飾った史上初の競走馬であり、愛称もあり、熱烈な女性ファンからは〝ネリー〟と呼ばれていた。

趣味は海で泳ぐこと（水浴び）。故障休養中のリハビリとして始めたものが気に入ってしまい、嵌ってしまって趣味化したとか……。

牧場にいるときには常に羊と一緒に遊んでいたという。

ディープインパクトやセクレタリアトのように、かなり跳びが大きい馬で、ストライドは平均８・３３ｍもあった。しかし、それでいてピッチ走法のように脚を素早く動かしていたという。

（本文：桜井聖良）

海神（わだつみ）の龍神王
ロードカナロア
▼新・日本競馬史上最強短距離馬

父 キングカメハメハ
母 レディブロッサム
母父 ストームキャット
生年 2008年
性別 牡
毛色 鹿毛

日本

生涯成績 19戦13勝［13-5-1-0］
主な勝ち鞍 香港スプリント連覇、スプリンターズステークス連覇、安田記念、高松宮記念、阪急杯、京阪杯、シルクロードS、京洛S、葵Sほか

海と馬には、切ってもきれぬ縁がある。古代神話から綿練と綴られ口伝、伝記されてきたストーリーを紐解くと、そこには必ずと言っていいほど、海と馬との関係があるのである。

例えば、海の神と言えば、ポセイドン（ネプチューン）である。

オリュンポス神話の中、堂若と構えるその神は馬の神でもある。

いや、馬の神であった神が、海の神へと変遷、変移のトレースを辿っていったと綴った方が正解であろう。民は皆その神を震慄し、「大地を揺るがすもの」として、畏敬の念を持って崇め立てた。

ポセイドンはアンピトリテとデメテルという二人の妻を娶り、アンピトリテには海豚（イルカ）を。デメテルには馬を創造し、天与した。

（イルカと馬の民俗学的考察の原点はここにある。馬とイルカは神話的にも親密な立ち位置となっている）

馬はポセイドンにとっての聖獣でもあり、「安全な旅

路を与える者」として、海の民、そして殷賑にて崇拝されてきた。
「馬と草原」「船と大海原」。
二つの世界概念を並べてみると、瓜二つであることに気づかされよう。
馬の神であったポセイドンは、人々が冒険心とフロンティア精神の矛先を海へと向けた時点で、そのレゾンデトゥルを「海の神」として賛美、尊拝されることとなっていく。

海を行く船は草原を駆ける馬の姿に重なり、遠目にはその船首と全体的フォルムから、「海の馬」としてのイメージを確立していったのである。

人と馬、そして海が一つの線で繋がっていく。

地中海における海域世界にて創造されていった神々の神話。

しかし、海と馬の関係を告示するものは日本神話にも、海の動物にも、そして我々の脳内にも残されている。

山幸彦海幸彦の神話、タツノオトシゴ、海馬（タツノオトシゴの形に似ているのが由来）……リヴァイアサンという海の怪物は海の神として震慴さるる存在であるが、ここでもう一つ、頭を擡げてくるのが、「龍」もしくは「竜」という存在である。古来より、優れた駿馬は龍馬（りゅうめ）として崇敬の眼差しで見つめられてきた。

馬、海、神、龍……

あまりにも巨大かつ絶大無比の圧倒的存在である「神」と「海」と「龍」。それらと同化を果たした馬が持つ意味とは？

それは、その存在の大きさを物語っているのではなかろうか。

それ程までに、馬は人間にとって切り離せぬ伴侶であり、その一方では高貴な者として崇愛の対象であったのである。


そんな海と神と、竜王の名を授かり、史上無双のスピードを見せつけた名馬が、ここ日本にいた。

彼の名を、ロードカナロアといった。

ロードは冠名も、意味は〝君主〟。カナロアはハワイ語で「海神」。漢字名では「龍王」を拝命。

その力とスピードは神の領域のものとも言えるもので

あった。

いわば、〝ワダツミの龍神王〟。

日本競馬史上最強の短距離馬として絶対不動の地位を築いた名馬の話をここに綴ろう。

ロードカナロアは、2008年の3月11日、日本は北海道のケイアイファームに誕生。

幼少時の動きは目立ったものではなかったと言われているが、その体格、闘争心は当時から屈強なものを見せていたという。

デビューは2010年の12月5日。意外にも小倉競馬場でデビューし、単勝1・2倍、ほとんど追われることのないまま6馬身差の圧勝。

逃げて最速の上がりを出しての鮮烈デビューであった。

2戦目は年が明けてすぐの中山ジュニアカップ（芝1600m）に出走。この1戦を最後に2013年の安田記念まで、1400mを越える距離を使われず、スプリンターとして特化されたローテーションが組まれるが、この時、掛かりながら中山の急坂を物ともせずに小差連対するあたり、すでにこの時点においてただの短距離馬ではないことを主張していたのも同じであるが、その内在したポテンシャル開放はまだまだ微睡みの中、封印されることになる。

確勝を期して臨んだ京都500万下（芝1400m）だったが、ラトルスネークの強烈な差し脚にすくわれ、2着惜敗。

しかし、この時後の重賞常連となるダコールやオークス馬エリンコートには楽々と先着している。

絶対に2勝目を上げるべく、春の小倉競馬場へと来臨したロードカナロア。

この年は東日本大震災の影響により、小倉競馬場が4月に開催されていた。

そこで行われた最初で最後の500万下、ドラセナ賞（芝1200m）。楽々と逃げ、軽く追われるだけで逃げて最速の3Fを計時。

3馬身半差の決定的着差をつけ圧勝する。

続く葵S（芝1200m）も楽々と勝ち上がり、休養に入る。

休養明け、じっくりと調整され初めての古馬相手のオープン戦となる京洛S（芝1200m）ではスタート

で無理をせず、初めて逃げ、先行の態勢を取らないレースを展開するも、32・7という強烈な末脚を見せ、颯爽と快勝してみせる。

この勢いを駆って臨むは初の重賞挑戦となる京阪杯（芝１２００ｍ）では、今度は楽に好位へ取り付くと、直線でも楽な手応えで先頭に並びかけ、全く危な気なく快勝。

これで4連勝となったが、平然と涼しい顔で突き進んで行く無敵のレースぶりに、同厩舎のスプリント女王カレンチャンとの対戦が早くも夢想されていった。

２０１2年の始動戦はシルクロードＳ（芝１２００ｍ）。このレースでは9番手からの追走。

最終コーナーでも悠然と中団に構えるも、全くの不安なし。

楽な手応えで瞬く間に先頭を飲み込み、2馬身半。メンバー中最速の33・6で連勝を5と伸ばす。

そうして迎えた初となるＧⅠの舞台。同厩舎のアイドルスプリンター、カレンチャンとの頂上決戦となった。

主戦の福永騎手は自信満々に手綱を取り、カレンチャンを徹底マークで追走。

しかし、いつものような底知れぬ手応えが全くない。もがきながら必死に食らいつく、誰も目にしたことのないロードカナロアの苦戦。カレンチャンに完敗を喫し、追い込んだサンカルロにも交わされ、3着と初めて連を外しての連勝ストップ。

続く函館スプリントＳ（芝１２００ｍ）でもその悪い流れは続いてしまい、4角で前が詰まり、壁となり全く追えない状況に追い込まれる。

何とか外に持ち出し、追撃を試みたその時、ドリームバレンチノはゴール前に接近していた。

結局、猛然と追いすがるも3／4馬身まで詰め寄るのが精一杯。

力負けでないことは明らかで、この一戦を機に鞍上交代が告げられる。

逆襲を期しての秋。始動はセントウルＳ（芝１２００ｍ）。再びカレンチャンとの対戦となるが好位から余裕の立ち回り。

主戦騎手を岩田へスイッチしての初の1戦となるが、手は合っており、抜け出し優勝というところで武豊騎手の手繰るエピセアロームの強襲に合い初コンビでの初勝利を逃すが、岩田はこの1戦で確実にロードカナロアという馬を手の内に入れていた。

そうして訪れたスプリンターズS（芝1200m）、カレンチャン、先着を許したサンカルロ、ドリームバレンチノ、エピセアロームも出走してきたが、ついにこのレースで龍王覚醒。カレンチャンを見るように進み、坂下から別格の手応えで駆け上がり、坂の途中で決着をつける。

空へと突き登っていくような迸る手応えそのままに、1:06.7のレコード勝ち。春の雪辱を果たし、視線は海外へと向けられていく。

同厩舎のカレンチャンと共に遠征となった香港スプリント。ここは流石に世界の国際GⅠ。これまで戦ってきたメンバーとは別格の、メンバーが集結していた。

前年覇者のラッキーナイン、カレンチャン、これらに加え短距離王国のオーストラリアから、BTCカップ、マニカトSなどGⅠ3勝のシーサイレン。

さらには南アフリカの強豪スプリンター・セリーズチェリー、シンガポールでロケットマンの次位に付けるスーパーイージーもいた。

しかし、ロードカナロアは自信が全身から漲っており、平然と好スタートから3番手に付けると、そのままのポジションを維持し、直線へ。

残り300を切って、猛然と第二エンジンに点火。ブーストアップしたかのごとく倍速倍加し、楽々と2馬身半差の圧勝を収める。

香港スプリントはそれまでの日本馬にとって、あまりにも険しく遥かなる高き壁として鎮座してきたレースであった。

しかし、ロードカナロアは事も無げにこれを崩壊させ、絶対王者としてその地位を不動のものとしたのであった。

至極当然に最優秀短距離馬に選出された龍王は2013年の初戦を阪急杯とし、出撃。事も無げに好位5番手からあっさりと抜け出し、盤石のレースぶりを見せつけた。

初にして唯一の連対を外してしまった中京尾張の1200。カナロアが恋心を寄せていたという女王カレ

ンチャンも引退し、もはやカナロアにとっての脅威など日本には存在していなかった。

オーストラリアではブラックキャビアが無敗の快進撃を続け、世界を席巻していた時代で、ロードカナロアなら、対等以上にやり合えるのではないか……と興味関心がちらつき、日本で対戦が叶えば、勝てる可能性もある……それほどのポテンシャルを競馬ファンはカナロアに抱懐し始めていた。

迎えたる雪辱の舞台、高松宮記念にて中団待機から直線に入るや一気に外へ持ち出し、全く危なげなく、ハクサンムーンをキッチリ捕えて突き放し、前年の借りを返した。レコードタイムのオマケ付きで、ますますカナロアの海外遠征熱・距離延長待望論は熱を帯びていった。

その風潮に応えるかの如く、ロードカナロアが次なる1戦に選んだのは、府中の1マイル、安田記念（芝1600m）であった。

府中の1マイル、それもGIともなれば、強い短距離馬でも克服は困難を極める。中距離戦でも対応出来うるような、屈強なスタミナを内包していること。

そして一瞬の切れではなく、強烈なスピードの持続力も問われる舞台。ロードカナロアに取ってみても、3歳正月のジュニアカップにて中山のマイル戦で連対経験があるとはいえ、中山の1600は誤魔化しも効くが、東京競馬場ではそうもいかない。加え、メンバーレベルも比較にならない強豪が揃っていた。

三冠馬オルフェーヴルにも肉薄してきた強烈無比の末脚自慢ショウナンマイティ、後にマイルCSを勝ち、長きに渡りマイル界の常連となっていくダノンシャーク。

ヴィクトリアマイルを勝ち、勢い勇んで参戦のヴィルシーナは翌年もヴィクトリアマイルを勝つ、府中マイル大得意の強豪牝馬。加え前年のマイルCS馬サダムパテック、NHKマイルカップ馬カレンブラックヒルとグランプリボス。グランプリボスは翌年も出走し、ジャスタウエイの2着に好走している。

これら並み居るマイルから中距離の豪傑たちを向こうに回し、余裕の立ち回り。シルポートの大逃げにも惑わされることなく、馬場の真ん中から突き抜けてくる。しかし、ダノンシャークに寄りかかるように斜行してしまい、物議を醸し出す一戦となってしまうが、そのヨレがあろうとなかろうと、ロードカナロアの優勝は変わらなかったであろう。

マイル界も制圧。次は中距離か、それとも欧米遠征か――。高まるさらなるチャレンジ熱望を余所に、陣営の選んだ花道は、セントウルSからスプリンターズS、そして香港スプリントという王道路線であった。しかし、新たなる挑戦以上にディフェンディングチャンプとして言い訳の利かない、まさに負けの許されない戦い。ましてや香港スプリントは連覇がかかる。薔薇の花道をカナロアは通ることとなったのである。

「世界のカナロア」の香港連覇へ向けての秋はセントウルステークスから。ハクサンムーンの韋駄天に小差屈し、前年のスプリンターズSから続いていた連勝が途切れる。しかし、本番となるスプリンターズSでは恐るべき鬼神の如き凄まじい加速を坂下から見せ、ハクサンムーンを敢然と捉え、完勝。

スプリンターズ連覇を手土産に、最終戦へ意気揚々と海を越えた。

ラストランが決定された香港スプリント。ここには前年以上、そしてこれまでで最強の猛者たちが名を連ねた。GⅠ5勝2011年の香港スプリント王者ラッキーナイン、ドバイ・アルクォズスプリント2着で、翌年の欧州最優秀短距離馬に選ばれるソールパワー。

前年にも参戦していたセリーズチェリー、翌年にはゴールデンシャヒーンを勝つスターリングシティとその2着となるリッチタペストリー。

スレイドパワーはジュライカップ、ダイヤモンドジュビリーSという名門中の名門レースを勝つスプリンターである。

ここまでのハイレベルメンバーをまったく問題にせず、直線馬なりのまま先頭に立つや、岩田の左鞭一閃で鋭敏に反応。

一気に超加速を開始すると、あっという間に大差引き離し、歴史的大圧勝の連覇で、有終の美を成し遂げてみせる。

「……ーーーナロア、ロードカナロアです！　これは相手になりません！　先頭は世界のロードカナロア!!　香港スプリント連覇！　香港を世界を相手にしませんでした！　ここまで強いのか、ロードカナロア圧勝！」

岩田いわく、ロードカナロアがはじめて本気で走り、その上での「全力開放」を最後のレースで見せてくれたと語っている。

歴史的快挙であった。スプリント界の世界レベルは、オーストラリア、米国、香港が抜けているが、その最強メンバーが集結するのが香港スプリントである。

最も近いが、果てしなく遠い世界が香港スプリントであり、ことごとく日本の最強短距離馬が捻られてきた、屹立する高き壁が香港スプリントだった。

ロードカナロアはその豪鉄の鉄扉を一押しで開き、我々の前に未だ見たことの無かった世界を見せてくれたのである。

ロードカナロアが香港スプリント連覇を果たすまでは、日本史上最強短距離馬はサクラバクシンオーとロードカナロアの双璧であったが、この一戦で史上最強最高スプリンターの称号を不動のものとしたと言って過言ではない。それほどの衝撃であり、その論拠は年度代表馬投票にも如実に反映される。

タイキシャトル以来の最優秀短距離馬として年度代表馬に選出されたのである。この年はオルフェーヴル（有馬記念8馬身圧勝）、キズナ（劇的ダービー制覇）、ジェンティルドンナ（ジャパンカップ連覇）、ゴールドシップらが全盛時の活躍を果たしている時代。それゆえ、その価値は絶大のものがある。

日本にこれほどの短距離馬が現れることなど、この先果たしてあるのだろうか。

その存在は、まさに海の果てからやってきた龍神であり、異世界からの降誕者だったのではなかろうか。

絶対的安定感と絶大無比の破壊的スピードを振り翳した海神（ワダツミ）の記憶は、ロードカナロアという龍王の名と共に永遠とさんざめき続ける。

（本文：兼目和明）

神々の天馬
イアリソス
▼ギリシャ競馬の生んだ舜天の超韋駄天

生涯成績 10戦9勝
主な勝ち鞍 コーラルチャレンジS、アキレスSほか

古代ギリシャ帝国の威光はイタリアからインド、北アフリカまで及んだ。しかし、大英帝国の領域にはただの一度たりとも及んだことは無い。

西洋文化揺籃の地と言われるギリシャ。そこには天翔ける翼を持つ白馬ペガサスの神話が紡がれている訳だが、現実の競馬にも天馬のような名馬が降誕し、ついぞ英国競馬へと降臨。

ギリシャ史上最強最速の名馬イアリソスがその馬である。知られざるギリシャ競馬とその歴史へとまずはスポットライトを当て、翻ってはこの伝説の駿馬イアリソスの生涯へと迫っていきたい。

西洋文化に同じく、競馬も真の揺籃の地はギリシャにあると言われる。

人類の歴史上、最初の平地競馬は、〃はみ〃と手綱を付けただけの裸馬に乗って行われたという。

ギリシアの地理学者で旅行家のパウサニアスによれば、人類史上初となる競馬場は、オリンピアはアルティスの東、スタジアムの南にあったと列記されている。またイ

父	ソーファクチュアル
母	ヴァロッタ
母父	ポリッシュプレセデント
生年	2004年
性別	牡
毛色	黒鹿毛

ギリシャ

スタンブールのハーレムで見つかった写本などから推定すると、オリンピアの走路は長方形ないし長円形で、標柱で示され、長円形コースの周囲は約740mとされる。この地で催された戦車競走の距離は、なんと約9000kmもあったという。

一方、平地競馬のコースには、折り返しの目標とするため、2本の柱が建てられた。この標柱は固定されたもので、柱の上にはヒッポダメイアがペロプスに栄冠を授与している姿のブロンズ像があったと伝えられている。

しかしながら、中世にアルフェイオス川が大氾濫し、この地域のすべての特徴や競馬場の跡なども完全に失われてしまった。ゆえに、オリンピアに競馬場（ヒッポドローム）が現存したという確たる証拠は、残念ながら今日には見られない。

時代にしては2世紀頃、101~200年の時代。それから千九百年近くの時が流れ、2000年代最初のオリンピックが2004年に開催されるのを機に、馬術複合施設と同時に建設されたのが、マルコポーロ競馬場。現代ギリシャ唯一となる競馬場である。

競走は全てダートで施行され、調教施設も競馬場に併設されている。競走は一年中開催され、開催は通常、月水金で1日に9レースの枠組みとなっている。最大のレースは6月最終週に行われるギリシャダービー。現役競走馬は1400頭近くが飼養されている。

そんなギリシャ競馬についに歴史を揺るがす、歴史を変える可能性を持つ一頭が産声を上げる。

古代ギリシャ神話において、トロイ戦争を勝利に導いたアガメムノン王。その王者の子息の名に因み、〝イアリソス〟と命名されたその馬は、父ソーファクチュラル、母ヴァレッタという、良血のスプリンターの系譜を受け生まれ落ちた。父ソーファクチュラルは英国のゴールデンジュビリーS優勝馬であり、母ヴァレッタは一流スプリンターとして鳴らし、多くの重賞勝利馬を輩出したステルヴィの孫。ステルヴィ自身は生涯成績8戦5勝2着2回でナショナルSやスターフィリーズSを制し、愛ダービー馬も産んでいる。ギリシャにおいては超一流のスプリント血統として鑑みれる馬である。

イアリソスにその俊敏性を伝えた偉大なステルヴィ。彼女の馬主ジョージ・カンバニス氏の愛娘マリノプロス氏とその夫レオニダス氏が、イアリソスのオーナーである。夫妻は競走馬生産事業をフィガイア牧場にて展開。約50頭の繁殖牝馬を管理しているが、年々衰退の一途を辿り、経営は傾きつつあった。

しかし、それに歯止めを掛けたのがイアリソスであった。

マルコポーロ競馬場に降り立った天馬イアリソスは、瞬く間に破壊の翼を広げ、とてつもない才能を開眼させていった。ダート１０００m戦で同国史上初となる54秒の時計をマーク。どうやってもギリシャ馬が出せないような時計を軽々と叩き出し、大差勝ちの連続。あまりの強さに他馬は戦慄に震慴し、イアリソスの登録名があるや、すぐさま回避を表明。競走不成立の連続でその数は25回にも上ったという。ギリシャ最終戦となった１４００mのレースでは馬なりのまま大差引きちぎり、ノーステッキどころか全くの追う所もゴーサインも出されることなくの大楽勝。自信に自信をを重ねての英国競馬挑戦表明となった。

狙うレースはロイヤルアスコット開催のゴールデンジュビリーS。父ソーファクチュアルも制した伝統のスプリント戦。果たしてギリシャが生んだ世紀のスプリンターの実力やいかに……

この時代、世界は10年に一頭レベルの歴史的短距離馬が続々と名乗りを上げていた。

イアリソスの競走生活と同じ時代を生きた名スプリンターたちを以下にまとめてみた。

【２００７年～２０１０年代・短距離馬黄金時代に生きた歴史的スプリンターたち】

★サイレントウィットネス（香港）生涯成績29戦18勝
香港スプリント連覇、スプリンターズS、無敗の17連勝、香港史上最強短距離馬。

★セイクリッドキングダム（香港）生涯成績36戦17勝
香港の歴史的スプリンター。

★ジェイジェイザジェットプレーン（南アフリカ）生涯成績29戦14勝　南アフリカのスーパースプリンター。
香港スプリントなどＧⅠレース6勝。

★ゴードンロードバイロン（英国）生涯成績86戦16勝
世界を股に架けて活躍した鉄のスプリンター。

★スタースパングルドバナー（英国）生涯成績22戦7勝

名匠エイダン・オブライエンが手懸けたカルティエ賞最優秀スプリンター。
★ロケットマン（シンガポール）生涯成績27戦20勝　シンガポール史上最強馬にして世界的スプリンター。
★グレイリオ（カザフスタン）カザフスタン史上最強スプリンター。カザフスタンのアルマトイ競馬場を舞台に無敵を誇り、ロシアへ遠征。ピチャゴルスクグランドスプリンターズSを12馬身差の大差勝ちでロシア競馬界を震撼させた。
★ドリームアヘッド（英国）生涯成績9戦6勝　フランケルとも走ったスプリントGⅠ5勝馬。
★ムーンライトクラウド（フランス）生涯成績20戦12勝モーリスドギース賞3連覇、当賞からジャックルマロワ賞連勝&ダブルレコードの女傑。
★ブラックキャヴィア（オーストラリア）生涯成績25戦25勝　世界競馬史上最強スプリンター。
★ロードカナロア（日本）生涯成績19戦13勝　日本競馬史上最強スプリント王。香港スプリントを圧倒的強さと速さで連覇。

イアリソスも間違いなく、これらの中に入ってくる資質とポテンシャルを持った名馬であった。

イアリソスは渡英すると、まずヘイドック競馬場で開催される準重賞のアキレスステークス（芝1000m）で足慣らしを図る。まさにギリシャの歴史的スプリンターのデビュー戦に相応しきレース名であった。移籍後初出走、慣れない環境、はじめての馬場、休み明けなど多重苦を物ともせず、英国緒戦を見事勝利で収める。ギリシャからやってきた移籍馬が、英国で勝利を収めるという事は大快挙であり、この一戦でイアリソスはその名を英国にも轟かせることとなった。

イヨルンゴ・カシス調教師の手からルカ・クマーニ調教師へと預けられることになったが、クマーニ氏はマリノプロス夫妻の所有馬プレヴィスを世界的名馬へと成長させた実績があり、それを夫妻はイアリソスにも望んでいた。プレヴィスはドバイミーティングにてデューティーフリーを勝ち、ジェベルハッタ、クイーンエリザベス2世カップなども勝利。

素質はプレヴィスを遥かに凌ぐものがあるのだから、期待が募るのは致し方ないものである。

華やかな祝賛ムードで競馬場が包まれるロイヤルアスコット開催。世界的スプリンターがゴールデンジュビリーSへ集結。イアリソスがここで勝てば、歴史的大偉業となることは明白なものだった。

すでに一戦のみで〝ギリシャの異才〟と称されたこの馬が、3番人気の支持を集めてアスコットのターフへと登場。南アフリカのジェイジェイザジェットプレーンが1番人気。

2番人気が香港のセイクリッドキングダムであったことからも、その期待の程は伺えるし、確実に前述したような世界的韋駄天として認められての人気であったと言えよう。

しかし、結果は難しく、14頭中12着と惨敗（前年覇者キングズゲートネイティヴには先着）。とはいえ、この後のコーラルチャージSという芝1000mG3を快勝したことからも稀有な能力を持っていることだけは間違いなかった。もうあと一歩でロードカナロアやサイレントウィットネス、ロケットマンのような競馬史に名を刻むような活躍ができた超韋駄天がギリシャの地にもいたことを、我々は忘れてはならない。（本文：兼目和明）

未来を見透かす精鋭大師
サイレントウィットネス

▼世界最速のスーパースター！短距離王国・香港が誇る歴史的スプリンター

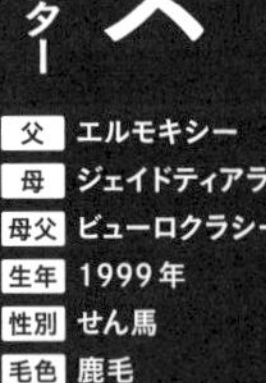

父 エルモキシー
母 ジェイドティアラ
母父 ビューロクラシー
生年 1999年
性別 せん馬
毛色 鹿毛

香港

生涯成績 29戦18勝［18-3-2-6］
主な勝ち鞍 香港スプリント、香港短距離三冠連覇（ボーヒニアスプリントトロフィー、センテナリースプリントカップ、チェアマンズスプリントプライズ）、スプリンターズS、インターナショナルスプリントトライアル連覇、クイーンズシルヴァージュビリーカップ、シャティンヴァーズ、シャティンヴァーズ、シャティンスプリントトロフィーほか

名馬ロードカナロアが出現するまで、日本調教馬にとって長らく香港スプリントは鬼門であった。勝ち負けどころか掲示板に乗ることすら至難で、地元香港馬の壁に跳ね返される時代が長らく続いていたのだ。そのハイレベルな香港スプリント界の頂点に君臨し、さらに地元香港では社会現象となるほどの人気を得たスーパースターこそ、本稿の主人公サイレントウィットネスである。

サイレントウィットネスは1999年10月1日にオーストラリアのニューサウスウェールズ州、シドニーの北に位置するタリーにあるエディンバラパークスタッドで、I・K・スミスによって生産された。父のエルモキシーはアメリカで19戦6勝、重賞勝利はないが、ノーザンダンサーの甥という母系にアメリカの年度代表馬コンキスタドールシエロを父に持つ血統背景を買われて種牡馬入りした馬である。とはいえ競走馬としての実績のない父と、この時点では近親にこれといった活躍馬のいない母（後にサイレントウィットネスの妹がオーストラリアの重賞を勝利する）から生まれた地味な血統背景のため、1歳時のセリではさほど注目を集めることがなく安値で取引された。去勢されてセン馬となった本馬はオーストラリアでエルティラという名で馬名登録され、2002年8月にバリアトライアル（非公式競走）に出走したのが競走馬としてのキャリアの始まりであった。

このバリアトライアルの映像が香港の実業家アーサー・アントニオ・ダシルバ氏の目に留まり、30万ドルの金額でトレードされることとなった。英語名でサイレントウィットネス、中国名で精英大師と改名された本馬は、香港のアンソニー・クルーズ厩舎に預託された。騎手時代にトリプティクを駆り日本のレースでの勝利経験もあるポルトガル出身の名騎手は、調教師に転向後すでに香港リーディングトレーナーを獲得、名伯楽としての地位を確立していた。

12月、生まれてから3年が経過したばかりのサイレントウィットネスは、528kgという雄大な馬格で沙田競馬場に登場、デビュー戦を迎えることになった。今後すべての競走においてコンビを組むことになる南アフリカ出身のフェリックス・コーツィー騎手を鞍上に迎え、1番人気に支持された同馬は、2着に3馬身3／4の差をつけて初勝利を飾った。グレード制導入後の世界記録となる無傷の17連勝の幕開けである。

年が明けて条件戦を3連勝した後、2002／2003年シーズンの最終戦として香港G2の沙田ヴァーズに出走。このレースには香港短距離三冠（ボーヒニアスプリントT、センテナリースプリントC、チェアマンズスプリントプライズの3戦）を達成したばかりの最強スプリンター・グランドデライトも出走していたが、9kgの斤量差があったとはいえ、同馬を3着に沈めて重賞初勝利を飾った。これらの活躍によりサイレントウィットネスはこのシーズンの最優秀新馬に選出され、シーズンを終えた。

この頃、香港に隣接する中華人民共和国広東省で発生した新型感染症SARSが流行、香港では推定299人が死亡する事態となった。この影響で観光客が激減、観光部門がGDPの10％以上を占めている香港経済は深刻な打撃を蒙っていた。1997年のイギリスから中華人民共和国への主権移譲（香港返還）直後に発生したアジア通貨危機に続いて発生した混乱に、香港の人々は先が見えぬ不安を抱いていた。そんな時代に颯爽と現れた若きスターを、香港の人々は喝采を持って受け入れたので

ある。

続く２００３／２００４年シーズンも順調に重賞勝利を積み重ねる。重賞2戦を経て出走した国際Ｇ１香港スプリント（当時は芝１０００ｍ）が行われた時期にはＳＡＲＳ騒動も完全に終息していたため、海外の名スプリンターも参戦し、国際競走に相応しい好メンバーが揃っていた。そんな中、サイレントウィットネスは堂々の一番人気に支持され、ファンの期待に応えて快勝した。

年明けには昨年のグランドデライトに続く香港短距離三冠に挑み、難なくこれを達成する。三冠最終戦のチェアマンズスプリントプライズでの勝利により連勝記録が11に届いたが、これは１９８２年から１９８３年にかけてコタックが記録した香港記録の10連勝を塗り替えるものであった。なおコタックの主戦騎手はアンソニー・クルーズであり、クルーズは自らが騎手として関わった記録を調教師の立場で更新することになった。

文句なしの成績で初の年度代表馬に選ばれた本馬の快進撃は、続く２００４／２００５年シーズンも止まることを知らない。前年同様トライアルを挟んで出走したこの年の香港スプリントには、日本からサニングデールとカルストンライトオの2頭のＧ１馬が参戦、特にアイビスサマーダッシュで53秒7の日本レコードタイムを叩き出したカルストンライトオのスピードは高く評価され、単勝2番人気に支持されていた。しかし香港のスーパースターの前には世界各国の実力馬も為す術がなく、サイレントウィットネスは翌年英国遠征でＧ１を勝利することになる地元香港のケープオブグッドホープに1馬身３／４差をつけ、国際Ｇ１連覇を成し遂げた。

年明けには2年連続で香港短距離三冠をこれまたあっさりと達成し、サイテーション、リボー、シガーが持つ16連勝の記録に並んだ。次の目標として、陣営はこの年に創設されたばかりのアジア・マイル・チャレンジに照準を合わせる。同チャレンジの対象レースは１６００ｍのチャンピオンズマイルと安田記念の2レースであったが、本馬はこれまで１２００ｍを超えるレースに出走したことがなかった。そこで陣営は徐々に距離延長を試みていく方針を採用、１４００ｍのクイーンズシルヴァージュビリーＣを次走に選んだ。

このレースに勝てば17連勝の記録達成となる4月24日、沙田競馬場は記念品の野球帽が配られるイベントで怪我人が出る事故が起きるほどの熱狂に包まれた。香港中のファンの注目を集めたこのレースで、単勝1・05倍という圧倒的支持を集めた本馬は、スタートから一度も後続に先頭を明け渡すことなくゴールを駆け抜けた。デビュー以来17連勝という記録は、2010年にアメリカの女傑ゼニヤッタが破るまでの単独世界記録として保持された。なおこのレースでの馬体重は573kgであり、デビュー時から45kgの成長が見られた。

続いて本馬は予定通りチャレンジ1戦目のチャンピオンズスマイルに出走した。日本からコスモバルクも参戦するなど、国際競走に相応しく相手も一気に強化されたが、地元ファンはサイレントウィットネスをやはり単勝1・2倍の圧倒的1番人気に支持した。レースでは好スタートから軽快に逃げたものの、後に翌年の安田記念を勝つことになる同厩のブリッシュラックから短頭差の2着に敗れ、デビュー以来初めてとなる黒星を喫してしまった。

この敗戦に馬体の疲労を感じ取った陣営は、一旦は安田記念の回避を明言したものの、結局体調が良好になったとして参戦に踏み切る。6月5日の東京競馬場には香港からも多くのファンが応援に駆け付けたが、初の海外遠征、坂のある競馬場での距離への不安、馬体重20kg減などのマイナス要素が嫌われ、単勝8・6倍の5番人気に支持されるに留まった。レースはハイペース流れで先行勢が総崩れとなる中、2番手好位を追走した本馬は勝ち馬アサクサデンエンからタイム差なしの3着に粘りこむ。このレースで負けてなおも強しの印象を日本のファンに植え付けて帰国の途に就いた同馬は、2年連続で年度代表馬に選出された。

2005/2006シーズンの緒戦は再び日本への遠征が企図され、10月2日に中山競馬場で開催されるスプリンターズSに同じ香港所属のケープオブグッドホープと共に出走することになった。直前の9月24日には沙田競馬場で2頭の壮行会が開かれ、地元ファンの期待は最高潮に達していた。日本の競馬ファンも4か月前の安田記念での力走を忘れるはずもなく、本馬を単勝2倍の堂々の1番人気に支持した。香港と日本のファンの声援を受け、サイレントウィットネスは中山の急坂を力強く駆け上がり、大外から急追するデュランダルを寄せ付けずに海外初G1勝利を成し遂げた。

勇躍帰国したサイレントウィットネスを、母国のファンは大歓声をもって迎えた。帰国後は香港スプリント3連覇を目指し、翌年にはグローバル・スプリント・チャレンジに挑戦させる青写真を陣営は描いていたが、トライアル出走に向けて調整中に体調に不良をきたし、帰国初戦を回避することとなってしまった。原因は帰国後の凱旋セレモニーで体調を崩したとも、日本から帰還する道中でインフルエンザに罹患したとも言われているが、馬主はインフルエンザ説を否定している。ともあれ本番の香港スプリントにも出走できなかった本馬の復帰戦は、翌年の2月下旬まで待たねばならなかったが、出走したレースはこれまで無敗であった１０００ｍの距離にも関わらず、よもやの7着に敗れてしまった。以後も精彩を欠き続け、復帰後9戦して1度も勝つことができなかった。ただ国際Ｇ１の大舞台では、2度目のスプリンターズＳで掲示板に載る4着、１２００ｍに距離が伸びた香港スプリントでは2着と、往年のチャンピオンとしての意地を見せつけた。

２００７年、陣営はついに本馬を引退させることを決断、最後のレースとなった2月4日のセンテナリースプリントＣの3週間後に引退式が行われ、多くのファンが沙田競馬場に駆け付けて別れを惜しんだ。勝利数18勝、Ｇ１（国内グレード含む）9勝、重賞14勝、獲得賞金６２４９万６３９６ドルはいずれも当時の香港新記録である。またＩＦＨＡ世界ランキングで3年連続スプリンター部門1位に評価されたように、世界的な評価も非常に高かった。

一時代を築いたスターホースの業績を称え、現在沙田競馬場にはサイレントウィットネスとコーツィー騎手の像が設置されている。記録の偉大さもさることながら、重戦車を思わせるパワフルな雄姿は、同時代を生きた競馬ファンの脳裏から離れることはないであろう。

（本文：アホヌラ）

共鳴・鼓舞する〝黒き弾丸〟

ブラックキャップ

▼南アフリカ競馬史上最強スプリンター

父 デンチュリウス
母 ジャスティティア
母父 バースライト
生年 1946年
性別 牡
毛色 青鹿毛

南アフリカ共和国

生涯成績 23戦13勝[13-3-1-6]
主な勝ち鞍 キングズプレート連覇（現クイーンズプレート・芝1600m）、スチュワーズカップ（ケープタウン・芝1000m）、スチュワーズカップ（グレイヴィル・芝1000m）、サバーバンスプリント（芝1200m、2回）、グランドスタンドトハンデキャップ（芝1200m）、グランドスタンドスプリントハンデキャップ（芝1000m）、マーチャンツハンデキャップ（芝1200m）、ナーザリーハンデキャップ（芝1200m）ほか

まるで脳内まで蕩けて行きそうな炎熱の大地。
闇黒と冥闇とが街並みを舐めるよに嘸下してゆく最中、陽炎立ち上るアスファルトの上立ちすくむ少年の目に光は映っていない――

南アフリカ連邦成立後、富裕でリベラルなイギリス系と貧しく保守的なアフリカーナーはあちこちでいざこざをおこしたが、やがて黒人を犠牲にすることによって両人種はともに経済成長を達成し、1948年までには両人種間の経済格差はほとんどなくなっていた。政権は常にネイティヴアフリカンたちが握っていた。有権者の60％を占め、イギリス系より団結する傾向のあるネイティヴアフリカンたちは、常に選挙で有利な状況を保ち続けた。1910年に南アフリカの政権の座に就いたのはルイス・ボータとヤン・スマッツであり、彼ら率いる南アフリカ党は鉱山主やイギリス系に配慮しながら政権運営を行った。これに不満を覚えたジェームズ・バリー・ヘルツォークは、1914年に内閣を飛び出し国民党を結党した。一方で、南アフリカ党政権は白人の地

位向上を目指して黒人差別を法制化し、1913年の原住民土地法によって黒人を居留地へと押し込めようとした。

これが人種隔離政策とよばれる、いわゆる〃アパルトヘイト〃の発端となる地脈で、以後アフリカンたちへの白人たちの怨嗟は大地をジリジリと照りつける太陽光のごとく熱を上げていくこととなる。

1948年、国民党は政権を獲得し、ダニエル・フランソワ・マランが首相に就任。国民党は政権獲得後、1950年より人種差別政策を実行に移し始めた。この政策を、国民党は人種ごとに分離して発展するものであるとして「分離」（アフリカーンス語でアパルトヘイト）と称した。それまでの差別法に加え、異人種間の婚姻を禁ずる雑婚禁止法（1949年）、人種別居住を法制化した集団地域法（1950年）や黒人の身分証携帯を義務付けたパス法（1952年）、交通機関や公共施設を人種別に分離した隔離施設留保法（1953年）、人種別教育を行うバンツー教育法（1953年）などが次々と法制化され、白人、カラード、インド人、黒人の4人種を社会のすべての面で分断する政策が実施された。さらに1951年、国民党はカラードから選挙権を取り上げる法案を可決。司法がこれに対し激しく抵抗したものの、1956年には両院3分の2以上の可決をもって最終的にカラードの選挙権は取り上げられてしまうことになる。

白人による圧政がアフリカーナーたちへ絶大なる重力としてのしかかり、押し潰されそうな日々が延々と続く中、まるで呼応するかのように現れた名馬がいた。

それが南アフリカ競馬史上に残る〃グレートスプリンター〃ブラックキャップである。

まさにネイティヴアフリカンを連想想起させるかのようなその名前と、漆黒の馬体は南アフリカ連邦のシンボルそのままのような馬であり、その強さと速さも相応することで絶対的名馬へと崇愛されていくこととなる。しかし、その生まれは皮肉にも英国であり、デビューの地もまた英国であった。

1948年の5月10日、キャッスルプレート（芝1000m）でデビュー。6着という平凡な結果で、その後も13、8、9着と見るところのない散々な結果が続き、オーナーサイドも猜疑心に捕らわれるが、次なる一戦でまるで馬が変わったかのように3秒差の大圧勝でデビューを飾る。フェウォルフ・ナーザリー・ステークス（芝1000m）、ナーザリーハンデキャッププレート（芝1200m）と楽勝で3連勝を飾り、一気に評価も覆った。そして1948年の10月9日、アスコットのレースを最後に、馬主と共にブラックキャップは南アフリカへと移り住むこととなり、英国へと惜別を告げ、海を渡った。

アフリカの地を踏んでの、実に半年ぶりの一戦。そしてまた同時に、アフリカデビューとなったのは1950年6月28日の、ケニルワース競馬場にてのサバーバンスプリント（芝1200m）のことであった。

すべてが初物尽くしのアフリカンデビューであったが、ランジットという馬を相手に2馬身差の快勝を決める。

その後キングズプレートを含む3連勝を決めるが、これはまだ序章に過ぎなかった。ケニルワースに再び舞台を移してのビッグレース、メトロポリタンハンデ（芝2000m）はさすがに距離が長かったか、9着と轟沈するも、馬体の成長は明らかで、トモの張り、胸前の筋肉などは歴然たるパワーアップを示していた。立て直しを図ってのサバーバンスプリントで、生涯を通してのライバルとなるモーグリと初対戦。惜しくも敗れるが、以後7戦して6勝と勝ち越すどころか、勝利した6戦ではすべてぶっちぎっての圧勝で、この好敵手を完全放逐したことが、この馬の絶大なる評価へともつながることとなる。

モーグリは世界競馬史上においてもいまだに残るGI6連勝を最短期間で残すという偉大な記録を残したアフリカ競馬史上においても歴史的名馬なのである。これ程の最強馬を相手にもしなかったブラックキャップなら、「史上最強の短距離馬」としての絶対的称賛を確実のものとしたことにも頷ける。

ラストイヤーとなる1951年〜1952年は競走馬としてのピークを迎えたこともあり、国士無双のレース振り。

クレアウッドでの1戦を3着に落とした以外は完璧な

ゴール寸前、颯爽と差し切るブラックキャップ。勝利した13戦中、最も凄まじかったのが、1951年10月13日のグランドスタンドハンデキャップ（芝1200m）での圧勝。ダイアログという馬に、ほぼ馬なりのまま2秒2差の大差勝ちをしたと伝えられている。

内容で、他馬を震撼させ、アパルトヘイトが推し進められ、明日も見えぬ苦境に立たされたアフリカーナーを鼓舞するのであった。

そして、ベストパフォーマンスとされるのが１９５２年１月26日、まさにモーグリへのパーフェクトリベンジとなったサバーバンスプリント。なんとモーグリを相手に66ｋｇの斤量（ハンデ）を背負い圧勝。次位のハンデ馬との差は実に10ｋｇ近く、９・５ｋｇ差もあり、すなわち56・５ｋｇであった。この時２着のモーグリには１秒８５差（10馬身差）。絶望的大差を楽々とつけてしまったのである。

１９５２年６月４日、グレイヴィル競馬場のニューバリーステークス（芝１２００ｍ）でモーグリへ引導を渡し、ブラックキャップは競馬場を去ることとなる。

どれだけ走って訴えても変わらない、アパルトヘイトへのアンチテーゼをほのめかし、アフリカンたちの心の叫びを代弁するかのように、アフリカ中の競馬場を走り続けたブラックキャップ。その走りを瞳と心へ投影、映写、焼き付けて、ファンは暇乞いを交わした。

南アフリカに差別解放の光明が差すのは、１９８９年。デクラーク氏が大統領に就任し、内外からの批判に耐えかね、マンデラ氏が釈放された１９９０年。アパルトヘイト終焉の兆しがようやく垣間見れた瞬間である。ブラックキャップ引退から実に40年近くの歳月が経過しようとしていた。

寂寥感立ち込める、冬風吹きさぶ街角に陽炎が再燃する。

佇む少年の瞳には、ほんのわずか……曙光が差すかのように希望という名の光が輝きを発し始めていた――。

（本文：兼目和明）

時代を劈く超電磁加速馬
サンキョウスーパー
▼オグリを超える競走馬

父 ドン
母 セルソロン
母父 パーソロン
生年 1978年
性別 牡
毛色 鹿毛

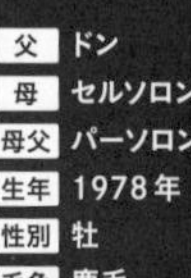

日本（笠松）

生涯成績 18戦12勝［12-2-0-5］

「笠松」という地名を耳にすると、瞬時に脳裏を疾駆する一頭の名馬。

オグリキャップ。

たいていのファンはそうであろう。


日本を代表するスーパーアイドルスターの名を知らぬ競馬ファンは皆無にも等しいはず。

しかしこの笠松には、オグリキャップの大きな影に隠れている、知る人ぞ知る〝伝説の名馬〟がいるのである。


その名はサンキョウスーパー。

あのアンカツこと安藤勝己にして「モノが違う」と言わしめた怪物である。

そのスピードたるや〝超絶〟の一語だったという。

烈火轟雷たるその走りに、笠松のファンと若き日の安藤勝己は胸を高鳴らせ、脈動する鼓動と目瞬きを共鳴させるかのごとく、彼への熱烈たる視線をひたと、ただ真っ直ぐに向け続けた。

時代と不釣合いなまでの、何か「不安定」感を覚えるまでの脅威的瞬発力と速度推移推進能力に、未来の競走

馬を目撃しているかのような、不可思議な錯覚が頭を擡げる心持となる者さえいた。

かつて「セントサイモンには電気的なものを感じた」というドーソン調教師の言葉があるが、日本の競走馬においても、電気を感じる程のスピードを放散したのは、本馬サンキョウスーパーのみかもしれない。

史上最強のダート短距離馬は何だろうかと熟考、再三再四に逡巡しても、サンキョウスーパーを知らない者は、その答えを希求する。

……ブロードアピール……サウスヴィグラス……あるいはイナリトウザイやアグネスワールドといった答えや、サクラバクシンオーにその勲位を授与する者もいよう。

しかし、この馬のダート短距離における瞬転たる速力は、物理的限界を超えた所にいる究極のサラブレッドを連起連想させる程だった。

リアルタイムかつ眼前で見つめ、彼が切った風を肌で感じた者ならば、必ずや史上最強短距離馬に推すはずだと、とある古老は滔々と語る。

さてサンキョウスーパー、彼はどのような馬であったか。

その伝説を紐解いて行きたいが、勝鬨を上げた全戦が圧巻であった。

デビュー戦は手綱をがっちりと抑えられたまま、馬なりの疾駆。

その一戦が大レコード勝ち。

他すべての勝利レースも尋常ならざるスピードで疾走。

この馬についてきた馬や、無理に追いかけてきた馬たちはみんな壊れてしまったという。

◆新緑賞のタイム比較論

笠松の大レースに新緑賞（ダ１６００）というレースがある。

サンキョウスーパーのこのレースの勝ちタイムは……

1:41.9

……だった。

サンキョウスーパーのベストは８００〜１２００のダートの短距離である。

それを留意した上で以下のタイムを並べて比較検証してもらいたい。

1:42.2→1982年　ゴールドレット（東海公営史上最強馬ゴールドレット。23戦20勝、2着3回）

1:56.6→1983年　ヤドリギ（鞍上・アンカツ）

1:43.1→1990年　マックスフリート（東海史上最強牝馬。23戦15勝）

1:44.8→1992年　トミシノポルンガ（32戦17勝。ダービーグランプリも制した東海の雄。アンカツの名パートナーの一頭）

1:43.2→2000年　ミツアキサイレンス（佐賀記念連覇、名古屋グランプリ優勝など中央の一線級を斥ける）

1:43.1→2009年　カキツバタロイヤル

……いかがだろうか。

もちろんサンキョウスーパー以上のタイムを出した馬も数頭いるし、このレースのレコードは1998年フジノモンスターの1:40.6である。

しかし、上述した面子は中央一線級ともやり合える程のポテンシャルを持った強豪馬であることを踏まえて鑑みて頂きたいのである。

安藤勝己はこの馬について、次のようなコメントを残している。

「こんな馬はおらん。オグリキャップと比べても、モノが全然違う」

「中央の馬なんて話にもならんやろ」

「短距離ならサクラシンゲキより速いと思ってるよ」

［サクラシンゲキ。大逃げのレーススタイルから〝日の丸特攻隊〟の異名で親しまれた。26戦9勝。1981年の最優秀スプリンター］

笠松時代の最高の名馬として、アンカツが挙げるのが、このサンキョウスーパーなのである。
中央へ挑戦したライデンリーダー、オグリキャップ、トミシノポルガ、東海最強の女傑マックスフリートらを差し置いての選出だけに、重みが違う。
18戦して12勝。
800～1200のダート戦なら、ロードカナロアすら敵わないと私は信じている。

1984年に引退。

そして——いま彼が伝説となってから20年の歳月が流れようとしている。

彼の背を知る名手は鞭を置き、彼を知る古翁たちも少なくなりつつある。


ダイワスカーレットやフェートノーザン、そしてキングカメハメハと比べてはどうなのか？

アンカツに詰問攻めにしたくもなるが、それにしてもあのオグリキャップと比較にもならないとは……

一体どれほど強い馬だったのか……。


時代を劈いた超電磁加速馬（レールガン）。

その真の破壊力を知るのは、安藤勝己、ただひとり——……。


（本文：兼目和明）

フェラーリ伝説

芝2400mクラシックディスタンスにおける世界最速タイムを叩き出したアーモンドアイ。

そのあまりのタイムに、歴史的一戦に立ち会えたと喜びにファンは満たされていった。サラブレッドが史上初めて2分20秒台で走った瞬間に立ち会えたのだから。アーモンドアイ主戦のクリストフ・ルメールは彼女を車に例えるなら「フェラーリ」だという。

フェラーリは跳ね馬と呼ばれ、そのシンボルマークにも馬が描かれている。なぜ馬なのだろうか？　その秘密には、意外なストーリーが隠されていた。

第一次世界大戦時、「黒いペガサス」と呼ばれた男がいた。イタリアの英雄的パイロット、フランチェスコ・バラカがその人である。バラカの戦闘機には胴体部分に青毛の馬が描かれていたという。バラカはいくつもの勲章を立てたが、空の彼方へと消え、戦火の果てから戻ることはなかった。

彼の戦死から5年後の1923年、エンツォ・フェラーリ氏がレースで優勝した際、バラカの両親と出会う。夫妻はフェラーリの走りにいたく感銘を受け、若きフェラーリ氏へ自分たちの愛した息子の象徴とも言える馬のトレードマークを、車の装飾マークに付けてみてはどうだろうかと提案した。

「この馬はあなたへ必ずや幸運をもたらすだろう」と、英雄の魂をフェラーリ氏へと託したのだった。

フェラーリ氏は快くこれを受け、そのマークを自分の故郷のカラーである黄色で彩り、レーシングカーへと施した。多くの方がイメージする、フロントグリルの飾りに「フェラーリ」という有名な駿馬が現れるのは1959年まで待つこととなるが、バラカの魂が乗り移ったが如く、世界的名声を次々と勝ち得、世界で最も有名かつ最速のレーシングカーの地位を築くに至ったフェラーリ。

「黒いペガサス」の神話は「黄金に輝く跳ね馬」となりて、今日も世界中で世界最速の走りを披露し、人々の憧れてなって駆け抜けている。

（本文：兼目和明）

矢野アナの
世界競馬場コラム

サンタアニタパーク競馬場

これまで200カ所を超える海外の競馬場でレースを観戦してきた私。よく「どこがいちばんよかったですか?」と尋ねられる。でもこの質問に答えるのはとても難しい。

一言で言えば「どこもよかった」。世界の競馬場には1つとして同じものはない。そのすべてに異なる個性、つまり〝表情〟がある。だからこそ、それらを見て歩くのがおもしろいのだ。

私が最初に訪れた海外の競馬場は、アメリカ・ロサンゼルス郊外にあるサンタアニタパーク。1986年2月、プロ野球ヤクルトのキャンプ取材で初めて海外に渡航した際、帰りの空き時間を利用して行ってみた。

何しろ初めてづくしだったので行く前はドキドキしたが、場内に入るとちょっとした感動を覚えた。想像していたよりはるかにキレイな競馬場だったからだ。

入場門からスタンドまでの間は公園のように整備されていて、その真ん中にパドックがある。スタンドからコースを見渡すと、サンガブリエル山脈の山々を背景に背の高いパームツリーが何本もそびえ立ち、独特の景色が広がっていた。芝の緑は鮮やか。左手には、丘の斜面に設けられたダウンヒルコースが伸びている。「こんなコース、見たことない」。珍しいレイアウトに驚かされた(シンボリルドルフがこのコースを使うレースに出走したのは、私が訪れた直後の同年3月)。

ファンファーレは生演奏されているし、ビールのCMに出てくるようなドラフトホースが馬車みたいにゲートを曳いて移動させているし、とにかくいろんなことが目新しくておもしろかった。

サンタアニタパークとは約30年もご無沙汰している。いつか再訪してみたいと思うが、少々気になることが……2018年の年末からわずか数ヶ月の間に、同競馬場で20頭を超える競走馬が相次いで予後不良となり、コースの安全性が問題視されて閉鎖の危機に直面してしまったのである。今はただ、アメリカ屈指の伝統ある競馬場が末永く存続するよう祈るばかりだ。

【・第Ⅱ章・】

悲劇

切なき程の悲涙、
薄幸の生涯を甘受した

生涯成績 7戦2勝［2-0-1-4］
主な勝ち鞍 阪神ジェベナイルフィリーズ

父にディープインパクト、母にビワハイジ、そして姉にブエナビスタという血統背景を持つジョワドヴィーヴルは、生まれる前から大きい期待を背負った馬だった。

天命を背負った美少女のデビュー前、日本は東日本大震災により深い悲しみの底にあり、その闇を拭い去る復興への願いを込め、クリストフ・スミヨン騎手が「生きる喜び」と命名したという。

ジョワドヴィーヴルは、十一月の京都競馬場に登場。その滾り溢れんばかりの期待感に包まれながら、１・３倍という圧倒的な１番人気に支持されてデビュー戦を迎えた。

レースでは中団の好位置から外に持ち出して、最後の直線でラスト２００ｍから鞍上の福永騎手のムチに反応して急加速しゴール前では追わずの完勝となった。

新馬戦を勝っただけでＧＩに出走できるかもわからなかったが、ジョワドヴィーヴルの能力はＧＩで即通用すると判断され、阪神ジュベナイルフィリーズに登録をした。

管理する松田博師も自信たっぷりに「他のレースに登録する気はない。一本でいくよ」と、言い放った。

そして、ジョワドヴィーヴルは母、姉が制した二歳牝馬の頂点であるGⅠに見事に抽選をクリアして出走する。

実績では新馬戦を勝っただけだが、その血統背景と新馬戦での能力、そして今後の期待もオッズに表れて経験馬たちを抑えての4番人気と支持された。

レースでは中団から進め、最終コーナーを曲がった後の直線では、1番人気で先行していたサウンドオブハートを射程圏に入れ、ここでも新馬戦のようにラスト200mから急加速をして、重賞勝ち馬、特別勝ち馬を圧倒する走りをみせ、2・1／2馬身と完勝をする。

誰が見てもジョワドヴィーヴルの未来は明るく、将来の活躍は約束されているように思えた。

年が明けてのチューリップ賞にジョワドヴィーヴルは出走する。

競馬ファンの多くは姉のブエナビスタ同様に牝馬クラシックの主役だと思っていただろうし、二戦二勝の無敗でGⅠ馬なのだからブエナビスタ以上の活躍を期待した競馬ファンも多かった。単勝オッズは1・3倍と圧倒的1番人気だった。それも至極当然のことであった。

しかし、その期待は裏切られることとなる。最後の直線で内に入り横並びになったときにいつものような突き抜けるキレがなかったのだ。それは今までにない違和感があり、ジョワドヴィーヴルは3着に敗れてしまう。

レース後に福永騎手は、「スタートも良かったし、いい位置につけられました。上手に走っていますが、休み明けのせいでしょうか……返し馬の感じが前走とは違っていました。まだキャリア3戦ですから、次は良くなって来ると思います」と、これまでの透徹としていた視界に少し暗雲が見えてきた。

桜花賞ではチューリップ賞での支持率を落としてしまっていたが、1番人気ジョワドヴィーヴル、2番人気ジェンティルドンナ、3番人気アイムユアーズ、4番人気ヴィルシーナという並びになった。

次は良くなってくるはず……と誰もが見越していたはずのジョワドヴィーヴルは、後方三番手から直線では大

外に持ち出すが、ここでは新馬戦、阪神ジュベナイルフィリーズの末脚をみせることはなかった。

この時の桜花賞優勝馬ジェンティルドンナと、2着馬のヴィルシーナが2012年の牝馬クラシックの主役とライバルの図式で物語は進んでいき、ジョワドヴィーヴルはレース後に故障が発覚し、長く表舞台から姿を消すことになった。

約一年後、年明けの京都記念で復帰するも、勝ち馬のトーセンラーから一秒以上離されて負けてしまい、かつての輝きはもうないようにも見えた。

しかし、次走の中日新聞杯では後方から一気に追い込みレース上がり二番目の34秒9という末脚を叩き出し、差のない6着となった。

明らかに復活の兆しがあり、それは長い長い暗闇のトンネルからわずかな希望の光が見え始めているようだった。

そして、桜花賞以来の出走となる待ち望んだGⅠの舞台に舞い戻ってきたジョワドヴィーヴルは4番人気に支持される。ここでも後方から一気の末脚を披露して差のない4着となった。勝ち馬のヴィルシーナとはわずかに0・2秒の差であり、これはもう少しで暗いトンネルから出られるはずだった。

自己過去最速となる33・3の豪脚が何よりもそれを物語っていた。

光が見え始めており、もうすぐ長いトンネルを抜けるはずだったジョワドヴィーヴル。

しかし、またしても悲劇が襲う。いつもそうだが、悲劇というのは、なんの前触れもなく突然に襲いかかってくる。

次なる一戦と構えていた鳴尾記念の調教中に異常が発生したのである。

ジョワドヴィーヴルに乗っていた松田剛調教助手はすぐに下馬し、脚元を確認するや、その悲痛な光景を目撃した。

そして、その瞬間、ジョワドヴィーヴルと繋がっている手綱を握りしめながら、彼は泣き崩れた。

すぐに診療所に向かったが、左後肢の下腿骨を開放骨折していたために予後不良との診断が下る。その場で安楽死の処置は取られた。

暗黒に染まる夕焼け。

生まれる前から期待されたジョワドヴィーヴルはGⅠを制して約束された競走生活、引退後の繁殖生活を送るはずだった。

しかし、故障により華やかな舞台を降りることになり、雌伏の日々に臍を噛み、暗渠の中もがき苦しむことになる。

北風と太陽、いつまでも風が吹き、雨が降り続くことがないように、少しずつ、本当に少しずつ、彼女はようやく復活の糸口を手繰りよせはじめたていた。

超良血馬としての矜持を知っているかのように。彼女が再度舞台に上がり、スポットライトが当たろうとしたところで、突如として舞台そのものがなくなり世界は暗転した。ジョワドヴィーヴルの歯車はどこで狂ってしまったのだろう。

ジョワドヴィーヴルの馬生はその名の通り、『生きる幸せ』があったのだろうか。それはジョワドヴィーヴルにしかわからない。

けれど、ジョワドヴィーヴルのために泣く人がいたことで、彼女の馬生は幸せだったと信じたい。

『君の名は。』のように、もしも、時空を超え、歴史を変えられるなら……

ジョワドヴィーヴルの命を、この世に繋ぎとめられることができた、そんな未来世界も存在するというのなら……

貴方ならどのタイミングまで時を超えたいと思うだろうか。

ジェンティルドンナが圧倒的ポテンシャルで三冠と3歳牝馬による史上初のジャパンカップを成し遂げるのを尻目に、闇の中へ飲み込まれていった薄幸の美少女。

ジョワドヴィーヴルが怪我もなく、順調でフルに能力を発揮出来ていれば、ジェンティルの三冠は潰えていた可能性さえある。

彼女の秘めたるポテンシャルはそれほどに鮮烈なものであった。

『ジョワドヴィーヴル』

「忘れちゃいけない人、忘れたくない人、忘れちゃダメな人」

『君の名は。』の劇中で主人公、ヒロインが互いに繰り返すこのセリフ。

誰しもが、そんな人がいるのではないだろうか。

そしてそれは馬にとっても同じであろう。


『ジョワドヴィーヴル』

時間の流れと、生命の営みを噛み締める名前が生み出すカタルシス。

君の名を想う時、愛おしく、どこまでも芒れるほど切なくなる。

君の名は、君を知る人々が、命の尊さをその心に沁み渡らせ、刻みつけるためにあったというのだろうか。

君の名よ——
どこまでも愛おしい、空蝉に生きる苦楽、イマを、「生きる喜び」を教えてくれた貴女に。

来世でもまた逢いたいと、心から願うファンの思いが、今も胸にさんざめく。

君の名よ、『ジョワドヴィーヴル』永遠に。


（本文：朝霧博人）

008

レーヴディソール

天翔ける夢の閃き

▼悲運・悲涙に暮れた幻想的女傑

父 アグネスタキオン
母 レーヴドスカー
母父 ハイエストオナー
生年 2008年
性別 牝
毛色 芦毛
日本

生涯成績 6戦4勝［4-0-0-2］
主な勝ち鞍 阪神ジェベナイルフィリーズ、チューリップ賞、デイリー杯2歳S

デビューの2010年9月11日から2011年の3月30日までの時節、父タキオンが駆けた光速の軌跡をなぞるかのような、儚くも幾千もの夢がたゆたった至福の時韻。

それは一瞬のことだった——

瞬く間……

一刹那、玉響の瞬刻。

淡く切ない

サクランボメモリーの旋律……

あどけない瞳に

ピンクホワイトの馬体……

兎の様なサラブレッド。

彼女の駆けた風色を——

ベランダから見つめた青空は……

そう……

あの頃に見上げた空色はいつも〝夢色〟だった。

飛翔の夢。

クラシックに、世界の空へと舞うことなく夢泡へと帰った戻らない「想い」。

レースの最終最後に見せた光速すらも超過超越する瞬転の閃き。

あの末脚に、我々はこのあどけない純粋無垢なる可憐な少女に、牝馬三冠はおろか、ダービーを、さらには凱旋門賞を未来の空へ投影していた。

それほどの可能性を秘めた、幻惑的なほどに魅力的だった競走馬。

それが彼女、レーヴディソールだった。

大望巨夢の空を舞った彼女の記憶をここに記す――

……

薄幸の美少女

レーヴディソールは、2008年4月8日、北海道は安平町のノーザンファームに生を受けた。

父アグネスタキオン、母レーヴドスカーという血統。

例年POGや一口馬主では注目の的となるが、誰しもが大きな危惧を抱くのもまたこの血統。

それというのも、そのはず。この血筋を受け継ぐ馬たちは皆、呪われたかのように不運・不遇の生涯を送っているのであるから。

下記の一覧を見て頂ければお分かりの通り、レーヴドスカーの仔たちは不思議と体質が貧弱・脆弱な一面を孕んでおり、やけに不幸染みた最期を迎えている馬がほとんどなのである。

レーヴドスカーの子供たち

●リーガルシルク（一番仔）↓父ドバイミレニアム。ゴドルフィンの持ち馬だったが、2004年に死亡。
●ナイアガラ（第二仔）↓父ファンタスティックライト。金子真人氏の持ち馬として活躍。地方競馬へと転入。その後詳しい行方は不明。
●レーヴダムール（第三仔）↓父ファルブラヴ。阪神JFにて、わずかキャリア1戦での連対を果たすが、2008年12月19日死亡。死因は骨盤骨折による内出血だった。
●アプレザンレーヴ（第四仔）↓父シンボリクリスエス。2009年の青葉賞を勝つも、左前浅屈腱炎を発症し、引退に追い込まれてしまう。

●レーヴドリアン（第五仔）↓父スペシャルウィーク。2010年、いわゆる〝最強世代〟の一頭として活躍するも、調教時の不幸により同年11月11日、この世を去っている。

レーヴは父が有力馬や素質馬に故障離脱馬の目立つアグネスタキオンに変わった事で、なおさら言い知れぬ胸騒ぎと疑惧とを周囲に抱かせ煩慮、憂患を重ねさせることとなった。

血統超一流も鬼胎を抱かざるを得ない薄幸の美少女。幼少時のレーヴディソールは、そんな外界に飛び交う不穏な囁きなどどこ吹く風と、元気に育ち、天真爛漫と競走馬としての手解きを受けていった。

天翔る夢の閃き

レーヴディソールのデビュー戦は夏の北海道開催、9月11日の札幌競馬場の芝1500m。中団のインを追走し直線へ向くやあっという間に先頭を捉え、後のアーリントンカップ馬ノーザンリバーを楽に差し切り、見事デビュー勝ちを果たした。

並みの馬ではとても届かないような位置からの追い込みで、これはまた一頭、相当な素質馬が現れたと、あらゆる場所で話題となった。

2戦目に選定されたのが、牝馬限定の重賞ではなく、牡馬混合のデイリー杯2歳Sであったことに、その期待の大きさが反映されていた。

ここにはこの後に朝日杯フューチュリティSと翌年のNHKマイルCを勝つグランプリボス、夏の小倉にて出色の内容で未勝利を圧勝してきたメイショウナルトらも出走してきていたが、全く問題にもせず、大外から一気に巻くりあげ、残り100mで先頭に立ち、流しながらゴール。前脚を高く上げ蹴りつける独特のフォーム、後

デイリー杯の牝馬による優勝は1996年のシーキングザパール以来、14年ぶりのことだった。

方からいつの間にか先頭に立つ極上のキレと瞬発力に多くの者が魅了され始めていた。

3戦目となったのは2歳牝馬チャンピオン決定戦の阪神ジュベナイルフィリーズ。ここには強敵が揃った。札幌2歳Sで牡馬相手に2着と好走し、翌年の秋華賞を勝つアヴェンチュラ。芙蓉Sを勝ち、翌年の牝馬三冠戦線で崩れず戦い抜くホエールキャプチャ、名門・藤沢厩舎が送り出すダンスインザムードの娘で2戦2勝のダンスファンタジア。ファンタジーSを勝ったマルモセーラ……。

この強力メンバーを相手に、レーヴディソールを福永はどう手繰ったか――。

やはり後方待機策だった。しかし、レースはスローで展開され前方をゆく有力馬たちに勝利は転がり込むかのようにもレース途中から見え始めていた。しかし、福永はこの馬の内包する絶大無比のポテンシャルを信じきっていた。3コーナー過ぎから徐々にポジションを上げ、4コーナーで一気の捲り。ホエールキャプチャ、ライステラス、アヴェンチュラらが粉骨砕身、必死の追い上げを見せる中、なんと一鞭もくれることなく、軽いサインを送るだけで信じ難い瞬発性能を開眼させると、改修後の阪神コースで行われたJF最速の3ハロン、33・9を馬なりで叩き出し、優勝してしまったのである。

「今日は最小限の力で勝たせました」

破顔一笑。白き女傑に惚れ込んだ男が、白い歯を見せ、大願を師走の空へと投影させた。

レーヴディソールはウオッカやアパパネ以上のレーティングを獲得。

同厩舎の大先輩ブエナビスタのレーティングには及ばなかったものの、誰しもがウオッカ、ダイワスカーレット、ブエナビスタといった牡馬をも打ちのめす女傑・女帝の系譜を継承する存在だと、胸中で確信めいた何かが、萌芽しはじめていた。

ところでこの桁外れの瞬発力、いい表現・称号は何かないものかと考えてみたのだが、私は〝天翔る夢の閃き〟と呼ぶことにした。この由来となっているのが、週るることとなった。

ディープを超えた奇跡

レーヴディソールが、桜花賞へ向けての始動戦を迎えることとなった。

牝馬、しかもまだ2歳のGⅠを1勝しただけの馬。その馬がなんと新聞各紙の一面を飾っている。

信じられない光景である。そしてその単勝支持率は史上空前のものへと昇っていく。

チューリップ賞の最終単勝支持率はなんと81・4%。

ディープインパクトの菊花賞が79・03%を超える驚天動地の支持率である。

ファン、関係者皆の仰望を一身に受け止めたレーヴディソール＝福永は期待通りの大楽勝を展開させる。

ステッキどころか、一度も追われることなく、見せ鞭とゴーサインだけで、馬なりのまま4馬身差の超楽勝。これほど楽に重賞を勝つ馬がいようとは……。ディープの阪神大賞典やタイキシャトルの京王杯SC以上の衝撃的大楽勝だった。

この大勝に〝今までに乗ったことがない馬〟と評し、遠回りながらもかつて自らが手綱をとった名牝シーザリオ、ラインクラフトらを上回る評価を与えている。

間少年ジャンプにて連載され大人気を博した少年漫画『るろうに剣心――明治剣客浪漫譚――』の主人公・緋村剣心の使う飛天御剣流、その奥義・天翔龍閃（あまかけるりゅうのひらめき）。

この奥義は超神速の抜刀術。右足を前にして抜刀する抜刀術の常識（通常、抜刀術は刀は左から抜刀するため、左足を前にすると抜刀時に斬ってしまう危険性があるため）を覆し、抜刀する瞬間に絶妙のタイミングで鞘側の足、つまり左足を踏み出し、その踏み込みによって刀を加速し神速の抜刀術を、超神速にまで昇華させる……というもので、まさに瞬刻の刹那、直線最後に見せるレーヴディソールの天性の瞬速力を現すにふさわしいと感知しての命名であった訳である。

完全に余談だが、あのゴールまえのダイナミックなモーションと豪快なフットワーク、そしてその一弾指のスピードを一言で表現する言葉が、欲しくてたまらなかった。それほどに彼女の瞬発力は魅惑的なものだったのだ。

そしてチューリップ賞後、親しい仲の者には「この娘、マジはんぱねぇーよ!!」と興奮気味に語っている姿もあったという。
桜花賞はもちろん、牝馬三冠確定の声も上がり、中には「ダービーへ出て欲しい」と願う者も現れ始めた。栗東や美浦のトレセンでもこの馬の噂は凄まじく、「凱旋門でもきっと勝負になる」との囁きもあったという。
敵は己の中潜む悲運の血筋のみ。
誰もが無事と幸運を願った――。

悪夢に飲まれた儚き夢の物語

２０１１年3月11日、午後2時46分。

宮城県牡鹿半島の東南東沖の海底を震源としたマグニチュード９・０という日本史上最大規模の大地震が発生。太平洋沿岸部を中心に壊滅的甚大なる被害をもたらした。

この未曾有の大震災直後のことだった。

3月30日。レーヴディソール骨折。

右前脚のトウ骨遠位端部分の骨折が判明したのである。

天翔る銀髪の少女の夢物語は、儚くも散った。


そう、この日の空に。

ガラス玉のような、いつ砕けてもおかしくない繊細精緻な脚だった。

誰しもが、懼れていた。

「いつかきっと故障してしまう日が来るに違いない……いやでもこの馬は特別に違いない」

レーヴディソールのニュースが上がる度に上がる心拍数。

無事だ。今日も何事もなかった……

とにかく無事にクラシックへ……。

しかし、それは、悪夢は、現実となった。

まるで大震災に飲み込まれるかのように、夢を追う少女の物語はバラバラに砕かれてしまったのである。

「このまま引退したほうがいい。」

「もう一度あの走りがみたい」

意見は二つに分かれていた。骨折後も競走能力を変わらず発揮できる馬もいるが、大半は長期休養を要され、復帰後は怪我前とのギャップに苛まれ、全開することなく競馬場を去るか、怪我の再発に蝕まれる運命。レーヴディソールのあの天空を翔る走りは、もう二度と戻らないだろうと、私はこの時、心のどこかで確信めいたものを感得していた。

その後レーヴは放牧に出され、陣営の弛まぬ努力から、レーヴディソールは復帰の道を歩み出していった。

しかし――……

復帰戦エリザベス女王杯、11着。

二戦目の愛知杯、4着。

あのレーヴディソールは、天翔る夢の閃きは、輝き方を忘れ、空を舞うことすら叶わなくなっていた。少女は翼をもがれ、地面へと叩きつけられた――……

大いなる大空を、翔舞する夢を断たれた少女が、インフェルノの亀裂へと転げ落ちてゆく――。

2012年、2月29日。

レーヴディソールの引退が決まった。

夢の空、遠き空。

あの日あの時、

飲みこまれていった夢の空を、

白い翼で一瞬の閃きを見せた彼女との日々、その空たちを。

私たちは、ずっと忘れない。

いつか見る、夢の空を翔ぶために――……。

（本文：兼目和明）

常しえなる旅路の果てに
カテリーナ

▼171戦75勝。欧州競馬史上最多出走&最多勝、世界競馬史上最長走破距離の伝説的女帝

父	ウィスカー
母	アレクト
母父	ヘットマン
生年	1830年
性別	牝
毛色	黒鹿毛

大英帝国

生涯成績 171戦75勝
主な勝ち鞍 クィーンズプレート、マンチェスターカップ、ヒルトンパークスキングズカップ、14マイル競走ほか

学生ラウンジから見える空は、どこか虚ろで遠かった。

何かそこにあるようで掴めない、虚無と希望とが同居している不可思議な空間がそこにはあった。

「ねぇ知ってる？　昔の英国競馬って、すっごい長い距離走ってたんだって！」

つい先日知り合ったばかりのＳが、僕の競馬好きを知ってか知らずか、唐突に話しかけてきた。

長い距離。

アスコットゴールドカップやカドラン賞など、４０００ｍ級の競走は現代競馬において稀少な存在である。

かつて３０００ｍあった東京大賞典や南米のビッグレースも、見る見るうちに距離短縮化の世界的激流に飲まれ、２０００ｍや２４００ｍ級への変革が図られた。

その潮流は今も変わらず……いやさらに加速を遂げ、もはや世界から長距離レースは天然記念物や世界遺産を見るような眼差しを注がれている。

史上最も長い距離を走り抜き、なおかつその大半を勝利でもぎ取った馬は果たしてどの馬なのか。

以下にその候補を列挙してみよう。

【コリスバール】プエルトリコ自治連邦区　324戦197勝

【フィッシャーマン】英国　121戦or136戦70勝

【バンクラプト】アメリカ　348戦86勝

【インプ】アメリカ　171戦62勝

驚異驚愕の競走歴持つ名馬たち

以上に挙げた偉大なる名馬たちも、天文学的距離を駆けた名馬たちである。

特に英国が誇るフィッシャーマン、米国のバンクラプトらは、生まれた時代がヒート競走や超長距離全盛の時代。推定走破距離は30万mを超えるだろう。

それでは、あのハンガリーの国宝女傑、キンツェムの生涯走破距離はどれ程のものなのか。

54戦54勝、その走破距離総計は……

１２４１６９m

翻って、カテリーナの走破距離を想定してみよう。

この時代、14マイルの競走や６０００mクラスのレースを使っていたこと。

低く見積もって1戦３０００mで計算した場合……

５１３００m

さらに、多く見積もると……

ヒート競走で3200×2本や14マイル走等も配慮し、1走あたり6000mと想定すると……

1026000m

……以上の距離を駆けていたと思われる。

ハンガリーの奇跡　キンツェム号

この距離がいかに凄いか。

富士山が3776m。

エベレストが8848m。

マリアナ海溝最深部が10911m。

人間のマラソン距離が42・195km＝42195m。

……要は、一つの小惑星の一周分の直径くらいの距離である。

ちなみに小惑星帯に位置する最大の天体「セレス」の直径は975km＝975000m……なのである！


超常絶する距離を走り続けた古の女帝。


しかし、その最後はあまりに惨い仕打ちが待っていた。

時は1858年。

日本では彼女の母国、英国との日英修好通商条約が結ばれ、ダービー伯爵における第二次内閣がスタートし、日本ではまだ徳川幕府が全国を統べる時代……日本で洋式競馬が始まる10年以上前、キンツェム降誕の20年近く前の話である。


母としての役目も終え、もはや廃用と見なされた彼女は、人知れず銃殺された。

誰に見取られることもなく、黄昏の中静かに絶命していった。


……――その時と同じような夕焼けがキャンパスを覆い始めていた。

どこか虚ろで遠い夕映えは、虚無と希望とが同居している不可思議な空間として未来へ広がっている……

詩人のような事を口ずさみ、名馬の物語に一度、ピリオドを打とう――。


（本文：兼目和明）

命の炎、滾らせて
ノーブルダンサー

▼北欧から米国へ。凱旋門賞でも勝ち負けした北欧競馬最強級ホース

父 プリンスドゴール
母 ヘレントローベル
母父 シングシング
生年 1972年
性別 牡
毛色 黒鹿毛

ノルウェー

生涯成績 43戦22勝[22-7-5-9]
主な勝ち鞍 ノルウェーセントレジャー、オスロカップ連覇、ユナイテッド・ネーションズH連覇、サンルイレイS連覇、パン・アメリカンH、タイドルH、カナディアンターフH、ボーゲンビリアH、ハイアリアターフカップ、フロリダターフカップH、ワシントンシンガーSほか

ラフィアンの記憶

１９７９年10月17日早朝のベルモント競馬場。霧がかったコースに「グキッ」という鈍い音が響いた。踝を中空にブラブラとさせる余りに痛ましい光景の愛

馬へと駆け寄っていったトミー・ケリー調教師と息子のケリーは絶句し、最悪のシナリオが胸奥に頭を擡げた。

同馬は即刻、競馬場の外れにある手術室へと担ぎ込まれた。名医ウィリアム・リード師と、ラリー・プラムレジ博士の下へけたたましいベルが鳴り響き、名だたる手術団が結成され、ベルモントの地へと招聘された。

リード師はあのラフィアンの手術も受け持った、名の通った医師であり、最後の頼みの綱のような存在であった。

悲報は当然、馬主であるハーコン・フレットハイム氏の元へも伝えられ、最愛の名馬を襲った突然の不幸を信じられず、苦虫を噛み潰したような煩悶たる表情を浮かべ現れた。

　医師団と保険代理人の間では喧々諤々たる協議が展開されていたが、代理人の主張が押し通されそうな、暗雲立ち込めた雰囲気が病室を覆っていた。

「助かりっこありません。これ以上の痛みは馬の為にも不幸過ぎる。殺処分すべきです」

　これにギョッとしたフレットハイム氏は間に割り込んで思いの丈を主張した。

「私は……助かるものなら助けてやりたい。馬をお金に換えることなんぞ、私にはできません。何とか生かしてやってください。ダンサーだって必死になって激痛と闘っているじゃあないか。体重を蹂にかけないようにして、必死に痛みと闘っているじゃないか……生を望む者の意思を尊重せずに命を絶つことなど私には出来んよ……」

　しかし、ケリー調教師は曇った表情で殺処分も止むを得ないかもしれない……と述べた。

　気でも触れたのか……とフレットハイム氏は目を剥き出しに驚いたが、ケリー調教師の口から出てきた証言に、その激情は一瞬にして鎮火されてしまった。

「ダンサーは……あまりに苦しいのか、バケツに首を突っ込み、自殺しようとしていました……。急いで止めさせましたが、そんな光景をみてしまうと……」

　運命の決断は手術後、ノーブルダンサーの様子を見てから……という事に落ち着き、プラムレジ博士の到着を待って手術は開始されることになる。

　何時間かかったのか――

　時間の感覚もぼやけるような、押しつぶされたような空気の空間の中、リード医師の脳裏にあの悲劇の光景がフラッシュバックしていた。

　大手術の後、目を覚ましたラフィアンは激痛から悲鳴のような嘶きを上げながらギプスを破壊し、暴れ回り、最後は薬物を投与され絶命した――……

　この馬も……また……もしかしたら……。

　リード師の描いた断末魔は、杞憂となった。

　ノーブルダンサーは静かに目を開けると、ゆっくりと立ち上がり、よろめくも周囲の人間に支えられ、1時間後には飼い葉を食べ始めたのである。

人間たちが自らの命を全力で救ってくれたことを、馬は理解しているかのようだったという。

北欧はオスロの街から

このノーブルダンサーは、米国出身ではなく、出生地はアイルランドであった。

生まれた後、北欧はノルウェーへと渡り、クラシックシーズンと古馬になっての一年目は同国で過ごすこととなる。

ノルウェー2000ギニー、ノルウェーダービー共に2着。

届きそうで届かない、ちょっとした不運でタイトルを逃していたノーブルダンサーであったが、ついにノルウェーセントレジャーを制すると、本格化の兆しを見せ、オスロカップを連覇。ノルウェー最強馬の誇りを胸に、欧州最大のレースにして最高峰である凱旋門賞を目指すことになる。

1976年の凱旋門賞、勝ったのは結局地元フランスのイヴァンジカ。

凱旋門賞連覇を成し遂げる歴史的名牝トレヴの調教師であるC．ヘッド調教師の管理した女傑である。ノーブルダンサーは直線進路を塞がれ大きな不利を蒙るも、闘志剥き出し食下がり4着の大健闘。

まだ優勝経験のないヨーロッパ諸国の調教馬の中では最高の成績と言えるパフォーマンスに、ノルウェーの競馬関係者やファンも胸を熱く焦がしたが、一人感激してノーブルダンサーに首っ丈になった男がいた。それがフレットハイム氏であり、ぜひこの馬をアメリカの芝路線へ連れて行きたいと熱望を掲げ、買い取りを申し出る。只ならぬ熱意に根負けしたオーナーは、60％の権利をフレットハイム氏に譲渡。ワシントンDCインターナショナル出走直前のことだった。

激闘の日々

ワシントンDCインターナショナルにてフレットハイム氏が描いていたような鮮やかな勝利は描けず、凡走に終わってしまったノーブルダンサーだったが、年が明けての1977年、緒戦に選んだタイドルHをトラックレコードで圧勝。

しかし……であった……好事魔が多し。快勝後性質の悪いウィルスに冒され、なんと体重を90ｋｇ以上落とし、瀕死の重態にまで陥ってしまう。ところが、驚異的な生命力を見せる。すべての力を回復力発現のエナジーへと転換しているかのように、目覚しい復活を遂げるノーブルダンサー。

「やはりこの馬は只者ではない。自分の眼は間違っていなかったのだ」

おぼろげな自信が、一気に霧が晴れたかのように、確信に変わった瞬間だった。

入念な治療と調教を積み、再始動の仕切り直しは、1978年を迎えてからとなったが、これが功を制した。大病を患う前の能力をすべて取り戻し、アロウワンスを流して勝つと、ブーゲンビリアH、ハイアリアターフCと三連勝。

この勢いそのままにサンタアニタへと飛び、サンルイレイSへ挑戦。ここには強豪エクセラーも参戦していたが、ノーブルダンサーは勝負強さをフルに発揮し、プロペランテという馬をクビ差凌ぎ切って優勝した。

しかし、この後エネルギー切れを起してしまったかのごとく、三連敗を喫し、最悪な事にカリフォルニアにおける最後のレースで靭帯を痛め、三ヶ月の休養を強いられてしまう。このノーブルダンサーの精神力も見上げたものである。どんな困難、苦難、苦闘、苦吟にも根を上げず、怯むことなく立ち向かっていく。この靭帯損傷の時もそうで、レースへ戻りたいという闘志を日々見せ続けていたという。

その気合乗りは本物だった。再々復帰となった一戦のユナイテッド・ネイションズHでは6馬身差の大楽勝。今回もいい口火を切ったかに見えたが、鞍上のスティーヴ・コーセンと気が合わなくなってきており、この後精細を欠く三連敗。ついには騎手交代が宣言され、H・ヴァスケスが手綱を握る事となる。

馬が合ったのかは定かではないが、気持ち良さそうに競馬場を駆け抜け一気の三連勝。

そして再訪のサンタアニタ。サンルイレイSを2馬身

1／2差で連覇し、第二の熟盛期に突入したことを印象付ける。昨年のリベンジを期して参戦のサンファンカスピトラーノ招待Hでまさかの落とし穴。サンルイレイSで完勝し、力の違いを見せ付けていたテイラーという馬に屈してしまう。

これに憤怒した陣営は連闘を承知でハイアリアターフカップへとノーブルダンサーを出撃させた。レースでは59kgのハンデを背負わされるも、余裕で勝てると見ていたフレットハイム氏とケリー調教師は、モグラ叩きで思いっきり叩かれる土竜の如く、脳天に鉄槌を食らわされる。51kgの軽量を背負った格下の伏兵ボウルゲイムの前に敗れ去ってしまったのである。

再びフランスへ……

打ちひしがれてしまったケリー調教師とフレットハイム氏だったが、これはレース選択を誤った人災と猛省し、翌年に復権を期した。休養明け大得意のノーブルダンサー。今回も爽快な疾走を見せ、ユナイテッド・ネイションズH連覇を成功。つづくマンハッタンHは大きな不利を受け、それが主因となって4着に甘んじるも、不利がなければ……の内容に、大きな灯火が燃え上がる。

「凱旋門賞挑戦」

ノルウェー在籍時、もう一歩の所まで来ていた夢の超ビッグタイトル。

今年のメンバーならば……と淡い祈望を抱いての渡仏。またも立ちはだかったのはヘッド調教師の送り込む女傑スリートロイカス。

迸るオーラを発散しレースに臨んだノーブルダンサーであったが、すでにピークは過ぎていたようで、あえなく大敗。勝ったのはスリートロイカスであった。

もどかしい思いに、後ろ髪引かれながら失意の帰国。その後に待っていたのが、ベルモントでのあの悲劇――。

ノーブルダンサーは短距離から中距離、クラシックから長距離まで、どんな距離でもこなし、そして結果を出してきた。良馬場はもちろん重馬場も苦にすることなく走り、先行もすれば追い込み戦法も可能で、利発で賢く、勇猛なハートを持った競走馬であった。大変な負けず嫌いな馬でもあったらしく、敗れた翌日は常にご機嫌斜めで、身の回りの人間に八つ当たりのつもりか、鼻を鳴ら

しつつ、嫌がらせを結構していたという。

生死の淵を彷徨ってきたノーブルダンサーは順調に回復し、さすがの高齢に引退を決断。

無事に種牡馬入りも果たすことが出来た。

しかし……自らに並ぶような良駒はついぞ出現せず、余生を過ごすこととなる。

レースでも調教でも手を抜かず、常に120%全力傾倒。命の炎を燃やし続けた競走馬生ゆえ、種牡馬としてのエナジーまで使い果たしてしまっていたのではないだろうか。

彼の滾らせ続けた生への熱情が、ここで断ち切られてしまうのは無念という他あるまい。

北欧に生まれ北欧に育ち、北欧から旅立っていったとある1頭の物語である。

（本文：兼目和明）

生命の調べ（ブルービート）

ロイヤルダッド

▼燃え尽きて天に昇った、ジャマイカ伝説の三冠馬

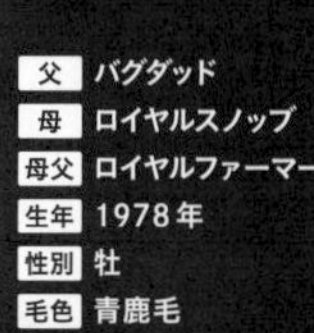
父 バグダッド
母 ロイヤルスノップ
母父 ロイヤルファーマー
生年 1978年
性別 牡
毛色 青鹿毛

ジャマイカ

生涯成績 17戦13勝［12-0-1-4］
主な勝ち鞍 ジャマイカ三冠（ジャマイカ2000ギニー、ジャマイカダービー、ジャマイカセントレジャー）、ガヴァナーズカップ、ジャマイカエクリプスS、ガヴァナージェネラルズS、フランキー・フレイザー記念カップ、ジャマイカターフクラブ2歳S、ノンサッチS、デューハーストS

ジャマイカ競馬の歴史

カリブ海に、弧を描くように約７０００の島々が連なる西インド諸島。その中で3番目の面積を持つジャマイカ島の競馬の歴史は古い。イギリスが島を支配してから64年後の１７１８年、ジャマイカ総督の認可により最初の競馬開催が実現した。１７８３年に初の常設競馬場である公営キングトン競馬場が開場。当初、競走馬の主体はサラブレッドの血が混ざったポロポニーであったが、次第にサラブレッドの生産もはじまり、１８９２年には血統書の第1巻が刊行されている。そして、１９０５年に競馬統括機関としてジャマイカジョッキークラブが創設され、各競馬場はジョッキークラブから認可を受けた法人組織によって開催されるようになった。

各地の競馬施行団体の中で最も有力であったのは、ナッツフォードパーク競馬場（１９０５年にキングストン競馬場から移転）の開催権を得たナッツフォードパーク社であったが、後発のジャマイカターフクラブ社が１９３４年にナッツフォードパーク競馬場の開催権を得ると、2社が競合する時代が続いた。その過程で国内競

馬の淘汰が進み、国内に6つあった競馬場は、1960年代には、ケイマナスパーク競馬場（1959年にナッツフォードパーク競馬場から移転）とリトルアスコット競馬場の2つに集約されていった。

1962年、ジャマイカがイギリスから独立を果たすと、政府は競馬関連の法整備を進め、国内競馬の再編が一気に加速した。1967年にナッツフォードパーク社とジャマイカターフクラブ社が合併してケイマナスパーク社（現在のケイマナス・トラック社）が設立され、競馬場はケイマナスパーク競馬場の一ヶ所に集約された。そして、1972年にはジャマイカ競馬委員会が設立され、ジャマイカジョッキークラブが担ってきた競馬統括機能がすべて移譲された。国内競馬の再編が一段落ついたころ、新たな時代を切り開く1頭のスーパーホースが登場した。それが「ザ・ダッド」ことロイヤルダッドである。

31年ぶり3冠馬誕生

ケイマナスパーク競馬場から西へ10分ほど車で走った距離に、生産牧場グレンジファーム（現在のHAMステイブル）がある。ジョッキークラブの幹事であったロイ＝パークとジョー＝ワットによって設立されたこの牧場で、1978年に一頭の青鹿毛の牡馬が誕生した。父はコンセイユ＝ミュニシパル賞（現コンセイユドパリ賞）の勝鞍があるフランス産のバグダッド、母は米国産のロイヤルスノッブ、半兄にはジャマイカダービー馬レカという牧場期待の良血は、翌年のイヤリングセールで、1900ジャマイカドルでレスリー＝フーとファーディナンド＝スワビーに共同購入され、両親の名前の一部ずつ採りロイヤルダッドと名付けられた。

リーディング調教師ケネス＝マティス師にあずけられたロイヤルダッドは、リーディング騎手ウィンストン＝グリフィスを鞍上に迎え、1981年8月23日のケイマナスパーク競馬場の2歳最初の重賞、デューハースト＝ステークス（ダ7F）でデビューを迎えた。重賞はデビュー戦であったにもかかわらず、10頭立ての3番人気に支持され、2着トゥルーギフトに4馬身差をつける衝撃的な勝利を飾った。

デビュー戦のレースぶりが評価され、9月6日のノンサッチステークス（ダ6F）では1番人気に支持されたが、出走の際にゲート入りを頑なに拒み、陣営は出走を断念。10月4日のジャマイカターフクラブ2歳ステークス（ダ7F）で再び1番人気に支持されたものの、またもやゲート入りを拒み出走できず。結局、ロイヤルダッドの2戦目は、デビューから3ヶ月後の11月15日、アビーグラスヌム記念杯（ダ7F）となった。順調さを欠いていたにもかかわらず、1番人気に支持されたロイヤルダッドは、スタートから先行すると、そのまま2着に6馬身差をつけて圧勝した。

12月15日の2歳王者を決するジャマイカ2歳ステークス（ダ8F）は、3戦3勝のスーパーマンが距離の不安から出走を回避し、4戦3勝の牝馬リコシエも回避したことで、ロイヤルダッドに目新しい相手はいなかった。7頭立てとなったレースは、序盤、先頭集団が激しく競い合う中、ロイヤルダッドは、5番手の好位につけて先頭をうかがった。しかし、レース中盤、先頭集団から落ちてきた馬に囲まれる形になり、そのまま行き場をなくしたまま、最後の直線を迎えた。先頭にたったトゥルーギフトの差は厳しく思われたが、残り1ハロンで鞍上のグリフィスが馬群をさばくと、ロイヤルダッドは強烈な追い上げをみせ、最後の一完歩でクビ差とらえて辛くも勝利を上げた。これで3戦3勝。最優秀2歳馬として、ロイヤルダッドは1981年シーズンを終えた。

ジャマイカの3歳クラシックは、旧ナッツフォード社が創設した2000ギニー（ダ8F）、ダービー（ダ12F）、セントレジャー（ダ14F）の3冠と、旧ジャマイカターフクラブ社が創設したガヴァナーズカップ（ダ10F）からなる。3歳となったロイヤルダッドは、クラシックの前哨戦に、4月8日の古馬混合ハンデ戦（6・5F）を選んだ。軽ハンデになったことで、鞍上を見習い騎手ウエイン＝シンクレアに変更を余儀なくされたが、シンクレアは冷静な騎乗を見せ、先頭を走るザボスをゴール手前でかわして勝利。これでロイヤルダッドは無敗のまま3歳クラシックに挑むことになった。

鞍上をグリフィスに戻して挑んだ3冠クラシックに、ロイヤルダッドの敵はいなかった。4月20日のジャマイカ2000ギニーは、ザボスを3馬身突き放して快勝。5月23日のガヴァナーズカップは、ジャマイカオークス馬フォースフルネイティヴを相手に3／4馬身の辛勝であったが、7月4日のジャマイカダービーでは、レース

中盤で先頭に立ち、最後は2着フォースフルネイティヴに4馬身差をつけるダービーレコード（2'32"4/5）で圧勝した。その後、8月と9月のハンデ戦に勝利したことで、ロイヤルダッドの連勝記録は、1977年の2冠馬Legal Lightの記録（8連勝）を破る9にまで伸びていた。そして、10月24日のジャマイカセントレジャーは、4頭立てとなり、2着に6馬身の差をつける圧倒的な強さを見せ、31年ぶり史上7頭目、ケイマナスパーク競馬場に移転後では初の3冠馬となった。

ロイヤルダッド、永遠に

11月21日、伝統の重賞ジャマイカエクリプスステークス（ダ12F）で古馬の一線級を蹴散らして連勝を11まで伸ばしたロイヤルダッドが次に向かったのは、12月6日、プエルトリコのエルコマンダンテ競馬場（現カマレロ競馬場）で開催される「カリブダービー」ことクラシコ＝デ＝カリブ（ダ9F）であった。1974年の初参戦以来、ジャマイカ馬はカリブ強豪国の高い壁に苦汁を嘗めてきたが、今回は無敗の3冠馬の挑戦とあって、関係者やファンから大きな期待が掛かった。しかしながら、ロイヤルダッドは、環境の違いに適応できなかった。ゲートから飛び出したロイヤルダッドだったが、スタートのダッシュが全くつかない。鞍上のグリフィスが出鞭を2発叩き、どうにか好位を確保しようしたが、結局は6番手の位置で終始外をまわされる位置取りとなってしまった。向こう正面に入り、グリフィスは手綱をしごいて先頭集団に上がろうとするも、ロイヤルダッドの行きっぷりは鈍く、全く上がっていくことができない。どうにか4コーナー手前で4番手をうかがう位置まで上がったものの、コーナーの出口で大きく外に振られてしまい、ここで勝ち目は完全に失ってしまった。勝利したのは、パナマから遠征してきたエルコーミコ。ロイヤルダッドはジャマイカ馬としては過去最高の5着に入線するも、勝ち馬から5馬身差をつけられる完敗であった。デビューからの連勝記録も11でストップした。

3ヵ月弱の休養を経て、4歳となったロイヤルダッドの国内復帰に選んだのは、2月27日、タバコ会社がメインスポンサーとなった高額賞金競走クレイブンA招待クラシック（ダ8F）であった。しかし、「クラッシュ・オブ・チャンピオン」と異名を持つこの競走のジンクスに、国内では未だ無敗を誇っていたロイヤルダッドも飲み込まれ6着に敗退。翌日の新聞には、「ロイヤルダッドの神話が終わる」の見出しが躍った。この結果を受け、ロイヤルダッドは再び休養に入った。

7月10日のフランキー・フレイザー記念カップ（ダ8F）でターフ戻ってきたロイヤルダッドは、アメリカ産馬エイダネイティヴに次ぐ2番人気となったが、レースは、ロイヤルダッドがエイダネイティヴに4馬身差をつけて勝利。復調を印象付けて臨んだ、8月2日の夏の最強戦、プライムミニスターズステークス（D10F）では1番人気に支持されたが、レースは雷が鳴り響くほどの悪天候で、不良のダートコースをレコードで逃げ切ったフォースフルネイティヴを捉えきれず、勝ち馬から1馬身差の3着に敗れた。

秋の古馬戦線に向けて調教を積まれたロイヤルダッドであったが、前走の疲労が抜け切れず、仕上がりが遅れてしまった。そこで、ロイヤルダッドを管理するマティス師は、叩き台として、10月9日のスプリント戦ベンソン&ヘッジス金杯（ダ7F）に出走を決断。結果は6着に敗退したが、この一走でロイヤルダッドの状態は一変し、連闘で、ロイヤルダッドの最後のステージに向かった。

10月16日、秋の古馬戦線の初戦ガヴァナージジェネラルズステークス（ダ10F）。ロイヤルダッドは、フォースフルネイティヴやエイダネイティヴを抑えて1番人気に支持された、期待に応えて2着に6馬身差をつける大圧勝で復調をアピールした。しかし、悲劇はその後に待っていたのである。ウィーナーズサークルに向かうため、勝利の歓喜の中、第一コーナーまで戻ってきたロイヤルダッドは、突然に馬体をグラつかせた。鞍上ネビル＝アンダーソンはすぐに下馬したが、ロイヤルダッドは崩れるように倒れて痙攣をおこした。観客らも異変を感じて集まってきた時には、すでにロイヤルダッドの息は止まっていた。心臓発作による突然死であった。

「ザ・ダッド」の愛称でファンから愛された稀代の3冠馬は、悲劇的な形でターフを去った。ロイヤルダッドの後、２０１７年のシーズアマンイーターまで、37年間で10頭というハイペースで3冠馬が登場している。また、ロイヤルダッドの持つ連勝記録11は、１９９６年に3冠馬ヴァーゾンが12連勝し、さらに２０１３年に牝馬2冠

馬セイントセシリアが13連勝して塗り替えられた。歴史は未来への踏み台であることを避けられない。これからも、過去の記録を乗り越える競走馬がジャマイカのターフに登場するだろう。それでも、ロイヤルダッドが放った輝きは、色あせることなく歴史の中で生き続ける。ジャマイカに競馬が続く限り。

（本文：大岡賢一郎）

Wonderlust
～いにしえ幻の名馬たち～

コロンビアの伝説、史上最強クラスの名馬
ダークディナー

ダークディナー。1994年生。生涯成績78戦36勝、2着23回、3着7回、4着は8回で、80戦近く走りながら掲示板外はわずか4回しかないという驚異的成績を残した。〝ゴールデンドワーフ〟の異名を取り、コロンビア競馬の歴史的英雄に昇華。三冠戦はダービーのみ惜しくも落としてしまうが、多くの大レースを勝ちまくり、カリブ国際にも優勝し、コロンビア競馬に歴史的栄誉をもたらした。1000mから2200mまでコロンビアで行われる全ての距離で連対記録を上げるも、1800mだけは勝ち鞍なく、2着7回としている。

過ぎ去りし 時代の忘れ物
クリスザブレイヴ
▼NT産駒、最後の大物

父	ノーザンテースト
母	クリスザレディー
母父	クリス
生年	1994年
性別	牡
毛色	栗毛

日本

生涯成績 19戦9勝［9-3-2-5］
主な勝ち鞍 富士ステークス（G3）、ディセンバーS（OP）、白富士S（OP）、福島民報杯（OP）、ニューマーケットカップ（1600万下）、佐渡S（900万下）、百日草特別（500万下）ほか

11年連続リーディングサイアー、16年連続リーディングブルードメアサイアー、そして28年間連続で産駒が勝利するという、空前絶後の金字塔を打ち建てた大種牡馬、ノーザンテースト。近代における日本競馬の礎を築いたのは、間違いなく彼だった。

産駒もバラエティーに富み、短距離から長距離、ダートに障害戦と、全てのカテゴリーにおいて活躍馬が次々と現れ、生産界を騒然とさせた。中でもダービーと有馬記念を勝ったダイナガリバー、そしてその血を後世へと脈々と引き継ぐことに成功したアンバーシャダイの活躍は大きい。

1994年——ノーザンテーストが君臨し続けた時代が終焉を迎えようとしていた。時代は急速に変化し、次ぎなる未来へとシフトし始めていた——。

サンデーサイレンス産駒の台頭である。フジキセキ、タヤスツヨシらがキラ星のごとくターフへと舞い降りた1994年、時代の忘れ物が北海道は早来へと天受された。

母クリスザレディー、そして父は偉大なるノーザンテーストという血統をもって産まれてきた子馬は、まばゆい輝きを体中から解き放っていた。

ノーザンテースト時代からサンデーサイレンスの時代へ……――。大きな時代の変革が起ころうとしている最中に降誕した彼は、こう呼ばれた――

「ノーザンテースト最後の大物」と……。

内包する素質は確信を持ってGI級のそれだった。しかし、最後の大物は幾つもの不運に弄ばれ、真の力を100%開眼することなく競馬場へ尾を向けてしまった。GI馬でも歴史的名馬でもない。しかし、それを補って余りあるだけの魅力と熱情の抒情詩を、ターフとファンの心にしっかりと彼は刻み込んだ。

臥竜鳳雛の名馬……それがクリスザブレイヴである。

彼の記した蹄跡をじっくりと振り返ってゆきたい。

デビューは1996年の秋の東京開催のことだった。

楓の葉音が秋の微風を感じさせる。

秋色が深まりを増してきた10月6日の府中へと姿を見せたクリスザブレイヴは、かねてからの評判を受け、圧倒的1番人気に推され、レースでも大楽勝。馬なりのまま坂を駆け上がり一気に鋭進。翌年の宝塚記念3着に入線し周囲を驚かせるヒシナイルを軽く一捻りしてしまった。2戦目では後の二冠馬サニーブライアンとの対決となった百日草特別。クリスザブレイヴの自由闊達な走りに他馬は近寄ることすらできず、サニーブライアンもちぎられてしまう。

こうして迎えた朝日杯3歳Sは、クリスザブレイヴの独り舞台となるはずだった。

西日が傾き、競馬場へはオレンジの照明が眩しいくらいに注がれていた。その日はやけに〝影〟が映える夕刻だったのを今でも覚えている。

何かに乗りうつられたかのように、クリスザブレイヴはこの大舞台で折り合いを欠き大暴走。果てには重度の骨折に見舞われ、15着と大敗。

クラシックへの出走はもはや絶望的で、歯車は完全に狂いはじめる――。

復帰が叶ったのは戦列を離れてから1年以上が経過した1998年の5月23日。芝の1400m戦で2着。長期の休養明けとしては上々の滑り出しに思えた……しかし、復帰2戦目で18着のシンガリ負け……。クリスザブレイヴはまたも闇の淵へと叩き落とされた。またも脚部不安からの大敗だった。

二度目の長期休養。離脱中に同期のメジロブライト、タイキシャトル、サイレンスズカ、シルクジャスティス、マチカネフクキタルらは華々しい大活躍。二冠馬サニーブライアンは故障により引退を余儀なくされていたが、二冠馬を子供扱いしたクリスザブレイヴの名が紙面を賑わすことはなかった。

1999年、6月6日。武豊の日本ダービー連覇を果たしたその日、クリスザブレイヴは競馬場へと帰ってきた。ダービーの熱気がそのまま残る最終レースに登場。またも圧倒的1番人気に推された。ファンは彼を忘れていなかった。脚に爆弾を抱えながらの軽快な走り。3着に敗れるも、ここは叩き台に過ぎず、いよいよクリスザブレイヴによる炎熱の快進撃が幕を明ける。

蝉の声がターフへ染みる旧新潟競馬場。クリスザブレイヴは石打特別（芝1600m）へ出走。肌へとまとわりつく不快な空気が、一瞬にして爽快な空間へと形を変えた――。クリスザブレイヴは馬場の中央から雄々しく抜け出し、風の騎士のごとく直線を駆け抜け圧勝。

つづく佐渡S（芝2000m）では緑色のブリンカーが煌めきを放ち、馬体は黄金の輝きを夏空へと映し出していた。炎天下がつづく蒸せ返るような暑さの中、純粋無垢かつ屈託の無いスピードで快活に先頭を飛ばしてゆくクリスザブレイヴの雄姿があった。主戦の吉田豊騎手は、この頃から抑える競馬を捨て、気のままに行かせる戦法を取っている。結果はクリスザブレイヴが軽く追われるだけの楽勝。夏の上がり馬として注目を浴びるクリ

スザブレイヴは、連勝により完全に自信を取り戻していたように見えた。

まだ葉の色が若々しく青く、ポプラの木は大空に映えていた9月、クリスザブレイヴが因縁の中山競馬場へと戻ってきた。自身の命運を狂わせた忌まわしい過去の惨劇。しかし、もうクリスザブレイヴは確固たる強さを手にしていた。

9月11日のニューマーケットC（芝2000m）。炎暑の日差しが容赦なくジリジリと照りつける中、オレンジ色に輝く馬体を躍動させスタートを切ったクリスザブレイヴはリズミカルに飛ばしていった。馬なりのまま直線を疾走、1:58.5というコースレコードで駆け抜けた。このタイムは現在も破られていない（2007年3月25日現在）。皐月賞も出走さえ叶っていれば……と心底に痛感すると同時に、このレースこそ彼のベストレースだと私は思う。

この夏の勢いは凄まじいものがあったが、クリスザブレイヴはとにかく人気も凄まじくある馬だった。デビューから10戦連続1番人気というのは、ディープインパクト（デビューから14戦連続。※海外含む）、ハイセイコー（11戦連続）につづく素晴らしい記録。

遠かったオープン入りを果たしたクリスザブレイヴは、福島民報杯（芝2000m）を快勝し、天皇賞へと向った。しかし、ここはやはり相手が強すぎたのだろう。16着と大敗を喫している。

クリスザブレイヴは立て直しを図って、オープン特別をステップに中山金杯、中山記念と臨戦するも、腑甲斐ない敗戦を繰り返しファンの肩を落とさせてしまう……。そして三度目の故障……屈腱炎だった……。普通の馬ならば引退の決断も下されていた所なのだろう……。

しかし、秋山調教師も生産者である社台ファームも、

「このままでは終われない！」

「なんとかもう一花咲かせてやりたい……」

そういった熱い想いを胸にしたためていたのである。

汚れ無き清廉な想いは、懸命な治療となりクリスザブレイヴを支え、一方でファンのエールは励ましとなって

陣営を支えた。

そして……ついにクリスザブレイヴが復活。

復帰第一戦の関屋記念でいきなりの2着。2戦目は3着……夢の重賞制覇はもう手の届く所まで来ていた。

宿願達成は富士S（芝1600m）で訪れた。逃げ先行ではなく、差し込んで鋭く伸び、ダイダクリーヴァを撫で切ったところに悲願のタイトルゴールが用意されていた。

長すぎた闇の時間、遠すぎた栄光。陣営の目には熱いものが込み上げていた。とはいえ、最終目標はやはりGI制覇。クリスザブレイヴの馬齢と距離適性を考慮すると、次走のマイルCSがラストチャンスになると誰もが予感した。

順調に調整が進められ、万感万全の態勢で臨んだマイルCSだったが、8着と惨敗。陽炎を切り裂いて夏空を舞ったクリスザブレイヴは、輝かしい後光を身に纏ったクリスザブレイヴはもう……そこにはいなかった。

引退が発表され、幸いにも種牡馬入りも決定。

しかし、それはクリスザブレイヴにとって棘の道でもある。優秀な花嫁候補は外国からの輸入馬やサンデー系種牡馬へと集まり、クリスザブレイヴには数えるほどしか種付けが許されないのだ。（その後、クリスザブレイヴは中国へと渡り消息は途絶える）

『ノーザンテースト最後の大物』

〝If……〟を幾度となく唱えたくなる夢霧の最強馬。時代が見放そうと、私たちは最後の最期まで、光り輝いた貴男を決して見放したりはしない。

（本文：兼目和明）

白銀のカタルシス
シルバーステート
▼ディープインパクト産駒、幻の最高傑作

父 ディープインパクト
母 シルヴァースカヤ
母父 シルヴァーホーク
生年 2013年
性別 牡
毛色 青鹿毛
日本

生涯成績 5戦4勝［4-1-0-0］
主な勝ち鞍 垂水S、オーストラリアトロフィ、紫菊賞

日本競馬界へと降臨した奇跡のサラブレッド・ディープインパクトは、種牡馬としても革命をもたらし、父サンデーサイレンスの記録へと肩を並べ、さらには次々と凌駕していった。

産駒デビューからわずか3年の2012年からリーディングサイアーに君臨し続け、その絶対的な王位はしばらく揺らぎそうにもない。2018年からは種付料も日本史上最高額となる4000万円となることが決定され、この記録は北米のリーディングサイアー、タピットの3500万円を超える超絶的記録。この額を上回るのは欧州の絶対的君主として君臨するガリレオしかいない（5000～6000万円と言われる）。

もはやサンデーサイレンスを完全に超えたと言っても過言ではないディープインパクト。

ディープに課せられた使命は、もはやただ一つ。

自身と並ぶ、自身を超えるような存在の輩出だ。牝馬ではジェンティルドンナが現れ、牝馬三冠とJC・有馬記念、そして海外GI制覇は成し遂げたが、未だ牡馬では三冠馬クラスを送り出せていないのが現実である。

ディープインパクトが打ち立てた種牡馬としての記録の数々

★初年度産駒、産駒デビューイヤーに成し遂げた記録

【1】サンデーサイレンスの初年度2歳勝利数記録（30勝）を更新。

【2】初年度2歳戦勝利数JRA&NAR合わせての新記録43勝達成。JRAでは41勝。（これまでの記録はサンデーの33勝）

【3】驚異的新馬戦での勝率31・3%。（史上2位が94年サンデーの21・9%。※折り返しの新馬戦除く）

【4】11週連続新馬戦勝利（日本レコード）（折り返しの新馬を除くとサンデーサイレンスが全盛時の2004年に記録した9週連続を2週更新）

【5】13週連続新馬戦連対（日本レコード）

【6】2歳初年度産駒獲得賞金5億円突破（世界初）

【7】リアルインパクトが安田記念史上初の3歳馬による優勝を達成。初年度産駒史上最多勝利頭数記録も日本レコードを記録。サンデーサイレンスの記録を破る。

《競馬主要国／新種牡馬勝ち馬数記録》

・北米

39頭（2009）ワイルドキャットエア　Wildcat Heir（父フォレストワイルドキャット）

39頭（2008）チャペルロイヤル　Chapel Royal（父モンブルック）

・欧州

36頭?（2010）イフラージ　Iffraaj（父ザフォニック）

・日本

35頭（2010）ディープインパクト　Deep Impact（父サンデーサイレンス）

★種牡馬2年度目以降に成し遂げた記録

種牡馬2年目のダービー終了時点での過去の種牡馬との比較

★勝ち鞍数

254勝。歴代1位。

2位　キングカメハメハ：213勝

3位　アグネスタキオン：181勝

4位　サンデーサイレンス：177勝

5位　ネオユニヴァース：119勝

★オープン勝ち鞍数
33勝。歴代2位。
1位　サンデーサイレンス：35勝
3位　ネオユニヴァース：13勝
★オープン勝ち馬数
25頭。歴代1位。
2位　サンデーサイレンス：21頭
3位　アグネスタキオン&キングカメハメハ：8頭

【8】わずか2世代だけで、史上最速となる年間100勝の記録を達成。

【9】ジョワドヴィーヴルが史上初となるキャリア1戦でのGI優勝を成し遂げる。

【10】2012年クラシックでは桜花賞・オークス・秋華賞にて連続ワンツーフィニッシュ。

【11】2014年には、JRAでの年間記録のうち、勝利数（232勝）、重賞勝利数（37勝）、GI勝利数（11勝）、獲得賞金（67億6270万円）で自己最高を記録し、3年連続でJRAおよび全国リーディングサイアーを、5年連続で2歳リーディングサイアーを獲得した。なお、重賞勝利数はサンデーサイレンス産駒の38勝（2003年）に次ぐ歴代2位、GI勝利数は歴代1位に輝いた。

【12】JRA重賞通算100勝を史上最速で達成（史上3頭目、5年3カ月29日）。

【13】産駒によるJRA通算1000勝を史上最速で達成（史上17頭目、5年3カ月23日）。

【14】JRA重賞7週連続勝利。次位は、父サンデーサイレンスが記録した5週連続勝利（1997年3月に記録）を超える日本レコード。
海外重賞も加えると8週連続優勝となる。この勝利はドバイターフでのリアルスティールの優勝による物であるが、これも含めると、翌週の大阪杯でもアンビシャスが優勝しており、9週連続重賞勝利という孤高の大記録を達成していることにもなる。
ちなみに、連続重賞連対記録となると、サトノダイヤモンドの優勝したきさらぎ賞からカウントし、ドバイターフのリアルスティールも含め、同年の皐月賞まで11週連続重賞連対記録を打ち立てている。さらに、3着内、すなわち馬券圏内入着となる。

ると、きさらぎからカウントし、ドバイも含めずとも、日経賞のマリアライト3着、フローラSのアウェイク3着で繋がり、6月4日土曜日の鳴尾記念（サトノノブレス優勝、2着ステファノス）まで、実に17週連続で重賞馬券内入着記録を樹立させた。

【15】産駒によるJRA通算1500勝を史上最速で達成した。（史上6頭目、7年5カ月0日）

【16】2歳戦で史上最多勝となる57勝、勝ち馬頭数50頭を記録。どちらも日本レコード。

次位がやはり父サンデーサイレンスが2004年に記録した54勝、47頭という記録。

2016年のクラシックは2歳戦からディープ産駒が例年以上に猛威を見せ、マカヒキ、サトノダイヤモンド、ハートレー、ディーマジェスティ、シンハライト、プロディガルサンなどなど、次から次へとディープの大物候補がデビューし、連勝を高いパフォーマンスで展開していった。

ほとんどのレースで無敗馬が出現したり、レースレコードが叩き出された世代。

皐月賞、ダービー、桜花賞に優駿牝馬と、史上最高級のパフォーマンスが繰り広げられていった。

特に皐月賞、ダービーでは1着から3着までをディープ産駒が独占。種牡馬のクラシック二冠上位独占は史上唯一の快挙である。

後に古馬となり結果が伴わない世代評価となっているが、クラシック戦線で示したパフォーマンスで言うならば、これ以上のハイレベルな展開となった世代はなかったと言っても過言ではない。

古馬に成ってからの不調の原因の一つに、故障馬の多さが考えられる。この世代は特に、故障による無念の引退が多かったのだ。それだけレースでの高いパフォーマンスが仇となってしまっていたのだろうか？

リオンディーズ、スマートオーディン、ハートレー、アドマイヤダイオウ、ヴァンキッシュラン、ジュエラー、シンハライトにメジャーエンブレムと、怪我が無ければどれ程に活躍したのだろうかと、夢絵図を脳裏で描く馬が、あまりにも多すぎた。

その内の1頭にして、その象徴ともなったと言っても

いい、超絶無比のポテンシャルを内包させる馬こそが、本馬シルバーステートである。

シルバーステートは2013年5月2日と遅生まれな馬で、ノーザンファームにて生産された。

GIレーシングの一口250万円で募集が掛けられ、栗東は藤原英昭厩舎へ入厩。

調教を重ねると、すぐさまその茫漠たる巨鳳の潜在パワーが剥き出しになっていった。前脚を高く上げ、大地を叩きつけるようなダイナミックな走法と音もなく調教相手を置き去りにする動き。そして引っ張り切りで調教パートナーを圧倒する手応えに、私はグラスワンダーを想起連想した。

重賞勝ち馬でマイルGIの常連となり、常に上位争いをしていたフィエロを、調教で軽くあしらい、唸るような手応えで手綱を引き締められながら突き放していくその様を目撃。これほどまでにポテンシャルを漲らせる2歳馬が存在していいのだろうか？　という不思議な感覚に襲われた。

デビュー戦（芝1800m）は脚元の状態を気に掛けながら調整され、100%に仕上げられないまま初陣を迎えた。それでも余裕で勝てると陣営は考えていたようだが、後にヴィクトリアマイルでGI馬となるアドマイヤリードに最後に首差だけ交わされ、2着と敗れる。

生半可な仕上げのまま好勝負したことから、次は確勝と期して未勝利に送り出そうとした藤原調教師。

その彼へ、デビュー戦から最後まで手綱を取ることとなる福永騎手より、思いがけない一言を掛けられる。

「次は中京2歳Sを使ってもらえませんか？」

「お前バカか⁉」

と一蹴された福永であったが、確実に勝てるという手応えを持っての判断であったという。

この発言は、初勝利となる次の1戦で単なる悔しさから発せられたものでなく、シルバーステートの夢幻の能力を測りとっての発言であることが証明される。芝1600mの中京未勝利戦。スタートから抜群の手応えで先団に取り付くと、手綱がピクリとも動かないまま先頭に躍り出てて、軽いゴーサインが出されると猛加速。全くの馬なりのまま後続を5馬身差千切り捨て、1:34.8のレコードタイムを叩き出した。

未勝利戦で、それも稍重の時計の掛かる馬場で、ノーステッキ、馬なりのまま、手綱をがっしりと握られたまま中京の2歳のコースレコードを記録してしまったのである。同日の9レースには中京2歳Sが組まれていたが、タイムは1:36。馬場が回復して、後の重賞馬シュウジが圧勝してこのタイム。いかにシルバーステートがとてつもない能力の一端を示したかが窺い知れよう。

3戦目は秋の京都、紫菊賞（芝2000m）が選ばれた。引っ張り切りの手応えで3番手の内に着けてレースを進める。直線に入って手綱を緩められただけで超加速。解き放たれた猛獣のように、必死に逃げるジョルジュサンクをあっさりと交わし、1馬身1／4差をつけ快勝。この時のラジオたんぱの実況では、「この切れ味、もってのほか!」と、条件戦とは思えないような名文句が飛び出していた。この時に記録した上がり3F32・7はディープがデビュー戦で記録した33秒1を凌ぐ、世界競馬史上における2歳戦・芝2000m戦における史上最速の上がり3Fだった。それを馬なりのままマークしてしまったのである。

2連勝を上げたシルバーステートは、年明けの共同通信杯に駒を進めるべく調整を進められていたが、2016年を迎えた直後、故障が発覚。

左前脚に強い熱感があったことから検査が行われたが、結果は左前脚浅屈腱炎だった。

とにかく無事に……と願いを切実に掛ける日々の中、最悪の事態に見舞われ、福永騎手も藤原師も大きな落胆と失意の底へと落とされた。

「これだけの馬。復帰したら、とことん上まで行かせたい」と述べた藤原調教師の耐えに耐える臥薪嘗胆の時間が始まった瞬間でもあった。

月日は流れ、傷の癒えたシルバーステートが藤原師の元へと帰厩。慎重に慎重を重ね、薄氷を踏むかのように緻密な調教が続けられ、入念に復帰戦のプランが練られた。選ばれた復活の舞台は、京都芝1800m、オーストラリアトロフィ。あの2歳時の輝きは取り戻せているのか？　シルバーステートの一口オーナーはもちろん、根強いファンは皆期待を抱きつつも半信半疑で復帰戦を静観した。

シルバーステートはスタートを切ると、馬なりまま先

頭に立ち、そのままマイペースで風を切っていった。競りかけてくる馬はいなかったが、初めての逃げ。能力が桁違いがゆえに、鼻を切ってしまったと推察される展開であったが、ただの休み明けではなく、故障明け、それも580日、1年7ヶ月ぶりのレース。素質はあっても休養期間中に能力がスポイルされてしまうケースがほとんどであり、復帰戦で勝つような事はそれこそ桁違いの能力を意味する。

祈るような熱視線が送られる中、シルバーステートが抜群の手応えで4コーナーを曲がっていく。

後続が全力で追い、鞭を振り上げて猛追を見せるが、鞍上福永の手綱は微動だにしない。軽くゴーサインが出されると持ったままで復帰戦のゴールを駆け抜けていった。

安堵と驚愕の入り混じる不可思議な心境の中、怪物級の能力は微塵も衰えなかった事を確信したファンは、早くも次戦に胸を焦がした。

爆弾を抱えた脚元に、気が休まることもないままに次戦を模索。一戦一戦が勝負となるシルバーステートの調整は、目標レースが設定されず、仕上がった時点でレースを使うという手法が取られていた。復帰2戦目は東京か阪神の芝1800mに絞られていき、宝塚記念の前日のメインに組み込まれた垂水Sに落ち着いた。

1600万条件戦ゆえ、ここには重賞でも通用するような強豪が名を連ねた。

すでに同条件を勝利していたミエノサクシード。これまた1600万下で勝ち上がり、32秒前半の強烈な決め脚を持つハクサンルドルフ。

さらには重賞で入着の経験あり、1600万下勝利経験あるエテルナミノル。そしてこの直後に小倉記念と新潟記念を連勝し、重賞勝ち馬となるタツゴウゲキ。今回ばかりは、いよいよシルバーステートが追われる本領発揮を見られると、誰しもが思った。

復帰戦同様に能力の違いから先陣を切り、軽快に飛ばしていく福永とシルバーステート。

福永騎手も最小限の力で勝たせるべく、限りなくストレスをゼロに出来るよう、手綱を絞ったまま先頭に立つや、あとはシルバーステートの性能の違いでグングンと加速度を上げていく。しかし、押さえたままのマイペース。これがシルバーステートのペースなのだ。馬場の良い所を選んで走ったという福永騎手。

　あっという間に最終コーナーをカーブし、最後の直線。復帰戦以上に楽だった。福永騎手の手綱は全く動かず、完全な馬なりのまま全力疾走に移行した後続馬を引き離していく。最後は調教以下の楽なストライドで後続を確認しながら、流すようにしてゴールイン。何もしないままゴールインしたにも関わらず、電光掲示板に表示された時計は1:44.5。阪神コースのレコードと同タイムが燐光を放っていた。

　あまりにも膨大、絶大無比なるポテンシャル。完全な馬なりのままタイレコードを記録するような馬を初めて目撃した瞬間であった。


　休養前から4連勝。その力はもはや誰の目から見ても重賞級、いやGI級にあるのは間違いなく、秋を迎えてはキタサンブラック、サトノダイヤモンドの2強を脅かすのはこの馬、最大の超新星とまで評された。

　始動戦が毎日王冠に決定。オークス馬ソウルスターリングを筆頭に、同世代ダービー馬のマカヒキ、32秒台の決め手を持つ素質馬グレーターロンドンがエントリー。


あのサイレンススズカの毎日王冠以来の高揚感がそこには間違いなくたゆたっていた。

　ところが……である。またしても悲劇が足音を潜めながら近付いてきていたことを、この時誰も予想だにしなかった。

　ただただ無事に。その切実な思いの下、慎重に慎重を重ね、精緻に綿密にケアしてきた筈の脚元が悲鳴をあげる。

　今度は右前脚の屈腱炎だった。夢はあまりにも儚く、泡沫のように消えていった。希望溢れる筈の、晩夏を過ぎた秋の夕空へ。

　怪我がなければ、脚元が丈夫なら、どれほどの競走馬になっていたのだろうか？

　タラレバは虚しい程に意味は無いことを承知の上で語りたい……語らずにはいられない馬。

　全力で走ったシルバーステートを、本領発揮した真の姿を、一度で良いから見てみたかった。

　正に諸刃の剣。全てを切り裂くその刃はあまりにも切れ過ぎた。自らの体を崩壊させるほどに強力強大過ぎたポテンシャル。

彼こそがディープインパクトの最高傑作であったのかもしれない。

引退が決まった以降でも、福永騎手はこの馬へ特別な想いを持って心境を述べている。

「ダントツだった」

これまで乗った中で一番スゴいと感じた馬は？　との質問に、神妙な顔付きで即答した福永。

彼はエピファネイア、ジャスタウェイ、リアルスティール、レーヴディソール、シーザリオ、ラインクラフト、エイシンプレストン、キングヘイローら、幾多もの名馬たちの手綱を取ってきた。その彼をして迷わず即答させる程のポテンシャル。

果たしてその力はどれほどのものだったのか。それは永遠の幻。彼を知る一人一人の心の中に宿る、白く輝く銀色のカタルシスとなって、とこしえなるまま心のフィルムへとその残影を映していく。

（本文：兼目和明）

スタークロストメモリー
～薄幸の馬生。未完に終わった大器たち～

脚部不安や体質虚弱、何らかの理由があり長期離脱など、競馬に100％の状態で出走はおろか、不幸にもその道を絶たれていってしまった薄幸の名馬、無名の素質馬は数知れない。このコラムでは、そんなGⅠ級のポテンシャルを秘めていたが引退や予後不良を余儀なくされてしまった馬たち、活躍した時代や場所がゆえにスポットライトを浴びる事も出来ず、人知れず去っていった隠れた名馬たちを、中央競馬・地方競馬に分けて紹介していってみたい。

競馬に「タラレバ」は禁物である。しかし、それを分かっていても、心が締め付けられる程に切なくなる思い。やるせない程に、悲愴な顛末を送らざるえなかった悔しさと虚しさ。そんな寂寥感がつのる、哀調帯びたストーリーに、人は皆無限の可能性を夢に描く。

もう二度と叶うことのない、淡くほろ甘い桜桃のような初恋の相手を想うように。

《中央競馬》

ツルマルツヨシ（1995年生）

生涯成績：11戦5勝
父：シンボリルドルフ
母：スイートシエロ
母父：コンキスタドールシエロ

エルコンドルパサー、グラスワンダー、スペシャルウィーク、セイウンスカイ、いわゆる「最強黄金世代」の一頭で、体質の弱さからデビューが遅れ、4歳となってから本格化。三河特別を快勝し、その素質の高さから条件馬の身でG3北九州記念に挑戦し3着。続く朝日チャレンジカップを制し、重賞制覇を果たすと、京都

▲ツルマルツヨシ

大賞典ではスペシャルウィーク、テイエムオペラオー、ステイゴールド、メジロブライトといった強豪、古豪らを鮮烈な末脚で一気に撫で切り、スターダムにのし上がると、天皇賞でも2番人気の支持を集める程になった。この馬のポテンシャルは「競馬の神様」故・大川慶次郎氏もかなり高く評価されており、管理していた二分調教師も順調に使い込めさえ出来ていれば、その能力は、同じ皇帝ルドルフの産駒トウカイテイオーに匹敵するかそれ以上の物があったという。

そう、この馬は脚元が弱く、本格化を遂げ、さらに強さを増していったであろう5歳、6歳時に使う事が出来ず、治療に時間を要し、ほぼその能力はスポイルされてしまったと言っていい。1999年の有馬記念でもグラスワンダー、スペシャルウィーク、テイエムオペラオーらと鼻差の勝負をしており、間違いなくこの時代の最強クラスにいた馬であった。身体さえまともなら、歴史を塗り替える程の活躍、少なくともスペシャルウィークら最強世代の一角としてGⅠを勝っていただろう。

フィガロ(1995年生)

生涯成績：3戦2勝

父フューチャーストーム、母カラミア、母父エアフォーブスウォンという日本では珍重な血統の外国産馬。この馬もまたエルコンドルパサーらの史上最強黄金世代の一頭だ。

能力の深淵を想起させるブルーのブリンカーと、清楚な青いバンテージを装着していた。綺麗な芦毛の馬で、装備した馬具の青とのコントラストがやけに似合っていた。

父、母父とも聞き慣れない馬名だが、父父は大種牡馬ストームキャット。さらに父母父が「世紀の名馬」シーバードという豪華絢爛な父系。母系も素晴らしく、母父父はプエルトリコが送り出したケンタッキーダービー馬ボールドフォーブス。世

▲フィガロ

界の名馬を一つにしたかのような血統表の持ち主だったのである。

新馬戦でいきなりの上がり3F33・8を記録。現在とは違い、そう簡単に33秒台は出ない時代だった。

2歳の中央競馬、それもローカルでなく東京、中山、阪神、京都で33秒台を記録したことに価値がある。

一気に2ハロンも距離が延びた京都3歳S（芝1800m）では以下のような好メンバー相手に快勝している。

◇1997年　京都3歳S◇

2着ヤマニントランザム→折り返しの500万下をすぐさま快勝。

3着モーリサバイバル→ラジオたんぱ杯で接戦の3着。

その直後に引退してしまうのだが、この馬が無事なら1998年のクラシックは3強でなく4強になっていた……とも高く評価されている馬で、元主戦だった佐藤哲騎手は今もなお、彼を高く評価している。

4着ニホンピロジュピタ→後のマイルCS南部杯勝ち馬。

6着ジムカーナ→この後、若駒S快勝。

最後のレースとなってしまう朝日杯3歳Sでは、グラスワンダー、マイネルラブ（翌年スプリンターズSにてタイキシャトルに引導を渡す）に続く3着。

アグネスワールド（海外スプリントGⅠ2勝）、ボールドエンペラー（ダービー2着）らに先着している事からも、骨折、その後の脚部不安が無ければ、どれ程の強さを誇ったであろうか。GⅠレースの1つは獲れたのではないかと、今でも思うのである。種牡馬としても、アンパサンド（東京ダービー）、プレティオラス（大井記念）ら南関東で重賞競走を制する産駒を次々と送り出した。その産駒たちも種牡馬入りしている。

タイキエルドラド(1994年生)

生涯成績：9戦5勝［5-2-2-0］

父：シアトリカル

母：ロイヤルブライド

母父：ブラッシングブルーム

本馬タイキエルドラドはまさしくそんな薄幸の名馬た

▲タイキエルドラド

ちの代表馬のよう馬だった。現在では荒涼たる成績不振に喘ぐ名門の『タイキ』であるが、かつては史上最強マイラー・タイキシャトルを筆頭に、タイキブリザード、タイキトレジャーなどで栄華を誇った。

マル外の象徴的存在で、〝マル外ダービー〟と呼ばれた第1回NHKマイルカップを勝ったのもタイキフォーチュンであった。

タイキエルドラドはまさにこの全盛の時代、黄金色に輝く時代に生を受け、日本へとやって来た。同期のタイキシャトルの上をいく、タイキの一番馬と謳われるも、体質が弱くデビューは遅れた。

また当時は外国産馬にとって不遇の時代であり、出走出来るレースも限られていた。4歳でデビュー。(現在の3歳)

3連勝してアルゼンチン共和国杯に挑戦し、古馬の強豪を相手に見事勝利。芝1800mでは33・6という上がり3Fも記録。当時の競馬では33秒台は珍しく、同期のメジロブライト、シルクジャスティスと末脚勝負をしても全く引けを取ることはなかったであろう。

長期休養を余儀なくされ、一度は復帰の目処がたったものの、屈腱炎を発症し引退の道を選ばざるをえなくなり、冥暗なる深淵へと沈んでいった――。

ホロウクラウン(2010年生)

生涯成績：3戦2勝
父：ヒューソネット
母：ホロウバレット
母父：タヤスツヨシ

オーストラリアで生まれ、日本へとやってきた外国産馬。キズナ、エピファネイアらと同世代の馬である。

母はオーストラリアのGI馬であり、タヤスツヨシにGIをプレゼント。父ヒューソネットはチリのリーディングサイアーで、中長距離に産駒の良績はある。9月生まれという事もあってか、大事に育てられていたが、成長が遅いのか、体質が弱いのか、長期にかけての離脱が多く、結局大成出来ずに乗馬となっているが、2戦目長期休養明け、大きく出遅れて、中山の芝1600mを大外回し、古馬相手にあわやの鼻差2着まで追い上げた競馬は素質の高さを窺わせた。

　また3戦目は東京の芝1800mを逃げて33・2という上がりを記録して圧勝している。

　順調に使い込めていればどこまで成長したのか？　その運命を呪いたく成る程、素質に溢れた逸材であった。

▲ホロウクラウン

ブリンキーバートス（1973年生）

生涯成績：1戦1勝
父：ハーケン
母：コロラドハッピー
母父：ディクタドレーク

『奇跡の名馬』で取り上げたくなるような、壮絶な一生を送った馬がいた。

　彼の名はブリンキーバートス。1973年に生まれ、1975年の小倉競馬場、茹だる夏空の下、ダート1000m戦を走り58秒1という、当時のものとしては驚天動地・震天動海の超絶スーパーレコードを馬なりの持ったままで記録。ジョッキーが後ろを振り返りながらのフィニッシュだったという。

　当然、小倉三歳Sの最有力に躍り出たが、調教中の故障により予後不良、帰らぬ馬となってしまったのであった。

　デビュー戦で日本レコードを出した馬は他にハギノトップレディが函館芝1000m戦で57秒2の記録を残したのみ。テンポイントがデビューした時のレコードが函館芝1000mで58秒8だったが、ブリンキーバートスのタイムは貴公子が芝で出したタイムを楽々と凌駕するもので、もしこの馬が存命していた場合、TTGやクライムカイザーに割って入ってきていた可能性もある。

　夏の夜の陽炎に消えた伝説のスーパーホース。

　それがブリンキーバートスである。

ツバサ(2005年生)

生涯成績：1戦1勝

父：ホワイトマズル

母：ガルフパール

母父：ジェイドロバリー

デビュー前から調教で物凄いモーションと躍動感溢れる闊達な走りで、POG大魔王の異名も取る丹下日出夫氏も、当時ブログやTV番組にて「すごい動きのツバサくん」と、人気サッカー漫画の主人公に準える形で紹介。

噂になる中ついに迎えたデビュー戦。

シャドーロールを揺らしながら翔動するツバサ。

なんと上がり3F33・7。東京2000mのデビュー戦では破格の上がり時計で、豪快に3馬身も突き抜けて見せた。

そして、国枝氏はポツリと一言……

「ダービーを狙える馬」

■中央場所芝2000デビュー戦における後半1000mの歴代タイム一覧

1位　ディープインパクト［後の無敗三冠馬］　57秒8（04年12月19日＝阪神）

2位　カミノタサハラ［後の弥生賞馬。その後皐月賞で重度の屈腱炎で引退。同期はキズナ、エピファネイア］　58秒4（12年11月25日＝東京）

3位　ダイワスカーレット［後の二冠牝馬、有馬記念馬］　58秒6（06年11月19日＝京都）

4位　ファインモーション［後の無敗のエリ女王杯馬］　58秒7（01年12月01日＝阪神）

5位　ツバサ　58秒9（07年11月04日＝東京）

※このタイムは2017年11月まで、府中2000mデビュー戦における後半1000m最速タイム。

猛威を振るうディープ産駒を称賛する形で、デビュー戦で3F33・5を記録して圧勝したカミノタサハラを、栗山求先生はご自身のブログの中でGI級の素質馬としてご紹介されていた事があった。

以下、『栗山求ブログ』「GIを狙える素材カミノタサハラ」からの引用。

芝2000mの新馬戦は、ほぼスローペースになるので全体時計では比較になりません。後半1000mは、持久力と速い脚――つまりは総合能力を端的に測ることができるので新馬戦の能力検定としては信頼できる指標です。ペースを問わずそれなりの結果が出てくる点がミソですね。

つまり、ツバサも脚部不安さえなければ……

「GIを勝てる名馬であった可能性が高い」ということ。ディープインパクトは別格として、ダイワスカーレット、ファインモーションは牡馬ともガップリと組合、GIを複数勝った日本競馬史に残る名牝。その下に位置するツバサは、カミノタサハラが現れるまでは東京芝2000デビュー歴代ナンバーワンの後半1000m記録を持っていた馬なのである。

ちなみにカミノタサハラも国枝調教師の管理馬だった。

《地方競馬》

ヨウメイワールド(1988年生)

父：トウショウマサムネ
母：マヨノスター
母父：ホマレリユウ

生涯成績：17戦16勝［16-1-0-0］

主な勝ち鞍としては、アラブ大賞典、アラブ優駿牝馬、北関東アラブチャンピオン、4歳アラブチャンピオン、3歳アラブチャンピオン、カシオペア特別など。

高崎の見た北関東アラブ史上最強牝馬。地方ならサラブレッド相手でも勝てるとファンに言わしめた珍蔵的アラブプリンセスで、手のつけられない強さを見せつけた。知る人ぞ知る北関東伝説のアラブで全国区へと名を轟かせるにうかがえたが、飄逸と姿を消してしまった。

サクラジマ(2004年生)

父：サクラバクシンオー
母：エリモロバリー
母父：ジェイドロバリー

生涯成績8戦7勝2着1回。船橋競馬に現れた韋駄天。単勝元返しで連勝。鹿毛馬なのだが、真っ黒な馬体で烈風のように駆け抜ける馬だった。

▲サクラジマ

突如として行方知れずとなってしまったが、順調に使われ続ければ相当なスプリンターとなっていたことは間違いない素質馬だった。

少なくとも短距離なら地方最強クラス、南関東最強短距離馬のレベルには行けていたと思う。

ゲイボルグ(2007年生)

父：タップダンスシチー
母：タケノハーモニー
母父：リズム

生涯成績は5戦2勝2着2回3着1回。サクラジマが船橋競馬在籍時にいた若き素質馬。デビューがかなり遅れたが、渋い血統だが父親譲りの先行力で連勝。

血統的にも晩年になってこそであったはずだが、たった の5戦で引退してしまった。この馬も大事に育てられていればかなりの所まで行けたのでは無いか？

そう思う馬であった。

▲ゲイボルグ

リーダーズボード(2011年生)

父：ブラックホーク
母：タイキアヴェニュー
母父：ティンバーカントリー

生涯成績は11戦10勝。名古屋に現れた東海屈指の快速馬。損傷率50%という超重度の屈腱炎により、大成の道を断たれた。

ブラックホーク産駒としては間違いなく最強レベルの馬であり、東海地区の短距離部門であれば史上最強クラスの逸材であったかもしれない。

主戦を務めた戸部尚美騎手は、この馬が現役の時はリーダーズボードの話ばかりしていたという。

「初めての感触だ」「久しぶりにワクワクするような馬だ」と……。「ドンコ最大の怪物」と呼んでいたという。

ブルーホーク(2004年生)

父：ブラックホーク

母：エンゼルプリンセス
母父：ロイヤルスキー

生涯成績は17戦12勝［12-2-0-3］。もう一頭、ブラックホーク産駒の素質馬を紹介したい。

南関東は大井競馬場に所属していた馬で、母は上山競馬で活躍した快速牝馬。近親には伝説的悲劇の名馬ツキノイチバンがいる。

圧勝楽勝の連続で一気に最上級クラスまで勝ち進むと、JRA勢それも最強クラスを相手に東京大賞典を走り1秒2差。

キャリア等考えれば、いずれ交流重賞も取れる器であった……がしかし、不幸に見舞われ、疝痛により他界。

坂井英光騎手が惚れ込んでやまない、思い出の名馬だという。

バグパイプウィンド（2004年生）
父：テイエムオペラオー
母：エンゼルプリンセス
母父：ロイヤルスキー

20戦13勝。ブルーホークと同時期に同じくして下級戦から一気に南関東の代表レベルにまでのし上がっていった素質馬。

オープンまで崩れる事を知らず、大井の帝王・的場とコンビを組み、南関東を引っ張る存在にまで上り詰めたが……

川崎競馬場にて馬運車の中で暴れ、その後、予後不良となった。同期のライバルであるブルーホークがこの世を去ったばかりの悲劇が、同期にも降りかかってしまった。

▲バグパイプウィンド

スギノケーティング（1993年生）
父：アジュディケーティング
母：レイズアプランサー
母父：レイズアネイティヴ

13戦12勝2着1回。唯一の敗戦は逃げを打てなかったレース。それ以外では全て圧勝。能試でハイセイコーの時計を上回ったらしく、一部では相当な噂にもなっていた。

しかし、デビュー戦を控えていた時期に転倒して腰を骨折、本来ならば競走馬としてデビューする事が難しいほどの重傷を負ったのだが、馬主サイドがどうしてもレースを使いたいと厩舎側に懇願して現役続行が決まったという背景がある。ようやくデビューに漕ぎ付けたのが、3歳の暮れ。そうした背景から、順調にレースを使えなかったのも当然のことであろう。スギノケーティングは本来ならばレースを使えるだけで満足すべき状態であったとのこと。長い休養を挟みながら圧勝を続け、準重賞でも楽勝してしまった。

あれだけ楽勝するのは奇跡に近い事なんだと、陣営は口々にしていたという。しかし、怪我の影響か、体質の弱さからか結局大成は出来ず、人知れず競馬場から去っていった。引退後はこの馬を可愛がっていたオーナーの下、乗馬用の種牡馬として一生を全うした。

マゼランクロス(2001年生)

父：ウォーニング

母：ティーレックス

母父：ゴライタス

9戦8勝着1回。この馬も順調に使えず、デビューしたのは4歳の春のこととなってしまっていた。

園田競馬場で連戦連勝、圧勝続きで勝ちまくり、中央競馬にも参戦。500万下条件とはいえ、あわやの2着。

その時の人気が8番人気であった事からも、「まずありえない」と思われていたようであるが、前評判を覆すほどの走りを見せていた。この2着で中央でも目処が立ったかに思われたが……。

ドリーミングスター(1994年生)

父：スキャン

母：スタードール

母父：ボールドアンドブレーヴ

生涯成績6戦5勝2着1回。大井でデビューし、圧勝で競走生活のスタートを切るも、東京ダービー出走を懸けたレースが天候不良により中止となり、それにより調整に狂いが生じてしまう。これにより、体調面の不良、脚部不安を引きずり、長期休養しながらの出走となった。

完全に馬生に歪みが生じてしまった軌道修正を図ることがついぞ叶わず、1999年のマーチ賞1着を最後に、競馬場から姿を消した。

この最後のレースでは、現在よりはるかにハイレベルだった南関東の強豪を長年張ったイナリコンコルドを圧倒している。

順調なら必ずや大きいところを……と期待された馬であった。

ペアーマッチ(1996年生)

父:タイヨウペガサス
母:レッドルーキー
母父:サルタモンテス

18戦17勝2着1回。アラブ競馬終焉が迫る頃、東海地区に出現したアングロアラブ晩年の大物。

本格化前とはいえ、アラブ史上最強馬のマリンレオにも勝利している。

最後のレースさえ勝利して無敗で引退していれば無敗連勝記録の日本レコードを持って引退出来たのだが……。

《超マニアックな競走馬たち》

トークーブケパロス(2014年生)

父:タイムパラドックス
母:サンデーシャドウ
母父:ビッグサンデー

2018年10月末時点でまだ現役の競走馬。佐賀競馬で活躍中。その渋い血統とユーモアな名前から、意外にもファンが多い。

30戦6勝、初夏賞など。珍しい青毛のタフな牝馬である。

トヨクラダイオー(1978年生)

父:キタノダイオー
母:ミドリホープ
母父:テツソ

道営競馬初代北海三冠馬。15戦11勝2着4回と連対率100%。父キタノダイオーも中央馬ながら北海道で活躍した馬で、その戦績は7戦全勝。

母父テツソはブランドフォード系。英三冠馬バーラムの孫である。北海道の粋を集めたような地方競馬の三冠馬である。

ショウエイアカツキ(1995年生)

父：メジロマックイーン
母：ショウエイスズラン
母父：スティールハート

この馬も何気に1995年生まれ、黄金世代の生まれであるが成績は平凡なもので29戦3勝というものであった。中央競馬でデビューするも地方は上山競馬へと転籍し、主だった活躍も出来ず姿を消している。それではこの馬の何が光ったものであったか？　それはメジロマックイーン産駒にも関わらず、一年以上もの休養明けでダート1400mを、森保騎手を背にスイスイと逃げ切ってしまったのである。それも11番人気を嘲笑うかのような圧勝だった。父以上に母父が強く出ていた馬だったのかもしれない。

脚部不安で全く順調に使えず、一年近くの長期休養を2度も要することになり、その素質を潰してしまった。

もう少し巡り合わせが良ければ……そう思わざるを得ない馬であった。そのガラスの脚への負担を少しでも減らそうとしたのか、ただの一度の芝挑戦は無く、ダートのみの戦績で生涯を閉じた。

ブライトライン

父：タイムライン
母：ゴールドスカレー
母父：スカレー

中央競馬で活躍したブライトラインとは違う、金沢競馬にいたアングロアラブのブライトライン。

生涯成績は5戦4勝2着1回。

ユーホーヒリュウ

父：シナノリンボー
母：ニジノカケハシ
母父：サチエノヒリュウ

1995年生まれの史上最強世代の一頭だった荒尾競馬のアラブの名牝（？）7戦6勝2着1回という戦績を残した。

もっと体が強く使い込めていたら……どれだけの馬になっただろうか？

父シナノリンボーは東海アラブの歴史的強豪でアラブダービー、アラブ王冠、名古屋杯連覇など26戦18勝の戦績で種牡馬入りし、関東エリアのアラブ最後の大物トチノミネフジ、東北の怪物レオグリングリンなどを輩出した、日本のアラブ競馬を語る上では切り離せない名馬。

母父のサチエノヒリュウは兵庫・園田競馬にて46戦25勝の白鷺賞連覇、兵庫大賞典、園田金盃などの成績を上げた園田を代表するアラブの一頭。

アラブとしては国内産最高峰に近い血統だったユーホーヒリュウ。

同期の最大のライバルは同じく牝馬のタツフウジン。後に九州エリアで24戦15勝の戦績を残すことになる荒尾の女傑。

3歳時（現在の2歳）はお互いが連戦楽勝圧勝の連続で勝ち進む。タツフウジンは佐賀の3歳最強決定戦の九州BC3歳チャンピオン（ダ１４００ｍ）で7馬身差の圧勝。

6戦不敗のユーホーヒリュウ。最強タツフウジンの激突は１９９８年の元日決戦となった。

門松賞アラブ4歳王冠（ダ１５００ｍ）、2頭の一騎打ち、勝ったのはタツフウジンだった。その差は1馬身。3着馬には短距離に関わらず5馬身も離れてしまっていた。

もし、この後ユーホーヒリュウが競走生活を続けていれば、タツフウジンの独走は許さなかったであろうし、この2頭で九州アラブ競馬の歴史に残るライバルストーリーを紡ぎ上げていたのではなかろうか。

史上最強の世代と謳われる１９９５年生まれの名馬たち。エルコンドルパサー、グラスワンダー、スペシャルウィーク、セイウンスカイ、彼らの影にもハイレベルな馬たちが、この世代には恒河沙な程に犇いていたのは間違いない。日本のホンの片隅に懸命に生きた薄幸の名もなき名馬たちの記憶はまだまだほんの一部記せただけなのだ。

《超マニアックな海外の障害名馬》

テルミーホワイ（１９７１年生）

父：モルヴェド

母：テオドラ

母父：ハードソース

生涯成績24戦21勝2着3回という、ほぼパーフェクトな成績を残したイタリアの名馬。

しかし、その名前がスポットライトを浴びることはない。

1970年代のイタリアの障害競馬に熱視線を送っていたイタリアのコアな競馬ファンしか、その名を覚えている者はもはやいないのかもしれない。

イタリアの障害競馬で14戦14勝。イタリア障害競馬のネアルコである。

しかし、国外に出ることはなく引退している。怪我なのか、別の理由なのかは不明のままである。

ムーンジェット（1963年生）

父：モーン
母：ミドゲト
母父：ジェベ

生涯成績17戦15勝2着2回。フランス競走生活を送った馬で平地でもそこそこの成績を残しているが、障害競馬こそがこの馬の真価発揮の場であった。障害競馬で無敗の10連勝を記録。

そしてそのままターフを去っていった。去勢もされていたので馬主サイドとしても長期での活躍を望んでいたはずで、障害競馬の抜群のセンスから、まだまだ勝ち星を量産することは出来たはずだが……何らかの不幸に見舞われ、人知れずその姿を消してしまった。

（本文：兼目和明）

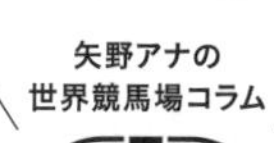

矢野アナの
世界競馬場コラム
02

フレミントン競馬場とベッジャラボン競馬場

オーストラリアは競馬天国。平地、トロット（繋駕）を合わせて世界最多の500近い競馬場があり、年に3万を超えるレースが行われている（1日約100レース！）。だから競馬大国と称されるのだが、それは天国でもある。

そもそもこの国の競馬は、海を渡って移住してきたイギリス人たちが、官民の垣根を越えて彼ら同士の融和を図るため、わざわざその日を休日にして催したのが始まりとされている。国の礎を築くために競馬が開催された、と言ってもいい。だから、競馬を見に行ったときの居心地のよさは世界一。全国民が競馬好きなのでは？ と思ってしまうほどだ（感想には個人差があります）。

休日に競馬をやるのではなく、競馬があるから休日にする。そんな〃伝統〃をいまだに守り続けているのが、毎年11月第1火曜日に行われるメルボルンカップだ。この日、メルボルンのあるビクトリア州は公休日。レースが行われるフレミントン競馬場は、10万人を超える大観衆で埋め尽くされる。16年の同レースの馬券が日本で発売されたので、映像でその雰囲気を味わった方も多いだろう。でも、あの中に身を置いたときの〃極楽気分〃は、一度味わったらやみつきになる。

一方、オーストラリアには、ピクニックレースという究極のローカル競馬がある。開催されるのはたいがい年に1日か2日。大都市からは遠く離れたいなかの競馬場で、近郷の馬を集めて行われる（とはいえ、ただの草競馬ではなく、成績が公式に認められる公認競馬）。ベッジャラボン競馬もその1つ。シドニーから西へ400km弱、フォーブスという町の郊外で、年に1日だけ催される。競馬場と言っても、原っぱにラチを設けただけ。審判台は仮設、芝生がやや盛り上がっているところがスタンド、という原始的なコースだ。

まさにピンからキリまで。バラエティの豊富さでも、オーストラリア競馬は群を抜いている。

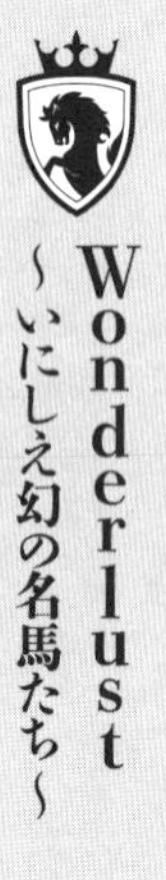

Wonderlust ～いにしえ幻の名馬たち～

レジェンドスプリンター アバーナント

アバーナント。1946年生。17戦14勝2着3回。連対率100%。英タイムフォーム社レーティング142ポンド。その現役時代を知る誰しもが英国史上最強の短距離馬と讃え崇める伝説的スプリンター。父はオーエンテューダー、母系は伝説の超快速血統レディジョセフィンから成る、父ザテトラークの〝空飛ぶ牝馬〟と言われたムムタツマハルが母母。ゴードンリチャーズをして「私が乗った中で最も速い馬」との評価を述べている。主な勝ち鞍としては、ジュライカップ連覇、ナンソープS連覇、キングジョージS連覇、キングズスタンドS、ミドルパークS、ナショナルブリーダーズプロデュースS他。

子供達とビー玉で遊んでいたという微笑ましいエピソードも持つ。

フランス超伝説の名牝 ラトゥーク

ラトゥーク。仏オークス、仏ダービー、ロワイヤルオーク賞、さらにはドイツ最高峰のバーデン大賞まで制した古の大女帝。オークスもダービーも制し、さらにはオーク賞も勝った上で、国外のGI級競走も制したフランスの牝馬はこの馬しかいない。1860年に生まれ、生まれた時と同じ馬房の中、30年後にこの世を去った。

【・第Ⅲ章・】

女傑

男馬（おとこたち）をも圧倒。
睥睨し震恐させた
歴史的女王・女帝・スーパーアイドル

もどかしい無敗（せかい）の上で
ゼンヤッタ
▼世界が愛した不敗神話のスーパー女傑

父 ストリートクライ
母 ヴェルティジニー
母父 クリスエス
生年 2004年
性別 牝
毛色 黒鹿毛

アメリカ合衆国

生涯成績 20戦19勝[19-1-0-0]
主な勝ち鞍 BCクラシック、BCレディースクラシック、ヴァニティー招待H三連覇、レディズシークレットS三連覇、クレメント・L・ハーシュS連覇、クレメント・L・ハーシュH、アップルブロッサム招待、アップルブロッサムH、サンマルガリータ招待H、ミレイディH連覇、エルエンシノSほか

ポツリ、ポツリ
遠き日の街の灯。
夜の帳が降りる頃……まるで何らかの信号のように灯り出す街の灯。
その輝きのもと、繰り返される営み。
甘眠の揺り篭の中、眠りの神オルフェウスに抱かれ、人はまた今日も哀しみも、悔恨も、喜楽や懸念、郷望や愛慕、そして生きる記憶さえも、眠りのなか忘却の牛車へ載せて夢の中別れを告げる……
そうしてまた人は歩み出す。
何かが足りない、完璧なようで
何もかもが欠けたこの世界を
人はもがきながら
今日も未来（あす）見えぬ明日へ歩を進めてゆく。
もどかしい世界。

『**世界は悲しすぎる**』
冥暗たる深潭の海……星降る夜に翔羊する月の小舟……
杳冥暗夜の空、ほのかに燈り出す珊玉は街明かり……

そんな人類の傍ら、巨夢という風船を膨らませる競走馬。

これは21世紀初頭、北米から全世界を虜にし、熱狂させた一頭の后馬の話。

〝無敗〟という、いつ崩れても可笑しくない、もどかしい世界を孤高の存在として歩んだ偉大な名馬の究極〝Z〟神話。

それではユラリユラリと、その神話を紐解いていくこととしよう。

『君が成すべきこと』

米国という巨万の舞台に腕ならぬトランペットを吹き鳴らしたハーブ・アルバートは、一流のトランペッターとして躍進を遂げたミュージシャンで、1962年には当時はまだ名もない一介のポップミュージックのプロデューサーだったジェリー・モスと100ドルずつ出資し、後に一大レーベルとして名を上げるA&Mレコードを創設した。事業は奇跡的発展を見せ、大物ミュージシャンを次々と輩出。

その所属ミュージシャンの一組にポリスというロックバンドがいた。

スティング、スチュアート・コープランド、ヘンリー・バトゥバーニらの三人組が紡ぐ新ジャンルのロックは、新たな世界観を斬新と見せるもので、それはロックの枠組みにレゲエを融合させるという画期的ものだった。それは一方で〝ホワイト・レゲエ〟と呼称される新概念の音楽そのもので、『孤独のメッセージ』、『高校教師』、『マジック』など、ヒットナンバーをめくるめく織り紡ぎ、全世界で大ヒットを記録していった。

2003年には殿堂入りするほどの歴史的ロックバンドへと昇華。そんな偉大なロックスターたち、彼らの三つ目のアルバムに『ゼンヤッタ・モンダッタ』というアルバムがある。ゼンヤッタの名前の由来はここから来ているのだと言われる。

ジェリー・モスは莫大な財を音楽を通してのビジネスで築き上げると、競走馬にも興味を示し、馬の世界へとのめり込んでいった。

そんな折の2005年9月、キーンランドのセールに参加していたモスは、のっそりと姿を現した巨躯を持て

余す黒い雌馬に一目惚れ。

見惚れた巨馬をすぐさま手配。所属厩舎はカリフォルニアを拠点とするジョン・シフレス調教師に白羽の矢が立った。

シフレス氏は見上げるようなこの牝馬に圧倒された。

それもそのはず。ゼンヤッタの2歳牝馬とは思えぬほどの雄大な馬体は、17ハンド（172cm）、馬体重にして約544kgもあったというのだからそれも頷ける。

威圧感放つ漆黒の馬体から脅威が窺えたが、この巨体が仇となり調整は難航。度重なる小さな故障に、シフレス氏は頭を抱えた。しかし、決して焦らなかった。隔靴掻痒たるムードは陣営全体にあった。しかし、強いて馬を仕上げても、それはゼンヤッタを追い詰めることにしかならず、ひいては確実に将来を蝕むものと推断。ついにはデビュー戦を待ちに待ち、彼女のすべてが万全となる時を待った。まさに「鳴かぬなら鳴くまで待とうホトトギス」。ハイペリオンやカネヒキリなども馬を信じての調整が好結果を生んだ例で、ゼンヤッタはまさにその最新版。そしてその強さまでもが、何もかもが破格の新世紀版競走馬だった。


すでにモスが運命のフォールインラブを感知した初邂逅の瞬間から1年半近くの時が過ぎようとしていた。悪戯に過ぎ行く季節の移ろいの中、ゼンヤッタ・デビュー吉報の届いたのは3歳11月。米国としては稀に見る遅いデビューとなった。初戦に選ばれたのがハリウッドパーク競馬場メイドン（AW1300m）で、豪快に突き抜け、2着キャラメルコーヒーに3馬身差の圧勝でデビューを飾ると、2戦目となる12月15日のアローワンス（AW1700m）ではなんとデビュー2戦目にして1:40.97というトラックレコードをオマケに古馬を相手に3馬身差の大快勝。

『ドゥドゥドゥ・デ・ダダダ』


年が明け2008年を迎えると、いよいよゼンヤッタワールド全開とばかりに、連戦連勝を楽々と積み上げていく。

まず始動戦は初の重賞戦となったエルエンシノS（AW1700m）でも何食わぬ顔で颯爽と勝利を掻っ攫うと、今や遅しとGIのステージへと駆け寄っていった。

初のGⅠ挑戦（アップルブロッサムH）に加え、自身初となるダート戦、しかも相手には2007年にBCディスタフを制した最強古馬牝のジンジャーパンチが頭を擡げ、ゼンヤッタの前に立ちはだかった……明らかに敗戦色濃厚の一戦……がしかし！

なんと言う事か、まるで誰が最強馬であるかを悟りきったかのように、ゼンヤッタは後方から悠然とレースを進め、3コーナーから一気に捲り上げると、直線では真一文字に突き抜けてしまうのだった。2着馬には4馬身半差、そしてジンジャーパンチには8馬身差もの大差を残酷なまでに突き付け、新女王候補に名乗り出るとともに、偉大なGⅠ連勝記録の第一蹄跡となる初GⅠ優勝を達成。この時コンビを組んでいたのが、生涯最高のベストパートナーにして残る全戦で手綱を取ることとなるマイク・スミス騎手であった。

ゼンヤッタは一完歩の跳びが非常に大きく、それはファーラップやセクレタリアト、ディープインパクトといった世界の伝説の最強馬たちのそれにすら比肩するほど……いやそれ以上に雄大かつ荘厳なフットワークだった気がしてならない。

とにかく飛び幅がとてつもなく大きく、それでいて脚の回転も速く、それでいてダイナミックに前脚を掻き込んで前へ前へと突出してゆく独特の走法は、ディープの空飛ぶ走りをも凌駕するものだったのかもしれない。

初GⅠのタイトルを手中に収めたゼンヤッタは、次々とGⅠタイトルの鯨飲を開始した。

そしてついに挑むは、GⅠ中のGⅠ、ブリーダーズカップ。この年のゼンヤッタは、レディースクラシック（AW1800m）を選択。ここにはここまで最強レベルのライバルが結集。UAE二冠牝馬ココアビーチに、GⅠ3勝を大差勝ちで飾っているミュージックノート、スピンスターSを8馬身差のレコード勝ちという凄絶な強さを発揮し始めているキャリアアッジトレイル、そしてジンジャーパンチも万全の仕上げを施し、ここに臨んで来ていた。

これほどの強敵を向こうに回し、なんと1・3倍ものダントツの1番人気に支持されると、最後方からゆったりとレースを進め、大外から巻くって直線強襲。楽々と全馬を撫で切り、7戦全勝で2008年を締め括った。

2009年を迎え、ゼンヤッタはさらに充実著しく、麒麟のごとく翔動。

無敵の連勝街道にGIタイトルのコレクションを増やしていく。

ちょうどこの頃、3歳クラシックにて彗星のごとく革命的女傑が降臨。

そう、レイチェルアレクサンドラである。レイチェルはケンタッキーオークスにて20馬身1/4差という歴史的超大差勝ちを演じ、さらには85年ぶりに牝馬としてプリークネスSを制覇、そして古馬の一線級を相手にウッドワードSを勝ち、GI5連勝を達成している歴史的名馬であった。ファンは次第に世紀の名牝、2頭の最強女王の比較対照を無意識のうちに始め、それはやがて、片時も脳裏を離れることない高揚感となってファンを煽情的に盛り上げていった。その心揺さぶる熱波は日和に大きくなり、次第に競馬界の枠を超えた次元で波紋を広げていくことになる。

「もしかして、BCクラシックで激突するのでは……」との仰望成就を多くのものが胸膨らましていた……がしかし、レイチェル陣営はオールウェザーコースを毛嫌いし早々に回避表明。これにより2頭の直接対決は棚上げとなり、全世界の競馬ファンが溜息をつくこととなった。

『もう一つの終止符』

そんな喧騒を余所に、ゼンヤッタは全米最高峰・BCクラシック(AW2000m)を引退レースに選び、ゼンヤッタは初となる牡馬最強クラスとの直接対決という難局と対峙することとなる。

芝とオールウェザー全米最強と呼ばれるジオポンティ、ケンタッキーダービー馬マインザットバード、ベルモントS馬サマーバード、そしてアイルランドからは世紀のモンスターホース・シーザスターズ世代のリップヴァンウィンクルが参戦。リップヴァンウィンクルは主戦のムルタが惚れ込んだ名馬で、愛ダービー馬フェイムアンドグローリーやGI2勝馬マスタークラフツマンより遥かに高く評価している。シーザスターズと生まれる時代さえ違っていれば、とてつもなく歴史的強豪として競馬史に名を刻んだことだろう。それほどの名馬が遠くアイルランドからGI2連勝の勲章を引っ提げてやってきた上に、クラシックタイトルを持つ3歳と豪傑古馬、さらには芝チャンピオンが剣先を交えるというのだから、盛り上がらない方がどうかしている。

ゼンヤッタはいつも通り、飄々と最後方に近い位置からレースを進め、第三コーナー付近から加速を開始。しかし、直線を向いてもまだ差し切るのは不可能ではないか……と懐疑的になるほどの絶望的ポジションに位置していた。ところがである。まるで神々の導く光の道が照らし出されたかのように、ゼンヤッタは馬群の中をスイスイと擦り抜け、ジオポンティを完全に射程圏に捕らえると、マインザットバードやサマーバードらを跪かせ、ついには〝ヒュルリ〟と先頭に立った。そこがゴールで、これにより14戦14勝。あのネアルコと並ぶ無敗記録と同時に、BC史上初となる牝馬でのクラシック制覇という空前絶後の金字塔を競馬史へと突き立ててしまったのである。

競馬場へと詰め掛けたゼンヤッタ・ファンは目頭を熱く滲ませ、ゼンヤッタを見つめ続けた。

鞍上のスミスは感動のあまり、天へと向かい神へと感謝の祈りを捧げ始めた。ゼンヤッタの背中の上、涙を流しながら十字架を切る一人の男、その崇高なる光景こそが、〝ゼンヤッタ〟が何であるかを一言に体現していた。

まるで勇者の戴冠式のような、その荘厳な空気は、ウオッカのダービー以上の威光が溢れ返っていたと言っても過言ではなかった。まるでジャンヌ・ダルクの凱旋。歴史的運命の歯車が、間違いなくこの時、この瞬間の競馬場で回り始めていた――……

ハリウッドパーク競馬場。歴史的BCクラシックから21日後、デビューの地にて引退式が催されることとなった。もう二度と回り逢うことなど許されぬであろうこの絶世の女傑に別れを告げようと、まるでGIレース当日さながらの大観衆が押し寄せる。

“Go! Zennyatta!” のプラカードを皆一同に掲げ、ゼンヤッタの名を叫ぶ女性たち。

競馬場はいつの間にか一つになり、別れの言葉を囁いていた。そして、賞賛の言葉を捧げつづけていた――……

12月26日にはBC制覇を成し遂げたサンタアニタ競馬場において、現役最後の勇姿を披露。

これが見納めと、競馬ファンは皆一様にスタンディングオベーションで彼女の走りを見送った――

『果て無き妄想』

年度代表馬の選定に衆目の目が注がれた。

ゼンヤッタかレイチエルか――。

有効投票数232票の内、99票を集めるも、レイチエルを推す声が130票と、前年に続き、年度代表の大勲を逃すこととなった。ちなみに2008年度はカーリンとの争いに敗れていた。

無敗のBCクラシックの快挙を持ってしても、届かなかった夢の年度代表馬。

しかしそれ以上に、ファンが悔いたのはレイチエルとの直接対決。ゼンヤッタの引退により、完全に夢は気泡へと帰っしたのだから。

ところがである。

とんでもない大ドンデン返しが待っていた。

2010年の1月16日、引退撤回。現役続行のスーパーサプライズが、陣営の口から明らかにされたのである。これに世界は大激震。これによりドバイWC参戦も噂され、ウオッカとの夢の日米最強女王決定戦も日本競馬ファンの間で夢想されたものであった。

「彼女は本当のスターだ。私たちは彼女の走るところが見たいんだ」

そう滔々と語ったモスは、ドバイ参戦を暗に否定。動向を燻らせた。

そんな中、囂々と再燃する史上最強女王決定戦。レイチエルとのマッチレースが現実味を帯びてきた。両陣営とも意識していなかったと言えば嘘になる。やはり一目の敬意を置き、いつの日かその日がやってくることを心待ちにしていたようだった。

この何処へ行くとも知れぬ結論を煮え滾らせる鉄火場に、まるで助け舟を出すかのごとく破格の条件提示をする者が現れた。オークローンパーク競馬場がそれで、賞金を通常の10倍。さらには出走頭数を10頭に制限した〝アップルブロッサム招待〟を開催すると宣言。しかも、2頭が万全の態勢で出走できるよう、通年より開催を遅らせるとまで明言。この超異例となる待遇に両陣営も同意。

こうして歴史的初対決の舞台が設定されると、全世界のあらゆる場所で、2頭による夢の対決の論戦舌戦が幾度となく繰り返されることとなった。

「4月9日」。

運命の決戦日時が確定され、いよいよ最高潮。

ゼンヤッタは復帰戦であるサンタマルガリータ招待H（AW1700m）を圧勝。

悲鳴のような大歓声がゼンヤッタの帰還を祝福。いかにこの馬が愛されているのか、その歓声一つで瞬時に感得できる。

レースぶりもあいも変わらず、スローモーションのように前半を後方追尾。3コーナーから急躍進を開始し、直線で大外一気。2の脚、3の脚を繰り出して先頭をゴール前で飲み込む……という〝ゼンヤッタパターン〟とでも命名したくなるような独特のこの戦法。

この1戦を見たレイチェル陣営も軽い相手の前哨戦を使い、ここを大差ぶっちぎってゼンヤッタ陣営にプレッシャーを懸けようと謀略を練っていた……がしかし、レイチェルアレクサンドラは一体どうしたことか、まるで眠ったままレースをしたかのように無抵抗で、あっさりと敗退。この敗戦を理由に、レイチェル陣営は世紀の一戦を蹴り、レイチェルを立て直すことに躍起になっていく。

結局のところ、以前の燦然たる理力を取り戻すことなく、レイチェルアレクサンドラは惨敗をいたずらに重ね、引退。

レイチェルvsゼンヤッタは人々の心の中だけで決戦を許される、果て無き妄想のパズルと化してしまった――。

全盛時の2頭のどちらが強かったのかは、神のみぞ知る永遠の謎である。

『ボムズアウェイ』

ゼンヤッタはレイチェル不在のアップルブロッサム招待を飄然と圧勝。4馬身半差も馬なりのまま追い込んで

つけ、節目となるＧⅠ10勝、さらにはサイテーション、シガーらが記録した16連勝に並んだのだった。

もはや、「レイチェルｖｓゼンヤッタ」は過去の遺物と成り果てていた。

全世界の心は、健気にただ勝利の唄を歌い続ける一頭の淑女の連勝記録にのみ、魅了されていた――

己の矜持を羊角として巻き起こし、奇跡的に勝ち続けるゼンヤッタ。

負けそうで負けない、必ずやってくる不敗神話を織り紡ぐピンク・エメラルドのドレスを翻す美少女は、いつしかアイドルの枠をも超えた、世界的スーパースターの地位を築き、さらには地球という星の歴史に屹立する一人の大女帝へと登攀していたのである。

そして、ついにロックオブジブラルタルのＧⅠ競走7出走7連勝の記録を超え、8連勝……9連勝を記録。


不況に次ぐ不況。

暗澹たる暗黒国家らの脅威。

すぐ傍に横たわる潜在危険の数々。

人を人とも思わぬ悪の跋扈するこの世界。

万民はヒーローを求めた。

しかし、そこに英雄はいなかった。

いたのは純粋無垢な心を持つ少女……

彼女たちが、世界へと光をもたらした。

ラグズトゥリッチズ。

ザルカヴァ。

ウオッカ。

ダイワスカーレット。

レイチェルアレクサンドラ。

そして
ゼンヤッタ。

この潮流は絶えることなくブエナビスタ、ゴルディコヴァ、オーサムフェザー、スノーフェアリー、レーヴディソールたちへと継承されていっている。

〃女の時代〃。
その旗手として――
その象徴として――
そして、全米最後の希望として――……

さらにはそんな世界すらも超越する〝神の領域〟へ……

ゼンヤッタはもどかしい無敗伝説を綱渡りするかのように勝ち続け、そしてその最終到達点へと辿り着いた。

もどかしい無敗(せかい)の上で

BCクラシック(ダ2000m)。米国競馬の総本山・ケンタッキーダービーも催されるチャーチルダウンズ競馬場のこの最高峰が、ゼンヤッタの真のラストランに選定された。

この年は前年をさらに上回る強豪が終結した。

GIドンHで大差勝ち、タイトルを積み重ねるクオリティロードに、このコースをベストコースとし、見る見るうちに力を増強してきたブレイム(ホイットニーHなどGI2勝)、プリークネスS馬で3歳最強馬と目されるルッキンアットラッキー、日本からは歴代でも最強クラスのダートホース、エスポワールシチーも参戦していた。

ゼンヤッタは例によって最後方。しかし、この日はさらに常軌を逸すほど離れた最後尾、馬群の一番後ろを行く馬からさらに5～6馬身離れた超最後方からのレース展開。はっきり言って、こんな戦法ではBCはおろか米国のGIでは勝負にならない。これはかなり実力あるGIホースにも通じることで、スタートからゴールまで超ハイペースの消耗戦で、サバイバルレースとなる米国競馬は前が止まらない。追い込む場合でも、シルキーサリヴァンのような例外中の超例外は別に中団から好位につけない限りはほぼ大敗宣告を告げられたも同然。しかし、ゼンヤッタはそんな暗黙ルールは何処吹く風とばかりに、自分のレースを突き通してきた。今回の20連勝とGI10出走10連勝、そしてBCクラシック史上初の無敗連覇という超絶的大記録三連を前にしても、何ら変わることなくやってのける。

3コーナーを過ぎてもまだ少し差を詰めただけの最後方。4コーナーを向かえ、一頭だけ交わし、スミスは馬群の真ん中へとゼンヤッタをリードした。もはや1着はおろか連対すら絶望的だった。

しかし――

奇跡が起きる。

馬群を擦り抜け、大外へと進行。

面舵一杯！　アクセル全開!!　とばかりに猛加速、一段二段三段とギアチェンジがコンマ数秒単位で展開され、先頭に躍り出たブレイムに猛然と鼻面をそろえた!!

そこにゴールがあった。

鼻差。

ほんの数十センチの差。

ゼンヤッタは負けた。

生涯初となる敗戦が生涯最後のレースとは……

競馬場はまるでこの世の終わりが来たかのような、言い表しのないような重い重い沈黙に包まれていた。現実に起きた〃この現象〃がまるで現実世界のものではないような夢現の時間がいつまでも競馬場にいた……いや全世界の競馬ファンの心を支配していった。

ついに崩れた不敗神話も、ファンはあたたく、そして優しかった。

最後の最後、ハッピーエンドで終わらせてあげられなかった事が、ゼンヤッタにとっての最大の非礼にも思えるが、これが競馬。これが勝負の世界。

宿命・天命として受け入れよう。

人が大好きだというゼンヤッタ。

独特のステップで愛くるしいゼンヤッタ。

みんながいつの間にかそんな彼女に恋をして、いつしか恋や愛をも超越した〃特別な何か〃に心変わりしていった。

好きだった。

そんな貴女が——……

もどかしい、この世界を生きる馬たちが——……

もどかしい、この世界を歩む人々が——……

もどかしい世界の上で。

※ポリスファンの方は気付いたかも？　今回の各章ごとのサブタイトルは最後の「もどかしい無敗～」以外はすべてポリスのサードアルバム『ゼンヤッタ・モンダッタ』の収録曲からその章ごとのゼンヤッタのイメージで選びました。

（本文：兼目和明）

衝撃の貴婦人 ジェンティルドンナ

▼不可能を可能にする、完全無双の日本競馬 史上最強・最高牝馬

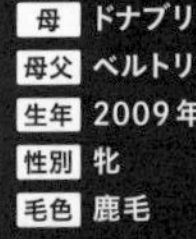

父 ディープインパクト
母 ドナブリーニ
母父 ベルトリーニ
生年 2009年
性別 牝
毛色 鹿毛

日本

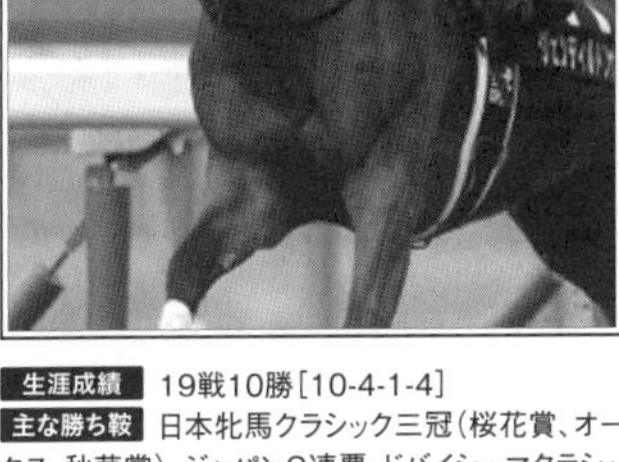

生涯成績 19戦10勝[10-4-1-4]
主な勝ち鞍 日本牝馬クラシック三冠(桜花賞、オークス、秋華賞)、ジャパンC連覇、ドバイシーマクラシック、有馬記念、ローズS、シンザン記念

「行けっ! ジェンティル!!」

残り200mのハロン棒付近、最前列の手すりから身を投げ出し、〝がんばれ馬券〟を握りしめながら叫ぶ私のほんのすぐ先を、G1馬9頭を含む15頭を引き連れた褐色の馬体が駆け抜けていった。

内で粘るのはジャパンカップで完敗を喫したエピファネイア。外にはエリザベス女王杯を制して勢いに乗るラキシス。その内にはマイルCSの覇者トーセンラー。外から追い上げてきたのは当時G1 5勝のゴールドシップ。その更に外からは、世界一の称号を手にしたジャスタウェイが猛追してきた。

これだけの馬たちを背に、1歩、また1歩と身体がゴールへ引き寄せられて行く。

これがおそらく生涯最後になるであろうトップギア。その最後の勇姿を刻む女傑の前は、いかなる戦歴を重ねたトップホース達も横切ることは許されなかった。

彼女は最後まで、貴婦人であり続けたのだ。

2009年2月20日、イギリスのG1チヴァリーパー

クSの勝ち馬ドナブリーニを母に持ち、姉には重賞2勝の活躍を見せることになるドナウブルー。父は言わずと知れた歴代最強馬ディープインパクトという、まさに貴族のような血脈を手繰り寄せた1頭の仔馬が誕生した。

今でこそ不動のリーディングサイヤーの座を揺るぎないものにしているディープインパクトだが、初年度から圧倒的な成績を残していたわけではない。

最初の1年で勝ったG1は桜花賞と安田記念の2勝。普通の種牡馬であれば十分成功と言える成績だが、やはり世間が重ね合わせたのは、他馬が戦意を喪失させる程の圧倒的な力差を見せつけた現役時代の父の姿。ところが、初年度の牡馬クラシックは怪物オルフェーヴルに総なめにされ、重賞を2勝以上勝つ馬もなかなか現れなかった。暫くは〝早熟マイラー種牡馬〟という言葉も囁かれたほどだった。

彼女が駆け抜けた3年余りの現役生活の中で、彼女は父ディープインパクトに向けられる数々の負のジンクスを、ことごとく破り続けることになる。

デビューは2歳の秋を迎えた頃。後にこの世代のダービー馬となるディープブリランテが圧巻のパフォーマンスで東京スポーツ杯を制した同じ日に、高貴さとはかけ離れた泥んこ馬場の淀で、この馬の伝説が幕を開けた。彼女が生涯で掲示板を外したのは2戦。キャリア唯一の稍重で行われた京都記念と、重と言われても納得してしまいそうな良馬場発表だった宝塚記念である。

思えばこの新馬戦の2着が、最もこの馬の適性を表したレースだったのかもしれない。

仕切り直して迎えた2戦目、ジェンティルドンナの能力が目を覚ます。

牝馬に囲まれても怯むことなく、馬群を割って楽々3馬身半の着差をつけての完勝だった。手綱を取ったメンディザバル騎手はレース後に一言、こう振り返っている。

〝このレースはつかまっているだけだった〟

未勝利戦のパフォーマンスをかき消すように、翌日に同世代の牝馬がデビュー2戦目でのG1制覇という、今後も決して破られることのない記録を打ち立てた。ジョワドヴィーヴルである。同じディープインパクトを父に持ち、姉がブエナビスタという天才少女の登場により、牝馬クラシック戦線は1強の構図が見え隠れし始めていた。

そんな中、3戦目に陣営が選択したレースは、どこか意図を感じるほどに強気なものだった。

2000年以降、1頭も牝馬の勝ち馬を出しておらず、また唯一の姉ドナブリーニが、前年に1番人気で敗れたシンザン記念に矛先が向けられた。

まさに試金石となる一戦。しかし、そんないくつもの不安要素を切り捨てるように、オトコ馬の間を彼女は一瞬にして突き抜けてしまった。

前年はオルフェーヴルが2着。過去10年で馬券に絡んだ牝馬はダイワスカーレットとマルセリーナの桜花賞馬2頭。このレースを勝つことは、姉のリベンジとジョワドヴィーヴルへの挑戦状という2つの仕事を果たすには十分すぎるものだった。

賞金的にもクラシックの出走権を確実なものにした陣営は、本番を前に早くも天才少女への挑戦を選択する。

しかし、チューリップ賞を前に熱発してしまうアクシデントもあり、挑戦どころか初めて馬券圏内を外すという不本意な結果に終わってしまった。それでも4着。上がり3ハロンの時計はジョワドヴィーヴルのそれを上回っていた。改めて、この馬の力が世代屈指だということを印象付けたレースだった。

クラシック初戦、桜花賞。ついにその力が開花する。阪神JFの覇者ジョワドヴィーヴルでも、クイーンCの覇者ヴィルシーナでも、フィリーズRの覇者アイムユアーズでもなく、先頭を駆け抜けたのはオトコ馬をもねじ伏せてきた圧倒的な力であった。先頭を争うヴィルシーナとアイムユアーズに襲い掛かり、後ろから迫り来るジョワドヴィーヴルを寄せ付けない。〝力〟とは能力ではなく権力なのか。そう思わせるほどの気高さと力強さを兼ね備えた、圧倒的な仁川の直線だった。

優駿牝馬。女性として生を受けたサラブレッドにとっては唯一にして最高の舞台。その世代の女王を決めるレースを前にしたジェンティルドンナに向けられた目は、どこか懐疑的なものばかりであった。

〝距離が長いのでは〟

〃初めての左回りは大丈夫か〃
〃初めての輸送は〃
〃デビューから減り続けている馬体は維持できるのか〃
〃ディープ産駒はマイルG1しか勝てない〃
〃重賞を複数勝ったディープ産駒はいない〃

ネガティブな言葉が並び、桜花賞で見せたあのパフォーマンスにもかかわらず単勝オッズはなんと3番人気に留まった。

懐疑的な目を向けられれば向けられるほど、それを遥かに上回るパフォーマンスを発揮する。京都記念惨敗後のドバイ、もう終わったと言われて迎えた有馬記念など、世間が彼女を疑えば疑うほど、信じた人には大きな感動を返してくれた。

おそらくキャリアで最も不安材料を挙げられたレースはこのオークスだったかもしれない。そしてこのオークスが、この馬のベストパフォーマンスとなった。

夏を越し、秋を迎えた3歳女王は、馬体を増やし、気性は落ち着き、隙を見せない品のある女性へと進化を遂げていた。レースにもそれは如実に表れ、どこか不安定さを感じた控える競馬から、好位から抜け出して押し切る隙の無い競馬へと完成されていった。

ローズステークスを快勝し、いよいよ3冠馬の称号へと大手をかけたジェンティルドンナ。オークス直前に向けられた懐疑的な目は、半年後にはそのほとんどがポジティブなものへと変わっていた。単勝は1・3倍の圧倒的な1番人気。3冠を達成するかどうかではなく、どんな勝ち方で3つ目のティアラを手にするかに焦点が集まっていた。

だが、終わってみれば、彼女のキャリアで最も支持を集めたこのレースは、最も着差の少ない勝利となった。

貴婦人とはいたずらに力を誇示するようなものではない。常に敬意を払い、何をしていても、どこかエレガントな雰囲気を醸し出してしまうものなのだ。

実に彼女らしい、彼女を体現したような3冠達成の瞬間だった。

3冠を達成した彼女に課された使命は、最強牝馬ではなく最強馬の称号だった。

2012年のジャパンカップ。もしかしたら歴代のジャパンカップでも、この年が一番華やかなメンバーだったと言えるのではないだろうか。

3冠馬オルフェーヴル。その年の凱旋門賞馬ソレミア。ダービー馬エイシンフラッシュ。香港を制したルーラーシップ。このレースの2週間後に香港ヴァーズを制したレッドカドー。ローズキングダム。フェノーメノ。トーセンジョーダン。オーケンブルースリ。それぞれが手にしたG1の数を挙げれば切りがないほど、空前絶後のジャパンカップとなった。

直線では歴史的な叩き合いを目の当たりにする。3冠馬対3冠馬、オルフェーヴルとジェンティルドンナの一歩も譲らない攻防は、10秒もの間、見るもの全てを釘付けにした。

府中の直線が長いからではない。10秒という時が長いからでもない。この2頭が積み上げてきた栄冠と、それがこれほどまでにぶつかり合うという、誰もが夢に見た光景にようやく辿り着いた歴史が、この時間をあまりにも長いものに感じさせた。

最初で最後の叩き合いは、なんと3歳牝馬に軍配が上がった。最強牝馬から最強馬へと登りつめた、あまりにも大きな意味を持つハナ差の勝利だった。

古馬になってからも、彼女は数々の偉業を成し遂げる。歴史上初めてとなるジャパンカップ連覇。牝馬としては日本馬初のドバイシーマクラシック制覇。そして、引退レースでは、牝馬としては史上5頭目の有馬記念制覇を成し遂げた。

握りしめた〝がんばれ馬券〟はクシャクシャになっていた。手すりから身を投げ出した私の遥か200m先で、彼女の全力疾走が幕を閉じた。

常に最強の称号を与えられていたわけではない。疑念を抱かれては、自らの走りでいつもそれらを一掃した。

変化していたのは周囲の目で、彼女は何も変わってはいなかった。いつも自分らしく、何事にも動じない高貴な女性であり続けた。

ジェンティルドンナ。――この名前は彼女のために用意されていたのかもしれない。

(本文：うまっぷることり)

このすばらしき絶景に祝福を

ブエナビスタ

▼絶対的な人気と実力を兼備した、女王の中の女王

父	スペシャルウィーク
母	ビワハイジ
母父	カーリアン
生年	2006年
性別	牝
毛色	黒鹿毛

日本

生涯成績 23戦9勝[9-8-3-3]
主な勝ち鞍 日本牝馬クラシック二冠(桜花賞、オークス)、ジャパンカップ、天皇賞(秋)、ヴィクトリアマイル、阪神JF、京都記念、チューリップ賞ほか

2008年の菊花賞当日の京都競馬場、菊花賞とは別でレース前から注目を集めたレースがあった。京都5レースの新馬戦。このレースは競馬関係者、競馬ファンともに素質馬が集まったと戦前から噂になり、来年のクラシック戦線を占う意味でも大いに注目を集める、注視、精察、必至のレースとなっていた。

この新馬戦で1番人気に支持されたのが、小柄な馬体の牝馬ブエナビスタだった。

レースではブエナビスタはスタートが悪く、後方からの競馬となった。直線ではほぼ最後方まで下がった位置から、猛然と追い込んできて3着となった。文字にするとただ新馬戦で3着となっただけだが、この新馬戦で3着になったことに価値がある。それはあまりにレベルが高く後に伝説の新馬戦といわれることになるからだ。

1着アンライバルド
スプリングS(GⅡ)1着　皐月賞(GⅠ)1着
2着リーチザクラウン
きさらぎ賞(GⅢ)1着　ダービー(GⅠ)2着

マイラーズC（GⅡ）1着
3着ブエナビスタ
※GⅠ6勝
4着スリーロールス
菊花賞（GⅠ）1着
5着エーシンビートロン
サマーチャンピオン（GⅢ）1着
※ブエナビスタの成績詳細についてはプロフィール及び
文中参照。

……と掲示板に載った5着以内のすべてが重賞勝ち馬となっており、アンライバルドは皐月賞、スリーロールスは菊花賞を制している。リーチザクラウンはGⅠ優勝こそしていないがダービーでは2着となっており、ブエナビスタを含めるとクラシック優勝馬がなんと3頭もこのレースから出たことになる。

新馬戦こそ敗れたブエナビスタだが、次走の未勝利は最後まで馬なりで、上がり34・5秒という驚異的な末脚を披露し圧勝する。数字こそ現代競馬から見れば何の変哲も無い上がりにしか見えないが、正に他馬が止まって見えるような鮮烈な末脚であった。

この驚異的な内容が競馬ファンの目に焼き付けられたのだろう。3走目にはGⅠ阪神ジュベナイルフィリーズに抽選を突破して参戦。その際は単勝2・2倍と未勝利を勝っただけの馬が異例の支持を集めていた。

そして、新馬戦、未勝利と同じように後方から競馬を進め、一番大外から1頭だけ次元が違う末脚を披露し、ほぼ馬なりでゴール板を駆け抜けていった。母ビワハイジが制したGⅠを、娘のブエナビスタも制し、史上初の母娘同一GⅠ制覇となった。

年が明けてのチューリップ賞では単勝1・1倍と圧倒的な支持で、着順こそ1・1／4馬身だったが着差以上の余裕があった。

同世代にライバルはいない。桜花賞というよりも牝馬三冠すらも死角なしに思えた。

桜花賞では単勝1・2倍と圧倒的1番人気になり、2番人気には別路線から初対決となる無敗馬のレッドディ

ザイアが14・4倍となっていた。
　ブエナビスタは最後方から2番手の位置で競馬をして、阪神ジュベナイルフィリーズと同様に直線では一番大外に持ち出して33・3秒という上がりを叩き出し、ブエナビスタより先に抜け出して先頭に立ったレッドディザイアを余裕で差し切っている。

　オークスでも単勝1・4倍と1番人気のブエナビスタだったが、そのブエナビスタのライバルとして支持を集めたのが桜花賞2着に敗れたレッドディザイアだった。レッドディザイアの桜花賞単勝オッズの14・4倍からオークスでは6・0倍になったのだから、打倒ブエナビスタの一番手はこの馬しかいないという評価だった。

　レースでは、2枠3番という枠の利を活かしたレッドディザイアが内々で中団という位置取り。ブエナビスタは例によって後方からという展開でレースを内々から進めた。ブエナビスタは最終コーナーに入る前に内に切れ込んで行くか、外に持ち出して行くか、鞍上の安藤勝巳騎手に一瞬の気迷いが生じる。そして、そのほんの少しの迷いが、ゴール前に響いてくることとなった。

　最終コーナーで両者の位置取りは対照的となった。距離ロスを少しでも失くそうと内々の馬群にいるレッドディザイア、末脚を活かそうと外々へと進路を取っていくブエナビスタ。ラスト200mではレッドディザイアが先頭に立ち、2番手以降を2馬身以上突き放していた。そして、猛然と追い込んでくるブエナビスタとは5馬身ぐらい離れていただろうか。逃げるレッドディザイアを着実に、一完歩ずつ追い詰め寄るブエナビスタ。その2頭はゴール直前で並びゴールをほぼ同体となって駆け抜けた。

　写真判定の結果、ブエナビスタのハナ差勝ちとなり、牝馬二冠を達成した。


　オークス後には、凱旋門賞挑戦のプランが浮上。その試金石には古馬混合戦となる札幌記念が選択された。

　そして、札幌記念では1・5倍とファンのブエナビスタに対する評価、期待は全く変わっていなかった。しかし、ブエナビスタにはいつもの切れが無く、早目に抜け出した古馬のヤマニンキングリーの後塵を拝してしまう。これにより凱旋門賞挑戦は白紙となり、牝馬三冠を目指すことになった。

秋華賞では桜花賞、オークスと優勝争いをしてきたレッドディザイアがやはり出走し、ブエナビスタの三冠かレッドディザイアのリベンジか……に大きな注目が集まった。

ブエナビスタは中団で競馬をするレッドディザイアをマークする意図があったか、いつもより少し前の位置を内々で追走。

しかし、インコースを走り距離ロスをなくした騎乗をするも、最終コーナーで全馬がラストスパートを開始した時に馬群は凝縮してしまい、どこにも進路を取れなくなってしまう。

その隙にレッドディザイアはいち早く先頭に立った。レッドディザイアが抜け出したことによりスペースができ、そこをブエナビスタは狙って一気に超加速。そして、まるでオークスの再現のように、またしてもほぼ同体でゴールを通過した。

写真判定になったが、審議の青ランプも点滅した。審議の内容はブエナビスタが最終コーナーで後ろに着けていたブロードストリートの進路を塞いだということだった。

審議の結果ブエナビスタが降着となり、レッドディザイアが最後の一冠である秋華賞をものにした。

続くエリザベス女王杯では早々にクィーンスプマンテ、テイエムプリキュアが大逃げを打ち、3番手集団以降を離し続け、その差が縮まることなく、残り800m地点でも、まだ後続とは約20馬身離れていた。

しかし、3番手以降はまるで金縛りにあったように動きを見せず、そのなかでブエナビスタはいつもよりも早くにスパートを開始したが、直線では前の2頭は15馬身近くのセーフティリードがあり、ブエナビスタは上がりタイムは32・9秒という鬼脚を出しながら3着に敗れてしまった。

レース後に、鞍上の安藤勝巳騎手は、「(逃げている)前の2頭が見えなかった」と肩を落とした。

エリザベス女王杯の結果を受け、有馬記念では安藤勝巳騎手からの乗り替わりが陣営から発表され、その新コンビには、横山典弘騎手が抜擢された。

秋華賞、エリザベス女王杯と失意の連敗となったブエナビスタだが、ここでも実績ある古馬を抑えて1番人気となる。

ブエナビスタはこれまで見せていた追い込みの戦法から一転して先行し、先頭から6番手で競馬をする。直線では先頭に立つも後ろからドリームジャーニーに交されてしまい、今までの競馬と対照的に差される形で2着となる。

しかし、驚異的なハイペースで先行している形でギリギリまで粘っており、この馬の持つ潜在能力がより一層引き立つ結果となった。何しろ、前半1000mを8番手以内で進めた先行勢で掲示板内に残った馬は彼女だけであり、上位入線馬はブエナビスタを除き全馬後方待機組みであった。ブエナビスタと同様に先行の作戦を取ったイコピコは、ブエナビスタから2秒5も離されており、走破時計の2:30.1は歴代でも破格の数字。これ以上の時計で走破した馬は有馬記念史上で7頭しかいないという事実（2016年有馬記念終了後時点）、それも初めての先行策を乗り替わりで難無くやってのけるあたりが、ブエナビスタの絶対的能力をまざまざと浮き彫りにさせた。

年明けの京都記念では有馬記念の再戦となり、ドリームジャーニーとの一騎打ちがレース前の評価だった。斤量面ではドリームジャーニーが59kg、ブエナビスタが55kgとなり、ブエネビスタが有利となった。

ブエナビスタはここでも先行して先頭から3番手で競馬をして、直線では早めに先頭に立ち、猛追してくるジャガーメイル、ドリームジャーニーを抑えて優勝する。

京都記念後にドバイシーマクラシックに鞍上にペリエ騎手を迎えて出走。

異国の地でもあの切れ味を発揮するも、惜しくもダーレミの2着と敗れる。

帰国後、牝馬限定GIヴィクトリアマイルでは3歳時期の追い込みのスタイルで競馬をして先行するヒカルアマランサスをクビ差で差し切った。

その後、宝塚記念に出走し、ドリームジャーニー、ジャガーメイル、アーネストリーといった実力馬を直線で抑えて先頭に立ったが、外から追い込んできたナカヤマフェスタに交わされて2着となる。

秋の古馬中距離の王道路線ではスミヨン騎手とコンビを結成し、天皇賞（秋）、ジャパンカップ、有馬記念と連戦する。

初コンビとなった天皇賞（秋）は中団からの競馬をして直線で前が開いたときに弾けるように伸びてペルーサに2馬身差をつけて完勝。

ジャパンカップでは、追い込みの競馬をして直線で先頭に立ったが、そこから不意に内へと斜行し、2着入線のローズキングダムの進路を塞ぐ結果となってしまった。

GⅠでは珍しく24分間も審議のランプが点灯しており、審議の結果ブエナビスタは2着となり、ローズキングダムがジャパンカップ優勝となった。

この結果に、スミヨン騎手は非常に落胆した。

ジャパンカップ降着の雪辱を期して、有馬記念に出走するも、先に抜け出した3歳強豪ヴィクトワールピサを差すことができず2着に敗れる。

降着となったジャパンカップから、ブエナビスタの歯車が狂ったのか、それともピークを過ぎてしまったのか、真相はわからないが、有馬記念2着の敗北からブエナビスタは敗戦を続け、ドバイワールドカップに挑戦するも生涯最悪の成績となる8着、ドバイから帰国後、ヴィクトリアマイルに岩田騎手と新コンビを組んで臨むも牝馬三冠のアパパネを差し損じ2着、宝塚記念では先行するアーネストリーを捕らえきれず2着、最速上がりを使うのだが、ブエナビスタの前に何かが必ず1頭いるというジレンマを何度も味わう。

そして、天皇賞（秋）では1番人気に支持されるも、最速上がりを出すこともなく4着に沈む。この天皇賞（秋）の敗戦から、多くの人がブエナビスタは、「終わったのではないか」と感じるようになる。

続く、因縁のジャパンカップではデビューからの1番人気の支持を凱旋門賞馬のデインドリームに明け渡し、2番人気に甘んじる。

レースでは中団から競馬を進め、最後の直線で先頭に立っていたトーセンジョーダンをレース上がり最速の33・9秒で差し切り、見事に去年の雪辱を果たした。

レース後に、外国馬サラリンクスで参戦していたスミヨン騎手はブエナビスタの顔を撫でて勝利を祝福した。

ラストランとなる有馬記念は、この年の三冠馬オルフェーヴルとの最初で最後の対戦となった。前走のジャパンカップで燃え尽きてしまったのだろうか。全くの見せ場がなく、国内で最低の成績となる7着と、今までにない大敗を喫してしまう。

レース終了後には、引退式が催され、多くのファンが女王との暇乞いの時間に身を委ねた。

その数、ディープインパクトの引退式を超える、6万人ものファンが宵闇に包まれた競馬場から踵を返そうともせず、彼女の門出を見送り、惜別を告げた。

ブエナビスタはこの時、ファンを前に涙を流したという。果たしてそれは、敗戦による悔しさからか、それとも、自分の為に残った多くのファンを目の当たりにし、心動かされたからなのか。はたまた、ファンとターフへの離別から生じる悲哀が形となったからなのか。

きっと、3つとも正解だったのだと信じたい。

ある時代から牝馬でもGI古馬中長距離路線でも対等以上に戦えるようになった。

その理由については様々な意見が飛び交うが、ブエナビスタのように3歳、4歳、5歳と古馬王道GI路線で常に主役を張りつづけた牝馬はいない。

ブエナビスタは2歳からGIを制覇して、そこからGIを3歳、4歳、5歳と制覇していった。日本のどの競馬場の、どのGIでも連対を果たし、常に主役を務め、異国の地でもその能力は通用することを証明した。

常にどんな状況でも懸命に走り抜く直向きさ、ゴールを過ぎても諦めない姿勢、凛然優美たるその様から、多くのファンから愛された。その人気は記録にも現れており、19戦連続1番人気の日本記録を打ち立てている。これはテイエムオペラオーの15戦連続1番人気記録を大きく超える、偉大な記録である。絶大な人気と実力、その2つを兼ね備えた女王であった。

そのトップからの「絶景」を幾度となく経験した名牝は、次に母の役目をその馬生で送ることとなる。今、彼女の視線の先にはどのような絶景が広がっているのだろうか。

その大いなる未来、素晴らしき絶景に祝福を。

（本文：朝霧博人）

ベネズエラの奇跡

トリニカロール

▼世界最高賞金獲得……国民の休日すら設けさせた歴史的スーパーヒロイン

父	ヴェルヴェットキャップ
母	オルメラ
母父	ファレーノ
生年	1979年
性別	牝
毛色	鹿毛

ベネズエラ

生涯成績 24戦18勝［18-3-1-2］

主な勝ち鞍 シモンボリーヴァル大賞（現シモンボリーヴァル国際大賞）、共和国大統領賞、ベネズエラゴールドC、ベネズエラ牝馬二冠（ラリンコナーダ競馬場大賞〔ベネズエラ1000ギニー〕、ヨハンキン・クレスポ将軍大賞〔ベネズエラ牝馬三冠目〕）、ペリオディスタス・ヒピコス賞、軍事賞、ラ・リンコナーダ競馬場開設記念、ホセ＝マリア＝ヴァルガス賞、ホアン＝ボウルトン賞、アンドレス＝ベリョ賞、馬事報道記者賞、フエルザス＝アルマダス賞ほか

南米の楽園ベネズエラ

南米最大の石油産油国であるベネズエラは、1950年代からその生産量を急激に拡大させ、そのオイルマネーにより国内経済は大いに潤った。都市部では中流階級および上流階級の人々が豊かな生活を謳歌し、その生活に憧れて世界中から多くの人々がベネズエラにやってきた。スペインからの移民ホセ＝サハグーンは、高い経営学の知識を背景に石油の輸送事業で財を築き、1956年に1頭のチリ産馬を購入してベネズエラ競馬へと参入した。経済に比例して国内競馬の賞金額が高額となる中、サハグーンは1965年にはカレンシッセイ牧場を創設して、アルゼンチン、ウルグアイ、イギリスから優秀なサラブレッドを次々に購入していった。サハグーンは、国内を代表する生産者となった。そして親しみをもって「ドン＝ペペ」と称されたが、彼自身は投資に似合った成果を上げたとは思っていなかった。1979年にカレンシッセイ牧場を閉場して、新た創設したロスサマネス牧場で小規模な生産活動を続けた。

カレンシッセイ牧場が閉場される直前の1979年2

月19日、1頭の牝馬が生まれた。父はイギリス産馬のヴェルヴェットキャップで、イギリスで2000ギニートライアルステークス2着などの成績を収めた後、ベネズエラに移籍して12戦11勝の戦績を残した快速馬であった。母オルメーラの母系は5代続いたウルグアイ血統で、父のフェレルノはブラジルのパラナ大賞の勝ち馬、母母の父にウルグアイ3冠馬ルゼイロと、生粋の南米血統であった。カレンシッセイ牧場で誕生し、ロスサマネス牧場で育成されたこの牝馬はトリニカロールと名付けられ、白と赤の十字襷が入った青色の勝負服で知られたホセ＝ドミンゴ＝サンタンデール氏の厩舎スタッド＝スサーンに入り、すでに引退していたジョヴァンニ＝コンティーニ師によって調教された。

惜しくも牝馬3冠を逃す

1981年9月20日、首都カラカスのラリンコナダ競馬場の未勝利戦（ダ1200m）でデビューしたトリニカロールは、勝ち馬コミースから19馬身離れた3着と敗退したが、その2週間後の未勝利戦（ダ1300m）で2着に20馬身の差をつける圧勝で初勝利を上げた。10月12日のエドガル＝ガンテアウンメ賞（ダ1200m）で快速馬ベットインタイムに3馬身半差で敗北したが、2歳牝馬女王を決するカラカス市賞（ダ1400m）では、リーディング騎手フアン＝ヴィンセンテ＝トヴァールを鞍上に迎え、1分26秒1／5のレコード勝ちを収めた。

1982年、2歳女王として迎えたトリニカロールのパフォーマンスは、3月の共和国議会賞（ダ1600m）で4着と早々につまずいたが、3週間で立て直し、セレクシオン＝デ＝フェデハーラ大賞（ダ1600m）に快勝して3歳牝馬の3冠クラシックに向かった。結果は、3冠のうち、ラリンコナダ競馬賞（ダ1600m）とホアキン＝クレスポ将軍賞（ダ2400m）を制したものの、第2冠目の国立馬事プレス賞（ダ2000m）でデビュー戦は敗北したコミースの後塵を拝し、惜しくも3冠馬となることはできなかった。

国内最強馬への道

2冠牝馬トリニカロールは、古馬牝馬の最初対決となったアルマードの日賞（ダ2000m）で一歳上のバルフレリーの半馬身差の2着には敗れ、次のアンドレス

＝エロイ＝ブランコ賞（ダ１６００ｍ）では同世代のインヴェステードガイルの2着に敗北した。惜敗が続いたものの、安定な成績を残すトリニカロールは一流馬として充分な評価を得てたが、これ以降、トリニカロールがベネズエラで敗北することはなかった。

9月、シーズン下半期に国内最強戦コパ＝デ＝オーロ（金杯）（ダ２４００ｍ）に出走したトリニカロールは、各世代の有力牡馬を退けて圧勝すると、ベネズエラ最大のイベントであるシモン＝ボリバール賞（ダ２４００ｍ）に向かった。この競走は、3歳馬と4歳馬の限定戦で、世界有数の高額賞金競走として海外にも知られた。トリニカロールはこのレースも快勝し、3歳牝馬にして国内最強馬の地位を確立した。

11月のカリブ産3歳馬による国際競走クラシコ＝カリブ、通称「カリブダービー」を回避し、国内戦を優先することを選んだトリニカロールは、クリア＝ナシオナル賞（ダ２４００ｍ）、ベネズエラ空軍賞（ダ２０００ｍ）、クスタホ＝サナブリア賞（ダ２４００ｍ）、国立競馬場協会賞（ダ２０００ｍ）と重賞を4連勝してシーズンを終えた。トリニカロールはベネズエラの年度代表馬に選ばれた。

１９８３年になってもトリニカロールの連勝は続き、ホセ＝マリア＝ヴァルガス賞（ダ２０００ｍ）、ホアン＝ボウルトン賞（ダ１８００ｍ）、アンドレス＝ベリョ賞（ダ３０００ｍ）、馬事報道記者賞（ダ２４００ｍ）を制し、さらにはシモン＝ボリバール賞と並ぶ伝統と格式を持つ2つの重賞、共和国大統領賞（ダ２４００ｍ）、フエルザス＝アルマダス賞（ダ３２００ｍ）も勝利した。特にフエルザス＝アルマダス賞では、2着に25馬身のも差をつけるレコードでの圧勝だった。これがトリニカロールの国内最後のレースとなった。渡米前の壮行レース。このレースの行われた１９８３年7月5日は、国民の休日となったという。オーストラリアのヴィクトリア州でメルボルンCの開催日が祝日とされていることは有名であるが、一頭の馬の壮行競走のために休日が設けられたことは、世界の競馬史上でも前例のない特筆すべき出来事となった。

アメリカ移籍のオファーを受けたトリニカロールは、カルフォルニアのウェイン・ルーカス師の下でトレーニ

ングされ5戦を走ったが、いずれも着外におわり、全く成果を出せないまま現役を終えた。彼女がベネズエラ時代に稼ぎ出した11,354,790ボリバル（2,640,648米ドル）は、当時の牝馬の世界最多獲賞金額であり、牡馬を含めても、ジョンヘンリー、スペクタキュラービッドに次ぐ3位というものであった。

トリニカロールの引退後、ベネズエラ経済は斜陽を迎え、かつての中産階級は貧困層へと転落してしまった。都市部では治安悪化が進み、豊かさを求めて世界中から人々が集まってきた嘗ての面影は全く、競馬開催も見通しは明るくない。トリニカロールは、アメリカで数年の繁殖生活を行った後、ベネズエラに戻り繁殖活動を続け、1999年1月22日に死去した。まさに古き良き時代の終わりに登場した名牝であった。（本文：大岡賢一郎）

波の行く先
モリーマッカーティー
▼夢を現実へと変えたカリフォルニア神話。連対率100%のダービー女王

父 マンデー
母 フェニーファロウ
母父 シャムロック
生年 1873年
性別 牝
毛色 鹿毛

アメリカ合衆国(カリフォルニア州)

生涯成績 17戦15勝［15-2-0-0］
主な勝ち鞍 カリフォルニアダービー（ラザムプレート）、カリフォルニアオークス（ダ6400m）、ソラノS（ダ2800m）、ガーデンシティカップ、$10000パース、サンフランシスコパース、ジェイクとのヒートレース、ほか

『名馬不毛の地　カリフォルニア』。

そんな汚名が十二単のごとく着せられたのはいつの時代からだったと言うのか――。

西海岸から打って出て、東海岸をも制圧し、全米統一を計略出来るほどの名馬との邂逅は、かつて古のカリフォルニアにおいては絵に描いた餅に同じ話だった。

エンペラーオブノーフォーク、スワップス、シルキーサリヴァン、ロストインザフォグ、カリファルニアクロームへと続いていく歴史的名馬の系譜も、遠い未来の話。

モリーマッカーティーは、そのカリフォルニアの地に降誕し、宝愛を施され、やがて東海岸へと旅立って行くという、カリフォルニアにおける全ての名馬たちの原点であり、崇愛対象となる神のような存在……いや、女神といった方が正しいだろう。

そう、モリーマッカーティーは牝馬なのである。

まさにカリフォルニアのホースマンと競馬ファンを鼓舞し、光が差す方へと導いたかのような聖女。

いま現世においては〝牝馬の時代〟が長く続いている

ウオッカの日本ダービーを皮切りに、世界は牝馬主導の時代へと突入した。ダイワスカーレット、ブエナビスタ、ジェンティルドンナ、米国ではラグズトゥリッチズ、レイチェルアレクサンドラ、ゼンヤッタ、欧州ではザルカヴァ、ゴルディコヴァ、オセアニアにおいてはブラックキャビア登場と、その流れはいまだ滔々と流れ、トレヴ、ハープスターらへと受け継がれていっている。日本の女性の立ち位置も20〜10年前とは激動した。しかしまだまだ日本は他の先進国に比べ女性に対しハンデと差別的意識が根付いている。ウオッカたちはそんな風潮を嘲笑うかのごとく躍動した。彼女たちはまさに世を映す鏡だった。

が、伝説的記録を打建てる馬や、歴史的発端となっている金字塔の傍らには、やたら牝馬の尾がチラついて見えるような気がしてならない。

　史上最多連対記録を樹立したファッション号は米国の競走馬だが、本馬モリーも連対率１００％の馬であった。楽勝の連続で、ダービー馬となり、西海岸最強となるや、東海岸においても当時の最強馬を相手に真っ向勝負。それでいて連対率10割のまま引退したのだから、途方もないポテンシャルの持ち主である。

牝馬たちが残した多種済々の記録や近年の牝馬の強さを鑑みると、史上最強のサラブレッドは、牝馬がなるのではないだろうか……と本気で推論を胸中で巡らすことがある。

　史上最強馬という波の行く着く先にある最終最後の結論は、もしかしたら……〝牝馬〟なのかもしれない。

　まず斤量面で恩恵を受けられるし、♀にしか無い様な俊敏性としなやかさは特筆すべき利点となる。

　さて、話を元のレールへと戻し、モリーの競走生涯へとライムライトを向けようではないか。

　モリーマッカーティーは、真っ黒で大きな口髭が特徴のセオドア・ウインターズ氏に見初められ、バド・ドッブル調教師の管理下でデビュー。賞金５５０万ドルのダッシュスウィープS（ダート１８００ｍ）を快勝。２歳時はこのたった1戦に止まったが、明けて3歳になるや一気の猛進撃開始。サンノゼにて行われた1マイルのヒート競走を皮切りに、疾風迅雷の6連勝。この内の2勝はたったの1日で上げている。１８７６年の9月8日、サクラメントのアグリカルチュラルパークで上げた

2勝（ウインターS、スピリットオブザタイムズS）がそれである。無双無敵の勢いは天井知らずで、カリフォルニアダービー（旧名ラザムプレート、ダ2400m。現在は1700m）も圧勝。距離的にはモリーに不利なはずも、ケロリとした涼しい顔で通過。返す刀でサンフランシスコへと赴き、カリフォルニアオークスへ参戦し、全世代の牝馬を圧倒する走りを披露する。

4歳を迎えても衰退する気配は微塵も見せず、バザールやジェイクといった強豪の挑戦を完膚無きまでに叩き潰し、デビュー13連勝をマーク。もはや地元カリフォルニアに相手になる馬は残ってはおらず、ついにモリーは故郷を発つ決心を固める。競馬を熱狂的に愛する民草たちの想いも同じで、もはやモリーの東海岸への遠征ははち切れんばかりの熱情を帯びる衆望となっていた。

そして、1878年の独立記念日7月4日、ラッキー・バルドウィン氏へと所有権と調教権が替わり、モリーは大観衆に見送られながら列車へと乗り込み、遥か遠く東の地へと向かった――。

当時はまだ長く険しい列車の旅。集った熱心なファンの中には感情を抑え切れず、涙を流し、大きく手を振る者もいたという。オルフェーヴルやディープインパクト、ブラックキャビアの引退式のようではないか。いつの時代、どの世界でも名馬を想う熱き思いは万国万時共通という訳である。

はじめて東の地を踏んだモリーを待ち受けていたのは、当時の全米最強牡馬テンブロークであった。テンブロークは1600～6400mまでこなし、6つのレコードを記録するという、化け物じみた競走馬で、ここまでに29戦22勝2着3回3着1回というほぼ完璧な競走成績を残していた。

西の最強女王モリーマッカーティーvs東の最強王者テンブローク。世紀の決戦はルイヴィルジョッキークラブがチャーチルダウンズにて6400mの距離設定で行うことを発表。全米の競馬ファンのボルテージは最高潮

にまで沸騰し、当日には3万人を超えるファンが競馬場に詰めかけたという。レースの前日から豪雨が降頻り、当日は快晴になるも、モリーが苦手とする不良馬場は避けられそうになかった。おまけに列車による疲弊も残る状態。しかし、それでも西から止め処なく背中を押してくれるファンの想いが後押しとなったのだろう。モリーマッカーティーは全身全霊の能力を振り絞り、この怪物へと立ち向かっていった。一方のテンブローク。モリーの予想を上回る能力にうろたえる陣営。そしてテンブローク自身も、真偽の程は定かではないが、これまでのレースで見せたことが無い程に眼光鋭くギラつかせ、常に鞭を入れられながらの、言わば全生命力を捻出しての一世一代のレースで応戦したのだという。このレースが、テンブロークの負けたレースを含め、本気も本気、死ぬ気で全力を開放したレースと語り継がれている。

勝利の凱歌は壮絶な死闘の末、テンブロークがほんの僅かの差でもぎ取った。このあまりにも凄まじい伝説的レースは歌となり、後世へと語り紡がれていっている。有名な歌らしく、タイトルは「モリー&テンブローク」。「ラン、モリー、ラン」という異称もあるらしい。

このレースのダメージは相当だったようで、モリーは続くミネアポリスカップでもガヴァナーネプチューンの2着と、他馬に先着を許してしまう。しかし、たっぷりと休養を取ったモリーは元の元気を取り戻しており、イリノイ州シカゴへクララディーという帯同馬と共に遠征し、ガーデンシティーカップへ参陣。クララディーのおかげもあり、精神的にも安定し、レースでもクララディーが見事な先導役を務めたことも受け、大楽勝。サンフランシスコでの引退レースを圧勝で締めくくった。

繁殖牝馬に上がり、フォールンリーフという強豪牝馬を輩出。さらにはモリーマッカーティーズラストという牝駒を生涯の最後に送り出したが、その牝系は途絶えてしまっている。

モリーの歴史的一戦から140年近くもの年月が流れた。カリフォルニアの人々は彼女の名を知っているのだろうか。いや、それを記憶に留めているものは恐らく居るまい。儚くも時の泡沫へと消失していった名前――……

……夕映えの中、響き渡った胸焦がす声援、馬への熱想は「波」となり、今を生きる私たちの心の奥へ、寄せては返し、またその「波」はその先の未来(じだい)へと向かってゆく。

そこに人と馬がいる限り――。

(本文:兼目和明)

Wonderlust
～いにしえ幻の名馬たち～

ジャマイカ競馬史上最強スプリンターマイラー
アキングイズボーン

アキングイズボーン。2000年生。生涯成績27戦21勝。"エクセレントスプリンター"と呼ばれ、年度代表馬はもちろん、チャンピオンマイラー、チャンピオンスプリンター、最優秀古馬にも選出されている。しかし、距離適応の万能性が非常に高く、中長距離戦もこなした歴史的名馬である。主な勝ち鞍として、ジャマイカダービー、ディジC、シーズオンホイールズトロフィ、レゲートロフィ、ロットスプリントトロフィ、チェアマンズトロフィ、レッドストライプスプリント、200ギニー、クレードルSなど。

古の雪ん子

ニパトア

▼第二次大戦前、古の北海道競馬から旅立った幻の女傑

父 ミンドアー
母 パトア
母父 マグピー
生年 1938年
性別 牝馬
毛色 鹿毛

日本

生涯成績 28戦15勝［15-4-2-7］
主な勝ち鞍 帝室御賞典、中山記念・秋、札幌特別ほか

第二次大戦の戦火が燃え上がる一年前の日本へ生まれ落ちた歴史的女傑。

1938年、日本は日中戦争へと踏み切り、盧溝橋事件、日独伊三国による協定が結ばれ、いよいよこの国は後戻りの出来ない、惨禍の泥沼へと沈んで行く事になる。凶事と禍殃が国土全体に重くのし掛かり、暗転たる雰囲気が立ち込める中でも人は懸命にこの時代を生きた。先人たちの懸命な、血の滲むような一つ一つの下支えのお陰で、日本は今があるのである。

1938年、ジャイアント馬場、石ノ森章太郎、松本零士、フジモリ大統領といった後世に多大な影響と功績を残す事になる偉人、有名人たちが産声を上げるとともに、ニパトアも呱呱の声を上げた。（ちなみに武豊騎手の父・武邦彦もこの年生まれである）

暗漠とした時代にも真っ向から立ち向かい、懸命に生きたこの時代を体現したかのような名牝がニパトアである。

今では想像も付かない話だが、現在とは違い、北海道は名馬の名産地ではなかった。天下の社台を除き、ほぼ名門と呼ばれる牧場は本州に位置し、北海道で生まれた馬は二軍のような扱いであった。

また万全の交通機関と利便の利く交通網など存在しない時代、北海道で生まれた馬が東京、中山、阪神、京都といった本土の主要競馬場で活躍するにはかなりの負担があり、またレベル差も大きいもので、小箱の中に押し込められたような、息苦しいほどの苦境に立たされていた。

しかし、そんな困憊した悪況を断ち切ったのが、豪州から輸入された名もない牝馬と、三流種牡馬との間に生まれた小さな牝馬なのだから痛快だ。

父ミンドアーは豪州の歴史的名馬にしてオセアニア最高の競走馬カーバインの直系。父母にはオーモンド、オーム、ベンドアの血が見えるように非常に重厚で深みのある欧州血統を持っていた。

父としては大成するに至ってはいないが、ニパトアが快進撃を歩んだ1941年にリーディングサイアーとなり、ショウワミンド(京都記念)を出し、母の父としてガーネット(天皇賞秋、有馬記念)、ハイレコード(菊花賞)を出している。血統そのままのステイヤー色が色濃く出ている産駒成績と言えよう。

ニパトアは非常に線が細く、小柄な馬だったという。調教師である清水茂次氏もその馬体の小ささから活躍は厳しいだろうと憶測を巡らしていたが、競馬場へと繰り出すと天衣無縫に躍動し、次々と勝利を上げた。デビュー戦は1941年7月4日の札幌競馬場、北海道産四歳新呼馬特別(土2200m)。2着に入り、まずまずのスタートを切ると、2日後の7月6日、札幌競馬場の1800mにて初勝利。一気に上昇曲線に乗ったか、三連勝を飾ると函館競馬場の芝レースへと参戦。8月18日の函館古呼馬(芝2400m)で2着。翌日の1980mでは見事1着になり、その3日後には芝2600mにて快勝。これならばと、東京遠征を計画し、北海道最強の呼び声を戴き、堂々と津軽海峡を渡った。

遠征初戦はみちのく福島。9月14日の福島競馬場、古呼馬(芝2200m)を問題無くクリアーすると、いよいよ東京へと矛先を向けた。11月9日、東京古呼馬(芝2300m)に優勝。これで北海道からの連勝は4連勝。

通算成績9戦7勝2着2回、連対率100%としていた。北国からとんでもない雌馬がやってきたと評判は広まっていく。そんな中、11月16日に組まれた古呼馬優勝戦（東京、芝2600m）にて2着と敗戦。しかし、悲観するような物では無く、返す刀で中山へと遠征。11月22日の中山競馬場、古呼馬（芝2200m）では伸びあぐねての4着と初めて連対を外してしまった。

このままでは引けぬと挑んだ続戦で全く良い所の無い8着と惨敗。これが本馬にとっての最大の大敗であり、この後はメキメキと力を付け強靭な勝ちっぷりを示していく事となる。

年が変わり、春の訪れと共に横浜へと舞台を移し、4月5日に挑んだ古呼馬勝入（芝2600m）ではまたも4着。昨年の8月からの使い詰めての連戦続戦と長距離遠征が体に祟ったのか、本州デビュー時の精彩を欠く結果が続く。次戦は関西圏へと足を伸ばし、鳴尾競馬場に登場。3400mという長距離戦と久しぶりの土馬場で息を吹き返すかに見えたが、4着と敗退してしまう。

北海道へと戻り、傷心のダメージを北の大地が癒してくれたか、ついにニパトアに覚醒の時が訪れる。7月5日の函館競馬場、古呼馬（芝1600m）で復活の狼煙を上げ本格化。62kgの酷量を背負いながらレコードで駆け抜けると、一気の4連勝。内1回は札幌2600mで行われたレースをやはり62kg背負ってのレコード勝ち。もはや北海道に敵無しと、勇んで再東上。

当時の日本最高峰レースであり、現在でいう天皇賞に当たる帝室御賞典（芝3200m）へと挑戦する。

11月1日、霜月の雨は底冷えする空気をさらに濡らし、不良馬場の途轍もなくタフなコースを形成するに至った。

1番人気のブランドソール（デビュー2戦目での桜花賞制覇。無敗でダービー挑戦もセントライトの前に散る。レコード5回も記録したスピード馬）は重い馬場を苦手としており、付け入る隙は十分にあった。

4番人気の支持を受けていたニパトアは泥嵐も苦にせず、1・3／4馬身突き抜けて優勝。3:34.4も時計は掛かっている事からもいかにも極悪な馬場であったかは窺えよう。

しかし、さらに凄まじいのは、この小さな華奢な馬が、長距離の不良馬場で60kgを超える斤量を背負い、物ともしなかったことではないか。

ちなみに、この帝室御賞典では、かの「競馬の神様」大川慶次郎氏が競馬場を訪れており、「バカによく見える」とニパトアを本命。当時はまだ若干13歳であったが、大儲けをしたとかしなかったとか……。競馬の神様の原点ともなったレースが、ニパトアの天皇賞だったのである。偉大な名馬は騎手や調教師だけでなく、ファンや評論家も育てる。

他方、主戦を務めたのは、後に〃サクラの名伯楽〃となる境勝太郎氏であるが、１９４２年の本格後は弟弟子の新屋幸吉騎手が手綱を握っており、天皇盾の栄冠を掴んだのも彼であった。

ニパトアを育てたという自負もあり、主戦であるという意地とプライドもあったのであろう。弟弟子に肝心の最高栄誉を持って行かれ、腹の虫がどうにも収まり切らなかった境勝太郎氏は出刃包丁を忍ばせて師の実家へと押しかけるも不在。やけ酒をあおりあおったというエピソードもある。

もはやニパトアの覚醒は明白で、凱歌を上げ続け中山でも快勝。引退戦となった中山記念（芝３４００ｍ）では、65ｋｇを載せ3馬身半差の圧勝。北海道競馬関係者に勇気を与える伝説となった。

時代は１９４２年。ミッドウェー海戦……同盟国イタリアの連合国軍への降伏……東南海地震。

そして１９４５年。広島長崎へ原爆が投下され、日本はついに白旗を上げ、歴史の重責を甘受していく事となる。

あまりにも茫漠かつ饕餮たる時代。しかし、それはまた希望の始まりでもあった。寂寞たる世の遣る瀬無さを跳ね除け、未来へと希望を繋げた小さな牝馬が戦火の中懸命に生きていたことを、我々は忘れてはならない。現代を生きる我々にも、遠い過去から切なるエールを、小さな雪ん子が送ってくれている……そんな気がしてならない。

（本文：兼目和明）

Great horse of miracle

020

夕陽に浮かぶ黄金女帝
シュヴァルツゴルド

▼ドイツ競馬　絶世の名牝

生涯成績 12戦9勝[9-3-0-0]
主な勝ち鞍 ドイツダービー、ドイツオークス、帝都大賞、ドイツ1000ギニー、オレアンダーレネン、オッペンハイムレネンほか

かつての栄華を極めた東欧の馬産、とりわけハンガリー・オーストリアはかなりの高水準で、名馬・名牝の宝庫であった。それを代表するのがキンツエムやペイシエンス、キシエベルやタウルスといった神話級の駿馬たちであるわけであるが、これに匹敵、伍するほどの潜在パワーを抱擁していたのが第一次大戦～第二次大戦、歴史的不の遺産である二度に渡る世界大戦が頭を擡げていた当世のドイツだったという。

ランドグラフ、アルケミスト、オレアンダー、ティシノ、ビルカーハン、ネッカル……歴史的名馬が集中的に降誕しているのが、まさにこの時代に当たるのである。あの伝説の名牝、真のドイツ史上最強馬とも謳われるネレイデや、本馬シュヴァルツゴルドも戦乱という暗黒時代を疾駆し人々へと勇気の灯を翳し、鼓舞した。戦火の彼方、茜空を翔け、他馬を睥睨した究極女帝シュヴァルツゴルド。彼女の儚くも壮大なる生涯をなぞってゆきたい。

天空を過る幾千もの流星のように、名馬を送り出して

父	アルケミスト
母	シュヴァルツリーゼル
母父	オレアンダー
生年	1940年
性別	牝
毛色	鹿毛

ドイツ（ナチスドイツ）

きたシュレンダーハン牧場。この名門牧場で産声を上げたシュヴァルツゴルトは悲愴感に満ちた瞳を持って生まれてきた。父アルケミストが戦争の煽り、銃殺され闇に葬られたという悲劇を、まるで悟っているかのようであった。

利発で非常に賢く、純真無垢な仔馬であったという。人間が繰り返し続ける無残・凄惨な殺戮行為の傍ら、幸せの小箱を抱きかかえるブルネット。その小箱に込められた夢と希望の微光を解き放つ時は刻一刻と差し迫っていた。

シュヴァルツゴルドはその窈窕なるオーラを円状に放散しつつデビューを迎える。

1939年の5月、ホッペガルテン競馬場の芝1000mに登場。E.ベールケ騎手が騎乗し、トルクサという牝馬に首差だけ競り負けてしまうものの、陣営には微塵の焦りもなく、折り返しとなるスポーツレネン(芝1000円)であっさりと馬なりのまま6馬身差楽勝し、その後は手綱をギッシリと握り締められたままの大楽勝・圧勝を続け、クラシックロードも勇往邁進。

まず第一関門のヘンケル・レネン(ドイツ2000ギニー、芝1600m)はニューワにまさかの敗戦。なんと、この馬も牝馬で、この年の独クラシックは牝馬に独占されてしまう事になる。

わずか3/4馬身差の僅差負けも、これがシュヴァルツゴルトの最後の敗戦となる。

キサスゾニー・レネン(独1000ギニー、芝1600m)を再度ニューワを相手に6馬身差突き抜け完勝し、同期の牝馬に併走できるような相手が皆無であることを徹底して訴えた。このレースは母のシュヴァルツリーゼルも勝っており、劇的な母娘制覇となった。

ポーランド併合にナチス・ドイツの憎悪。戦火は日に日に増しており、空を爆音で劈く戦闘機が今日もまた空の彼方へと飛び去っていく――。

永遠につづくかのようなナイトメア。暗漣に終止符を打つべく、シュヴァルツゴルドがドイツオークス、ダービーの両レース制覇へと乗り出した。

ディアナ賞(ドイツオークス、芝2000m)距離は伸びたものの、レース振りはさらに安定味をましており、

競馬場で見つめる誰しもが彼女の勝利を確信していた。

それほどに楽なレース振りだった。日本馬で例えるなら、ダイワスカーレットがしっくりくる。

見る見るうちに差を広げていき、ゴールを悠然とたゆたうように通過した時、何十mあるか判然としない大差の距離が開いてしまっていた。

わずか3頭の挑戦者たちは完全に別のレースを、遥か後方で展開しており、シュヴァルツゴルトは、このレースで完全に覚醒を果たしたようだった。

暗澹たる時代の鉄幕を押し退けるように、運命のその日へと漸進するシュヴァルツゴルドはまさに聖騎士のようで、ドイツダービーでのレースパフォーマンスを誰しもが心待ちにしていた。

迎えたる運命の1日。ドイツダービー（芝2400m）でも彼女の凛然たる風采は微塵も変貌を遂げず、直線走路では浮踊するいつものシュヴァルツゴルドが、ベストパートナーであるG．シュトライト騎手に首筋を愛撫されながら、10馬身差という大楽勝で変則三冠を達成。父娘でのダービー制覇。

漆黒の最果てへと貶められた父へと捧げるダービー戴冠であった。

この時の2着馬はサムライ。ハンブルク競馬場はあまりのその馬の強さに、ただただ感嘆のため息を漏らす他なく、数年前に戦火の彼方へと焼失してしまったレジェンドプリンセス・ネレイデとその姿を重ねるようになっていく。

オレアンダーレネン（芝2400m）では2頭のみしか相手がおらず、終始馬なりのまま馬身差換算不可能の大差勝ち。

秋も少しずつドイツ国内へその足をのばしつつある初秋のホッペガーテン、帝都大賞（芝2400m）にシュヴァルツゴルト降臨。

サムライを再度絶望の底へと突き落とす、馬身差換算不能となる超大差勝ち。

生涯を通し、全戦連対。敗れたレースも全て惜敗で、常に最高のパフォーマンスで観衆を虜にしてしまった才女。

しかし、彼女は謎の不治の病に蝕まれており、不幸にも13歳という若さでこの世を去っている。

しかし、奇跡的に出産した2頭の牝馬から血は未来へと継承された。

現在でもなお、シュヴァルツゴルドはドイツ競馬における史上最強級牝馬の評価を博している。

その強靭性に貴婦人たちも目を丸くして拍手賛嘆する他無かった。

人々は、ほんの一瞬でも戦争という狂乱世界を離れることができたことに深謝し、いつまでも、いつの日でもシュヴァルツゴルドを忘れることはなかったという。

伝説の女傑の潮流は今もなお、スリップアンカーやサガスらを通じ、滔々と紡がれている——。

(本文：兼目和明)

大地の女神
デモナ
▼ポーランド史上最強牝馬

父 メーシス
母 ヴィワォゾナ
母父 サン
生年 1961年
性別 牝
毛色 鹿毛

ポーランド

生涯成績 18戦14勝［14-2-1-1］
主な勝ち鞍 ポーランド三冠（ナグロダ・ルーレラステークス、ポーランドダービー・ナグロダ、ナグロダ・ポーランドセントレジャー）、オーストリアン・セントレジャー、イワナ賞、ウィエルカ・ワルシャワほか

ポーランドは「草原の国」という呼称がある通り、広大な緑の海原に恵まれている。

その地理と風土は馬を育み、18世紀初頭からアラブ馬の馬産が盛んに行われ、馬事文化は日本のそれを優に凌ぐものを誇っている。

乗用種、過去には軍馬として名馳せたトラケナー種をこの世へと送り出したことで知られるトラケーネン牧場。トラケーネン牧場は繁殖牝馬を５００頭クラス繋要している国家規模的牧場であり、在来種であるシュヴァイゲンとポーランドから連れてきたアラブ種を掛け合わせ、歴史的改良品種が誕生。

軍馬としての世界的名声を不動のものとするトラケナーたちの原動力、祖先を育てた母国こそポーランドなのである。

19世紀後半には、サラブレッドの台頭にその地位を奪われるも、現代馬術界においても、優秀な乗用種として、絶大な信頼を勝ち取っているのがトラケナーである。

首都ワルシャワから１８０ｋｍ、都市の喧騒を離れ、ベラルーシ国境もすぐ目と鼻の先という桃源郷、ヤヌフ・ポドラスキ村には、ポーランド最古の国営厩舎として名高い厩舎が瀟洒な棟を構えている。

150年の歴史を誇り、馬の品評会も催されるかの地には、ローリングストーンズのドラマー、チャーリー・ワッツも足を運ぶという。

周辺には大きな風車と牧師たちの寝泊まりする館、そして四季折々の牧歌的風景が広がり、このような地を自由闊達に駆け抜け、自由を謳歌した馬たちが必然として世界競馬の舞台へと駈け上がるに、そうは時間は掛からなかった。

記録に残る競馬の最古の記録は1777年に認める事が出来る。しかし、本格的な競馬と馬産の開始は古の文献を紐解くと、1841年、ポーランド立憲王国競馬協会の創設を待ってのことである。

当時の競馬は、現在のルブリン合同広場の近郊、モコトゥフ・フィールドにて行われていたという。

隣国同士の鬩ぎ合い、干渉が間断無く続く暗澹たる政情にも、ワルシャワっ子たちの競馬熱は冷めること無く、また馬たちもそんな騒乱はどこ吹く風と、見る見るうちに格段の成長を遂げていった。

その勢いは天井知らずで、1887年にはロシア帝国の最高峰レースをポーランド原産調教馬が制するという歴史的偉業を成し遂げ、その名声は頂点を極めることとなる。

ところが、第一次大戦が勃発し、ポーランド馬たちは受難の時代を迎える。馬を愛する人々はオデッサへと馬たちを移し、この悲愴の時代が通り過ぎてゆく時をじっと待ち続けた。

やがて戦後を迎えると馬たちは帰還を果たすや、その時には新たな競馬場が建てられようとしていた。

現在のスウジュビエツ競馬場である。1874年には、第一回のポーランドダービーが開催されるに至っている。

しかし、それも束の間。ダービー直後の9月に入るや否や、暗雲立ち込め始め、第二次大戦が幕を開け、競馬は寸断状態に。

靉靆たる絶望と冥闇とが世界を覆い尽くす中、競馬への情熱は小さな灯火ながらも熱く燃え続けていた。

世界を侵食しきった大戦が終わりを告げ、競馬の活気が舞い戻ってくるも、以前までの熱気と熱情はそこになく、世の頂瑞を見据えた趨勢は下火となってしまっていた。

そんな競馬界へと降臨した歴史的名馬、ポーランドの女帝こそがデモーナである。

ポーランド競馬史上に燦然と輝く究極の最強牝馬。牝馬ながらポーランドのクラシック三冠競走をすべて制圧。返す刀でオーストリアへも遠征し、見事優勝を果たす。〝ワルシャワの女王〟と呼ばれ、同国ではほぼ無敵の独走状態だった。

いまだに史上最強牝馬とされるだけでなく、史上最強馬候補として君臨するポーランド最高レベルの名馬である。

父メイシスはチェコの誇る史上最強の名馬で16戦12勝の成績を残した。競走馬としても、種牡馬としてもチェコスロバキア馬としては最高級の成績を残した伝説的存在。当地のファンたちからは〝世紀の名馬〟と謳われ、本馬の他、種牡馬として大車輪の活躍を果たすリンカーンらを筆頭に、あらゆる距離のベストホースを輩出していった。

一方の母馬は伝統的にポーランドで育てられてきた土着の血統であり、ポーランド競馬におけるまさしく東欧の結晶のような存在であった。

デモーナは猛々しい気性を持っていたが、それがサラブレッドとしての闘争本能としてエナジー転換されていたような節がある。

ポーランドの三冠ロードを驀進し、ただの一度も詰め寄られるような展開の無い、一方的なワンサイドゲームで勝負を決めて行ってしまう。

デモーナがワルシャワに君臨した時代、日本ではシンザンが、カナダではノーザンダンサーが、そしてソヴィエト連邦においてはアニリンが、それぞれの故国における三冠馬として制圧旗を凱風へなびかせていた。加え、フランスにおいては今だ唯一無二のフランス三大レースを無敗で制圧したリライアンスが出現している。

これらの名馬に共通しているのは〝三冠馬〟という称号。その国々においてエポックメイキングな存在として、また絶対的なレジェンドとして語り継がれる存在であり、各国競馬史において絶対に欠くことの許されぬスーパーホースのスタンスを築いている名馬たちが集中的に降誕していたことは見逃せない。中には、今でも「史上最強」と言われる存在としてたゆたっている名馬もいる。その代表格がデモーナ、ノーザンダンサー、アニリンであり、その勲章を胸に、世界最高峰として屹立する凱旋門賞を目指したのがアニリンであり、リライアンスであった。

デモーナにも凱旋門賞遠征計画があったという巷談もあるが、結局は流れている。

1965年の凱旋門賞。そこにデモーナの繊麗、花車な躍動が見られた場合、どれほどのレースが出来たであろうか。

シーバードに挑んだ歴世に讃談される名馬たち……リライアンス、ダイアトム、メドウコート、アニリン、トムロルフ、マルコヴィスコンティ、フリーライド、オンシディウム、ドミドゥイユ、ブラブラ……彼らの中に、彼女の姿が無かったことが悔やまれる。

母国へと祝讃をもたらすべく舞い降りた、ポーランドの大地が生んだ女神の艶姿が――。（本文：兼目和明）

生涯成績 32戦32勝

無敗記録が紐解かれる時、そこに邂逅を果たすことになるのが54戦54勝、〃ハンガリーの奇跡〃とも歎称され、畏敬の念まで置かれる究極的存在のキンツエムだ。

そして同時に想起されるのが56連勝記録をプエルトリコの地に残したカマレロ。イタリアの至宝リボーの16戦16勝、ネアルコの14戦14勝が脳裏を過ぎる方もいるかもしれない。

そして、25戦全勝ブラックキャヴィアの活躍が記憶に新しいところだ。

また最後の最後にその不敗神話という称号を逃してしまったのがゼンヤッタ。

彼女の快進撃はラストランのBCクラシックで儚くも散った。わずかな差だったが20戦19勝と20戦20勝では、歴然たる差異が生じてしまう。いかに無敗のまま勝ち続けてゆくことが難しいか……それを改めて残酷なまでに痛感した一戦だった。

無敗のまま引退していった米国の名馬というのは、最高記録とされているのがペッパーズプライドの19戦全勝記録。

はるかなる昔日、我々人類は戦争という負のスパイラルの中、遠奔迷走していた時代があった。

そんな非望と絶望の行き交った暗黒時代の後、米国に一頭のクォーターホースが舞い降りていた。

連日連夜駆け抜ける泥と土の道。颯爽と風と共鳴し吹き抜けていった伝説の名馬。

彼女の名を〝ミスパイン〟といった。

米国競馬における真の最多無敗連勝記録が、彼女により紡がれていたことを知る者は、皆無に等しい。

コリンの15戦15勝。ペッパーズプライドの19戦19勝。

彼らの上を行く無音の地を行く奇跡の記録。

それは……時間という名の運命に埋もれ、黙殺されていった偉大なる記録。

星屑の彼方、忘却されていった幻想的女傑ミスパイン。

そして残された32戦32勝という蹄憶。

彼女の俤を追蹤して行きたい。

遥かなる昔日の日々、ミスパインの活躍した舞台は常設の競馬場ではなかった。

日本の競馬においても、かつて農村にて、農閑期における余興の一環として催されていた即興での草競馬においてだった。

「彼女は伝説そのもの。どんな馬さえも出し抜く――。あんな馬は彼女しかいないよ」

遠くを見つめ語るのはミスパインの主戦であり、6歳からミスパインに乗り続けていた最高のパートナーでもあるベルニス氏。

「彼女は最高のクォーターホース。あらゆる名馬を見てきた今でも強く、固くそう信じています」

真摯な眼差しで滔々と語る古翁が彼女のオーナーであり調教を手がけていたピエール・ルブラン氏である。
テキサスで催された草競馬がミスパインの初演舞台となった。
2頭だけのマッチレース。
6歳の少年が跨ったミスパ

インは軽やかに2～3馬身差も離してのゴールイン。

観衆は皆その楽なレースぶりから、ミスパインの再レースをアンコール。

これにピエールは快諾し、3時間後再度ミスパインは登場することになった。

しかし、今度の相手はティーレッドというこのテキサス草競馬にて最強を誇るチャンピオンで、さらにベルニスがこの馬に騎乗するという条件が課せられてしまう。6歳の少年が騎乗するということから20ポンドも斤量を軽減させられたチャンピオンは裸同然。対するミスパインは20ポンドのハンデと、わずか3時間のみの休息後の2レース目ということで、敗戦色濃厚の一戦だったが、ミスパインは本気で走り圧勝。逆境をすべて跳ね返した。

この写真がその時の決勝写真だという。


ミスパインはどんな馬場でもどんな相手でも打ち負かし、勝利の詩を茜雲と夕映えの空へと唄いつづけた。

また繊細で心優しい馬でもあったという。周囲への気遣いを決して忘れない貴婦人のようでもあったという。

クォーターホースとして登録をすることがなかった為、公式記録としては残されず、時間とともにそれは人々の記憶の中風化していった。

ハリウッドで引退していったミスパインは、最後西部劇の俳優であるデール・ロビンソンに繁殖用の牝馬として購買され、引き取られていったという。

その後、彼女がレースに出走したという話は無い――。

32戦32勝。虚ろな記憶の中生きる、儚き人魚姫のような幻の名馬。

記録として残ることを許されなかった彼女のメモリアルは、ベルニスの心の中、〝史上最強馬〟として生き続けている――。

パイナップルを運ぶカートを見守るたくさんの向日葵たちが、風に揺られ微笑んでいる。

偉大なる〝ミスパイン〟を思い出しているかのように
――……


（本文：兼目和明）

凶気と狂喜のメトリクス
バンベラ
▼ベネズエラの誇る近代競馬最強・無双の女傑

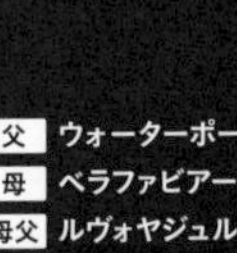

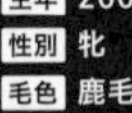

父 ウォーターポート
母 ベラファビアーナ
母父 ルヴォヤジュル
生年 2006年
性別 牝
毛色 鹿毛

ベネズエラ

生涯成績 21戦16勝[16-2-1-2]
主な勝ち鞍 ベネズエラ牝馬三冠{G1ラ・リンコナーダ競馬場賞(ダ1600m)・G1プレンサ・イピカ・ナシオナル賞(ダ2000m)・G1ホアキン・クレスポ将軍賞(ダ2400m)}、国際GIクラシコ・デル・カリブ(カリブ国際クラシック/ダ2000m)、G1ベネスエラ・ボリバリアーナ共和国賞(ダ2400m)、G1イピカ・ナシオナル賞(ダ2000m)、G1ホセ・アントニオ・パエス賞(ダ1600m)、G1コンパラシオン賞(ダ1600m)、G1カラカス市賞(ダ1600m)、G2アサンブレア・ナシオナル賞(ダ1600m)、G2アンドレス・ベロ賞(ダ1600m)、G3マヌエル・フォンセカ賞(ダ1400m)、LRクルス・デル・アビラ賞(ダ1900m)

"狂"と"凶"の坩堝

ベネズエラは禍々しいほどの狂気が渦巻く街である。麻薬の売買や密輸など、黒の魔手が暗躍する格好の舞台となっている。競馬界においてもそれは例に洩れず、度々名馬・名騎手、そしてファンまでもが危険な綱を渡る場面を薄氷を踏むかのように切り抜けた事例が数としれない。いや、光差す場所に挙げられた事例のみが判然としただけで、暗獏たる底無しの深淵に消沈していった事件・犠牲者が数と知れないのかもしれない。

たとえば、2009年の夏には17年連続でリーディングを獲得していたアントニオ・サノ調教師がバレンシア市内にて銃火器を武装した6人組に、約一カ月間にも渡り拉致監禁されるという凶悪事件が起きている。

馬も危険と隣り合わせだ。

2011年の秋口、最優秀3歳牝馬でGI3勝という実績を持つミスサナトナが武装集団の襲撃を危うく受けかけるという事態にまでいたった事があるのである。

この馬はラ・リンコナーダ競馬場内に厩舎を構える、

ウンベルト・コレイア調教師の管理馬だった。同競馬場周辺は治安悪化が著しい状況にあり、競馬事務所が強盗に遭うという惨事が10月に入り、3度も起きているダークゾーンに属する。犯行グループの目的は結局のところ不明。騒ぎに駆け付けた警備員と激しい銃撃戦になり、1名が死亡、残る2名は逃走し、事件は未遂に終わった為だ。

こうしたすぐ隣に「死」が待ち構える暗黒街にも全く動じず、歴史的大偉業を現代競馬にて成し遂げた名馬がいる。

GⅠ10勝。ベネズエラ五冠……そしてトリプルティアラ。

これだけでも偉業なのだが、バンベラはテレビゲームでしか出来ないようなとんでもないローテーションをこなしてしまった「闘いの女神」なのである。

その究極のローテーションとは……

牡牝クラシック六冠、全レースに出走し続けるという滅茶苦茶なもの。

20世紀に英国にて歴史的女傑セプターが挑戦したものを現代競馬でやってみようというのでる。

セプターは夢儚くもダービーでの痛恨の騎乗ミスに気泡へ喫したが、果たしてバンベラはどうか――。

彼女が砂の譜に残していった韻律（メトリクス）を追聴してみよう。

狂気のデビュー、凶気の強さ

バンベラは２００８年10月5日、その眠れるポテンシャルを期待され、まだ絞れきらない４６５ｋｇという馬体をウニプロカ競馬場のゲートへとおさめてゆく。

しかし、チグハグなレースぶりで4着と敗退。ほろ苦い初演舞台となってしまった。

ところがである。2戦目はガラリ一変。まるで視界を遮る霧が瞬時にはれ、透徹としたようにスッキリと仕上げられると、ユラリクラリと大楽勝。初勝利の後、出走したのがGⅠカラカス市大賞（ダ１６００ｍ）で、なんとここを1勝目以上に楽々とリードを広げる2馬身差圧勝。3戦目もGⅠが選択され、コンパラシオン賞（ダ１６００ｍ）へ出陣。このレースは牡馬も出走する言わば朝日杯的位置付けにあるGⅠレースで、さすがにここは……という意見もある中、5馬身と3／4という大差で牡馬陣を一蹴してしまったのである。

この凄まじいまでの鬼神のオーラを瞼に収めた者たちは、皆白旗を上げた。そしてバンベラの、バンベラによる、バンベラの為のクラシック2009が開幕を告げたのであった。

第一冠目、日本で言う桜花賞、英国での1000ギニーに相当するラ・リンコナーダ競馬場賞（ダ1600m）をなんと6馬身差の大勝で祝砲を上げるると、これを口火に怒涛の連闘を開始。

牡馬一冠目のホセ・アントニオ・パエス賞（ダ1600m）を4馬身半差、さらに連闘を重ね、牝馬二冠目のプレンサ・イピカ・ナシオナル賞（ダ2000m）を5・3／4馬身差完勝。無敵の快進撃はどこまでも続くのか。

ライバル陣営もクラシックレースで毎週毎週出走し、いつも大楽勝など出来る訳ない……いつか崩れるはず……と踏んでいたところにこの容赦なきまでの強さ。

「どうなってるんだあの牝馬はっ！」

歯軋りしつつ、平伏すしかない陣営の念が届いてしまったか、はたまた〝セプターの呪い〟とでも言うのか……ダービーに当たる大競走クリア・ナシオナル賞。最後の最後、疲れを覗かせる形でフラついてしまい、3／4馬身差の惜敗……ダブル三冠という世界競馬史上初の大偉業は、手を擦り抜けていってしまった――。

オーナーであるホセ・グレゴリオ・カストロ氏はこの敗戦でさらに士気が高揚。

「必ず巻き返す。牝馬三冠は絶対に成し遂げさせる」と明言し、競馬場に手を振った。

その日から二週間後、たっぷりと休養し（わずか2週間なのにたっぷりと言えてしまうことが空恐ろしい馬だ）、全快したバンベラは威風堂々たる面立ちで三冠目に挑んでいった。

ホアキン・クレスポ将軍賞（ダ２４００ｍ）。勝負の長丁場。まるで胡瓜の馬のようにクールダウン、落ち着き払っていた彼女に死角はなかった。最後まで脚色は鈍らず、当たり前のことのように、常識問題を平然と即答するように、軽やかに完勝を果たした。オーナーの意向・決意を汲み取ったかのような、完璧な勝利でトリプルティアラの勲章を手にいれたのである。

返す刀で牡馬三冠最終戦ベネスエラ・ボリバリアーナ共和国賞（ダ２４００ｍ）に参じると、ダービーのお返しと言わんばかりに突き放す一方の展開となり、なんと12馬身差という超大差勝ち。まともならダブル三冠馬となっていた何よりの〝証〟をベネズエラ一の競馬場へと刻印していった。

世界の女王となる為に

この当時、世界は名牝・女傑の大豊作時代にあった。日本ではウオッカが日本ダービー、天皇賞、安田記念、ジャパンカップを勝ち、歴史的大女傑として君臨。その最大のライバルであるダイワスカーレットは幾度となくウオッカと名勝負を繰り広げ、有馬記念を37年ぶりに牝馬としての優勝を果たした。そして歴代賞金女王にも輝き、ＧＩ6勝も上げる日本史上最強女帝ブエナビスタも降臨。米国においてはレイチェルアレクサンドラがプリークネスＳを85年ぶりに牝馬として優勝、ケンタッキーオークスでは歴代最大着差となる20馬身差の超大差勝ち。そしてウッドワードＳを史上初の牝馬制覇し、超絶的スーパースターの地位を確立。同時に無敗の快進撃をつづけるゼンヤッタもＢＣクラシックを優勝しＧＩのタイトルを積み上げ続けていた。一方、ヨーロッパでは〝ミエスクを超える〟とまで言われたゴルディコヴァがＢＣマイル三連覇。シンガポールではジョリーズシンジュが三冠馬となり、２０１０年にはジャクリーンがインド四冠（１０００ギニー、２０００ギニー、オークス、ダービー）を達成。ジンバブエではレベッカズフリートがジンバブエ三冠を成し遂げている。また南半球のニュージーランドにおいては、史上初となる１０００ギニー、２０００ギニーダブル制覇をやってのけるケイティーリーという葦毛の怪牝も姿を現している。

なんと女の強い時代なのだろう。この後にもレーヴディソール、ジェンティルドンナ、ブラックキャヴィア、イグーグー、インザスポットライトなどがつづいてゆく潮流を見るに、もはや牝馬は牡馬より弱いという定義を、完全に壊してしまった方がいいのかもしれない……それ程に近年の牝馬たちは強靭でタフで、そして逞しい。

もちろん、こうした女傑たちの系譜に、バンベラは入る姫君と断言していい。

ベネズエラの伝説の女王トリニカロールや、メキシコのキャスティー、ジャマイカのシンプリィーマジックといった中南米が育んできたかつての才女1たちの面影も垣間見えるスーパーヒロイン。バンベラは世界へと旅立つべき存在であると、陣営は信念を胸に育ててきた。目指すは米国――。

レイチェルやゼンヤッタと走らせてみたい……オーナーは夢絵を脳裏に描き、次戦へと調整を進めた。

時同じくして、メキシコにおいても同国史上最強牝馬とまで称賛される存在が出現していた。

彼女の名はヴィヴィアンレコード。

とにかくそのパフォーマンスは破壊的かつ圧倒的で、三冠第1戦のルビ賞を26馬身差、二冠目のエスメラルダ賞を22馬身差、そして最終戦のディアマンテ賞を31馬身差で制したのである。

三冠合計着差、なんと79馬身。

メキシコの女セクレタリアトといっても過言ではあるまい。

その後も牝馬限定のG1を2つ圧勝し、クラシコ・デル・カリブへと出走を表明していた。

米国へ旅立つための、最後の闘い――……

ハードルは一気に高くなった。今度は古馬の一線級相手。しかも中米・カリブ海地区の代表馬たちがズラリと勢ぞろいする最強馬決定戦での古馬初挑戦。

しかも、メキシコからは自身に同じく〝史上最強〟と讃嘆されし三冠馬が乗り込んでくる――。

それでも陣営は自信を全身から漲らせるバンベラを見て、勝利を疑わなかった。

「この馬なら必ず勝てる」

レースは各地区の最強古馬、3歳牡馬、ダービー馬らを蚊帳の外に、完全と2頭のうら若き3歳牝馬同士の一騎撃ちとなった。おそらく、2頭ともこれが初となる死

力を尽くしての全力疾走。
しかし——一方的となった。バンベラの4馬身差圧勝。
史上最強牝馬対決を制し、バンベラは米国行きの切符を敢然と勝ち取ったのである。

閉ざされた扉

バンベラの移籍が発表された。米国のパブロ・アンドレード厩舎へと鞍替えが決定。移籍所詮はガルフストリームパーク競馬場のランパートS（ダ１８００ｍ）に決定された。

ベネズエラにて文句なし、不動の年度代表馬に選出され、拍手喝采の祝福を餞別に空を飛んだバンベラ。

期待が膨らむ中の米国デビュー戦、ベネズエラでの競走馬デビューの日に同じく、この日も洗礼のような結果が待ち受けていた。

なんと、8頭立て中8着という惨敗を喫してしまったのである。

その原因は明白。レース中に骨折していた為だった。


「まともなら負けない」

オーナー・カストロ氏は不屈の精神でバンベラをバックアップ。

怪我を回復させれば必ず勝てると、心底から信じ、彼女に初となる長期休養を与え、捲土重来を米土へと宣誓するのであった。

全快しつつある状況の中、バンベラは芝でのレースを試されることに。

しかし、これが余計だった。おそらくこの2戦と骨折がバンベラを蝕んでしまったと判断していいと思う。結果は2戦とも惨敗。〝史上最強女傑バンベラ〟の姿は、もうどこにも感じ取れなかった。

エルチャーマやカノネロといった名馬で世界の扉を抉じ開け、史上最強馬マイオウンビジネスで凱旋門賞すら狙った遠き日の栄光。

この馬ならば、きっと米国でもゼンヤッタと互角に競馬しておかしくないほどの、それほどの名馬だった。神からの授かり物である天女を、その才能がこのような形で凋落の一途を辿って行ってしまったことが、何よりも悲しく切ない。

またも閉ざされてしまった扉。今度はいつその重き重厚なる鉄扉に手をかける者が現れるのだろうか……

た。夕刻前の微風は心なしか暖かかった。

（本文：兼目和明）

Ｂａｍｂｅｒａ（バンベラ）はフラメンコのリズムの一種で、「ソレア」という派に属し、12拍子のメトリクス（韻律）で構成されている。かつては〝コルンピオ・デル・バンボレオ（ブランコの揺れ）〟リズムのように歌われてたという。つまり合唱の各コプラは規則正しく、対になるグループに応えるように歌われていたのである。これらのタイプの歌では〝Ｌｏｖｅｒ（愛人）〟は〝男〟に対する不満や嫉妬、侮蔑のニュアンスで表現豊かに即興し、対し男たちは女性に対して慇懃で温かい、そして苦さや気高さ、息苦しいほどの熱情を表現する。

きっと牡馬三冠を制圧されてしまった同期の牡馬たちも、そんな心情でバンベラを見つめていたのかもしれないと想像すると、ちょっと可笑しくも微笑ましいものがある。

いつの日か、世界へとつづく韻律で、踊れる名馬が現れんことを――！

遙か彼方、視線の先に見えるシアンの空に祈念を捧げ

生涯成績 22戦19勝[19-2-1-0]

〝世界最速の品種〟はサラブレッドではない!?

アパルーサホースクラブが明言したその言葉は、1962年にその始原を遡及されるアパルーサ競馬に心身を捧げるアパルーサホースたちを労ってのものでは、決してない。現に、このアパルーサという品種はサラブレッドやクォーターホースのレコードタイムを凌駕するという奇跡的珍事を幾度となく起こしているのである。

サラブレッドも平伏すしか無い程の、神威的競走能力を発現していた南半球のサヴァジェット、日本のヒコーキ、南米のオールドボーイといった神秘のヴェールをま

アパルーサ。以下、『JRA　馬の用語辞典』より引用。体高:142-152cm　原産地:アメリカ・北西部。18世紀にインディアンのネパーズ族が、ヨーロッパ大陸から持ち込まれ野生していたムスタングを再家畜化した馬を、1870年代以降サラブレッドを用いて改良した。このネパーズ族がパルース川周辺に居住していたためこの名がついた。登録はアパルーサ・ホースクラブ。体の斑点が特徴的が、その位置や色合いから6種類に分類される。骨太で体は引き締まっている。たてがみと尾の毛は少ない。優秀なカウ・ポニーであるが、派手な容貌からサーカスなどでもよく用いられている。

とう奇跡の名馬たち。そんな馬たちの同列に鎮座させてみたいと思うのが、本馬アパルーサ競馬伝説の女傑、〝瞬間移動する馬〟とも言われた程の瞬天刹那の超次元のスピード。振りかざされるその〝チカラ〟はある意味サラブレッドを蹂躙しかねないほどの凶気すら孕んでいた。途方も無き夢幻の速さの光跡をトレースバックしてみたい。

ウィーゴーイージーはアパルーサ種としてはかなりの良血で、生まれた時から類稀な俊敏性をみせていたという。祖母はアパルーサ競馬の母とも言えるウェンゴーメロディで、生産者が殿堂入りしているジーン・ミルズ氏なのだから、後天的視点から見れば、活躍は約束されているのも同然だったのかもしれない。ちなみに1998年には母ウィーゴーチャージも殿堂入りを果たしている。

そして……当然自らも〝アパルーサ競馬の権威的象徴であり、歴史の一部〟とまで崇愛され祀られている名馬なのである。母娘3代連続して殿堂入りを果たしている競走馬などこの馬以外聞いたことが無い。

明るく、完熟された柑橘類を想起させるオレンジの栗毛に包まれたこの牝馬は、性格もまたおっとりかつ屈託のない性格だったらしい。主戦を務めたマイク・ラーヴェリックは、1976年に「アパルーサニュース」により取られたインタビューで〝Real sweet.(最高に可愛い馬)〟と述べている。

凄まじいのが、地走りするような稲妻のごときスピードだった。

記録として残るのが――

伝説①

「10ヶ所の競馬場でレコードを記録。あらゆるスプリント距離においてレコードを残した」

伝説②

「その記録された10のレコードの内9つが世界レコードだった」

伝説③

「さらに驚くべきは20年以上経ってからも、内6つのレ

コードが破られずに存在していた」

彼女の残したレースタイムの一例であるが４００m、〝22秒０５〟というものがある。

現代サラブレッドの世界レコードが20秒９４。当時70年代の日本馬が全力疾走しても厳しいタイムをこの娘は軽々とマークしていた。

現代の日本馬でも22秒切るのはかなり至難の技。それを思うと70年代前半を生きた彼女のタイムは、やはり脅威的ものとしか言いようがない。

中西部において当時短距離で無敵を誇るライトロケットというサラブレッド相手に、マッチレースが組まれた時があった。

その際、ウィーゴーイージーはレース前に外傷を負ってしまい、とても万全の出来とまではいかなかったものの、なんとヒラリと軽やかに舞い上がり、ライトロケットを半馬身差斥けてしまったというのである。傷口を気に掛け、とても全力疾走は出来そうにない……

９つの世界レコードを紡いだ全身全霊の〝瞬間移動〟を封印された状態でもサラブレッドを圧倒してしまうスピードポテンシャル。

果たしてその限界点はどこにあったのだろうか。

夜空を見上げ、黙考を重ねる。

いかなる創意も吸い込まれていく天体潮汐の彼方、瞬く星爛のストリーム。

彼女もこの星明りを見つめていたのかもしれない――。

今から遙か30年以上前の夜空へ心模様を瞬間移動させて――……――

（本文：兼目和明）

南ローデシアから栄光の旅立ち
イピトンベ
▼世界を制したジンバブエ史上最強馬

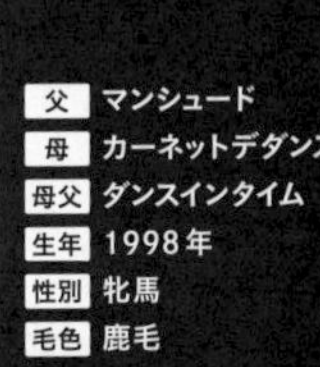
父 マンシュード
母 カーネットデダンス
母父 ダンスインタイム
生年 1998年
性別 牝馬
毛色 鹿毛

ジンバブエ

生涯成績 14戦12勝［12-2-0-0］
主な勝ち鞍 ドバイデューティーフリー、ダーバンジュライ、ジェベルハッタ、ローカストグローヴH、南アフリカフィリーズギニー、フィリーズクラシック、ウーラビントンS、アルファヒディフォートほか

ジンバブエ競馬の危機的状況

1965年、南ローデシアの白人政権がイギリスからの独立を宣言してアパルトヘイト政策を強めていくと、抵抗する黒人勢力との間で内戦へと突入していった。

1980年、白人政権と黒人勢力との間で和解が成立し、ジンバブエ共和国が成立すると、白人による大規模農業経営で生産される農作物の輸出により、ジンバブエは「アフリカの穀物庫」と称されるほどのアフリカ経済の優等生とされた。しかし、独立の英雄であったムガベ大統領により長期政権は、彼自身を「英雄」から「独裁者」と変えてしまった。国家は私物化され、ジンバブエ経済は完全に崩壊した。

21世紀に入ると、国内経済の崩壊はジンバブエ競馬界にも波及した。2001年にはブラワヨ（ジンバブエ第2の都市）のマタベレランド=ターフクラブが競馬開催を休止し、さらに、ムガベ政権による白人農場の強制収用もあり、国内の多くのホースマンが南アフリカへと移ってしまった。国内唯一の競馬場となったボローデールパーク競馬場を運営する首都ハラレのマショナランド

＝ターフクラブも、その競馬開催の見通しは明るくはなかった。

ジンバブエ競馬の福音

ジンバブエ競馬に危機的状況が訪れる前夜の１９９８年、ジンバブエ生産者協会の会長ピーター＝ムーアの生産牧場で1頭の牝馬が誕生した。ハイパーインフレによる国内通貨の急落もあり、翌年のイヤリングセールでわずか30米ドルほどで4人に馬主グループに共同購入され、ジンバブエのリーディング調教師ノエリン＝ピーチに預けられた。

ショナ語で「彼女はどこ?」を意味するイピトンベという名前を与えられた牝馬は、２００1年9月にボローデールパーク競馬場でデビューし、5戦して4勝の成績を収めると、そのレースぶりから南アフリカの投資家たちの注目を集める存在となり、ヨハネスブルグに厩舎を構える南アフリカのトップ調教師マイク＝デコック師の厩舎に移籍することになった。イピトンベが移籍してから間もなくして、ムガベ大統領が白人農場の強制収用に着手し、これにより多くの競走馬が虐殺の憂き目にあった。イピトンベ生産者であったピーター＝ムーアや調教師ノエリン＝ピーチも競馬活動を断念し南アフリカへと逃れるなどジンバブエ競馬は壊滅的な被害を受ける中、イピトンベがその危機を回避できたのは、まさに奇跡であった。

南アフリカの3歳クラシックは、1月のケープタウンで始まり、3月にヨハネスブルクへと移り、5月のダーバンで閉幕する。イピトンベの南アフリカでのパフォーマンスは、２００2年3月、ヨハネスブルクの牝馬3冠の初戦、ターフォンテン競馬場のトリプルティアラ（G1、芝１６００m）となった。4番人気に支持されたイピトンベは、伏兵クルニコワから3／4馬身届かずに2着となったが、ジンバブエ産牝馬の能力に懐疑的だった競馬関係者も、彼女の能力がまぎれもないことを確信した。4月の3冠の第2戦、ニューマーケット競馬場のフィリーズクラシック（G2、芝１８００m）では1番人気に支持され、2着に2馬身3／4差をつけ、移籍後初勝利を飾った。ここから、彼女の快進撃が始まる。

南アフリカオークスを回避して、ダーバンの3歳クラシックに転戦したイピトンベは、5月の南アフリカフィリーズギニー(G1、芝1600m)でG1競走で勝利を上げ、6月のウーラビントン=ステークス(G2、芝2000m)にも勝利した。

7月のダーバンジュライ(G1、芝2200m)は、南アフリカのシーズンを閉める伝統の最強戦であり、この年も、前年度の覇者トレードマークに、サマーカップのイングルサイド、J&Bメットのポロクラシック、チャンピオンステークスのヤングレイクYOUNG RAKEの古馬の一線級に加え、ケープギニーを含む4連勝中のフライトアスリート、3歳馬の最高賞金競走S.A.クラシックのキーオブディスティニー、ダーバンでの前哨戦デイリーニュース2000を制したファイアリーフレッドと各地区の3歳クラシックを勝ち上がってきた豪華なメンバーが揃った。1番人気にはフライトアスリートが支持されたが、イピトンベは過去に一線級の牡馬との対決はなかったものの、それまでの戦歴が評価され3番人気に支持された。レースは、集団のまま最終コーナーをまわると、最後の直線で10数頭が横一線に広がる大熱戦となり、最後は中団から伸びたイピトンベが最後の一完歩で短頭差抜け出して勝利を収めた。この勝利はジンバブエ産馬として、スプイブリッジ以来46年ぶりの快挙となった。このニュースは瀕死の状態にあったジンバブエ競馬界において大きな福音となった。

ドバイでの勝利

イピトンベの次なる目標はドバイミーティング、芝の中距離戦ドバイデューティフリー(G1、芝1800m)でに定められた。冬の間ドバイに送られ、現地で調教を積まれたのち、2003年2月6日のナドアルシバ競馬場のアルファヒディフォート(芝1600m)に出走して難なく2馬身1/4差で快勝し、さらに前哨戦となる3月8日のジェベルハッタ(G3、芝1777m)では、ヨーロッパの有力牡馬相手にレコード勝ちを収めた。そして、3月29日のドバイデューティフリーは、ブックメーカーのオッズで一番に支持されると、各国の有力馬と抑えてまたもやコースレコードで快勝をしたのだった。国際競馬から無縁の存在であったジンバブエから突如現れた快速少女に、世界のホースマンは驚きをもって迎えられた。

アメリカの投資グループに売却されていたイピトン

べは、ドバイミーティングが終わるとアメリカにわたり、チャーチルダウンの調教師エリオット・ウェルデンの厩舎に入った。6月28日、チャーチルダウンズ競馬場のローカストグローヴ＝ハンデキャップ（G3、芝8・5f）で、アメリカでの初戦を勝利して連勝を8と伸ばした。北米での活躍が期待された矢先、調教中に左前脚を負傷。結局、復帰できぬまま、2003年11月22日に引退が発表された。

イピトンベが引退してからしばらくして、ジンバブエ競馬の混乱も落ち着きを取り戻し、海外に逃れていた競馬関係者も少しずつ戻り始めた。今だ、見通しは明るいとは言えないが、南アフリカの競馬運営会社の1つヒューメレラ社が支援に乗り出している。また競馬が途絶して久しい隣国ザンビアとの提携も模索しているとのこと。国際競馬が盛んな昨今にあって、ジンバブエ産馬イピトンベが活躍したように、注目されていない競馬小国から国際舞台で活躍する競走馬が現れても、もう驚くことではない。その嚆矢となったイピトンベはアイルランドで繁殖入りし、現在はアメリカに移動しで繁殖生活を続けている。

（本文：大岡賢一郎）

真の奇跡のダービー女王
ディコーラム
▼小さな島から羽ばたいた奇跡のダービー馬

生涯成績　不詳
主な勝ち鞍　トリニダードダービーほか

父　コリアナ
母　デミュア
母父　ウィンターハルター
生年　1961年
性別　牝
毛色　黒鹿毛

セットクリストファー・ネイビス
（セントキッツ・ネイビス）

中米カリブ海に浮かぶセントクリストファー・ネイビス連邦は、セントキッツ・ネイビスとも呼ばれる国で、西インド諸島の小アンティル諸島内のリーワード諸島に位置するセントクリストファー島（セントキッツ島）とネイビス島から成る、英連邦王国の一国である。

この島国は人口約5万4千人、国土面積にして261平方km。この面積は愛知県豊橋市とほぼ同じ面積。東京都の10分の1程度しかない。

実際、中南米において最も面積も、そして人口も小規模の国家である。首都はバセテール。

この小さな島にも競馬は根付いている。

セントキッツネイビスにおける競馬の源泉となったのが、トリニダードから輸入された種牡馬で、メイトオブマインという名前のこの馬に端を発することとなる。ジョッキークラブ発足は1968年。競馬の歴史も新しい国である。現在の競馬はセントキッツ島側のボーモントパーク競馬場、南はネイビス島のインディアンキャッスル競馬場で開催されている。

特にインディアンキャッスル競馬場は「世界一美しい

▲インディアンキャッスル競馬場のレース風景

競馬場」と呼ばれ、南国のシーブリーズにヤシの実が揺れ、メロディを奏でる。競馬場のスタンドからはカリブ海が一望できるオーシャンビューが広がり、決してその賛辞が誇張や見栄はりでは無い事を確信出来る。

この小さな島へ奇跡をもたらす天使が舞い降りる。１９６１年、まだジョッキークラブ誕生となる前の時代である。

セントキッツ島で生まれたコリアナという種牡馬の仔として誕生したディコーラムは黒鹿毛の牝馬で、男馬にも勝るような馬格を誇るも、臆病な性格をしていたとう。しかし、一度競馬場に姿を現すと傑出したレースセンスを見せた。

競馬の歴史が浅く、その国で生まれたほんの一握りの種牡馬の、数頭しかいなかった産駒の中から、牡馬を圧倒するような牝馬が生れ落ちただけでも天文学的数字の奇跡。しかし、奇跡はそこで止まらず、加速度を上げていく。

トリニダードへと渡ったディコーラムを預かったのは、トリニダードトパゴ伝説の調教師エリック・コルト・デュラント。

デュラント氏は通算で１８６５勝を上げることとなり、リーディングトレーナーにも18回も輝き、グレードレース２１１勝、ダービー８勝のレジェンド名伯楽。そんな彼の歴史的初のダービー制覇をもたらしたのが、ディコーラムであったのである。

後の歴史的名調教師へとはじめてのダービー制覇をもたらした幸運の女神ということになるのだが、もう一人、幸運にあずかったラッキーマンが、ディコーラムをダービー優勝へ導いたC.ジョーンズ騎手。トリニダードダービー優勝６回のレコード記録を持つレジェンドジョッキーである。

初のダービー制覇は１９６２年のペッパーポットで果たしているが、確固たる自信を手に出来たのが、このディコーラムでのダービー戴冠であったという。つまり、競馬歴のほとんど無い世界の片隅から、零細血統を背景に生まれてきた稀少な牝馬によって、歴史的名調教師と名騎手へ生涯の道標となりえる大勲がもたらされたのである。

ディコーラムのトリニダードダービーは10頭立てにて施行された。ディコーラムは白く大きなシャドーロールを揺らし、1:57.02のタイムで優勝。

セントキッツネイビス産馬による、史上唯一となるトリニダードダービー戴冠。

トリニダードの種牡馬から始まったセントキッツの馬産。その結晶たる名馬が紆余曲折を経て偉大なる父の故郷へと渡り、ダービーを勝ち、世代のチャンピオンに君臨したのである。これを「奇跡」と呼ばず何と呼ぼうか。

ディコーラムが島へと戻り母となったか、トリニダードに残り母となったかは判然としていない。

その奇跡の牝系が滔々と……いいや細々と錦紗のように小さくでも現代のどこかへ紡がれていてほしいと願う。

E. デュラント氏はトリニダードの競馬殿堂入りを果たし、ジョーンズ騎手はその後、ダービーを4回も制し、多くの名馬に巡り会い、同国に語り継がれた。

ディコーラムの名は……現世の競馬ファンでもその名を知ると言う若者はいまい。

奇跡の風を吹かせた彼女だけが、忘却の彼方へと置いていかれてしまう事だけはあってはならないと思う。

真の奇跡のダービー女王の記録と記録を、ここに記す。

(本文：兼目和明)

プラチナム・ファントム マラ

▼史上最強の白アラブ姫

父	アンカー
母	ミューミア
母父	マスタク
生年	2001年
性別	牝
毛色	芦毛

カザフスタン共和国

生涯成績 20戦17勝[17-3-0-0]
主な勝ち鞍 カザフスタンダービー、カザフスタンオークスほか

瞑想をすると、純白の馬体を輝かせ、不敗神話を紡ぎ続けたという、伝説的幻影の名牝がいつも暗闇の中ちらつく。

米国のリール、アイルランドのスノウメイデン……いつの日か耳にした古の天女の存在。

白毛に近く、突然変異のようなポテンシャルを示した馬は稀少だが確かに存在している。

しかし、いずれも白毛ではないし、無敗で生涯を終えた訳でもないのである。

今だ邂逅できていないその夢の存在を追い求める日々はいつピリオドを打てるのか。

その馬がもし現代にいるのなら、このような馬だったのではないかと感じる馬が一頭いる。

それが本馬マラである。アラブ競馬に降臨した白金の幻影。

彼女の素顔に迫っていこう。

ロシア革命後、赤軍の傘下でカザフ・ソヴィエト社会主義共和国という国家編成の過渡期を経由して1991

年12月16日に独立を果たしたのが、現在のカザフスタン共和国である。

テュルク語で「放浪の民」を意味するこの国家名に同じく、青天の霹靂、ロシアからフラリと姿を現した1頭の白い牝馬に、カザフスタン競馬界は震撼することとなる。

マラは日本で言うなればマル外のアラブ馬という非常に珍重なケースということになるのだが、異国から突如として現れた異邦人はカザフスタン競馬界に大旋風を起こしすことになる。

連戦連勝——。常勝の夜警が今日も鳴り渡る——。逃げようと追い込もうと最後は完全独走。カザフスタン史上最強の競走馬が２００３年、東欧の辺境の地で、高らかに凱歌を唄い続けていた。

彼女の名はマラ。純血１００％のロシア産アラブ馬で、クレノーヴォースタッドに白雪と共に舞い降りた。2歳時、カザフスタン出身のオーナーに買い取られ、かの地にやってくると神絶なるそのポテンシャルを漸開させてゆく。その峻烈な能力はサラブレッドをも凌駕するほどのインパクトだったと、彼女のレースぶりを観た者は震撼して口を揃える。

２００３年にデビューするや、圧倒的な強さで大差勝ちの連続。唯一敗れたレースも出遅れや装備品のトラブルで二重以上に不利が重なった1戦のみで、その時すら2着に食い込んできている。マラは2歳時に最優秀2歳アラブに選出され、3、4歳と文句なしの年度代表馬に選出された。また世界アラブホース機構（ＷＡＨＯ）は外国産馬となるにもかかわらず、カザフスタンの最優秀アラブに本馬を選出した。競走馬のアラブが選ばれるのはかなり珍しく、対象国の当該国産限定で表彰というルールを翻しての受賞だけに、いかにこの馬が抜きん出ていたかが覗えてくる。

圧巻は２００４年。なんとカザフスタンオークス、カザフスタンダービーと連戦しどちらも後続が霞むほどの大楽勝。その強さはもはや周囲から蛇蝎視されるほどになっており、「アラブではなくサラブレッドではないのか」というありがちな疑念も鬼胎されてしまうほどであったという。

しかし、衆意は１８０度反対で白金の女神を持て囃し、

拍手喝采で激賛。あっというまに最強牝馬から歴史的名馬へ、そして引退時には〃伝説〃や〃神話〃級の名馬へと昇華していた——。

白い伝説のアラブ馬というと、チリのオールドボーイが有名だが、この幻影の白雪姫は彼に匹敵するほどの神威的競走能力を抱擁していたのかもしれない。

ビュウビュウという風雪を譜線に、彼女の残し去った驚愕の戦跡は伝説として刻まれてゆくのだろう。

今は月光の嵐と銀雪が凪がれ往く伝説の中、神話は民俗の中、心音と共鳴し、生き続ける……——。

（本文：兼目和明）

人の心に残るもの サンスンイルロ

▼韓国でダービーを制した魅力的な牝馬

父 コンセプトウィン
母 ミジュウィスキ
母父 ウィスキーウィズダム
生年 2006年
性別 牝
毛色 鹿毛

大韓民国

生涯成績 17戦9勝[9-3-2-3]
主な勝ち鞍 韓国二冠（KRAカップマイル、コリアンダービー）

もう15年近く前になると思うのだが、「優駿」誌から「心に残る馬」という題で原稿を依頼されたことがあった。そのときに取り上げたのはワンモアラブウェイというローカル重賞を制した馬で、しかしそのなかでこうも記していた。

「ある馬を追いかけたことがこれまでなかったのだ」

それは今でも同様で、それぞれのレースごとに「思い出の馬」がいるのだから仕方がない。そこは馬券から競馬ファンになった者の宿命ということか。

とはいえ、なかには例外がある。その1頭はラブミーチャンで、3歳春の阪神競馬場にも行ったし、ラブミーチャンの出走は競馬場に行こうという動機づけになった。

もう1頭も牝馬で、名前はサンスンイルロ。その馬が出走するレースを見るために、２００９年10月11日にソウル競馬場まで出かけたのだ。

サンスンイルロを初めて見たのは同じ年の5月にソウル競馬場で行われた「コリアンダービー」。2歳12月のデビュー戦と翌月の2戦目は3着、2着でも差のある敗戦を喫したが、3戦目を7馬身差で勝つと、そこから4

連勝で韓国3歳三冠一戦目の「KRAカップマイル」を勝利。その勢いでダービーに臨んできたのだ。

サンスンイルロが3戦目に変身したのは、当時、釜山で短期免許を取得していた西村栄喜騎手のおかげである。

「口向きが悪すぎるのを調教からしばいたら、真面目に走ってくれるようになったんです」

デビュー戦は中堅のチョチャンウク騎手が乗ったが、2戦目からは西村騎手。5戦目は倉兼育康騎手が手綱を取ったが、通算6戦目、つまり4連勝目となった重賞は、再び西村騎手の手綱だった。

となれば当然、次のダービーも西村騎手となるところなのだが、当時の韓国競馬はそのあたりがまだ閉鎖的だった。短期免許の制度はそれ以前から設定されていたのだが、「ダービーは外国人騎手を乗せたらいかんだろ」という雰囲気は根強かったようで、西村騎手はダービーへの意欲十分でも、調教師と馬主がその意見に屈してしまった。

その空気は2011年に内田利雄騎手がメイセイオペラ産駒のソスルデムンでダービーに参戦したことで打破されて、2013年には藤井勘一郎騎手がダービージョッキーになったことで、過去のものになっている様子。ちなみにダービーを制した外国人騎手は、2017年現在では藤井騎手が唯一となっている。

しかし2009年はそういう状況だったので、サンスンイルロはチョソンゴン騎手でダービーに挑むことになった。

という経緯はあったものの、前走で重賞を制した4連勝中の馬である。ちなみに韓国は重賞がとても少なく、ダービーの前の3歳戦線には、前記のKRAカップマイルと牝馬限定の準重賞があるだけだ。

それなのに、コリアンダービーでは単勝8・1倍で4番人気。1番人気はデビューから6戦6連対で、前走は古馬2軍戦（JRAで言うと1600万下）で2着に入ったナイスチョイスとなっていた。

サンスンイルロが4番人気にとどまった理由はいくつかある。釜山所属の牝馬という点がまずひとつ。レースの週の始めにソウル競馬場に輸送されてきたが、新聞の調教欄からは馬場入りの時間が短いことが読み取れた。

もうひとつは、上位3番人気馬までが古馬の上級戦で好成績を挙げていたということ。そしてダービー当日のパドックでビジョンに表示された馬体重は「マイナス12ｋｇ」。それも現地のファンには不安要素として映ったことだろう。

韓国の競馬はソウルと釜山で展開されていて（ほかに済州島でポニー競馬を開催している）、その当時はどちらの所属馬も出られるレースが確か7つくらいしかなかったと記憶している。現在はもう少し増えているのだが、それでも南北交流があるのは重賞だけ。つまり、輸送競馬が基本的に「無い」のである。２０１１年に内田騎手でダービーに出たソスルデムンは、当日の馬体重が前走比でマイナス26ｋｇ。輸送に対するノウハウもなければ、環境の変化に対するノウハウもないのが韓国競馬。東と西でまったく違う競馬をしていた昭和50年代までのＪＲＡのような状況なのだ。

それだけに私も半信半疑。しかしサンスンイルロは早め先頭から5馬身差で押し切るという、ものすごい走りを見せてくれた。

コリアンダービーは１８００ｍの14頭立て（韓国はダートのみ）。１コーナーでは後方集団にいて、向正面でも後ろから3番手あたり。そこから一気に加速して、大マクリの形で直線の入口では先頭に。そして押し切ったワイルドな走りには、西村騎手が乗れなかったダービーという感覚は消え失せ、この女傑がどこまで強くなるか楽しみ、という思いしかない状況になってしまった。

サンスンイルロはダービー後に休養し、8月9日に地元の釜山で行われたコリアンオークスに出走。そこでは西村騎手が騎乗したものの、プラス27ｋｇが影響したか、勝ち馬から1馬身差の2着。それでも春の衝撃を再びと思い、三冠最終戦の「農林水産食品部長官杯」を見に行くことにしたのだ。

韓国では現在の「3歳三冠」が確立したのが２００８年。つまり現制度での最初の三冠馬を見られるチャンスでもあった。しかし私が日本を発つ日に台風が来て、首都圏の交通網はズタズタ。京成電車に乗っているときに予約していたアシアナ航空は出発時刻になってしまった。しかしそれでも一縷の望みで成田空港に行き、チケットの発券元である全日空と交渉。その結果、21時すぎのソウル行き最終便の出発時刻9分前にその便のチケットに振り替えてもらい、速攻で金属探知と出国審査を潜り抜け、そこからは走って搭乗口に向かい、最後の客として

機内に入ることができた。しかもそのソウル行きは残席2。そんなギリギリの状況をクリアしたことも、サンスンイルロを見に行ったという強い思い出につながっている。

しかし三冠馬は誕生しなかった。

2000mの農林水産食品部長官杯のパドックに現れたサンスンイルロは、馬体重がマイナス21kg。コリアンオークスはプラス27kgだったとはいえ、そんな体重の大幅増減は体に毒である。実際、専門紙の論調は「調子がイマイチ」。レースはスローペースの2番手で進み、最後まで粘るも勝ち馬からはクビ+3/4馬身差で3着。実力は見せたといえる走りではあったが、「万全なら」と思わずにはいられない内容ともいえた。

サンスンイルロはその後も堅実に走り、4歳時にはKNN杯と慶尚南道民日報杯（ともに準重賞）を勝利。その年の12月17日、私が釜山競馬場に行ったときに偶然にも出走しており、そしてそのときに今日が引退レースであることを知った。

サンスンイルロの引退レースは古馬1群戦の1900m。単勝2・3倍の1番人気で、鞍上は内田利雄騎手である。そうなると応援にも余計に力が入るのだが、サンスンイルロの力は断然だった。もとより14頭立てのうちの12頭がハンデ53kg以下で、サンスンイルロが57・5kgで2着のカオサンが58kgという〝銀行レース〟。2着に4馬身差をつけた走りは「勝って当たり前」といえるものだった。

レース後は勝利ジョッキーインタビューが行われた。

「楽でしたね。これで引退ということで、このあとはお母さんに……なれないのかな？ ともかく強いレースをしてくれました」

と、内田騎手。しかしあとでそのVTRを見たら「お母さんになれないのかな」の部分は字幕に含まれていなかった。

そうだ、日本と韓国では競走馬の文化が違うのだ。

韓国産の種牡馬がほとんどおらず、生産規模も年間1200から1400頭程度という韓国の生産界のこと、ダービーを制した女傑でも繁殖入りできるとは限らないのかもしれない。それでも翌2011年1月に釜山競馬場で引退式が行われたのだから、まさかいわゆる〝乗馬〟ということはないだろう。

　というところで、私の注目は終わっていた。どこの牧場に行って、産駒はどうなっているかまで気にしなかったのは、冒頭に記した私の言うなれば淡白な思いのせいだろう。

　ただ今回、サンスンイルロについて書ける機会をいただいたので、その後の行方を調べてみた。どうやら「グッディ牧場」で繋養されて、2012年にメニフィーの牡馬が誕生。サンスンジュニアと名付けられ、17年3月まで釜山で走って18戦5勝。13年はエクトンパークが不受胎で、14年は「ソンジョン牧場」に移ってメニフィーの牡馬が誕生。その馬はシンイプンギョクという名前で17年6月現在、釜山で3勝を挙げている。

　しかし15年はまたも不受胎。そして2016年6月に死亡……

　2016年にパワーブレイドが三冠馬になったが、春の2冠を制した牝馬は、2017年の時点ではサンスンイルロだけ。「レースを見に行きたい」と思わせた、私にとっての名馬なのである。

（本文：浅野靖典）

天の星図を翔る聖女
ヴィラーゴ
▼英国競馬史上最強牝馬

父	ピュロスザファースト
母	ヴァージニア
母父	ロウトン
生年	1851年
性別	牝
毛色	栗毛

イギリス

生涯成績 16戦11勝［11-0-1-4］
主な勝ち鞍 英1000ギニー、ヨークシャーオークス、グッドウッドC、ドンカスターC、ウォーウィックC、グレートメトロポリタンH、グレートノーザンH、フライングダッチマンHほか

この馬、ヴィラーゴこそ、その名は広く知られていないものの、競馬の母国イギリスに君臨する史上最強牝馬である。

ヴィラーゴは19世紀のイギリスに生まれ、19世紀には世界最強とも思われるほど強い牝馬だった。誕生したのが１８５１年ということだから、ハンガリーにキンツェム（１８７４年生、54戦54勝）が生誕する遥か昔の最強牝馬だったわけだ。ぜひとも、キンツェムとのマッチレースが拝みたかったものだが、どちらが上だったのかは当然永遠の謎である。

それでは、その強さを今へと語り継ごう。

英国はダーラム州にあるハートルプールという町の近郊に位置するハートスタッドにヴィラーゴは生を受け、宝愛され、育まれていった。ハートスタッドの箱入り娘はドンカスターセールにセリ出され、ヘンリー・パドウィック氏とジョン・スコット調教師が競り合った末、パドウィック氏の袂へと渡った。３００ポンドという記録もあれば３５０、４６０ポンドという資料もあるが、彼の愛娘となったことだけは間違いない。

パドウィック氏は最も頼りにしているジョン・バーラム・デイ調教師へとこの愛嬢を預けることにした。

デイ師は瞬く間にこの牝馬の虜となり、惚れ込んでしまう。それほどに素晴らしいポテンシャルを見せていたのであろう。

「世界最高の1歳馬が私のところへ来てくれた」と周囲へ自慢げに語っていたという。

ちなみにデイ師は12戦全勝で生涯を終えたクルシフィックス（英1000ギニー、英2000ギニー、英オークス優勝）を手掛けている。その彼を持ってこの言葉である。いかに物凄い手応えを感知していたか窺いしれよう。

2歳を迎え、自慢の娘を試走させ、その確信を固めるや、公式初戦を11月とし、シュルーズベリー競馬場へ送り出した。

デビュー戦となったのがアストリーハウスセリングSというレース。

ヴィラーゴは大きく出遅れ、他馬が50m近く進んでから、ようやくノラリクラリとスタートを切った。

もうどう考えても敗戦間違いなく、ミドルズボローという馬の着外に成す術無く大敗を喫している。

しかし、これは敢えて大敗させた曰くつきの1戦と口伝されている。

後々に重要なレースでハンデを課せられるのを極力避けたいがため、わざと負けるよう、騎乗していたジョン・ウェルズ騎手に命令していたというのである。こんな事実が明るみとなれば、今なら即刻厳重処分が下されるが、腹黒いこの作戦は何の勘ぐりも無く、デイ師の目論見通りとなった。

年が明け、3歳となったヴィラーゴをデイ師はもう一度試走させる。

距離設定はなんと4000m（20ハロン）とし、相手は古馬のステークスウィナーであるリトルハニーが指名された。

3歳となったばかりのうら若き乙女に屈強な牡馬との対戦。しかも4000mという長距離。どう見てもヴィラーゴが勝てる訳もない、荒唐無稽な舞台設定に思えたが、驚愕すべきことに、ヴィラーゴはあっさりと勝って

しまう。
　これをつぶさに認めたデイ師は絶対の自信を持って、愛娘を出走させていく。

　公式2戦目は試走に同じく古馬との混合戦が当然のように選定された。エプソム競馬場で開催のシティ&サバーバンH（芝２０００ｍ）に出走。デイ師の作戦が功を奏し、40ｋｇという極限の軽量が設定された。

　傍目から見れば当然のジャッジである。デビュー戦で着外に大敗した3歳牝馬が3歳となったばかりで、古馬の強豪に挑もうというのである。

　しかし、やはり試走の噂は殷賑に広く流布しており、ヴィラーゴは1番人気に支持される。

　レースは全くの馬なりのまま、同じく3歳馬のマークアンソニーに3馬身差をつけ圧勝で鮮烈な勝鬨を上げたのであった。


　次戦も同じくエプソムが選ばれ……と言っても、なんと初勝利のレースから数時間後の出走。

　要するに2戦目（午前中）と同日に3戦目（同日の午後）が用意されていたのである。

　現代競馬では絶対にあり得ぬ狂気の沙汰だが、今度も古馬の混合戦に出陣。グレートメトロポリタンH（芝３６００ｍ）。

　春先の3歳牝馬に、しかもレース終了から数時間後に走らせるようなレースには到底思えないが、ここでも楽走し、古馬のステークスウィナーを軽くあしらって1馬身差の快勝を収めた。

　このあと、グレートノーザンH（芝３２００ｍ）、ザフライングダッチマンH（芝２４００ｍ。※グレートノーザンHの翌日）と連勝街道を驀進し始める。


　ヴィラーゴはクラシックレースに、英１０００ギニーを除いて登録が無く、このような日の目を見ないようなレースばかり使われていたが、クラシックに登録させされていれば、簡単に全勝できたろうと言われている。

　その唯一登録のあった英１０００ギニー（芝１６００ｍ）へ出走を踏み切るや、他陣営は震え上がり、次々と回避を表明。

　なんとたったの2頭のライバルを残し、他全馬が回避してしまう。

キャンター同然の馬なりで首差競り勝ち、クラシックのタイトルを戴冠。ダービー・オークスを横目に、次に向かうはグッドウッドカップ（芝3800m）となった。単勝1・1倍となり、その頃にはもはや神々しいオーラさえ身にまとい、「聖女」のごとく崇愛と賛美の眼差しに包まれる存在にまで昇華していた。ヴィラーゴはまさに天使の羽を授かったかのようにターフを滑走し、5歳牡馬インディアンウォーリアーに15馬身という超大差をつけ大圧勝。神駒のごとき存在に崇められることになる。

聖女の進軍はとどまる事を知らず、ナッソーS（芝1600m）へ出走。ここでも他馬を相手にもせず1馬身半差をつけ楽勝した。

その後、また距離を延ばし、ヨークシャーオークス（芝2400m）へ駒を進めると、ここも楽々と2馬身差で勝利。もはや賭けにもならないと馬券発売は無しで行われたという。

ヨーク競馬場に引き続き滞在し、次戦は一気に距離を短縮し、カウンティプレート（芝1200m）というレースに矛先を向けたが、着外に大敗。距離が短すぎた事、そして12kg差ものハンデ差を設けられた事、そして連戦の疲れが敗因に求められた。

秋のクラシック最後の一冠セントレジャーにも不出走となったヴィラーゴはウォーウィックカップ（芝4800m）を目指し、ウォーウィック競馬場に降臨。ここには英三冠馬ウエストオーストラリアンとも対戦し、同馬を苦しめた現役最強古馬のキングストン、そして同期の英オークス馬ミンスミートが出走してきた。いわば最強馬決定戦の1戦となったが、ヴィラーゴは相手にもせず2頭を千切り捨て、6馬身差もの決定的着差を広げた圧勝した。

つづくドンカスターカップ（芝3800m）ではキングストンと再戦。しかし、他陣営は2頭を恐れ次々と消失。

結局唯一の対戦相手となったキングストンを見ながら、絶望の深淵に突き落とすように、馬なりのまま2馬身半差に沈め、凱歌を聖歌のように口ずさむ。この年は11戦10勝。気狂い地味たローテーションが組まれ、圧勝楽勝の連続はまさに神駒のなせる業と言えなくはなかろうか。

神々しいまでの神格的オーラを天女の羽衣とし、無敵の覇を唱え続けたヴィラーゴであったが、喘鳴症を発症してしまい、思い通りの強さを発揮する事が難しくなり、古馬となっての4歳シーズンでは、わずか4戦して1勝という成績でターフを去った。

奇跡の唄を口遊むことを禁ぜられ、声を無くした聖女はもうそこにいなかった——。

ヴィラーゴがどれ程凄まじいまでに強かったかは、当時行われたアンケート調査の結果を見れば明らかである。

〔19世紀の名馬トップ10　イギリス〕
1．グラディアテュール（1862年生）65票
2．ウエストオーストラリアン（1850年生）63票
3．アイソナミー（1875年生）63票
4．セントサイモン（1881年生）53票
5．ブレアーアトール（1861年生）52票
6．ザフライングダッチマン（1846年生）49票
7．ヴィラーゴ（1851年生）・セントガティィエン（1881年生）36票
9．オーモンド（1883年生）34票
10．ロバートザデビル（1877年生）31票

このアンケートは1886年7月17日付けの英紙『スポーティング・タイムズ』発表によるもので、ヴィラーゴが引退してから30年以上の時が経ってから行われたもの。1886年の6月、対象は馬主・調教師・騎手・ジャーナリストほか、競馬界の著名人約100人。投票方法はベスト10頭を連名表記するというもの（有馬記念の人気投票と同じ手法）で実施された。

このベスト10頭の中で牝馬はヴィラーゴただ一頭。しかもすごい事に、このアンケート調査が実施された前年はセントサイモンが引退した年。またアンケート実施後、無敗の英三冠馬となるオーモンド、彼の票数を凌駕しているというのは驚嘆する他ない。この結果が、彼女の底知れぬ強さを静かに物語っている。

ヴィラーゴは当時としてはかなりの巨体を持て余していたらしく、体高も見上げるようで雄大な馬格の持ち主

だったという。

「賢そうな頭にスラリと伸びた首筋、立派な肩、奥行きある胴回り、逞しい胸部と背部、非常に幅の広い腰部、長く力強く漲る脚部」と当時を生きた馬産家・評論家たちに褒め称えられている。

果てのない星の海、その海を舞う聖なる乙女……ヴィラーゴ。

「乙女座」という名の彼女こそ、英国が生んだ英国史上最強の聖女である。

（本文：兼目和明）

冀求の果ての桃源郷
モントルー

▼パキスタン史上最高の名馬にして南アジア圏史上最強牝馬

父 ルプリテンダント
母 シーバードⅣ
母父 プリンセスチョイス
生年 1961年
性別 牝
毛色 鹿毛

パキスタン

生涯成績 24戦20勝
主な勝ち鞍 パキスタンクラシック五冠（パキスタン1000ギニー、パキスタン2000ギニー、パキスタンオークス、パキスタンダービー、パキスタンセントレジャー）、クエイド・アザム・ゴールドカップ、サー・グラーム・フセインヒダーヤットゥラカップ、クイーンエリザベス・ゴールドカップほか

パキスタンが現在のパキスタンの形となったのは、実はわずか100年ほど前のことである。

日本の国土面積38万平方kmの倍以上の面積を誇る80万平方kmの国土に、日本とほぼ同じ人口の民が生活を営むこの国において、19世紀の終わりには、有名なイスラム教の指導者であり、教育者でもあるサー・サイド・アーメド・カーン氏によるインドイスラム教の知的復興運動が始まった。

1930年には詩人であり、哲学者でもあるドクター・モハンマド・イクバルがイスラム教徒の国を分離させる、というアイディアを思いつくと、1940年、全インドイスラム連盟がインドのイスラム教徒のための独立国家を要請するという決議を粛々と採択していった。

Quaid-e-Azam Mohammad Ali Jinnah 氏の卓越したリーダーシップのもとでの7年間にわたる不屈の闘争の後、1947年8月14日、パキスタンは主権国家として世界地図に登場。その時はじめて大英インド帝国は、インドとパキスタンという2つの独立国家に分割されたのである。

そんな国の歴史に同じく、パキスタンにおける競馬は、歴史がまだ浅く、パキスタンダービーは１９４７年に第一回が開催となっている。（前身のパンジャブダービーは１９２７年から）

日本ダービーが１９３２年の事であるから、東京優駿創設の15年後にエポックメイキングとなるダービーが完成された訳である。

パキスタンジョッキークラブの創生も１９６１年に形成を見ており、その歩みは蝸牛のようであったが、着実に未来へと進んでいる。

パキスタン競馬の管理統率を担う存在の誕生と同時に降誕したのが、本馬モントルーである。

まさに運命的咫尺を叶え、彼の地に降り立ったこの牝馬は、同国の誇る史上最強馬の存在へと上り詰め、パキスタン競馬の宝となった。

アジア競馬史に埋もれた、絶大な競走能力秘めた大女帝。彼女が遥か彼方の記憶の中に残した蹄跡と遁音へ心傾けて見てみよう。

モントルーは、パキスタン史上唯一となる五冠馬。パキスタン史上初の三冠馬リップルに続く、史上２頭目の三冠馬でもあり、南アジアにおける競馬史でも史上屈指の名馬となった。

リップルの時代はダービーが２０００ｍであり、２４００ｍとなってからは初の三冠馬となる訳であるが、モントルーはダービーをレコード勝ち。従来のレコードを０秒８も上回るもので、２０１６年のダービー馬であり、パキスタン現役最強のノーリガーズのタイムよりも０秒８も速い。

ここ20年近年の勝ちタイムを見ても彼女のタイムより速く走った馬はいないのである。

近代洋式競馬がパキスタンにて整備されてから、20年弱。彼の地にて誕生を見たこの名馬の能力は、現代競馬においても色褪せていない事を、時計が物語っている。

デビュー時から猛進撃の大進撃。勝つに勝ったり、連勝街道をひた走り、パキスタン１０００ギニー、パキスタン２０００ギニーとクラシックを連勝。

さらにはオークスとダービーまで文句なしの圧勝で飾り、遂には三冠最終戦のセントレジャーでも完全なワンサイドゲームで圧制。

日本で言うなれば、桜花賞と皐月賞、オークスにダービーを勝ち、菊花賞を大差勝ちしてクラシック完全制覇するという大偉業なのである。

この馬が残した成績がいかに凄まじく、途轍もなく神懸かった物であるかが窺い知れよう。

南アジアのホースマンたちが果ての無き未来の空へと思い描いた夢の形……

それを追い求めた極限の形、桃源郷とも言える存在こそモントルーであり、大きく分かつ2つの国の狭間に聳え立つ、孤高の存在と言えはしないだろうか。

パキスタンにおいて、今だ彼女と比肩するような存在すら、これまで現れていない。

まさに「100年の孤独」……幾年の時が経ってから彼女を超える存在は現れるのだろうか。

（本文：兼目和明）

伝説の女傑時代
スウヰイスー
▼日本競馬史上初の二冠牝馬

生涯成績 62戦29勝(中央35戦18勝・地方27戦11勝)
主な勝ち鞍 桜花賞、オークス、安田賞2連覇(現在の安田記念)、川崎記念、金の鞍、ワード賞、菊花賞2着、キヨフジ記念(67kg背負って2着)

父	セフト
母	武兆
母父	月友
生年	1949年
性別	牝
毛色	栗毛

日本

ウオッカ・ダイワスカーレットそしてブエナビスタ……日本で強い牝馬が次々と現れ、脆弱な牡馬たちを跼天蹐地の背水に追いこんだ時代があった。2007年の衝撃的ウオッカのダービー制覇に口火を切った牝馬たちの進軍は留まるところを知らず、その戦歌放吟は世界へとスプロールしていった。米国ではラグズトゥリッチズが102年ぶりのベルモントS制覇を成し遂げ、欧州ではザルカヴァが震烈なる剛脚を繰出し、無敗の凱旋門賞馬に輝いた。その波は翌年まで波及。ついにはレイチェルアレクサンドラという歴史的怪女が出現し、ゼンヤッタは史上初の牝馬によるBCクラシック制覇(しかも無敗)で、満天下のもと己のポテンシャルを誇示してみせた。

まさに時代は〝女〟を中心に展開している。競馬は世を映す鏡とはよく言ったもので、2009年にはついに「草食系男子・肉食系女子」なる流行語まで殷賑に芽吹き、テレビなどのマスメディアや評論家に、格好の風刺材料にされた。その時世をそのまま反射した世界がウオッカやスカーレットたちの時代だった。

さて、ウオッカたちの世代は史上最強の牝馬世代と呼ばれる。これに異論はないが、かつて、もう一つ伝説の女傑時代があったことを、我々は記憶の端に留めておく必要がある。それが1949年生まれ、1952年のクラシック組。まだ戦後間もない時代、50年代という新たなステージへと突入した日本人たちが目撃した女神たちの神話——。

タカハタ、クインナルビー、レダ、ミツタロウ……そして本馬スウヰイスーの5頭は伝説の5大女帝と呼んでみたい。まずタカハタは非常に評価の高かった馬で、あの尾形藤吉調教師をして「この馬なら三冠を獲れる」とまで言わしめた牝馬。クインナルビーは生涯成績44戦17勝。3200m時代の天皇賞（秋）や鳴尾記念を勝利し、常にトップに君臨し続けていた。レダはこの世代で最も底知れぬポテンシャルを秘めていた馬で、史上唯一となる牝馬による春の天皇盾戴冠を果たした歴史的女傑。ミツタロウは既述した4頭たちと好勝負を展開した。朝日杯2着が最大の勲章というのは寂しい印象に映るが、なんの、1着を譲ったのはタカハタ。この馬さえいなければ朝日杯はおろか牡馬のクラシックさえ好走していた可能性さえある（ちなみにスウヰイスーはこの朝日杯で5着だった）。

この時のクラシックは今見ても、どう思考を巡らそうとも、千思万考に耽ってみても、理解し難い……。常識では絶対起こりえないことが起こっていた。なんと、この1952年の皐月賞、ダービー、菊花賞すべてのレースにおいて牝馬が1番人気に推されていたのである。しかも、クラシック三冠競走すべてで2着に牝馬が入り、上位を独占していた。皐月賞・ダービーではタカハタが惜しい2着。菊花賞では本馬スウヰイスーが2着。なんという凄まじさ。史上屈指の能力を発揮した牝馬なら多くいる。テスコガビー、マックスビューティ、ヒシアマゾン、エアグルーヴ……。しかし、彼女らはその世代で唯一頭牝馬で抜きん出た存在であった訳で、突出した女傑が数等もいた訳ではない。つまり、スウヰイスーらの世代のように多くの牝馬が牡馬を脅かすまでに牙を剥く世代など、滅多になく非常に稀有な時代と言えるのである。

二冠の栄誉と安田記念連覇……まるでウオッカとブエナビスタを合わせたような絢爛な成績を上げたスウヰイスー。彼女は女優・高峰三枝子さんの持ち馬として有名であったが、晩年は地方競馬へと流転するなど、波乱万丈の生涯をおくっている。

デビューはいきなりの500万下条件。炎天下の札幌でその姿をお披露目し、見事1着。日本へと『モンキー乗り』を伝授した名手・保田隆芳騎手を背に、華々しいデビューとなった。

2戦目では東京芝800mで47秒3のレコード勝ち。その後東京1200mでもう一度レコードの疾走を果たすと、4戦3勝2着1回の安定した成績を手土産に朝日杯へと参戦するも5着に敗れてしまう。しかし、桜花賞ではレダやタカハタ、ミツタロウにクインナルビーといった最強女帝を押し込め、辛くも1着。レコード勝ちのオマケ付きだった。その後はなんと日本ダービーに出走。31頭という現在では考えられないような超多頭数の中健闘し、8着入線。しかし、この直後出走した安田賞では61kgという3歳牝馬にとっては酷量を背負いながら圧勝。恐るべき潜在能力をしっかりと垣間見せた秋はさらにその妖艶なる動きに磨きがかかる。当時は秋季開催であったオークスを快勝すると菊花賞へと参戦し、2着。この馬、空恐ろしいことに、これ以降はほとんどのレースで60kg以上を背負うこととなってしまう。この年の暮れに催された中山牝馬特別(芝1800m)などでは66kgも物ともせず快勝している。

翌年は安田賞連覇など6勝を上げるものの、3000を超える距離では若干ライバルたちに及ばぬ一面もあり、惜敗をいたずらに繰り返してしまった。この隔靴掻痒たる結果からか、1954年には地方・大井へと移籍してしまった。

「クラシック二冠馬が地方移籍!」現代競馬でこんな事態が起きようものなら大ニュースになっていよう。ブエナビスタやベガ、メジロドーベル、テイエムオーシャンといったような名牝が地方へ行く……と考えれば、いかに非現実的出来事か覗えよう。

果たして深い地方のダートで活躍など出来るのだろうか? 今のように交流戦など充実している時代ではない。固く閉ざされた地方競馬。もし勝てなければ、永遠なる闇夜への追放通告さえ言い渡されかねない境遇を思

えば、絶体絶命。しかし、やはりスウキイスーは強かった。デビューするや、あっさりと蒸し暑い炎暑も何食わぬ顔でさらりと涼風吹き寄せる5連勝。しかも1800～2400の距離にまで対応し、1800mではレコード勝ちさえする始末。

芝でも、短距離でも、ダートでも長距離でも、小回りも急坂も関係なく順応してしまう超万能の宥遙鴛なる古の女帝。その独特の名前の響きと玉虫色の馬生を辿った流浪の蜜柑女鶯は正真正銘、〝女の時代〟の象徴・シンボルそのまま。女性のもつ気高き衣香と威光をさんざめかせ、残香と残光を、〝イマ〟へと伝えている――……。

（本文：兼目和明）

空のように、海のように
シアンズゴールド

▼〝サンタローサの女王〟南カリブ海洋史上最強牝馬

父 ジャヴァゴールド
母 ペットコーク
母父 ギボウリー
生年 1991年
性別 牝
毛色 鹿毛

トリニダード・トバゴ

生涯成績 32戦19勝
主な勝ち鞍 ゴールドカップ（GⅠ／2回）、プレジデンツカップ（GⅠ）、アリマ・レースクラブカップ（GⅠ／2回）、インディペンデンスカップ（GⅠ／2回）、ステュワードカップ（GⅠ／2回）、クイーンズプレート（G2）、ダイアモンドS（G2）、シャンペンS（G2）ほか

遙炎なる太陽が海を焦がす――

陽炎たつ、さとうきびの坂道……麦わら帽子の黒肌少女……

ここは南カリブ海洋のとある島

この島に20世紀末、人々の心を照らし太陽の天使となった偉大な女傑が瞠若と屹立していた。

そう、21世紀初頭、我々がウオッカという現代の卑弥呼と邂逅を果たし、彼女を畏敬の念を持って見つめ続けていたあの時のように――。

〝サンタローサの女王〟と謳美された歴史的名馬。

〝シアンズゴールド〟が彼女の名前である。

記録を伝い、当時の想念をトレースしてゆこう。

現在では彼女の名を記念したレースまで創設されている。

この事実からも、彼女が並大抵の名馬の枠におさまる存在でないことは瞬天的に理解できた。

「!!……これは凄い馬だ。なんて牝馬だ……」

それ以外の言葉が過去の彼方へと放墜されてしまうこ

とが、以下にあげる記録を見て頂ければご理解頂けるものと、私は確信している。

シアンズゴールドの打ち立てた記録集

☆「年度代表馬」、「最優秀スプリンター」、「最優秀ステイヤー」三部門に同時選出される。
「スプリンター」と「ステイヤー」が同一馬だったのは、同国史上初の偉業。

☆1994年年間7戦7勝。しかも1200~2000の全GI級を勝利しての価値あるもの。
ちなみに同年に1200と2000のGIを勝った馬は、シアンが史上初。

☆牝馬でGI9勝は同国最多。

☆多種多彩な距離でレコードをマーク。

☆記録したレコードの内、3つが2012年の時点で、いまだ健在。破られる気配がない。

青い海と青い空がどこまでも広がる大海原。

彼女もこの海を、そしてこの空を見つめていたのだろうか――……。


日本がナリタブライアンの快進撃に湧いていた時、まさに同時進行で、蒼き女神の神話は創世されていった。

カリブ海の青を背景に。

耳をすませばすぐそこに。

いまも聞こえる青のキヲク。


水面に反射し、煌き跳ねる光のピルエットに、呼び覚まされる風の歌。

ラムネの中転がる紺壁のガラス玉の中に閉じ込められたかのような伝説の名馬。

南カリブの空と海を愛した女傑。

彼女の記録は空色の記憶。

未来永劫に広がり続ける空と海のように、シアン・メモリーはいつでも、そしてどこまでも、ずっとずっと、つづいてゆく――。


（本文：兼目和明）

あの島の街明かりは ブライトライト

▼カリブ海を渡り歩いた小さな島の三冠馬

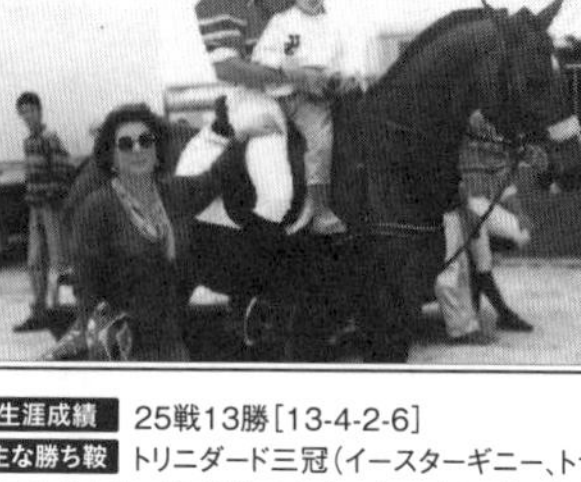

父	バーニングボウ
母	フェリシタス
母父	コロラドキッド
生年	1949年
性別	牝
毛色	鹿毛

セントヴィンセント・グレナディーン諸島

降英した後、世界へと紅玉の天卵が舞い降り、多種多彩な〝トリプルクラウン〟が心愛と暦譜の中、炊爨されてゆく――。

カリプソとクリケットの国、トリニダード・トバゴ。この小さな島国にも、〝競馬〟という概念は揺らめく波のように、島民から愛されて育まれている。

この島の三冠競走は、イースターギニー、トライアルステークス（ミッドサマークラシック）、トリニダードダービーの3つで、全レースが完遂をみたのは1951年のことだから、歴史的には浅いと言えよう。

史上最初の三冠馬となるプリンセス、ブライトライトは1949年、セントヴィンセント・グレナディーン諸島に生を受け、幼少時代より島民たちにあたたかに宝愛され、スクスクと育ってゆく。

セントヴィンセント・グレナディーン諸島は火山島の

生涯成績　25戦13勝［13-4-2-6］
主な勝ち鞍　トリニダード三冠（イースターギニー、トライアルS、トリニダードダービー）、バルバドスダービー、ブリーダーズSほか

競馬史において、〝三冠馬〟という存在は如何なる巨影にも遮断されることのない、未来永劫の後光を放っている。

史上最初の三冠馬であるウエストオーストラリアンが

セントヴィンセント島と珊瑚礁のグレナディーン島とに二分される島国であり、イギリスとフランス二カ国の植民地として受難の時代を過ごしてきた。人口わずか11万人の民が営みを送るカリブ海洋立国であるが、一時期は馬産として小アンティル諸島を席巻していた時代があった。

今では誰も信じようとしない事だが、確かにその時代はあったのである。

1938年、英国に生まれたバーニングボウは29戦5勝の凡常な成績に終わるが、遠く大西洋を渡りこの島へと渡りスタッドイン。

すると1948年に送り出した産駒、ベストウィッシュズがバルバドス競馬へと参戦し、1951年のバルバドスギニー、バルバドスダービーの二冠を牝馬ながら達成。

さらに翌年のバルバドス、トリニダード両国のクラシックを鯨飲してゆく本馬ブライトライトを送り出す。

続く1953年もフェアリークィーンがバルバドスギニー、バルバドスダービー、そしてトリニダードのイースターギニーを勝利。

なんと言うことか、1951年から三年連続でセントヴィンセント・グレナディーン諸島産馬が凱歌を上げたのである。それも同じバーニングボウ産駒が三連覇。

1954年は有力馬が現れなかったセントヴィンセント産馬であるが、1955年から再度、同島生産馬が三連覇。

【セントヴィンセント・グレナディーン諸島生産馬のクラシック制覇出現変遷史】

1951年
ベストウィッシュズ〔バーニングボウ産駒。牝、バルバドスギニー、バルバドスダービー〕

1952年
ブライトライト〔バーニングボウ産駒。牝、25戦13勝。トリニダード三冠、バルバドスダービー、ブリーダーズS〕

1953年
フェアリークィーン〔22戦14勝。牝、バルバドスギニー、バルバドスダービー、イースターギニー〕

1955年

エントリーバッジ〔バーニングボウ産駒。セン馬、？戦20勝、2着14回3着15回の名馬。バルバドスダービー、トリニダードダービー〕
1956年
ハッピーレジェンド〔スパイレジェンド産駒。牝、イースターギニー、バルバドスダービー〕
1957年
ヘイシード〔牡、バルバドスダービー〕
1961年
ニュームーン〔セン馬、スパイレジェンド産駒、戦13勝、2着19回、3着13回。ダービートライアルS、トリニダードダービー他〕
1966年
レジエンド〔セン馬、スパイレジェンド産駒。？戦6勝、2着16回、3着4回。バルバドスギニー、バルバドスダービー3着、トリニダードダービー2着〕
1967年
ロイヤルヴィジット〔牝、ハッピーレジェンドの娘。ダービートライアルS、トリニダードダービー、TTCカップ〕
1972年
ゲームオブチャンス〔牡、バルバドスダービー、マルティニヴァーモスセントレジャー〕

この1950年代初頭から1960年代中盤に至るまでの暦譜の中、セントヴィンセント・グレナディーン諸島の馬産は絶頂を極めていた。

バーニングボウとスパイレジェンド。競馬の母国からは取り残され、忘却の彼方へ放擲されたかのような2頭の種牡馬により、その時代は作られた。

その中でもっとも眩いまでの輝きを放ったのが、本馬ブライトライトである。

彼女の心の中、奇跡のポテンシャルも確かに胎動をはじめており、島を吹き抜くシーサイドブリーズと熔融してゆく都市のネオンだけが、彼女の深淵をそっと見透かしていた——。

牝馬ながら牡馬と熾烈な白熱の激闘を展開。

とても牝馬とは思えない小さな姫君は、2歳時より躍動し、2歳チャンピオン決定戦のブリーダーズSを勝って2歳王者の座に就く。

3歳クラシックを迎えるや、三冠に加え、バルバドスダービーでも凱旋のマドリガルを吟唱。トリニダード競馬史に残る威光を斜影さする程の名馬となった。

いかなる競馬開催国においても、牝馬ながらダービーダブルや三冠を瞠若なるままに制圧する馬など、そうはいない。主要国においても、1国にほんの数頭のみの残光を認めることが出来るのみだ。

本馬ブライトライトもそんな絶界の紫苑であった訳である。

トリニダード三冠馬で、唯一のセントヴィンセント島生まれの名牝は、ホンわかと和みを与える蛍石のようだった。

あれから数十年の時が流れた今も、島風と海風の音が、夕映えに靡く街のネオンと交じり合う――

夜の小さな島の街……桃源郷と檸檬と豫翼――……

漣波に淩われてゆく、淡い恋歌の音影たち。

小さな島の三冠馬、光冠〝3〟つのブライトライト。

あの島の街明かりは、彼女が残した三つの光跡そのままであったような気がしてならない。（本文：兼目和明）

生涯成績 43戦20勝［20-3-5-15］
主な勝ち鞍 チリクラシック二冠（エルエンサーヨ、エルダービー）、エプリール賞、コロナシオン賞、ラ＝プルエバ、ナヴァ、エル・クリテリウム、オノール賞、グラディアドール賞ほか

チリ競馬のはじまり

1818年、チリがスペインから独立を果たすと、それを待っていたかのように、イギリスによるチリへの経済進出が加速した。年々増加した在留イギリス人は、自らの娯楽のためにイギリス式競馬の開催を企図したが、チリ人の趣向とは相容れず実現には至らなかった。転機となったのは、1863年、首都サンチアゴと海岸保養地ビーニャデルマール間の鉄道開通であった。サンチアゴからの往来客の増加を見込んだビーニャデルマールの住民らの要望によって、1864年にイギリス式競馬の定期開催が実現し、それに触発され、2年後にはサンチアゴでも競馬が始まった。当初、小規模であった競馬開催は、1884年にペルー・ボリビアとの戦争（太平洋戦争）に勝利して以降、鉱山資源を背景に富国強兵に呼応するかのように充実が図られ、19世紀末には首都圏の住民の大きな娯楽へと発展していった。

競馬開催の整備が図られる一方で、競走馬の生産に関しても、19世紀末には100頭ほどまでに増えていったが、サラブレッド生産はその1／5ほどであり、生産馬

の多くはサラブレッド系種やアラブ系種であった。そのような状況も、20世紀に入るとアルゼンチンから多くのサラブレッドが輸入されるようになり、チリ競馬のレベルは急速に高まり、競馬草創期を支えた非サラブレッド競走馬は徐々に姿を消していった。そのチリ競馬の過渡期に、最後に輝きをみせたサラブレッド系種が、牝馬ペトラルクである。

内国産の世代頂点に立つも……

１９０２年、ペトラルクは、オーナーブリーダーであったヘットーレ＝アンセルメの生産馬として誕生した。父はチリ3冠馬ワンダラーでサラブレッドであったが、母のフェドラの母系にジェネラルスタッドブックに遡れない非サラブレッドの血が含まれていた。１９０５年4月30日のサンチアゴ馬事クラブの未勝利戦（芝１１００m）でデビューしたペトラルクは、42ｋｇの軽ハンデに恵まれたにもかかわらず、64ｋｇを背負ったＳａｉｎｔＢｌａｉｒの着外に敗北したが、2戦目となった6月1日の未勝利戦（芝１２００ｍ）ですぐに初勝利を上げた。

3歳となったペトラルクは（当時の加齢は8月1日）、9月3日の一般戦（芝１７００ｍ）で2勝目を上げると、9月17日の3冠クラシックの初戦エルエンサーヨ（芝１９００ｍ）に出走した。6頭立てで、1番人気は、サンチアゴとビーニャデルマールの2歳重賞をレコード勝ちした2歳王者マウセールであったが、レースは、ペトラルクエがマウセールをクビ差を抑えて勝利した。

マウセールは、のちにサンチアゴ馬事クラブ賞を連覇するなど一流馬であったのだが、ペトラルクに対しては、8度対決してすべて後塵を配することになる。その2度目の対決が、11月9日にビーニャデルマールで開催された3歳クラシック第2冠エルダービー（芝２４００ｍ）であった。サンチアゴからビーニャデルマールに向かう電車は、2頭の対決を見ようと多くの人でごった返した。出走はわずか3頭となったが、重賞を2連勝をして挑んできたグリーンアンドホワイトが参戦してきたことで、世代の最強馬を決するに充分な舞台となった。結果は、ペトラルクがグリーンアンドホワイトを半馬身抑えて勝利。マウセールはさらに3馬身遅れた3着に終わった。

ダービーから3日後の非サラブレッド限定戦、ペトラルクとマウセールが出走を表明したことで、2頭によるマッチレースが実現するところであったが、当日になってマウセールが出走を回避したため、ペトラルクの単走勝利となった。その1週間後、ペトラルクは、チャンピオンステークス(芝2400m)で古馬との初対決に臨んだが2着に敗退し、ここで休養に入った。クラシック2冠を制したペトラルクが秋に目指したのは、2月11日のビーニャデルマールのセントレジャー(芝3000m)での親子での3冠制覇であったが、疲労が思いのほか抜けず、無念にも3冠制覇を断念した。セントジャーの翌週の開催から復帰したペトラルクは、古馬相手に3戦して勝利から見放されたが、3月11日の一般戦(芝2000m)で勝利すると、4月8日のエブリール賞(芝2000m)で重賞3勝目を挙げた。

メサリーナとのライバル対決

ペトラルクが次に向かったのは、4月22日、20世紀初頭のチリ競馬で国内最強戦と目されていたサンチアゴのラ=インテルナシオナル(芝2400m)であった。1番人気には、アルゼンチンで重賞4勝の実績を引っ提げてチリに移籍してきたセルソが支持され、2番人気には、外国産馬のため3歳クラシックに出走できず裏街道を走ってきた3歳牝馬メサリーナが続いて支持された。メサリーナは、ここまで伝統の長距離戦ラ=コパ(芝3000m)での勝ち星を含め12戦8勝をあげ、事実上の3歳最強馬と目されていた。2冠馬ペトラルクは、外国産馬の2頭に人気で後れをとり、結果もメサリーナの着外に終わった。その後、ペトラルクは2連勝をして3歳シーズンを終え、2冠馬でありながら、3歳最強馬の評価はメサリーナに譲ることになった。しかし、ここからペトラルクとメサリーナのライバル対決が始まったのである。

4歳となった初戦、9月9日のラ=プルエバ(芝3200m)でマウセールを三度退けて勝利すると、その後、一般戦(芝1900m)、ナヴァ(芝1800m)と連勝して、10月7日のエル=クリテリウム(芝2000m)でメサリーナとの再戦に臨んだ。マウセールも出走し、3頭立てとなったレースは、ペトラルクがメサリーナを1馬身半振り切って雪辱を果たした。11月18日のオノール賞(芝3000m)で単走勝利して7連勝。12月9日のディセンブレ賞（芝２０００ｍ）でセルソの4着に敗北しメサリーナにも先着を許してしまったが、4か月の休養を経た4月7日の一般戦（芝１７００ｍ）で、メサリーナに先着して勝利。しかし、4月14日のエブリル賞（芝１３００ｍ）は、メサリーナの2着に敗北した。互いに譲らないペトラルクとメサリーナの対決は、多くのファンを魅了した。

重賞最多勝利の達成

ペトラルクの語るべくパフォーマンスはほぼこれで終わりである。7歳まで現役を続けたが、4歳時のメサリーナとの対決でペトラルクの競走意欲は使い果たされたのかもしれない。5歳時に2勝、6歳時は1勝しか上げることとができなかった。しかし、6歳時に勝利したグラディアドール賞（芝１８００ｍ）で重賞勝利が13勝となり国内最多記録を更新した。7歳時は、チリ競馬場大賞（ダ１８００ｍ）で初のダートに出走し3着に入線。これがペトラルクの最後の輝きとなった。

１９０６年にサラブレッド血統書の第1巻が刊行され、チリの競走馬生産はサラブレッド中心へと移行していく。海外から多く輸入種牡馬が導入される中、サラブレッド系種であるペトラルクの血脈は後世に残ることはなかった。19世紀以降、世界各地にイギリス式の近代競馬は広がっていった中で、どの国でも競馬草創期を支えた非サラブレッドの競走馬が存在した。前時代の名馬たちは歴史に埋もれてしまったが、ペトラルクもそんな名馬の1頭であったと言えるかもしれない。（本文：大岡賢一郎）

Special column 03

「馬のトンボ玉・手作りアクセサリーを作ろう！」『小さな探求室』奈緒子先生の作る〝馬のトンボ玉〟

神奈川県厚木市中依知にそっと佇む小さな喫茶店兼アトリエともなっている『小さな探求室』は、ぜひ一度1日たっぷりと時間を作って訪れてみたい場所だ。

この店舗を営まれているご夫婦の奥様の奈緒子さんは、筆者の翻訳学校時代の同級生であり、学生時代からほんわかな雰囲気でニコやかで天使のような微笑みをいつも絶やさない素敵な女性だ。学生時代からとても器用な方で、卒業記念の際に手作りのストラップを頂いたことを今でも覚えている。

そんな奈緒子さん、いや奈緒子先生の理想のカフェ、アトリエが「小さな探求室」である。落ち着きある空間は周辺地域の方々のみでなく、遠く足を運ばれるお客さん方の憩いの場にもなっている。コーヒーカップやマドラーも趣のある、風情と可愛らしさが同居して共鳴しあい、お店のムード作りに一役買っている。店内を彩る装飾品や絵画、本の数々もすべて一つ一つがそれぞれの色を見せ、音を奏で、ここで時間を過ごす者の心を癒してくれる。

まるでジブリや新海誠監督のアニメの世界に登場してくるかのような喫茶店がこの「小さな探求室」と言っても良いかもしれない。

奈緒子先生のご活躍をインターネットで拝見し、トンボ玉に興味を持った私は、約10年振りに彼女に会うべく、厚木市へ歩を向けた。

十数年の時をえて再開したにも関わらず、彼女は学生時代と変わらない、ほんわか優しい笑顔で迎えてくれた。

「馬のトンボ玉を作ってみたい」

　無理難題かと思われたこの提案をいとも簡単に形にしてしまった奈緒子先生。馬だけでなく、色々な動物、キャラクター、デザインでトンボ玉は作れることを教えて頂いた。興味を持たれた方は、ぜひ一度訪れてみてはいかがだろうか？　この「小さな探求室」でしか流れていない、不思議で心落ち着く雰囲気の中、奈緒子先生に教えてもらいながら自分の理想のトンボ玉を作る……ここにしかない贅沢な時間が、きっと彼方の心に潤いと活力と、そして奇跡のような笑顔の瞬間をプレゼントしてくれるに違いない。

【小さな探求室】
所在地：神奈川県厚木市中依知４２８-１
営業時間：11時～20時
定休日：木・金曜日
　２５０円でドリンクお代わり自由！　ホットからアイス、その逆も可！　詳しいメニューはＨＰをチェックしよう！

（本文：兼目和明）

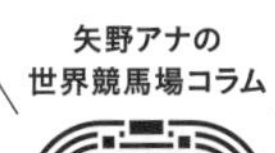

矢野アナの世界競馬場コラム 03

エプソムダウンズ競馬場

近代競馬発祥の地と言えばイギリス。世界に広まったダービーも、この国で創設された。その舞台がエプソムダウンズ競馬場だ。

残念ながら、肝心のダービーは見たことがない。それでも、ダービーと同じ1マイル4ハロンのレースは目の当たりにしている。そのコースはナマで見ると信じられないほどタフ。スタートしてからの約1000メートルはひたすら坂を上る。3コーナーのあたりは小高い丘の上だ。その後、タッテナムコーナーと呼ばれる最終コーナーを下りながら通過し、最後の200メートルはまたもや急な上り。もっと平らなところに作ればよかったのに、と思ってしまうが、初めにレースをやろうとしたところが、たまたまこんな土地だったのだろう。

ゴール前にそびえるクイーンズスタンドと、隣接するグランドスタンド(ダッチェススタンド)は白が基調。ゴールポスト近くのラチ沿いから見上げると、なかなか壮観だ。

ダービーデーやレディスデー(オークス開催日)以外はノンビリしたムードが漂い、上層階の指定席、レストランエリアを除き、両スタンドを自由に行き来できる。ウイナーズサークルも表彰式の時間以外は開けっ放しなので、ダービー馬のオーナーになった気分で記念撮影することも可能だ。

そうは言っても、やっぱり〝元祖ダービー〟を見てみたい。チケットはインターネットで発売されている。ちなみに2017年のお値段は、クイーンズスタンドが大人1人£125(約17500円。子供=3歳以上18歳未満は半額)、グランドスタンド指定席が同じく£140(約20000円。子供£110=約1万5000円)とのこと。もちろん、入場にはドレスコードがある。とくにダービーデーのクイーンズスタンド入場には、男性はモーニングとトップハット(いわゆるシルクハット)、女性はフォーマルドレスと帽子の着用が義務づけられている。

なにはともあれ、一生に一度は訪れてほしい競馬場だ。

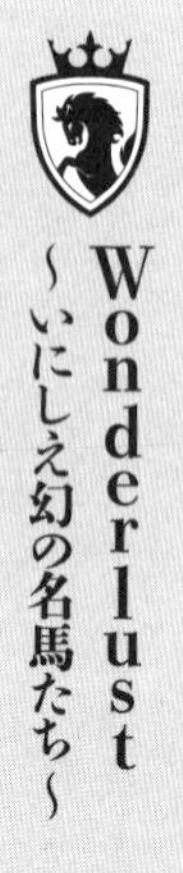

19世紀・英国伝説の名牝①
カマリン

カマリン。1828年生まれ。14戦13勝2着1回。2歳時、デビュー戦で不覚を取り、生涯唯一の敗戦を喫する。しかし、その後は5歳までレースを続け、敵無しの13連勝。距離も5ハロンから4000mの長距離戦までこなし、そのあまりの強さからエクリプスと比較されたという。クラシック競走には登録が無かったため、一走も該当競走では走っていないが、同世代のダービー馬とオークス馬を楽々と千切り捨て、世代最強を簡単に証明してしまっている。秋のニューマーケット開催にてダービー馬スペシャルをあしらい、その2日後にオークス馬オキシゲンをニューマーケットセントレジャーにて沈めている。4歳初戦時は古馬たちを20馬身差もつけて震え上がらせた。主な勝ち鞍としては、アスコットゴールドカップ、ニューマーケットセントレジャー、クラレットS、ザ・ウィップ、キングズプレート、ジョッキークラブプレート他。

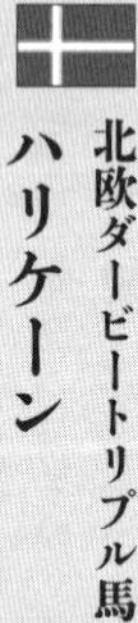

北欧ダービートリプル馬
ハリケーン

ハリケーン。1948年生。生涯成績20戦17勝2着3回。母キャナリーは3頭ものクラシックウィナーを送り出した名繁殖牝馬。本馬はその中でも最良の代表産駒であり、古における北欧の名馬でもある。デンマークダービー・スウェーデンダービー・ノルウェーダービーの北欧ダービーを完全制覇。この偉業を達成したのは、本馬ハリケーン（1951年）以外では、シス（1954年）、ティント（1962年）、ヴァレーチャペル（1999年）の全4頭。

【・第Ⅳ章・】

伝説

世界で語り継がれる、
神話的レジェンドスター

星海物語
シーザスターズ
▼21世紀・新時代の欧州最強馬

父 ケープクロス
母 アーバンシー
母父 ミスワキ
生年 2006年
性別 牡
毛色 黒鹿毛

生涯成績 9戦8勝[8-0-0-1]
主な勝ち鞍 凱旋門賞、英ダービー、英2000ギニー、愛チャンピオンS、英国際S、エクリプスS、ベレスフォードS

星を見上げて

21時を過ぎる頃、透徹たる夜空を見上げてみると、はるか南に冬の星座が見えてくる。

おおいぬ座の一等星、「シリウス」の光は一際その極光を放っており、最も明るい恒星で全天21の1等星の1つ。太陽を除けば地球上から見える最も明るい恒星である。

その光は8・6光年。すなわち約8年前に放たれた光が地球から星を見上げる我々の目に届いている訳である。

見上げるだけでタイムスリップが起きる、夢光年の心模様に星たちが織り成すストリーム……

競馬界においてその星の海に例えられるのが、世界的名血を輩出し続ける名種牡馬、名繁殖牝馬らの系統と言えよう。

世界には恒河沙の名血名血統が紡がれているが、その中でも牝馬にして凱旋門賞制覇を成し遂げたアーバンシーが生み出した産駒たちは、未来の競馬界において史上屈指の名血統と言えるだけの物となるに間違いない。

1993年の凱旋門賞を制し、ジャパンカップにも来日したアーバンシーは、2～5歳時にフランス、ドイツ、カナダ、アメリカ、香港、イギリス、計8カ国で走り、生涯成績24戦8勝、2着4回3着3回の成績を収めた。エイシンフラッシュ（日本ダービー、天皇賞）やワークフォース（英ダービー、凱旋門賞）らを輩出するキングズベストと姉弟であり、本来は日本の実業家の手に渡る筈であったが、不幸にも倒産に遭い、香港の実業家デヴィッド・ツイ氏が買い取り、オーナーとなって走らせた。

競走馬として一流であった牝馬であったが、その真価は母となってから完全と開眼することとなる。

何しろ、ガリレオ、ブラックサムベラミー、マイタイフーン、そして本馬シーザスターズを送り出した訳で、産駒の競走成績だけでも最高レベルの勲章を得るに値するものがある。

ガリレオは英愛ダービーを圧勝し、キングジョージも優勝。ブラックサムベラミーはジョッキークラブ大賞やタタソールズ金杯を。マイタイフーンは米国のターフで活躍した牝馬で、ダイアナS（GⅠ芝1800m）やジャストアゲームS（G2芝1800m。現在ではGⅠ）など22戦9勝の成績を残した。

さらには、ガリレオが欧州競馬史に名を残す程の歴史的大活躍を種牡馬として成し遂げる。サドラーズウェルズすらも叶わなかった7年連続、英国・愛国の二カ国でリーディングサイアーに君臨し、史上最強馬フランケルを筆頭に、ハイランドリール（キングジョージⅥ&QES、ブリーダーズCターフ、香港ヴァーズ2回などGⅠを7勝）、ニューアプローチ（英愛ダービー、チャンピオンS）、ケープブランコ（愛ダービー、愛チャンピオンS、アーリントンミリオンなど）、マインディング（13戦9勝、英二冠牝馬）、ナサニエル（エネイブルの父、キングジョージ優勝）、ファウンド（凱旋門賞、ブリーダーズCターフ、マルセルブサック賞）、リップヴァンウィンクル（サセックスS、クイーンエリザベスⅡS、英国際S）、オーダーオブセントジョージ（アスコットゴールドカップ、愛セントレジャー2回）、イグーグー（南アフリカ牝馬三冠）など、活躍馬、GⅠ優勝馬に枚挙に遑がない。誰しもが認め、歴史すらもが認める欧州最強の大種牡馬へと登攀した。

そんな名血の海、星の海へ、さらなる輝きと無限の展

望を広げようというのがシーザスターズである。21世紀の欧州史上最高の名馬となる本馬の蹄跡を記したい。

シーザスターズはケープクロスを父として生まれてきた。ここまでサドラーズウェルズを中心として付けられてきたが、馬主であるクリストファー・ツイ氏が英オークスを観戦し、その際に優勝したウィジャボード（父ケープクロス）に痛く感銘を受けての、ケープクロス指名であったという。

クリストファー・ツイ氏は1981年生まれ。パリとロンドンで英才教育を受け、2008年にはキャスビジネススクールを経営学修士学を取得して卒業。

その後、父デヴィッド・ツイ氏のサラブレッドビジネスとプロゴルファーを兼任し、さらにはビジネスマンとして経営手腕を発揮する、三足のわらじを履くこととなる。

そんなツイ氏は、幼少時より「See the stars」「星を見上げなさい」と母から言われていたという。シーザスターズを見初めた時も、目立つような動きは無かったにも関わらず、ツイ氏はその奥底に煌めく巨星の輝きを見出していたのか、Seeと母アーバンシーのSeaを掛け、この仔馬に〝Sea the stars〟と命名した。

超新星の二冠

シーザスターズはジョン・オックス調教師の袂へと預けられ、競走馬生のスタートを切った。主戦として迎えられたのは、愛国リーディングに12回も輝いた経験を持つ名手中の名手マイケル・キネーン。

着々と調教は進められ、2008年6月13日、カラー競馬場の芝1400mでデビュー。馬群の中断後方からレースを進め、徐々にポジションを上げていくが、残り2ハロンを残しまだ7番手、直線でも囲まれてまともに追う事ができず、ドライヴィングスノーという馬の4着に敗れてしまう。シーザスターズ最初にして最後となる敗戦である。

折り返し、仕切り直しの一戦は8月17日レパーズタウン競馬場の芝1400m戦となった。このレースでは前年の英ダービー馬の弟であるサーガーフィールドソパーズが登録しておきており、ダービー馬の弟同士の対決となるが、レースではシーザスターズのワンサイドとなり、一気に抜け出した同馬が快勝。後にグリーナムS、テトラークSを勝つヴォーカライズドを7馬身も千切っている。

続く一戦は、G2ベレスフォードS（芝1600m）。ここも難なく快勝したシーザスターズは翌年のクラシックへ向け充電に入った。

血統背景からも一冠目の英2000ギニーは絶対に落とせない一戦と陣営も位置付けていたが、ここで思いも掛けない不幸がシーザスターズを襲う。

母アーバンシーが出産時の事故により突如としてこの世を後にしてしまったのである。この惨禍をシーザスターズは感じ取ってしまったか、ウイルス性感染症を患ってしまい、熱に唸らされ、調教を2週間も休む事となってしまう。そのため前哨戦を使うことも出来ず、出走すらも危ぶまれたが、一週前の調教で超抜の動きを見せたことからゴーサインが出た。

しかし、ぶっつけ本番。それもアクシデント明けの一戦であり、これまでとは比較にならない程の強豪が名を連ねた。

愛フェニックスS・愛ナショナルS・レイルウェイSを制してきたクールモアグループのエース、マスタークラフツマン。この馬は前年度のカルティエ賞最優秀2歳牡馬である。

後の歴史的名中距離馬となるリップヴァンウィンクルはタイロスSを制しての参戦。前哨戦のグレイヴンSを圧勝してきたデレゲーターはゴドルフィンのこの年のエース格。

さらには後のドバイデューティーフリーを制するシティースケープ。名牝ミエスクの曾孫でホーリーヒルSを勝って来たエヴァシヴの姿もあった。

圧倒的に不利な状況にも関わらず、シーザスターズは雄々しく抜け出し、最後は後方から伸びて来たデレゲーターとの叩き合いとなった。激しい競合いの果てにシーザスターズが1馬身半差突き抜けフィニッシュラインを通過。初となるGⅠ制覇を成し遂げた。

つづく英ダービーは距離が一気の延長となることから、マイラー傾向のある父を持つシーザスターズはスタミナ面の不安を煽る声が日和に膨らんでいった。

当日の1番人気はモンジューを父に、シャーリーハイツを母父に持つフェイムアンドグローリーが推された。

同馬はここまで4戦全勝でクリテリウムドサンクルーなどを制している馬で、クールモアのこの年の最大の隠し球。名匠エイダン・オブライエンに手掛けられ、ここへと差し向けられて来た。

リップヴァンウィンクルもギニーに引き続き参戦し、チェスターヴァースを勝って来たゴールデンソード、ダンテS快勝のブラックベアアイランド、レーシングポストトロフィー勝ち馬のクラウデッドハウスも名を連ねた。

レースでは、シーザスターズは思いの外好位に付け、直線では早くも4番手に上がっていった。残り3ハロン地点で鞍上キネーンのゴーサインに反応し、先頭を奪うとフェイムアンドグローリー、リップヴァンウィンクルらの猛追撃を飄々と斥け、1・3／4馬身差を付けダービー馬の栄誉を戴冠。同時にナシュワン以来となる英国二冠の偉業を成し遂げた。

星の快進撃

英国二冠を制したことで、三冠馬となるためにはセントレジャー制覇が必要となる訳であるが、オックス師はダービー前からセントレジャーはそのプランには無く、中距離路線へと矛先を向けていくことが発表された。当初は愛ダービーが予定されたいたが、悪天候による馬場の悪化が懸念されたことから回避。エクリプスSへと向かった。

ここでは、三度となるリップヴァンウィンクルとの対戦となり、前年のBCターフを勝った欧州最強古馬のコンデュイットも参戦してきた。

さらにはイタリアダービー馬チマデトリオンフ、トゥワイスオーヴァーらもエントリー。トゥワイスオーヴァーはこの後に英チャンピオンS連覇、BCクラシック3着など欧州最強の中距離馬の一頭となる存在であり、翌年のエクリプスSを勝つ強豪。初となる古馬との対戦であったが、残り2ハロンで先頭に立ち、一気に後続を引き離していく。

唯一追撃を掛けて来たのが、同世代のリップヴァンウィンクルのみで、最後は余裕もたっぷりに1馬身差をつけ優勝。最強古馬のコンデュイットには4馬身半の決定的着差を付けてしまっていた。

夏場も休養に充てる事なく中距離路線の王道を突き進むシーザスターズ。次なる一戦には英国際Sが選ばれた。

ここでは4頭立てとなり、マスタークラフツマンとそのペースメーカー2頭という図式。3頭全馬がクールモア所有馬であり、エイダン・オブライエン師の管理馬でもあった。

シーザスターズvsクールモア&オブライエン連合軍。その軍配はあっさりとシーザスターズに上がる事となった。マスタークラフツマンは、英2000ギニー敗退後はマイル路線を歩み、愛2000ギニー、セントジェイムズパレスSとG1を連勝し勢いに乗っていたが、そのマスタークラフツマンを一瞬の瞬発力で撫で切り、振り切ると、キッチリ1馬身差を付け勝利。

2:05.9というレコードタイムのオマケ付きの優勝だった。

「たった3歩で最高速度へと移行する。こんな加速をする馬は他にいない」とキネーンが唸る程の性能の高さ。その一面を最大限に魅せ付けた一戦でもあった。

これでG1レースを4連勝。つづくは地元アイルランドの最高峰、愛チャンピオンSとなった。

ここには英ダービー後に愛ダービーを5馬身差大勝してきたフェイムアンドグローリー、マスタークラフツマン、そして彼らのペースメーカー3頭。エイダン・オブライエン、クールモアグループ勢はこれら合計5頭の大挙出走で、シーザスターズ包囲網を敷いて来た。

これに加えてはタタソールズゴールドカップを5馬身半差の圧勝で決めたカジュアルコンクエストなどが参戦。それでもシーザスターズは悠然と構え、中段待機。

シーザスターズの前にマスタークラフツマン、後方にフェイムアンドグローリーという、シーザスターズ徹底マークの展開となり、マスタークラフツマンがまず仕掛け、残り3ハロンを切って先頭に立った。これを見てシーザスターズは一気の加速でこれを捕らえようとしたが、さらに外から被せるようにフェイムアンドグローリーがスパート。

最終コーナーを曲がり切る手前でのこの動きはオブライエン師の用意周到な作戦が指示されていた事が窺いしれる。

直線に入ると同時にフェイムアンドグローリーが先頭に立ち、ついに打倒シーザスターズを成し得るか……一瞬過ぎるも、さらに外にから本気の超加速を開始したシーザスターズが一気に2頭を交わし去り、地元のチャ

ンピオンS優勝を果たした。これでG1競走5連勝。すでにシーザスターズは絶対的名馬の威光を取り巻いており、その名声は絶大なものとなっていた。

もはや中距離のビッグレース以上に、チャンピオンディスタンスの最高峰へ、陣営の視線は向けられていた。

流星の凱旋門賞

10月4日の凱旋門賞、シーザスターズは最大級の賛辞と期待を持ってブルゴーニュの森へ迎い入れられた。

ここには凱旋門賞でもベスト10には間違いなく入るであろう超好メンバーが結集。

シーザスターズ最大のライバル、フェイムアンドグローリーが2番人気。生涯成績26戦14勝、翌年以降もコロネーションカップ、アスコットゴールドカップなどGⅠを勝ちまくる名馬である。

続く3番人気は地元フランス最強牝馬、仏オークス、ヴェルメイユ賞など6戦全勝のスタセリタ。

エクリプスS後にキングジョージを圧勝し、この後にはBCターフ連覇を飾る欧州最強古馬コンデュイット。

フランスの古馬陣も黙っている訳が無く、横綱が参戦。フランス最強古馬で前年の仏ダービー馬ヴィジョンデタ。同馬はこの年、ガネー賞、プリンスオブウェールズSと連勝し絶好調にあった。

フランス3歳世代からはパリ大賞、ニエル賞連勝で参戦のカヴァルリーマン。

2年連続で凱旋門賞2着となっていたユームザインも

ドイツからはドイツ賞、サンクルー大賞を勝ってここに参戦。オイロパ賞、バーデン大賞を連勝して最高潮の出来となったゲッタウェイ。

同じくドイツ馬で欧州各国の中長距離戦で転戦を続ける強豪牝馬ラボウム。

加えては、プリティポリーS、ヨークシャーオークスを勝ち、翌年のドバイシーマクラシックではブエナビスタを打ち負かす欧州最強古牝馬ダーレミ。

さらには南米からも強豪が参戦。ブラジル最強馬でラティーノアメリカーノジョッキークラブ協会大賞を5馬身千切ってパリ入りのホットシックス。

東欧チェコ共和国からはチェコダービー馬でスロバキア2000ギニーも制しているタラモア。

キャリアが少なく、中穴人気になっていたのがベヘシュタム。アガカーン殿下の持ち馬で準重賞アーヴル賞を勝ち無敗での参戦となっていた。

これだけの強豪、豪傑、名馬たちを向こうに回し、1・67倍という断然の1番人気に支持されたシーザスターズは、巍然たる動きでターフを躍動。

中段の位置からレースを進め、直線入り口に入ってもまだ9番手の位置どりであったが、インコースを突いて進出し、残り300mの時点でやや外へと持ち出し、瞬間超加速走法で一気に先頭を行くスタセリタを交わし去り、最後は手綱を緩められながら荘厳な面持ちでゴールイン。2着には後方から追い上げて来たユームザインが入り、凱旋門賞3年連続2着となった。

やはりこのメンバーはレベルが高かったようで、前述のようにフェイムアンドグローリーはクラシックディスタンスから長距離でGⅠを複数回勝利。コンデュイットはBCターフ連覇。

ダーレミがシーマクラシック、ヴィジョンデタは香港カップを制し、スタセリタもこの後にG1を3勝している。

シーザスターズはG1競走6連勝となり、シーバード以来となる「世紀の名馬」と謳われる存在へと昇華した。その評価は揺るぎないものであり、ワールドサラブレッドランキングは136ポンド、英タイムフォーム紙は140ポンドもの高評価を与えた。140ポンドはドバイミレニアム以来の数値であり、140台で評価されたのは史上11頭目となった。

リボー、シーバード、ヴェイグリーノーブル、ニジンスキー、ミルリーフ、ダンシングブレーヴ、パントルセレブル、ザルカヴァといった歴史的名馬らと同レベルの領域にある馬と言われ、英2000ギニー、英ダービーの英国二冠を制し、凱旋門賞も勝った史上初の馬となった事でその評価は絶対かつ絶大なものとなった。

現にミルリーフ、ニジンスキー、ダンシングブレーヴらを持ってしてもどこか一つは落としてしまっている。シーザスターズはその上、エクリプスS、英国際S、愛チャンピオンSと最高レベルの中距離GⅠをすべて1馬身以上つけて強豪相手に圧勝してきており、過去のレジェンドクラスの名馬たちと比較しても一歩も譲らないどころか、シーザスターズの方を上位にも捉えたく考えてしまう程の成績を上げていると言えよう。

繋がり広がる星の海

凱旋門賞後、香港遠征やBCクラシック参戦が噂されたシーザスターズであったが、レース9日後には引退しての種牡馬入りが発表された。

名手マイケル・キネーンを持ってして「生涯最高のパートナー」と言わしめた。キネーン騎手は半兄のガリレオやモンジュー、ジャイアンツコーズウェイ、ロックオブジブラルタル、スペシャルウィークといった世界的な名馬たちの背中を知るだけに、その言葉の持つ意味と重みは深い。

この世紀の名馬との栄光を手土産に、キネーンもまた鞭を置いた。

クリストファー・ツイ氏は馬主として最高レベルの名誉と栄誉を手にし、エクリプスS、英国際S、愛チャンピオンS、凱旋門賞さらには英国二冠を史上最年少で制したオーナーとなった。

シーザスターズは生まれ故郷のアイルランドのギルタウンスタッドにてスタッドイン。彼の元へは世界有数の名繁殖牝馬や歴史的名牝が募り、集まった。

日本のカリスマ的女傑ウオッカの名前もその中にはあった。

産駒は2013年にデビューすると、初年度から英オークスとキングジョージ連勝を38年ぶりに達成したタグルーダ、ドイツダービーを外ラチいっぱいの大外から大差千切るシーザムーンらが現れ、好調なスタートを切った。その後もガネー賞を勝つクロスオブスターズなど、続々と活躍馬は出現しており、種牡馬としても順調な門出を飾ったと言っていい。

21世紀最初の欧州最強馬であることに間違いなく、その歴史的に傑出した能力と、残した蹄跡は競馬史に永遠と輝く星羅として星の海にきらめき続けていくことであろう。

競馬史に広がり繋がる、星の海の物語。それはまだ、始まったばかりなのかもしれない。（本文：兼目和明）

神の馬
ラムタラ

▼英国ダービー・キングジョージ……そして凱旋門賞。欧州を無敗制圧した無敵の名馬

生年 1992年
性別 牡
毛色 栗毛

生涯成績 4戦4勝
主な勝ち鞍 欧州三冠（英ダービー、キングジョージ6世&クイーンエリザベスダイアモンドS、凱旋門賞）、ワシントンシンガーS

競馬で強い馬や速い馬というのはいるが、神秘的な馬というのはなかなかみつからないのではないだろうか。

その競走馬の馬名の意味を知り端正な顔立ちと綺麗な栗毛をみて、無敗で名だたるレースを制したという成績は神秘さにより拍車をかけているという印象が強い。

ラムタラ。馬名の意味は「見えざるもの」といったその馬はのちに異国の日本で種牡馬として迎えられるときにはメディアから「神の馬」とも呼ばれた。

ラムタラが生まれたのはケンタッキーの牧場だったが、管理はドバイのゴドルフィンレーシングが行っていた。そんな仔馬のラムタラを気に入ったのが、イギリスのスコット調教師だった。

二歳の八月にワシントン・シンガーS（準重賞）がラムタラのデビュー戦となった。

そのレースをラムタラは快勝しスコット調教師は九ヶ月半後に行われるダービーでのラムタラの単勝を買い込んだ。スコット調教師にはラムタラがダービー馬になる

といった見えない確信のようなものがあったのだろうか……。しかし、スコット調教師はラムタラのデビュー戦後の一ヶ月後に元従業員に射殺されてしまい、ラムタラはドバイへと送られた。

ドバイにて調整中のラムタラであったが、三歳の三月に肺炎を起こしてしまい、春のレース出走、ダービー出走が絶望的な状況になる。

しかし、馬主のモハメド殿下は諦めなかった。自身の所有馬ペニカンプ（ダービー一番人気の本命馬）がいるのにである。

のちのコンビを組みことになるゴドルフィンレーシングの主戦騎手のデットーリ騎手はラムタラのダービー出走にこんな思いを抱いた（デットリー騎手はダービーではタムレに騎乗）。

「シェイク・モハメド殿下が『ダービーで使おう』と言った時は、ショックだったと同時に狂気の沙汰だと思った。」

ラムタラの出走は二歳時の一戦のみで、ドバイでの調整も体調不良から思った通りの調教ができていなかった。三歳時の初戦でベストとはいえない状態で、ダービーに出走するというのはデットーリ騎手だけでなく大半の競馬関係者が「狂気の沙汰だ」と感じたそうである。

ダービーでのラムタラの人気は出走馬十八頭中の六番人気だった。ラムタラの能力を認めていても、体調と実績からでは評価としては妥当ともいえる人気だった。

レースではラムタラは中団のいい位置で進んでいたが、他馬に挟まれて大きく後方へと下がってしまう。普通の馬ならここでレース自体が終わってしまうが、ラムタラは直線で誰もが信じられないような末脚で先頭馬のデットーリ騎手のタムレを捕らえきり、ダービーレコードとコースレコード更新ということも成し遂げた。

レース後にラムタラの背に乗っていたスゥインバーン騎手は、「見えない何かに後押しされたような気がした」とコメントした。

そして、気になるスコット師の馬券は本来なら無効として扱われるが、このときだけは特例として未亡人に払い戻された。

ダービーを二戦二勝という無敗で制したラムタラの今後のプランは、古馬路線の二大タイトルであるキングジョージⅥ世&クイーンエリザベスと凱旋門賞に勝つこととなった。

キングジョージⅥ世&クイーンエリザベスの三日前に、オーナーサイドの希望でダービーを制したスゥインバーン騎手から、ドバイレーシング主戦騎手でイギリスナンバーワン騎手となっていたデットーリ騎手とコンビを組むことも決定した。

急遽コンビを組むことになったデットリー騎手はすぐに返事をしたが、「もし負けたら、スウィンバーン騎手なら勝てていた」と常にプレッシャーのなかでラムタラの背に乗ることになったのだ。

キングジョージⅥ世&クイーンエリザベスでは、ラムタラは後方からレースを進めた。

ラストスパートに入る最終コーナーでは内の馬にぶつかられて外に振られてしまったが、これがラムタラの闘志に火をつけたようである。

ラムタラは最後の直線でペンタイア、ストラテジックチョイスと激しく叩きあって見事にレースを制する。

ダービーとキングジョージを無敗のまま連勝した馬は、父ニジンスキーとナッシュワン以来の三頭目となった。

続く凱旋門賞ではラムタラは今まで後方からだった競馬から一転して、二番手でレースを進めた。

直線ではラムタラは先頭になったが、外からスウェイン、フリーダムクライが一気に襲い掛かった。この時競馬関係者、競馬ファンともにラムタラの敗北を直感したのではないだろうか。しかし、ラムタラはここから驚異的な二の足をつかった。そして、襲いかかってきた二頭を今度は突き放し凱旋門賞までも無敗で制した。

これ以上走らせる意味が無いと、陣営はラムタラは引退をさせる。

これだけの成績を残したラムタラだが、年度代表馬には選ばれなかった。

その理由については様々な憶測が飛び交ったが、真相はわからない。

その背景には競馬界の政治的要因が多少はあったのかもしれない。しかし、ラムタラの成績、物語、ラムタラ自身を見つめてみると、年度代表馬に選ばれなかったと

いう事など、取るに足らない小さなもののようにしか思えて来ない。
“Lammtarra”「神の見えざる力」そのままに。
（本文：朝霧博人）

Wonderlust
～いにしえ幻の名馬たち～

史上最多キャリアのケンタッキーダービー馬
ドナウ

2歳戦史上最多キャリア41戦（世界記録）
ドナウ。１９０７年生。生涯成績１１１戦30勝。競走キャリア4年間で１００戦超という凄まじさ。2着18回、3着30回。2歳時にはなんと41戦も消化している、歴代最多キャリアを誇るケンタッキーダービー馬である。ドナウの父ウルズソープも生涯戦績63戦、母アルローンも１２８戦を消化しており、その頑強性と強靭稀なるタフネスさは遺伝の一つであったのかもしれない。他の仔馬を蹴り飛ばしまくる程、幼少期から烈火の如く激しい気性をしており、去勢してもその激しさは中々影を潜めはしなかった。引退後、スティープルチェイスの練習に取り組んでいたが、１９１３年、伝染病に倒れ、この世を去った。

天下分け目のAT決戦
アローエクスプレス
▼日本競馬史に残る稀代の快速馬

父 スパニッシュエクスプレス
母 ソーダストリーム
母父 エアボーン
生年 1967年
性別 牡
毛色 鹿毛

日本

生涯成績 14戦7勝［7-3-0-4］
主な勝ち鞍 朝日杯3歳S、NHK杯、京成杯、京成杯3歳S、サルビア賞ほか

「競馬はよくわからないが○○なら聞いたことがある」というセリフをときどき耳にする。○○が人の名前なら、まずは武豊。最近では藤田菜七子か。馬の名前が入るとすれば、ハイセイコー、オグリキャップ、ディープインパクト。そういう○○は、いわゆる〝国民的ヒーロー、アイドル〟に匹敵する存在でもある。アローエクスプレスも、間違いなくそのうちの1頭に数えられる。

とはいえ、同馬が勝ったG1級のレースは朝日杯3歳S（現・朝日杯フューチュリティS）しかない。皐月賞2着、日本ダービー5着、菊花賞9着、有馬記念4着。そして、最後のレースとなったスプリンターズSが4着。これらの結果だけを見れば、よくありがちな〝早熟の馬〟で片付けられてしまう。なのにこの馬は当時の〝ヒーロー〟であり、後々まで語り継がれる〝名馬〟となった。

その理由の1つは、同馬のスピードが衝撃的だったから、だろう。デビュー戦で芝1000mの日本タイレコード＝58秒9をマーク。朝日杯では芝1600mを1分36秒2で駆け抜け、従来の3歳（今で言う2歳）レ

コードタイムを塗り替えた。3歳時にこれほどのスピード能力を発揮し無傷の5連勝を果たせば、スターダムにのし上がるのは当然のことだ。

ついでに言えば、そのスピードと馬名がマッチしていた。車や飛行機が幅をきかせ始めてはいたものの、当時はまだ鉄道全盛の時代。海外では、ロンドンとパリを結ぶ「ゴールデンアロー」という急行列車＝エクスプレスも健在だった。それらを1つにまとめたような馬名には、優等列車の軽快なスピードを感じさせるスマートな響きがあった。

ここで、冒頭のセリフに戻る。その頃、10歳足らずの〝鉄道少年〟だった私は、父が見ていたテレビの競馬中継からたびたび聞こえてくるアローエクスプレスという名前に惹かれた。アローが（矢野の）〝矢〟で、エクスプレスは〝急行列車〟、ということくらいは知っていて、競馬はよくわからなくても、なんとなくその馬を応援したい気持ちになったからだ（だからといって、同馬のレースを真剣に見ていたわけではない）。アローエクスプレスは、幼い私にも強いインパクトを与える〝ヒーロー〟だったのだ。

あらためて当時のことを調べてみた。まずは1968年。タケシバオー、アサカオー、マーチスの〝3強〟が4歳（現・3歳）クラシック戦線で好勝負を繰り広げ、競馬界を大いに盛り上げた。同年の中央競馬の馬券売上は、前年の1500億円台から2400億円台へと一挙に跳ね上がる。翌69年も〝3強〟は現役を続行。これに、〝3強〟を破ってダービー馬となったタニノハローモアや古豪のスピードシンボリなども絡んで、競馬はさらなる活況を呈し、馬券売上は3200億円を突破した。わずか2年で売上が2倍以上に膨らんだのは、中央競馬史上空前絶後のことだ。

アローエクスプレスは、そういう時代の真っただ中にデビューした。同馬がクラシック戦線を賑わせた1970年は、東京12チャンネルの「土曜競馬中継」（現・テレビ東京『ウイニング競馬』）が始まった年でもある。それだけでなく、在京民放ラジオ各局も、こぞってこの年に競馬中継をレギュラー化している。それが、当時の競馬ブームに乗った動きであり、そのブームに拍車をかけることになったのは言うまでもない。

　そして同馬には、タニノムーティエという強力なライバルが対峙した。その頃の人気スポーツと言えば野球と相撲。相撲に例えれば大鵬vs柏戸のようなライバル関係だ。しかも、東方＝アローエクスプレスの高松三太調教師が静かに闘志を燃やすタイプなのに対して、西方＝タニノムーティエのオーナーブリーダー・谷水信夫氏は強気な物言いで知られるタイプ。当時の報道には、そんなふうに両者を取り上げ、対決ムードをあおっていたようなところも見受けられるが、実際そうだったのかもしれない。ともあれ、そういうライバルがいたからこそ、アローエクスプレスの存在も際立つことになったのである。

　また、アローエクスプレスがクラシックへと向かう道のりには、若い〝兄ちゃん〟（柴田政人騎手）と、押しも押されもせぬリーディングジョッキー（加賀武見騎手）との乗り替わりのドラマも配されていた。さらに、短距離向きだったアローエクスプレスの血統が、皐月賞やダービーを前に、競馬評論家や記者、ファンを二分するほどの大論争になった。距離は持つのか？　それともやはりその壁に泣いてしまうのか？　競馬の本質に関わる議論が、この馬を軸にして繰り広げられた。

　アローエクスプレスの物語には、さまざまな競馬の〝基本的要素〟が詰め込まれている。競馬ブームの主役として、これほどふさわしい馬はいないのではないか？　同馬が〝ヒーロー〟であり、〝名馬〟と言われる理由は、そんなところにあると思う。


（本文：矢野吉彦）

天空を往く馬
ハイペリオン
▼血統に変革をもたらした小さな巨人

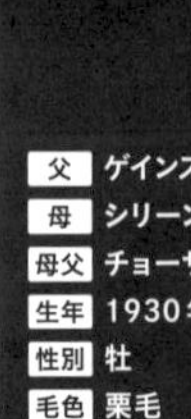

生涯成績 13戦9勝[9-1-2-1]
主な勝ち鞍 英ダービー、セントレジャー、プリンスオブウェールズS、デューハーストS、ニューS、チェスターヴァーズほか

小さすぎた「サラブレッドの芸術品」

20世紀前半の英国において、ダービー卿の手で生産され、ダービー卿の持ち馬としてダービーを勝ち、競走馬としても種牡馬として歴史的大活躍を果たした、競馬史から切っても切り離せない程のあまりにも有名な名馬である。

「サラブレッドの芸術品」とまで謳われた本馬であったが、馬格が小さすぎる事から、常に過小評価され当時のホースマンたちは誰しもがこの馬が血統地図に絶大な影響をもたらすことになるような革命の寵児である事を夢にも思わなかった。

ハイペリオンの体高は成馬になっても15・１ハンド（１５３・４ｃｍ）しかなく、胴回りも67〜68インチ（約１７０ｃｍ）程で、脚も短く、膝下は７・５インチ（約19ｃｍ）程しかなかったという。

１歳時は、１４７ｃｍの体高しかなく、飼い葉桶に首を届かせて食事するも一苦労していたとも言われている。

あまりに小さいが故に成長を促すべく去勢すべき……との声も一部からは上がったらしいが、もしこの愚行が断行されてしまっていたら、オーエンテューダーもオリオールも、そしてサンチャリオットも誕生していなかった訳で、後の血統図にも多大な影響があった事は間違いない。

そんな小柄なハイペリオンであったが、それに反してか脚力は尋常ならざる程強靭であったらしく、またその特異な性格と気性も本馬を語る上では切り離せないエピソードである。基本的には非常に大人しく賢い馬であったらしが、頑固過ぎる一面があり、自分の意思に反する指示には全く従おうとはしなかった。

ある時、薬を投与させようとした時には、決して服用しようとせず、歯をギリギリと軋らせて威嚇し、飲むのを断固として拒否したエピソードがある。

またそんな性格がゆえに、調教も真面目に走ることが稀で、何か興味を引かれる様なモノがあれば駐立したまま頑としても動かず、彫刻の様に固まって微動だにしなかったという。

加え、鳥や飛行機など上空を飛ぶ物に対し異常なまでの関心を示し、一目視界に入るや、その姿が遠く見えなくなるまで見つめ続けるという癖もあったらしい。

通常、サラブレッドが頭の上を飛ぶ存在に関心を示すことはなく、非常に珍重な例と言えるだろう。

馬格と特殊な気性も相まり、さらには四白（4本の足の毛色がすべてが白くなっていること。ソックスを履いている状態）であったことも、評価を下げることに拍車を掛けた。

古来より、ヨーロッパでは四白は不吉とされてきた。しかし、かのノーザンダンサーも四白であり、ハイペリオンのように非常に小柄だった。

凱旋門賞連覇を16戦全勝で成し遂げるリボー、圧倒的強さで英ダービー、キングジョージ、凱旋門賞を圧勝したミルリーフ、日本の史上最強最高の名馬ディープインパクトらも同じように非常に小さかった。

これらの名馬に共通しているのは、競走馬としても傑出した存在であり、種牡馬としても歴史的躍進を成し遂げるに至った名馬たちであるということだ。

ラムトンとの絆

忌み嫌われ、蛇蝎視される一方で、実はハイペリオンは幼少時よりすでに名馬の証を揃えていたのである。し

かし、それを見抜けたのはたったひとりの古老のみだった。

第17代ダービー伯爵エドワード・スタンリー卿専属の調教師ジョージ・ラムトン氏がその人である。

「私が今まで見てきた中で最も美しい馬です。この小さな馬はいずれダービーを勝つでしょう」とハイペリオンとの邂逅後に最大級の賛辞を送り、この馬を是が非でも自分の元へ預けて欲しいとダービー卿へ懇願した。その時、ラムトン調教師はすでに70歳の高齢になっていたが、スウィンフォード、ファラリス、ファロス、サンソヴィーノ、コロラドといった数々の名馬を手掛けてきた経験から、どっしりと構え、ハイペリオンの意志を最大限にまで尊重した。

まさに「鳴かぬなら鳴くまで待とうホトトギス」。ハイペリオンが動かなくなっても決して力づくで動かそうとせず、自ら走ろうとする意欲を見せるまで根気強く待ち続けた。そのためか、ラムトン師とハイペリオンの間には確かな信頼関係が築かれ、ハイペリオンもラムトン師には敬意を払うかの様に真面目に動くことが多くなっていったという。

父ゲインズボロー、母シリーン、シリーンの父チョーサーも、みんな体高が15ハンド弱（152cm弱）で、ハイペリオンの小柄な体型はその血筋ゆえの宿命だったのだろう。

しかし、この小さな馬体に内包された無限の可能性は後に大きく花開くことになる。そのポテンシャルを完全に覚醒させ、満天下に示せたのは、ラムトン調教師の手腕と本馬に対する熱い絆とが成し得た結晶であろう。

ラムトン調教師からの手解きを受け、ハイペリオンはついに競走馬としてのデビューを果たした。

記念すべきデビュー戦は5月、ドンカスター競馬場の芝1000mでデビューするも、全く走る気を見せず、初めての競馬場に興味関心を示してしまい、完全に心ここに在らず……の状況。競争意欲をそがれたまま競馬場へと繰り出すも、18頭立ての4着と健闘する。

初勝利を目指し、折り返しの一戦は6月のアスコット競馬場で行われたニューS（芝1000m）となった。21頭の多頭数立てとなったが、気の向くまま逃げると、後続に3馬身差をつけ快勝。それもレコードタイムのオマケ付きとなった。しかも、コースレコードをマークしてしまった。

2歳馬が折り返しの新馬戦でコースレコードを記録する事など滅多にあることではない。ハイペリオンは思いのまま競馬をすることで、己の中に秘められた神秘のポテンシャルを垣間見せたのであった。

続く3戦目はグッドウッド競馬場のプリンスオブウェールズS（芝1200m）へ出走。ここは初となる道悪競馬となったが、激しく競り合って同着。

4戦目ニューマーケットでの一戦は、凡走してしまい3着と敗れるが、2歳王者決定戦となるデューハーストSでは重馬場だったにも関わらず、最後方から鋭く追い込み、フェリシテーションに2馬身差をつけ優勝した。

しかし、この年のランキングにおいては、2歳チャンプにも関わらず2歳全体で8位の評価。トップはナショナルブリーダーズプロデュースSを5馬身、英シャンペンSを6馬身圧勝の牝馬ミロベラ（生涯成績15戦11勝ジュライカップ、キングジョージSなど英短距離の大レースを勝ちまくった名牝）であった。

翼を広げて

3歳となり英2000ギニーを目指していたハイペリオンであったが、調教相手にも軽く捻られ、遅々として調子を上げようとして来なかった。

止むを得ず2000ギニーを回避する事を陣営は判断し、ハイペリオンは英ダービーを最大目標として動いて行く事となった。

ようやく始動戦となったチェスターヴァーズ（芝2500m）。出遅れてしまうが、焦りの色一つ見せず、悠々と追い上げていき、仕掛けられると一気に他馬を抜き去り、2馬身差で圧勝した。

そうして迎えたザ・ダービーこと英国ダービーでは堂々の1番人気に支持されたが、そでも単勝オッズは7倍に過ぎず、混戦模様を呈していた。

ダービーデー当日はキングジョージ5世、メアリー王妃ら貴賓らはもちろん、大観衆が詰め掛けた中、驚異的パフォーマンスを見せ、歴史的名馬へと登攀する。

ハイペリオンは好位追走。馬群の内側インコースから先頭を眺め、タッテナムコーナーを回る際には2番手まで上がってくると、翼を大きく広げた巨鳥が空へと舞い

上がるかのように、直線を真一文字に疾駆。

まさにハイペリオンという神の名前そのままに、天馬になったかのように雄大かつダイナミックな大跳びのフォームで猛烈猛然と超加速していった。

「ミサイルのように伸びた」と当時その様を目撃したファンらは語っており、映像で見て見てもとてつもない加速度を上げて後続を引き千切ってしまっている光景が見て取れる。

最後は英2000ギニー2着馬キングサーモンに4馬身差をつけてゴール板を通過しているが、映像から見るに7〜8馬身差の大差はついてしまっており（贔屓目に見ても6馬身はあるように見える）、この一戦を受け、ハイペリオンは英国民にとってのセンセーショナルなヒーローとなり、小柄であるにも関わらず、巨体馬たちを圧倒するパフォーマンスに、アイドルとしての地位すらも確立させてしまった。当時は現代競馬以上に馬格は重要視されており、小さいだけでとてつもなく大きいハンデを負っていると見なされていたのである。

ダービー馬の勲章を戴冠後、ハイペリオンはプリンスオブウェールズS（芝2600m）へ参戦。ダービーでの走りから131ポンド（59kg）もの重量を背負わされるも、ダービー時に身にまとったオーラはもはや滾り立つ炎の如く収まることなく、2馬身差、余裕の快勝。7kg以上も軽い斤量の馬が2着となっている。

この一戦の直後、ハイペリオンは後脚の膝骨を痛め、調整に狂いが生じてしまう。

発見が早かったことが幸いし、完治も早かったが、三ヶ月の休養後、1戦してセントレジャーというラムトン調教師のプランは絵に描いた餅になってしまう。

性格も災いしてか、カタツムリの競走のように進まず、ラムトン調教師は馬衣を着せたまま炎天下での調教を行うという荒業を敢行。

この秘策（？）もあってか、何とかセントレジャー（芝2900m）には間に合った。最後の一冠に駆けつけた手負いの天馬に襲いかかるは、愛ダービー馬ハリネロ。

ハリネロは後に愛セントレジャーも制し愛二冠を成し遂げる強豪ダービー馬。

そして仏ダービー馬トールも参戦し、英愛仏のダービー馬が合間見える事となった。翌年のアスコットゴールドカップを8馬身差圧勝するフェリシテーションも、得意の距離で今度こその打倒ハイペリオンを目論んだ。しかし、レースは完全にハイペリオンのワンサイドゲームとなる。

フェリシテーションが逃げを打ち、ハイペリオンは手応え抜群のまま、なんと早くも2番手に位置どりレースを進める。

唸るような手応えで、もう明らかにハイペリオンの反応は他馬とは違っていた。光翼のオーラを全開に迸らせ、直線に向くや馬なりのまま突き抜け、手綱を完全に押さえたまま、それでもハイペリオンは轟然と伸びていき、キャンターで大楽勝してしまった。馬なりで手綱もしごかれる事が無かったため、着差は3馬身差に落ち着いたが、全力で追いまくっていたら大差勝ちとなった事は、もはや誰の目から見ても明らかだった。

この年、4戦全勝。覚醒を遂げ、無敵の天馬の天翔はこのまま続くかに見えた。

世界の空を翔ける時

4歳を迎え、古馬となったハイペリオンであったが、気心を知るラムトン調教師が高齢のためか体調を崩しがちとなり、これを見たダービー卿は彼の体調を憂い、専属調教師の契約を解約とすることを決断。

これにより、ハイペリオンは別な調教師の手解きを受ける事となる。ところが、これがハイペリオンの翼を折れさせる切っ掛けとなってしまう。

新規調教師との折り合いが合わず、走る気を無くしてしまったハイペリオンは、一介の強豪馬となってしまった。

4歳時に見せた眩いばかりの輝きは、間違いなく一握りの歴史的名馬しかまとえないオーラであり、走りであった。

しかし、この年のハイペリオンの走りは、明らかに一変し苦戦、辛勝を格下馬に強いられる事となっていく。

始動戦をよれながら、辛うじて首差の勝利で飾る。この時は斤量が138ポンド（62・5kg）もの酷量を休み明けで背負ったがための辛勝であったかに見えたが、続く一戦ではダービーで一蹴したキングサーモンを相手に同斤量で大苦戦の末、首差の勝利と、斤量や休養明け、距離だけに起因する苦戦理由だけでは片付けられず、調

教師交代の環境変化がもたらした精神的負荷がハイペリオンの競走意欲を削いだとしか言いようのない状況となってしまっていた。

それを裏付けるかのような逸話も残っており、この年の最大目標であるアスコットゴールドカップへと出走した際、車椅子で観戦に駆けつけたラムトン調教師の姿を認めるや、じっと見つめ動かなくなってしまったという。この時、ハイペリオンの胸中にはどのような思いが過ぎり、そしてラムトンを見つめ何を考えたのだろうか。

最後は厩務員が半ば強引に力づくで引っ張り馬場へと連れ出していった。心に乱れをきたしてしまったのか、ハイペリオンはゴールドカップで3着と敗退してしまった。

その後出走したダリンガムS（芝２４００ｍ）で１４２ポンド（約64ｋｇ）も背負わされる。唯一の相手となった馬との斤量差は29ポンド（約13ｋｇ）もあった。

この斤量差がダメージとなったか、競り合いに敗れ、ハイペリオンはターフを去る事となった。

ラムトン調教師がもう一年ハイペリオンの調教を続けていれば、このような尻窄みの印象を受ける成績とはならず、超絶たる歴史的名馬の一頭として競馬史にその名を残していたことだろう。

3歳時の神がかったまでの神威的強さはレース映像を見ても間違いなく歴代屈指のポテンシャルを感じざるを得ないものがある。

競走生活から身を引いたハイペリオンはダービー卿の営むウッドランドスタッドにて種牡馬入り。

その後、25年間にも渡り種牡馬として努め、英愛リーディングサイアーは6回獲得。産駒は５２７頭おり、彼らが挙げた勝ち星の総数は７５２勝、ステークスウィナー数は53頭、産駒のステークス勝利は１１８勝、英国クラシック競走勝ちは11勝（勝ち馬数は7頭）に上った。母父としても優秀で１１９６勝もの勝ち星を挙げ、４度の英愛リーディングブルードメアサイアーに輝いている。

米国においてもペンシヴがケンタッキーダービーとベルモントSを勝利し、世界的にその直系を繁栄させ、自身の頑な性格は遺伝にも影響を与えたのか、強力な遺伝力を、産駒にはもちろん、その孫の代の後継種牡馬たちにも伝えていった。

いまや、その血は影を潜め、直系馬も風前の灯火となってきてしまっているが、本馬の血を持たないサラブレッドを探し出すのが困難な程、ハイペリオンの血は世界的浸透を見せている。

30歳の長寿を全うして大往生となったその日までダービー卿に心から愛され、「戦争で英国が灰になろうともハイペリオンは手放さない」と言わしめた。

「サラブレッドの芸術品」といわれた太陽神の化身が天へと昇ったその日、ダービー卿はウィンストン・チャーチルが来訪した際に受け取った記念のワインボトルを開け、ハイペリオンに賛辞を述べ乾杯した。ダービー卿に最も愛され、最も信頼された、ダービー卿の史上最強馬ハイペリオン。

彼は今も、天空を駆けながら自身の子孫たちを見守っているに違いない。

（本文：兼目和明）

そして伝説へ――
フランケル
▼21世紀が誇る伝説的史上最強馬

父 ガリレオ
母 カインド
母父 デインヒル
生年 2008年
性別 牡
毛色 鹿毛

イギリス

生涯成績 14戦14勝
主な勝ち鞍 英チャンピオンS、ジャドモント・インターナショナルS、英2000ギニー、サセックスS連覇、セントジェームスパレスS、クイーンアンS、クイーンエリザベス2世S、ロッキンジS、デューハーストS、ロイヤルロッジS、グリーナムS
フリーハンデ 147（タイムフォーム社史上最高値）、140（国際レーティング）

21世紀の全世界が目撃した驚異のレーシングモンスター、〝世紀の怪物〟……それがフランケルである。

GI競走10勝、GI無敗の9連勝……あまりの凄まじい記録も、この馬の前では単なるお飾りに過ぎない。

それは全14戦の合計着差と平均着差を見ることで、明らかだ。見れば見るほど〝震撼〟と〝脅威〟の2文字が心の中浮かび上がってくる。

超怪物フランケル　～14戦全勝の軌跡～

■デビュー戦（芝1600m）
↓翌年キングジョージを勝つナサニエルに1／2馬身完勝。
■2戦目（芝1400m）
↓13馬身で圧勝。
■3戦目【ロイヤルロッジS】（芝1600m）
↓出遅れながら、最後方から大まくりで10馬身圧勝。大差引きちぎったトレジャービーチは愛ダービー馬に。
■4戦目【デューハーストS】（芝1400m）
↓史上空前のハイレベルと謳われた伝説のレース。

シャンペンS馬で2戦2勝のサーミッド、ミドルパークS9馬身差圧勝の3戦不敗ドリームアヘッドを相手に2馬身1／2圧勝。2着には翌年愛2000ギニーを勝つロデリックコーナー。

2番人気のドリームアヘッドは翌年短距離王者に。

■5戦目【グリーナムS】（芝1400m）

↓年明け初戦を4馬身圧勝。

2着エクセレブレーション。

■6戦目【英2000ギニー】（芝1600m）

↓一方的に突き放す一方。6馬身圧勝、ニジンスキーを超えて歴代最高支持率での勝利。

■7戦目【セントジェームスパレスS】（芝1600m）

↓騎乗ミスで最悪の競馬をするも3／4馬身差完勝。

■8戦目【サセックスS】

↓G1を5連勝中、古馬王者キャンフォードクリフスとのドリームレースを5馬身圧勝！

■9戦目【クイーンエリザベス2世S】（芝1600m）

↓下半期の混合マイルG1勝ち馬全馬総集結したレースで4馬身圧勝！

2着エクセレブレーション、3着にジャック・ル・マロワ賞圧勝のイモータルヴァース。

■10戦目【ロッキンジS】（芝1600m）

↓古馬になっての緒戦で5馬身差圧勝、2着はまたもやエクセレブレーション。

■11戦目【クイーンアンS】（芝1600m）

↓11馬身圧勝、落鉄しながら、やや重の馬場で、最後約100mを馬なりのまま流しながらレコードタイムに迫る。

2着のエクセレブレーションはこの後GⅠ馬集結の超豪華メンバーのジャック・ル・マロワ賞にて圧勝。フランケルがもしいなかった場合、2着を1着と夢想すると、13戦11勝（GⅠ5連勝！）という歴史的マイラーに!!

他、豪州GⅠ3勝のヘルメット、重賞4勝のスト

ロングスイートらがまるで未勝利馬のように見える始末。レース直後でも息一つ乱さずケロっとしていたという。

■12戦目【サセックスS】（芝１６００ｍ）
↓馬なりのまま6馬身差連覇達成。ＧＩにおいて公開調教のごとき、持ったままの超大楽勝。

追っていないにも関わらず、欧州の馬場とは思えぬ上がり33・3を記録。

■13戦目【ジャドモント国際S】（芝２０８０ｍ）
↓初の１６００を超える距離。出遅れるも、馬なりのまま先頭へ躍り出て、7馬身差大楽勝。

ＢＣターフ・コロネーションＣ連覇の愛ダービー馬セントニコラスアビーや前年度覇者トゥワイスオーヴァーらを大差ちぎる。

■14戦目【英チャンピオンS】（芝２０００ｍ）
↓最終戦は世界ランク2位にして仏最強王者・世界最強のセン馬であるシリュスデゼーグルが立ちはだかった。

この馬は重馬場の鬼で、馬場の渋ったガネー賞、ドラール賞をＧＩ級馬を相手に大差勝ちしている怪物。

そしてナサニエルとドイツダービー馬パストリアスも参戦。

レースでは5馬身の出遅れを喫し、相当水分を含んだ馬場にいつもの爽快なストライドを殺されるも、直線に入るや馬なりのまま先頭、シリュスデゼーグルが追いまくるも、手綱が微動だにせず交わし去り、最後クィリーのゴーサインに鋭く反応し最強セン馬にトドメ。１・３／４馬身差の完勝で引退レースを飾った。

合計着差：約76馬身
平均着差：５・４馬身

近代競馬において、無敗のまま勝ち続け、しかもＧＩ級の１４００という短距離からマイル……そして２０００ｍクラスの大レースばかり使って、この合計着差は前代未聞。

全能力を見せないまま引退していってしまうような気がしてならない。

何しろ、この馬に並びかけ、最後まで競り合い続けられる馬は一頭も存在しなかったのだから。

これはシーバードにも共通して言えることだ。オルフェーヴルやブラックキャヴィアとの対戦が叶わなかったことが至極残念。

もしフランケルに本気を出させることができる馬がいるとしたら、2000以上で戦う時のオルフェか、1400m以下で戦う時のブラックキャヴィアくらいしかいないと思う。マイルでは文句なしに世界史上最強だろう。

ブリガディアジェラド、テューダーミンストレル、ミエスク、ゴルディコヴァの4頭を相手にしても圧勝してしまうのではないか。

中距離において見せた無限の可能性。特に左回りはフランケルがより得意としているように映らなくもない。中距離でもミルリーフやリボー以上だろう。2400以上……これぱかりは走っていないから空想の絵空事でしかないが、2400の芝という条件までならセクレタリアト、ヤタストらを圧倒してもおかしくなさそうだ。ディープインパクトやオルフェーヴルら以上に、対戦を夢見てしまうのがサイレンススズカだ。あの逃走力とフランケルのスピード能力はどちらが勝るのだろうか。

キンツェム、セントサイモン、ネアルコ……リボー、全戦全勝の名馬の戦跡を見つめ眺める度に胸中に抱いたロマン。同時代に生きた人々がどのような心持で、そしてどれほどに熱い眼差しを向けていたのか……それをこの時代に体感させてくれたフランケルに感謝を述べたい。

印象に残るのは、荒唐無稽の競馬で圧勝した2000ギニーやキャンフォードクリフスを返り討ちにしたサセックスSなど色々あるが、11馬身差で途方もない程突き放し、147のレーティングを叩き出したクイーンアンが衝撃だった。

強さに距離など関係ないのではないか。距離云々抜きに最強馬はこの馬なのではないか……と本気で思った瞬間だった。

ベストレースは、そのクイーンアンかインターナショナルSだろう。

まさか初の2000mで、あの競馬をしようものとは思わなかった。出遅れて馬なりのまま強豪を涼しい顔で交わして行くあの光景は、この世のものとは思えないファンタスティックなものだった。

そして最後のチャンピオンS、まさか重馬場でのシ

リュスデゼーグルを馬なりで交わしされる馬がこの世に存在しようとは……。あの完勝でもまだ物足りないと思わせてしまうのはある意味不幸なことだ。

ただひとつ、ケチをつけるなら海外で競馬をしてほしかったということ。せめてフランスには遠征してみてほしかったし、ドバイやＢＣクラシックでも面白い競馬になっていたと思う。

数十年後の未来、人々は世界中でフランケルを〝伝説の名馬〟として語り継いでいることだろう。

今を生きる我々が過去の偉大なる名馬たちを想起し、語らうように。

そしてその時代を生きる名馬との夢のレースが、世界中の競馬ファンの空想を膨らましているにちがいない。

〝永遠なる伝説〟へ――。

フランケル第二章はこれからはじまる。

（本文：兼目和明）

サザンクロス・オメガ・レジェンド
サヴァジェット
▼クォーターホースとサラブレッドの間に生まれし南半球超伝説のスーパーホース

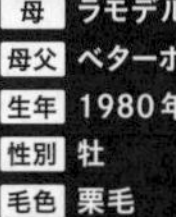

父 サヴァンナジェット
母 ラモデルレ
母父 ベターポーション
生年 1980年
性別 牡
毛色 栗毛

生涯成績 25戦25勝

“Sava Jet's record will never be broken”
「彼の記録は今後、永遠に破られることはないだろう」
南十字星を戴く銀潮の宵空の記憶の片隅に刻印されし、究極のメモリー。

〃サヴァジェット〃。

南半球はおろか、全世界が戦慄に打ち震える伝説のハーフサラブレッドが、オセアニアの奥地にいたことを、彼方はご存知だろうか。

これは作り話でも、虚偽を並べた八百長相撲でもなんでもない、地球という星に擁誕した神話級神駒の紡いだ記録である。

今から30年前のこと、サヴァンナジェットというクォーターホースが、サラブレッドのラモデルレと交配され、一頭の不恰好な子馬が産声を上げた。

彼女の5番仔として生を授かった仔馬……それがサヴァジェットであった。

蜜柑色の栗色の仔馬は、いつの日か眩いばかりの黄金の光を放つことを期待されはしたが、脚が曲がり、首差しが異常なほど短かったこの馬は、あっさりと冷やかな低評価を囁かれることになってしまった。しかし、その眼光は飛竜のごとく鋭く、他を威圧し、睥睨するようなさますら垣間見せていた。

それが、後の神王サヴァジェットの俤だったのであろう——。

クイーンズランドやニューサウスウェールズ、伝説の名馬バーンボローを育てた場所として有名なトゥーンバを主戦場とし、500m～800mのクォーターホース限定のスプリントレースに出走。

しかし、クォーターホース相手ではやはり勝負にもならず、デビューから手綱がピクリとも微動だにしない大楽勝の連続。

見る見る内に白星は積み重ねられていった。

その楽勝劇は調教に携わったゴードン・バートレット氏が

「この世に存在するありとあらゆるスポーツ、その大楽勝のすべてを完全に上回る、見たこともないようなものでしたな……」

と、目を細めて語る程のものだったと伝聞されている。小柄なクォーターホースたちの中で、ただ一頭15・1ハンドもの巨体を揺らめかすサヴァジェットは、あまりに不釣合いな存在に見え、その体格から74・5kgもの斤量が課せられていたにも関わらず、決して負けることはおろか、騎手が手を抜いても、接戦になることさえなかったという。

まさに無人無馬の荒野を翔ぶがごとく駆け抜けるサヴァジェットだったが、アメリカへと転売されることとなってしまった。

彼のオーナーはケン・

非常に食欲旺盛だったサヴァジェット。主戦を務めたのは先住民族アボリジニーの血を引くネルフ・マリソンという騎手だった。

フォガーティーというゴールドコーストにリゾートを構える程の大富豪であったが、亭主の好きな赤烏帽子。オーナーの意向にいつの世も、どんな馬もそれに従って甘受の道を歩むしかない。

ところがである。

このアメリカ移籍が、さらに彼の途方も無きポテンシャルを引き出すこととなるのであった。

サラブレッド相手の競馬……

はじめての環境……

広く大きいダートコース……

あらゆる邪推、不安、憶測を大空の彼方へと吹き飛ばし、一瞬にして杞憂へと変えてしまった——。

なんと14馬身差もの超大差をつけ、さらにはこの移籍初戦となった舞台であるエル・アラメトス競馬場のトラック・タイレコードで疾駆していたのである。

驚天動地・震天揺海とはまさにこのこと。

第2戦目にはオールアメリカンフューチュリティ勝ちのある牝馬を軽く一捻り。結局25連勝で競馬場から踝を返すこととなったサヴァジェット。

もはや人の記憶からフェードアウトしかけている彼の名を、ここで消してしまってはならない。

純血のサラブレッドでないにもかかわらず、25戦不敗という記録は〝伝説〟の一語に譬えるほかなく、この記録の〝すさまじさ〟は、競馬史に刻まれた〝神話〟を紐解くことで、より鮮烈となる。

無敗記録・連勝記録の偉大な名馬たち

※オセアニア地域限定。ウインクスとブラックキャビアを除いての記録。

■グランフラヌール
↓9連勝（オーストラリア史上唯一の無敗ダービー馬。9戦全勝で引退）

■キンダーガートゥン
↓10連勝（ニュージーランドの真の最強馬と讃えられる名馬）

■キングストンタウン
↓11連勝（〝王様〟と呼ばれたオーストラリア史上最強

級ホース）

■タロック
↓12連勝
■ファーラップ
↓14連勝（オセアニア史上最強セン馬）
■カーバイン、バーンボロー
↓15連勝（南半球史上最強馬と〝ロケットホース〟）
■メインブレース
↓17連勝（25戦23勝。ニュージーランド史上最強馬）
■グローミング、デザートゴールド
↓19連勝（ニュージーランドが誇るヒーローとヒロイン）
■ミスペッティー
↓22連勝（クォーターホース競馬でのもの）

オセアニア史上、最も連勝を重ね、なおかつ無敗のまま引退した馬は、全カテゴリーの競馬を見渡してみても、ブラックキャヴィアとサヴァジェット、この2頭しかいない。

25連勝……あのゼンヤッタが19連勝、サイテーションが16連勝……無敗ということを考えてみても、リボー、オーモンドの16戦不敗記録やネアルコの14連勝記録が脳裏を掠めてゆく。

無論、走った競走のレベルや時代や馬場の状態など、外的要因は多々存在するが、純血のサラブレッドを相手に、半血種であるこの馬が、多くのハンデを抱えながら歴史的大圧勝を繰り広げていたことは決して見逃せない事実。

流星の夜。南の空の向こう、遙かなる場所に彼はその残影を留めていた。

漣が寄せては返し、撫でてゆく白い砂浜のうえ、洗われる小石のように、いつの日かその記録が浸食されて失われることのないよう、我々が語り紡いでいこう。

25戦25勝。サザンクロスの不敗神話、サヴァジェットの〝ユメモノガタリ〟を――……。

（本文：兼目和明）

世紀末覇王来伝
テイエムオペラオー
▼年間無敗の8戦8勝。ミレニアムグランドスラム

父 オペラハウス
母 ワンスウェド
母父 ブラッシンググルーム
生年 1996年
性別 牡
毛色 栗毛
日本

生涯成績 26戦14勝［14-6-3-3］
主な勝ち鞍 皐月賞、天皇賞春秋連覇、ジャパンカップ、有馬記念、天皇賞春連覇、宝塚記念、阪神大賞典、京都大賞典連覇、京都記念、毎日杯ほか

「世紀末、覇王降臨。」

どこかで目にしたようなキャッチコピーが胸中を去来した。

2000年、20世紀末の年の瀬、有馬記念を目撃したその時、そのフレーズが浮沈したのである。どこで見たかは、もう記憶にもない。しかし、まさかその言葉そのものが現実のものとなろうとしている。ありえない、超常的光景。

古馬王道路線で完全勝利。それを無敗で達成。

これは世紀末に現れた絶対王者の伝記を伝える書簡である。

後の世紀末覇王、テイエムオペラオーが初勝利を挙げたのは年明け、2月の4歳未勝利（現在の表記では3歳）だった。この時点ではクラシック出走は厳しかったが、そこから500万下特別とGⅢ毎日杯で一気の3連勝。勢いそのままに皐月賞に出走となった。

1999年の牡馬クラシックの初めはアドマイヤベガとナリタトップロードの2頭が主役だった。皐月賞まで

に3連勝してきたテイエムオペラオーは皐月賞では5番人気となっており、この馬がアドマイヤベガとナリタトップロードとともに3強という体をなしてクラシックを盛り上げていくことと、その後の年間パーフェクト勝利、生涯獲得賞金歴代1位の称号をとることを誰が想像できただろうか。

皐月賞では、テイエムオペラオーは後方からレースを進めた。2強のナリタトップロード、アドマイヤベガは中団からレースを進めて、最終コーナーを曲がる前に、併せ馬の形でラストスパート開始。それを見てテイエムオペラオーも合わせるように上がっていった。

体調不良からなのか、アドマイヤベガにはいつもの切れ味がなく優勝争いから脱落。ナリタトップロードが先頭に立った瞬間に、大外からテイエムオペラオーが猛然と追い込み、皐月賞を制した。

この勝利からテイエムオペラオーはアドマイヤベガ、ナリタトップロードとの間に入ることになり、残る2冠のダービーと菊花賞を争うことになる。

ダービーでは3強のアドマイヤベガ、ナリタトップロード、テイエムオペラオーのレース中の位置取りは皐月賞の真逆となり、前からテイエムオペラオー、ナリタトップロード、アドマイヤベガの並びとなった。最終コーナーでは皐月賞の再現のように最終コーナーを曲がり、直線では3頭が横一例に並び叩き合った。ゴール前200mではテイエムオペラオーが先頭だったが、そこからナリタトップロードがテイエムオペラオーを交わして先頭になった。しかし、アドマイヤベガが驚異的な瞬発力を発揮してラスト50mでナリタトップロードを交わし、アドマイヤベガがダービー馬の座に就いた。武豊騎手は前年のスペシャルウィークに続くダービー連覇となった。

ダービー後は夏場を休養に充て、菊花賞トライアルレースを使わず、あえて古馬との混合戦である京都大賞典に出走する。京都大賞典には、この時代の最強馬の1頭であり、前年のダービー馬でもあるスペシャルウィークが出走してきていた。テイエムオペラオーはスペシャルウィークの後ろにつけ終始マークする形で競馬を進めたものの、スペシャルウィークは直線に入ると全く伸びず大敗してしまう。このとき勝ったのがツルマルツヨシ（後の有馬記念で勝ち馬のグラスワンダー0・1秒差の4着）、2着にはメジロブライト（1998年　天皇賞（春）馬）と古馬の一流馬とタイム差がない3着となり、古馬とも対等以上に戦える証明を示し、菊花賞へ向けて視界は良好となった。

菊花賞ではダービー馬のアドマイヤベガが1番人気、皐月賞馬でスタミナがある欧州の血統のテイエムオペラオーが2番人気、皐月賞、ダービーともに2着に敗れて、父サッカーボーイという中距離寄りの血統からナリタトップロードは3番人気。更には、新星として現れたサイレンススズカの半弟のラスカルスズカが4番人気となっていた。レースでは最内枠の利を生かしたナリタトップロードがいつもよりも前の位置につけて4番手からレースを進めた。テイエムオペラオー、アドマイヤベガはナリタトップロードから遅れて中団からの位置。最終コーナーに入る前からジリ脚のテイエムオペラオーは早めに手綱をしごいた。アドマイヤベガは直線での切れ味に賭けたのだが前半掛かったのが堪えたのか、末脚は不発と終わる。ナリタトップロードはその2頭よりも早めに抜け出し先頭に立ち、テイエムオペラオーがゴール前まで一気に迫ってきたが、皐月賞とは違い今度はナリタトップロードが凌ぎ切った。

最後の1冠を無冠の3強の1頭だったナリタトップロードが制した。1999年のクラシックを盛り上げた3頭がそれぞれタイトルを分け合ったことになる。しかし、アドマイヤベガは菊花賞後に故障が発覚し引退してしまう。

菊花賞の次走について、管理する岩本調教師は「皐月賞から勝利していないテイエムオペラオーに勝ち癖をつけたい」と確勝を期し、ステイヤーズステークスを選んだ。テイエムオペラオーは1・1倍と圧倒的な単勝支持になったが、ダービーと菊花賞で負かしているペインテッドブラック（ダービー、菊花賞ともに7着）に敗れてしまう。重賞で1・1倍の圧倒的支持と3600mという日本で施行される一番長い距離を走りいつも以上に鞍上の和田騎手は大事に乗り過ぎてしまったのだ。

1999年の有馬記念は古馬最強のスペシャルウィーク、グラスワンダーの対決に注目が集まった。その2頭が最終コーナーから併せ馬で加速した刹那、少し内にいたテイエムオペラオーもなんとか併せ馬の形に持ち込んだ。そして、ラスト50mでは一旦抜け出したが、そこから最強の2頭の底力に屈して3着となった。

しかし、最強の2頭に僅差まで迫ったテイエムオペラオーは次世代の最強という看板を背負う資格を得るに、十二分すぎる内容であった。

年明けの2000年、テイエムオペラオーは明け5歳(現在の表記では4歳)となり古馬路線を突き進む。

初戦の京都記念ではナリタトップロードにマークされながらも勝ち、その後の阪神大賞典、天皇賞(春)もラスカルスズカ、ナリタトップロードらに完勝。

同世代にもはやライバルはいなくなったと思われたが、宝塚記念で新たなライバルが出現する。その馬の名はメイショウドトウ、この馬がこの宝塚記念から年末の有馬記念にかけてテイエムオペラオーと激闘・死闘を幾多も繰り広げることとなる。

このときのメイショウドトウはまだ伏兵の存在で6番人気、2番人気に支持されたのが怪物グラスワンダー。前年の有馬記念を制したものの、その際の激闘が反動となっていたのか、年明けから精彩を欠き、絶不調に喘ぐ同馬が、テイエムオペラオーに続き2番人気となっていた。

レースではテイエムオペラオーが先行して、グラスワンダーがオペラオーをマークする競馬に出たが、最終コーナーに入る前からグラスの手応えは怪しくなり始め、徐々に離されて行き、直線ではテイエムオペラオーとメイショウドトウとの叩き合いになった。そして、その叩き合いをタイム差なしのクビ差をつけてテイエムオペラオーが制する。

グラスワンダーはレース後に鞍上の蛯名騎手がすぐに下馬、故障が発覚する。

スペシャルウィーク、エルコンドルパサー、セイウンスカイら黄金世代の最強の一角として君臨してきた怪物は引退を余儀なくされ、ターフを去った。グラスワンダーを除く3頭も皆ターフへと惜別を告げており、グラスワンダーの引退でオペラオー時代一色の様相は、より一層色濃くなっていく。

秋の初陣、京都大賞典をナリタトップロードに完勝して、天皇賞（秋）へ駒を進めたテイエムオペラオー。

当日の馬場状態は重だったが、不良に近い状態だった。

直線で先に抜け出したのはメイショウドトウだったが、まだ鞍上の安田康騎手はテイエムオペラオーが来るまで追わず、テイエムオペラオーが並ぶ直前に追い出し併せ馬でスパートする。しかし、半馬身差でテイエムオペラオーはメイショウドトウを出し抜くと、そのまま２・１／２馬身差をつけて完勝した。

ジャパンカップでは、世界を渡り歩き、数々のＧＩを手にしてきたＵＡＥのファンタスティックライトが、世界最高の騎手といわれたデットーリ騎手を背に来日。

日本の総大将として迎え撃つテイエムオペラオー、メイショウドトウ、そしてファンタスティックライトらはお互いにマークし合い、ラスト２００ｍでは3頭の叩き合いとなった。

そして、ラスト50ｍでテイエムオペラオーが内のメイショウドトウ、外のファンタスティックライトから半馬身抜け出し優勝した。

２０００年の最終戦となる有馬記念では、スタートこそ悪くなったが1コーナーに入る前に他馬が内に切れ込んできた為に、これまでに無く位置取りが後方になり、なんと後方3番手という追い込みの形を取らざるを得なくなってしまう。

そして、レースが進むにつれてテイエムオペラオーは他馬のマークも厳しく、なかなか前方の位置へと取り付けなかった。小回りコースとして知られる中山競馬場の最終コーナーに入る前には、先頭から13番手という絶望的な位置で馬群に包まれており、すべてが壁のようで、どこも抜け出すスペースが無かった。

しかし、直線に入りメイショウドトウの隣にわずかなスペースを見つけるや否や、鞍上和田騎手のゴーサインよりも素速く動き、馬群を縫うようにして一気に伸びてくる。最後、もはやＧＩの舞台で当たり前のようになったメイショウドトウとの叩き合いを制したその先に、年

間無敗の古馬王道路線完全制覇の最後のピースとなる有馬記念優勝が待っていた。

年間パーフェクト勝利と古馬中長距離ＧＩ完全制覇という偉業。そして、誰もが認めざるを得ない、アンチオペラオーたちを完全に黙らせ、この年の年度代表馬となったのだった。

競馬というのは様々な条件で行われる。距離、コースはもちろんだが季節によっての得意、不得意というのもあるだろう。しかし、それ以上に馬個体のピークや体調面の管理があり、これらは私たち競馬ファンが思っている以上に波があり、常に一定の状態を維持するというのは困難な物と言えよう。更にその上、ＧＩ級のライバル達に勝ち続けるというのは奇跡にも近い。

その奇跡を成し遂げたオペラオーは、翌２００１年の初戦として大阪杯を選択。

単勝オッズは１・３倍となり、２００１年もテイエムオペラオーがどこまで連勝を伸ばすのか、その期待もオッズに表れているようだった。

しかし、大阪杯でテイエムオペラオーは４着と伏兵トーホウドリームの後塵を拝してしまう。この連勝ストップは、テイエムオペラオーを後押ししていた追い風のようなものが途切れてしまったような心象を受ける瞬間だった。次走の天皇賞（春）では優勝し、天皇賞競走３連覇を成し遂げ、再び常勝街道を歩むかに見えたが、２００１年シーズンでは善戦はするも、勝ち切れず、精彩を欠いていくことになる。

結局、この年、テイエムオペラオーは天皇賞（春）を制しただけにとどまり、宝塚記念、天皇賞（秋）、ジャパンカップ、有馬記念に出走するも勝つことなく引退した。

２０００年のＧＩ古馬戦線で一流馬たちを相手に無敗を成し遂げたテイエムオペラオー。

着差こそ僅かだったが、私には不思議な力が宿っていたように感じざるをえないのである。その後の２００１年の成績は２０００年と比べると確かに色褪せたものだ。しかし、王者として常に挑戦を受け続け、天皇賞（春）、宝塚記念、天皇賞（秋）ジャパンカップ、有馬記念と完走したことを讃えたい。1999年、2000年、2001年と日本競馬の中距離芝路線の大舞台に常時出走したテイエムオペラオーは、成績もさることながらその丈夫さ、頑強性、タフさにも感心する。

ミレニアムイヤーのオペラオーは、過去の名馬のシンボリルドルフ、ナリタブライアン、未来の名馬であるディープインパクト、オルフェーヴルらが達成できなかった年間無敗を成し遂げている。この意見にはシンボリルドルフ、ディープインパクト、オルフェーヴルは海外遠征、ナリタブライアンは故障をしたなどという意見もあるだろう。しかし、事実としてそこにあるのは、テイエムオペラオーが古馬中長距離GIタイトルを総なめし、しかもそれを年間無敗で達成した……という史実と真実。オペラオーの世界最高賞金記録を破るキタサンブラックすらも、年間通しての無敗は成し得なかった。

特色するような血統背景でもなく、牧場での動きも注目されていなかったテイエムオペラオー。セリ市に出されても、誰も彼の中に眠る才能を見出すことはできなかった。1000万というスタート値から変動しない価格に、ただ一人落札の意思を示して、テイエムオペラオーを競り落とした竹園オーナー。竹園オーナーはテイエムオペラオーが全身から発する放光に「何か」を見つけたのだろう。その「光」を主戦の和田騎手、岩本市三調教師をはじめ、オペラオーを取り巻く人々が丹念に磨きあげていき、やがて世紀末に巨大なオーロラとなって輝きを放つこととなる。

世界最高賞金獲得馬、年間無敗のグランドスラムを成し遂げて、世紀末に覚醒したその王者は、誰しもが認める、燦々たる輝かしき巨光を、日本競馬界の史実へとかざすこととなったのであった。

（本文：朝霧博人）

時代に呼ばれし者、時代を創りし者

シンザン

▼日本競馬に屹立する大金字塔の三冠馬

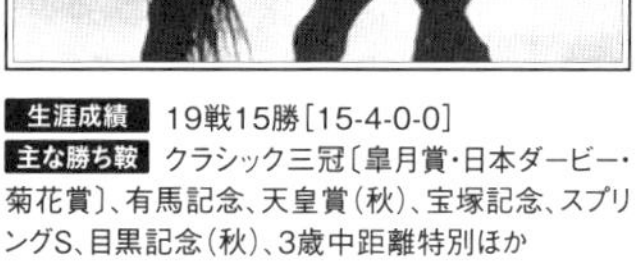
生涯成績 19戦15勝［15-4-0-0］
主な勝ち鞍 クラシック三冠〔皐月賞・日本ダービー・菊花賞〕、有馬記念、天皇賞（秋）、宝塚記念、スプリングS、目黒記念（秋）、3歳中距離特別ほか

ある日見たウェブサイトで衝撃を受けた。それは、シンザンの記録破れるという見出しでサラブレッドの長寿記録（35歳３ヶ月）が更新されたという内容であった。それを見た瞬間に昔の記憶が蘇ってきた。

競馬との出会いは某競馬ゲームで、序盤に出てくるライバル馬がシンザンであった。ゲームで最強を誇っていたその馬が、実際にも三冠馬である事と生きている事だけは知っていた。それから、画面を通して競馬を見始めた年にシンザン死去の知らせが飛び込んできた。その当時、シンザンは人間に換算すると１４０歳とも１６０歳とも言われ、そのタフネス振りや数々の記録はテレビで特集が組まれる程であった。

シンザンは父ヒンドスタン、母ハヤノボリという血統。父は言わずと知れたスーパーサイヤーで産駒の重賞勝利数は１１３。サンデーサイレンスに抜かれるまでトップだった事からも凄さがわかる。母の産駒からも活躍馬が出ており所謂良血馬であった。シンザンの購入にあたっては、名伯楽と呼ばれた武田文吾が関わり、その当時の値段で300万円程（当時の物価や賞金額からすれば現在とは1桁は違う）と言われている。師にしてみれば300万円と聞いて高過ぎるという感想をもったが、師が母馬の祖先との縁も感じ、懇意の馬主を介して預かる事になった。

デビューして連勝を続けていたシンザンであったが、始めから期待された存在ではなかった。デビューに際しては、クラシックでライバルとなるウメノチカラとの対戦を避け、僚馬には超良血馬オンワードセカンドがいた。武田自身もスプリングステークスを勝つまではオンワードセカンドの方に期待していたが、いち早く才能を感じたのが騎手栗田勝で、厩務員の中尾謙太郎も期待を寄せるようになる。

才能の一端としてシンザンを語る上で有名なエピソードがシンザン鉄である。調教から帰ってきたシンザンの蹄から出血しており、どうやら原因は後脚の筋力が発達し過ぎて前脚の蹄鉄と接触しての出血だとわかり、苦心の末にシンザン専用の鉄を作る。これは、前脚の蹄鉄にT字を反転した型を溶接し、後脚の蹄鉄はスリッパ型に覆った物であった。本番でも無い限りは、2倍以上の重さとも言われたこの蹄鉄を履いて調教をした事が良い方向に向いた。

スプリングステークス勝利の後は、クラシックの本命と目されるようになり、皐月賞も制覇。調整で使われたレースで初めての負けを経験するが、本番のダービーでは一旦抜かれながらも差し返す競馬で2冠馬に輝く。3冠を目標に夏を厩舎に残して調整する事になったが、この年の記録的猛暑で馬はバテてしまい本番の菊花賞まで2戦連続の2着となる。体調面での不安が懸念された菊花賞では、1番人気をライバルのウメノチカラに譲る形になった。レースは、シンザン3冠達成なるか!? に焦点が集まっていたが、大逃げを試みた牝馬2冠馬カネケヤキ（その当時、牝馬による3冠目の競走は無かった）にも3冠馬になる資格はあった。レースは、大逃げに出たカネケヤキが直線半ばで脱落する中、先に仕掛けたウメノチカラをシンザンが差す形での3冠馬誕生となった。その後は休養にあてられ、クラシックシーズンを終えた。

古馬となった春先は体調が回復せず、天皇賞（春）は

回避。復帰後、当時は八大競走のGⅠ格になっていなかった宝塚記念を制覇。秋には、天皇賞を単勝100円元返しとなる圧倒的支持に応え優勝。有馬記念に向かう事になるが、ここで問題が発生する。有馬記念が中山競馬場で開催される訳だが、中山で走った経験が無かった(前年皐月賞は東京開催)事で、武田と栗田の意見が対立。馬は、初コースでは本来のパフォーマンスを発揮する事が難しいと言われ、調整でレースに出すという意見の武田と、必要無しと主張する栗田。結果的には、連闘での有馬記念出走になったが、その前週の調整レースは2着。この結果を知った栗田は失望し、深酒を煽り病院に運びまれる。これに武田は憤慨し、娘婿で名騎手でもある栗田を本番でも乗せない非情な決断を下した(実際には、深酒を煽った事による急性胃腸カタルによる入院)。

本番の有馬記念は歴史に残るレースになった。マーク屋とも呼ばれた名手加賀武見のミハルカスが直線大外に持ち出し、シンザンの進路を塞ぐ。内の悪い馬場を走らせる作戦であったが、そのさらに外、観衆の目の前をシンザンは走り、先頭でゴールした。あまりの大外を回ったがゆえ、「シンザンが消えた」の名フレーズも生まれた程であった。このレースを最後にシンザンは引退した。

種牡馬となったシンザンは、内国産馬が冷遇された時代でありながら活躍馬を出して評価を改めさせた。本来、種馬は年齢を重ねれば受胎率の低下と共に産駒の質は下がると言われるが、晩年になって最高傑作ミホシンザンを輩出した。

皐月賞の圧倒的なパフォーマンスから3冠も期待された程であったが、骨折でダービーを棒に振った同馬は、復帰して菊花賞を制覇。翌々年の天皇賞も制覇する活躍を見せた。現在、シンザンのサイヤーラインは途絶えてしまったが、内国産馬の評価を改めさせたシンザンの活躍は、生涯19連対の記録と共に生き続ける。

「シンザンを超えろ」

皇帝シンボリルドルフの出現まで標榜され続けたこのフレーズこそが、シンザンの偉大さを物語る。

20年以上のめぐりゆく時代を超え、見つめ続けた日本という国に彼は何を見たのか——。

シンザンを引き合いに出し、愛され、語り継がれる未来の時代に、語り紡ぎたいほどのヒーローが現れていることを願いたい。めぐる時代を越えて――。

（本文：T・K）

Wonderlust
～いにしえ幻の名馬たち～

バルバドス伝説の最強馬
クーバード

クーバード。1983年生まれ。53戦23勝2着11回3着4回。バルバドスの誇る伝説的名馬。トリニダードならジエットサム、フィリピンならフエアアンドスクウエア、日本ならシンボリルドルフに当たるような存在と言えば分かり易いだろうか。三冠に加え、バルバドスブリーダーズクラシック・ベンソン&ヘッジスS、ハイネケンS2回など同国のほとんどのビッグレースを手中に収めるも、唯一バルバドスゴールドカップのみ2着2回とし、手が届かなかった。23勝はバルバドス競馬の最多勝記録（2回の失格ありのため、あわよくば25勝の記録）であり、1560mの距離では1分35秒のレコードを打ち立てている。

生涯成績 17戦10勝［10-4-2-1］
主な勝ち鞍 日本ダービー、天皇賞春秋連覇、ジャパンC

日本競馬史上最強の黄金世代と謳われる98年のクラシック世代。王道中の王道を歩み、エルコンドルパサー、グラスワンダーと並んで日本の中心に君臨したのは間違いなく彼、スペシャルウィークだった——。

スペシャルウィークは1995年の5月2日、北海道門別は日高大洋牧場に生まれる。

難産中の難産だった。母キャンペンガールは疝痛による度重なる激痛に悶え、腸はすでに壊死状態にあった。それにより、見るも無残なまでに衰弱しきって毛も抜け落ち、死の淵を彷徨いながらの状態でスペシャルウィークを産んだのだった。子を思う母の気持ちは人間も馬も一緒である。

産まれて間もなく母をなくしたスペシャルウィークは、農耕馬が母親代わりとなり、育てられた。その農耕馬は心優しく、まるで本当の母馬であるかのようにスペシャルウィークへ愛を注いだ。

類い稀なる能力の片鱗を垣間見せつつ、スペシャルウィークは順調な発育を遂げ、栗東の白井厩舎へ入厩。

すでにこの時、白井氏はスペシャルウィークに秘められた潜在パワーを感じており、ダービーを目標に調整が進められる。

スペシャルウィークのデビュー戦は阪神競馬場、芝の1マイル戦だった。最後は流しつつの馬なりの楽勝。鞍上の武豊は、

「ダンスインザダークに似ている」

と、レース直後にコメントしている。

今では信じられないことだが、武豊はまったくダービーの運から見放されている騎手だった。かのイギリスが誇る伝説の名ジョッキー、ゴードン・リチャーズがダービーのみ、なかなか勝つことが出来なかったように（1953年のピンザでようやく優勝）、武豊も日本ダービーでは苦い思いを繰り返していた。最大のチャンスが到来したのは1996年の日本ダービー。そのダンスインザダークに騎乗しての日本ダービーだった。圧倒的1番人気に支持されるも、フサイチコンコルドのゴール前強襲に遭い、まさかの2着。ダービーは夢の泡へ帰した。

それからわずか1年後、武豊はスペシャルウィークとの邂逅を果たし、王者の伝説が幕を開ける――。

スペシャルウィークの2戦目はまさかの2着となるが、まったく悲観するところはなく、3戦目となる、きさらぎ賞（芝1800m）ではあっさりと重賞ウイナーの仲間入り。

そして4戦目、弥生賞で宿命のライバル2頭と顔を合わせる。セイウンスカイとキングヘイローである。人気ではキングヘイローの2人気となったが、セイウンスカイをキッチリ捕らえ優勝。皐月賞へ光明が差した一戦だった。ところが、皐月賞では猛追およばず2頭に敗戦。大外を周り過ぎたのが敗因につながってしまった。

しかし、最大の目標はあくまで日本ダービー。そしてこの檜舞台で、スペシャルウィークはそのポテンシャルを満天下に見せ付ける。5馬身差の大勝。この瞬間、武豊は子供の頃からの『夢』をつかんだのだった。亡き母と育ての母、そして名手に捧げるダービー制覇だった。

秋になってさらなる飛躍が期待されたスペシャルウィークだったが、菊花賞でセイウンスカイ、ジャパン

Cではエルコンドルパサーと、同期2頭の後塵を拝してしまう。しかし、翻せばそれだけレベルの高い世代だという裏付けでもある。セイウンスカイは当時の世界レコードだったし、エルコンドルパサーは3歳馬による初制覇だったのだから。

1999年のスペシャルウィークはさらに凄味を増していた。始動戦となったAJCC（芝2200m）では、不調と報道されるも、楽勝で締め括り、ペリエ騎手を唸らせてしまった。そして私がGI以外でのスペシャルウィーク・ベストレースに選ぶのが通算11戦目となった阪神大賞典である。前年の天皇賞馬メジロブライトとの一騎撃ち。春雨降りしきる肌寒い午後だった。向こう正面で武豊が股下からブライトの位置を確認。4コーナーからは2頭だけの世界。外からメジロブライトが閃光の末脚を炸裂さするも、スペシャルウィークがキッチリ半馬身差のリードでゴールイン。この再現となったのが天皇賞・春で、メジロブライトはスペシャルウィークとグラスワンダーの両雄に完敗してしまった。

もはやスペシャルウィークの相手はグラスワンダーとエルコンドルパサーのみだった。エルコンドルパサーは海外遠征に旅立ってしまったが、グラスワンダーは日本で〝怪〟進撃を続けていた。

いずれは決着をつけねばならない相手……。

運命の一戦は、宝塚記念で現実のものとなった。

先に仕掛けたのはスペシャルウィークだった。それを見るように、悠然と動き出すグラスワンダー。2頭のデッドヒートになる！　……そう誰しもが感じた瞬間、信じられない光景がスプロールしていった。置き去りにされていくスペシャルウィーク……破壊的暴力性を剥き出しに突き抜けてゆくグラスワンダー。3馬身半差の完敗だった。スペシャルウィークは他馬を7馬身も引き離していた。しかし、グラスワンダーはさらにその先にいたのだった。

雪辱を懸けた秋。しかし、スペシャルウィークを待ち受けていたのは、またも屈辱と絶望だった。京都大賞典7着大敗。スペシャルウィークらしさが微塵も見られず、ズルズルと後退してゆくその姿は、誰もが信じることができなかった……いや、信じたくなかった。

秋の天皇賞、なんと4番人気まで信頼を落としてしまっていた。しかし、ここからがこの馬の真骨頂だった。爆発的豪脚を繰り出し復活の天皇盾戴冠。武豊は、「最後はサイレンススズカが後押ししてくれた」と語っている。

王者として海外馬を迎え撃つスペシャルウィーク。ジャパンCにはエルコンドルパサーを破った凱旋門賞馬モンジューが来日。二度と矛先を交えることができないライバルへの想い……ダービー馬の、真の王者の底力をモンジューへ見せ付ける――。ジャパンC圧勝。完全にあの強いスペシャルウィークが戻ってきていた。

ラストランの舞台、中山競馬場は、最大の宿敵グラスワンダーの最も得意とするコース。スペシャルウィークと武豊は、「打倒グラスワンダー」を掲げ、最後の勝負に打って出る。宝塚記念とは逆、スペシャルウィークは遥か後方からグラスワンダーを見つめ、究極の脚を爆烈させるその時を待った。2頭だけの世界。スペシャルウィークはグラスワンダーを意識し、グラスワンダーはスペシャルウィーク以外、眼中になかった。グラスワンダーがツルマルツヨシ、テイエムオペラオーを押し退け、先頭に躍り出る。あと50m……スペシャルウィーク、狂瀾怒涛の追込み炸裂。スペシャルウィークが勝った！そう見えたのだが……わずか4cmの差でスペシャルウィークは敗れた。しかし、王者の誇りは失われず、むしろその輝きは増していた。

日本古来の名牝系シラオキ。ヒンドスタン……セントクレスピン……。日本競馬が生み出した王者の中の王者。それこそが彼、スペシャルウィークである。

十数年の時が流れ、スペシャルウィークは意外な形で注目を浴びる。『ウマ娘』の主人公、それもヒロインとして抜擢され、アニメで蘇ったのだ。

超天才的レースセンスとポテンシャルを持ちながらも、完璧ではなく、苦難苦闘の道を歩んで栄光を掴む姿と武豊のベストパートナーという境遇がまさに日本人の思い描く主人公、ヒロイン像にぴったりであったのだろう。

（本文：兼目和明）

忘れ去られた三冠
サンタレン
▼ブラジル真・初代三冠馬

父　ノヴェルティー
母　ミスフローレンス
母父　ギンギャル
生年　1924年
性別　牡馬
毛色　鹿毛

ブラジル

生涯成績　生涯成績 32戦23勝［23-4-2-3］
主な勝ち鞍　旧ブラジル三冠（南十字星大賞、7月16日大賞、グアナバラ大賞）、グアナバラ大賞（2度目）、連邦直轄区大賞、サンパウロ大賞、共和国大統領大賞、ラファエル・デ・アギーア博士大賞、マッピンアンドウェブ杯大賞、クラシコ・ジョゼ=グァゼモジン=ノゲイラ、プロデュクトス大賞、ピラシカーバ男爵賞、コンデ・デ・ハーズバーグ賞、インプレッサ賞ほか

時は帝政時代の1847年、情熱を持ったホースマンらの尽力により帝都リオデジャネイロにブラジル初の常設競馬場、フルミネンセ競馬場が建設され、娯楽の少なかった時代にあって競馬興行は熱狂的な賑わいをみせた。

1869年にはフルミネンセ＝ジョッキークラブが創設され、競馬の定期開催が実現すると、その成功に影響を受けて他の都市でも競馬開催が実現していった。

ブラジルの経済都市サンパウロでは、1876年にサンパウロ＝ジョッキークラブによって競馬が開始されている。当時のサンパウロは、まだ農業中心の地方都市であり競馬開催は多難を極めたが、日々世界中からやって来る移民らによって都市は活力を上げていき、1910年代に入るとサンパウロ競馬も発展へと向かっていた。

サンパウロ州にサンホセ牧場を所有するリネオ＝デ＝パウラ＝マチャードは、フルミネンセ＝ジョッキークラブ会長としてリオデジャネイロ競馬を指揮する一方で、オーナーブリーダーとしてサンパウロ競馬発展の重責も担っていた。彼が輸入した種牡馬ノヴェルティは、北米で主要な2歳重賞を制して年間獲得賞金額首位となった名競走馬で、サンホセ牧場の屋台骨を支える存在であったが、その産駒として1924年に誕生した期待の牡馬がサンタレンであった。

当初、リオデジャネイロに入厩の予定であったサンタレンであったが、発展著しいサンパウロ競馬界からの声もあり、サンパウロのトップ調教師フランシスコ＝ベント＝ド＝オリヴェイラに預けられた。サンタレンは、期待通りの成長を見せ、2歳の秋を迎えた1927年5月1日、主戦騎手にリオのチャンピオン騎手ホセ＝サファテを迎えて、モーカ競馬場の未勝利戦（ダ1000m）で勝利すると、一般戦、特別戦とデビューから3連勝を飾った。

7月、サンタレンはリオデジャネイロへ遠征し、オープンして間もないガヴェア競馬場の特別戦で初の芝コースも全く苦にせずに勝利。7月31日のコンデ＝デ＝ハーズバーグ賞（芝1300m）で重賞を制してサンパウロに戻った。

3歳になり（当時の馬齢更新は8月1日）、9月にピラシカーバ男爵賞（ダ1609m）、10月にプロデュクトス杯大賞（ダ1609m）とジョゼ＝グァゼモジン＝ノゲイラ（ダ1800m）とサンパウロの重賞を3連勝し、通常ならば12月のダービーパウリスタ（ダ2400m）へ向かうところであったが、もともとリオデジャネイロに入厩の予定であったサンタレンは、クラシック登録をしておらず、ダービーパウリスタの出走はかなわなかった。12月18日、ダービー開催を横目に出走したラファエル＝バロス＝フィリオ賞（ダ1800m）で、サンタレンはまさかの2着となり、デビューからの連勝は8で止まった。年が明けてもサンタレンは休むことなく出走し、1月1日のインプレッサ賞（ダ2000m）に勝利したが、1月29日のコート＝デ＝マギャルヘス将軍大賞（ダ3218m）を3着に敗退した後、休養に入った。

サンタレンにとって、3歳最大の目標は、6月3日にガヴェア競馬場で開催される南十字星大賞（芝2400m）であった。1883年創設のこの競走は、リオ競馬が独り勝ちだった時代、「ブラジルダービー」と謳われた伝統のクラシック競走であった。サンタレンの2度の敗北に一抹の不安を覚えた馬主のリネオは、万全の期す

るため、サンタレンをサンパウロからリオのリーディング調教師ジョゼ＝ロウレンソの厩舎に移籍させることを決断した。しかし、リオ転厩もサンタレンの調子は上がらず、結果、南十字星大賞にはぶっつけ本番で挑むことになった。出走本番、サンタレンの相手となったのは、ダービーパウリスタ大賞（シダードジャルディン競馬場）とダービーナシオナル大賞（タマラチ競馬場）の2つのダービーを制したジルグラスであったが、サンタレンは過去にジルグラルに勝利しており、もはや力関係は決していた。今回もまた返り討ちにして、サンタレンは名実ともにのブラジル3歳王者となった。

当時、ブラジルでは3歳3冠クラシックは整備されておらず、フルミネンセ＝ジョッキークラブは設定していた3冠競走は、ダービーの南十字星大賞を初戦に、3歳・4歳馬限定の7月16日大賞（芝２４００ｍ）、4歳以上のグアナバラ大賞（芝３０００ｍ）で、いずれも内国産限定の競走で、いまだ3冠を達成した競走馬は登場していなかった。サンタレンは、7月16日大賞に勝利しなんなく2冠を制すると、リオセントレジャーの前身である連邦直轄区大賞（芝２８００ｍ）も勝利。ホテルパレス会社大賞（芝２４００ｍ）でガイピオに半クビ差に2着に敗れる不覚をとるも、10月7日の3冠最終戦のグアナバラ大賞では、2着ガイピオに4馬身以上の差をつけて圧勝し、見事、初の3冠馬の栄誉に輝いた。

リオでの輝かしい成績を引き下げ、サンパウロに凱旋したサンタレンは、12月のサンパウロ大賞（ダ３２００ｍ）を目標に調整され、その前哨戦である11月のリオデジャネイロ大賞（ダ２０００ｍ）に勝利したが、その後体調を崩し、やむなくサンパウロ大賞を回避、その後の体調は戻らず、2月もサンパウロの最高賞金競走ジョッキークラブ大賞（ダ３２００ｍ）もエントリーはしたものの、最終的に回避した。

サンタレンが、リオ最大の競走である9月のジョッキークラブ大賞（芝３２００ｍ）を目指すことになり、8月のガヴェア競馬場の一般戦（芝２４００ｍ）で復帰し勝利し、最有力として本番に向かった。サンタレンはレース中に鼻出血があり、その影響で8頭立ての最下位に沈んだ。勝利したのは、サンタレンが回避したサンパウロ大賞とサンパウロのジョッキークラブ大賞を制していたポンズで、サンタレンには悔しい敗北となった。サンタレンは、ナシオナル杯（芝２４００ｍ）を1着、連覇を狙ったグアナバラ大賞を2着の後、サンパウロに移動し、共和国大統領大賞（ダ３０００ｍ）を勝利して、12月15日のサンパウロ大賞に向かい勝利した。次戦でのマッピンアンドウエブ杯大賞（芝３０００ｍ）では、ポンズ相手に9馬身の着差を付ける大圧勝で、能力の違いを見せつけた。

１９３０年のシーズンもサンタレンは現役を続けた。彼に残るのは、前年に苦杯をなめたジョッキークラブ大賞での汚名返上であった。5月から復帰したサンタレンは、2着、1着、1着と力を示し、勝ち続けたサンタレンは、8月のラファエル＝デ＝アギーア博士大賞（芝２４００ｍ）で1着入線するも、レース後に騎手の斤量が１ｋｇ減っていたことにより失格となるハプニングもあったが、万全の体調で9月7日のジョッキークラブ大賞に向かい勝利した。この後、3戦して、グアバラナ大賞を2年にぶりに勝利するも、10月19日の南アメリカ大賞（芝３８００ｍ）で大差の最下位に沈んだことで、馬主であったリネオはサンタレンの引退を決意した。

サンタレンの活躍した2年後、リオの2つの競馬クラブが合併し、ブラジルジョッキークラブが成立する。現在は、ブラジルジョッキークラブ設立以前のリオデジャネイロ競馬については、ほとんど紹介されることはない。さらに、サンパウロジョッキークラブで成績資料が整備されるのが１９３０年代以降であることから、サンタレンの名は知られれども、どのような戦歴をたどったかは知られていないようである。競走馬としてよりも、サンパウロの3冠馬ファニーボーイを輩出した名種牡馬として名が知られている。しかし、20世紀のブラジル馬産界に偉大な足跡を残したパウラ＝マチャード家の礎は、偉大な競走馬サンタレンの存在を抜きに語ることはできない。

（本文：大岡賢一郎）

遠き空、虹の橋架けて
スプイブリッジ

▼ジンバブエ競馬史に残る名馬中の名馬

生涯成績 22戦11勝
主な勝ち鞍 ジュライハンデキャップ、チャンピオンS（南ア）、クラウッド・ウィンターH、クレアウッドマーチャントH、アスコットS

父 フリッパー
母 テイブリッジ
母父 フライングスコッツマン
生年 1950年
性別 牡
毛色 黒鹿毛

南ローデシア

南ローデシアに2つの競馬クラブが成立

19世紀後半、イギリスから南アフリカのケープ植民地に渡ってきたセシル＝ローズは、ダイヤモンド鉱脈発見で財をなし、さらに政界へと進出した。彼は植民地となっていない北方地域への進出を目論み、デベレ族の王からマタベレランド（ジンバブエ南部）とマショナランド（ジンバブエ北部）の鉱山採掘権を獲得して、植民地化への足掛かりとしていった。１８９０年に城砦ソールズベリー（現ハラレ）を建設して、さらに北部への進出を進めていくと、デベレ族の王もローズの野心に気が付いたが時すでに遅く、１８９４年、現在のジンバブエとザンビアはイギリスの支配に置かれることになり、その支配地域は、ローズの名をとって「ローデシア」と呼ばれるようになった。

　ローデシア最初の競馬クラブは、１８９２年にソールズベリーで設立されたマショナランド＝ターフクラブである。さらに１８９４年には、ブラワヨにマタベレランド＝ターフクラブが設立された。１９１０年の南アフリカ連邦の成立にローデシアは加わらなかったが、２つの競馬クラブは南アフリカジョッキークラブの管轄下に置かれ、１９２３年に南ローデシア（現在のジンバブエの地域）に自治政府が成立してからも、以前と変わらずして、南アフリカ競馬と密接に関係しながら、競馬は発展していった。

南ローデシア産馬の可能性

南ローデシア競馬と南アフリカ競馬のレベルの差は歴然であり、半世紀近くを経ても、南ローデシアの競走馬が南アフリカ競馬に何らかの影響を及ぼすことはなかった。１９３０年代後半、南ローデシアでの馬産に可能性を見出したスコットランドから移住者アレック＝ロッキーは、マショナランド近郊に故郷の名をとって生産牧場スタッド・エルダースリーを創設して競走馬の生産を始めた。しかしながら、牧場を創設して間もなくアレックは亡くなってしまう。残された妻エラは、夫の意志を引き継ぎ競走馬の生産に取り組んだ。そして、１９４２年と１９４３年に生まれたテイブリッジとタインブリッジの姉妹は、南アフリカ国内でオープン級の活躍を見せた。そして夫アレックの死から14年たった１９５０年、最高の自家生産馬テイブリッジとから誕生した1頭の牡馬が、南ローデシアが生んだ最初の歴史的名馬スプイブリッジである。

母の名と同じくスコットランドの橋から名付けられたスプイブリッジは、南アフリカの馬主らの目に留まることはなかったが、そのような中、ただ一人この馬にほれ込んだのが、騎手から調教師へ転向して間もなかったヘンリー＝アモス師であった。騎手時代から「クッキー」の愛称で知られていたヘンリーは、競走馬を求めて南ローデシアまで足を延ばし、そこでスプイブリッジの才能に惚れ込んだ。しかし、南ローデシア産馬に出資してくれる馬主は見つけることができず、ヘンリーは自らスプイブリッジの馬主となり、南アフリカでデビューさせることにした。

ケープタウンで調教を積まれたスプイブリッジは、１９５３年の秋にデビューにすると、2歳時に2勝を上げ、3歳の緒戦は2着に敗退するも、そこから古馬相手のオープン競走を3連勝し、一躍ケープタウンの最有力3歳馬として注目を浴びる存在となった。年が明けた１９５４年、ケープタウンの3歳クラシックが開幕す

る中、スプイブリッジは果敢に、古馬の出走するケープタウンの最強戦メトロポリタンハンデキャップ（芝2000m）に挑戦した。結果は4着に終わったが、ヘンリーはこの結果に自信を持って、当時の3歳最高賞金競走、3月6日の喜望峰ダービー（芝2400m）に向かわせた。1番人気は16戦13勝のナタールダービー馬キングスパクト、2番人気にスプイブリッジ、3番人気にウェストプロヴィンスギニー馬フェアウェザーが続いたが、レースは、最後の直線でフェアウェザーとキングスパクトが抜けして接戦を演じる中、スプインブリッジは全く伸びを欠き、勝ち馬から6馬身差の5着に敗退。ヘンリーにとってこの結果は不可解なものであったが、競馬ファンがスプイブリッジの評価を下げるには十分であった。南アフリカ競馬のシーズンを占める大一番、7月のダーバンジュライ＝ハンデキャップ（芝2100m）では、スプイブリッジは全く有力視されていなかったが、勝ち馬シスボンに1馬身半及ばなかったものの、3頭による2着争いを制し、今後に大きな期待を感じさせる結果となった。この後、7月に2戦してともに2着となり休養に入った。

1月のメトロポリタンハンデキャップで復帰したスプイブリッジは、1番人気に支持されたものの、結果は12着とまったく走る気力を失っていた。その後も入着すらできないレースぶりで、7月のダーバンジュライ＝ハンデキャップは16着と見る影もなくなってしまった。

もう終わったかに思えたスプイブリッジの復活は、1955年7月16日のクレアウッド＝ウィンター＝ハンデキャップ（芝1800芝）での勝利から始まった。2週間後の伝統の長距離戦ゴールドカップ（芝3200m）で3着に入ると、8月はチャンピオンステークス（芝2000m）、クリアウッド＝マーチャント＝ハンデキャップ（芝1200m）と連勝し、今までの不振を完全に吹き飛ばした。5ヶ月の休養明けとなった、1月のメトロポリタンハンデキャップでは着外に敗れたものの、6月のアスコットステークス（芝1800m）を快勝して、有力馬の1頭としてダーバンジュライ＝ハンデキャップに挑んだ。

南ローデシア産馬の歴史的な一日

この年のジュライ＝ハンデキャップは、ビッグ3（南アフリカの3大競走、サマー＝ハンデキャップ、メトロポリタン＝ハンデキャップ、ジュライ＝ハンデキャップ）の勝ち馬がすべて揃っていたが、スプイブリッジの仕上がりは最高であった。レースは、集団で固まって直線に入る混戦となり、残り最後の100ヤードでスプイブリッジはクビ差抜け出してゴールした。レース結果が確定するまで時間を要したが、それは2着判定の裁定であり（結果は同着）、スプイブリッジの勝利は疑いなかった。この勝利は、南ローデシア産馬が南アフリカの大レースを初めて制した歴史的な日となった。スプイブリッジが背負った128ポンドは、2013年に更新されるまで、長らく勝ち馬の最高負担斤量であった。生産者エラ＝ロッキーは南ローデシアの生産者として歴史に名を残し、ヘンリー＝アモス氏は、スプイブリッジなどの活躍もあり、獲得賞金総額のレコードを更新して1955／56年シーズンのリーディング調教師に輝いた。

翌シーズンも現役を続けたスプイブリッジは、ピークは過ぎたものの、レースでの常に上位に顔を出して存在感を示し続けた。スプイブリッジがターフを去って11年後、マーシレスサンがローデシア調教馬として初のビッグ3の勝利となるサマーハンデに勝利したが。ローデシア産馬が南アフリカ競馬で活躍することはなかった。名牝イピトンベが登場するまで半世紀の時を要することになる。時は流れ、南ローデシアの国名がジンバブエと変わった。スプイブリッジはジンバブエ競馬の年度表彰のタイトルとしてその名を残している。

（本文：大岡賢一郎）

驚撃は海を越えて シャノン

▼2秒以上の出遅れ……オセアニア史上最強マイラーの伝説

父 ミッドストリーム
母 アイドルワーズ
母父 マグピー
生年 1941年
性別 牡
毛色 鹿毛

オーストラリア

生涯成績 44戦20勝［20-8-7-9］
主な勝ち鞍 ハリウッドゴールドカップ、ジョージメインS連覇、ゴールデンゲートH、アルゴノートH、フォーティーナイナーズH、サンフランシスコH、テオS、カンタベリーS、トラムウェイH、ヒルスS、エプソムH、AJCサイアーズプロデュースS、キルクハムS、トゥーイヤーオールドSほか

想像を絶するような生物、出来事を目の当たりにした時、人間はあまりの戦慄から思考回路は麻痺し、無力にもただただ立ち尽くすのみとなる。
「30m以上のサメがいたんだ！　本当だよ」

あなたはこの話を信じれるだろうか？　あの映画『ジョーズ』に登場する巨大ザメでも7m程。もちろん本物のホホジロザメの平均的体長も4〜6mで、目撃されたものでも、12mが最大なのである。その倍以上もあるサメが実在したというのである。2018年9月に公開された「MEG」に登場するメガロドンでも23mだ。

1918年、ブロートン諸島付近にある漁場へ、いつものように漁に出かけるのを、イセエビ漁師たち全員が拒否し、イセエビの出荷が滞る、という奇怪な事件が起きた。漁師たちはポート・ステファン港に属していたが、この漁師たちのいうところでは、彼らが深い海に横たわる漁場で操業していたところ、信じられないくらい巨大なサメが出現したというのである。

そのサメは、イセエビがたくさん入ったカゴを次から次へと、係留線ごと奪い取っていった。ひとつのカゴは直径1m以上あり、なかには数ポンドも重量のあるイセエビが、2~3ダースも詰まっていることがあるそうだ。男たちはそろって、このサメはいまだかつて想像もしたことのないような代物だったと述べている。

地元の水産省の調査員が多くの人々に接近して尋ねたところ、彼らは全員、その怪物の巨大さについて賛同した。彼らが教えてくれたサメの大きさというのは、完全にバカバカしいものであったが、この怪物が彼らの頭をどうかさせてしまったことの証拠として、紹介しておく。ただし、彼ら漁師たちは海にも、いかなる天候にも、いかなる種類のサメについても、よく馴染んでいたことを付け加えておく。

一人の漁師は、そのサメは「最低でも90m(300フィート)はあった!」と言い放った。また別の漁師は、私たちが立っている埠頭の長さくらいあったと証言している。――つまり、34・5m(115フィート)! 彼らはその生き物が泳いだあとには、広い海面が泡立っていたと主張している。もちろん彼らは、この辺をよく通りすぎるクジラには親しんでいる。しかしこれは巨大なサメなのである。

また一方で、漁師たちは、その大きな頭はネルソンズ・ベイにある埠頭の屋根くらいあったと述べているが、もちろんそんなことがある訳がない。しかし、彼らはごく普通の、がっしりした漁師たちで、「漁師のホラ話」をしたこともなければ、彼らの捕獲物についても語ったこともないほどで、その上、彼らは何年も前からすべての「ホラ話」を知っているそうである。調査委員たちの報告で最も深い印象を与えたことの一つは、彼らがそろってその生き物が、「幽霊のように白かった」と語っていたことである。

さて、次の話もにわかには信じがたい話である。

「2秒以上出遅れて、100m以上遥か離れた馬が、最後方から追い込んできたんだ!」

これも現実に起きた話なのである。

競馬新聞等で「出遅れ1馬身不利」、「出遅れ2馬身不利」と小さい文字で表記されているが、もはや馬身差に換算できない程大差の出遅れを喫し、追い込んできた馬がいるというのである。それもレベルが大きく差の出る新馬戦、下級戦や、出遅れてもある程度挽回可能な長距

離戦ではなく、マイルの……しかもGⅠ戦で……である。

そのこの世のものとは到底思えない、驚天動地の鬼神のごときパフォーマンスを見せた馬……その馬の名はシャノン。オーストラリア競馬史上に燦然とまたたく豪州史上最強のマイラーである。その生涯を紐解いてゆきたい。

シャノンは1941年、オーストラリアはセントアルバンス・スタッドに誕生。しっかりとした調教課程の中、至極順調に競走馬としての自我に目覚めてゆく。デビューは1943年。空を切り裂く〃鉄の風〃のごとく勝ち上がると、キルクハムS、トゥーイヤーオールドSなどを制し、2歳最高レベルのレースAJCサイアーズプロデュースS（芝1400m）へと歩を進めた。ここには2歳最強と目されていたティーローズが出走してきていたが、一気の末脚で撫で切ってしまった。2歳最強馬の名声を胸に、翌1944年はクラシック路線を歩むが、やはりスタミナ面に脆弱な部分を抱えていたらしく、クラシックディスタンスで惨敗。不振に陥り、主な勝ち鞍はへG2のホバートヴィルS（芝1400m）のみに留まってしまう。

「この馬の素質はこんな物ではない」

そう固く信じて止まない陣営は建て直しを図るため、10ヵ月の放牧でシャノンをリセットさせ、フレッシュな状態で帰厩させた。

ここから伝説の快進撃が幕を開ける――……。

トラムウェイH（芝1350m）、ヒルスS（芝1900m）、エプソムH（芝1600m）と連戦楽勝。シャノンは急激にスタミナも付けたらしく、2000mクラスならびくともしなくなっていた。またシャノンは出遅れ癖があったらしく、常に2～3馬身差の出遅れから先団へと付けていったということである。

他馬を震撼させる途方も無き俊邁は、麒麟のごとき星火燎原の勢いで5連勝。そして敗戦にも関わらず、ベストパフォーマンスに選ばれるドンカスターH（芝1600m）へと物語は推移してゆく。ドンカスターHはメルボルンCに次ぐ高賞金の華やかなムードの大レースで、マイル～中距離の最強クラスが集結する。

1946年のレース当日、シャノンはいつものように、独特の暢楽なオーラを放ち馬場へと姿を見せた。ところがである……バリアーが上がった瞬間によろめき、完全に態勢を崩してしまっていた。ジョッキーが慌てて立て直し、スタートを切った時にはすでに、発走から2〜3秒以上の時が流れ、シャノンはポツンと唯一頭、スタート地点に取り残されていた……。絶望的スタート……陣営の誰もが大敗を覚悟し、ファンは天を仰いで顔に両手を当てた――。先頭集団は一つ目のコーナーを周回し、有力馬たちがポジションを上げてゆく……その時、シャノンは100m以上も離された最後方で、全く別のレースをしているかのようだった。それも先頭から100mではなく、シャノンの前を走る馬群の最後尾からである。最終コーナーを周り、激戦が展開される。その時であった――……もはやこの世のものとは思えない程の異常なモーションで、烈風のように伸びてくる影があった――。

シャノンだった。

そこにあるはずのない光景が、今そこに広がっているのである。ファンはもちろん、陣営もが目を疑った……物理的にどうしても成立する訳のない方程式が、いま眼前で解き明かされようとしている――……!

ゴールはもう10mまで迫っていた。

まるで捕まれば命もないっといった顔色で、必死に逃げるブルーレジェンド。

空を切り裂き、大地を烈震で震わせ、そして大気をも揺動させせんスピードと超ド級の迫力で加速してくるシャノンの追い比べ。

シャノンが頭差まで詰め寄った所にゴール板があった――。

この伝説のレース、ドンカスターHはこう語り紡がれている。

“It is considered one of the most staggering performances ever seen on an Australian racetrack.”

このセンセーショナルな一戦で一大人気博したシャノンだったが、この年の敗戦はこのレースのみ。他の追従を許さない隙の無い金甌無欠の無敵ぶりを見せ付けた。特筆すべきはジョージメインS（芝1600m）。玉響の刹那に、5馬身も楽々と、それも聖愴のように突き抜け、当時のオーストラレシアン・レコードである1:34.5のタイムで大勝したのである。

翌1947年も脅威の速さを見せ付けてジョージメインSを連覇するなど大活躍するも、1948年には米国への移籍という、まさに青天の霹靂と言える大英断が発表される。砂へと舞台を変えても、距離が伸びても、もはや覚醒を遂げたシャノンには、取るに足らないことだった。ハリウッドゴールドカップ（ダ2000m）、ゴールデンゲートH（芝1800m）と、レースの条件を問わず、涼風がそよぐ中駈け抜けるように、清爽な走りを披露して見せた。

シャノンは渡米後、芝1800mと芝2000mの世界レコードをマークしている。さらには、あのサイテーションと並び、米国チャンピオンハンデキャップホースに選出されている。

シャノンは閃光の輝きを競馬場に残る隻影に留め、惜しまれる中、ファンの前から去っていった。

引退後はスペンドスリフト牧場で種牡馬入り。47戦12勝でユナイテットネイションズHやアーリントンクラシック、ウッドワードSを勝ったクレム、85戦19勝でファウンテンオブユースSやニューオリンズHを勝ったシーオエリン等を輩出。その血脈を現勢へと滔々と伝えている。

1955年、シャノンは遠い異国の地でそっと瞳を閉じ、南十字が瞬くキラ星の珊瑚礁へと翔ていった――……

シャノンの亡骸はスペンドスリフト牧場に埋葬されたが、残念なことに現在は墓標が無標となってしまっている。

天使が吹く角笛の旋律と、愛吟される甘美な歌声と一緒に。忘れない……彼方を。

（本文：兼目和明）

夢はポケットの中に ポケットパワー

▼アフリカに君臨した絶対的不動の王者

父 ジェットマスター
母 ストームスプレー
母父 プリンスフリムンド
生年 2002年
性別 せん馬
毛色 鹿毛

南アフリカ共和国

生涯成績 43戦20勝
主な勝ち鞍 J&Bメット三連覇、クインズプレート四連覇、ゴールドチャレンジ、グリーンポイントS3回（内連覇1回）、ウィンターギニー、ウィンタークラシック、ウィンターダービーほか

調教技術の向上や、競走馬の距離適性分けが進んだ現代競馬にあって、21世紀に入り、J&Bメット3連覇、クインズプレート4連覇という前時代のような不朽の金字塔を成し遂げた驚くべき競走馬が南アフリカに登場した。それが今回紹介するポケットパワーである。

2004年、マイク＝バス調教師は、競走馬の購入に興味を持っていたマーシュ＝シャートリを誘いケープタウンのセリに参加した。そのセリで、同席していたテリー＝テリーシルコック氏（生産牧場スターストンスタッドのオーナー）から1頭の競走馬を進められた。マーシュは、その勧めを信じ、友人であるウェーバー夫妻との共同購入で18,500ランド（約32,500米ドル）でその若駒を獲得した。ウェーバー夫妻にとっては、思いがけない誘いに乗った形であったが、この時の決断が、人生を大きく変えたと後に語っている。

ポケットパワーのデビューは、決して華々しいものではなかった。荒々しい気性から去勢されたポケットパワーは、その能力をすぐには発揮することができず、3歳となった2005年8月、ケニルワース競馬場のメイ

ダン戦（芝1200m）でデビューするも結果は5着。その後も3着、7着と勝ち上がれず、11月に初勝利を上げるまで4戦を要した。4ヶ月の休養を経て、2006年3月の下級戦で復帰して2勝目を上げた。すでに3歳クラシックはケープタウンからヨハネスブルグへ移っていたが、ポケットパワーは、ヨハネスブルグへ転戦することなく、ケープタウンに残ることを選択すると、ケニルワース競馬場の裏クラシックと呼ばれるウィンターギニー（G3、芝1600m）、ウィンタークラシック（G3、芝1800m）、ウィンターダービー（G3、芝2400m）を3連勝し、その才能を一気に花開かせた。

3ヶ月の休養を経て、9月の春シーズンに登場したポケットパワーは、脚元に不安を抱えていたことから、長い距離を避け、12月30日のクインズプレート（G1、芝1600m）を目標に、1200m戦を3戦使って、5着、3着、2着と徐々に仕上げられていった。クインズプレートは、1861年創設の南アフリカ最古の重賞であり、距離が短縮された1948年からはケープタウンのマイル最強戦として位置づけられる伝統の一戦である。ここでポケットパワーは1番人気に支持されると、その期待に応えて難なく勝利を上げた。さらに年が明けた2006年1月26日、ケープタウンの最強戦J&Bメットでも単勝オッズが1倍を切る圧倒的な人気に応えて1馬身1／4差で快勝した。

南アフリカの一流馬は、ケープタウンの夏開催からヨハネスブルグの秋開催を経て、ダーバンの冬開催を転戦するのが一般的な路線である。さらにこのシーズンは、「オールスターズシリーズ」と銘がうたれ、各距離別のカテゴリーごとでボーナス賞金が設けられていた。クインズプレートとJ&Bメットに勝利していたポケットパワーは、マイルと中距離のカテゴリーでボーナス賞金を獲得するチャンスを得ていたが、あえてヨハネスブルグの秋開催は避け、ダーバンの冬開催に目標を絞った。結果として、6月のゴールドチャレンジ（G1、芝1600m）では2着、7月のダーバンジュライ（G1、芝2200m）では4着と勝利が上げられなかったが、マイルと中距離のカテゴリーで獲得ポイントが首位となりボーナス賞金を獲得した。

5歳になり、ポケットパワーは充実の時を迎えていた。4か月の休養後の復帰した11月の1200m戦で2着となると、その2週間後のグリーンポイントステークス（G2、芝1600m）に勝利し、連覇を狙って出走した12月のクインズプレートと翌年1月のJ&Bメットをあっけなく連勝してしまった。クインズプレートとJ&Bメットのダブル連覇は、1978〜79年のポリティシャン以来、史上2頭目の快挙であった。

この年もヨハネスブルクに転戦はせず、ダーバンの冬季開催に標準を合わせた。ところが、5月のドリルホールステークス（G2、芝1400m）と6月のゴールドチャレンジ（G1、芝1600m）をケープタウンの最強牝馬ダンサーズドーターに連敗すると、競馬関係者のポケットパワーの評価に疑問符が生じ始めた。ポケットパワーが過去7つの勝利すべては、ケープタウンのケニルワース競馬場で上げたものであり、彼の強さはケニルワース競馬場に限ったものではないのか、というのであった。しかし、そんな評価を一蹴するかのように、7月ダーバンジュライでダンサーズドーターを抑えて勝し、最強馬であることを知らしめた。この後、チャンピオンズカップ（G1、芝1800m）で2着に敗れたものの、この年の年度代表馬に選ばれた。

6歳となったポケットパワーは成熟の域に達し、地元ケープタウンで戦う限りはもはや敵は存在しなかった。4か月の休養を経て、11月のグリーンポイントステークス（G2、芝1600m）を連覇で復帰戦を飾ると、12月のダイアデムステークス（G2、芝1200m）の2着を経て、2009年1月10日のクインズプレート、1月31日のJ&Bメットを連勝した。クインズプレートの3連覇は1マイルになってからは史上初（2マイル時代に4頭が達成）、J&Bメットの3連覇は史上初の快挙であった。

南アフリカには今だ達成されていない偉業がある。それはケープタウン、ヨハネスブルグ、ダーバンの3地区の最強戦、通称「ビッグ3」の全制覇である。すでに、J&Bメットとダーバンジュライに勝利していたポケットパワーにとって、残るタイトルはヨハネスブルグのゴンマゴンマチャレンジ（G1、芝2000m）だけであった。メディアは、これまでヨハネスブルグ転戦を回避してきたポケットパワーの「ビッグ3」の全制覇の期待を報じはじめた。マイク＝バス師は、ポケットパワーには「ビッグ3」を制覇するだけの充分な能力があると

信じており、さらに海外の一流馬とも十分に戦える自信があった。その一方で、ポケットパワーは生来の脚の弱さを常に抱えていた。マイク＝バス師は自身の野望を封印し、ケープタウンの夏季開催からダーバンの冬季開催、短距離戦をステップに中距離戦に挑む、というローテーションを崩さなかった。ダーバンの冬季開催で、ポケットパワーは、前年度敗北したゴールドチャレンジ（G1、芝１６００ｍ）に勝利。連覇を狙ったダーバンジュライ（G1、２２００ｍ）はトップハンデが響いて5着し、続くチャンピオンズカップ（G1、芝１８００ｍ）は昨年と同じく2着と敗退したが、年間の活躍が評価され、2年連続の年度代表馬に選ばれた。

7歳になっても現役を続けるポケットパワーが挑むは、クインズプレートとJ&Bメットの4連覇という途方もない偉業だった。２０１０年1月9日、ポケットパワーのクインズプレートの4連覇に立ちはだかったのは、ダーバンジュライの勝ち馬ビッグシティライフであった。強敵の参戦にもかかわらず、圧倒的な1番人気に支持されたポケットパワーは、見事レースに勝利してクインズプレートの4連覇を成し遂げたのであった。クインズプレート4勝は１２８年ぶり、4連覇での達成は初の快挙であった。続く1月30日のJ&Bメットでもポケットパワーは1番人気に支持され、4連覇は間違いないと思われたが、結果は3着に敗退した。しかしその偉業を阻んだのはポケットパワーの1歳下の全妹リヴァーイェツェツで、まさかの兄妹による4連覇となった。

このシーズンも、マイク＝バス師はヨハネスブルクへの転戦を明確に否定し、それが毎年の恒例のようにダーバンの冬季開催に向かった。ただ、J&Bメットで4連覇が潰えたとき、ポケットパワーの走ることへの情熱も冷めていったのかもしれない。4度目のダーバンの冬季開催で3戦して勝利は得られず、ダーバンジュライに至っては初の二桁順位となる12着と大敗した。騸馬である彼には、競馬場で長く存在を示すしかない。まだクインズプレート5連覇という記録がかかっている以上、まだターフを去るわけにはいかなかった。グリーンポイントステークス（G2、芝１６００ｍ）に三度の勝利し、、本番クインズプレートへと向かったが、結果は4着。さらにJ&Bメットでは8着に沈み、ここで彼のキャンペーンは終了した。185,000ランド（約140,000米ドル）で購買された騸馬は、生涯で10,250,000ランド（約1,400,000米ドル）を稼ぎ出した。

管理したマイク＝バスは、ターフを去ったポケットパワーを「頑固であり、勇敢であった。そして特別な存在であった」と語った。ケープタウン郊外のオークスステイブルで、ポケットパワーは障害馬術の乗馬馬として新たな第二の人生を始めた。多くの競馬ファンに愛された彼の活躍は、今でもメディアで報じられる。

（本文：大岡賢一郎）

Wonderlust
～いにしえ幻の名馬たち～

ベルギー史上最強三冠馬

アビーグレイ

アビーグレイ。1986年生。12戦8勝2着2回3着2回、ベルギー最強三冠馬。ベルギー史上最強馬プリンスローズやトドライのような歴史的名馬にもまったく引けを取らない能力を持っていたであろう。ベルギーの最優秀3歳と年度代表馬にも選出されている。

アフリカで見た夢
コロラドキング
▼南アフリカから米国へ。夢を叶えたアフリカ王者

生涯成績 41戦17勝［41-17-3-7］
主な勝ち鞍 Jケープ二冠（ケープミロウウッドギニー、喜望峰ダービー）、ハリウッドゴールドカップ、アメリカンH、サンセットH、ジュライH、ギニートライアルSほか

父	グランドラピッズ
母	カレッジャウス
母父	フェアーソーン
生年	1959年
性別	牡
毛色	栗毛

南アフリカ共和国

南アフリカ競馬の興隆

　記録によると、南アフリカ最初の入植地ケープタウンにサラブレッドが上陸したのは１７９２年のこと。イギリス人がケープタウンが占領した翌年の１７９６年に南アフリカターフクラブが結成された。ロイヤルスポーツである競馬を開催することは、海外に進出したイギリス人にとって経済的成功者の証である。１８２８年には、イギリス国外で初のダービーとなるブリーダーズ＝オブ＝プロデュース＝ステークスを創設し、イギリス本国から遠く離れたアフリカ大陸の南端で、成功者たちは新たな「イギリス」を作り上げていった。その後も多くのイギリス人が、経済的成功を求めて入植してきたが、１８９３年に17歳で南アフリカの地にやってきたアーネスト＝ヴィンセント＝ビーチもその一人であった。

　１９１０年に、ケープ、ナタール、トランスヴァール、オレンジの4つの植民地が統一して南アフリカ連邦が成立すると、東ケープで農園を開いていたアーネストは、サラブレッド生産に可能性を見出し、１９１１年に生産牧場フォヘルフレイ＝スタッドを開設した。１９１９年にグレネードで南アフリカダービーを制して以降、数多くの名馬を生産し、南アフリカを代表する生産者としての地位を確立した。1937年にアーネストは引退し、牧場はシドニー、エドワード、ウォルター、ヴィヴィアンの4人の息子が継いだ。このバーチ4兄弟が、南アフリカ競馬界に送り込んだ偉大なる2頭の名馬が、南アフリカ競馬史上最強と名高いシーコテージと、そして今回紹介するコロラドキングである。

コロラドキング王者に立つ

イタリアダービー2着のグランド・ラピッズの初年度産駒として誕生したコロラドキングは、シドニー＝レアード師の調教の下、2歳となった1960年の春シーズンに地元ケープタウンの競馬場に登場した。しかし、デビューから3戦連続して2着となかなか勝ち上がれず、年が明けた1962年2月に初勝利を上げた。その1週間後、当時の2歳馬最高賞金競走であった喜望峰ナーサリー（芝6ハロン）に果敢に出走すると、2着に7馬身の差をつける圧勝をみせた。2ヶ月の休養を経てナタール州のダーバン競馬場に遠征したコロラドキングは、各地から集まった有力2歳馬を相手に連勝しその存在感を見せつけたが、3歳となった最初のハンデ戦で5着に敗れると、ケープタウンに戻り休養に入った。

南アフリカの3歳クラシックは、歴史的背景から旧植民地ごとで整備されている。当時の競走体系は、10月にナタール州ダーバンで開幕し（南アフリカギニー、ナタールダービー）、12月にはトランスヴァール州ヨハネスブルグに移り（ベローニギニー、南アフリカダービー）、2月のケープ州で終幕（ケープギニー、喜望峰ダービー）となっていた。コロラドキングは、他地区の3歳クラシックには遠征せずに、地元ケープタウンの3歳クラシックに備えた。そして、12月にハンデ戦に出走して古馬相手に快勝し、1963年1月のギニートライアルステークス（芝7ハロン）では2着に5馬身で圧勝して、万全の体調で3歳クラシックに挑んだ。

2月2日、この年のケープ＝ミロウウッド＝ギニー（芝8ハロン）は、南アフリカ最大のワイン会社ステレンボッシュ＝ファーマーズ＝ワイナリーがスポンサーとなり3歳最高賞金競走へと様変わりしたことで、ダーバンから2冠馬カジュアル、ヨハネスブルグから南アフリ

カダービー馬ヒフラクと強力なライバルたちが参戦してきたが、コロラドキングは1番人気に応えてレコードタイムで勝利すると、続く喜望峰ダービー（芝12ハロン）にも勝利し、名実ともに3歳最強馬であることを証明した。

クラシックを終えた3歳馬が、古馬の一線級と雌雄を決する舞台が、7月にダーバンで開催されるジュライハンデキャップである。4ヶ月の休養を経たコロラドキングは、6月の一般ハンデ戦で快勝して本番に臨んだ。シドニー＝レアード師は、叔父ギャレットの死によってコロラドキングの調教を引き継いだ時、機械が唸るようなその力強い走りを見て、偉大なるチャンピオンになることを予見したが、それは見事に実現した。コロラドキングは2着のスペシャリティに1馬身半の差をつけて勝利した。この勝利に、ファンは「ザ・キング」と称してたたえた。

ジュライ＝ハンデキャップの勝利から1週間後、コロラドキングは不必要だと思われるスプリント戦に出走して3着に敗退した後、アメリカのデルマー競馬場の会長ウィリアム＝ホーン氏に15,000米ドルで販売された。もしコロラドキングが南アフリカに留まれば、重い斤量での戦いになることは避けられず、バーチ兄弟はこのオファーを快く受け入れたが、この移籍を唯一残念がったのが、主戦騎手であったロバート＝サイバイトであった。しかしコロラドキングとの経験を糧に、サイバイトは翌年から名馬シーコテージと共に南アフリカ競馬の伝説を築くことになる。

ハリウッドゴールドカップの制覇

南アフリカ馬として初めてアメリカに挑戦することになったコロラドキングは、1964年1月25日、サンタアニア競馬場の一般戦（芝6・5ハロン）をクビ差で勝利すると、2月3日の一般戦（芝1・1／16マイル）も快勝したが、東海岸の芝の最強戦サンルイレイハンデキャップ（芝7ハロン）で4着、初のダート戦となった東海岸の春季最強戦「ビックキャップ」ことでサンタアニアハンデキャップ（ダ1・1／4マイル）では5着と掲示板には乗ったものの、勝ち馬からは7馬身も離された完敗であった。その後も、ステークス競走では3着、4着、3着と勝ち切ることができず、6月の一般戦では勝利したものの、その次のイングルウッド＝ハンデキャップ（ダ8・5ハロン）では4着と敗退した。コロラドキングのアメリカでの挑戦は、このまま尻すぼまりとなるのではと思わせたたが、7月4日のアメリカンハンディキャップ（芝9ハロン）で8馬身差のレコード勝ちでステークス戦に初勝利すると、7月18日の夏季の東海岸最強戦であるハリウッドゴールドカップ（ダ10ハロン）では1番人気に応え2馬身差の快勝をした。7月27日のサンセットハンデキャップ（ダ13ハロン）では名手シュイメーカーを鞍上に2着に7馬身差をつけて圧勝した。

しかし、コロラドキングが輝きを見せたパフォーマンスはここまでだった。ネイティヴダイバー、ガンボウ、ケルソといったアメリカ競馬史を彩る名馬が揃った時代にあって、コロラドキングは全く走る気力を失ったかのような凡走を続け、1965年まで現役を続けて14戦をして勝利は一般戦であげた1勝にとどまった。

コロラドキングの活躍は、南アフリカ馬が海外に移籍する嚆矢となり、1969年に全米芝チャンピオンに輝いたハワイの活躍へとつながっていった。アパルトヘイト政策により国際スポーツからの締め出されていた南アフリカにあって、競馬は海外と交流を続ける数少ない糸口であり、コロラドキングの海外での活躍は、南アフリカの白人らにとって誇りであった。彼が、南アフリカ競馬に残した功績をたたえ、彼の名を銘した重賞競走が開催されている。

（本文：大岡賢一郎）

過去にいた未来
タケシバオー

▼〝元祖・怪物〟距離条件完全不問のスーパーホース

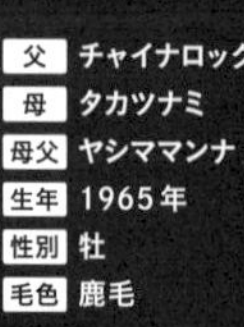

父	チャイナロック
母	タカツナミ
母父	ヤシママンナ
生年	1965年
性別	牡
毛色	鹿毛

日本

生涯成績 29戦16勝［16-10-1-2］
主な勝ち鞍 天皇賞（春）、京都記念（春）、朝日盃3歳S、毎日王冠、ジュライS、東京4歳S、東京新聞杯、英国フェア開催記念（スプリンターズS）、3歳S（福島）ほか

ある夜のニュースで、古い競馬の記録破られるというテロップと共に映し出されたのはタケシバオーのレコード記録が破られたという内容であった。GＩの結果が放送される事はあっても記録が破られた事が放送されるとは……と驚きで見ていた覚えがある。

タケシバオーは、１９６５年４月23日生まれ。父チャイナロック、母タカツナミという血統。母の血統からは特に目立った活躍馬が出ておらず、父は後に元祖アイドルホースともいえるハイセイコーを出しているが、まだこの頃は無名でタケシバオー自身も目立つ存在ではなかった。

「元祖怪物」。それがタケシバオーを召喚する最大の讃辞にして〝キーワード〟である。

タケシバオーがなぜ「怪物」と称されるに至ったか。それはどんな競走条件も天候も馬場も斤量さえもいとわず、圧勝楽勝の連続で数々のレコードタイムを刻印していったことに他ならない。一流スプリンターから一流のステイヤーとまで鎬を削り圧倒しつづけた豪烈なる日々。その生涯を見つめ解いていくことにしよう。

デビューはオープン戦で、後の戦績を暗示しているような2戦連続2着の後、3戦目で勝ち上がる。次のレースでは国内唯一の連対を外す3着に敗れはしたが、3連勝で迎えた朝日盃3歳Sをも制した。年が明けても連勝は続き弥生賞を迎える。このレースには後に3強と呼ばれるアサカオー、マーチスも出走していた。ここはアサカオーの2着に敗れる。次走のオープン競走こそ1着となるが、この後から長いトンネルに入る事になる。本番の前哨戦ともいえるレースだけでは無く皐月賞もマーチスの2着に敗れ、ダービーでは人気馬の3強が牽制しあった事が響いたか伏兵のタニノハローモアの2着に敗れてしまう。秋初戦も2着に敗れる結果になったが、陣営は大英断を下す。菊花賞には進まず、米国で開催されるワシントンDC国際競走に出走したのである。現在でも3歳馬の海外遠征は全体の割合からすれば少なく、遠征のノウハウも確立していなかった当時では異例な事であった。このレースは、アクシデントもあって最下位に終わる。国内に復帰してからも長いトンネルからは抜け出せず、気性面から行く気に任せた逃げ等の先行策を取る事が多かったタケシバオーだが、控える競馬も覚えるようになった。

漸く抜け出せたのは古馬になって2戦目での事だった。この東京新聞杯ダート2100mをレコード勝ち。それも持ったまま6馬身差の大差勝ちだった。その上タイムは驚異的レコード。当時ダートの2100で2分10秒台を切る馬が現れようなど、誰も想像だにしていなかった。

続くオープン競走こそが冒頭でも述べたダート1700mでのレースで、暴走気味に飛ばしたこのレースは60kgを背負って1分41秒9という驚異的なレコード勝ちだった。その後も長いトンネルを経験してきた馬とは思えない程に別馬のような快進撃を続け、天皇賞（春）の前には半分の距離の1600mを走ってレコード。天皇賞（春）は、ライバルとして3強を形成していたアサカオーを破り優勝。これが初めての八大競走での勝利となった。その後も連勝は続き、国内最後となる英国フェア開催記念芝1200mでも62kgを背負いレコードを記録した。自身最後のレースとなってしまうワシントンDC国際競走に前年同様に参戦するが、体調不良の中でのレースにまたもや最下位に終わってしまう。この強行が響いたか、馬は消耗しきってしまって引退を余儀無くされてしまった。

昔の名馬の条件に、2歳戦で仕上がりの早さ。3歳戦ではクラシックの異なる距離。古馬になってからは、長距離での持久力を示すというものがある。タケシバオーは菊花賞こそ出走しなかったが、名馬の条件を満たし、古馬になってからも短距離でレコード勝ちを記録する等、距離・馬場・斤量を問わない稀有な存在として人気を博した。

種牡馬となってからのタケシバオーは、ある一定の成功をしたと評価出来る。八大競走等の大レースを制した馬こそ出せなかったが、内国産馬冷遇時代だった事や3強を形成したライバルよりも成功を収めた事からも明らかであろう。

後にオグリキャップ、ナリタブライアン、グラスワンダーらが〝怪物〟と称される活躍をすることになる訳だが、怪物の異名が最もふさわしいのはタケシバオーなのかもしれない。〝元祖〟が許される唯一の存在だからこその感覚なのかもしれないが。

もし……もしもタケシバオーが現代競馬に降臨し、一から競走馬として生涯を歩くとしたら、一体どれほどの活躍ができるだろうか。調教技術、交通手段が遙かに進化し、騎乗レベルも上がった現代。タケシバオーの真120％を解放したその雄姿が、一目見たくて夢想する――

ファンがクロフネ再来を夢見るいまも、その存在はひょっとしたら過去、昭和の時代に〝元祖怪物〟として君臨していたのかもしれない。ハイセイコーを送り出した父チャイナロックからの血統からは怪物ダート馬の巨影が頭をもたげる。

競走生活晩年、主戦として手綱を握った古山良司氏は後年、次のように語っている。

「タケシバオーが、現代の競走体系で走っていたらダート交流戦を使うでしょうね。最大目標はジャパンカップダート。いまのトップホースたちに敵うかって？　当然勝てるでしょう」

ダートは5戦して4勝3着1回、内3戦がレコードという戦績がその何よりの証明であろう。

いつの日か、また〝元祖怪物〟と逢える日を心待ちに今宵も甘い夢を見るとしよう――……。（本文：T・K）

月に吠える日 ウォルフ

▼チリ競馬に屹立する驚異の三冠馬

父 ドミニュー
母 ルナフリア
母父 リゲル
生年 1987年
性別 牡
毛色 鹿毛

チリ

生涯成績 15戦10勝［10-1-1-3］
主な勝ち鞍 チリ三冠（エルエンサーヨ、セントレジャー、エルダービー）、ナシオナルリカルドライオン、コロナシオン賞、アルベルトビアルインファンテ賞、ライムンドバルエス賞ほか

チリ最強馬の系譜

「南米の屋根」ことアンデス山脈の西側、南北に細長く国土が伸びるチリ。北部は厳しい砂漠地帯、南部は雄大な自然、と両極な姿を見せるが、国土の中央に位置する首都サンチアゴは、地中海性気候に属する温和な気候であり日本と同様に四季を感じることができる。また、他の南米諸国からは「南米の日本」と冗談がでるほど、チリ人は勤勉な国民性であり、この国に私たちがイメージする「南米」は存在しない。こと競馬に関しても、時間に正確な運営など南米においては異質と感じられる。

チリの競馬は、19世紀末よりサンチアゴ馬事クラブとバルパライソ＝スポルティング＝クラブの2つの競馬クラブが主導してきた。両クラブは芝コースをメインとし、古くはオールドボーイに始まり、サルピコーン、カンティンプローラ、フレイレ、パレスロイヤル、フィリブステロと最強馬の系譜を繋いできた。1950年代になるとダートをメインとするチリ競馬場協会が台頭し、1969年にバルパライソ＝スポルティング＝クラブから3歳クラシックの1つ、セントレジャーを買収したこ

とでクラブの地位は一層高まった。以後、現在に至るまで、チリの3歳クラシックは、全くタイプの異なる3つの競馬場を舞台に、芝・ダート混在で行われている。ただ、芝・ダートの路線の別が明確であったチリ競馬にあって、この3歳クラシックの改編により、3冠馬の誕生は困難なものとなり、この半世紀で誕生した3冠馬はたった1頭のみ。その競走馬が、ウォルフである。

圧倒的なパフォーマンス

サンタアメリア牧場を率いるアリエンデ家は、国内屈指のオーナーブリーダーであり、初代オーナーのカルロス＝アリエンデは、チリ競馬場協会会長など様々な団体の要職を歴任した生産界の要人であった。１９８７年、ウォルフは、牧場の2代目オーナー、アルベルト＝アリエンデの生産馬として誕生した。父は、ネヴァーベンドの子ドミノーで、競走成績は平凡ながら、後にリーディングサイヤーに輝いた種牡馬であった。ウォルフは、一度はセリで売却されたものの、物理的な蝦疵が見つかり牧場へ買い戻され、結果としてサンタアメリカ牧場の名義でデビューすることになり、アルベルトの息子で調教師のホセ＝トマス＝アリエンデの下に預けられた。

１９９0年4月29日、サンチアゴ馬事クラブの未勝利戦に登場したウォルフは、直線だけで2着に5・１／２馬身を引き離して勝利すると、1ヶ月後のライムンドバルエス賞（芝１６００m）では9馬身もの大差で圧勝した。この勝利にマスコミも俄かに騒ぎ出した。

6月24日の馬事クラブの2歳牡馬王者戦アルベルトビアルインファンテ賞（芝１６００m）で単勝1倍の1番人気に支持されたウォルフは、道中位置取りに苦しんだが、直線で抜け出し2着メイファイルに１・１／４馬身差で勝利を収めた。ウォルフの並外れた能力を感じたホセ師は、この時点で3冠制覇を視野に入れた。

ウォルフはポリリヤデポトリリヨス（芝１７００m）を回避し、9月30日のナシオナルリカルドライオン（芝２０００m）から3歳戦をスタートさせた。単勝2倍の1番人気に押されたウォルフは、2番人気の牝馬クリスタリィーネに直線だけで8馬身の差をつけてしまった。3着はポリヤデポトリリヨスを制していたメイファイルであり、この時点で、3歳の芝路線の力関係は完全に決してしまった。

10月28日の3冠初戦エルエンサーヨに姿を現したウォルフは、単勝1倍の圧倒的な1番人気に支持された。レース振りは圧巻で、道中5番手に付けたまま最後の直線に入ると、前の4頭と一気に抜き去り、最後は2着に7・1／4馬身もの差を付けるトラックレコードで勝利した。レース後、ホセ師は取り囲む大勢のマスコミの前で、父アルベルトへの感謝の言葉の後に、初のダート戦となるセントレジャー参戦を宣言した。

ただ、この年のセントレジャーは、例年以上に厳しいものであった。芝路線でウォルフが無双状態であったと同様に、ダート路線でも1頭の競走馬が圧倒的な存在感を示していた。8戦7勝、3つのダートG1をすべて圧勝してきたメモであった。12月1日のチリ競馬場、ウォルフは、敵陣へ乗り込んでいった。セントレジャー（ダ2200m）の出走8頭の中、馬事クラブからの参戦はウォルフのみ。それでもファンはウォルフを支持し、1番人気を単勝2倍でメモと分け合った。そしてレースは歴史に残る1戦となった。

スタート後、ウォルフとメモが先頭を奪いあうとそのまま2頭は3着以下を引き離していった。バックストレッチでは3着以下を10馬身以上も引き離なす事実上のマッチレースであった。最後の直線に入りウォルフが僅かに抜け出す。メモが食い下がるもその差は縮まらず1・3／4馬身でウォルフが2冠を達成した。2着メモと3着が17馬身もの大差をつけていたことは、両頭の実力が突出していたことを物語っている。

ウォルフは、12月30日にコロナシオン大賞（芝2000m）を9馬身差で勝利し、7戦7勝で翌年2月3日のビーニャデルマールへ向かった。夏のリゾート競馬の祭典エルダービー（芝2400m）。3冠最終戦の舞台ビーニャデルマールは、3冠馬誕生の瞬間を待つファンで溢れ返った。もはやウォルフの快進撃を阻むものは何もなかった。3冠阻止にメモが初の芝レースに参戦してきたが、ここでは敵でなかった。ウォルフはメモに5・1／2馬身の差をつけて快勝。実に27年ぶりの3冠馬が誕生した。

海外移籍後の不遇

8戦無敗での3冠という戦歴でチリ国内のパフォーマンスを終え、ウォルフは活躍の場を北米に移すことに

なった。またライバルのメモも北米へと渡った。マスコミは「両者の対決は舞台を北米に移すことになった」と報じたが、その後の両者の活躍は相反するものとなった。北米の重賞戦線で活躍し、引退後はシャトルスタリオンとして多くの活躍馬を輩出したメモに対し、北米の調教に馴染めなかったウォルフは完全にコンディションを崩し、ロスマンズ国際S（芝12F）の4着入線の他は見るべき成績を残せなかった。種牡馬としても目立った活躍馬は輩出できず、2002年にトルコで生涯を終えた。死後、トルコに残した数少ない産駒からG1ウィナーが誕生したものの、ただその産駒もレース中の故障で予後不良となり、父系の子を残せなかったのは残念であった。しかしながら、母国で見せた圧倒的なパフォーマンスは、ウォルフがチリ競馬の最高傑作であるとする評価を揺るがすものではない。彼が3冠を制してから四半世紀、いまだ3冠馬は誕生していない。

（本文：大岡賢一郎）

宿念のカナリアカラー

ファーウェル

▼ブラジル競馬に君臨せし歴史的名馬

父	バーファム
母	マリル
母父	ウッドノート
生年	1956年
性別	牡馬
毛色	黒鹿毛

ブラジル

生涯成績 17戦15勝［15-2-0-0］
主な勝ち鞍 サンパウロ三冠（イピランガ大賞、ダービーパウリスタ、コングラガサン大賞）、南米ダービー（サンパウロ大賞）、ブラジル大賞、連邦直轄区大賞、ジュリアノ・マルティンス大賞、アンテノール・ララ・カンポス大賞、オトーニョ賞、マンフレッド・コスタ・ジュニオール大賞ほか

ブラジル競馬の興隆

南米競馬が成熟期を迎えた1950年代、各国のホースマンは、自国の競走馬の能力を試すため海外遠征へ意欲的となった。各国の競馬クラブは、国際化への対応を迫られたが、折しも、アルゼンチン競馬界がペロン大統領による弾圧の余波に苦しんでいたこともあり、南米競馬の秩序整備は、成長著しいブラジルによって主導されることになった。1958年にサンパウロに南米競馬奨励協会（OSAF）が設立され、会長に就任したブラジルの大馬産家フランシスコ＝エドゥアルド＝パウロ＝マチャードは、各国を跨いだ国際競走の路線整備を進めていった。この南米競馬が国際化に向かった華やかなる時代、ブラジルに3頭のスーパーホースが登場した。ナルヴィク、エスコリアル、ファーウェルである。この3頭は、ブラジル競馬史上最強馬を論じれば、必ずや名前が上がる競走馬であるが、その中でも特に最強馬との声が高いファーウェルについて紹介しよう。

無敗の三冠ロード

ファーウェルは、1956年にサンパウロ＝ジョッキークラブの会長ジョアン＝デ＝アルメイダ＝プラドがサンパウロ郊外に所有する2つの生産牧場の1つジャウー牧場で誕生した。ファーウェルの誕生に前後して、ジャウー牧場の生産馬アディルが、サンパウロ大賞3連覇（1955〜1957）を達成したこともあり、牧場で目立つ存在であったファーウェルにも大きな期待が掛かった。

1959年2月22日、サンパウロのシッダードジャルディン競馬場の新馬戦（芝1000m）でデビュー勝ちをおさめたファーウェルは、4月19日のチラデンテス賞（芝1200m）、5月24日のオトーニョ賞（芝1300m）、6月21日のアンテノール＝ララ＝カンポス大賞（芝1500m）と重賞を勝ち進んだ。そして、6月28日、リオデジャネイロのガヴェア競馬場で、エスコリアルが史上5頭目のリオ3冠を達成して興奮に包まれている裏で、ファーウェルはシッダードジャルディン競馬場のジュリアノ＝マルティンス賞（芝1500m）に勝利し、5戦無敗でサンパウロの2歳王者となった。エスコリアルとファーウェル、世代を異にする両馬の対決は、この時すでに避けられない運命にあった。

ブラジルの3歳クラシックは、上半期にサンパウロ、下半期にリオデジャネイロで開催されることが慣行であるが、OSAFの会長フランシスコ＝エドゥアルド＝パウロ＝マチャードは、国際化の手始めとして、1958年より伝統のサンパウロ大賞を3歳限定の国際競走「南米ダービー」へと改編し、さらには、リオとサンパウロの3歳クラシックの統一という大改革を企図していた。

ブラジル競馬の大変革が行われる最中、ファーウェルは、サンパウロの3冠クラシックに進み、9月6日の3冠初戦イピランガ大賞（芝1609m）を4馬身差で圧勝。ダービー前哨戦のマンフレッド＝コスタ＝ジュニオール大賞（芝2000m）の勝利を経て、12月6日のダービーパウリスタ大賞（芝2400m）では、ジアナ大賞（サンパウロオークス）の勝ち馬ザルザに3馬身差を付けて難なく2冠を達成した。12月27日のリネオ＝パウラ＝マシャド大賞（芝2000m）で古馬との初対決では、コングラガサン大賞（サンパウロセントレジャー）勝ち馬シャヴェコらを全く寄せ付けずに圧勝し、年を明けた

1960年2月7日の州知事大賞（芝2000m）では、リオの3冠クラシックで3冠馬エスコリアルと競い、3着・2着・3着と死闘を演じたロヘングリンもあっさりと退けてしまった。古馬の一線級を退けたファーウェルにとって、3月6日の3冠最終戦コングラガサン大賞（芝3000m）は単なる通過点に過ぎず、2着に3馬身差を付ける無難な勝ちっぷりで、11戦無敗という完璧な成績で史上5頭目のサンパウロ3冠馬に輝いた。

海外遠征での惜敗

無敗街道を進むファーウェルには、4月から開幕するリオの3歳クラシックに向かい、リオとサンパウロの3冠制覇という大偉業をめざす選択肢もあったが、馬主でもあるサンパウロジョッキークラブ会長ジョアン＝デ＝アルメイダ＝プラドは、5月に開催される「南米ダービー」サンパウロ大賞（芝2400m）に、ホストとして、3歳最強馬ファーウェルを万全の態勢で挑ませる必要があった。封を開けてみれば、海外から参戦したのはアルゼンチンで下級重賞を1勝しているだけのジェットだけであり、ファーウェルは、リオ3冠の初戦オトーニョ大賞を勝って挑んできたハイペリオに影も踏ませず4馬身以上つける圧勝で、「南米ダービー」のタイトルを獲得した。

ファーウェル陣営は、相手が来ないなら、こちらか行くと言わんばかりに、南十字星大賞（リオダービー）を回避し、アルゼンチンの国際競走、5月25日国際大賞（芝2400m）の遠征を決断した。ブラジルからは、ナルヴィク、エスコリアルと各世代の最強馬も総じて参戦を表明したことで、アルゼンチンの地は、一転、ブラジル最強馬を決する舞台ともなった。各国からも、ペルー4冠牝馬パンプローナ、チリ2冠馬トルパン、コロンビア2冠馬フライレジョンなど豪華なメンバーが参戦を表明したが、迎え撃つアルゼンチンは、4冠馬マナンティアルと2冠馬マンボレータがアメリカに売却されて大将不在の状態であり、ブラジル勢に勝機はあった。そして、5月29日にサンイシドロ競馬場で開催された5月25日国際大賞は、2頭のブラジル馬、エスコリアルとファーウェルの熱戦となり、最後は1馬身半エスコリアルに及ばず、ファーウェルは初の敗北を喫した。5着にはナルヴィクが入線し、ブラジル馬の強さを見せつける

結果となったが、最強を信じていたファーウェル陣営には悔しい結果となった。
帰国したファーウェルは、6月26日のリオ3冠の最終戦、連邦直轄区大賞（芝3000m）に勝利し、8月7日のブラジル大賞（芝3000m）で、エスコリアル、ナルヴィクとの2度目の対決に向かった。レースは、最後の直線で抜け出したファーウェル、エスコリアル、ナルヴィクの3頭による接戦となったが、結果はファーウェルが1着入線して雪辱を果たした。2着には、ナルヴィクが進路妨害により降着となったことで、繰り上がってエスコリアルが2着となった。
3か月の休養を経て、10月29日大賞（芝2400m）を快勝したファーウェルは、最強馬としてブラジルからはただ1頭、11月19日に開催の南米最大の国際競走、アルゼンチンのカルロス＝ペレグリーニ大賞（芝3000m）への遠征を敢行した。この年は、ウルグアイから3冠馬ズンバドールの参戦の他、フランスのイスパーン賞の勝ち馬トバゴ、イタリアの共和国大統領賞の勝ち馬トバゴなど欧州からの参戦もあり、ファーウェルには強敵が揃ったが、レースに勝利したのは、前年のサンパウロ大賞（南米ダービー）の勝ち馬、地元アルゼンチン馬のアトラスで、ファーウェルは1馬身半及ばずに2着に終わった。このレースを最後に、ファーウェルはターフから別れを告げた。
17戦15勝、国内で無敗を誇ったファーウェルであったが、海外遠征は2戦とも2着に終わった。「勝敗は兵家の常」である。敗北は戦いを挑んだ結果にすぎない。環境が異なる海外での競走で、2着を外さなかったことが、ファーウェルの能力の高さをより印象付けていよう。残念ながら、種牡馬としては生殖能力が無く、産駒を残すことができなかった。しかし、ブラジル競馬が続く限り、ファーウェルは人々の記憶に最強馬として生き続ける。そして、ブラジルが南米競馬の雄となった時代に思いをはせるのである。

（本文：大岡賢一郎）

赤き雷よどこへ
マイセン
▼米国競馬を震撼させたペルーよりの刺客

父	アダムズアップル
母	デルフト
母父	ユアマジェスティ
生年	1936年
性別	牡
毛色	栗毛

ペルー

生涯成績 24戦15勝[15-2-3-4]
主な勝ち鞍 サンタロサ・デ・リマ賞、リマク賞、共和国大統領賞(2回)、ペドロ・D・ギャリガー賞、アルフレッド・ベナビデス賞、ラ・コパ賞、インデペンデンシア賞、コメルシオ賞、コンペテシア賞、コンパラシオン賞、新年賞

1941年の6月17日、ロサンゼルスの地へ真っ赤な巨影が巨体を揺らして降り立った。

約一ヶ月後に迫るハリウッドゴールドカップは75000ドルの増額がなされ、三冠馬ワーラウェイの参戦が予期されていた。

ペルーからやってきた南米チャンピオンのマイセンは〝ペルーのファーラップ〟と謳われた程の名馬であり、ペルー20戦15勝［15-2-3-0］着外なしという文句なしの実績を引っ提げての渡米。

〝ペルーのヒョウ〟の異名を取るこの紅き紅蓮の巨大馬を手掛けたのはジーザス・ゴンザレス調教師で、彼は降り立ったこの馬の手綱を引くや、主戦のマリオ・キンテロ騎手の目の前まで誘導した。

キンテロ騎手は何か大きなイラストの様な図版を抱えており、これをマイセンの眼前に掲げた。

マイセンは何を思うか、イラストに映る一頭の馬を凝視している。米国三冠馬ワーラウェイがそこには描かれていた。

「お前のターゲットはコイツだ。三冠馬ワーラウェイを

倒しに俺たちはやってきた」
ワーラウェイの参戦が噂されるハリウッドゴールドカップは7月19日。不慣れな環境に適応し、調子を上げて行くには十分な時間が残されている。
しかし、マイセンは全く結果を残せず、ペルーへと帰還し、その後不運な最期を迎える事になる。
ペルーの知られざる名馬、伝説という名の光跡を残し去った、紅き雷マイセンはどこに消えてしまったのか。その生涯を辿ってみたい。

マイセンはアルゼンチンに生まれ、ペルーへ。彼の地ペルーにおいては全20戦を消化。2歳時は未出走で、3際を迎えてからようやく競走馬としてのスタートを切った。

3歳時は11戦9勝［9-0-2-0］。1100m～2400mの距離で走り、いかなる距離でも万能であった。4歳時、古馬となってからもペルー最強を誇り、9戦6勝2着2回3着1回の成績を残している。約60kgを背負い2000mにて当時のペルーレコードの2:00.2、さらには2400mにても約62kgを背中に当時のペルーレコードとなる2:29.8をマーク。

ペルーでの3戦の内、2頭立てとなってしまったレースが1回、単走（ウォークオーバー）を1回記録しているが、それだけ力はペルーにおいて抜きん出た物となっていた。

同国の古馬の最高峰レース、コメルシオ賞（現在はG3だが、当時は共和国大統領賞の4倍の賞金競走であり、ペルーの重賞でもダービーと並んで最古の競走である）にて圧勝し、誰しもが認めるペルー最強馬の玉座に君臨した。

もはや国内にマイセンを脅かすほどの能力を振り翳せるほどの馬は皆無であった。


マイセン陣営の矛先と視線は米国へ。

〝ビッグレッド〟と呼ばれ、一世を風靡したスーパーヒーロー・マンノウォーが去ってから20年近い歳月が流れた米国へ、またも赤い衝撃波が到来することとなる。

〝ペルーのファーラップ〟とまで謳われた、当時の南米最強馬マイセンは、ペルー20戦15勝［15-2-3-0］の実績を引っ提げ乗り込んできた。

短距離でもチャンピオンディスタンスでも関係なく、60kg以上の斤量を背負いながらのレコード圧勝と、もはやペルー国内はおろか南米において無双無敵の勢いを持っての参戦。

これには米国競馬界も脅威震撼。新聞記事にて報じられる当時の記録を紐解くと、当時のマイセンについて克明に記したものが残されている。

記事によれば、マイセンは賞賛を持って迎えられ、記者たちにお披露目された。

「ペルーからの侵略者、南米チャンピオンのマイセンを一目見ただけで、これ以上無い程に強烈な印象を抱いた。我々がこれまでカリフォルニアで目にしてきた馬たちよりも一回り大きく、体高は17ハンド（約172cm）以上はあろう。今まで目にしてきた馬たちの中で最も均整の取れた馬体をしている。1300ポンド（590kg）ぐらいのあり、驚脅威的なパワーを持っていそうだ」

これはデイリーレーシング紙の記者が述べたコメントであるが、かつて無い程の戦慄を覚えている様子がそのコメントからも窺える。

マイセンの調教が開始されるも、第二次大戦の戦火の影響からマイセンの米国デビューは遅れに遅れ、ようやくハイアリアでデビュー戦に漕ぎ着けたのは2月10日。ポンパノパース（ダ1200m）に出走するも、7頭中6位という、完全に不本意な結果に終わってしまう。

長期戦線を離れていたとはいえ、あまりにも呆気ない配線に地元の記者たちも助け舟のコメントを発した。

「大侵略者は今日は短距離を走った。本領発揮は長距離戦のはずで、これが本来の能力出ない事に疑問の余地も無い」

デビューから13日後の2月23日、今度は芝の1700m戦を選択。今回は叩き2戦目、芝の中距離戦とガラリ舞台は一変。

インベーダーはダース・ベイダーのような威圧的存在感でレースを牛耳るかに思われた。

ところが、またも見る影もない惨敗で6着（7頭中）。

一体どうしてしまったというのか？　ペルーで赤熱の輝きを放っていた巨獣は、その荒ぶる牙を抜かれたかのごとく、羊のように大人しくなってしまった。

小回りでなく、広々とした競馬場ならば……という陣営の戦略だろうか。

マイセンはベルモントパークへ移動を開始。今回こそはと2000m戦に出走するが、ここでも殿負けを喫してしまう。

そしてもう一戦消化するが、ここでも何の見せ場も、光明の差す動きも見られない、全く何の可能性も見出せない大敗。

陣営は皆死んだ魚のような目になり、多くを語らず肩をガクリと項垂れた。

マイセンの米国侵略計画は木っ端微塵にまで砕かれ、その戦績は4戦大敗という惨憺たるものとなってしまった。

失意のままペルーへと踵を返し、船へと乗り込んでいくマイセンはとても600kg近くある巨漢馬には見えず、兎のように見えたという。

その後、マイセンはどうなったのか。彼の子供たちはペルーの地で営みをおくっているのか？

日本で、ヨーロッパで、そしてアメリカでも、きっと……誰もそれを知らない。

どうやら、マイセンは郷里ペルーへ帰還後、種牡馬入りしたようなのだが、早逝してしまい、ほんの細々と子孫が血を繋いでいっている可能性が僅かながらにあるようなのである。

きっと全く能力が足りていなかった訳ではないはずで、環境に適応出来なかった事が多いのと、戦争により完全にリズムを崩されてしまった感が否めない。

しかし、第二次大戦の最中にあった当時の米国では、戦慄を覚えるほどの衝撃があったはずだ。その心模様は当時の記事や写真から滲み出ている。

もはや誰も語ろうとしない、大戦中の米国へ単騎乗り込み夢を見た、南米の伝説的名馬の話……

いまは忘却の彼方、消え去った記憶と記録。そこにあるのは言い知れぬ程の寂寥感と惜別の思い。

ペルーへと向かう船の中、揺られるマイセンはその瞳の先に、一体何を思ったのだろうか。（本文：兼目和明）

モンスター・アスリート
モーリス
▼アジアに君臨した日本競馬史上最強ミドルディスタンスホース

父 スクリーンヒーロー
母 メジロフランシス
母父 カーネギー
生年 2011年
性別 牡
毛色 鹿毛

日本

生涯成績 18戦11勝[11-2-1-4]
主な勝ち鞍 香港カップ、香港マイル、チャンピオンズマイル、天皇賞秋、安田記念、マイルCS、ダービー卿CT、スピカS、若潮賞ほか

ウィンクスも畏れた馬

2018年10月、南半球は南十字星輝く島へ偉大なる記録が誕生した。コックスプレート四連覇。キングストンタウンが記録した三連覇を凌駕する歴史を揺るがす大記録であった。

加え29連勝、GI級競走22勝目。前者はオセアニア記録。後者は平地GI競走では世界新記録。この驚天動地のレコードを打ち立てたのが、世界競馬における歴史的女傑ウィンクスである。

その女王を侍る陣営が心底恐れたライバルが一頭だけいる。それはコックスプレート四連覇を打ち立て際に粉砕したドバイターフ覇者のベンバトルでも、キングジョージやBCターフ、香港ヴァーズなど世界を股に掛けたハイランドリールでもない。

ウィンクス陣営が密かにその動向を窺い、恐れていた存在こそ、怪物グラスワンダーの血を引き継いだ名マイラー・名中距離馬モーリスである。

「ウィンクスが一緒に走っていたら、もしかしたら負けていたかもしれない……そう思うのが日本のモーリスで

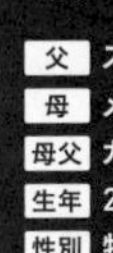
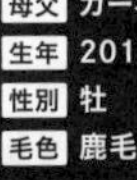

す。」

そう語るはウィンクスに絶大な信頼を寄せる調教師クリス・ウォーラーである。

モーリスは突如として劇的に変化、変身を遂げた馬であった。関東の名伯楽、堀宣行調教師の袂へと移籍して以降、本当に馬が変わったかのように覚醒。

条件馬からオープン馬、オープン馬からGIホース、そして歴史的名馬へと階段を駆け上がり、最後は史上最強の中距離馬・マイラーへと変貌を遂げていったのである。

生まれは北海道は日高地方の戸川牧場。母メジロフランシスはメジロ牧場から譲り受けた繁殖牝馬であり、失われた名門の血筋を受け継いだメジロフランシスにスクリーンヒーローを配されて第六仔として誕生したのがモーリスであった。

特に人を煩わせるような面も無く、印象に薄かったのが幼少時代であったという。栗東の吉田厩舎に入厩し、2013年の10月6日、京都競馬場の芝1400mにてデビュー。

見事1着で勝ち名乗りを上げ、1:20.6という2歳コースレコードで快勝するも、2戦目の京王杯2歳Sでは惨敗。その後の万両賞を勝ち、オープン入りを果たすも、何か上手く歯車が噛み合わぬ日々が続いた。シンザン記念を5着、スプリングSを4着、京都新聞杯は7着……。

春のクラシックは終焉の笛が吹かれ、京都の白百合Sで仕切り直しを図るも、3着と惜敗。その後に長期休養に入り、結局この年は未勝利のまま終わってしまう。

しかし、翌年にこの馬が劇的な大変貌を遂げ、歴史的名馬への階段を駆け上がろうなどは、誰一人として想像にできなかった。

覚醒。最速進化の伝説

2014年、モーリスはそれまで所属していた栗東の吉田厩舎を後にし、美浦の名門厩舎・堀宣行調教師の傘下入り。

復帰戦の若潮Sを圧勝で飾ると、続くスピカSも出負けし、最後方を追走。4コーナーでも最後尾だったが、なんと中山の短い直線で10頭をゴボウ抜きにし余裕の快勝。しかも先行馬はバテておらず、加速するラップの中を差し切っての勝利で、確実に3歳時のもどかしさは消え去っていた。

2連勝の勢いをそのままに、復帰3戦目にして重賞タイトル奪取に挑戦する事となる。ダービー卿チャレンジトロフィ。中山芝1600mで、またも出負けし後方から2番手の追走。

なんとまたも直線だけで、13頭の一気抜き。坂下で先頭集団へと襲撃し、坂を駆け上がるやさらに加速度を上げてゴールへと飛び込んでいった。

15頭立ての中山コースのマイル重賞で、信じ難い圧勝だった。坂を登ってからの超加速は異次元のものであり、未来の片鱗を見せつける形となった。

上がり33秒フラット、勝ちタイムは小雨の中で1:32.2のレースレコード、着差は3馬身半も着いてしまっていた。

このレースで誰もがモーリスは完全に本格化を迎え、覚醒した事を確信した。

まるで別馬となったかのようなその走りにただただ唖然として息を飲むしかなかった。

目標とするは安田記念。腰の甘さが解消され、身の入った調教をこなせるようになったことが、一番の要因であったのかもしれない。

ダービー卿以来のレースとなり、騎手も川田騎手へとスイッチされた安田記念。通常なら休み明けで乗り替わり、しかも初のGⅠ挑戦。

敗戦濃厚とも取れる境遇でも、進化を遂げたモーリスの前では事もげないことであった。

ここ近走と異なり、スタートを上手く切れたが、これが逆に仇となり、掛かり気味に先行してしまう。

追い込みの競馬で3連勝をしてきたが、全く異質の競馬をGⅠの大舞台で強いられてしまう。

しかし、モーリスはファンの想像の上をいく進化を遂げていた。バテる事なく先頭馬を交わしさり、重戦車のように雄々しく中央で抜け出すと、2番手に迫ってきたヴァンセンヌを首差押さえ込み、念願の初GⅠ勝利の美酒に酔った。休養明け、乗り替わり、斤量3kg増、実績ない左回りへのコース替わりという四重苦を完全に跳ね返してしまった。

GⅠ馬となったモーリスはマイルGⅠ春秋連覇を目指すべく、夏の休養期間後は毎日王冠を始動戦として調整

が進められていたが、２週前の追い切り後からの疲れが抜け切らないとのことで、安田記念に続いてマイルＣＳも休養明け明けで臨むという半ば無謀とも取れるローテーションからか、世界的名手ライアン・ムーアを鞍上に迎えるも、モーリスは４番人気という低評価に甘んじた。

中団から外目を回ってズンズンと進撃。フィエロやイスラボニータ、サトノアラジンといった強豪を相手に圧勝。

1:32.8、上がり33.1というタイムを見ても、休み明けの馬としては常識外れな強靭性をまざまざと見せ付けるのであった。

ｖｓ香港史上最強マイラーとの死闘。そしてミドルディスタンスへの挑戦

モーリス覚醒の２０１５年を締め括る舞台は、香港が選ばれた……中でも当時、香港競馬で無敵を誇り、至宝の存在かつ国民的人気を誇示していたエイブルフレンドとの世紀の対決が最大の焦点となった。

まさにアジア最強を賭けての一戦。エイブルフレンドはここまで21戦13勝。前年の香港マイルを圧勝し本格化。スチュワーズカップ、チャンピオンズマイルなど地元で比類無双の強さを見せつけ、特にマイルにおいては「香港史上最強」の称号すらも戴く王者の中の王者である。

ライアン・ムーアの騎乗で臨んだモーリスは中団からエイブルフレンドをマーク。直線では外を回して雄々しく抜け出し、まるでブルドーザーのように全てを押しつぶすかのように飲み込み、先頭に。

しかし、エイブルフレンドも流石にしぶとく、差し返しモーリスを突き放そうとするも束の間、モーリスはこれまで温存してきたと言わんばかりの第３の脚で猛進。

エイブルフレンドを完全と打ち負かし、粉砕。見事、香港マイル優勝を飾った。

２着には２頭の激闘を眺めていたジャイアントトレジャーが末脚を伸ばし、両頭の間に割って入り、モーリスの２着に食い込んでいる。

この歴史的センセーショナルな１戦が大きく評価され、モーリスは最優秀短距離馬に選出されたばかりか、年度代表馬にも選出されている。

日本はもちろん、アジアでも最強の玉座に就いたモーリス。次なるは世界王者と目論見、ドバイターフを目指して調整されていたが、疲れが抜け切れず、遠征を取り止め、香港のチャンピオンズマイルへと目標を切り替えた。香港のリーディングに君臨し続けるトップジョッキーであるジョアン・モレイラを鞍上に迎え、余裕の競馬で圧勝。

次なるは、日本へと凱旋し、安田記念連覇を狙っての出陣。トミー・ベリーが今回の鞍上に抜擢されたが、非常にまずい乗り方をしてしまう。

掛かり通しで先行してしまった事で、無駄に脚を使ってしまい伸びを欠き、ロゴタイプの逃げ切りを許してしまった。

この日は6月5日。〝ロゴ〟の日だっただけに、ロゴタイプの日、ロゴタイプにとっての大赦日、馬生最上の吉日だったという事なのだろう。

まさかの敗戦を喫し、連勝がついにストップ。GⅠ連勝記録も4で止まることとなってしまったが、距離延長しての挑戦に臨んでいく事を目標としていく。

秋のGⅠ戦へ向けての始動戦としては、札幌記念を選択。しかし、またしてもネオリアリズムの逃げ切りを許してしまい、猛追及ばずの2着。

絶対王者としてあってはならぬ連敗を喫してしまい、これにはさすがに陣営も沈黙をせざるを得なく、ノーザンファーム代表の吉田勝己氏も秋のレース選択には言葉を濁し、明言を避けた。

最大目標を欧州などの海外とするのか、香港か、それとも国内に専念するのか。そこも茫漠たるままに秋を迎えた。

モーリス陣営、堀調教師が選んだのは秋の天皇盾だった。ここには前年の香港カップで逃げ切りを果たし、フランス遠征にてイスパーン賞で歴史的大差勝ちを演じたエイシンヒカリ、ドバイターフ勝ちのリアルスティール、前年覇者で宝塚記念馬ラブリーデイ、ロゴタイプ、この後に香港ヴァーズを勝ち、翌年にはキタサンブラックを苦しめるサトノクラウンなどを相手に、豪烈な末脚を完全発揮し圧勝。

ここ2戦の曇り、靄が透徹と晴れ抜けるような、鮮やかな勝ちっぷりだった。

日本競馬史上最強の中距離馬へ……

秋の天皇賞後、ジャパンCの噂もあったが、三度となる香港遠征を敢行。この年はマイルでなく、香港GＩの最高峰となる香港カップをターゲットとし、空へ飛んだ。

ここがモーリスの最終戦、ラストランとなることが発表される中、香港カップ史上、日本馬最多の出走となり、その顔触れも史上最高布陣の陣容となった。

モーリスを大将格にエイシンヒカリ、ラブリーデイ、エリザベス女王杯馬クイーンズリング、香港適性の高いステファノス、地元香港馬も香港最強馬デザインズオンローム（香港カップ、香港ダービー、香港クラシックカップ、香港金盃連覇、クイーンエリザベス二世カップ他）、ブレイジングスピード（クイーンエリザベス二世カップ、チャンピオンズ&チャッターカップ2勝など）、ヘレンスーパースター（チャンピオンズ&チャッターカップなど）などが名を連ねる中、圧倒的1番人気に絶大な支持を受け、直線悠然と突き抜け、3馬身差の圧勝。見事優秀の美を飾るのであった。

これは私見ではあるが、モーリスというその名前は、モーリスグリーンなど海外の人名を連想させるからか、過去に猛威を奮った外国産馬を彷彿とさせた。

その豪胆なる出で立ちと取り巻くオーラ、直線で他馬を薙ぎ倒して行くように伸びて行く様は、圧倒的強さをより際立たせるものだった。

私は右回りの芝1マイルならば、日本競馬史上最強の名馬と考える。左回りならウオッカやタイキシャトルが上となるやもしれないが、

右回りでの強さは、父父のグラスワンダー譲り。環境の変化により劇的な超速進化を遂げた名馬は、アスリートと呼ぶにふさわしき存在であった。

常識を超越し、進化し続ける〝モンスターアスリート〟と。偉大なるモーリスへ手向ける、最大の賛辞である。

（本文：兼目和明）

夕映えの空、心の彼方。響け轟け、白きブルース

ブルースオンザルース

▼ジャマイカ競馬 真・史上最強馬

父 ホイールアウェイ
母 ロードトゥジャスティス
母父 リットデジャスティス
生年 2006年
性別 牡
毛色 芦毛

ジャマイカ

生涯成績 29戦22勝
主な勝ち鞍 ジャマイカ二冠[ジャマイカ2000ギニー、ジャマイカセントレジャー]、トリニダード二冠[ミッドサマークラシック、トリニダードダービー]、カリビアンチャンピオンS四連覇、トリニダードゴールドカップ、ステュワーズカップ2回、サンタローサダッシュ三連覇、ダイアモンドステークス2回、プレジデンツカップ、ストレイトステークス、スプリントチャレンジトロフィ、デュラントメモリアルほか

「ブルースとは、心の状態であるとともに、その状態に声で表現を与える音楽である。ブルースは捨てられたもののすすり泣きであり、自立の叫びであり、はりきり屋の情熱であり、欲求不満に悩むものの怒りであり、運命論者の哄笑である」

ポール・オリバー著「ブルースの歴史」より

彼はジャマイカに生まれながら、トリニダード国民に崇愛・宝愛され続けた奇特な存在であった。

その走りは、まさに〝ブルース〟そのままに……情熱の咆哮であったと言っても過言ではなかった気がする。

耳をすませ、波の音に聞き耳を立てると、あの白い馬の走り抜ける蹄の音と、勇気溢れる姿が瞼の中浮かんでくる。

トリニダードの、ちょっぴり叙情的な競馬ファンは皆

そう口にするという。

ブルースオンザルースの戦法は捲り。

日本で言うならばディープインパクトの走りを連想して頂ければいいだろう。

ジャマイカには、古くはレーガルライト、ロイヤルダッド（心臓発作で倒れた伝説的存在）、近年ではミラクルマンや魔法少女シンプリィーマジック（ジャマイカ三冠ほか、西インド諸島史上最強と謳われる名牝）など、世界にも誇っていい、かなり高いレベルのサラブレッドも降誕しているが、このブルースオンザルースは先にあげた伝説の名馬たち以上の歴史的戦績、どんな距離にも対応できる順応性、そして隣国トリニダードでの世紀の大活躍と、過去に無い全てを持ち合わせていたのである。

デビューはジャマイカであったが、早くからその鬼才を開眼させ、圧勝楽勝の連続でジャマイカ２０００ギニーも大楽勝。

しかし、ジャマイカダービーでは、ザガンマーという馬に短首差のみ差し届かず、心機一転トリニダードへと渡る。

そこでさらにこの馬のポテンシャルが全開することとなる。

参戦したトリニダードダービー、２コーナー過ぎから早くも捲りを開始。3コーナーでは先頭へと並びかけ、早くも4コーナーでリードを広げ始める。直線を向いた時すでに2位との差は5馬身以上あり、歴史的大差勝ちは約束されたも同然であった。

追われるとさらに猛烈な加速を始め、残り１００ｍですでにスタンドからは大きな拍手喝采と祝福の声があち

ブルースは、フィールド・ハラーと呼ばれていた労働歌とヨーロッパから白人が持ち込んだ大衆音楽バラッドBalladsが組み合わさったものと言われている。労働のためのかけ声にアフリカから持ち込まれたリズム感を持ち込むことで発展したフィールド・ハラーは、当初は限られた歌詞を繰り返し歌うごくごくシンプルなものだったようで、定まった形式などをもってはいなかった。それに対してバラッドは、文字を知らないヨーロッパの一般大衆のために歴史や伝説を歌のかたちで表現する芸能の一ジャンルとして発展したものであった。

こちから上がっていた。ゴールを過ぎた時、その着差はなんと15馬身差も開いていた。

サンタローサ競馬場へ雷轟が鳴動し、詰め掛けたファンは震撼すると共にスーパースター飛来を確信。

白い勇者に魅惑されたファンたちは、以後この馬に首っ丈になって声援を向けることとなる。

ココがすごい！ ブルースオンザルース

①２００９年から２０１２年、四年間にも渡り年度代表馬に選出される。

これはカリブ海競馬史上初の快挙。

②最優秀スプリンター、ステイヤー同時選出までされる。それもそのはず。１２００ｍで1:09.2（いまだ抜かれていない）のレコード。

ダービーもレコードで大圧勝なのだから……

③ダービーを10馬身以上で勝った、21世紀初の馬に！

ダービーに相当する競走で大差勝ちをした馬はあらゆる国と地域の馬を見ても数える程度。

無敵のスーパーホースとして君臨し続けてきたブルースオンザルースだったが、２０１３年を迎えた1月16日、サンタローサ競馬場内の馬房の中、強烈な疝痛に襲われ、のた打ち回り、絶命してしまう。

史上最強馬を襲った突然の不幸。

ジャマイカのみならず、トリニダード競馬界全体が深い悲しみに暮れた。

偉大なる白いブルース奏者を、こよなく愛したサンタローサの地に埋葬することが、関係者と主催者側との協議末一致。

サンタローサ競馬場にブルースオンザルースは埋葬される運びとなった。

向こう20年間はこれほどの名馬は現れないだろうと、現地では言われている。

「ブルース」という音楽の誕生は、アフロアメリカン、ネグロたちがアメリカで今後も生きて行くことを決意したことの証明だったと言えるのかもしれない。

彼らはどんなに厳しい環境でも、どんなに残酷な差別を受けながらも、「もう自分たちはここで生きて行くしかない」そう覚悟を決めたのである。

その逆に、アフリカへ帰ろうと呼びかけた音楽がレゲエであり、その中心思想だったラスタファリニズムであった。ボブ・マーリーはその運動の先頭に立っていたからこそ、ジンバブエの独立運動を応援し、アフリカへと何度も出かけたのである。

「アメリカにいるアメリカ人が、自分たちはアメリカを離れることなどないと気づいた瞬間からブルースは始まった」

リロイ・ジョーンズ著「ブルース・ピープル」より

ブルースオンザルースもミッドサマークラシックを勝ち、ダービーを歴史的圧勝で締めくくったその瞬間から、トリニダードこそ天命の地であり、離れることのない第二の母郷と感知していたのかもしれない。

その戦績の勝利の実に15勝がトリニダードでのものだった。

カリブの空、夕映えの空へ、レゲエとも、ジャズともとれない凱歌のトランペット・ミュージックが鳴り響く。

偉大なる名馬へ手向けるレクイエムは、どこか儚くも切ない、邯鄲の「ありがとう」に聞こえてならなかった――。

夕凪の中、心へと吹き流れるブルースの旋律に乗せて。

（本文：兼目和明）

グレイテスト・サラブレッド

スカーダラー

▼人々の記憶に刻まれし、インド真・史上最強にして南アジア史上最強馬

父 ヴァローロソ
母 ミルキーウェイ
母父 スキャンパーデール
生年 1973年
性別 牡
毛色 鹿毛

インド

圧倒的性能の違いでインド三冠を圧勝。唯一の敗戦がデビュー4戦目で迎えたバンガロールでのレースにて。レッドサティン・インザコルツ・トライアルSにて致命的不利を受け、3着と惜敗。出遅れ、さらには挟まれての絶望的状況で屈したもので、決して力負けではないし、本格化前でもあったので完全な参考外のレースとして考えていいだろう。

オウンオピニオン、ロイヤルターン、イルーシヴピムパーネルといった歴史的強豪や歴代三冠馬以上の絶大なる評価を得ている。

日本でその名が知られないのは、やはりインド競馬が日本にとってあまり身近でない為か。

おそらくその実力は当時の日本の最強級さえ圧倒していた可能性すらあるのであるから。

生涯成績 19戦18勝[18-0-1-0]
主な勝ち鞍 インド三冠〔インド2000ギニー、インドダービー、インドセントレジャー〕、RWITC招待カップ、バンガロールセントレジャー、マハラジャゴールドカップ、大統領金杯連覇、インドターフ招待カップ連覇、ニザムズゴールドカップ、インドエクリプスステークスほか

インド競馬の史上最強馬となると2択に絞られる。
1頭がイルーシヴピムパーネル。
そしてもう一頭がスカーダラーである。
言わば「インドのディープインパクト」。

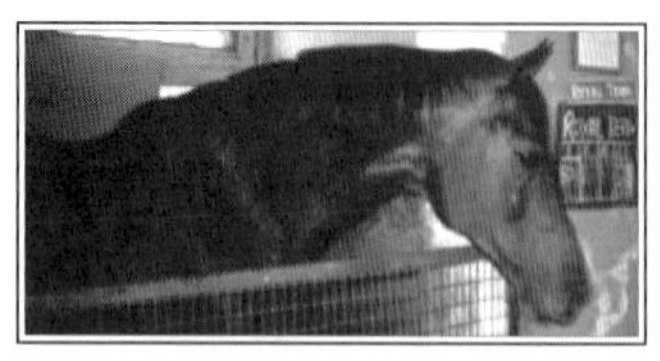

ロイヤルターン。生涯成績32戦26勝。インドダービー、2000ギニー、バンガロールダービー、インドエクリプスS連覇など、インドの大レースをかちまくった。オウンオピニオンと同期で常にオウンを跳ね返し、名勝負を2頭で展開した。

オウンオピニオン。生涯成績43戦27勝。396kg（ジャパンカップ出走時）の小柄な馬体でありながら69kgの斤量を背負い勝った事も。インド競馬史上に残る名馬の1頭であり、第1回ジャパンカップに出走されたことで日本では有名。「インドのシンザン」の触れ込みで紹介された。また、「ゾウと併せ馬（調教）をした」「飼い葉にはカレー粉が入っている」等とまことしやかに噂されたこともあり、ある意味注目を集めていたが、全盛時の勢い無く、日本の馬場も合わなかったため大敗に終わった。

インド競馬史上最強馬イリューシヴピムパーネル。詳しくは『奇跡の名馬・イリューシヴピムパーネル』を参照されたい。

インドの歴代三冠馬　※（　）内は三冠達成年度

コモンナー（1954）
ロイヤルモンツアール（1962）
プリンスプラディープ（1964）
レッドラフス（1966）
アワセレクト（1968）
スクゥアンダーラー（1977）
アルマナック（1982）
アストニッシュ（1992）
インディクトメント（1997）
スマートチーフタン（2000）

インドの歴代三冠馬や史上稀有な能力を有した歴史的名馬たちの詳細は本書の資料を見て頂くとより掌握できよう。

その部分で触れても良かったが、敢えてフィーチャーしたのは、それだけ本馬が途轍もない可能性を示した名馬であるがゆえ。

スカーダラーが絶大無比のポテンシャルを発揮したのは、R．W．I．T．Cインヴァイテーショナルカップでのことだった。

招待された外国馬の迎撃を買って出たスカーダラー。

しかし、直線に入って最内の侠屈な位置に封じ込められ抜け出せない――。

すでに先頭には英国から遠征していたサーテンティーが勝利を確信しきった涼しい顔で躍り出ている。

残り300mでも抜け出せないスクゥアンダーラーはラチ沿いで手綱を絞られたまま。

連勝も最強の名声もここまでか――そう思われたその時だった。

残りゴールまで200m。ようやく馬群がばらけ視界が広がったその先には、もはや覆せない程の距離が開いていた。

前をゆくサーテンティーまで約3馬身。

残り1Fを切ってバテていない相手を差し切るにはもうどうにも出来ない距離。

しかし――

手綱を緩められ、解放されたスカーダラーは、猛獣のごとく咆哮をあげるかのように、激動しワープしたかのように瞬時に並びかけると、一気に勝負を決めてしまった。

このパフォーマンスは今だインド競馬で語り草になっており、スカーダラーは三冠馬にして最も多くGI級競走を勝ち、最高勝率を持って引退していった。

伝説と神話のスパイラルを人々の記憶に刻み込んだ〝グレイテストサラブレッド〟。

それは彼が三冠の栄誉を勝ち得たことで、より箔が付き、他の名馬にはない燐光を放散しているような気がしてならない。

インド競馬評論家の一人も、「彼こそがもっとも偉大なインド史上最強馬」と讃えている。

〝三冠馬〟の時代を統べる威光はインドでも健在なのである。


（本文：兼目和明）

盤古熾炎の風音

リニエルス

▼ウルグアイからブラジルへ。新たな道を開闢した古の三冠馬

父 ピロー
母 ラシゲール
母父 デローネ
生年 1916年
性別 牡
毛色 栗毛

生涯成績 32戦18勝［18-6-2-6］
主な勝ち鞍 ウルグアイ三冠（ポーラデポトリリョス、ジョッキークラブ賞、ナシオナル大賞）、ジョッキークラブ大賞（ブラジル）、7月16日大賞、コスモス大賞、フロンティン博士大賞、オトーニョ賞、市役所賞、ペドロ・ピニェイルーア賞、トレンタ・イ・トレス賞、ホセ・ムイニョース賞ほか

■偉大な馬産家ホルヘ＝パチェコ

1855年に在留イギリス人によってウルグアイ最初の近代競馬が開催されて以降、有志たちにより散発的に競馬は開催されてきた。1875年、首都モンテヴィデオにマローニャス競馬場が建設されると、競馬の定期開催が実現し、1889年からはモンテヴィデオ＝ジョッキークラブがマローニャス競馬場の開催権を獲得して、情熱あるホースマンの下、ウルグアイの競馬は発展してきた。

現在も重賞名にその名を残す馬産家、ホルヘ＝パチェコがアドルフォ＝アルタガベイティアと共に競走馬の生産牧場ラス＝アカシアスを創設したのが1886年のこと。1898年には牧場を分割し、単独名義でロス＝ピノス牧場を創設した。以後、パチェコは多くの競走馬をターフに送りこんだが、特筆すべきはベンツとリニエルスの2頭の牡馬であろう。両頭の父は、アスコットのキングスヴェース（現クイーンズヴェース）を勝ったピロで、ともホアン＝カララ師の調教の下、無敗で3冠を制した偉大な競走馬であった。今回は、そのうちの1頭リニエルスついて紹介したい。

■無敗での3冠制覇

時は、ヨーロッパ諸国が第一次世界大戦の戦禍にあった1910年代。連日、多くの農作物を積んだ貨物船が、北半球へ向かってラプラタ川と出航する様子は、ウルグアイ繁栄の象徴であった。そのウルグアイが最も輝いていた時代、リニエスルはデビューした。1919年2月28日、マローニャス競馬場の未勝利戦（ダ1000m）で、前年度のリーディング騎手メダルド＝ボニーリャを鞍上に迎え、5頭立てのレースを2着に4馬身以上を突き放して圧勝し、1ヶ月後のホセ＝ムイニョース賞（ダ1100m）では、鞍上をエステバン＝ロドリゲスにかえて4馬身差の圧勝で重賞を制覇。さらに、トレインタ＝イ＝トレス賞（ダ1200m）を4馬身差、ペドロ＝ピニエイルーア賞（ダ1500m）を4馬身以上と、圧倒的強さを示し続け、ライバル不在のまま、3歳クラシックを大本命で迎えた。

8月10日の3冠の初戦、ポーリャ＝ポトリリョース（ダ1600m）で2着パスツールを4馬身差以上の差を付けて圧勝。9月7日のプリマヴェーラ賞（ダ2000m）を3馬身半差で快勝し、9月21日の3冠の第2戦ジョッキークラブ賞（ダ2000m）では、2着のパスツールを2馬身差抑えて勝利した。そして、10月12日のダービー前哨戦、プロデュクシオン＝ナシオナル賞（ダ2000m）でも2着に4馬身差を付けて圧勝し、無敗のまま、11月16日の3冠最終戦ナシオナル大賞（ウルグアイダービー、ダ2500m）に向かった。ここで、リニエルスは初の苦戦を強いられたが、最後はクァケールをクビ差退けて、史上4頭目の3冠馬となった。無敗での3冠制覇は、同厩のベンツに次ぐ快挙であった。

■リオデジャネイロでの旋風

リニエルスの次なる目標は、史上初の4冠馬であり、年を明けた1920年1月6日のホセ＝ペドロ＝ラミレス賞（ダ2800m）に向かった。この競走は、アルゼンチンのカルロス＝ペレグリーニ大賞を模範に創設された国際競走であり、この年は、アルゼンチンダービー馬とカルロス＝ペレグリーニ大賞を制したティニーと、アルゼンチン2冠馬ブエンオージョという実力馬が遠征し

てきた。迎え撃つ地元ウルグアイ勢も、リニエルスを筆頭に、同厩の3冠馬ベンツ、前年度の2冠馬ロディンを強力なメンバーが揃った。レースは、アルゼンチン馬のブエンオージョが実力を見せつけ快勝。2着にはロディンは入り、リニエルスは勝ち馬から3馬身3／4差放された3着に終わり、4冠が潰えるとともに、無敗街道もストップしてしまった。リニエルスは、1週間後の国際競走ベニト＝ビリャヌエーヴァ賞（ダ２５００ｍ）に出走したが、今度はアルゼンチン馬ドンラウルの2着に惜敗した。

アルゼンチン馬を相手に2度の敗北を喫したリニエルスであったが、その活躍に目を付けたホースマンがいた。リオデジャネイロのフリミネンセ＝ジョッキークラブの副会長ジョゼ＝カルロス＝デ＝フィゲイレドであった。同氏に請われて、リニエルスは戦いの舞台をブラジルへ移すことになった。当時のリオデジャネイロは、フルミネンセ＝ジョッキークラブとダービークラブの2つの団体が凌ぎを削っていた時代で、リニエルスはジョッキークラブが所有するフルミネンセ競馬場のクリスティアーノ＝トレス師の厩舎に入り調教を積まれた。

ブラジルでの初出走は、4月8日、フルミネンセ競馬場のオトーニョ賞（現リオデジャナイロ州大賞、芝１６００ｍ）であった。この競走は、リオ3歳クラシックの初戦であるリオデジャネイロ（リオ２０００ギニー）に当たるが、当時はまだ3冠競走は整備されておらず、外国産馬も出走できる3歳限定戦であった。ここでイギリス産馬マドルガドールに3／4馬身差で勝利すると、市役所賞（芝２０００ｍ）では4馬身差で圧勝。ダービークラブのイタマラチ競馬場で開催された3歳混合の最強戦リオデジャネリロ大賞（芝２５００ｍ）でマドルガドールに半馬身及ばす2着に惜敗するも、その後、サン＝フランシスコ＝シャヴィエル賞（芝２２００ｍ）、7月16日大賞（芝２４００ｍ）、コスモス大賞（芝２５００ｍ）、フロンティン博士大賞（芝３３００ｍ）と重賞を4連勝し、ナシオナル杯大賞（芝２４００ｍ）での2着を経て、9月15日、当時のブラジル最強馬決定戦であったジョッキークラブ大賞（芝３２００ｍ）に向かい、ここでミノルを1馬身差抑えて勝利し、ブラジル競馬の頂点に立った。ウルグアイ3冠馬の肩書きに恥じない、見事な栄冠であった。

栄冠から1週間後、リニエルスはジョッキークラブ会長大賞（芝3200m）には出走。さすがに6か月の間に10戦をこなす強行軍もあり3頭立ての2着に敗退し、休養に入った。リオでの1920年シーズンを10戦7勝の戦績で終え、獲得賞金賞金ランキングは首位。当然、翌シーズンも活躍が期待されたリニエルスであったが、気候の良いウルグアイ育ちの馬にはリオの夏は過酷すぎた。再びターフ戻ってきたとき、彼の気力は完全にそがれていた。

復帰戦となった1921年4月10日の一般戦（芝2000m）で3頭立ての最下位に沈むと、5月8日の一般戦（芝2000m）で勝利し復調したかに見せたが、連覇を狙った5月22日の市役所賞（芝2000m）でマドルガドールの2着に敗北。次走の一般戦（芝2000m）でこそ勝利を上げたが、その後、翌シーズンまで7戦をこなすも、そのうち6戦が最下位の入線。ブラジル移籍後、わずか半年でブラジル競馬の頂点まで駆け上がったウルグアイ3冠馬も、リオの気候には勝つことはできなかった。引退後、温暖なパラナ州で種牡馬入りしたリニエルスは、サンパウロ大賞を制したアルガルヴェを輩出するなど成功を収めた。今でも、ブラジル産馬の牝系にリニエルスの名を見ることができる。

（本文：大岡賢一郎）

キタサンブラック

これが競馬の祭りだよ

▼血統の常識を覆し、演歌王と登り詰めた、限界突破の最強馬

父	ブラックタイド
母	シュガーハート
母父	サクラバクシンオー
生年	2012年
性別	牡
毛色	鹿毛

日本

生涯成績 20戦12勝［12-2-4-2］
主な勝ち鞍 菊花賞、天皇賞春秋連覇、天皇賞（春）連覇、有馬記念、ジャパンカップ、大阪杯、京都大賞典、スプリングS、セントライト記念ほか

北の大地にまだ春風の足音は遠く、雪国は大雪原の真ん中、その男は一頭の子馬と邂逅を果たしていた。

黒く潤んだ瞳の奥に、何かを感じ取った瞬間、男は瞬く間にその馬に惚れ込んでしまった。

一目惚れだった。見つめあったその刹那、男と馬は言い知れない絆を感じ取ったのだろうか。

あのディープインパクトも、オーナーの金子真人氏がディープの目の輝きに「吸い込まれそうな感覚に落ち入った」と述べられているが、名馬とは眼力から違うのかもしれない。

男の名は北島三郎、馬の名は後のキタサンブラック。

この運命の出逢いが、稀代の名馬ストーリーを紡ぎ上げ、凱歌を上げ続けることになろうとは、まだ誰も知らない。

北島三郎氏は、日本人なら知らない人などいない、演歌界の大御所でありレジェンド。

そんな偉大な演歌王もはじめから成功の花道を通っていた訳ではなかった。

北海道は上磯郡知内村に生まれた北島氏は、高校生の時に『のど自慢』に出場するも、たったの鐘二つで終わったという。

しかし、それでも北島氏はそれを演歌界を志す切っ掛けとし、数年後に津軽海峡を越え、はるか遠く東京の地を踏んだ。

渋谷で流しの仕事をしながらデビューを目指す日々。そんな日常の中、北島氏は運命的出会いを果たす。

作曲家・船村徹その人であった。当時を振り返り、北島はこう語っている。

「こういうちょっとした出会いなんだけど、僅かな出会いが人生で物凄い出会いになってくる」

巨匠との出会い。その時抱懐したこの言葉は、数十年後の一頭の出会いに凝縮されていく。

その後の北島三郎の躍進は周知の通り。1962年に念願のデビューを果たすと、『兄弟仁義』『帰ろかな』『函館の女』『与作』とヒット曲を連発。

演歌界の大御所として地位を確立し、世間でも人気を博し、「サブちゃん」の愛称で愛され、その名を知らない者など皆無となった。

本業が軌道に乗っていく中、先輩歌手の春日八郎や北島氏がデビュー当時所属していた新栄プロダクションの西川幸男氏の勧めから、競馬界へ参入。

最初の所有馬となった馬はリューといい、地方競馬においてはトライバルセンプー（アラブ王冠賞など14戦8勝。数々のアラブの著名馬を輩出した）を夫人の大野雅子氏の名義で所有。馬主としても、幸先良いスタートを切り、中央競馬に参入すると「キタサン」の冠名でキタサンヒボタンなどの活躍馬を送り出す。

しかし、いくつも重賞タイトルを重ねる馬や、ましてやGⅠを勝てる馬との巡り合いには恵まれず、GⅠやJRA賞には縁遠い状況。

2013年にはこれまで史上初、最多の50回の出場を果たした紅白歌合戦も勇退し、年も重ねていた。80を前にいまだGⅠ馬との出会いは遠かった。

演歌界の大御所であり、歴史的名歌手であってもJRA・GⅠの峰は遥か彼方の存在となっていた。

ここが潮時なのか……そんな思いも抱きかねないその時、船村徹との巡り逢いの際、抱懐した「物凄い出会い」が訪れた。

雪寒中での運命の邂逅。キタサンブラックとの出会いであった。

父ブラックタイドはディープインパクトの兄。母シュガーハートは北島氏に所縁の深いヤナガワ牧場で生産された馬で、その母オトメゴコロはシュガーハート一頭だけ残して不幸にも他界してしまっていた。そのシュガーハートも不幸にも怪我に見舞われ、デビューを果たせずに繁殖入りしている。

幸いにも予後不良には至らず、繁殖牝馬として道を歩めたシュガーハートだが、オトメゴコロとシュガーハート、そのどちらもが何らかの間違いがあれば、キタサンブラックは生まれて来る事さえ叶わなかった可能性もあったのである。奇跡的に紡がれた血統が、これまた不運に苛まれたブラックタイドと引き合い、キタサンブラックは誕生したのである。

一族が不幸続きであった反動なのか？　キタサンブラックはとてつもない幸運に恵まれた馬であった。

北島オーナーとの出会い。武豊騎手との出会いもそうなのであろうが、その生涯成績においてとてつもなく枠順に恵まれたのである。

枠が悪ければ勝てなかったであろうとか、そんな評価をするつもりは微塵もない。例え外枠でも、至極当然なまでに圧勝したことであろう。

しかし、何度も何度も、一番立ち回りやすい好枠に恵まれた。1枠1番を3回連続引き合わせた事もある。

20戦して、二桁馬番であった事が4回しかなかった。さらには「内枠」と呼ばれる4枠より内側の枠を引いたことは、20戦中14回もあったのである。

とりわけ、大一番程、自身の名前と同じ「黒い」枠か、最内の1枠を引き当てる確率は抜群に凄まじいものがあった。

また出遅れたとしても、それが結果として功を成していたこともあり、ある人いわく、「いつも幸運の女神が傍に立って微笑んでいるかのような馬だった」という証言もある。そんな神のご加護までも味方につけたような、絶対的な安心感と安定感がこの馬にはあった。「内枠を引き当てた時のキタサンブラックには絶対の絶対がある」そう断言して良い程、心強い物が間違いなく存在していたのである。

キタサンブラックのデビューは2015年1月31日の東京競馬場の芝1800mで見事1着。続く500万条件も、後のダービー2着馬となるサトノラーゼンを突き放して圧勝。

この時の単勝オッズは48・4倍（9番人気）。今では信じられないようなオッズだ。タイムマシーンを使えたら、まずこの500万下を見に行き、しこたま狂う程に単複を買い漁ることだろう。3戦目は重賞スプリングS。皐月賞トライアルであり、ディープ産駒のリアルスティールの追い込みを凌ぎ切り、優勝。

無敗の重賞制覇を成し遂げた。次戦は当然、皐月賞であるが、同世代にはドゥラメンテという怪物がおり、皐月賞史上No.1と言えるパフォーマンスを見せつけ、キタサンブラックは並ぶ間も無く差し切られ、一気に突き放されてしまい3着に終わる。日本ダービーではじめての大外枠が響いたのか、先行するも早々に飲み込まれ生涯最低着順となる14着に大敗した。

ここまではよく見る、普通の重賞馬の成績である。しかし、キタサンブラックの真価発揮はまだ先のこと。菊花賞を勝ち、北島氏を漢にしてから、この馬の猛進撃がはじまるのである。夏を越え、最後の一冠である菊花賞を見据えて調教を施されていったキタサンブラックは、セントライト記念を勝利し、菊花賞へ駒を進めた。

京都競馬場へ向かう北島氏はタクシーに乗った時、そのドライバーの名前に思わず目を見開いた。金の馬、「金馬」と書いて「こんま」さんという名前であった。

これに北島氏は「これは何かある」と感じ取り、以後はゲンを担いで、その金馬さんを指名して競馬場へ向かうことにしたという。そのドライバーを使うようになってからの、関西圏でのキタサンブラックの成績は7戦5勝2着1回。こんなところにも、何気ない出会いを大切にする北島氏の人情が垣間見れる。またこのような出会いを手繰り寄せたのもキタサンブラックの見えざる幸運の神通力なのかもしれない。

クラシック最後の一冠、菊花賞。キタサンブラックは黒い2枠4番から先行し、後続馬の追撃を振り払って、北島三郎オーナーへ生涯初のGⅠタイトルをプレゼントした。

北島氏は勝ったら競馬場で「まつり」を歌うと公約し

ており、その宣言は見事達成され、表彰式では競馬場にアカペラでの「まつり」が熱唱された。

　これ以降、キタサンブラックの勝利には「まつり」の凱歌が祝唱されることになっていく。

　有馬記念は競馬界における「紅白歌合戦」である。一年を締め括る、ファン投票を反映させてのオールスター最強馬決定戦。

　北島氏の最も欲しいタイトルはこの大レースだった。キタサンブラックなら、このタイトルを取れるかもしれない……そんな思いを胸に、愛馬を送り出した。

　しかし、キタサンブラックはじめての有馬挑戦は3着に終わる。連勝中のゴールドアクターに捩じ伏せられ、古馬の壁の高さを見せつけられる形となった。

　年が明け、キタサンブラックも古馬としてシーズンを迎える。産経大阪杯から始動。アンビシャスの末脚に屈し2着。しかし、始動戦としては上々。

　このレースから鞍上は主戦を務めてきた北村宏司から、競馬界の大スターでありレジェンド、武豊へと変わっていた。この武騎手起用が、眠れるキタサンブラックの殻を破らせ、無双無類のポテンシャルを全開させていくことになる。

　迎えたる天皇賞・春。武騎手はキタサンブラックを逃げさせ、スローペースに持ち込んだ。最初の１０００ｍ通過が1分1秒後半。最後は13番人気の伏兵カレンミロティックと叩き合いを演じ、鼻差でＧＩ２勝目を上げた。

　もう一つのグランプリレース、宝塚記念。このレースにはこれまでキタサンブラックが対戦した中でも最強のメンバーが揃った。

　同世代で二冠馬となり復活を果たしたドゥラメンテ。エリザベス女王杯馬で有馬記念でも接戦していたマリアライト、前年の覇者ラブリーデイ、年末に香港ヴァーズを制すサトノクラウン、後のジャパンC馬シュヴァルグラン、ダービー馬ワンアンドオンリー、菊花賞馬トーホウジャッカル、カレンミロティック、アンビシャスとキタサンブラックと好勝負を重ねてきた馬たちもずらり揃い踏みとなった。この時は天皇賞の時とは異なり、ハイペースでの逃げに打って出て、驚異的な粘り腰を発揮。

　しかし、もう僅かのところでマリアライトに交わされ、絶望的な位置から猛追してきたドゥラメンテにも差し切られ、惜しくも3着となったが、明らかにこれまでのキタサンブラックとは異なり、パワーとブレない持続力が備わった、平均ペース以上でそれを実現させることの出来る強力無比な先行馬へと変貌しつつあった。

実りの秋。本格化の秋。キタサンブラックは京都大賞典から始動。着差はクビ差でも、全く危なげない逃げで快勝すると、天皇賞秋はパスし、ジャパンC、有馬記念の3戦というレース選択。どうしても有馬記念を勝ちたいという思い入れは、この選択にも見て穫れよう。

ダービー大敗の悪夢が過ぎる、府中2400m。しかし、もうその当時のキタサンブラックではなかった。先頭を切り、平均ペースを精密に刻み、後続には3馬身の差を常に着ける逃げで、二の脚、三の脚を使い、後続を完封。生涯最大着差となる2馬身半差でゴールイン。GⅠはこれで3勝目となった。

年末の大一番、有馬記念。ここで立ちはだかったのが、サトノダイヤモンドであった。クラシックのパフォーマンスでは過去最強レベルの物を見せつけてきたこの2016年クラシック組。その中でも大将格のサトノダイヤモンドは菊花賞を圧勝し、タイトルをもぎ取って勢いをつけての参戦。2頭による最強馬決定戦が展開される。キタサンブラックは先行し、前をゆく逃げ馬を見据える形。しかし、ダイヤモンドの僚馬であるサトノノブレスが本馬を執拗なまでにマークし、ピタリと張り付いて、仕掛けを待つキタサンブラックに煽りを掛ける。少し早仕掛けとなったキタサンブラックに後続が襲撃。前年覇者ゴールドアクターが競りかけてくるが、これを捩じ伏せ、もうゴールは目の前。しかし、外から猛烈な加速をして襲い掛かるサトノダイヤモンドにゴール瞬間にクビ差させれ、またしてもグランプリは北島氏の手からすり抜けていってしまう。

煮え切れない思いの中、勝っても負けても唱うと宣言していた北島氏は「まつり」を熱唱。応援に駆け付けてくれたファンへ対する感謝の言葉、そのものだったのだ。

完全に本格化を遂げたキタサンブラックは、この年からGⅠへと昇格した大阪杯を始動戦に選んだ。万全盤石の先行策。軽やかに逃げ馬マルターズアポジーを交わすと、後続の追撃を尻目に、GⅠ4勝目をもぎ取った。

つづく2017年2戦目は天皇賞春。最大のライバ

ル・サトノダイヤモンドとの有馬記念以来の対戦。サトノダイヤモンドは阪神大賞典を勝ち、重賞連勝を4と伸ばし、凱旋門賞参戦を見据えての参戦であった。ヤマカツライデンの猛烈な逃げでレースは超ハイペースとなる。キタサンブラックは離れた2番手に追走。4コーナーで先頭に立つと、さらに轟然と猛加速。シュヴァルグランとサトノダイヤモンド、2頭の死力を振り絞った全身全霊の追撃を、限界突破の走りで完封して見せた。掲示板にはレコードの4文字が燦々と輝いていた。3:12.5。世界レコードであり、永遠に更新は不可能と思われていたディープインパクトのレコード3:13.4を0秒9も更新するウルトラレコードであった。

ここまでの凄まじいレースを出来るまでになった影には、尋常ならざる調教量があってのことなのである。キタサンブラックは1日に坂路コースを3回も追われていたという。普通なら強靭な馬でも2本が良いところ。それがキタサンブラックは3本追いを坂路で鍛えられ、ここまでの心肺能力を身に付けたのだ。

サトノダイヤモンドは凱旋門賞を見据え、宝塚記念を回避。あまりの天皇賞の強さから、宝塚記念は少頭数となり、11頭立て。春のグランプリレースとしては寂しい印象を覚える頭数となってしまったが、それもキタサンブラックの強さを畏れてのもの。大阪杯、天皇賞春、そして宝塚記念と春のグランドスラムを初年度から成し遂げてしまうのか。もはや超鉄板の大本命馬であり、負けても3着内はどう転んでも間違いない。絶対はあると、誰もが思っていた。

ところがである。スタートから何かがおかしかった。シュヴァルグランが予想外の逃げに打って出て、シャケトラまでキタサンブラックに絡み、2頭を眺めながらレースを展開させることを武騎手は決断。いつもなら驚異的な粘りを見せる直線も、全くらしさが無く、外から伸びてきたサトノクラウンにあっさりと先頭を明け渡すと、馬群に沈んだ。敗因も分からず、武騎手も「分からない」と述べる他なかった。しかし、キタサンブラックはこれまで3戦目に必ず負けており、3戦目で溜まった疲れが出てしまうのでは? という意見、見解もあった。レース前には凱旋門賞挑戦の話もあったが、完全に白紙に戻され、秋は国内専念。その後、秋口に天皇賞秋、ジャパンC、有馬記念で引退というプランが陣営から発表された。

最後の秋。台風の影響から東京競馬場は霧に包まれ、激しい雨が降り続いていた。馬場は荒れ、これまでに無いような不良馬場へと変貌していた。

キタサンブラックは大きく出遅れ。そしてインコースへ入り込んでいくのを見たファンは、道中の時点で不安、憶測が大きくなっていく。

しかし、これは武騎手の作戦だった。無論、スタート前に決めていたわけでは無い。出遅れたその直後に閃いた戦術であり、武騎手ならではの機転を効かせた判断があったからこそ成し得たものであった。馬場は荒れていたが、インコースは皆がこれまで避けて通っていたことで、良い状態が保たれており、直線に入るや一気にここを目指して突き抜けていき、完全に抜け出すと馬場の中央へと持ち出されてゴールへと猛進。こうした馬場を得意とするサトノクラウンがデムーロの鬼の猛追で迫るが、これを何とか振り払い、優勝。完全復活を遂げた。勝ちタイムの2:08.3はグレード制導入以降では最も遅い勝ちタイムで、天皇賞春秋連覇でも全く異質の二つの馬場をこなしたことで、価値の高い天皇賞連覇となった。

ジェンティルドンナ以来のジャパンC連覇を目指したキタサンブラックだったが、ここを最大目標とし、打倒キタサンを掲げていたシュヴァルグラン、そしてその年のダービー馬レイデオロに差し切られ、3着と破れた。しかし、キタサンブラックの最大目標はこれまで2度敗れている有馬記念だけであった。北島氏の念願、宿願のタイトルであり、武豊騎手も「最後は何としても勝ちたい」と、口を真一文字に結んだ。

ついにやってきた最後のレース。最も勝ちたい、有馬記念を制し、有終の美を飾れるのか。

キタサンブラックの引退レースとなった有馬記念。この頃にはキタサンブラックは前年からテレビでも大きく取り上げられるようになったこともあり、オーナーの北島三郎氏、そして騎手が武豊という背景も相まって、世間では浸透した名前になっていた。「サブちゃんの馬」。若者のファンも年配のファンともこの馬の話題を切っ掛けとして交流が生まれる事もあったのではなかろうか。それ程に馴染み深い名馬となっていた。獲得賞金も史上

2位。勝てばテイエムオペラオーの記録を抜き、歴代最高賞金王となる。最後のキタサンブラックは、正攻法の逃げ。ロケットスタートを決めると、終始先頭に立ち、4コーナー西日を浴びながら最後の直線へ向かう……

北島氏の目には涙。抑えようが無い感情がゴールが近づくにつれ込み上げていく。これが最後。そう思うだけで、思いが胸は込み上げた。

シュヴァルグラン、スワーヴリチャードらが猛追するが、とてもキタサンブラックには追いつけない。そしてキタサンブラックは圧勝で有馬記念を勝ち取った。

最も欲しかったサブちゃんのGⅠ、競馬の紅白。最後の最後で、北島氏の夢を叶えて見せた。

レース後の引退式、ディープインパクト、ブエナビスタ、オルフェーヴルらの引退式を超えるであろう、多くのファンが最後の別れを、感謝を、ブラックへと送った。

北島氏からはこの日のためにしたためていた新曲、「ありがとうキタサンブラック」が唄われ、最後は「まつり」がファンと共に熱唱された。

「まぁ～つりだ！　まつりだ！　まつりだ！　キタサンまぁ～つぅりぃ～」

涙溢れる、されど笑顔で唱う「キタサンまつり」。小さな出会いでも大切にし、馬を愛し続けてきた男へ、キタサンブラックは愛情を勝利に変えて応え続けた。

夕闇が競馬場を包んでも、引退式に残ったファンは誰一人踵を返さない。

一頭の名馬と稀代の演歌歌手を讃える唄とその拍手が鳴り響き続けた。

「これが競馬のぉ……まつりぃだよぉ～」

獲得賞金18億7684万3000円。世界最高賞金獲得記録を塗り替え、ディープの世界レコードも超越してみせた限界突破のその走り。

演歌王と共に上り詰めた、「最強」の頂き。常に限界以上の走りを見せ、馬を愛する男の元へ降誕した奇跡の最強馬、それがキタサンブラックである。

（本文：兼目和明）

映画の中の馬達

「馬」
公開：1941年(昭和16年)3月11日
監督：山本嘉次郎

一応戦意高揚映画なのだけれど、それらしい場面は最後に少し出るだけで、東北の四季をそれぞれ違うカメラマンが丁寧に撮影し、詩情豊かな作品に仕上がっている。また、後に巨匠と呼ばれる事になる黒澤明が、若い助監督として参加しているのも興味深い。

馬が大好きな農家の娘いね。両親は前に飼った馬が病気ばかりして、結果借金ができてしまったために馬を飼う事を許してくれない。

ところが隣の家で育てた馬が軍馬御用となって高値で売れ、すっかり羽振りが良くなったのを見てようやく馬を飼う事になる。

嬉しそうに「朝風」という馬を引いて歩くいねに、小学校の先生が品種を尋ねる場面がある。

「アングロノルマンにノルマンをかけたもんだなす」

と答えるいねに、

「ノルマンは脚が丈夫だから軍馬に向いている」

と当たり前のように言うのである。

この時代、一般の人もそれくらいに知識を持っていたという事になる。戦後、日本人は色んなものを失ったけれど、馬もその一つだと思う。

いねは実に丁寧に「朝風」の世話をする。何よりも優先するために、母親に

「おめえは母ちゃんより馬が大事なのか」

と怒られるほどである。

厳寒の二月、朝風が立てなくなってしまう。青物が足りないからだと獣医に言われ、温泉が湧く場所なら笹の葉があると聞けば後先も考えず飛び出していく。

そんな苦労の末、「朝風」は春、牡の仔馬を無事に出産する。家族に笑顔が増えるのだけど、借金のために仔馬を二束三文で売らなければならなくなって……

仔馬を探して狂ったように走り回る母馬の姿に、いねはある決意をする。

製糸工場に女工に出るから、仔馬を買い戻してくれと。女工哀史の製糸工場である。その決心は相当なものだったはずだ。

翌年のお盆、いねは久し振りに故郷に帰ってくる。最初に向かったのが山の上の牧。

「朝風」とはすぐに会えたけど、仔馬、小僧が見つからない。

昔そうしたように、ほうほうと声をかけながら歩き回ると、その後ろを一頭の馬が付いてくる。この見事な若駒こそ成長した小僧だった。

いよいよ競り市の日。小僧が高い値で売れれば工場に戻らなくても良いのである。家族の祈るような思いの中、小僧の競りが始まる。

声が次々と掛かるが、次の瞬間、

「軍馬御用」

の声が掛かる。

その瞬間、いねは体を二つ折りにして声を上げて激しく泣く。

もう工場に戻らなくて良いのだという安ど感と、同時にそうまでして守りたかった小僧との永遠の別れを意味していたからだ。

大きな喜びと悲しみと。二つの感情に心が引き裂かれるような思いだったのだろう。

小僧は父親に引かれて連れていかれるのだが、それが日の丸を背負って歩く馬達の姿となっていく……

あの時代にこんな作品が作られていた、というのは驚きとしか言いようがない。当時の映画人の良心と心意気の一本である。

この作品は、日本映画史上宝と言っても良いと思うのだが、残念な事に鑑賞する事ができない。是非ともデジタルリマスターしてＤＶＤ化して欲しいものである。

実はとても印象的な場面があって、東京へ旅立つ弟を見送るために、いねが朝風に乗って汽車を追う、という場面である。裸の背にむしろを掛け、輪っかにした荒縄を手綱とハミの代わりにして走る。馬と共に生きる、という暮らしを表していて憧れてしまうのである。

馬に限らず、戦争とは愛したものを理不尽に奪われる事なのだと思う。軍馬として無数の馬達が戦地へ送られている。どの馬も、大切な働き手であり、家族の一員であり、こよなく愛された存在だったはずなのである。

赤紙一枚で招集され、名誉だと喜ばねばならない、そんな時代だった。

皆戦地の土となったが、生還した奇跡の馬がいる。

軍馬と言う存在　我が名はランタン

奇跡の馬の名は「勝山号」

昭和8年五月七日、父アングロノルマンのランタンタン号、母内国産洋種第二高砂号の子として岩手に生まれる。翌年の二歳馬の競りで馬喰高橋義左衛門によって競り落とされ、岩手の伊藤庄三郎氏の所有となった。

ランタンと呼ばれたこの馬は、昭和12年九月に軍馬として徴発され、歩兵第百一師団歩兵第百一連隊に所属となり、勝山号と命名された。すぐに連隊副官藤田大尉の乗馬となって中国に上陸する。

支那事変と共に各地を転戦し、左目頭から左頸部中央へ機銃弾が貫通。手厚い看護の末復帰。その後も何度も銃弾を浴びるも奇跡の復帰を果たす。

昭和14年、その功労を称え三度も表彰状を受けたそうである。

そして凱旋、勝山号帰還の報は大々的に報道され、伊藤氏と再会した時勝山号は大きくいななき顔をすり寄せたそうで、伊藤氏は声も出ずたてがみを撫でるばかりだったという。

太平洋戦争勃発後も大切に飼育されるが、戦局が厳しくなるにつれ各地を移動し、終戦間近となった昭和20年8月10日、軍の指示で近在の農家へ避難。その二か月後、伊藤氏の元へ奇跡の生還を果たすのである。

戦争中は英雄だったが、戦後は次第に忘れられ普通の馬として農作業に従事する。

戦地で銃弾を受けた事の後遺症から、昭和22年、勝山号死亡。解剖された時、頭の中から銃弾の欠片が発見されたそうだ。

勝山号は先の「馬」のモデルになったとも言われている。勝山号は将校の乗馬だったから生きて帰れたのかもしれない。

戦闘時、馬達は横たえられ土嚢の代わりにもされたと聞く。闘いが終わった時、兵士は軍のトラックが回収に来るが、馬達は見捨てられたそうだ。まだ動ける馬がびっこを引きながら追いかけて来るのを、兵士達はすまない、許してくれとわんわん泣きながら去っていくしかなかった。

今も思い出すたび胸が痛くなる、と元兵士が語っていた。

「戦火の馬」の中で過酷な扱いを受ける軍馬の姿が表現されているが、馬に限らず犬鳩も同様である。

馬を題材にした映画は古今東西色々あるけれど、良いものとなると当然ながらなかなか見つからない。競馬ものがどうしても多くなってしまう。

「緑園の名馬」１９４３年　監督：ハロルド・シュスター
「高原の白馬」１９４５年　監督：ルイス・キング
「ワイオミングの緑草」１９４８年　監督：ルイス・キング

マイフレンドフリッカの三部作。小学生の頃「僕の愛馬フリッカ」という小説を読んだのだが、映画になっていたのだ。

戦前の話だったとは……読んだ感じではそれほど古い印象ではなかったのだけれど。

牧場の息子ケンはいつも夢見がちで失敗ばかり。自分の馬を欲しがっているが、父は許してくれない。母の口添えでようやく許可が下り、気に入った仔馬はロケットという気性難の馬の子だった。父は難色を示すが、ケンは仔馬にフリッカと名付けて夢中になって世話をする……

フリッカとは、スウェーデン語で可愛いお嬢さんという意味だそうだ。

フリッカは野生馬の雄馬に連れ去られ、戻って来た時真っ白な仔馬を連れていた。この仔馬はサンダーヘッド（積乱雲）と名付けられ、成長したケンと活躍する。

三部作とも馬達が何と芸達者な事か。どうやって調教したのかと思う。広大な草原を駆け抜けていくたくさんの馬達の映像と共に、馬達の演技もまた見ものでもある。

「緑園の天使」
公開：１９４４年12月14日（米国）
　　　１９５１年7月11日（日本）
監督：クラレンス・ブラウン

一本の映画が人生を変えてしまう事がある。

私にとってのそんな作品は、エリザベス・テイラー主演の「緑園の天使」である。その時私は幼稚園に通っていた。

衝撃だった。

あまりに強烈で、幼心に、大人になったら馬に乗るのだ、と誓ったものである。まさに運命の出会いだった。

ヒロインは、イギリスの片田舎に暮らす馬が大好きな少女ヴェルヴェット。教会の修繕費を集めるためのくじの景品で手に入れた愛馬パイと共にグランドナショナルに出走し、一着でゴールする、というもの。色々と古めかしい部分もあるけれど、実に良くできている作品である。

制作年が１９４４年。日本が泥沼の太平洋戦争の真っただ中にいた頃。そんな時代にこんな作品が作られていたとは……

馬が中心でもなく、人間が中心でもなく、ヴェルヴェットの家に住み込みになった元騎手のマイとヴェルヴェットの家族との関わりがさりげなく描かれている。

厩舎に所属せず、全くの素人が調教した馬がレースに出走する。現代では有り得ないが、当時は可能だったようなのである。

登録料がかなりの高額で、それさえ払えれば出られたらしい。そんな大金払えない、と泣くヴェルヴェットに、お母さんが差し出したのは、かつて水泳の選手でドーバー海峡を泳いで渡った時の賞金だった。使い道がようやく見つかったと言って。今は普通の主婦のお母さんにもそんな輝かしい時があったのである。そんな描き方がとても好きだ。

レースシーンの迫力はすごい。ＣＧが無い時代、実写ってのが余計にすごい。

この作品、実は続編があるのだ。ヴェルヴェットの姪が、パイの最後の子でオリンピックの総合馬術を目指すというもの。エリザベス・テイラーが出てないのがいかにも残念である……

ギャラの問題もあったんだろうけど、彼女が出たらまた違ったのだろうか。

クロスカントリーのシーンも中途半端、馬と人との関わり方も中途半端という何とも残念な失敗作に終わってしまった。

エリザベス・テイラーことリズ、落馬で背中を痛め、痛み止めが生涯手放せなかったそうなのだが、この作品が原因なのだろうか。実際、海岸を走るシーンや障害を飛越するシーンがあるが、思いっ切り引きで撮っているところを見ると吹き替えなのだろうけど……

「ワイルド・ブラック　少年の黒い馬」
公開：1979年10月13日(ニューヨーク)
監督：キャロル・バラード

1979年制作のこの作品、総指揮は何と巨匠フランシス・コッポラである。

まるでドキュメンタリーのような作りで、セリフがほとんどない。

少年と黒馬が航海の途中で海に投げ出され、共に無人島に流れ着く。縄が絡まって動けない馬を少年は持っていたナイフで助け、後に毒蛇に襲われそうな少年を馬が助け、一人と一頭が距離を縮めていき、離れがたい絆を結んでいく様子を映像だけで表現している。

少年と馬は救出され、アメリカへ。少年の家で飼われるのだけど、その庭はいかにも狭くて馬は逃げ出してしまう。

馬がたどり着いたのが今は引退した調教師ヘンリーの牧場で、能力を見抜いたヘンリーと共に馬を競走馬として鍛え上げる事になる。

このヘンリー役だが、「緑園の天使」でマイを演じたミッキー・ルーニーである。わかる人にはわかる、という心憎い演出である。

若き日のミッキーが、パイと思しき馬に乗っている写真がさりげなく飾られているからだ。

終盤、馬は少年を背にマッチレースに出走して、エンディングへつながっていく。

商業映画だからこういう盛り上がり方も必要なのだが、その辺も押しつけがましくなく最初からの流れのまま進んでいく。

この作品も続編が作られた。

「ワイルド・ブラック2　黒い馬の故郷へ」
公開：1983年3月25日
監督：ロバート・ダルヴァ

平和な日々を取り戻した少年と馬。何と馬が何者かに誘拐されてしまうのである。その後を追う少年は、そのまま犯人達の飛行機に乗り込んでしまって馬の故郷である砂漠の国へ。

そこで、少年は馬が部族の誇りであり、部族の名誉のために砂漠を走るレースに出なくてはならないと知る。

少年は再び黒い馬にまたがって砂漠を走る。

過酷なレースを走り切り、少年はどうするのか。馬は故郷にいるべきだ、と一人アメリカに帰っていくのである。

こちらはいまいちメジャーでないようで、そこが残念としか言いようがない。馬が題材となった作品の中で異色と言っても良い作品で、優れたものであると言えるから。

「優駿　ORACION」
公開：1988年
監督：杉田成道

宮本輝著の原作はJRA馬事文化賞を受賞した。映画としてはかなりヒットしたけれど、作品としてはいかがなものかと言わざるを得ないのが切ない。

実際の日本ダービーの映像が使われ、勝ち馬としてマティリアルが予定されていたのだけど、実際に勝ったのはメリーナイス。カメラは全く撮影していなくて、引退した競走馬を使って模擬レースをして映像を作ったそうである。

内容として、どうしてあんな作りにしてしまったのか、という事。全く理解に苦しむばかりである。原作が良い分もったいない作品になってしまった。

ちゃんとした馬の映画は日本ではなかなか見られない。古い時代の作品ならあるが、今見るといかにも貧弱でこれと言うものが無い。

「シービスケット」
公開：2003年7月25日（米国）
　　　2004年1月24日（日本）
監督：ゲイリー・ロス

誰にも期待されなかった一頭の競走馬と、彼に関わって人生が大きく変化していった三人の男たちの物語。実在の競走馬であり、大恐慌時代の庶民の英雄と呼ばれた馬である。

レースシーンは大迫力だし、何よりすごいのは、アイスマンと呼ばれた騎手ジョージ・ウルフ役が何と現役の騎手ゲイリー・スティーブンスだという事。

ジャパンカップにもゴールデンフェザントで優勝した事がある名騎手が映画出演である。最初、この俳優は誰だ、と思ったのは言うまでもない。

映画と並行して、ローラ・ヒレンブランド著の「シービスケット　あるアメリカ競走馬の伝説」を読む事をお勧めする。当時の時代背景が詳しく描かれているし、調教師や馬主、騎手の人生模様も同様であるからである。

「セクレタリアト　奇跡のサラブレッド」
公開：2010年
監督：ランダル・ウォレス

こちらも実在のサラブレッドの物語。

言うまでもなく、二十五年振り、史上九頭目のアメリカ三冠馬となった馬である。

三冠目のベルモントステークスの時、他馬は誰も付いて来れず、二着馬のトワイスアプリンスに三十一馬身も差を付けてしまった。そのタイムは二分二十四秒〇、四十年以上経た現在でもその記録は破られていない。おそらく破られる事は無いだろうとも。

圧倒的な能力のセクレタリアトだったが、三冠は決してたやすかった訳ではなく、苦難に満ちていた……

最後に関係者達のインタビュー映像になるが、皆この名馬に関わった事を誇りに思い、生涯の思い出であると語っているのである。

余談だが、生産者であり馬主でもあったヘレン・チェナリーがエキストラで出演してもいる。

燃えるような赤毛からビッグレッドと呼ばれたセクレタリアト。劇場未公開だったのがいかにも残念である。

「夢かける馬ドリーマー」
公開：2005年
監督：ジョン・ゲイティンズ

レースで瀕死の重傷を負った競走馬ソーニャドールを引き取ったベンとケール父娘。誰もが再起不能と考えるが、ケールのひたむきな愛情は奇跡を起こす。ケールはソーニャドールをブリーダーズカップに出走させようと夢見るが……

天才子役ダコタ・ファニング主演である。

加えて、馬も実在のマライアズストームがモデルなのだ。

お話は結果が見えてしまうけれど、そこに至るまでのエピソードが丁寧に描かれている。

雇われ調教師をしているベン。ソーニャを引き取った事で首になってしまい、彼女に優秀な種牡馬を付けようとするが、不妊と判明してしまう。

ケールはソーニャをブリーダーズカップに出走させようとする。果たしてソーニャはは走れるのか……

少女の夢を乗せて、ソーニャドール、スペイン語で夢見る人という意味の名を持つ馬が走る。

骨折の治療の時、ソーニャは吊り下げられるのだが、これはどの馬にもできる訳ではないなと思った。体重の重い馬を吊り下げるという事は、体の一か所に体重が掛かるという事で、簡単な事ではないし、動けない状態は馬に多大なストレスを与えるからだ。

これを見た素人に、簡単ではないかと誤解を与えるのではないかと少々心配でもある。

種牡馬の名前がたくさん出てくるが、フサイチペガサスの名前が出てくるのである。意外と言うか、アメリカではそれくらい有名なのだとわかって、嬉しくもなる。

「オーシャンオブファイアー」

公開：2004年

監督：ジョー・ジョンストン

オーシャンオブファイアーとは何か。

それは、灼熱のアラビア砂漠を三千マイル走りぬく世界一過酷なレースである。

十九世紀末、実在の人物フランク・ホプキンスがこのレースに出場するという稀有の体験を基にした物語である。

フランクはネイティブと白人の混血で、エンデゥランスに愛馬ヒダルゴと共に出走しては優勝してきた。普段は軍隊の伝令をしているが、自分が運んだ命令書でネイティブの村で虐殺が起こってしまう。

酒におぼれるフランク。西部劇ショーを見に来ていたアラブの王族にヒダルゴを雑種とあざ笑われ、砂漠のレースを走れない、と言われてしまう。

また、ヒダルゴと同じ野生馬達は雑種であるからというだけで全頭殺処分が決まり、彼らを救うための金を稼ぐためと部族の誇りのため砂漠のレースに出走するのである。

砂嵐、邪悪な妨害、炎熱地獄、様々な困難を乗り越えて走り抜けるか……

レースの終盤、ヒダルゴが力尽きて倒れてしまって、フランクは祖先の霊に祈りを捧げる。祈りが通じたのかヒダルゴは立ち上がるけど、ご都合主義と取る人もいるのだろうな、と思う。この辺りは好みなのだろうけど。

ヒダルゴ役の馬は何頭もいたそうで、とにかく芸達者で何とも言えず可愛い。

最後、帰国して馬達を全て買い取って野に放つ時、フランクはヒダルゴの馬具を全て外し、行けと命ずる。この時、ヒダルゴは驚いて戸惑うのである。フランクにも
う一度行けと言われ、ヒダルゴはゆっくりと向きを変え仲間の元へ走っていく。

今もヒダルゴの子孫達が草原を走ってるそうである。

西部劇が大好きなアラブの首長役に名優オマー・シャリフが出ていて、そういう所も面白い。

この方、「ホースメン」という馬映画に主演している。アフガニスタンが舞台で、ブズカシというポロの原型になったという競技の選手役だった。

なかなかの名作だと思っているのだが、現在のアフガニスタンの馬事情はどうなっているのか、まだ行われているのか、馬達がどうなってしまったのか、危惧している。

では日本ではどうかと言えば……貧弱としか言いようがないのがいかにも残念。どうしてなんだろう、と悲しくもなる。

「雪に願うこと」
公開：2006年
監督：根岸吉太郎

この作品は素晴らしい。ばんえい競馬を題材にしていて、馬に関わる人の喜び悲しみを丁寧に描いている。

原作は、鳴海章の「輓馬」。この本、実は古本屋で見つけて読んだ。馬が題材のものをつい探してしまって、そうして見つけた一冊。

映画化になると知った時、実は一抹の不安があったのだが、それは杞憂だった。

事業に失敗してすべてを失った主人公矢崎学。行くところが無くて、ばんえい競馬の調教師をしている兄の所へ転がり込む。

個性的な厩舎スタッフやたくさんの馬達と接するうち、学は次第に心の傷を癒し、前を向いていく……

雪に願うとは、学の同級生で厩務員をしているテツが雪の玉を屋根に乗せる事。おまじないである。

ばんえいの馬は、年間百万以上の賞金を稼げなければ即馬肉にならねばならない。ギリギリのところにいるウンリュウという馬がレースに出られる事になるのだけど、騎手は、女性騎手首藤牧江で、勝ち鞍から遠去かっていて、苦しくなると逃げてしまうのだ。

ウンリュウに自分を重ねていた学。あいつのレースに乗っかりたい、そう訴える学に牧江も勝ちゃ良いんだろと言い返す。

ウンリュウは坂を越えられるのか。大歓声を聞きながら、学は東京へ帰っていく。

東京映画祭四冠を達成した作品である。

こういう作品が増えて欲しい、そう思ってやまない。

「角砂糖」
公開：2006年
監督：イ・ファンギョン

こちらは番外、韓国の作品である。

済州島の牧場の娘シウン。幼い頃母を亡くし、母が大切にしていた馬「将軍」（牝馬なのに）を母のように思っている。将軍は難産の末仔馬を産み落として死んでしまう。

シウンは仔馬にチョンドゥン（雷）と名を付け姉弟のように育つが、父はシウンが馬の仕事に就くことを嫌っていた。シウンが騎手学校の試験を受けた事を知ると、いない間にチョンドゥンを売ってしまう。

二年後、シウンは騎手となっていたが、その扱いはとても納得できるものではなく、ついに故郷に帰ろうとする。そんな時に、ホストクラブの宣伝用の馬になっていたチョンドゥンに再会するのである。

韓国はドラマも映画も実に良くストーリーが練られていて、この作品も感動的だ。

韓国の競馬事情が垣間見えて興味深い。ちょうど四十年くらい昔のイメージであろうか。

シウンと共に済州島に帰ったチョンドゥン。

そんな人馬をユン調教師が見出して、再び競馬場へと戻っていく。

彼らが目指したのは、年末に行われるグランプリ。ポイント制で、韓国の馬は過酷なローテーションで走らなければならない。ようやく出られる事が決まったけど、チョンドゥンに病魔が……

女優さんがちゃんと馬に乗っているのである。もちろんレースシーンは吹き替えなんだろうけど、確かに乗っている。大したものだと思った。

タイトルの角砂糖だが、チョンドゥンにとってシウンと過ごした幸せな仔馬時代の思い出、幸せの象徴なのである。

「風のダドゥ」

公開：2006年

監督：中田新一

九州熊本、阿蘇山の麓が舞台のいわゆるご当地映画である。レビューではかなりの酷評だが、それほど酷い作品とも思えないのだけど……

ダドゥとは何か。それは馬の腹に耳を付けた時に聞こえる何とも不可思議な音の事。命の音である。

ヒロインは16歳の歩美。父親と一緒にドライブしていた時に事故に遭い、自分だけ助かってしまった事に苦しんでいる。死のうとして彷徨い、倒れていたところを装蹄師の桜田に助けられる。

桜田が働く「阿蘇ふれあい牧場」で暮らす事になった歩美。生きるのが辛い、苦しい、と訴える彼女に、桜田は

「生きる事を複雑に考えるんじゃない。死ななければ良いんだよ」

と優しく諭すのである。

そんな中、現役を引退し行き場を失くした競走馬メイワジョニーと歩美は出会う。強く惹かれあう少女と馬。この出会いから歩美は心を開いていくが、メイワジョニーは不慮の事故から骨折してしまう……

内容としては、映画としては少々苦しいかもしれない。二時間ドラマなら良かったかも、という感じであろうか。ドラマにCMに大活躍の木村文乃さんの事実上のデビュー作だそうである。

「黒馬物語」
公開：1994年
監督：キャロライン・トンプソン

何よりこの作品ははずせないだろう。まさにバイブルとも言える。

黒馬物語は、ブラックビューティーの物語であり、過去に幾度となく映像化されている。

ブラックビューティーは様々な所有者達の元を渡り歩く。優しい人もいれば酷い扱いをする人もいる。

彼の相棒として馬車を引いていたジンジャーという栗毛の牝馬が出てくる。気性が激しくて、ひどい扱いに耐えられず暴れて、乗馬になるが無理な乗り方をされて体を痛め、売られ、どんどん落ちぶれていくのである。ブラックビューティーと再会した時、彼女は見る影もなくやつれ、ボロボロになっていた。そしてこんな事を言うのである。

「早くこの命が終われば良いと思う。楽になれるから……」

荷車で運ばれる馬の死体を見た時、ブラックビューティーはこう願う。あれがジンジャーでありますように、と。そうなら、苦しみから解放されたのだから、と。

アンナ・シューエルという人はこの作品しか残さなかったが、残酷な扱いを受ける馬を見るたびに心を痛め、悲しみにくれたのだろう。この作品こそ動物愛護の原点なのである。

馬に関わる人なら必ず読むべきだと思うのだが、子供向きのもの以外は残念な事に絶版である……

映画ではないが、ぜひとも触れておきたい、映画化を望みたい作品があるので、ここで少しだけ触れさせて頂きたい。「名馬風の王」こそが、その作品である。

「名馬風の王」は、サラブレッドの始祖馬の一頭であるゴドルフィンの生涯の物語。

「優駿」の中で詳しく書かれている。

しゃべれない少年アグバは密かに馬にシャムと名付け、その生涯を共にする。モロッコからフランスへと渡り、その価値を知らない人達から不当な扱いを受ける。行き場を失くしたこの少年と馬を買い取ったのがごドルフィン伯爵で、彼らはイギリスへと渡るのだ。

伯爵は競走馬の生産をしていて、当時最も優秀とされていたボブゴブリンという馬を所有していた。種付けに来たロクサーヌという牝馬にシャムは激しい恋に落ちるのである。

暴れるシャムを見て、アグバは馬栓棒をはずしてしまう……

ロクサーヌは身ごもるが、激怒した伯爵はアグバとシャムを人里離れた沼地に追いやってしまう。仔馬は誰にも構われず、調教もされなかったが、年上の馬達と競争して軽く追い越してしまうのである。

ようやくシャムの価値を知った伯爵は敬意を持ってアグバとシャムを迎え入れる。

シャムは英国女王に謁見し、数多くの仔馬の父となる。

始祖馬は、このゴドルフィンとダーレーアラビアン、バイアリータークの三頭だが、全世界のサラブレッドの約七割以上がダーレーの子孫だそうである。子孫にエクリプスという稀代の名馬が出たからなのだが、このエクリプスの母の父がゴドルフィンなのだ。

シャムの血は世界中に広まっている。シービスケットはマンノウォーの孫であり、マンノウォーはゴドルフィンの直系の子孫なのである。現在、ゴドルフィン系は数を減らし、サラブレッド界の少数民族となってしまっている。

いつか、その数少ない子孫の中から名馬が出ないものだろうか……

（本文：久遠篤聖）

ロトルア競馬場

競馬場行脚だけでなく、温泉巡りも私にとっては〝ライフワーク〟のようなもの。夏の福島、新潟競馬出張や帯広のばんえい競馬観戦には、日帰り温泉への立ち寄りや温泉付きホテルの宿泊をセットにするのが当たり前となっている。

海外にも〝一粒で二度おいしい町〟がある。ドイツのバーデンバーデン（直訳すると温泉温泉）には荘厳なフリードリヒ浴場と近代的なカラカラテルメ、イギリスのバース（英語の風呂＝バスの語源となったところ）には06年にオープンしたサーメ・バース・スパという温浴施設があり、その郊外の競馬場でのレース観戦とあわせて楽しむことができる。

中でもいちばんのお気に入りはニュージーランドのロトルアだ。ここは、例えて言えば競馬場のある箱根。芦ノ湖、いやロトルア湖のほとりにあり、ポフツガイザーという巨大な間欠泉を擁する大涌谷みたいな自然公園テ・プイアが最大の見どころになっている。

競馬場にもかすかに硫黄の臭いが漂い、ムード満点。近くには温泉を満喫できる入浴施設もある。その名もポリネシアン・スパ。場内には、温度の違う浴槽が並ぶアダルトプール、子供と一緒に遊べるファミリープール、貸し切りのプライベートプールのほか、湖を眺めながら浸かれる露天風呂も取り揃えられている。並みの日帰り温泉とは比べものにならない充実ぶり。露天の岩風呂は日本のものをモデルに作ったそうで、日本人が入っても満足すること間違いなしなのだ。芦ノ湖のほとりにもそんなところはないから、ここはもう箱根以上と言っていい。

ある日、そんなロトルアで競馬と温泉を楽しみ、市内の中華料理店で夕食を取っていたら、BGMにテレサテンの歌声が流れてきた。「ここはどこ？　私は誰？」。とても外国にいるような気がしなかった。

なんて書いていたら、またロトルアに行きたくなっちゃったじゃないか！

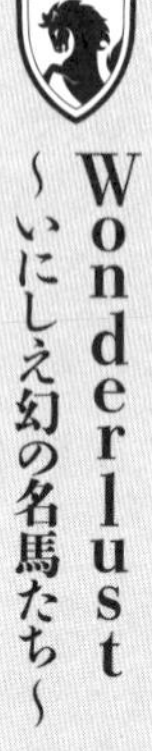

Wonderlust
～いにしえ幻の名馬たち～

19世紀・英国伝説の名牝②
ホイールオブフォーチュン

ホイールオブフォーチュン。１８７６年生まれ。11戦10勝２着１回。英１０００ギニー、英オークス、ヨークシャーオークス、プリンスオブウェールズＳ（当時芝２４００ｍ）にて全戦大楽勝の大圧勝。本気を出すことなく、牡馬よりも重い斤量を背負わされ続け、勝ち続けた。しかし、ヨークシャーオークスのわずか2日後にレースに使われるという、陣営の謎の愚行が祟り、足を痛め、セントレジャー回避のみならず、引退に追い込まれてしまった。セントサイモン、オーモンドといった英国史上最強最高の2頭を知る伝説の名手フレッド・アーチャーが「2頭よりも上かもしれない」と語った程のポテンシャルを持っていた。怪我が無ければどれ程の馬になっていただろうか。

香港古競馬史上最強馬
リバティーベイ

１９２９年生？　生涯成績27戦26勝２着１回。ポニー競馬であったが香港競馬の歴史上最多連勝記録となる26連勝を保持。わずか4戦でダービーを勝利。その後もチャイナポニー達のレコードを次々と破り、毎戦５～７馬身の差を着ける圧勝楽勝の連続で勝ちまくり、なんと6年間もの間無敗を守り通し続けたという伝説的成績を残している。１０００ｍから２４００ｍ、全ての距離で勝利し、１６１ポンド（73ｋｇ）もの斤量を載せても圧勝している。一年以上の不出走期間を経て迎えた最後のレースでその年のダービー馬に惜しくも1馬身差敗退し、潔くターフを去っていった。

【・第Ⅴ章・】異才

競走馬だけではない。
ここにも天賦の才能あり

琉球オーパーツ
ヒコーキ

▼ちゅら海の彼方へ飛び去っていった琉球競馬史上最高・幻の伝説馬

父 ???
母 ???
母父 ???
生年 ???
性別 牡
毛色 白毛or芦毛？

日本・沖縄

生涯成績 ???（琉球古式競馬・全戦全勝）

沖縄に競馬という民俗概念は存在していない……というのが世間一般の通論であり、殷賑に浮遊し続ける夢想理念に過ぎないものであろう。

しかし、本島はもちろん、離島の末端・絶海の孤島である与那国島にまで、競馬の息吹は萌芽していた。

小浜島や与那国島で催されていた古の浜競馬は知る人ぞ知る桃源郷の競馬エリア。

また、宮古島には日本在来馬八種の一つに数えられる「宮古馬」が今ものんびりと草を食み、営みを送っている。

琉球王朝時代においても馬は貴重な存在であり、それは〝権力〟の象徴でもあり、神聖な存在意義を持つものであった。

そんな馬たちが主役となる競馬は盤古の沖縄においては、アブシバレーを中心とした年中行事（祭祀行事）の折に開かれていた。

たとえば、北谷町の砂辺馬場では旧暦1月20日の二十日正月、佐敷町の屋比久兼久（馬場）では旧暦3月3日の浜下り、北中城村の瑞慶覧馬場では旧暦5月5日のグングヮチ・グニチ（男子の節句）、具志川村の新城馬場では旧暦5月15日のグングヮチ・ウマチー（稲の初穂祭）、読谷村の宇座馬場では旧暦6月25日のカシチーウーユミ（新米でカシチー＝おこわを炊いて神仏に供える行事）、北中城村の和仁屋馬場では旧暦8月11日のヨーカビー（悪霊払い）。シヌグ（豊年祭）、ウンジャミ（豊漁祭）に開催したところも多いようだった。また一方で、旧盆であるウークイ（旧暦7月15日）の晩に祖先への御礼として行われる「エイサー」や、ユッカヌヒー（旧暦5月4日）の豊漁祈願「ハーリー」、旧暦6月26日などに催される農作の吉凶占い「綱引き」と同じように、競馬も時代とともに祭祀行事から娯楽に変化していったのである。

首里へ急報を届けた早馬の「ムルカキバイ」（全力疾走）ではなく、「イシバイ」というゆったりとした走りで華麗さを競った沖縄の競馬は〝美ら競馬（ちゅらけいば）〟と呼称される。

そんな世界に類を見ない競走スタイルが出来上がったのは、もともと祭祀儀式だったからなのではないか。琉球独特の民俗文化が形成した世界唯一の競馬スタイルがここに造詣されていった。

本馬ヒコーキは、そんな沖縄競馬に忽然と降臨した無敵の最強馬であり、いまや琉球民俗誌の一端に宿る精霊のようなシンボルとなってたゆたう伝説的幻の神駒である。

現代競馬とは対極に位置する、極限美を追求する琉球古式競馬。はたしてどのような規定で執り行われていたのであろうか。

現在、文献から汲査してゆくと、馬場の数は確認されているだけで沖縄本島153（北部24、中部44、南部85）、本島周辺離島19、先島6（宮古3、石垣3）の計178（「沖縄県における馬場跡の調査報告」より）。沖縄学の祖である、伊波普猷氏によれば、馬場を意味するウチナーグチ（沖縄言葉）として、ンマウィー＝馬場、カニク＝兼久、マージ＝真地、ヂョー＝門、ンマナー＝馬庭などを挙げている。すなわち、上述の数字はこれらから推察したものであり、実際にはこれ以上の競馬場が存在していた可能性も十二分に推考できよう。

さて、現代を生きる常民たちにとってサラブレッドはとても簡単に手の出る存在ではないように、当時の沖縄においても、競走用馬は高嶺の花であった。当時の様子

を綴った、こんな一節がある。

「(馬車で塩、石炭を運搬する仕事の)一日の収入は4円、馬(荷役用)の値段は最高で300円位でした。競馬用の馬になると2600円もした。30坪の瓦葺住宅がその位で建てられた時代だから大変な値段だった」……戦前の西原町における回顧録である。

またこの当世における競馬は賭けの対象とはなっておらず、お互いの家運と誇りを懸けた真剣勝負の理念を孕んでおり、必勝を期し、一家総出で参拝を行った話も残されている程である。

南国の楽園・琉球沖縄は名馬生誕の地でもある。
ナカダオーギ……赤馬……右流間……。
〃ヒコーキ〃はこれら伝説的琉球名馬たちのさらに上を行く駿馬と妄察できる伝説的幻の名馬。
その走り、空を飛翔ぶがごとく。
ヒラリ優雅に翔舞し、流麗なるままに長き白尾を翻す。
颯爽と流動する肢体は、神歌に合わせて舞う神女の舞踊のようであったという。

まるであのディープインパクトのようではないか。

いにしえの沖縄競馬に君臨せし、白き琉球のディープインパクト。

彼を所有していたのは与那嶺真宏氏。彼はヒコーキを駆り、村の競馬だけで無敵を翳すに飽き足らず、沖縄中の美ら競馬にヒコーキを参戦させ、凱歌を上げ続け勝利のカチャーシーを吟舞していたという。明治15年生まれの彼には一人、愛娘のミツさんがいた。

現在100歳を迎えた彼女の証言をここに

当時の競走馬と等身大のオブジェが建っている那覇・楚辺の古波蔵馬場(クファングヮ・ンマウィー)。城岳小学校の前に位置するこの馬場は往来の激しい道路に変わっているが、小学校時代に目の前が馬場跡だと判明している。古波蔵は真和志間切(間切=現在の市町村)の代表馬を決めた馬場でもある。間切の大会で勝った馬は群の大会へ、さらに全県大会へと進んだ。その全県大会の舞台が、那覇の塩田地帯で知られた潟原(現在の泊、前島周辺)と昭和初期、沖縄神社祭の奉納競馬で「"ヨドリ与那嶺小"の"ヒコーキ"」が優勝した舞台、平良真地だった。馬場の数は那覇市内だけで18。那覇から西海岸を北上すると、浦添市で4つ、宜野湾市で1つ、北谷町で3つ、嘉手納町で3つ、読谷村で4つの馬場が確認されている(「沖縄県における馬場跡の調査報告」)。いずれの市町村史にも載っているのが名馬ヒコーキの名前である。

記しておく。

「ヒコーキというのはね、戦前に父の与那嶺真宏が飼っていた馬です。白い馬でした。白い宮古馬でした。尻尾が長くて、毛並みのとても美しい馬でした。私がまだ子供の時でしたから走り方までは記憶していませんが、姿形に気品があって他の馬とは雰囲気が全く違う馬でした。今の浦添市役所のあたりに昔は馬場（安波茶馬場）があって、ヒコーキが馬勝負（競馬）に出る時は家の者総出で見に行ったものです。でも、父はムラ（浦添）の競馬だけでは満足しませんでした。馬勝負が命という人だったので、県内のどこかで大きな馬勝負があると聞くと、じっとしていられません。ヒコーキを連れて県内を歩き回っていました。西原村から中頭の各村、山道を越えて遙かヤンバル（北部）にも行ったと思います。女学校に入学する前だから、昭和2、3年頃ですかね。

あの頃は競走馬の売り買いを辻（那覇の遊郭街）でやっていたようで、我が家にも何頭か出たり入ったりしていました。でも、ヒコーキは物心がついた時から女学校に入る（昭和3年）までずっと飼っていました。馬名がついているのもこの馬だけでした。当時は飛行機なんて沖縄に飛んでいませんから、いったい誰が名付けたのか……」

異様だが息を呑むほどの絶世美の白い馬体……〃ヒコーキ〃という底抜けに明るい……しかし謎が謎を呼ぶ馬名……そして全戦楽勝無敗無敵というその幻惑的戦績

……。そして沖縄という特異な環境が彼の神秘性に深みを与えている。これ程の隠れた幻の名馬がまだいたとは……

ヒコーキはミツさんが女学校卒業する昭和7年に消息を絶った。競馬が命だった与那嶺氏がヒコーキを手放したのは、生活のためだったのか。

それとも、名馬の血を残そうとして去勢法が適用されない離島へ逃したのか。

あるいは、もっと別の理由があったのか。その行方は覗い知れない。与那嶺真宏さんが病で亡くなったのは昭和19年。

美ら競馬が消滅した翌年だった……

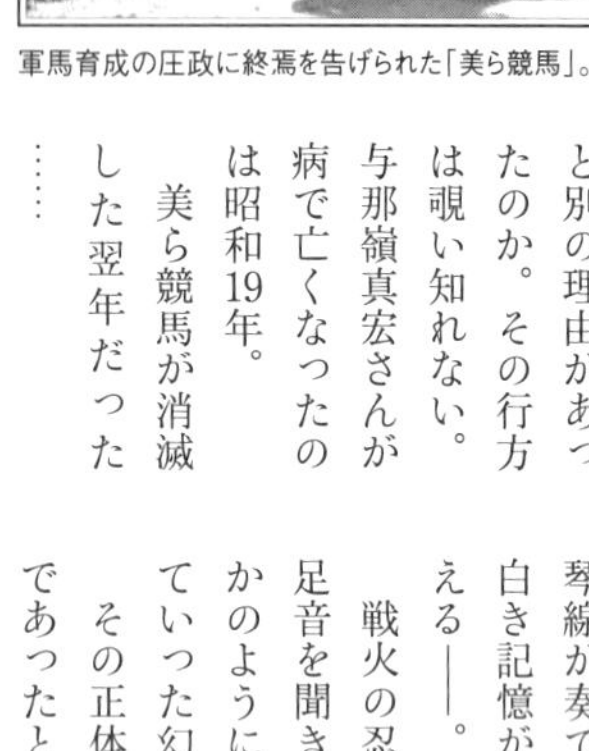
軍馬育成の圧政に終焉を告げられた「美ら競馬」。

謎の馬名がさらなる幻想を喚起する――。

当時、飛行機を目にする島民はおらず、その名称のみ、ほんの一握りの者が脳裏の奥底にのみ浮動しているような〝特殊用語〟であったのである。

まだ見ぬ近未来の高速船と、未知の能力を秘めた名馬を重ね合わせての命名だったのだろうか――……。

どこか遠くから聞こえてくるサンシンのメロディと馬たちの蹄音……

そして、潮風の音色が織り成すシンフォニーに、心の琴線が奏でられ、白き記憶がよみがえる――。

戦火の忍び寄る足音を聞き取ったかのように漸減していった幻の名馬。

その正体は何者であったというの

であろう。

「大海から上陸してくる馬を竜馬、あるいは神馬と称す――」

八重山の民俗学者、喜舎場永旬は生前、そう述べていた。

宮古島では大地の神が白馬に姿を変え来訪するという言い伝えもある。

〝ヒコーキ〟はまさに沖縄近代競馬の終焉に流星のように走り抜けた神馬だったのかもしれない――……

自動車社会の波に飲まれ、消失していった農耕馬。
時代の空影で、きっと彼は自由きままに飛び回っている――永久なる夢空（エデン）をただ一途に目指して……――きっと。

《今回の写真・イラスト提供・協力参考文献ほか》

うみねこ、秋山由美子、Mr.woolhouzen、ちゅらさん大好き!・さん、与那嶺エリカさん、日本の在来馬（日本馬事協会）、馬の雑誌　ホースメイト45号（日本馬事協会）、沖縄の在来家畜　その伝来と生活史　新城明久著（ボーダーインク）、富国強馬　武市銀治郎著（講談社）、続日本馬政史（神翁顕彰会）ほか

※冒頭の写真は与那嶺恵里香さんの曽祖父の方が馬勝負の際に撮影したという一枚。ヒコーキが最も優雅に舞った、全盛期の一枚と伝えられています。
真っ白な馬体と特徴あるタテガミ……隣の宮古馬と比較しても馬体は大きく、只ならぬ雰囲気を取り巻いていることが写像からも窺い知れます。与那国馬とのハーフだったのでしょうか?
写真は「もしかしたらヒコーキ……かもしれない」という曖昧な証言の元お借りした写真で、真偽は不明不詳であります。

（本文：兼目和明）

明日への架け橋

ダライフレグ

▼日本とモンゴルの友好の絆となった競走馬

父 ?
母 ?
母父 ?
生年 1985年
性別 牡
毛色 栗毛

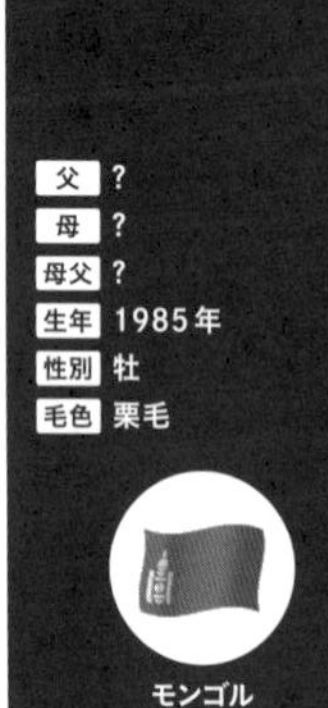
モンゴル

生涯成績	???
備考	鞍ナーダム競馬数回優勝

モンゴル帝国を築き上げ、茫漠たる大地を総べり、遥かなる統制を広げた偉大なる皇帝チンギスハンは、特に故国モンゴルにおいては神と崇められ、現在のモンゴルにおいて国家創建の英雄として称えられている。

　ここまでの栄華を誇った帝国の影の支柱となったのは、モンゴル馬の存在であり、彼らの存在無くしてモンゴル帝国の栄光無しと断言できる程の存在意義と価値を見出す事が出来る。

　馬は大きければ大きい程良いという思考性がある。これは競馬においても、軍事的な兵法から考えてても、顕著にみられる発想である。軍事的面から見ても、騎兵は鎧を着込み、馬にもそうした鋼鉄の装備を身に付けさせる必要が出てくる。そうなれば、当然とその総重量に耐え抜く程の機敏な動きと機動力が希求されて来る訳であるから、馬格のあり、パワーに満ちた馬が欲されるのは至極当然の考えであり、また農耕面から考えて見ても、駄載力のある馬となれば、それ相応の巨体の方が有能であると考えられてそれは然るべきベクトルなのだと思う。

　しかし、チンギスハンがあまねく大陸を征服せんがために選んだのは、馬格のあるアラブや軽種馬たちではなく、馬格が小さく、不格好で、西洋人からすれば「子供のお守り役」と見下していたポニー同然の小さな野生馬たちだった。モンゴルにおける遊牧民らが生活を送るのは、テレビや映画でよく見るような、鮮烈なイメージの残る浅葱色の絨毯広がる草原地帯ばかりではなく、あれはホンの一握りの一部であり、本来は砂漠や荒れ果てた荒野がほとんど。昼夜の寒暖差もすさまじく、50度以上の差がある。そんな厳しい環境においても動じず、耐え抜き、とてつもなくタフな耐性を兼ね備えていたのが、彼らモンゴル馬であったのである。環境が作り上げた「奇跡の存在」。そう言っても過言ではないかもしれない。現代のモンゴルダービーにおいても、最も要求される素質は、「耐久力」である。競馬の面においても、そうした思考性は根深く脈打っている。

パワーや突進力、スピードで敵わないのであれば、それを補う、戦術と作戦と連携があればそれは打ち崩せる。チンギスハンはそれを全て掌握していた。大型馬を手繰る者たちは、その小さな馬たちを完全に見下し、そこに生じた油断も相まり、あっという間にモンゴル騎兵たちに蹂躙されていった。

そんな歴史を持つモンゴルにおいて、モンゴル馬たちは今も重要な役割を担っている。国を上げての祭りとなる「ナーダム」は、モンゴル国において、年に数回行われる国民行事である「民族の祭典」である。ブフ（モンゴル相撲）・競馬・弓射の3つの競技が行われる。

ナーダム競馬において優勝した馬は、英雄として称えられ、その馬の汗に触れると幸運がもたらされるとして、馬の周りは黒山の人だかりが出来上がる。

このモンゴルの魅力、チンギスハンが大草原に描いた情熱と情念に魅せられた日本の政治家が一人、そうしたモンゴル慕情を踏襲し、政界の頂点に立とうとしていた。海部俊樹、1989年に自由民主党総裁、内閣総理大臣となる志士である。海部首相は日本の最高指導者としては、初めてとなるモンゴル訪問を1991年に行った。その際、ナーダム競馬を観戦し、その迫力に目を奪われたという。

その時のナーダム競馬で優勝を飾ったのが、サリヒンフレン（『風のように速い茶色の駿馬』という意味）で、当時のビヤンバスレン首相は日本との友情の証として、海部首相へこの優勝馬をプレゼントしたという。モ

ンゴルでは馬は大変貴重な存在であり、それを贈るということは、ただのお世辞や建前ではない、深く大きな親交を持っての贈り物という意味が込められている。その際、名前も改められ、モンゴル名『海俊馬』、『ダライフレグ』と名付けられた。「海のように大きな心を持った駿馬」という意味の馬名なのだという。

しかし、日本へ連れて帰っても大都会の真ん中で馬を飼うのは難しいこと。

かと言って、北海道等の牧場に預けてしまっては、友情の絆として贈ってくれた首相の失礼に値する……海部首相は悩んだ末、モンゴルで暮らすのが一番の幸せであろうと考え、一番親しく信頼を置いた遊牧民ソンドイ氏に預け、飼ってもらうことにしたという。ソンドイ氏とその息子ドルジくん（当時11歳）は、これを快諾。愛情を持って丁寧に育ててくれることを誓ってくれた。

海部首相はその後、総理大臣を辞任するも、政界で精力的に活動。その間もダライフレグの事は常に頭の中にあり、片時も忘れた事は無かったという。

海部元首相の元へ、モンゴル大使からビデオレターが届けられた。そこにはナーダム競馬で優勝するダライフレグの姿があった。その後も数度に渡り、ダライフレグは優勝を飾っていたのだ。

「やはり、あの馬は名馬なのだね」

と、安堵した海部元首相は、周囲にも誇らしく自慢して回ったものだと語られている。

それから約10年後。モンゴルは歴史的大寒波「ゾド」の襲来を受け、馬、羊、牛、ラクダ、ヤギといった遊牧民の生活に欠かせない財産が、なんと一千万頭も死滅するという壊滅的被害を被った。

その報せを受けた海部氏は、ダライフレグの生存、ソンドイ親子の安否が気掛かりとなり、居ても立ってもいられぬ状況の中で手紙を出したが、その返事は返ってくることは無かった。

大寒波が去った翌年、海部氏の元へ日本・モンゴル国交三十周年記念式典の招待状が届いた。海部氏11年ぶりのモンゴル訪問。ダライフレグに会えるかもしれない……淡い期待もあったが、もう恐らくは……の覚悟も決めて日本を発った。とある遊牧民のパオの中での昼食会の時だった。海部氏に会いたいと、突如として訪ねてきた者があったという。大使館の者か、特派員の取材か何かだろうと、席を立った海部氏の目に飛び込んできたのは、ダライフレグとソンドイ親子であった。海部氏は思わずダライフレグへと駆け寄り、首を抱きしめた。ダライフレグは尻尾を振って喜んでいたという。

ゾド襲撃の最中、ダライフレグは食欲を無くし、高熱を出して死にかけていたという。しかし、ソンドイ氏親子は昼夜を問わず、自分の体でダライフレグの体を温め、必死の看病を続けたのだという。

ソンドイ氏はダライフレグの耳元で「お前はナーダム競馬で優勝した名馬なんだ、生きるんだ絶対。生きて日本にいるあの人にもう一度会うんだ」と励まし続け、ドルジ君はダライフレグの首筋を撫で続けたという。

これがダライフレグに生きる力の奇跡を与えたか。ダライフレグは生命力を漲らせ、寒波と病気を乗り切って見せた。そして、海部氏と再会を果たすにいたった。

「もう一度あいたい」

純粋無垢で切実な願い。日本とモンゴルの絆となったダライフレグの奇跡を、日本とモンゴルの子供たちに語り継ぎ、両国にとっての友好の架け橋を築こう、そう海部氏は想いを固め、モンゴルを去った。日本とモンゴルの友好関係は2012年で四十周年、そして2022年には五十周年を迎えることとなる。ダライフレグの架けた友情の橋は、崩れることなど無く、この先も築かれていくことだろう。そこにダライフレグと寄り添う海部氏の写真が添えられていることを願って。

（本文：兼目和明）

ザ・ラストエンペラー

盛（さかり）

▼南部駒最後の一頭にして、史上最強の南部駒

父 ???
母 ???
母父 ???
生年 1875年
性別 牡
毛色 青毛

日本（岩手県）

生涯成績 2戦2勝

日本には、サラブレッドやアラブ種とは別に、元より棲息していた馬たちがいる。現在では木曽馬、野間馬、対州馬、北海道和種、トカラ馬、御崎馬、宮古馬、与那国馬ら8種を残すのみとなり、三春馬、鬼首馬、淡路馬、仙台馬、喜界馬など、稀少な馬種たちは明治～大正・昭和期前半、馬産改良の旗下、欧米諸国から日本へとやってきた外来馬との交配を得てその特徴を消失させていった。そしてまた他方では、馬格が小さいという理由から次々と排他され、殲滅の一途を辿った。この潮流に追い打ちを駆けたのが昭和30年代に始まる日本経済の発展。自動車が普及し、さらには農業においても機械化があれよあれよと進み、乗用や農耕に使われていた馬たちは居場所を失い、姿を消してゆくこととなったのであった。

合理化攻勢の時流を逃れ生きている在来種は、今やたったの2300頭ばかり……飼養者の高齢化、後継者難により、風前の灯となっている。今こそ我々は声を大にして、在来馬たちの未来を確約させねばならないと、強く念頭に置きたい。彼らこそ世界に残る貴重な遺伝遺産であり、人と馬とが共生した時代の〝証〟なのだから

――。

さて、それではこれら日本在来馬たちのルーツ……根源はどこにあるのだろうか。

これに関しては様々な諸説が散見されるが、有力なのが『騎馬民族による伝播』という江上波夫氏が掲げる学説で、これに依れば、4世紀初頭、朝鮮半島を経由して渡来したツングース族が持ち込んだ馬たちが祖先として遡及されるのだという。

『魏志倭人伝』にも日本には馬がいなかったと記されていることからも、他国……とりわけアジアから伝播されたことは間違いなく、おそらくは蒙古馬（モンゴル馬）がその正体と推考される。

その昔……東北地方の山野にも、小柄で粗食に耐え、石灰岩土壌のカルシウムを多く含む草を常食するため骨格が丈夫、更に足（爪先）の骨格が他の馬と違い重い荷物を長距離歩いても疲れない……という際立った特徴を持つ馬がいた。いわゆる南部馬である。

本馬、盛（さかり）はこの南部馬最後の1頭と言われる存在であり、その一生を我々人類へと捧げた偉大な名馬であった。

盛は１８７２年（明治5年）、青森県は三本木（現在の十和田市）で生まれた。青毛の威圧感ある巨体は、当時の在来馬たちの中では断然の大きさを誇っていた（体高１５１ｃｍ）。１８７７年（明治10年）に岩手県の赤沢村（現紫波町）で養育され、農耕や駄載に従事していたものと思われる。

その盛が一躍脚光を浴びることとなったのは、１８８５年（明治18年）に日本で初めて開催となった〝英国式競馬〟である東京上野・不忍池でのことだった。このレースに出走した盛は、日本馬の誇りを胸に全力疾走すると、鞍上の外国人ジョッキーも感嘆の声を上げる他なく、観衆である諸外国の一同はその光景に目を疑った。なんと大独走。盛は後続を遥か後方へと千切り捨て、大差の圧勝を成し遂げてしまったのである。出走馬の中にはサラブレッドやアラブ、豪州産馬や雑種の競走種も多数いたほか、盛以外の馬は、そのほとんどが入念かつ綿密な調整を施されていた。そんな中での圧勝。日本国

産の馬など完全に蚊帳の外へ置き、眼中にすらなかった観衆は目の前で起きたことを受け入れることができず、唖然として立ち尽くしたという。

さらに年齢を冷静に回顧してみると、盛この時、なんと7歳。すでに競走馬としてのピークは過ぎる頃だったのである。

さらに驚嘆賛嘆すべきは、翌年のこのレースへも遙々と来訪し、またも同じように大差勝ちを収めてしまったというところで、まさに向かうところ敵無し、国士無双の比類なき天賦の才を、当時の洋式競馬を牛耳っていた外国居留民たちへと天下爛漫に見せ付けたのであった。この信じられない純日本産馬に舌を巻いた異国の民たちは盛に畏怖と畏敬の念を抱き、拍手喝采で絶賛したのであった。

天地鳴動させた歴史的レースが終わると、盛号は厨川（現在の盛岡市）で飼養されることとなった。盛は人知れず盛岡駅構内で貨車の入れ換え作業に従事し続け、かつての栄光の光芒を誰に称えられることも無く、明治37年、32歳という長寿を全うし、この世へと惜別を告げたのであった。

盛の亡骸は最後の飼い主を務めた藤田某氏により懇ろに弔われ、生徒の教材として使って頂きたいとその骨格を盛岡農業高校へと寄贈されたのだという。

そして現在、今も盛の骨格は盛岡農業高校に保管されている。その骨格へ目を凝らして見て見ると、当時の盛の様相が朧げに見えてくる……盛の腰部の仙椎はお互いにすれ合って潰れており、晩年は痛みに耐えつつ老骨に鞭打って貨車を引いていたようなのである。

次々と教職員が入れ替わり、生徒たちも巣立ってゆく中、盛はいつしか「馬の骨」へと変わり果て、往年の勇姿を知る者は誰一人としていなくなってしまった——。

しかし、数年の時をえて同校の卒業生であった遠藤孝一氏が母校へと教師となって赴任すると、当時熱心に語り継がれていた盛を発見。その時、骨格はバラバラに

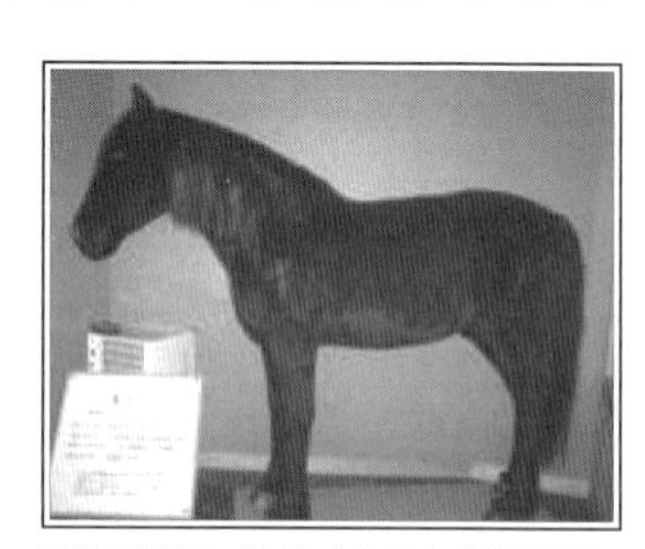
盛号の剥製（レプリカ）：十和田市・称徳館所蔵

なっていたという。遠藤氏は苦心惨憺しつつ、地道に復元作業に従事し、ついに完全な骨格を修復するに至ると、ガラスケースの中へ骨格標本を収納し、細緻に渡る管理を続けていった。その傍ら、盛の素性を生徒や来訪者へと語り紡ぎ、いかに偉大な名馬だったかを伝えていったのであった。

我々日本人は南部馬という、希少な文化遺産を失ってしまった。その真価も知らぬままに。我々の手により彼らは絶滅してしまったのである。もはや取り戻すことのできない時間は、物言わぬ盛の骨格とともに流れ続けている――……しかし、日々繰り返されてゆく営みの中では、止まったまま……動くことは、永遠にもう……ない――。

(本文：兼目和明)

桃源郷の歌姫
キカイヒメ
▼サトウキビと珊瑚の小島に生きた最後の喜界馬

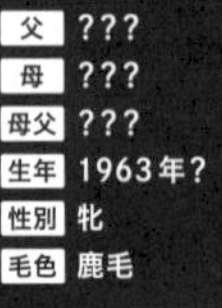

父	???
母	???
母父	???
生年	1963年?
性別	牝
毛色	鹿毛

喜界島

生涯成績　???
備考　鞍上はこの馬の飼い主である故・栄元太郎氏。

鹿児島県の南西、奄美大島を西に望み、東経130度線上に浮かぶ隆起珊瑚の小島……

その島はかつて、馬と人との絆が琴瑟相和に結ばれた、名馬安住の楽園が存在していた。


一年中、珍重な蝶が舞う南国のアルカディア。東シナ海と太平洋を分かつ海の道標として鎮座してきたその島を、「喜界島」といった——。

喜界島は奄美諸島の北東部、奄美大島から東方約25kmに位置し、古くは鬼界・奇界などとも記された。低平な台地状の島で、周囲を珊瑚礁原に囲まれている。

この島に、喜界馬は住み、草を食むでいたのである。その最後の1頭となったのが、本馬〝キカイヒメ〟である。実際にこの名前で呼ばれていた訳ではない。実際の所の名前は不明であり、喜界馬の牝馬であることから命名させて頂いた次第で、私が勝手にこう呼んでいるだけである。

喜界姫は牝の鹿毛馬で、平成2（1990）年にその生涯に幕を下ろした。26歳（旧馬齢表記）という天寿を全うした名馬は、いま喜界町公民館の剥製として島の行く末を見守っている。

喜界馬に関する記録や文献は少なく、馬の由来や経過などは明瞭・正確に判明しない。希少な当時を知る人々の回想録をよすがに、その素顔へと歩み寄っていくことにしよう。

最後の1頭となった喜界馬の剥製。与那国馬や野間馬といった在来馬より一回りから二回りは大きい。脚の周りの毛、顔の形状、そして額の星から判断するに重種や軽種といった様々な馬種の血を引いた混血種であると思われる。

剥製の説明文の序文は次のようにはじまる。

「喜界島と言えば馬、馬と言えば喜界島と言われる程その昔、馬の産地として有名であった」

果たして喜界島にいつの頃から馬がいたのだろうか。最古の記録として残るものを紐解くと、1775年、実に安永の時代頃より飼養がなされていたようである。

その名声を満天下に示す要因となっているのが、この島の特殊性である。いまだに隆起し続ける隆起珊瑚の土壌はミネラルとカルシウムを多分に含まれた牧草を供給し続け、これを馬が食むことで骨が太く頑丈に育ち、肢蹄は他種の類例を見ないほど頑強に育まれた。喜界馬はそのほとんどが蹄鉄を打つ必要がなかったという。

喜界島伝説の名手〝志戸桶の喜美治〟

『喜界町誌』、竹内譲著『趣味の喜界島史』によれば、「1746年11月21日、宗信公御家督継承につき、御祝儀のため翌年春、志戸桶の喜美治なる者が島民を代表して(鹿児島へ)上国した。ちょうどその折開催された藩の馬術大会で喜美治は他の藩士たちが持て余した駻馬を見事乗りこなして藩主の御感に入り、褒美としてその馬に鞍を置いたままいただいて帰島し、これを種馬として良馬の改良繁殖をはかった」とある。

志戸桶で愛育された、いわゆる「志戸桶馬」は戦前は島内で開催される、各種の馬匹品評会において、常に上位入賞を果し、戦時中には多くの優れた軍馬を移出したという。

さて、伝説の名手・喜美治だが、それはもう馬を手繰るに手馴れた名手であったという。これだけの名手が育

つ為にはそれなりの環境が必要な訳で、１７４６年よりも遥か前から馬は喜界島におり、飼養されていたと考えるのが自然というものだろう。

少し、ここで時系列に沿って整理してみることとしたい。

琉球・奄美馬事関連年表

１４４６年　文正元年　喜界島、琉球王朝軍に制圧される。
１４７７年　文明９年　済州島の漁夫、与那国島に漂着。「李朝実録」より。
１６０９年　慶長14年　薩摩軍の奄美・琉球侵攻。
１７４７年　延喜４年　志戸桶の喜美治、新藩主より名馬を拝受。
１８９４年　明治27年　日清戦争
１８９７年　明治30年　喜界の馬、十数頭が宝島へ移送。
１９０１年　明治34年　馬匹去勢法発布。
１９０４年　明治37年　日露戦争
１９０６年　昭和39年　種牡馬検査法施行。
１９３６年　昭和11年　喜界島阿伝出身の民俗学者・岩倉市郎氏が喜界馬を撮影。（岩倉氏の撮影した写真の馬はまだオリジナルの喜界馬と写像から推断できる。これ以降の写真では軽種、重種もチラホラ見られ、オリジナルが姿を消す。）
１９３７年　昭和12年　日中戦争
１９３９年　昭和14年　種牡馬統制法施行。
１９４１年　昭和16年　太平洋戦争
１９５２年　昭和27年　トカラ列島本土復帰。
１９５３年　昭和28年　トカラ馬が天然記念物に指定される。

日本在来馬の一種、トカラ馬は、鹿児島県はトカラ列島に息づく在来品種の馬である。滔々と流れる黒潮が洗う七島灘は、海の恵みを授与してくれるが、海の難所でもある。厳しく過酷な自然に寄り添うように生きてきた人と馬たち。琉球文化と大和文化が交差するトカラ列島は、生物、民俗文化の宝庫であり、太古の昔から大海原を舞台に幾多もの交流を繰り返してきた、いわば「海上の道」であった。

トカラ馬の存在が明かになったのが昭和27年のことで、宝島に飼われていた小型の馬たちが、当時の鹿児島大学農学部教授の故林田重幸博士らに発見され、〃トカラ馬〃と命名された。

そのトカラ馬のベースとなった馬種が喜界島の喜界馬である。

時は流れ、移り変わってゆく……喜界馬は島で大切に愛育され、頭数も増えてゆき、農耕・物資の運搬に使われ、糞は貴重な肥料として珍重されたという。

明治の中頃までの喜界馬は、体格が小さく、長身の者が乗ると足が地面に届く程だったが、改良が重ねられると戦中には軍馬で名を馳せる程の馬種へと成長を遂げていた。

喜界島における競馬の記録

「船と馬は並べば競う」奄美地方の諺だという。やはり、ここ喜界島においても競馬は行われていたようである。賭けなどが行われていたかは定かではないが、馬場として使っていたのが現在の県道となっている所であるという。

3頭立て等で行われ、明治30年代には落馬して血だらけとなる重傷を負う記録（開スイさん談）も文献から読み取れた。

また闘馬も開催されており、こちらは小学校を会場にたびたび開催されていたが、大正6年頃、警察に中止を促され、以降公の舞台では開かれていないようである。

その昔、農業で村役場へ勤めていた方の話によれば、「喜界馬は性格温厚、粗食に耐え、蹄も丈夫で評判だった。軍用の良馬は農耕馬の2倍の値が付き、祖父の代だが、その弟が分家する時、子馬を売って屋敷・畑を買った」という。

8kgもある旧早町村役場までの道は馬に乗って通い、医者の送迎も馬だった。自転車など無い時代。村長も馬で通った。

馬での通勤は、自転車の普及する昭和34～35年まで続いたという。当時はどの家も1、2頭の馬を飼育してお

り、馬は農耕と生活とを支える大切な働き手だった。

そんな喜界馬たちは、この小さく平坦な島で、どうしてそこまでの繁栄をみることができたのだろうか。

その要因として考えられうるファクターを、元町役場経済課補佐畜産担当の森本一敏氏は次のように分析している。

「（喜界島が）琉球石灰岩、隆起珊瑚礁から成り立つため土にミネラル、カルシウム含量が多く、アルカリ性土壌で良質牧草生産ができたこと、冬でも温暖な気候で野草が利用できること、冬季はサトウキビの葉が飼料化でき、周年青草使用が可能なことなどがある」

馬の骨軟症がなく、骨が丈夫で蹄が固いことは、セリ市でも高く評価されたとのこと。

また、加藤啓雄町長は「沖縄県浦添市長が当町を訪問された際には、喜界馬に対する謝辞があった。昔、現金収入は馬だったから、喜界馬で仕事をして大学まで行かせてもらった、とのことでした」と、感慨深く語っている。

島には「保食神社」と呼ぶ信仰対象が21ヶ所ある。その多くは馬頭観音を祭ったものと云われる。馬が病気になった時、ここに連れてきて病気の快癒を祈祷したという。現在ではかつての人と馬との関わりに感謝し、人々と牛の無病・平安を祈る場となっている。

もの言わず、ただ瞳を澄ませるキカイヒメ。

いま彼女は何を想い、我々に語り掛けてくるのだろうか。

様々な血が掛け合わされ、島民の愛に抱かれた彼女の剥製は、琉球・奄美の歴史を物語り、そのまま〃カタチ〃となった喜界島の結晶のようなものである。いわば物言わぬ永遠の生き証人。

蔗の坂道に珊瑚の玉詞がそよぐ時、喜界馬の在りし日の残影がくっきりと浮かび上がる――……。

明日を信じる馬と人との慕情の詩が、そこには間違いなく存在していた……――。


（本文：兼目和明）

球美の島から、馬への愛哥を

シンノスケ

▼久米島牧場のエースにして琉球競馬復活の王者

父 ???
母 ???
母父 ???

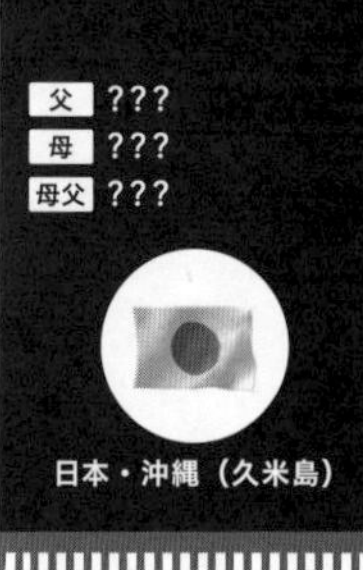

日本・沖縄（久米島）

私が、こよなく愛する沖縄の地を最後に踏んだのは、2007年の初夏のことだったと思う。

しかし、それは私としてはかなり特異な、自愛の癒しを主眼とした、それは鷹揚たる「旅」だった。

厳密な意味での、馬を目的とした本来の私のフィールドワークでの来沖というのは、波照間島を訪れた2006年以来のことだろう。

ディープインパクトが凱旋門賞を狙い、世界へと上翔していった炎熱の8月。

それ以来の琉球探訪。偶然にも今年、ディープの息子キズナが父のベストパートナー武豊と共に同じく凱旋門賞へと参戦する。数奇な運命の潮流を心地よく感じながら、羽田へと向かう列車に乗り込んだ時には14時を回っていた。

やれやれ。こりゃ沖縄到着は夜だな……

実際には宝塚記念を観戦してからのフライトの予定だったのだが大幅に予定が狂ってしまった。

前日に東京競馬場で購入していた馬券が気にかかる時

間帯……

　ゴールドシップの凱歌に、またしても臍を噛む。あれほど天皇賞の前から宝塚は金船だと吹いて回ってきたのに……ホンとあの馬とは相性が最悪らしい。

　蹌踉とした足取りでエスカレーターを上ってゆく。

　今回のフィールドワークの目的は久米島に伝わる「馬の角」の踏査。

　かつて琉球の王が中国より譲り受けたという世にも珍しい馬角。

　はたしてどんな代物なのか。ぜひ一度この目に収め、その正体を兼ねてより精査してみたかったのである。

　久米島は沖縄本島から西に約１００ｋｍの位置に浮かぶ、小さな島。

「はての浜」と楽天のキャンプ地として有名である。

　島へと降り立ち、早速聞き込みを試みる。

　こういう時、沖縄の人たちは快く話しを聞いてくれるから素晴らしい。怪訝な表情などされず、こちらとしても話が進めやすい。

　スーパーやましろのおばぁの話によれば、判明した「馬の角」の新情報は……

①所有者は現在島を離れ那覇に暮らしている。
②その所有者は沖縄本島で議員の仕事をしており、学生時代は同志社大にて競馬サークルを立ち上げていた。
③管理者のおばぁが存命の頃はテープを使って「馬の角」の説明をしていた。

　どうやら首里の王様から宝物を譲渡されるだけあって、

相当立派な家柄のようだ。

またおばぁたちから興味深い話も耳にした。

かつて、久米島にも馬はいた。

各家庭一頭の馬が人と共に営みを送り、苦楽を共感しながら生きていた。

しかし、やがては機械化の波に飲まれ、馬は亡失していき、人々の記憶の中からもいまや忘失しようとしている。

与那国島や小浜島、本島や内地の至る所で行われていたような、草競馬。久米島にも例に漏れず存在していた。

イーフビーチで馬を持ち寄り競走。決勝戦は仲里小学校前の直線馬場にて行っていたというのである。やましろのおばぁの家でも馬を飼っており、競走でも相当強かったらしいが、おばぁも名前までは覚えておらず、もしかしたら白い馬もいたかもしれないというのである。

仲里馬場跡地

もしかしたら……ヨドリ与那嶺のヒコーキも久米島へと遠征を試みていた可能性も……無きにしも非ずかもしれない。

そして、もう一つの来島目的は一年前に誕生したという久米馬牧場へと足を運ぶことだった。

焼け付くような久米島の夜。フツフツと明けてゆく宵空に、新たな出会いの鼓動が共鳴しているかのような、心落ち着かぬ夜だった。

久米馬牧場は2012年5月開場。

大阪出身の井上福太郎さんと東京出身の恵子さんらが、たった二人で島に残っていた2頭の馬とともに始めた。

かつて人と寄り添い、運命を共にした在来馬たち。

その存在は忘却の果てへ消失し、スポットライトはサラブレッドのみへと当てられる……

命を捧げ、共に暮らしてきたパートナーたちを私たちは余りにぞんざいに扱ってはいないか。

彼らへと向けられる世間の眼差しはあまりにも冷たい。

今一度原点へと立ち返り、彼等の尊さを見つめ直して

ほしい。

井上さんは快く『奇跡の名馬』を受け取ってくださり、貴重なお話をしてくださった。

日本在来の馬たちに抱く想いは、私と同じ。

早速の乗馬で、私はパートナーにシンノスケを選んだ。

大人しく賢いシンノスケ。

彼の背中から見えた海の景色は、これまで見た海の中で特別な絶景となって私の目に映った。

与論島の百合ヶ浜に匹敵するほどのキラメキを放つ紺碧のラグーンがそこにあった――。

「……そうですか。ありがとうございました」

「……やはり」

「ええ、もうこの家にはないそうです」

「馬の角」は本島へと持っていかれていた。

果たしてどんなものなのか……そしてその正体は……

今回をきっかけにさらに探究心は高まる。

一角獣伝説を追いかけて、まだまだ調査続行していきたいと想いを固めた。

青い空の下、島の風が吹く。

馬の背の上、私の胸に。

「馬って面白いですね、やっぱり。一頭一頭にそれぞれの物語があって、馬がいなかったらこの子もいない訳で……」

赤ちゃんを抱いて話す恵子さんの瞳はとても綺麗に輝いていた。

馬と人とが織り成し、紡ぐ『絆』。それは未来へとつづいてゆく〝夢〟となり、その夢がまた人と人、馬と馬とを結ぶ『絆』となる。

シンノスケの鬣を揺らす海風とイーフビーチの漣と。

あの景色を未来に出会う子供たちにも、大切な人にも見せてあげたい。

久米馬牧場の発展と島の〝かりゆし〟を祈り、いつの日かの再会を約束し島を発った――

機内でまどろむ中、真っ赤になった腕にハッと気づいた。

肌はいつの間にかヒリヒリと焼けていた。

どこか気持ちいい、懐かしさ感じる痛みだった。

その後、シンノスケは２０１３年に70年ぶりの復活を遂げた『ンマハラシー』にて恵子さんを鞍上に大活躍。

惜しくも準優勝に終わったが、恵子さんに悲観の色は全くなく、「想像以上にがんばってくれた」とシンノスケを労った。

そして翌２０１４年。琉球伝統競馬「ンマハラシー」は3月2日、沖縄市の沖縄こどもの国で開かれた。この年は過去最高となる31頭がエントリー。

久米島馬牧場のエース・シンノスケは恵子さんを背に見事初優勝を果たす。沖縄独特の競馬を観戦しようと沖縄のみならず、遠方よりも多くの人が訪れた。

琉球王朝時代から続いたンマハラシーは、在来種が左前脚と左後脚、右前脚と右後脚を同時に前に出す「側対歩」が特徴とされた。

馬たちはコースを折り返してゴールするまで走るリズムを競った。乗り手が知花花織などの衣装をまとい、馬にも青や赤の飾りを付けたりするなど美しさでも観客を魅了した。

人懐っこく、人の話をよく聞くというシンノスケ。『クレヨンしんちゃん』の主人公の「野原しんのすけ」が名前の由来であるという。

琉球競馬の復活の狼煙を上げ、凛々しく立つその雄姿はどこか誇らしげである。

馬と人との信頼があるからこそ、成し得られるパフォーマンスが展開されるのが琉球競馬最大の魅力。

かつて琉球にあった人と馬との絆が、新たな胎動をはじめ、未来の空には曙光が照らされ始めた。

井上福太郎さんと恵子さん。お二人と二人を囲む仲間たち、そしてシンノスケの瞳にも、その光はこうこうと輝いて見えているはずだ。

小さな島にある馬と人との奇跡の絆。

「またあの島へ……」そう、何度も心の中浮沈する確かな思いは、人と馬との素敵な縁（よすが）に何かを感じてしまうがゆえなのだろう。

シンノスケと共有した時間を、私は一生忘れない。

（本文：兼目和明）

角が生えた競走馬
ベルマー
▼米国二冠を成し遂げた伝説のバイコーン

主な勝ち鞍 米国二冠（プリークネスS、ベルモントS）、マンハッタンハンデ、オーシャンハンデ、ハンターハンデほか

あなたはユニコーンは実在すると思うだろうか？　純白の体に額から天をも劈くかのようにいきり立つ角。非常に獰猛だが処女にのみ心を許すという伝説の生物である。その角には解毒作用があり、毒蛇に汚された水さえも清めるという。

一角獣が一体どこで成立したかは、実のところ分かっていない。

一角犀やカイチが西洋へ伝わって西洋のユニコーンになったとも、あるいはその逆とも考えられる。

『一角獣』著者のR．R．ベーア氏は次のように述べている。

ヨーロッパへはおそらくインドの山岳と川原を越えてもたらされたのではないか。

一角獣は三つの道筋を通ってやってきた。

第一の道はヨーロッパ古典古代。つまりギリシャとローマ人である。

第二の道は聖書であり、第三の道は初期キリスト教的色彩を帯びた自然科学書である。

処女の前で心許すという伝承にキリスト教が関わるこ

とで、一角獣はキリストの象徴となり、処女は聖母マリアの象徴となる。

処女に抱かれたため、猟師に捕らわれてしまう一角獣はキリスト受難の象徴であり、一角獣伝説は多義性を持つに至るのである。

以下、ベーア氏の言葉である。

「一角獣がその幾重にも折り重なり、矛盾に満ちた、象徴的で神秘的な意義を獲得していったのは、本質的にはキリスト教を通じてであった。

一角獣は早くからイエス・キリストを表す記号であったが、同時に死と悪魔を表すものでもあった。

一角獣はあらゆるものに打ち勝つ主の力を意味し、同時に人間という罪ある衣に身を包む謙虚さをも意味していた。

例えば、一角獣は紋章として騎士の力と勇気を示す徴であり得たし、しかしまた同時に修道院の特性である〝孤独さ〟の象徴でもあり得たのである。

一角獣が処女マリアの息子を表すことから、一角獣は貞節の象徴となる。しかし、馴致しがたい力ゆえに、一角獣はまた制御の利かない欲望をも体現し、その結果ここでもまた、古代とは異なった仕方ではあるが、極めて古い時代からの催淫薬としての角の用法が出現してくるのである。

一角獣はキリスト教徒とその教会の統一を意味することもあれば、一方でキリスト教徒の敵、異教徒とユダヤ人を意味することもある。」

さて、ここまで一角獣に関して民俗学的見地から述べてしまったが、これ以上の民俗学的考察は別書にて行わせて頂こう。

その伝説の聖獣ユニコーン。彼らの目撃例や、角が生えた馬の逸話、その角などは日本をはじめ、世界中で散見されている。

果たして、角が生えた競走馬というのは、これまでに存在していたのだろうか？

世界中の名馬を研究し続けているが、いまだその存在に咫尺することは叶っていない。

しかし、二本の角を持った競走馬というのはこれまでに2例、存在している。

いわゆるバイコーン、二角獣である。ちなみに日本でもアグネスタキオンの額には二つの瘤、小さな突起があったという。

超常的競走能力の秘められたポテンシャルはその角も何らかの関係があったのだろうか？

角を持った歴史的名馬ベルマー。彼の詳細へスポットライトを当てていきたい。

ベルマーは1892年、ニュージャージー州はプリークネスステーブルに生を受けた。ベルマーは冷徹な印象すら与える鉄色の芦毛だったというが、この芦毛は遡求すると、オルコックアラビアンやメドレーらから受け継がれてきた物のようだ。

その額には二つの突起があり、それは間違いなく角であったという。身体的特徴はあったが、特異的に競走能力に支障があるような事はなく、ベルマーもまた例外なく競走馬としての道を歩んでいった。現在と違って競走体系の整備が混沌としていた時代。

ベルマーのデビューは3歳となってからで、プリークネスステークスの4日前にはじめてレースに出走し初勝利を上げると、なんとそのままプリークネスS（ダ1710m　※当時の施行距離）へと乗り込み、1馬身差をつけ優勝してしまった。2戦目でのプリークネスS優勝は当然、史上最小キャリアでのものであり、デビューして5日後にGI級競走を勝ったというのも前代未聞の話である。

こうなると、当然として三冠競走最終戦であるベルモントSへと矛先を向ける事になる訳であるが、当時のベルモントSはダート2000mだった。

1867年にNYはブロンクス区にあるジェロームパーク競馬場にて初の開催となったこの競走は、米三冠競走において最も古く歴史を持ったレースであり、創設当初より2600mの距離で行われ、現在でも2400mというダート長距離戦としてファンを沸かせている。

この年のベルモントSは11月2日まで開催がずれ込んだ。NYジョッキークラブが事務所を閉鎖していた事が原因らしく、ウェストチェスター競馬会の管轄の元、レースは施行されたという。

ベルマーは本命馬として出走し、首差で優勝をもぎ取っている。

古馬となってからも活躍を続け、1896年にはNY

のモリスパーク競馬場でマンハッタンHを、１８９７年にはブルックリンのシープスヘッドベイ競馬場にてオーシャンHで勝利を上げている。

キャリア後半はエドワード・フィーク調教師から、ビル・スミス調教師へ替わっているが、スミス調教師は自分が管理した中で最も優秀な馬であったと語っている。

ベルマーは着差をつけず勝つタイプの馬であり、大抵のレースでは、首差やアタマ差、非常に僅差の勝負を物にしている。わずかな差で勝った際は「あれは角の差で勝った」などと言われていたらしい。

ちなみに、冒頭でも触れたがもう一頭、角を持った競走馬はおり、こちらは１９３０年に生まれたマルーニッドという馬で、世界恐慌中のニューヨークで走った。

生涯成績61戦21勝。ロッキング競馬場の５F戦で58秒08のトラックレコードをマークするなど、ほぼ休む事なく連戦を続けていたが、１９３５年に輸送熱のために命を絶たれてしまった。

目立っていた訳では無いが、角らしき突起状の物が額にあったと口伝されている。

これらベルマー、マルーニッド以降、角を持ったという競走馬の報告は全世界を見ても一例も存在していない。

額に突起物が生え始めるのは、実は先祖返りであると言われている。はたしてこれからの世界に一角獣や二角獣が降誕することはあるのだろうか？

幻影世界の晩靄の中たゆたう聖獣は、人類が夢想した空想の中生きるだけの存在では決してない。

必ず彼らは存在し、突如として競走馬の中にも、天命のごとく舞い降りてくるに違いない。奇跡の存在と言えるベルマーのように。

（本文：兼目和明）

Wonderlust
〜いにしえ幻の名馬たち〜

ベネズエラ伝説の名馬
セネガル

セネガル。1953年生まれ。16戦12勝。2着2回、3着1回。英国無敗の三冠馬バーラムが異郷の地に残した最後の忘形見。もしかするとバーラムの最高傑作はこの馬だったかもしれない。ベネズエラで無敵を誇り、1957年58年とシモン・ボリーバルクラシックを連覇した。

史上最強・泡沫夢幻の奇跡の2歳
ソファナ

ソファナ。1898年生。なんと1900年1月にデビュー。つまり2歳の1月にデビュー（1月6日）してしまい、わずか3ヶ月足らずで頂点に立ち、その年の暮れにこの世を去ってしまうという、衝撃的な程の眩い強さと速さ、そしてあまりにも儚い馬生を送った悲劇のヒロインである。生涯成績18戦12勝。栗毛の綺麗な牝馬で大きな流星が額から顔の中心を通り鼻面まで伸びていた。サイレンススズカのような馬生を一年のみで消化したと言っても過言ではない。そのスピードは19世紀後半のものとはとても思えないもので、2歳1月13日に3F（600m）35・7のコースレコード（2歳限定のレコードではない！）で駆け抜け、その2日後に今度は自分の記録を塗り替えるコースレコード35・5で疾駆。連戦連勝を突き進み、4月18日までに14戦12勝という記録を打ち立てている。1900年の10月に破傷風に倒れこの世を去る。まさに米国版女トキノミノルと言った所か。無限の才能を持った天才美少女の馬生はあまりにも儚すぎた。

【スペシャルコラム⑤】

一角獣を追って

一角獣を追って

日本にも一角獣、二角獣らの記録は残されている。
果たしてユニコーンは実在するのか？
まだ見ぬその幻獣を追いかけて、綴った研究の一端をここに記そう。

日本に存在する角馬十神話

1. 三宅島・神着村の一角馬
2. 山形県庄内地方の農家の角馬
3. 茨城県の廃村に言い伝わる角馬
4. 能登半島に降誕した能登駒の母
5. 岐阜の武士の愛馬・山桜号
6. 高千穂の龍駒
7. 沖縄県久米島の琉球一角
8. 佐渡ヶ島・馬首の駒角
9. 長崎・阿蘇で育った白馬から生えた金色の双角
10. 奄美大島に伝わる一夜で馬角が生える奇跡

この中の一つ、一角獣が人を殺めたという事件がある。三宅島にて起きたという、この奇怪な奇談の記憶を辿り、一角獣の存在を追いかけた２０１４年のフィールドワークの記録を以下に綴る。

【神着村の角馬事件】
《神着一角》

昌泰元年（８９８年）の1月24日。伊豆七島に浮かぶ三宅島の神着村で起きた事件。

壬生という家の妻女は、首山という山の方へ向かっていつも小用を足していたのだが、これを毎回見ていた馬がいた。ある時、妻女はからかい半分でこの馬へ話かけ、こう言った。

「お前に角が生えたら、何でも言う事を聞いてあげる」

妻女は、馬などが人間の言葉を理解できる訳がない、万一理解していたとしても、角を生やす事など出来るわけがないと思ったのだろう……それは当然のことである。

しかし、何という事か、この馬に本当に角が生えてきてしまったのである。妻女は何とか誤魔化そうとしたのだが、時すでに遅し。

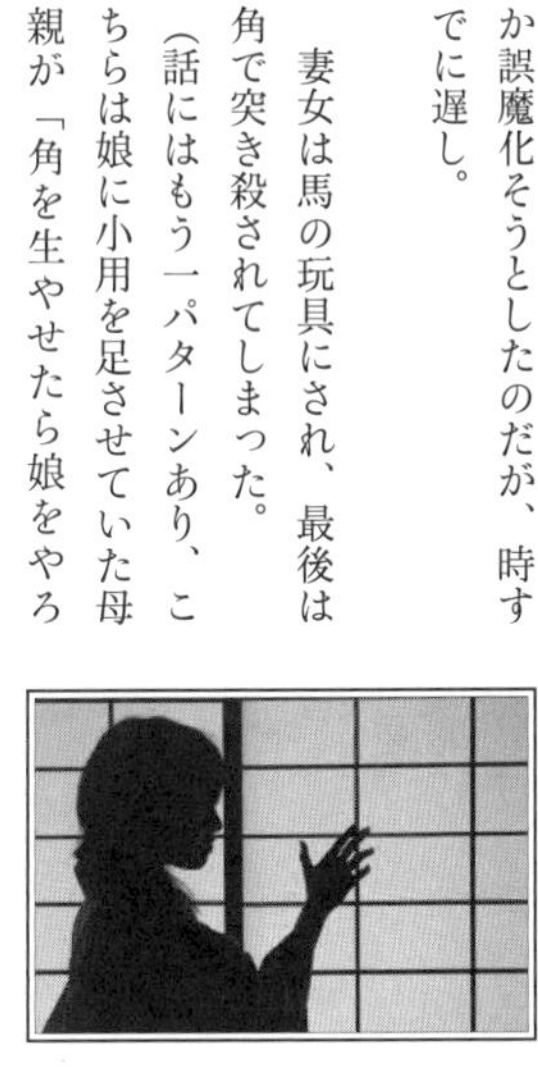

妻女は馬の玩具にされ、最後は角で突き殺されてしまった。

(話にはもう一パターンあり、こちらは娘に小用を足させていた母親が「角を生やせたら娘をやろう」と問いかけ、馬に角が生えてくる)

女性の家族は、これに震撼し、戦慄と怒りに身を震わせながら、馬を全員で手にかけ殺してしまったという。

馬の角は今もこの家に残され、死んだ馬は首神社の三島明神として祀られていると伝えられる。また殺害された女性は、こばし神社に祀られたのだとか……。

現在でも、事件の起きた1月24日の夜は、決して外へ出てはいけない、と戒められている。葬られた馬の首が、村中を飛び回るのだという。

この古民話は果たして真実か。

その真相を、そして一角獣を求め私は三宅島へと飛んだ。

そこでのフィールドワークで驚愕の事実を目の当たり

にすることになった。

馬がいない。

馬がいたという記録が遅々として見つからない。

資料館の方々へ聞き込みをしてみるが、やはり馬は三宅島に一頭もおらず、２０００年の噴火前も牛ならいたが馬はいなかったという。図書館の司書を務めておられる古翁の方にも聞いてみたが、大昔役人が乗っていた馬はいたが、それ以外では馬はいなかったと思うとの事。

そこで曰くつきの馬の角の話を切り出してみた。するとその古老の方は、「聞いたことがある」とのこと。

「おそらく、その話を知っているのは壬生屋敷の神主さんくらいかと……」

（実際に島民の方で知っているのはご年配の方の極少数の方のみでした）

壬生家は一角馬による婦女殺人が起こった、まさにその現場であり、その馬の飼い主だった神官の家である。

すぐさまタクシーへ乗り込み、神着村・壬生屋敷へ。

馬の角は実在した。

しかし、一般公開はしていない……。

懇願してみたが、丁重に断られてしまった。

神主さんいわく、

「馬の角の伝説、云われ色々あるようですが、私はあまり詳しく分かりません」

……とのこと。

しかし、諦めきれず、その特徴だけでも教えて頂きたいと頼み込むと、それのみなら…ということでお話しを頂戴することができた。壬生さんの話では……

神着村・馬の角の特徴

・一本角である。
・長さは15ｃｍくらい。
・色は茶色から黄土色。
・太さは片手で握って指と指が届かないくらい。

（『うみねこ博物館』独占調査情報。他ではどこにも掲載無しの極秘情報です）

馬の角考

はたして本当にあるのだろうか。いや……正確には「角馬殺人事件」は本当にあったのか。

民俗学的見地から考証を進めてみたい。

三宅島に馬はいなかった。

唄や句の中にわずかにその存在を確認できたのみである。

馬の存在意義が際立っていなかったこの島に、唯一残るであろう馬にまつわる奇談は、あまりにも特異な存在として映えるのである。

しかし、壬生氏一族は神官・代官の一族であり、来島の際に馬の1、2頭、連れだって来ていても何ら不思議はない。

では馬がいたとしよう。しかし、その馬に突然角が生え、そして刺し殺すといった事が現実には考え難い。

その馬が本当に神の力を宿した超常的存在であったなら話は別になるが、その馬は何らかの記号なのではなかろうか。

伊豆七島に伝わる海難法師の夜、1月24日と同日が禁忌の日とされているのも引っ掛かる。

海難法師

江戸時代、伊豆諸島は徳川幕府の天領であり、代官が度々来島巡視し、治めていた。その間、２５４年間。30名もの代官が就任したと紀伝されている。

中でも特に性悪の悪代官がこの地を牛耳ることになった時代があったという。島民たちは皆、その悪政に喘ぎ哭いたという。

ある時、新島を視察することとなったこの代官の乗った船が、大島を出た後、船頭たちが船の栓を抜き逃亡。悪代官は海の藻屑と消えることとなった。1月24日の出来事であったという。

ところがである……事件以来、毎年1月24日の命日となると、その亡霊が伊豆の島々に現れ、島民に危害・呪いを加えるようになった。島の人はこの亡霊を海難法師と呼び、1月24日を厄日とした。

三宅島も例外ではなく、昭和の中期まではこの日が最も恐ろ

しい日とされた。

1月24日はすべての人が仕事を早めに切り上げ、なんと便器まで家の中に持ち込んで（当時は便所が必ず戸外にあった）戸締りを厳重に行い、絶対に外に出ることはなかった。

長い一夜が明けると、餅を油で揚げて家族揃ってこれを食べた。これは厄払いの一環であり、もしこの油揚げを食べずに外出しようものならば、必ず海難法師の祟りがあると信じられていた。

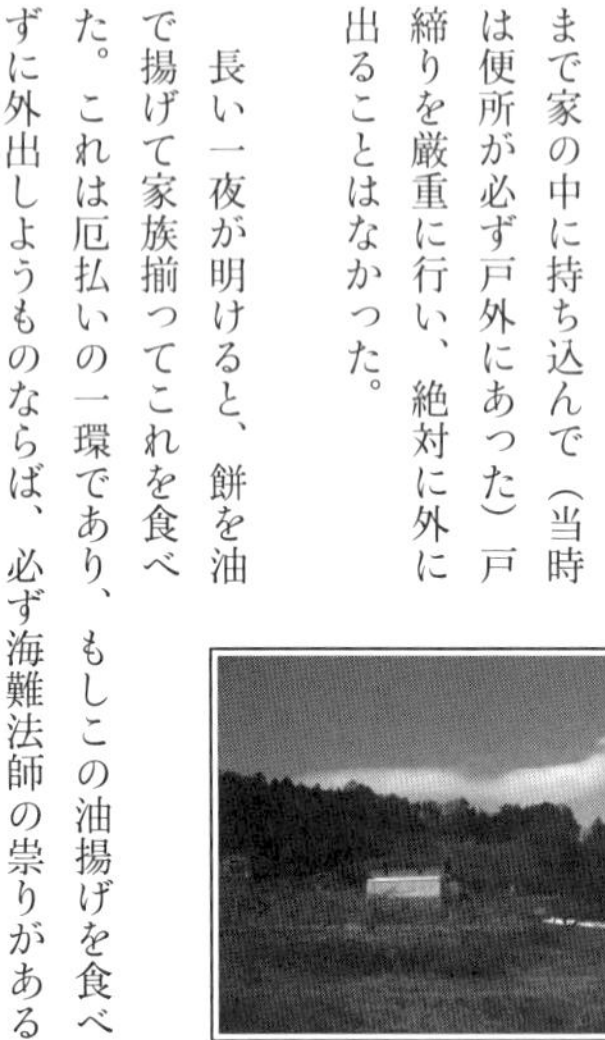

現在では1月24日を気に掛けることはあっても、外出を一切控えるということはないようであるし、若者は一笑して取り合わない。この「1月24日」に何らかの大義が、裏に隠れているような気がしてならない。

もし馬ではなく人だったとしたら——。

西洋に伝わりしユニコーンはイエス・キリストを表象する記号だとする説がある。

ユニコーンは処女にのみ心を許し、そうでない場合、獰猛性を剥き出しに怒り狂い、その強靭なる角で乙女を一刺しにしてしまうという。

この神着村で起きたという角馬事件と非常に酷似している。

馬は役人の乗り物だった……それはまた貴族を表す記号にもなりはしないか。

〝馬〟は〝貴族〟の置き換えであり、また「一本角」は男性の生殖器「男根」へのイメージ転換が可能ではなかろうか。

壬生家の妻女へ暴行を犯した貴族・役人を一族総出で殺める凄惨な事件。

その貴族の祟りを懼れ、一年毎に秘供養を施す……その光景は見られる訳には行かぬ行為そのままでしかない。村民・島民たちの目を絶対に背けさせる必要があった。そのための夜を禁忌である1月24日にあてがったものだったとしたら——。

これはあくまでも私個人の民俗学的考察の一環・一考でしかないし、また絵に描いた麒麟そのままの想像でしかない。

しかし、である。

あらゆる言い伝え、謂れ、神話・民話・伝説の根底にあるのは「二律背半の精神」である。

要するに「忌まわしい記憶を封印すると同時に記録する」。

それ即ち「記憶の封印と記録」である。

何かがあるのは間違いの無い推察な筈である。


雨粒が落ちるアスファルトを滑走路に、飛行機は雨雲を切り裂き東京へと飛び立った。

靄がかったような、暗転たる心模様の私を乗せ飛行機は三宅島から遠ざかっていく。

答え無き夢幻のフィールド、民俗学。そこに佇立する一角獣は何を伝えようというのだろう。

これからも、私の一角獣を追う旅は続いていくだろう。

いつか、本当に会えるその時を夢見て。


（本文：兼目和明）

矢野アナの
世界競馬場コラム

05

レイタウン競馬場

アイルランドの首都ダブリンから北へ電車で約1時間。レイタウンという海沿いの小さな町にその競馬場はある。というより、年に一度だけ競馬場が〝出現〟する。毎年、潮が引いたときに干潟が最も広くなる日を選んで、そこで競馬が開催されるのだ。アイルランド競馬の風物詩ともなっている〝砂浜競馬〟である。

ゴール板とその前後のラチはしつらえられているものの、あとは砂浜に立てた杭がコースの目印。観客席は海を見下ろす高台の空き地を囲っただけ。いかにも即席仕立ての競馬場だ。ただし、高台から砂浜に降りる斜面の一部に、コンクリートで固められ、横長の階段になっているところがある。これが〝メインスタンド〟。見るからに古めかしく、かなり前からここで競馬が行われていたことがわかる。最初に開催されたのは1868年だそうで、約150年もの歴史があるわけだ。

日本でも、鹿児島のいちき串木野市と静岡の牧之原市の海岸で〝砂浜競馬〟が行われている。しかし、これらはいわゆる草競馬で、JRAや地方競馬のレースとして記録が残るわけではない。一方、レイタウンの競馬はれっきとしたアイルランドの公式競馬。馬券は全国発売されるし、成績はレコードブックに記録される。大した馬は出てこないが、ビッグレースにも乗る有名ジョッキーが参戦することもある。

全国で馬券が発売されるため、当然ながら実況放送も行われる。私が見に行ったのは2001年の6月。アナウンサーは、盆踊りのやぐらみたいな、吹きっさらしの〝放送台〟(テーブルもなかったと思う)に立って実況していた。雨が降ったらタイヘンだろう。

ここ数年は、9月上旬に行われることが多い。第1レースが午後4時過ぎに発走する〝トワイライトミーティング〟でもある。夕涼みがてら、海辺でノンビリ競馬観戦。オツなものだ。

【・第VI章・】

飛翔

「踏み切ってジャンプ！」

障害の世界の名馬たち

アラブの翼
ホウセイ
▼日本競馬史上最高のアラブ障害馬

父　方景
母　第二ナス
生年　1945年
性別　牡
毛色　栗毛

日本

生涯成績　67戦32勝（平地：43戦16勝／障害（サラ系）：7戦0勝／障害（アラ限定）：17戦16勝2着1回）
主な勝ち鞍　中山アラブ障害特別、アラブ系障碍優勝（4回）、アラブ系障碍勝入、アラブ障碍特別、中山大障害2着

終戦の年に生を授かった、アングロアラブ史上最強の障害馬にして障害最多連勝記録の〝13〟、そしてアラブ限定障害競走無敗の16連勝記録を打ち立てた伝説の名馬である。

アングロアラブの競走は日本では終焉を迎え、いまや悠久の彼方に浮かぶ、いにしえの遠き記憶となった。もはやこの記録は更新されることの無い、更新不可能な永久不滅のものであり、その記録と共にホウセイの名も語り継がれるべき存在だ。

デビューは１９４８年10月25日、中山競馬場アラブ限定の6頭立てに出走し5着も、年明け早々と初勝利。アラブ東西対抗戦ではタマツバキやニューバラッケーといった歴史的名アラブにも先着を果たし、ポテンシャルの高さを垣間見せていた。１９５０年のシーズンには４連勝し68ｋｇの斤量を背負っても勝利している。しかし、増え続ける斤量を苦に障害競走への転向を図る。

これが大正解、吉と出てホウセイは一気にその眠らせていた素質を花開かせる。

障害競馬デビュー戦は平地競走でも油が乗り切って来

た１９５０年。完全に軌道に乗り、その勢いも駆って10月1日、中山競馬場の２８５０ｍがその初戦であった。初戦は斤量59ｋｇ、４頭立ての競馬。

まるで背中に翼が生えたかのように、軽やかに飛越を繰り返し、グングンと後続との差を見る見るうちに広げ、2着のマサキ号に大差、数十馬身の差をつけ、3:17.8の好時計でセンセーショナルなデビューを飾った。続く2戦目にしては70ｋｇもの酷量を背負ったが、まだまだ楽で2着トヨタカへ10馬身差の大差をつけ大圧勝。

この後、同馬の陣営は定量緩和が図られた事から、平地に戻しての競走を試みているが、やはり馬が全盛期を迎えつつあったのだろう。5戦2勝で66ｋｇや67ｋｇの重量を載せても勝利を上げていた。

暮れの中山開催からアラブ障害へカムバック。12月9日の２８５０ｍのレースでは障害戦では初の道悪競馬、不良馬場となったが、またもトヨタカに5馬身差の楽勝。3:18.7という、当時の馬場状態や不良馬場にしてはかなりの好時計をマークしていた。

ホウセイを管理していたのは、日本競馬の大金字塔にして最高の名伯楽として名を残すことになる尾形藤吉調教師。

「(障害の) この強さならばサラブレッド相手でも」と目論み、中山大障害競走（４１００ｍ）へとエントリー。2番人気にまで支持されるも、後方のまま終戦となった。

しかし、4着と健闘の内容に尾形調教師は全く悲観せず、いずれ必ずと胸に認め、再度アラブ障害へとホウセイを羽ばたかせる。

ここからがホウセイの真骨頂にして大快進撃のスタートとなった。

大障害のわずか一週間後の12月24日から再始動とし、7馬身、9馬身と圧勝楽勝の連続。さらには１９５１年の1月10日の２８５０ｍでは76ｋｇもの絶量を背に、それでも2馬身差の完勝。

ちなみにこの時の2着馬ホームインの斤量は53ｋｇだった。その差なんと23ｋｇ！ これだけの重量差、ハンデ差があっての圧勝はもはやどれだけアラブ障害の中でホウセイが抜きん出ていたかが窺いしれよう。

その後もホウセイは圧勝楽勝激勝の連続で勝ち続ける。常に斤量は64ｋｇ以上、2着馬との重量差は最も少ない

時でも3kgあった。

ついには70kg台にも適応し始め、圧勝を見せるようになる。5月27日の中山競馬場で行われた2600m戦では70kgを背負って、14・5kg差もある2着馬のジャイアンツ（55・5kg）に2馬身半差つけ圧勝しているが、この時のタイムは2:56.0という快時計を記録している。

ホウセイはすでに7歳を迎えていたが、いままさに全盛期を迎えており、73kgを背負って9馬身、8馬身と猛然とした強さで圧勝を飾ることで、それを強烈に印象付けた。

ここで陣営はサラブレッドも相手にした障害戦に本格参戦させ、中山大障害へ向かう事を決断。アラブにも関わらず、対サラブレッドの障害戦で常時最も思い斤量を課せられ、それでも3着、2着、2着、5着と健闘。

そうして迎えた大障害競走。ホウセイは早めの仕掛けで勝負に出る。直線先頭に立つも、いったんは交わしたミツタヱに差し返され、ゴール手前で引き離されての2着と敗北。

今一歩、あと一歩のところまでサラブレッド打倒に迫ったが、それは叶わぬ夢と終わってしまった。

ホウセイは8歳を迎えた1952年、1月5日の2850mで再度アラブ障害の一戦へ繰り出す。ここでこれまでの最重量77kgを背負って臨んだが、惜しくも頭差敗れる。

これがホウセイ最後の一戦となった。その後、ホウセイが出走したという記録はない。

斤量が増え続けることさえなければ、アラブの障害戦ではどこまで勝ち続けたか分からない。

もう少し現役を続けていれば、サラブレッド相手にも、障害戦ならば勝てていたのではなかろうか。

炎熱の夏空、終戦の空を切り裂いたアラブの翼。ジリジリと照らす太陽の下、飛行機雲を残し、彼方へと去っていく光のように、もう届かない取り戻せない空の景色。

過ぎ去っていった物程、あまりにも愛おしく感じるのはなぜなのだろう。もはや巡り合うことも叶わない、歴史的障害名馬の記憶を……せめて心にだけでも残したい。

（本文：兼目和明）

時空、国境、飛び翔けし心
ゼレツウニク

▼東欧が生んだ真・史上最強、世紀の障害馬

生涯成績 58戦30勝[30-9-1-18]
主な勝ち鞍 ヴェルカパルドゥビツカ(1987〜1989三連覇、1991年)

父 Zigeunersohn
母 Zelatina
母父 Le Loup Garou
生年 1978年
性別 牡（せん馬）
毛色 栗毛

チェコ・スロヴァキア

世界最難関の障害レースとして知られる障害レース『グランドナショナル』は春の訪れる4月、英国はリヴァプールに居を構えるエイントリー競馬場にて催されている芝7242mの大レースである（1839年2月26日第一回施行）。その売り上げは天井知らずで、英国においては絶大なる人気を誇る。平地における最大にして競馬の代名詞ともいえるダービー。その原点であり、本場のエプソムダービーの知名度と売上をも凌駕。ついには本邦最大にして世界最高の売上を誇っていた有馬記念の売り上げ記録をも塗り替えた。

世界最高峰、最高栄誉の障害レースであるにも関わらずその格付けはハンデキャップ競走がゆえにGⅢと定められている。英国においてはハンデキャップ競走は例外なくGⅢの選定を免れえない。世界最大にして最高レベルのGⅠを超えるGⅢは、世界広しと言えどグランドナショナルをおいて他にあるまい。

そんなグランドナショナルの障害数は30。

ビーチャーズブルック、フォイネイヴォン、キャナルターン、ヴァレンタインズブルック、そしてザ・チェ

アーといった名物障害がズラリとならぶ。

史上最少完走頭数は2頭。

行く年来る年、再三再四再五に渡り動物愛護団体からの激しい〝口撃〟と非難を浴びている事実からしても、いかにこの競走が過酷を極めるかを物語るが、このグランドナショナルすら上回る、〝殺馬レース〟と述べても過言ではない究極の障害競走がチェコ共和国に存在するのを、貴方はご存じだろうか。

その競走こそがヴェルカパルドゥビツカ（創設1874年）である。毎年10月第二週の週末に、チェコはパルドゥビツェ競馬場にて開催されているこの障害レースはクロスカントリー形式の障害競走であり、その障害数はグランドナショナルを超える31。

最少完走頭数は……なんと0！

世界において一頭の完走すら許さなかった回（1909年）がある唯一の競走であり、一頭しか生還（あえてこう言わせて頂こう）出来なかった回（1993年）もあるのである。

このレース、最大の名物障害であるタクシス・ジャンプは、高さ160cm、幅180cmの生垣に、着地側に幅1m50cmの堀が設けられている世界最難関中の難関障害で、これまでに27頭もの尊い命が、この堀の底へと消えていった。

他にも間隔が9m以下の連続障害やバンケットや水濠障害、さらには石壁などが行く手を阻む。

坂道の途中に設けられた急勾配のバンケットもある。バンケットの中にまたバンケットがある感覚か。

大自然の中をそのままに疾走していくこの競走、道順を守るのも至難の業に思えるのだが……

なんと、普通に川も流れており、これもまた一つの障害である。

このヴェルカパルドゥビツカがいかに凄まじい競走であるかは、世界各国最大の障害レースとデータを比較することでより色濃く実感できることだろう。

■ウエルシュナショナル

距離：5934m　障害数：22

■スコティッシュグランドナショナル

距離：6538m　障害数：27

■アイリッシュグランドナショナル
距離：5834m　障害数：24
■パリ大障害
距離：6000m　障害数：23
■中山大障害
距離：4100m　障害数：11（バンケット昇降6回は含まず）
■中山グランドジャンプ
距離：4250m　障害数：12
■グランドナショナル
距離：7242m　障害数：30
最多勝利馬：レッドラム（連覇1回含む計3回）
最少完走頭数：2頭
■ヴェルカパルドゥビツカ
距離：6900m　障害数：31
最多勝利馬：ゼエレツエニク（三連覇含み計4回）
最少完走頭数：1頭
※完走馬無し、1回記録。なお20分以上かけてゴールした馬がタイムオーバーとなり全滅した珍記録もある。

いかがだろうか？

グランドナショナルとヴェルカパルドゥビツカがいかに飛び抜けた存在かがご理解頂けたものと思う。

日本一の難攻不落の要塞である中山大障害の障害数の約3倍近くの障害数を誇るのがヴェルカパルドゥビツカなのである。

特筆すべきグランドナショナルとパルドゥビツカは、最多勝利馬と最少完走頭数等のデータも追加してみた。

英国伝説のヒーローであるレッドラムはグランドナショナル3勝の金字塔を打ち立てたが、これ以上とも思える、空前絶後のパルドゥビツカ三連覇&トータル4勝という他の追従を良しとしない、大偉業を成し遂げた馬がゼエレツエニク号である。

〃世紀の障害馬〃とも呼ばれた史上最強の障害馬はこの馬だと、チェコの全民が微塵も疑わず、万民の誇りともなっている名馬中の名馬である。

1985年にソビエト連邦でペレストロイカが始まると、チェコスロバキアでも改革の機運が高まり始める。

1989年8月19日にハンガリーで汎ヨーロッパ・ピ

クニックが成功するや、オーストリアに隣接するチェコスロバキアにも西ドイツへの越境を求める東ドイツ市民が大量に流れ込み、プラハ市民は西ドイツ大使館内にあふれる数千人の東ドイツ市民を目撃することに。

ハンガリーに続きチェコスロバキアが「鉄のカーテン」の撤去に踏み切ったことで、11月10日には冷戦の象徴だったベルリンの壁は崩壊。その後11月16日までには、チェコスロバキア周辺のほとんどの共産党国家が、共産党一党独裁支配を放棄し始めた。チェコスロバキア国民は、これら一連の動きを国内外のテレビ放送を通じてすべてリアルタイムで把握しており、反体制派の市民らは民主化デモの準備を進めた。このうちプラハ市の大学生は、1939年にドイツ軍に抵抗して殺害されたチェコ人学生を追悼する「国際学生日」（11月17日）の50周年記念日を狙い、ビラでデモへの参加を呼びかけていた。

そうして訪れるビロード革命をえて、チェコとスロヴァキアは互いに独立し、それぞれの道を歩んでいくことになる訳であるが、この混沌たる時代を背景に、両国全民の心を鷲掴みにした名優こそがゼェレツゥニクであった。

激動の時代に国民的大障害を三連覇。その後、両国家独立後の1991年に、全民の心を時空と国境をも超越し、一つにしたドラマティックな優勝を果たした。雄偉溢れる巍然たる疾走と疾駆、いかなる障害も恐れず、勇猛果敢に挑み跳越してゆくその勇姿に、明日見えぬ時代を生きた人々は皆心打たれ、そしてまた心重ね共鳴し、まるで鼓舞されるがごと革命へのエナジーへと転換していくのであった。

ゼェレツゥニクはスロヴァキアで生まれ育ったが、チェコ国民からも今でも愛され、史上最強障害馬として認められている。

時代と国境を超え、民草の心を束ねる彼は、真の英雄であった。

2004年、静かな眠りについたゼェレツゥニクの墓を訪れる者は後を絶たない。

チェコ、スロヴァキア両国から来訪する根強いファンたち。

彼の勇威に感銘を受け、奮い立たされた時代の俤を、青空のスクリーンへと映し出す――

「史上最強」を決定付けた世紀の名ジャンパーは、チェコ・スロヴァキア両国民の心の中、未来永劫に滑翔し続けることだろう。国境、そして時代という障害を越えて――。

（本文：兼目和明）

Wonderlust
～いにしえ幻の名馬たち～

オランダ競馬史上最強馬

ウォウターラープホースト

ウォウターラープホースト。オランダ競馬が送り出した歴史的名馬。オランダ競馬史上最強馬である。19戦12勝、2着3回3着2回。テューダーミンストレルの血を引いており、相当にスピードに秀でた名馬だったようである。2歳からその才を発揮し、クリテリウムに優勝。2歳チャンピオンに輝くとオランダクラシック二冠に加え、トライアルS、オランダスプリントチャンピオンシップ連覇、WJシャープ記念などを制覇。ベルギーやドイツにも遠征し凱歌を上げる。ダービーでは13馬身差の歴史的圧勝を飾った。

奇跡を運ぶ廻廊
クロイスター

▼郵便馬から生まれた歴史的名障害馬　グランドナショナル40馬身神話

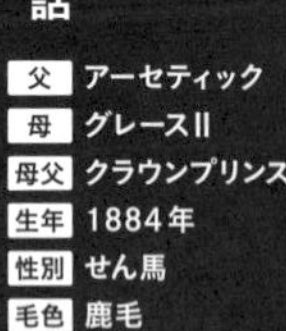

父	アーセティック
母	グレースII
母父	クラウンプリンス
生年	1884年
性別	せん馬
毛色	鹿毛

アイルランド

生涯成績	35戦19勝［19-8-3-5］
主な勝ち鞍	グランドナショナルほか

桜桃の空を翔ける1頭の競走馬は観る者すべての瞳を釘付けにし、民俗の深潭に宿る心の琴線をセンセーショナルなまでに爪弾いた。

今まさに〝伝説〟が形となり、そしてその一秒一秒が観衆たちの胸奥、記憶のノートへと、刻印されていく——。

1893年、新緑の春風が旋風となり吹き抜けてゆくエイントリー競馬場。

伝統のグランドナショナル……40馬身差……キャンターでの大楽勝。歴史的パノラマに、明日の見えぬ若者は歓喜雀躍……歓声と雄叫びを上げ、彼へと曉望の志を抱いた。一方で、古翁たちは目頭を熱く滲ませ、感嘆の念に身を埋めていた。

「これほどの名馬に逢えたこの幸運をどう表現すればいいというのか……」

白昼の残夢の中、クロイスターの戴冠式は挙行された。歴史的伝統の競走独特の厳かな凛と張り詰めた競馬場に凱歌は静かに奏でられていた。

偉大なる古の障害馬……クロイスター。奇跡的スピードとスタミナ、そして劇的な彼の一生を反芻し、思慕の時間に溶け込み、沈思潜思に耽りたい。

クロイスターが生まれたのは、19世紀の終わり、1884年のことであった。決して恵まれた環境下に生まれた訳でも、特筆すべき血統でもなかった彼は、涵養に育成されていたものの、その紅潮する馬体へと大きな夢を賭すものは皆無に等しいものであった。

それも頷ける話で、母馬のグレースⅡは郵便配達に駆りだされていた一介の使役馬にすぎず、母系のメールラインを遡及してみても重賞級競走の勝ち馬が見当たらぬばかりか、平地競走でこれといった結果が残せないまま競走生活を終え、母としての一縷の可能性を信じられた薄幸の淑女名ばかりが並んでいるのである。

そんな見捨てられたような血統馬に目を付けたのがロード・アーサー・フィンガル伯爵であった。フィンガル伯爵は南アフリカ戦争後、馬産に情熱を傾けた実業家で、一攫千金を夢見、金鉱発掘を目的とした会社を立ち上げるという野心家でもあった。

こうした半ば向こう見ずな彼の素行からも推断できることではあるが、4流血統の深淵に光輝く〝ポテンシャル〟を、未来世界に観とめることが出来たのであろう。そして、彼は箱の底で微光を放つ銀貨に、その可能性のすべてを賭け、タッチストン、ニューミンスター……彼らの名血を継ぐアーセッティックを付けた。

こうして、日々ポストへと封書を届ける牝馬から、かくして歴史的名馬が誕生することになるのだから、競馬というモノは分からない。だからこそ激情的な奇跡のドラマが幾つも展開され、人類との邂逅を重ねる訳ではあるが……それでも使役馬からアイルランドの史実に残る程の名競走馬が現れようとは、誰も予測できまい。一寸先は闇である。

競走馬としての準備が万全となったクロイスターを最初に所有したのは、ジェームス・アレクサンダー大尉であったのだが、同馬が大海の眠りから醒め、究極名馬となる咆哮を上げる直前、1890年にクロイスターを躊躇することなく売り飛ばし、我先にと戦地へと赴いてしまう。彼はボーア戦争へ参戦し、不幸にも命を落としてしまい、結局、二度と生きて故国の土を踏むことはな

かった。

　転売されたクロイスターを買い取ったのがダッドレー伯爵。彼はアイルランドにおける動物社会学の第一人者であり、ダッドレーの初の市長となる多彩な経歴を持つ人物であった。戦争という歴史の巨影が助長し、彼の手元へとクロイスターは転がり込んで来た。クロイスターのオーナーとして神は彼を選んだのである。

　クロイスターは最初、ラフレシやダイヤモンドジュビリー、パーシモンを手懸ける名伯楽、リチャード・マーシュ調教師の手解きを受け、その秘める資質を入念に調整されていったのだが、本馬を開眼させたのは、障害界の重鎮と名を馳せるアーサー・スコットランド・ヤテス氏であった。彼はクロイスターへ自伝の全てを刷り込むかのように寄り添い、愛育の極みを尽くした。彼の祈りと誇り、そしてその身・精神・そして魂までもが乗り移ったかのように、障害競走で別馬のように変貌。圧勝に次ぐ圧勝で世にも奇妙なサクセスストーリーは、いよいよ音階を高めてゆく。

　ヤテス調教師の宿願の競走グランドナショナル。彼はジョッキーとして1度も勝つことが出来なかったこの大競走制覇の夢をクロイスターに懸け、その大願を結実させるべくエイントリーへとクロイスターを送り込んだ。

　1893年のその年は、クロイスターも9歳を迎え、障害馬としての絶頂期にあった。おまけに寒い時期から強い日差しが連日続き、馬場状態はクロイスターの得意とするコンディションへと変容を遂げていた。何もかもがクロイスター陣営の思惑通りに運んでいた。

　レースでは風がそよぐようにソッと飛び出してゆくと、颯爽と障害を擦り抜けていき、徐々に加速。強風がやがては烈風となり、後続との差をグングンと広げてゆく……。観衆は呆然とその光景に目をやり、馬身差に換算しようと試みるのだが、目測では判断が付かないほどに大きな差がついてしまっていた。まるでクロイスターは1頭だけでレースをしているように最終コーナーを悠然とカーヴし、最終障害もヒラリと舞い上がると、後はゆっくりと、トロットで大観衆の声援と喝采をシアワセシャワーとして浴びるように、じっくりと一歩一歩踏みしめてゴールラインを通過していった。まるで夕闇時、飲み干すブランデーのような心地良さに陶酔しきっていた陣営は抱き合い、固く握手を交わしていた。
いつまでも、いつの日までも、「一期一会」……稀世の廻廊で回り逢えた奇跡が続くことを、夢路に祈りながら——。

追記メモ

☆クロイスターはグランドナショナル優勝後、1840年が訪れる前に出走したレースにて故障。あまりの高速回転スピードに、脚がついてくる限界を超えてしまったのかもしれない。これが最後のレースとなってしまった。

☆クロイスターは死後、歴史的名障害馬として評価され、その頭部は剥製として、競馬博物館に保管・展示されている。

クロイスターの剥製（頭部）

☆クロイスターがこの世を去った後、生産者のフィンガル氏は事業に失敗。クロイスターの崩御に続き、不幸に苛まれてしまった。彼の命運は全てクロイスターに凝縮されていたのかもしれない。（本文：兼目和明）

銀世界の要塞
クレピシュ
▼ロシア競馬史上最強の繋駕速歩馬

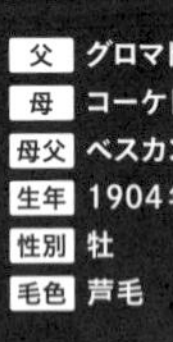

父	グロマドニッジ
母	コーケトカ
母父	ベスカン
生年	1904年
性別	牡
毛色	芦毛

生涯成績　79戦55勝

凍てつく白銀の風が、キラキラと輝きを打つ波のように巨鵬や鮃の胸板のように真白に染まった大地を吹き抜けていく。視界は純白に埋め尽くされ、周囲には、まるで音という音が、吹雪の中吸い込まれ、あたりに息を潜めているかのように無音の静寂を守っている。

その沈黙の約束を破るかのように、寂寞の中、響く蹄音。その音だけが、静けさの五線譜に乗せ、生命の旋律を白き大地の記憶へと残そうとするかのように沁み渡らせていっているようだった。

極寒の地ロシア、ソビエト連邦を揺籃の地としたオルロフトロッター。その一つの到達点にして世紀の最高傑作と評された偉大な名馬が本馬クレピシュ号である。トロッターのククレピシュは、当時の世界記録となる戦績と獲得賞金を上げ、無敵を誇ったという。「ロットホースの王者」、「１００年に一頭の名馬」とまで称賛された。１９１２年にロシア競馬を視察に訪れた米国の調教師チャールズダンナー氏をして「一目見たら、もう目を離す事はできない。釘付けになってしまうのだ。それだけ、この肢体には、そしてその動きには、この帝国の威信が感じられた」とまで言わしめた。クレピシュはその反則的なまでの強さと速さゆえ、サラブレッド種のトロッターとの対決まで課せられたという。しかし、人間が与える勝手気ままな試練にさえ克服し、クレピシュは克服し、期待に応え続けたのである。

発展繁栄の未知を邁進するロシア競馬を完全と掌握したトロット種……それが既述のオルロフ・トロッターである訳であるが、彼らを生産した偉大なる生産者は、露土戦争でその名を天下へと知らしめたアレクセイ・オルロフ伯爵で、彼は１７６９〜１７７４年の間、エーゲ海におけるロシア艦隊を取りまとめる司令官を務め、軍旗を奮った。その名声が頂点を極めたのが１７７０年6月26日にトルコ軍へと夜襲を掛け、壊滅へと一気に追い込んだチエスマの戦いでのこと。この一戦、敵艦を一網打尽にしたロシア軍は敵側の総司令官であったハサン・ベイ将軍の船へと潜入。すでに白旗を揚げていたハサン将軍とその妻子・親戚一同は皆命無きものと、覚悟を決めていたようだったが、これを見たオルロフ伯爵はトルコへと無傷のまま送り帰すことを表明。これにいたく胸打たれたハサン将軍は感激の証にと、アラブ馬12頭を謙譲。その中の一頭に神々しい白光を全身から解き放つ馬が一頭いた――それがスメタンカであった。スメタンカとはロシア語でサワークリームを意味する言葉で、それほどに艶やかで、繊細な美麗をまとっていたということなのであろう。まさかこの白馬が、オルロフ伯爵のみならず、国全体のトロッター……その行く末まで大きく影響しようなどとは、まだ誰もがこの時、予期することはできる筈もなかった。

オルロフ種馬牧場の傘下入りを果たしたスメタンカは、オランダ、メクレンブルグ、そしてデンマーク産の繁殖牝馬と交配され、残された産駒はわずか5頭。しかし、奇跡が奇跡を呼び、奇跡が奇跡を起こすように、スペイン馬の血を色濃く受

▲スメタンカ

け継いでいたデンマーク産牝馬から産まれたポルカンI世という名の1頭が種牡馬入りを果たし、オルロフ・トロッターの根幹馬となるバースI世を輩出。オルロフ伯爵と牧場長のV．I．シシュキン氏が品種改良の努力を続けた結果、冒頭のクレピシュ降誕へと結びついていくこととなる。

クレピシュは13回もレコードを記録したが、驚くべきことに2400m戦を除く全ての距離でレコードタイムをマークしたという。連日新聞にクレピシュが記事にならない事は無い程に時代を席巻し、1913年の2月17日のレースでその競走馬生にピリオドを打つも、その後も絶大な影響を社会に与えており、1981年には映画も作製され上映された。

現代トロット競走ではアメリカントロッターが支配し、ロシアにもその潮流は押し寄せ、クレピシュの幕引きとともにオルロフトロッターは退潮していく。幾度もの戴冠式を重ねた栄光の日々は、それでも人々の記憶の中、銀世界の空をスクリーンに心へと投影されていくことだろう。クレピシュとはロシア語で「要塞」。彼こそがアニリンと並ぶロシア競馬の偉大なる白き壁、白銀の要塞、「世紀の名馬」なのだから。

（本文：兼目和明）

神話は熟成するワインのように

トルネーゼ

▼欧州繋駕速歩　伝説の名馬

生涯成績　229戦133勝

父　ファラオン
母　バルボア
生年　1952年
性別　牡
毛色　栗毛

イタリア

　イタリアが生んだ名馬と言えば、16戦16勝・凱旋門賞連覇の『イル・ピッコロ』ことリボーそして14戦14勝のパーフェクトサラブレッドのネアルコが有名であり、誰しもが彼らの名が真っ先に口をついて出てくるはずであろう。周知の一致するところ、脳裏を過ぎるのは2頭であり、あるいはオルテルロといったところになるのだろう。しかし、イタリア国民がリボーや繋駕速歩史上最強馬ヴァレンヌの登場まで、全カテゴリーの競走において史上最強馬と崇拝されていたのが本馬トルネーゼであった。

　トルネーゼはイタリアのみならずヨーロッパ各国を歴訪し、勝利の詩を紡ぎ続けた。大レースを次々と仕留め、総なめにしてゆくトルネーゼ。そうして積み上げたのがこの凄まじい戦績である。229戦し、133勝とは……しかも鉄道などの過酷な旅をしながらの欧州踏破。それでいて圧勝楽勝を積み重ねてしまうのだから、異次元世界のスーパーホースである。

　トルネーゼはヨーロッパの繋駕速歩競馬界の象徴であ

り、一つのエポックメイキング的存在意義を放つ名馬であった。米国で言うなればドンパッチやルーディロンのような歴史的名トロッターであった訳である。それにしても……重ね重ねこの戦績は異常。常軌を逸しているとしか表現しようがない。100戦を超えるだけでも容易でないのがこの繋駕速歩界の常。全世界競馬の歴譜の中、150戦以上し、130勝以上の成績を残したのは、このトルネーゼの他にプエルトリコのコリスバール（324戦197勝）とガルゴジュニア（159戦137勝）などほんの数頭しかいないのである。この戦績だけでも、超歴史的名馬と評して、なんら過剰評価にならないと断言できよう。

アメリカ大賞やインターナショナルトロットといったレースでは惜しくも破れ、大魚を逃してしまうが、自国イタリアでのロッテリア大賞3連覇という大偉業は色褪せることは無く、繋駕速歩史に燦然と永久の輝きを放ち続けることだろう。

イタリア、エミリア・ロマーニャ州で最もコストパフォーマンスの高いワインを造っているワイナリーと言っても過言でないドレイ・ドナ・テヌータ・ラ・パラッツィオ。サンジョヴェーゼを使った赤ワインのイメージが強いが、傑出した白ワインも造っている。

樹齢20年以上のシャルドネ100％で造られ樽熟成8ヶ月後、瓶熟成を18ヶ月以上経て出荷。ヴォリュームある果実味で10年近くの熟成も可能という贅沢な逸品。それがイル・トルネーゼ・シャルドネ2001（ドレイ・ドナ）である。本馬トルネーゼの名はこのワインが由来となっていると推考されている。

伝説や神話は語り継がれる……そして時が経てば経つほど、それは熟成されたワインのように〝美味さ〟と〝深み〟とそして神秘性を濃く取り巻く絶品へと仕上がる……。〝トルネーゼ〟も世界に鏤められた最高級の一品とは言えないだろうか。

（本文：兼目和明）

北の大地を踏みしめて
キンタロー
▼ばんえい競馬の歴史的金字塔馬

父　二世ロッシーニ
母　宝玉
母父　威鏡
生年　1977年
性別　牡
毛色　青毛

日本（ばんえい）

生涯成績　102戦32勝
主な勝ち鞍　農林水産大臣賞典3回（現在の「ばんえい記念」、内2回は連覇）、岩見沢記念3回（内2回は連覇）、旭王冠賞、旭シルバーカップ連覇ほか

１９８６年（昭和61年）夏、キンタローは〝ＦＯＣＵＳされた〟。「ＦＯＣＵＳ」（新潮社）は、昭和の終わり頃に全盛を誇った写真週刊誌の草分け的存在。同誌にスクープされたことを意味するその言葉は、当時の流行語でもあった。

キンタローの写真は同年9月5日号に掲載された。２人の厩務員に手綱を曳かれ、首をグッと下げて歩く同馬の姿はまさに威風堂々。夏の陽に映えて馬体が黒光りしている様子は、モノクロの誌面からでも十分に感じ取ることができる。記事には「8月24日第22回市営岩見沢記念でばんえい競馬初の『1億円馬』が誕生した。写真は獲得賞金1億円を達成した『キンタロー』が表彰式に向かうところである」と書かれている。

さらにこんな記述もあった。少々長くなるが引用する。『『ばんえい競馬』、いってみれば『超ローカルレース』。お客さんは、もっぱら近所の農民。馬主も農家が多いという。1位の賞金は１００万～２００万の単位。最高の重賞レースで７００万。少なくとも『ビッグ・ビジネス』ではない。『キンタロー』の1億円も3歳でデ

ビュー、10歳の今日まで8年間で地道に稼ぎ出したもの。中央競馬にクサるほどいる『1億円馬』とはワケがちがう」（注＝馬齢は生年を1歳とする当時のもの）。

このくだりには、キンタローへの〝愛〟や、ばんえい競馬への〝郷愁〟が込められていると思う。バブル絶頂の直前、キンタローは中央＝東京ばかりが持てはやされる時代に、地方＝北の大地にどっしりと根付いて究極の地位を築いた叩き上げ。ばんえいは「日本にもまだこんな世界がある」という証し。だからこそ同馬は〝FOCUSされた〟のだ。

キンタローは、同年12月のレースを最後に競走生活を終えた。引退を前にした同馬にはNHKが密着。その模様は「ばん馬力走。オホーツク・男の大地」というタイトルで放送された。〝前馬未踏〟の快挙を達成した同馬は、再び全国にその名を知らしめたのである。通算102戦32勝、生涯収得賞金1億1672万5000円。ばんえい競馬の頂上決戦・農林水産大臣賞典（通称大臣賞。現ばんえい記念）も3回にわたって制覇した。2017年3月現在、ばんえいの1億円馬は同馬を含め7頭いるが、通算勝率が3割を超えているのは同馬だけ。収得賞金額も歴代1位のままだ。

キンタローの強さはどんなところにあったのか。「FOCUS」の記事には、デビューから85年までの7シーズンで主戦騎手を務め、引退の年には管理調教師となった尾ヶ瀬富雄さんの話が載っている。「とにかく力が強い。それに健康。今まで病気一つしたことがない。そしてすごく素直なんです」。気は優しくて力持ち、しかも丈夫。ばんえいのルーツが、毎日の使役に耐えられる馬の力比べ、にあることを考えれば、理想的な馬だった。

レース運びに関しては、最後の年の全15戦で手綱を取った金山明彦現調教師に伺ってみた。いわく、「まずは動き出しがよかったねぇ。道中でいったん止まった後、次に一歩踏み出すところが実にスムーズ。ムダな動きをしなかった。それと、第2障害の後、他の馬が2度3度休まなきゃ進めないようなときでも、あの馬は休まず歩き通しちゃう。前半は後ろから行くタイプだったので、前の馬を捕まえられないレースはあったけど、第2障害を降りてから他の馬に差されて負けたことはなかったんじゃないかな」。

金山師は「あれからみんな、『キンタロー』みたいな馬を作ろうと思ってやっている。でもなかなか……」とも話していた。この言葉からも、キンタローがばん馬の〝理想型〟だったことがわかる。

幸いなことに、私は同馬のレースを2度、目の当たりにしている。1つは、初めてばんえい競馬を見に行った86年7月、同馬が〝1億円馬〟となる直前の大暑特別（8着）。競馬場へ行くバスの中で、地元のオバチャンたちが、「きょうはキンタローが出るから」と楽しそうに話していた。「へぇー、そんな馬がいるんだ」と思ったら、それは後に〝FOCUSされる〟ほどの馬だった。

もう1つは、引退レースとなった蛍の光賞。当時のばんえい競馬には10歳定年制があって、このレースには同期の馬が顔を揃えていた。キンタローは前の週に3度目の大臣賞制覇を果たしたばかりの最強王者。対する他の馬はすべて格下で、最下級馬とは70ｋｇものハンデ差が付いている。いくらキンタローでもここで好勝負するのは難しいと見られていた。それでも私は、「せっかくはるばる見に来たんだし、出てきてくれたからには」と、同馬からの流し馬券を買った。すると、同馬にしては珍しく前々でレースを進め、1番人気の馬には負けたものの、しっかり歩いて2着。現役最後の激走を見せてくれた。その姿に思わず目頭が熱くなった私（馬券を当てて嬉し涙を流したわけではありません）。翌日の競馬場で、誰かが「きのうのあのレース見て、泣いてるヤツがおったな」と話しているのを聞いて、ちょっと顔が赤くなった。

キンタローは引退から6年後の１９９２年にこの世を去った。種牡馬としての成績は今ひとつ。それがなんとも残念だ。

金山師に「キンタローの後、これは強いと思った馬はいましたか？」と尋ねると、「スーパーペガサスかなぁ」という答えが返ってきた。同馬は03～06年に史上唯一のばんえい記念4連覇を記録。7頭目の〝1億円馬〟となった。そのスーパーペガサスを1つ上回る、史上最多の重賞21勝をマーク、通算１８６戦72勝、勝率38・7％の成績を残したカネサブラックも希代の名馬だ。この馬が活躍したのは05～13年。馬券の売上不振で賞金が大幅に減額される中、それだけ走っても４４００万円余りしか稼げなかった。ばんえい記念と旭川記念（旧旭王冠賞の歴史を引き継いだレース）、岩見沢記念、帯広記

念を2回ずつ、北見記念も1回制覇しながら、である。
キンタロー時代の金額で試算すると、この勝利だけで6000万円くらいは収得できたはず。世が世なら、カネサブラックの生涯収得賞金はキンタローを大きく上回っていたと思われる。
しかし、そういう話を付け加えたとしても、キンタローの輝きが失われることはない。地元ファンの熱い視線を集め、史上初めて1億円を稼ぎ、〝FOCUSされ〟、さらにNHKでも特集されたのは、この馬だけなのだから。

（本文：矢野吉彦）

黒き雷轟、黒き舞姫

コクオー（サンダーリング）

▼戦前に君臨せし驚異の障害女傑　日本・障害競馬史上最強の牝馬

父　アスフォード
母　第一サンダーノ三
母父　ラシカツター
生年　1934年
性別　牝
毛色　鹿毛

生涯成績　30戦15勝
主な勝ち鞍　中山農林省賞典障碍（現在の中山大障害）、古呼障害特別（東京）・（京都）、横浜特ハン、横浜優勝戦ほか

障害の世界で躍進する牝馬は珍しい。競走馬として芝でもダートでも芽が出なければ、ターフから身を引き、繁殖入りする馬がほとんどだからである。障害競馬に危険は隣り合わせ。平地以上に怪我の確率は上がるし、時としては命も危険に晒される。世界的に見ても、障害競馬の女傑、女王という存在は稀有なものである。

日本競馬における障害の史上最強馬候補と言えば、オジュウチョウサンを筆頭にグランドマーチス（障害39戦19勝、障害馬唯一の表彰馬、障害馬唯一頭となる国内賞金獲得王、中山大障害四連覇、バローネターフに5馬身差圧勝）、フジノオー（障害40戦22勝、中山大障害四連覇、グランドナショナル出走、唯一の海外障害重賞優勝馬。※『奇跡の名馬』参照）、バローネターフ（史上唯一の中山大障害5勝、他馬より10ｋｇ以上重い斤量を背負って2秒5差の大差勝ち）、シンボリクリエンス（中山大障害連覇時に8秒6、約50馬身差の超大差勝ち）……オジュウチョウサン以外の馬たちは昭和から平成初期に活躍していた馬たちで、現代以上に酷量を背負わされていた時代の名馬たち（オジュウも彼らと同じ斤量で

も、十部分に対応出来るだろう）。これらが日本競馬史上最強の障害馬ベスト5であることに間違いはなかろう。

そんな中、史上最強の障害女傑はどの馬なのか？　障害の名牝と言うとコウエイトライが真っ先に脳裏を過ぎるが、史上最強障害女傑となれば、それはコクオーかもしれない。

彼女はそれ程に強かった。障害に限定すると、18戦14勝2着4回というパーフェクト連対を果たし、そして勝つ時の着差がとてつもなかった。3回だけハナ差、頭差、1／2馬身差と接戦しているが、それ以外はすべて1馬身以上の快勝、もしくはそれ以上引き離しての圧勝ばかり。中でも特筆する程、とんでもないのは引退前の5戦。ここでは想像を絶するような超絶的勝ちっぷりだったのである。

74ｋｇを背負って9馬身！

75ｋｇを背負って6馬身！

72ｋｇを背負って10馬身！

70ｋｇを背負って大差！

70ｋｇを背負って大差！

牝馬でこの強さ……牝馬がこの強さ！！！

ちなみにレコードも2回記録している。

そんな無敵とも思えるコクオーだが、その才能が覚醒するまでは苦難苦闘の日々を送っている。

デビューは１９３７年の秋。中山競馬場の平地競走でデビュー。開催7日目、3頭立ての競走でデビューし初勝利を上げるも、横浜や東京ではすべて着外に大敗。

障害への転向を１９３８年に図るも、中山、東京と2着に敗れてしまう。

この夏に生まれ故郷である青森は盛田牧場で過ごすと、このオーバーホールがコクオーを大きく成長をさせ、福島にて復帰戦に臨み、叩き2戦目で見事障害初勝利を上げる。

これを切っ掛けにコクオーの眠れる素質は開花。東京や横浜の中央場所でもレコード勝ちを連続で収め、連勝街道を驀進。

ついには春の農林省典障碍（現在の中山大障害）にて7馬身差の圧勝。連勝を9まで伸ばした。

１９３９年の農林省典障碍においては重馬場の中70ｋｇの斤量を背負い、7馬身差の大差勝ち。その後は70ｋｇ以上の酷量との闘いになるも、上述の激勝を上げて故郷へ錦を飾った。

このコクオー号、実は近代の日本の強豪同名馬と何度か対戦している。

その一頭がリンカーン。春の天皇賞でディープインパクトの2着など善戦マンの印象強い馬であったが、その初代リンカーンとコクオーは合間見えていた。

対戦したのが１９３８年の9月25日。福島競馬場で行われた障害レース２７００ｍで、見事下している。

もう一頭の同名異馬は三冠馬ミスターシービー。もちろん、本家三冠馬のシービーとは別馬だが馬主は同じであった。

初代シービーとの対戦は１９３９年4月2日、中山にて行われた３１００ｍの競走。この時コクオーは9連勝中であったが、シービーの2着と後塵を拝し、連勝を止めれれてしまっている。

障害競馬における絶対的安定感、連対率１００％で障害における牝馬最多勝の14勝、70ｋｇを超える酷量を背負っての無数の勝利、そして大差勝ちの連続……

史上最強の障害女傑は、この馬だと信じている。

（本文：兼目和明）

知る人ぞ知るオススメ馬漫画

馬が主人公として描かれている漫画は古今東西、数多の如く存在している。特に有名なのが『みどりのマキバオー』や『優駿の門』、『風のシルフィード』、『じゃじゃ馬グルーミンUP！』などであろう。特に『マキバオー』に至っては知らない人の方が少ない程の、実は、ディープやオグリ以上に、日本で最も有名な馬かもしれない。ここではそんな超有名作の陰に隠れた知る人ぞ知る名作を紹介したい。

『天より高く！』

『WILD　HALF』の作者として有名な浅美裕子先生の初の連載作品であるこの漫画は、『週刊少年ジャンプ』にて1991年～1992年に連載されておりました。

ひときわ異彩を放つ乗馬漫画で、読破した時にはきっとアナタも「馬に乗りたい！」という強い衝動に駆られているはずです。簡単な乗馬の豆知識も記されており、乗馬のルールを知らない方も、当作品を読むことで勉強できること間違いなし！　お勧めのマンガです♪

ところが……

乗馬漫画であるあるはずのこの作品に、競走馬を100％連想させる表現が一箇所、はっきりと何の捻りもなく使われている。

とある乗馬大会の一幕にて……

一番　横山紀弘さん
メジロRC所属
乗馬〈ライアン〉

競馬ファンなら誰しもがビビっと来るであろうこの名前！

……浅美先生も競馬好きなのかなぁ～……

それにしても、ノリさんがジャンプにこっそりと出演しているのには驚きでした（笑）。

『Derby Queen』

この漫画は『Derby Queen』という少女漫画。作者は芦原妃名子先生。『別冊少女コミック』に1999年2月号～2000年2月号まで連載されていた。

【あらすじ】

栄えある日本ダービー。そのダービー制覇を夢見ていた大友誠はダービーでインコース強襲の追い込みをかけるも、接触事故を起こし落馬。帰らぬ人となってしまう。その痛ましい悲劇を目の前で目撃した彼の娘・大友緋芽が主人公。

事故から10年後、競馬とは無縁の生活を送っていた緋芽だったが、ひょんなことから、父の落馬の原因となった人物の息子・荒川仁がダービーに出場することを知る。当日、競馬場に足を運んだ緋芽が見たのは、亡き父の果たせなかった夢〝ダービー制覇〟を成し遂げた仁の姿だった。父の無念を晴らしたい、仁に勝ちたいという思いから、母の反対を押し切り、入学した高校を中退。難関試験をくぐり抜け、JRAの競馬学校へ入学する。厳しい訓練が続く中、同じくジョッキーを目指す唯野良平と支え合い、迷いながらも懸命に励む緋芽。そして、実習で訪れた厩舎で、父の仇と再会する。

この漫画、隠れた名作です。

ありがちなスポ根（マキバオーも大好きなんですが……）とは一線を画し、非常に綿密かつドラマティックに描かれております。

作者である芦原さんは競馬未経験・知識ゼロから始められたとオマケマンガで語っておりますが、とてもそうとは思えぬほどで、競馬学校の細かな仕組みや生活、しきたりなども描写されている他、馬も愛くるしく、躍動感溢れるタッチで、私は完全にこの作品の虜になりました。

主人公の緋芽の繊細な心模様と彼女の成長も見所の一つ。

少女漫画だけあって、このあたりは非常に事細かに描写されております。思わずもらい泣きしてしまう場面もいくつか。

競馬が好きで……馬が好きでよかったなぁ……って心

から思える真の逸品、受け継がれてゆく血のドラマを最高の形で描いている傑作だと確信しております。ぜひ一読、女性にも競馬に興味のない方にも手にとって頂きたい作品です。

主人公の父、大友の愛馬ハルハヤテ（初ＧⅠ制覇をもたらしてくれた馬）の仔ハルアラシでダービー挑戦。そしてそのハルアラシの仔シュンランで娘がダービー制覇に挑戦。

はたして結果は……!?　ずっとずっと先まで気になる競馬漫画。勝ち負けのその先にある〝いのち〟の脈動を描いた最高の競馬漫画だと思います。

奇しくも、作者の芦原さんは、サイレンススズカについて最終巻の競馬日記にて描かれています。

「とにかく人間くさいヤツに思えたんです」

（最後となる天皇賞の大逃げを見て）

「もうワクワクしたの！　すっごいワクワクしたのね!!」

そして……

サイレンススズカが天国へと旅立ったあの日の夜、号泣したんだそうです。

初めて競馬を見た人がですよ？

その時、サイレンススズカってやっぱりとんでもない馬だ。

偉大な名馬だったんだって私は思いました。

はじめて競馬見た人を最高に感動させ、そして号泣させる馬なんて、この馬しかいませんよ。絶対。

「サイレンススズカの死は波紋を呼んだけど……私は競馬を見て感動するし、馬に係わる人たちをかっこいいって思ってしまう」

同意です。

説明できない、この情念は馬を通じて、きっと未来まで受け継がれてゆくのでしょう……ずっとずっと——。

さて、競馬とは関係のない漫画、アニメの中にも競馬の話、競馬関連の掲示物がフラッシュすることも多々ある。「こち亀」や「カイジ」、「笑ゥせぇるすまん」、「ルパン三世」、「ブラックジャック」といった大人の漫画から、最近のアニメでは「化物語」に新聞記事でシンザン記念が、「とある科学の超電磁砲（レールガン）」の二期のオープニングでは東京競馬場が空から映るなど、競馬関連、競走馬関連の物が意外な場所に登場してくる事も多々なので、そういった視点で見てみるのも面白いかもしれない。

しかし、アニメの中、競馬場に行って楽しんで……という、いたって普通の競馬場へ出かけた家族の1日を綴った作品としては、「クレヨンしんちゃん」の次の作品が有名かつおもしろい。

クレヨンしんちゃん

『クレヨンしんちゃん』(作:臼井儀人)は生意気でいたずら好きな5歳の幼稚園児、野原しんのすけを主人公として、両親をはじめとする周囲の大人たちが、主人公の巻き起こす騒動に振り回される日常を描いたギャグ漫画作品。1990年に『漫画アクション』で連載を開始し、2000年に『まんがタウン』に移籍するが、臼井氏の死去のため2010年に連載終了。同年からアシスタントらにより『新クレヨンしんちゃん』のタイトルで連載を再開している。1992年にテレビ朝日がアニメ化し、1993年からは毎年アニメ映画が制作されている。

いまや誰もが知る日本を代表するアニメの一つである。

さて、この『しんちゃん』の中に、競馬場で1日を過ごす野原一家が描かれた回がある事をあなたはご存知だろうか。

それが1994年5月23日放送の『競馬場はおもしろいゾ』という回である。

【競馬場はおもしろいゾ】

休日、電車に乗り双葉競馬場へと出掛ける野原一家を描いた作品。

パドックにて歓談する野原一家。作品中では馬券オヤジのみならず、若いカップルや女性客、そして家族連れが多く訪れるシーンも描写されており、競馬が〝ギャンブル〟としてのみならず、大衆文化・大衆娯楽として受け入れられてきている時代を描き出している。

メインレースに組まれていたのは『双葉賞』。勝ちタイム1:11.1から分析するに、ダートの1000万条件クラスか。1990年代中盤、そして右回りの周回コース、芝コースであることから、双葉競馬場のモデルは府中ではなく中山競馬場ではないかと推察される。

このメインレース、ミサエショーグンなる馬が出走しており、みさえは「他人とは思えない……」と大穴人気のこの馬に２００円を賭ける。

その結果は……

その昔、クレヨンしんちゃんの舞台である春日部にも競馬場があった。

アニメに描かれたような競馬場の姿がその昔あったのかもしれない。

この話は傑作選にも選ばれているので、機会があれば是非ご覧頂きたい。

（本文：兼目和明）

ヴァンサンヌ競馬場

フランス競馬の魅力。その1つが〝食〟だ。さすがは世界屈指の美食の国。よほどローカルなところを除いて、フランスの競馬場にはレストランがある。そして、そのほとんどで美味なフランス料理を堪能できる（もちろん、ワインも）。

パリ市の東端にあるトロット専門のヴァンサンヌ競馬場では、週に2～3日、1年を通して競馬が開催されている。当然ながらここにもレストランがあって、10数年前にレース観戦したときにそこで食事をした。その時オーダーしたのがシャトーブリアンステーキ。これがもう絶品だった。焼き加減は絶妙で塩コショウもバッチリ。ニューヨークやロンドン、メルボルンなどの人気店でステーキを食べてきたが、それらと比較しても決してヒケを取らない。しかも、高級店よりはるかに手頃な値段で食べられた（ただし、今もそのレベルを維持しているかどうかは不明）。

〝食〟もいいが、この競馬場で繰り広げられるトロットレースは一見の価値がある。オセアニアやアメリカ、カナダの繋駕競走では、2輪の馬車を曳くアトレ（繋駕速歩）と、騎手が馬に跨がるモンテ（騎乗速歩）の2種目。オセアニアやアメリカでは、1周600～800メートルほどの小ぶりなサーキットコースを2～3周するのが一般的だが、ヴァンサンヌのコースは1周約2000メートルと大回りで幅も広い。出走頭数も他国のレースのほとんどが10頭以下なのに対し、ヴァンサンヌには20頭近い馬が出てくるアトレ競走がある。そんな多頭数レースで、各馬がコース一杯に広がってスタートするシーンは壮観。1周が長いだけに道中は緩慢に見えるかもしれないが、それを補って余りある迫力満点の叩き合いを目の当たりにできる。

パリには、ヴァンサンヌと同じトロット専門のアンギャンや障害専門のオートゥイユなど、個性豊かな競馬場が点在している。凱旋門賞を観戦しに行くなら、それらの競馬場での観戦も楽しんでほしい。

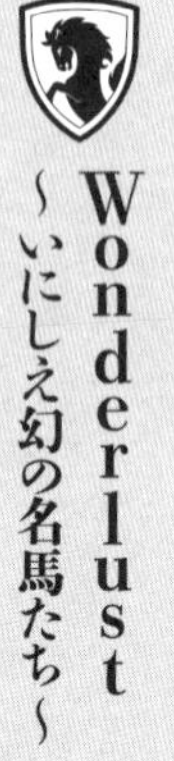

Wonderlust
～いにしえ幻の名馬たち～

エクアドル史上最強馬
ターミネーター

ターミネーター。１９９４年生。生涯成績19戦19勝。エクアドルへ輸入された米国産馬で２歳チャンピオンに輝くとエクアドルクラシックも圧倒的強さで勝ち進み、生涯無敗という驚異的成績を残し、同国の史上最強馬の座へと就いた。その余りの強さはまさにアーノルドシュワルツネッガー演じた『ターミネーター』のごとく冷酷無残なまでの強さとスピードと威圧感を誇り、一番着差が縮まった時で３馬身差。その一戦以外は全て８馬身以上の着差を付けての大圧勝大楽勝大差勝ちの連続で、後続に８秒差以上の着差を付けた事も数度記録している。おそらく、生涯２着以下に付けた合計着差は全世界史上№１と思われる。他陣営を踢天蹐地に追い詰め、震慄させたその極め付けとなるは、ＧⅠ級３競走連続、しかもクラシック三冠全戦での単走を実現。この偉業を成し遂げたのは全世界でもこの馬だけ。なおダービーにおいても単走を実現させるというのはこの馬以外ではパラグアイ三冠馬のアマロックが実現させている。

モーリシャス伝説の名馬
ラルドヒーア

ラルドヒーア。１９７６年生。生涯成績37戦20勝、２着９回。モーリシャスにおいては19戦14勝、２着３回というほぼ無敵、かつ完璧な成績を残した名馬。英国では６勝を上げ、１９８０年12月にモーリシャスへと売られ、島へと渡ると、無敗の11連勝を記録し、あっという間にチャンピオンの座へと就き、モーリシャス最強馬となった。

【・第Ⅶ章・】

熱砂

熱き砂塵のその先に
栄光を目指して。
ダートの歴史的名馬

オアシスを求めて
スマートファルコン

▼南関東グランドスラム！〝砂のサイレンススズカ〟と呼ばれたスーパーホース

父 ゴールドアリュール
母 ケイシュウハーブ
母父 ミシシッピアン
生年 2005年
性別 牡
毛色 栗毛

日本

生涯成績 34戦23勝［23-4-1-6］
主な勝ち鞍 南関東グランドスラム（帝王賞、JBCクラシック連覇、川崎記念、東京大賞典連覇）、浦和記念2回、ダイオライト記念、日本テレビ盃、白山大賞典、兵庫GT、佐賀記念、名古屋大賞典、かきつばた記念、さきたま杯、KBC杯、ジュニアカップほか

私がスマートファルコンの存在を知ったのは2007年3月末。いわゆる「POG」本のために2歳馬を取材しているときだ。朝9時からノルマンディーファームでの写真撮影と取材が終わった正午頃、映像プロデューサーであり、POG本の取材もしている美野真一さんが「これからゴールドアリュールのいい馬を見に行くんだけど、行く？」と誘ってくれたのだ。

しかしそのときは2時間後に別の場所で取材があったので辞退。岡田スタッドがインターナショナル牧場を買い取って運営を始めたというその場所には行かず、後日、美野さんからそのときの話を聞くまでにとどまった。

ということで、私が実馬を見たのは〝スマートファルコン〟という名前がついてから。そして初めてナマで観たのは共同通信杯だった。ただ、このときにスマートファルコンを見た記憶は残っていない。1番人気で5着だったサダムイダテンを育成した人と話したり、勝ったショウナンアルバの単勝を友人が持っていたりするなど、さまざまな記憶はあるのだが。

その次に見たのは同じ年の秋に園田競馬場で行われた

ＪＢＣスプリント。そのときはすでに白山大賞典で重賞ウイナーになっていたが、その当時はそれから無双を続ける存在になるとは考えてもいなかった。

ＪＢＣのあとは浦和、園田、佐賀、名古屋、名古屋と重賞を連勝し、浦和のさきたま杯に出走。そこで再びナマのスマートファルコンを見ることができた。

さきたま杯はＪｐｎ3でも負担重量が実績に応じて設定されることになっていたため、重賞を6勝していてもＪｐｎ1を制していないスマートファルコンは、バンブーエールよりも1ｋｇ軽い58ｋｇ。そのルールは多くのダートグレードレースで使用されていたが、個人的には以前から「公平さに欠ける」と思っていた。

しかし同時に、それを利用するのもアリだと思っていた。さきたま杯の発走前、生産牧場の岡田将一さんから「重賞の連勝記録ってどのくらいだっけ？」と聞かれたので「たしかホクトベガの7だったと思います」と答えると、馬主さんと顔を見合わせて「ほら、そんな感じでしょ」とニヤリ。このまま記録更新を狙う方針が窺えた。

そして数分後、さきたま杯を完勝して重賞連勝記録は6に伸びた。この頃から「弱いものいじめ」や「金の亡者」などという文字をネット上でひんぱんに見るようになったと思う。

ただ、私は逆の期待を持っていた。このままＧ1、Ｊｐｎ1を勝たず、別定戦のＪｐｎ2、Ｊｐｎ3に出走するルーチンワークを3年4年と続けるのがベストなのではないかと。

それはかねてから感じていた「日本は重賞の賞金が全体的に高い」ことが根底にある。当時、帝王賞の優勝賞金は7千万円。浦和記念とさきたま杯の2勝分だ。帝王賞の2着は２４５０万円。さきたま杯の優勝賞金より低い。その数字は難易度から考えると、あまりにもアンバランスではないのかと。

だからそのアンチテーゼという意味を含めて、スマートファルコンには地方競馬の重賞を総なめしてほしいと思ったのだ。

しかしその連勝記録は、さきたま杯の2か月後、盛岡のマーキュリーカップで途切れてしまう。そのレースは大井競馬場のモニターで仲間数人と見ていたが、その仲間たちみんながなんとなく予感していた「そろそろ負けるんじゃないか」が的中した一戦でもあった。

しかし続くブリーダーズゴールドカップは完勝。その次の浦和記念はエーシンモアオバーに競られたことで大敗したが、翌年はかきつばた記念、さきたま杯とＪｐｎ3を連勝。再び記録に挑む姿に期待したのだが、陣営は帝王賞に出走するという選択肢を取った。

もし帝王賞を勝ってしまうと、Ｊｐｎ3では最低でも59ｋｇを課されることになる。つまりローテーションが限定されてしまうことになるのだ。果たしてその選択はどうなのか。

しかしスマートファルコンは、そんなセコイ人間の考えを凌駕することになる。

帝王賞こそ6着に敗れ、夏休み明けの日本テレビ盃は3着。現地で見ていた私には「好位追走から流れ込んだだけ」という内容に見えたが、それは馬主サイドも同じだったようで、表彰式が始まる前に不満そうな顔をしながら競馬場を後にしていた。

だが、それはＪＢＣクラシックで晴らされることになる。船橋競馬場でのＪＢＣ。スタートから先手を主張したスマートファルコンはマイペースで飛ばし、2着のフリオーソに7馬身差をつける圧勝。匿名で自分の考えを表明していた人間たちを黙らせる勝利でもあった。

ただ、ＪＲＡのレースに出走しないという選択はその後も貫かれた。ＪＢＣのあとは浦和記念を逃げ切って（ノーステッキの6馬身差）、東京大賞典も逃げ切り（2:00.4の日本レコードで圧勝。従来のコースレコードを1秒7も更新）。冬場は休養に入り、春はダイオライト（8馬身差）、帝王賞（エスポワールシチーに9馬身差の歴史的大勝）を制覇。夏休みを取って秋は日本テレビ盃、ＪＢＣ、東京大賞典と制して、5歳秋のＪＢＣから重賞8連勝をマーク。続く川崎記念も勝利（ヴァーミリアンのレコードを2秒も上回り4馬身差圧勝。この勝利で日本競馬史上重賞勝利最多勝となる19勝目をマーク）したときには、

「このローテーションで今年もイケるんじゃないか」

と思ったし、実際にそういう路線を歩んでくれるものと考えていた。

しかし陣営はドバイワールドカップに出走することを選んだ。たしかにドバイに招待してもらえるような馬を持つチャンスはそうそうない。お金よりも実績よりも、名誉を選んだということなのだろう。

ただ、もしかしたら、東京大賞典のハナ差勝ちを含めた全体的な雰囲気から、徐々にパフォーマンスが落ちているという判断がなされたからという可能性はある。また、ＪＲＡのダート重賞に一度も出走しないという特異な成績は、連勝を重ねるにつれて陣営にとっての重圧につながっていたことも考えられる。

確かに「勝って当たり前」というのは、見ている側の勝手な考えだ。

２０１６年、クリソライトが韓国でコリアカップを圧勝したが、現地で日々の調整を担当していたスタッフは「レース前の数日は食事がノドを通らなくなりました」と話していた。そのときも日本側の世論としては「勝って当たり前」であり「負けるわけがない」というのが大半の感覚だっただろう。

そんな期待を勝手にかけられた側はたまらない。まして競馬は何が起こるかわからない。私がスマートファルコンに対して思っていた「地方競馬の重賞勝利数をどんどん伸ばしていってほしい」という思いもまた勝手なことで、出走させる側は「負けることが許されない」という厳しいプレッシャーが、連勝を重ねていくごとに増幅することになる。これは心理状態として相当にキツい。

外野の人間はそこまでの考えに至らぬことが多い。人間のアスリートでは突出した成績を残す人もいるが、競馬は自分のコンディションだけでなんとかなるわけではない。通算23勝、重賞19勝で得られたものは大きくても、厩舎スタッフはそれを続けるために、アスリートに匹敵する緊張を強いられていたのではなかろうか。

スマートファルコンはドバイワールドカップでの10着を最後に、北海道で種牡馬入りすることになった。

種牡馬の世界も厳しくて、まして最近はキャラクターがカブる馬が多くなってきた。

かつてはダート中距離界で実績を残してもなかなか種牡馬になれなかったものだが、最近はヴァーミリアン、トランセンド、フリオーソ、ホッコータルマエなどがスタッドイン。同じゴールドアリュール産駒からは、エスポワールシチーが入ってきた。近い将来にはコパノリッキーも強力なライバルとして加わってくることだろう。

ただ、種牡馬での成績はある意味、自分だけではどうにもできない面がある。獲得した重賞タイトルの数は、そう簡単に破られない金字塔。２０１７年時点では産駒の競走成績は現役時代のスマートファルコンらしさを見せるまでには至っていないが、爆発的な力をもつ優駿が登場してくる可能性はかなりあるような気がする。

（本文：浅野靖典）

Wonderlust
〜いにしえ幻の名馬たち〜

ジンバブエ競馬が誇る、伝説のサムライホース
ハチマン

ハチマン。1980年生。生涯成績17戦15勝、2着2回。鮮やかな真っ赤な栗毛の馬体で、真のチャンピオンと謳われしジンブウェ競馬史上最強スプリンターにして、スプイブリッジやイピトンベとも並ぶ程の伝説的サラブレッド。その威光を今もなおレース名として残している。父ディバインキング、母クリスサンセマム。父（神の王＝天皇）と母（菊）の名前から日本を連想させたか、名前の由来は「八幡（はちまん）」にあると推察される。日本の民俗文化を鑑みて命名された、すばらしいネーミングセンスを持った馬主の知的センスには感嘆のため息が漏れるほど。日本産馬でも欧州産馬でもない、純粋なジンバブエ産の馬である。主な勝ち鞍としては、TBAセールスS、オーナーズ&トレーナーズチャンピオンジュヴェナイルS、ナーサリーS、グレンライアートロフィ、ギニートライアルS、シェルコンサーベーションギニー、BPコンサーベーションギニー、ボロウデールSなど。※写真は無くイメージになります。

栄光の16連勝と不屈の100万ドル。レジェンド16

サイテーション

▼古き良き米国競馬を象徴せしダイナマイト驀進ホース

父	ブルリー
母	ハイドロプレーン
母父	ハイペリオン
生年	1945年
性別	牡
毛色	鹿毛

アメリカ合衆国

生涯成績 45戦32勝
主な勝ち鞍 米国三冠（ケンタッキーダービー、プリークネスS、ベルモントS）、アメリカンダービー、ピムリコスペシャルS、ジョッキークラブゴールドカップ、ハリウッドゴールドカップ、アメリカンH、ゴールデンゲートマイルH、エンパイアシティゴールドカップ、フューチュリティS、フラミンゴS、ジャージーS、スターズ&ストライプスH、シスオンバイマイルS、チェサピークS、ダービートライアル、セミノールH、エヴァーグレイズHほか

1996年の夏。16連勝に挑む米国最強馬シガーの走りに、全米の競馬ファンの注目が集まっていた。特別に用意されたレースの名は「サイテーションチャレンジ」。戦後間もない時期に、米国の最上級カテゴリー競走における16連勝という偉大な記録を刻んだ、本稿の主人公サイテーションの名が冠されたのだ。

シガーは9頭のライバルを破り、見事チャレンジは成功。「シンザンを超えろ」さながら「サイテーションを超えろ」という標語があったかどうかは定かではないが、歴史的偉業に現代競馬がようやく追いついた瞬間である。なお、シガーの連勝記録は次のレースで止まり記録の更新はならなかったが、21世紀に入って女傑ゼニヤッタが記録を19まで伸ばしている。

シガーの挑戦から遡ること約半世紀、サイテーションは第二次世界大戦最後の年に米国ケンタッキー州のカルメットファームで生を受けた。父は既に名種牡馬としての地位を確立しつつあった自牧場繋養種牡馬のブルリーで、祖母に英オークス馬の名前がある良血である。なお母のハイドロプレーンⅡは大戦中にイギリスから牧場代

表者のウォーレン・ライトが購入した馬で、大西洋でのナチスドイツによる通商破壊攻撃を避けるため、南アフリカの喜望峰を経由する迂回コースを通って輸入された。もし彼女が乗る輸送船がUボートの餌食となっていたら、アメリカ競馬の歴史が大きく変わっていたことは間違いない。

この時期のカルメットファームの種牡馬ラインナップには、ブルリーの他に自家生産の三冠馬ワーラウェイも名を連ねていた。競走成績の華やかさは圧倒的に劣っていたにもかかわらず、ブルリーのもとに良質な繁殖牝馬が集められることになったのは、ワーラウェイの調教師かつカルメットファームの専属でもあるベン・ジョーンズ師が助言したことによる。サイテーションを産んだハイドロプレーンⅡも、ブルリーとの配合をイメージして輸入されたと言われる。

カルメットファームの同年の生産馬には、サイテーション同様に後に殿堂馬となるブルリー産駒の牡馬コールタウンと牝馬ビウィッチがいた。彼ら同期のライバルたちの牧場での評価は高かったが、その割を食う形でサイテーションの仔馬時代のエピソードはほとんど残っていない。それどころかサイテーションには身食い癖があったことから、大成は難しいと見られていたかもしれない。

ともあれ、2歳になるとカルメットファームの若駒はそれぞれデビューの時を迎える。サイテーションは4月に900mの未勝利戦を勝ち、その後も順調に勝利を重ねて5連勝を飾った。6戦目のワシントンパークフューチュリティでは、同僚のビウィッチとの初対決を迎え、これまでの2戦に騎乗していたダグラス・ドッゾン騎手を彼女に譲ることとなる。替わりを務めたスティーヴ・ブルックス騎手は、最後の直線で馬をあまり追わなかったことから、7戦無敗のビウィッチの戦績を汚したくない陣営から勝ちを譲るように指示が出されたと推測されている。なおここで苦杯を舐めた人馬は、4年後に歓喜の瞬間を迎えることになるのだが、それはまた後の話である。ちなみにこのレースの3着のフリーアメリカもカルメットファーム所有馬で、現地メディアはこのレースの結果を「カルメットファームの完勝」と報じた。

その後サイテーションはステークス競走を3連勝し、2歳シーズンを9戦8勝の成績で終えた。ベルモントパークで行われた高額賞金レースのフューチュリティSでは、メイトロンSで降着処分を受けたために連勝記録に配慮する必要がなくなったビウィッチを下し、最良の2歳馬としての評価を決定づけた。

なおこの年の11月、「ビッグ・レッド」の愛称で親しまれたマンノウォーが死去した。後にサイテーションに付けられた「ビッグ・サイ」の異名は、彼の偉大な魂を受け継ぐ者という意味が込められているのだ。

年が明けて3歳となったサイテーションは、2月早々に前年の年度代表馬アームドを2度にわたり撃破した。これらのレースでは斤量約7キロ差があったものの、3歳馬がこの時期に古馬のチャンピオンを破ることは驚くべきことである。その後も勝利を重ねていき、当時アメリカのトップ5ジョッキーに名を連ねていた主戦のアル・スナイダー騎手とのコンビに隙は無いように思えた。

しかし3月、スナイダー騎手は友人とボートで釣りに出掛けた際、突然の嵐に巻き込まれこの世を去ってしまう。後任には彼の友人で、ワーラウェイで三冠を制した経験を持つエディ・アーキャロ騎手が指名された。初騎乗となったレースは重馬場で行われ、クラシック本番前に過度の負担を強いることを避けようとした彼の判断もあり、穴馬サギーから1馬身差の2着に甘んじた。

しかし次走のチェサピークSでは巻き返して完勝し、アーキャロ騎手との相性も問題ないことを証明した。なおこの勝利が16連勝のスタートとなる。

トライアルを挟んで迎えたケンタッキーダービーでは、同僚のコールタウンがライバルとして立ちはだかる。この日の馬場状態が、サギーに敗北を喫した重馬場(Muddy)以上に荒れた不良馬場(Sloppy)と発表されたこともあり、前評判は前走をレコード勝ちして臨んだコールタウンに軍配が上がった。しかしレースは逃げるライバルをサイテーションが差し切り完勝。コールタウンはこの敗戦により別路線に方向転換することとなる。なお、友誼に厚いアーキャロ騎手は、このレースの賞金の一部を故スナイダー騎手の未亡人に贈呈した。

続くプリークネスSも5馬身半差で完勝。ジャージーSのレコード勝ちを経て挑んだ三冠最終戦のベルモントSでは、スタート直後に馬が躓いてあわや落馬寸前であったが、すぐに体勢を立て直すと先頭に躍り出て、そ

のまま逃げ切り最終的には8馬身差の楽勝であった。カルメットファーム陣営とアーキャロ騎手にとって二度目の三冠達成である。

サイテーションはさらに快進撃を続け、高額賞金レースを次々と手中にしていく。3200mのジョッキークラブゴールドカップでは、前年のベルモントS勝ち馬のファランクスとの対決となったが、決定的な7馬身差をつけ勝利した結果、他陣営は彼との直接対決を避けるようになり、10月末のピムリコスペシャルは単走で行われることとなった。

なおピムリコスペシャルというレースの性格は、競馬場のオーナーであるA．G．ヴァンダービルトがその年の締めくくりとして創設した招待競走であり、トップホースのシーズンはここで終了となるのが通例であった。しかしウォーレン・ライトは単走のレース後、西海岸のタンフォラン競馬場への遠征を敢行する。この遠征に踏み切った理由は、ライトのビジネスパートナーがタンフォラン競馬場の運営に携わっていたからであり、興行的に最も有名な馬の出走が求められていたからである。しかし馬にとって悲劇だったのは、この競馬場が戦時中に日系人の収容所として使われていた事情もあってか、戦後間もないこの時期は未だ馬場の整備が万全ではなく、関係者の間でコンクリートに例えられるほど堅い馬場として悪名高かったことである。サイテーションはここで2連勝するものの、周囲が懸念したとおり深刻な怪我を左前脚に負ってしまった。

傷ついたサイテーションは故郷のケンタッキーに戻り、4歳シーズンの一年間を治療に費やす。休養中の一年も、カルメットファームには年度代表馬になるコールタウンや、ケンタッキーダービーを勝つポンダーなど現役馬の駒が揃っていたため、周囲は功労馬サイテーションの引退を促した。しかしライトは彼を史上初の100万ドルホースにすることを夢見て、翌年以降も現役を続けさせることを決意した。

5歳になったサイテーションは西海岸で復帰し、緒戦のアローワンスを勝利して連勝を16に伸ばしたが、記録は次のハンデ戦の敗戦によりストップした。その後の大レースでも、60キロ近い酷量を背負った影響もあり、以前のように突き抜けた強さを見せることができず、2着をしばしば繰り返すこととなった。途中、前年のリーディングを獲得するまで成長していたブルックスに主戦騎手を替えたが、結果は好転しなかった。特にイギリスダービー3着の実績がある移籍馬ヌーアに対し、5戦して1度しか先着できなかったことは、超大国として君臨する米国民のプライドを傷つけることとなった……と想像するのは考えすぎであろうか。ヌーアとの最後の対決となった6月のゴールデンゲートHの後、左前脚の状態が再び悪化したため、約10か月の休養を余儀なくされる。未だ目標の獲得賞金100万ドルに達していないため、現役復帰のための治療が行われた。

明けて6歳の4月に再び競馬場に戻ってきたサイテーションだが、復帰戦のアローワンスで初めて3着に着順を落とし、5月のプレミエールHでは生涯最低着順となる5着に甘んじた。さしもの最強馬も力尽きたかのように思われたが、これらの敗戦により昨年の如く重い斤量が課せられなくなったことが、結果的に成績の好転に繋がる。6月のハンデ戦で約1年ぶりの勝利を飾ると、ブルックス騎手とのコンビでアメリカンHとハリウッドゴールドカップでビウィッチを下して連勝し、ついに獲得賞金は108万ドルを超えた。満身創痍になりながらも陣営の期待に見事に応えたサイテーションは、アーリントンパークで引退式を行い、故郷カルメットファームで種牡馬入りすることとなった。

種牡馬となったサイテーションは、そこそこ優秀な産駒を出したものの、競走成績と比較すると今一つの実績しか残せなかった。直系のサイアーラインは途絶えてしまったが、我が国では輸入種牡馬アフリートやコインドシルバー、海外では人気種牡馬エクシードアンドエクセルの母系を通じて、その血を今に伝えている。

（本文：アホヌラ）

ドミニカン・エクスプレス

シコティコ

▼ドミニカ共和国を疾駆した超快速馬

父　ブルーフォーマー
母　ランプオブジョイ
母父　ロンバルディ
生年　2005年
性別　牡
毛色　黒鹿毛

ドミニカ共和国

生涯成績　17戦16勝
主な勝ち鞍　ドミニカ三冠（マティアス・ラモン・メリャ賞、フランシスコ・デル・ロサリオ・サンチェス賞、ファン・パブロ・ドゥアルテ賞）、クラシコ・デ・カリブ（カリブダービー）、大統領賞、クリアドレス賞、シモン・ペンバルトン杯ほか

ドミニカ競馬の変遷

太西海における交通の要所としてヨーロッパ諸国の争奪の地となった西インド諸島。第2の面積を持つイスパニョーラ島は、18世紀に島東部をスペイン、島西部をフランスの支配に置かれた。1804年に島西部がフランスから独立を果たすと（ハイチの建国）、島東部も革命の波に飲み込まれ、内戦を経て、1845年にドミニカ共和国として独立した。しかし、共和国政府は内憂外患に対応できず、国内経済は混乱し、1906年には事実上、アメリカの保護国となった。

ドミニカ共和国で最初の競馬が開催されたのは1908年のこと。その後、各地の平原で散発的に競馬が開催され、市民の娯楽として人気を博していった。アメリカ軍が撤退した1924年、首都サントドミンゴに常設競馬場（ラプリメーラ競馬場）が建設されたが、1930年の軍事クーデターによる混乱により、サント＝ドミンゴの競馬は休止に追い込まれた。独裁者ラファエル＝トルヒーヨは、1944年に国立馬事委員会を組織し、サントドミンゴに新競馬場（ペルーラ＝アンティリャーナ競馬場）を建設して競馬を再開させた。1960年にトルヒーヨは暗殺されたが、その後もドミニカ共和国の競馬は、順調に発展してきた。

波乱のデビューから2歳王者へ

首都サントドミンゴから北へ50km、モンテプラタにあるサンアントニオ農場は、循環器専門医のアンヘル＝コントレラス親子によって、1981年に開設された小さな競走馬の生産牧場である。同牧場が2003年に導入した北米産種牡馬ブルーフォーマーは、競走成績は4戦して1勝と凡庸ではあったが、半姉に北米でG1競走を2勝したエクサジエノスがおり、ドミニカの小規模な牧場が導入しえる上級の種牡馬であった。その産駒として、2005年に誕生した期待の牡馬がシコティィコであった。

2歳となったシコティィコは、2007年4月24日、開設して13年目を迎えたキント＝センテナリオ競馬場の未勝利戦（ダ1000m）でデビューを迎えた。単勝1・1倍の圧倒的1人気に支持されたが、スタート直後に騎手が落馬したことで、シコティィコのデビュー戦はあっけなく終わった。2カ月後、ターフに戻ったシコティィコは、難なく初勝利を上げると、そこからは圧巻の連勝街道が始まった。シモン＝ペンベルトン杯（ダ1100m）で、スタートから勢いをつけて後続を引き話すと、最終コーナーを出るころには50馬身近い差をつけ、最後は2着に69馬身差をつける驚嘆すべき圧勝を見せつけた。ドミニカ共和国では5～6頭による少頭数の競馬が通常で、下級レースでは往々に着差が付きやすいのだが、それにしてもシコティィコが見せたこのパフォーマンスは規格外であった。

次走のエル＝インコリュティィブレ杯（G3、ダ1400m）は、ライバル陣営の厳しくマークにあったものの、最後の直線で一気に突き放し、2着に7馬身半の差を付けて圧勝。その後、一般戦を2連勝して、11月の内国産馬による2歳王者決定戦クリアドレス賞（G1、ダ1400m）に進んだ。ここで、シコティィコは、はじめてタフな競馬を経験することになった。シコティィコは、スタートから単騎の逃げを図ったが、3コーナー手前から後続の2頭に執拗に仕掛けられ、3頭で競り合ったまま最後の直線に入る展開となった。最後は3馬身半の差

をつけて勝利したのは、やはり他馬とは力の差が違いすぎた。12月の一般戦（ダ1400m）では、2着に42馬身半もの差をつける圧勝。シコティコは、デビュー戦の落馬から7連勝で2歳戦を終えた。

史上10頭目の3冠馬、そしてカリブダービーでの歓喜

ドミニカの3歳クラシックは内国産馬の限定で行われる。3歳になっても圧倒的に勝ち続けるシコティコに、ファンの関心は、3冠達成ではなく、どのような勝ち方で3冠を制するかに移っていた。そして、6月のマティアス＝ラモン＝メリャ賞（G1、1700m）、7月のフランシスコ＝デル＝ロサリオ＝サンチェス賞（G1、1800m）、8月のファン・パブロ・ドゥアルテ賞（G1、2000m）の3冠ロードを、9馬身半、10馬身半、6馬身半と期待に違わぬレースぶりで駆け抜け、史上10頭目の3冠馬に輝いた。

古馬との初対戦となった大統領賞（G3、1700m）も8馬身差で勝利し、シコティコを管理するエゥへニオ＝デスチャンムス師は、この牡馬がドミニカ競馬の悲願を叶えてくれるのではと、期待せずにはいられなかった。クラシコ＝デ＝カリブ（G1、ダ9F）は、「カリブダービー」と称されるカリブ諸国持ち回りの3歳馬の国際競走で、ドミニカ共和国は1966年の創設時から参加していたが、これまでメキシコ、プエルトリコ、パナマ、ベネズエラのカリブ競馬の大国の前に全く太刀打ちできなかった。「この馬でダメなら永遠に勝つことはできないだろう」、シコティコ陣営は打てる最善の手として、アメリカに渡っていたドミニカが生んだ天才騎手ホエル＝ロサリオに騎乗を依頼。のちにドバイ＝ワールドカップとケンタッキーダービーを制する若き天才に、シコティコの命運は託された。

12月7日のプエルトリコのカマレロ競馬場。当日から降り続いた雨は昼過ぎには止んだが、夕刻の出走時になってもコースに薄っすら水が浮かぶほどの馬場となった。6ヵ国から13頭の有力3歳馬が集結し、1番人気には地元プエルトリコの牝馬デフェンソーラ、2番人気にベネズエラのレイアンヘロ、シコティコはパナマ三冠馬オクザイやメキシコのアンタレースを抑え3番人気に支持された。

スタートが切られると、鞍上のロサリオはシコティコを抑えて5番手を維持し、最終コーナーをまわり3番手へと上がった。最後の直線に入り、先頭とは4馬身開いていたが、泥んことなった馬場を懸命に駆け上がり、最後は1馬身半差を付けて見事勝利した。ドミニカ競馬の悲願の達成に、興奮したシコティコの陣営はコースに飛び出し歓喜を上げた。そして、勝利に導いた騎手ロサリオを迎え入れ、ドミニカ共和国の国旗を広げて皆で国歌を歌い上げた。

ドミニカ共和国に初の海外タイトルをもたらしたシコティコは、生涯成績17戦16勝を残しターフを去った。現在は生まれ故郷のサンアントニオ農場で種牡馬生活を送っている。彼がターフを去ってから、ドミニカ勢はカリブダービーでの苦戦が続いている。しかし、歴史は繰り返される。ドミニカ共和国のホースマンたちは、第2のシコティコが必ずや登場することを確信している。

（本文：大岡賢一郎）

その走り、誰がため
セレン

▼オーナーの為に死力を尽くし、懸命の追い込みを見せ続けた、地方生え抜きの名馬

父 マーベラスサンデー
母 ハイエストデイ
母父 ブライアンズタイム
生年 2005年
性別 牡
毛色 栗毛

日本（船橋）

生涯成績 29戦13勝［13-4-1-11］
主な勝ち鞍 東京記念、大井記念、勝島王冠、京成盃グランドマイラーズ、イーバンク銀行賞、ガーナ共和国盃、天の川賞、ファンシーステッキ特別ほか

セレンは実に不思議な馬だ。馬名の由来はセレンディピティ（serendipity・素敵な偶然、突然訪れた奇跡）。セレンと名付けられた馬は、その名前に導かれるように人々と出会い、奇跡を起こしてきた。

物語は2006年南関東牝馬クラシック3冠馬のチャームアスリープに遡る。距離もコースも異なり最終戦はJRA勢も加わり、すべてを制するのは至難の技と言われる3つのレース（浦和桜花賞、東京プリンセス賞、関東オークス）を鮮やかに勝利した史上唯一の牝馬。そのチャームアスリープの馬主・山口美樹（やまぐちよしき）さんが偉業を達成したお礼を込めて生産牧場・村田牧場で購入したのがセレンだった。2010年に亡くなったご主人の遺志を継いで馬主となった奥様の山口圭子さんに当時の思い出を語っていただいた。

「チャームアスリープがいなかったらセレンとの出会いはありませんでした。村田牧場さんは中央競馬に行く馬を多く生産している牧場なんですが、チャームのおかげでこういう繋がりができたんです。馬名を考える時ってその子が活躍するかどうかわからないけれど、出会い自体が奇跡みたいな気がしてセレンディピティって付けたんです。そうしたら馬名申請で通らなくて。で、佐藤賢二先生が『長いからセレンでいいよ』って（笑）」

勝手に馬名を短くした佐藤調教師だったが「ああ、これで良かったんだなって後から思いました。馬って名前を覚えてもらうのは大事なことですし、皆さんが呼んでくださる時に『セレン』ってすごくいい呼び名だなって思って」と山口さん。

父マーベラスサンデー、母ハイエストデイ。祖母カリネッタとフリオーソの祖母ｂａｙａは姉妹という血統。生まれてすぐに母馬を亡くし、乳母に育てられたセレン。2007年のデビュー当時は400ｋｇそこそこしかない小さな馬だったが2戦目で勝利を挙げ、3歳時は4戦2勝。その後、股関節を痛め休養に入ることに。

そのうえ爪も痛め「現役復帰は無理かも」と言われるほどの状態だったそうだが、ここでまた大きな出会いが。「ナンバーナインという育成場の場長・木村忠之さんに預かっていただいて、九死に一生を得ることができたんです」

8か月の休養を経た復帰戦は2009年1月。4歳になり＋24ｋｇと馬体も成長し、ここから快進撃が始まる。この年13戦して［8-3-1-1］。10月の京成盃グランドマイラーズで重賞初制覇。12月の勝島王冠も制し重賞連勝、さらに東京大賞典に出走し地方馬最先着の4着に健闘。1月にはＣ1クラスにいた馬が、たった1年で地方を代表する有力馬となり東京大賞典でＪＲＡ勢と互角に戦う。これもまた滅多にない奇跡だ。

もともと持っていた素質が開花し、すごいスピードで駆け上がっていったセレン。当時のダート戦線はサクセスブロッケン、ヴァーミリアン、エスポワールシチー、南関東にもフリオーソ、ルースリンド、マズルブラスト、クレイアートビュンらがいた時代。

セレンの取材で心に残っているのは勝利後の写真撮影時の様子。周囲にいる取材陣一人一人を確認するようにじ～っと見つめる賢い瞳が忘れられない。山口さんも「品があって上品な顔をしてますよね。頭が良くて人間の上を行ってるような馬。毎日調教をつけて強くしてくださった石崎隆之騎手、そして厩務員の吉田武さんとの出会いも大きかったですね。本当に〝いい相棒〟という感じで。大切にしてくださいました」と語る。

翌2010年5歳時は大井記念と東京記念を1番人気で快勝。特に東京記念は山口さんにとって忘れられないレースだ。急逝したご主人の遺影を持っての口取り写真。

「パパ、勝ったよ！　って、胸がいっぱいでしたね。でもね。セレンのレースはどれが一番というのはなくて私は常に『母ちゃん頑張るよ』って言ってセレンが走ってくれているような気がして。いつもありがとうって思っていました」

残念ながらその年の東京大賞典の追い切りで再び故障を発生。今度は最初の怪我と反対側の股関節の故障だった。2年3か月に及ぶ長期休養ののち2013年、8歳で復帰するも怪我の後遺症もあり3戦したのち競走生活を終える。

引退後は山口さんの強い思いから種牡馬になったセレン。「本来の能力は相当なものがあったはずなのにパーフェクトな状態で実力を出してあげることができなかった。その悔しさを次の世代に残してあげたい。馬主である私はもちろん、おそらく馬自身もそういう思いを持った子なんだろうなと思ったんです」

そして2015年、なんとセレンはチャームアスリープに種付けをし、2頭の間には2016年生まれの牡馬が誕生した。

「チャームアスリープはティンバーカントリーの肌なので、相手にはサンデー系がいいと考えていたんです。それでセレンを引退させようとなった時に『ああ、うちにはチャームアスリープというセレンにぴったりのお母さんがいる！』って思ったんですよ」

2頭の産駒は派手な流星の栗毛の牡馬。「正面から見たらチャームに似ていて、横から見た体の線はセレンにそっくり。いい顔をしています。牧場の方も『すごく賢い』っておっしゃっていました」

「血統配合のプロの方からしたら『素人がなにやってるの？』っていう感じですけど、産駒には私の〝思い〟がうまく伝わったかなと思います。今はプライベート種牡馬ですけど、子供が走って、もし誰かが種付けしてくださるというのなら嬉しい。セレンの種を残してあげたいというのが私の気持ちですから」

ＪＲＡでは誰もが知る名馬同士の産駒は多く存在するが、生粋の地方所属馬で活躍した父母の産駒というのは本当にまれなこと。セレンとチャームアスリープの子供を見ることができるなんて夢のよう！　地方競馬の、南関東競馬ファンの夢を実現する山口さんの大きな夢はまだまだ続いていく。

「そもそもチャームがいたからセレンと出会えた。2頭は切っても切り離せない。2頭の子供が走ってくれたら村田牧場さんに恩返しができるし、セレンの怪我を最初に治してくれた木村さんにも、そして佐藤賢二調教師にも恩返しができる。本当にいろいろな意味を込めたチャームとセレンの子なんです」

セレンディピティを略してセレン。そう名付けられた馬は名前に導かれるように偶然の素敵な出会いを繰り返し、何度も這い上がり、数々の奇跡を起こしてきた。縁を引き寄せる奇跡の馬。その物語はチャームアスリープという伴侶を得て、さらに広がりを見せようとしている。ここまでのストーリーはもしかしたら壮大な序章にすぎないのかもしれない。

（本文：荘司典子）

アラブ黄金郷神話

センジュ

▼アラブ競馬の最盛期　無双無敵の王道を泡夢と共に疾駆した超伝説のアラブ最強馬

- **父** 方景
- **母** イースタン
- **母父** バラッケー
- **生年** 1956年
- **性別** 牡
- **毛色** 鹿毛

日本（大井）

生涯成績 90戦31勝
主な勝ち鞍 千鳥賞、春の特別（アラブダービー）船橋記念、秋の特別（アラブ大賞典）、ワード賞、銀盃、スプリンターハンデ、ビクトリーハンデほか

かつて日本にはサラブレッド競馬とアングロアラブの競馬と、いわば2つの似て非なる馬種による競走体系が組まれていた。

しかし、時の流れの中、暫時日和に枯凋は進み、サラブレッド競馬のみが現在の日本競馬に生き残りを果たすこととなる。

遙遠なる黄昏の時代に禁足されし、古の神々。

〝神々〟とまで呼称したくなるその訳は、これから陳述する彼らの古伝を紐解き、繙読、拝誦して頂ければ、ご理解頂けるものと思う。

彼らに関して残された文献・古事は非常に少ない。

「国会図書館」という古の記憶を現世へと召還せしめる、極大なる文殿へと赴き、夥しい程の厖大なる書誌・書帙を捲りめくることで、回り逢えた奇蹟。そこには幻のアングロアラブの神馬たちが、威光あふるる残影を迸らせ、鎮座していたのであった。

何頭か列挙させて頂こう。

日本競馬における平地競走に最多勝を記録した

フクパーク。

フクパーク(キノピヨ)

父：ラッキーパーク
母：フクセカイ
母父：オールグリーン
生年：1950年
性別：牡
毛色：栗毛
国籍：日本
生涯成績：96戦62勝（34戦30勝2着3回？・44戦22勝2着11回3着3回［対サラ10戦4勝2着4回］・中央：18戦10勝2着4回3着1回平地5勝・中央障害5勝）

タマツバキなどが中央競馬を席捲していた時代の後、地方にもアラブ競馬の黄金時代の潮流が押し寄せる。

その代表馬であり、歴代最強をも想起させるのがこの馬。

兵庫競馬で抽選馬としてデビュー。その後、以下に紹介するホウセントと死闘・激闘を展開。

晩年は中央へと矛先を向け、「キノピヨ」という底抜けに明るいイメージの馬名へと名を変え、サラブレッドや中央のアラブを震撼させるほどの強さを見せる。

そのあまりの神威的強さに、震顫、吃驚、驚倒し、キノピヨを恐れ戦いた。

やがてその波は、全アラブを標的とした縛りへと変貌を遂げ、全アラブへと襲い掛かる。

〝地方アングロアラブの中央（国営）転入禁止〟

地方のアラブは中央への競走を締め出されてしまうのであった……。

地方競馬のアングロアラブ。ただ同然の値打ちしかない埴輪馬たちに、殲滅させらる訳にはいかない中央のエリートサラブレッドたち……そしてその関係者たちの生活とプライドを守り抜く為には一緒に走らせなければいいこと。

中央競馬から追い遣られたアラブの名馬たちは小さな競馬場へと封印され、その絶大なるポテンシャルを眠らせたまま一生を余儀なくされていってしまう。

もちろん、怪物キノピヨの魔脚の蹄音に、国営競馬の

調教師たち関係者は畏怖の念を抱いてはいたが、キノピヨを締め出す為のルール改正ではないと、表面的には述べている。
しかし、第二第三のキノピヨ襲来を跳ね返す手段として講じたと邪推してしまうのは、考え過ぎだろうか。

ホウセント
父：方景
母：ラッキーバラッケー
母父：バラツケー
生年：1950年
性別：牡
毛色：栗毛
国籍：日本
生涯成績：63戦42勝（南関東：58戦39勝2着8回3着5回［対サラ14戦5勝2着4回3着4回］、国営：5戦3勝3着2回［対サラ系3戦2勝3着1回］）

上述のフクパーク最大のライバルとして立ちはだかったのがこのホウセントである。

中央（国営）ではフクパークに勝る程の成績は収められていないが、対フクパークでは相当の強さを見せている。

偶然にも2頭は栗毛。黄金の巨兵2騎が中央競馬を震え上がらせていた時代は確かにあった。

まさにアラブのエルドラドが、そこには展開されていたのである。

このホウセントとフクパークは、長らくレース名として後世へとその名を轟かせていた。

しかしホウセント記念が消失し、2003年にはついにフクパーク記念までもが歴史の渦へと飲み込まれていった。

そして現在、アラブ競馬自体が滅っしたいま、2頭の名はもはや風前の灯。忘却の彼方、消えていくのが運命だというのだろうか。

そんな2頭の意志を継承するが如く、南関東へと降誕するのが、センジュである。

センジュは父と母父がホウセントに同じ。そしてキノピヨ怪話を踏襲するが如く、中央のアラブを蹴散らし、サラブレッドをも圧倒していく。

その名称の由来がどこから来ているのか……
「千寿」なのか「千手」であったのかは知る由もないが、生まれ落ちた時から他勢とは異質な雰囲気を取り巻いていたようである。写像からも見て取れるように、その馬体の造りからして流麗なボディラインで、閑麗なる皮膚の光沢は嬋媛たる後光を放つフィラメントとなっていた。

デビューは1958年の大井。玉響の4連勝を圧倒的内容で制し、早くも「大井にはとんでもないアラブがいる」と、噂が飛び交い、何処誰となく囁かれ合うようになっていた。ところが、迎えた5戦目アラブ3歳争覇で絶望的な程の大出遅れを喫し、終始チグハグな精細を欠く内容で終戦。何とか掲示板の5着は確保したものの、3歳時唯一の敗戦となってしまっている。

明けて4歳に成熟したセンジュはさらにスケールアップ。壮烈なるスピードと剛勇極まるパワーで重賞級レースの勝利を積み重ねていく。

そして、ついにその瞬間はやって来る――。
サラブレッドへの挑戦。

1960年8月26日のスプリンターハンデ（ダ1400m）。初となるサラブレッドとの対戦相手には、後の天皇賞・有馬記念を勝つことになる未来の最強馬オンスロートもいた。初のサラブレッド相手も闘志を剥き出しに激勝（頭差）、この時の勝ちタイムは1:27.3。驚愕すべきことに、サラブレッド種も含めた大井のレコードだったのである。

ちなみにオンスロートという馬はどれ程の馬か。その詳細を知れば、センジュの恐ろしさにも気付いて抱けるものと思う。

オンスロートは生涯成績41戦26勝［26-7-4-4］、地方在籍時［17-6-1-3］、中央成績［9-1-3-1］という素晴らしい総合成績を残しており、天皇賞と有馬記念も勝つほどの名馬。

センジュと対峙した際はもちろん眠れる獅子であったし、センジュが芝でオンスロートと相対して互角以上に闘えたかは未知数。

しかし、日本現役最強馬へと昇り詰めるサラブレッドを打ち破ったことは、真実以外の何者でもない。

昭和37年の日刊競馬・有馬記念の馬柱をみると◎がズラリ。本命は全てオンスロートに献上されているのである。

どれ程の馬だったかは、火を見るより明らかであることを察知して頂けるものと思う。

その中央地方合わせての最強馬を、一方的に力で圧制したレースを繰り広げて見せたセンジュ。

オンスロート撃破後も、サラブレッドと幾度となく激闘・烈闘を繰り広げ、同種のアラブ相手には68～69ｋｇもの酷量を背負いながら捻じ伏せ続けるも、ついに斤量は満量となる70ｋｇへと到達。

もはや勝つレースと互する相手すらいなくなってしまったセンジュは競馬場へ尾を向け、ゆっくりと夕日の彼方へと歩みを始めた――。

主戦を努めた名手・佐々木正太郎も舌を巻き、偉人へ向ける畏敬の念を持って騎乗し、称賛したという超伝説のアラブ。

アングロアラブの黄金時代、その絶頂時に照臨した千手観音は、衰亡し潰滅へと追いやられてしまった日本のアラブ競馬と、現在の地方競馬の斜陽、凋残の一途に……はたして何を思うのだろうか。

もはや語られることも無く漸滅してゆく運命にある太古の名馬たちに、私たちがしてやれることは……はたして――。


（本文：兼目和明）

夢想転生。アラブの怪物
ホクトライデン

▼アラブ全盛の時代、サラブレッドをも圧倒し、アラブ三冠を成し遂げた砂の豪傑

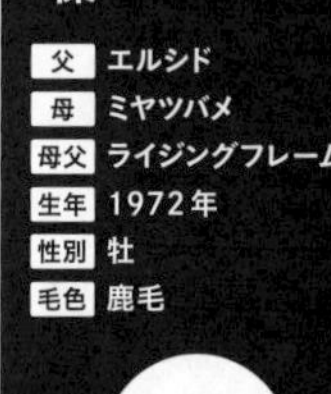
父 エルシド
母 ミヤツバメ
母父 ライジングフレーム
生年 1972年
性別 牡
毛色 鹿毛

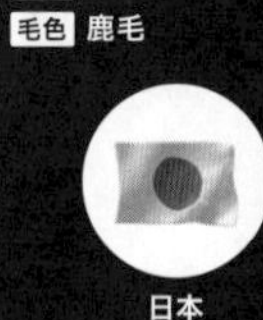
日本

生涯成績 17戦12勝［12-3-0-2］
主な勝ち鞍 南関東アラブ三冠（千鳥賞、アラブダービー、アラブ王冠賞）、楠賞全日本アラブ優駿、全日本アラブ大賞典、ブルーバードC、鎌倉記念、新春盃ほか

最近競馬を知った若い世代は、かつてサラブレッド以外の競走馬が走っていた事をどれだけが知っているだろう……

戦前、馬は兵器であり、軍馬としての需要が大きかった。だがサラブレッドは体質が弱く、気性が激しく扱いが難しかった。そのために体質が丈夫で、気性が大人しいアングロアラブの生産が奨励された。

一九二九年、昭和四年にアラブ種、及びアングロアラブ種による競馬を開催することを政府が命じた。

戦後、復興と言う名目で地方競馬場が産声を上げ、中央と合わせて競走馬の需要が高まっていく。

ホクトライデンは、昭和四十九年船橋のアラブ三歳新馬戦を、七馬身差で圧勝してデビューを飾る。その後ポンと出ては楽勝、の連続で四連勝を飾るものの、大井の重賞八王子記念で出遅れてしまい、直線良く伸びるがバビロニアンに鼻差届かず二着で連勝が止まってしまう。この時の騎手が、何で名馬になる馬にあんな騎手を乗せるんだ、と叩かれるような騎手だったそうで、その後乗り替わりで川崎の佐々木竹見が騎乗した。その後船橋の

若手桑島騎手が乗ったりして、順調にアラブ三冠を達成するのである。

ホクトライデンのすごいところは、四歳でトップハンデを背負いながら強豪と呼ばれる馬と同等、もしくはそれ以上の走りをしたところである。

五歳を迎えての全日本アラブ大賞典、サラブレッドに二勝したスマノダイドウとの一騎打ちが実現する。結果は二頭の一、二着であり、ライデン騎乗の桑島騎手が「楽でした」と語る通りの楽勝だった。

翌年、新春杯でサラブレッドに挑戦する。トップハンデ五十九キロを背負いながら、好スタートを切って逃げるとサラブレッドを全く寄せ付けないまま逃げ切った。

次のことゝい特別では、サラブレッド相手にトップハンデ六十キロを背負わされる。直線良く伸びたが、チュウオキャプテンに頭差敗れてしまう。

もっとも他のサラブレッドは全く相手にならず、チュウオキャプテンは軽ハンデ五十五キロだった。

怪物伝説の始まりである。

オールカマーに挑戦する、と言う案もあったそうなのだが、陣営が選んだのは銀杯だった。

この時の斤量が伝説の七十二キロ。

次に重かったのがユワブチキングの五十七キロだったから、これがどれだけとんでもないものか、言うまでもない。

実際、八十キロを超える斤量を背負って勝ったタマツバキと言う馬がいたし、サラブレッドでも七十キロを背負って勝ったミツハタと言う馬がいたが、この時騎乗した渡邊騎手が、「またがった瞬間、ミシッと骨が軋む音がした」と語っている。この頃、重りは騎手が体に着けるものだった。だからこんな酷量でも馬が走れたのである。

七十二キロの重りを背負って、鞍上田部騎手が跨った瞬間、馬が沈んだという。この時の馬場は水たまりができるほどの重馬場で、酷量のために前に行く事が出来ず、ライデンは後方で泥水を被ってもがくレースとなる。

後検量では泥水を被ったために八十キロになっていたそうである。

ホクトライデンは永遠の怪物伝説を残したが、実は少々縁がある。

彼の馬主であった方の牧場で働いた事があるのである。その頃は本当にまるで何も知らなくて、ライデンのすごさなんて知らなかった。

社長室に飾られた写真を見るだけだった。こうして調べてみると、改めて彼の偉大さを感じるのである。

当時、母の父ホクトライデンと言う馬達がたくさんいた。全体に小柄で、丸っこい体形で、気性の良い馬ばかりだった。

ホクトライデンの父エルシドはフランスで走り、日高軽種馬農協により輸入される。同時期に輸入された馬に、お助けボーイことテスコボーイがいる。どちらも種牡馬として大成功した。

種付け権利は抽選で、当たったら赤飯を炊いたそうだ。

この二頭の産駒は必ずセリ市場上場義務が課せられており、皆高値で売れたとか。軽種馬農協は大いに栄えたそうである。アラブはサラブレッドと違って当たりはずれが少なかったそうだ。血統さえしっかりしていればほぼ確実に走ったんだそうだ。生産者にしたらありがたい存在だったそうである。

時代は流れ、賞金が安いためか次第にアラブはすたれていき、中央で廃止、続いて南関東、北関東、アラブ専門だった園田もサラブレッド化して廃止となっていく。最後のレースは平成七年、中京でのアラブ大賞典だった。黄昏の時に、快速馬ムーンリットガールが登場したのは運命の悪戯だったのだろうか……

(本文：久遠篤聖)

紅い流星
マルゼンアディアル
▼大井の名手が愛した〃地方史上最強〃幻のダービー馬

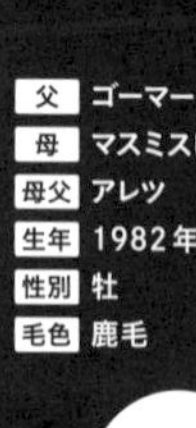

父 ゴーマーチング
母 マスミスピード
母父 アレツ
生年 1982年
性別 牡
毛色 鹿毛

日本（大井）

生涯成績 8戦6勝
主な勝ち鞍 羽田盃、京浜盃、黒潮盃ほか

夕映えが首都高を撫でる様に降りてくる師走の16時。大井競馬場が茜色の情景に染まる頃、躍動する真っ赤な勝負服——。

〃大井の帝王〃の異名を取り、大ベテランとなった豪腕騎手、的場文男である。

的場は1956年9月生まれ。福岡県大川市出身。ジョッキーを志したのは兄の影響と言われている。多くの名手・名人を輩出した名門・小暮嘉久の最後の門下生として1973年に騎手デビュー。公式緒戦初騎乗馬はホシミヤマ。また初勝利も同馬で、勝負服のデザインともなっている「胴白星散らし」とも〃星〃で連動しているところが、何とも命運的なものを感じさせる。

的場は「大井こそ日本一の競馬場」と自負し、誇りを持って愛している。それゆえなのか、中央への参戦は稀だ。しかし、心底大井への信愛を貫く的場が今だ勝てていないのが、〃ダービー〃のタイトルである。これは〃大井の七不思議〃とも言われ、ファン・関係者の間でも色々と吹聴されている。的場はこれまで地方全国リーディングにも2回（2002年・2003年）輝き、大井リーディングに至っては、21回。1985年〜2004年の期間は全くの独壇場で、戸崎や内田博らが頭角を現すまでは完全な一人舞台と言っても過言ではない程だった。帝王賞、桜花賞、関東オークス、東京大賞典、川崎記念、かしわ記念、ダイオライト記念、浦和記念、東京記念、東京盃……南関東の欲しいタイトルはすべて手にした。そう……〝東京ダービー〟を除いては……。

チャンスがなかった訳ではない。的場は2011年までに30回挑戦。内2着が8回もある。1番人気での出走も当然あった。1・1倍で出走したブルーファミリーは神のいたずらと言うほかない大出遅れの末敗れ、ベルモントドリームやナイキジャガーといった〝ダービー当確級〟の馬の主戦を務めるも、故障で夢が霧散してしまう不運にも見舞われている。「運」がない……それ以外の表現の見つからない苦心惨憺たる棘のダービーロードを、的場は歩んできたのである。それゆえ〝ダービー〟への思いは一入だ。

そんな的場が、生涯ただ一頭、「ダービー大楽勝当たり前」「中央でも勝てる」「史上最強」と認（したた）める馬がいる。

それがマルゼンアデイアルである。的場は前述した通り、大井の生んだ歴史的名手であり、数々の名馬に跨ってきている。中央のGⅠでも勝負になるボンネビルレコードや、地方最強級のカウンテスアップ（41戦29勝。東北で無敵を誇り、東海南関東で当時中央よりレベルの高かったダートの強豪たちと幾多の名勝負・死闘激闘を繰り広げた地方の歴史的名馬）の手綱も取っている。その的場をしてただ一言。

「別格」。

はたしてそのポテンシャルはどれほどの物だったと言うのだろうか。

のどから手が出るほど欲するダービーのタイトルを「大楽勝。勝って当たり前と思ってた」とまで大胆に言わしめる素質は並の名馬のものではない。

当時を振り返り的場は様々な想いを吐露する。

「重賞は130個くらい勝ってるし、相当な名馬に乗ってきたつもりだけど、その中でも別格。もうあんな馬には会えないじゃないかな。」

「京浜盃、黒潮盃、羽田盃の3回しか乗っていないんだけど、どれも馬なりで本当に強かった。あんなにゴムマリみたいな馬はいないね。羽田盃も馬なり5馬身。ポーンと出っぱ良くゲートを出た瞬間にあぁ、勝ったなと。負ける気がしなかった。」

「ダービーは絶対勝てるだろうから、夢見たのはその先。まずはオールカマー使って、この馬とジャパンカップに行こうと思った。芝適性がものすごくありそうだったし、とにかく素軽くて、車でいうならベンツの最高級クラス。それくらい乗り味がよかった。」

（TCK公式HP、『重賞名馬ストーリー08』より抜粋）

最初は「サギヌマジエット」の名前で川崎の名門井上宥蔵厩舎から昭和59年7月のデビュー。デビュー戦は5馬身差持ったまま。2戦目の30万下の条件戦では、川崎で大物と言われたマリンボーイ、ロングタイショー、ラピスポート等が出陣するも意にも介せず、マリンボーイに2馬身差をつけ快勝。このレースの強さに一目惚れしてしまったのが、あの中央版〝幻のダービー馬〟マルゼンスキーで御馴染みの橋本善吉氏。同氏はサギヌマジエットを購入すると、馬名を〝マルゼンアデイアル〟へと変更された。名前が変わってからの初めてのレースは9月の大井の条件戦。相手が軽かった事もあり、ダート1200を1分13秒0の好時計。短距離にも関わらず、9馬身差というワンサイドの大楽勝で船橋平和賞に臨んだ。ところが、キクノダンサーの術中に主戦森下博騎手がはまり、クビ差届かずの2着で2歳を終えたのだった。

的場とマルゼンアデイアルが巡り逢えたのは、こうした他騎手の騎乗ミスが誘因となった為のもののようである。的場がマルゼンアデイアルに騎乗したのはわずか3戦。

裂蹄に蝕まれ、復帰が遅れていたものの、牧場から帰還したマルゼンアデイアルは別馬のように進化していたのだという。短期間で急激な成長を見せる馬はオルフェーヴルやサニーブライアン、サイレンススズカやナリタブライアンなどの例を挙げるまでもなく、このマルゼンアデイアルもその類であったということなのであろう。生涯2度の敗戦も本格化前の言い訳の効くもの。話を元のレールへ戻そう。厩舎へと戻り、追い切られたマルゼンアデイアルは、中央でも勝負になったステートジャガーの動きをも凌駕するものだったと口伝されている。しかし、休養明けの為なのか、精細を欠きマルゼンアデイアルは敗れてしまう。その敗戦（前述の2着）を目にした岡部猛調教師は、名手・的場に白羽の矢を立てた。

「次戦からは的場に任せてみよう。」

この判断がズバリだった。的場はマルゼンアデイアルの深淵、泡枕で甘眠を貪る膨大絶比なるポテンシャルを呼び覚まし、快進撃を開始。

京浜盃（ダ１７００ｍ）では好位2番手追走から軽々と3馬身。つづく黒潮盃（ダ１８００ｍ）ではスイスイと滑る様に5馬身。そして的場に鞍替えしての3戦目は南関東三冠の第一関門である羽田盃（ダ１８００ｍ）。ここでもマルゼンアデイアルは鬼神のごとく迫力のまま5馬身差圧勝。その2着は東京ダービー馬となるミルコウジ。ここにもマルゼンアデイアルが〃幻のダービー馬〃と言われる由縁なのであろう。もちろん、3戦ともその全てが手綱がピクリとしか動かない、馬なりだったことは敢えて言うまでもないことだろう。

羽田盃の時には的場は調教中の落馬が原因で肋骨を4本も折る大怪我をしていたが、「落馬さえしなければ、つかまってるだけで勝てるから乗せてください」と一報を入れ、病院を抜け出して競馬場へとむかったという逸話も残されている。

しかし――……

羽田盃後、マルゼンアデイアルの脚下が異常を訴えていた。ヒザが腫れ、ダービーを断念せざるを得ない状況に。復帰さえ叶えば、地方で無双無敵は当然。「夢は大きくジャパンカップ！」

的場は胸中で大きく脹らんでゆく未来のヴィジョンを本気で見つめ、凝視していた。

「この馬ならば……この馬となら……」

的場の熱情を余所に、運命の秤は最悪の方へと傾いて

いった……――

帝王賞での復帰を目指した調教中でのことだったと言う。大井に絶望を告げる鈍い音が響き渡った――……

崩れ落ちるマルゼンアデイアル。

肩の骨が折れ、粉砕していた――

マルゼンアデイアルは最期何度も何度も振り返って織田厩務員へと悲哀を浮かべる眼差しを向け続けていたという。自らの最期を覚っていたのだろうか……。

それから幾多もの時間が過ぎ去っていった。

的場騎手は6000勝騎手となり、若いファンたちは「マルゼンアデイアル」を知らない新世紀。

そこに残されていたのは、やはり〝ダービー〟というタイトル。

〝夢〟を〝絶対〟と言わしめた伝説の最強馬。

大都市の一角、一人の孤高の男の胸の中、熱く滾る流星が今日も流れてゆく――

〝マルゼンアデイアル〟

赤き巨星よ、永遠なれ。

（本文：兼目和明）

孤高のチョコレート・ソルジャー
エクィポイズ

▼裂蹄を乗り越え、全米に愛された歴史的名馬

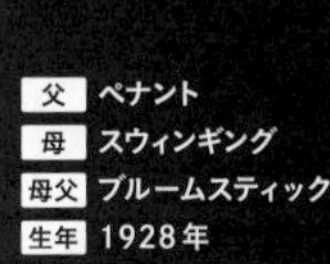

父 ペナント
母 スウィンギング
母父 ブルームスティック
生年 1928年
性別 牡
毛色 栗毛

生涯成績 51戦29勝[29-10-4-8]
主な勝ち鞍 メトロポリタンH連覇、アーリントンH、ホーソーンゴールドカップH、ホイットニーH、ホイットニーゴールドカップ、ウィルソンS連覇、フィラデルフィアH、ディキシーH、スターズアンドストライプスH、トボガンH、ハーバーでグレイスH、ピムリコフューチュリティ、キーンメモリアルステークス、ジュヴェナイルステークス、イースタンショアステークス、グレートアメリカンステークス、ナショナルスタリオンステークスほか

エクィポイズの名を聞いてピンとくる日本の競馬ファンは少ないと思う。競走馬として3歳クラシックレースで活躍したわけでもなければ、獲得賞金レコードを塗り替えたわけでもない。しかしながら1999年にアメリカのブラッドホース誌が選定した「20世紀のアメリカ名馬100選」において21位にランクインしているように、母国では高く評価されている。この順位はギャラントフォックスやワーラウェイといった三冠馬や、シービスケットやジョンヘンリーといったアイドルホースを上回る。

この高い評価は……

大恐慌時代に人々に勇気を与えたカリスマ性。

重ハンデを背負いながら強力なライバル相手に勝ち続けた競走馬としての実力。

種牡馬としての実績や現代競馬への影響力。

以上3つに起因すると私は考えている。上記100選はブラッドホースの編集者によって選定されたものであるから、玄人好みの経歴を持つ同馬が高い評価を受けたのであろう。

エクィポイズは1928年、アメリカの実業家ハリー・ペイン・ホイットニーにより生産された。このホイットニー家は彼の父のウィリアム・コリンズ・ホイットニーの代からのアメリカの競馬会への貢献が認められ、同年サラトガ競馬場において記念競走のホイットニーステークスが創設されている。

本馬の両親はともに現役時代ホイットニーの所有馬であった。父ペナントはフューチュリティSの勝ち馬。当時のフューチュリティSは三冠レースよりも高い賞金額を誇る競走で、早熟な素質馬は皆このレースを目標にしていた。母のスウィンギングは重賞入着の実績があり、後の賞金王シービスケットは彼女の姉の孫という血統である。

エクィポイズはその均整の取れた栗毛の美しい馬体から、後年ファンから「チョコレートソルジャー」のニックネームで呼ばれることになるのだが、幼駒時代の評価は低かったようで、ホイットニーの牧場での序列は低く見られていたため、まだこれといった実績を挙げていないフレデリック・ホプキンズ調教師の厩舎に入ることになった。

2歳になったエクィポイズはデビュー戦を勝利で飾った。続くレースも勝利し、次のアバディーンSで3着に敗れた後、ホイットニーの専属である一流ジョッキー、「ソニー」のニックネームで知られるレイモンド・ワークマンとコンビを組むことになったが、初コンビのピムリコナーサリーSではスタート直後に躓いて落馬、続くユースフルSでは進路妨害を取られ1位失格と、なかなか人馬の息が合わないようであった。しかしキーンメモリアルSでステークス競走初勝利を挙げると、ジュヴェナイルS、ナショナルスタリオンSと続けざまにステークスを勝ち取った。続くグレートアメリカンSでは3連勝の実績が評価されたため59kgの重ハンデが課せられたが、それを物ともせず4連勝を飾った。続く8月の定量戦のサラトガスペシャルSはジェームズタウンの2着、9月のシャンペンSは勝ち馬のメイトより約6kg重い60kgの斤量を背負わされたが、頭差2着に食い下がった。次走の大一番フューチュリティSではジェームズタウンとの再戦となり、互いに59kgのトップハンデを課されたがジェームズタウン1着、エクィポイズは頭差2

着という結果であった。続くイースタンショアH勝利後、2戦続けてトゥエンティグランドに2連敗したところで馬主が死去。本馬を含む競馬資産の大部分は息子のコーネリアス・ヴァンダービルト・ホイットニーに受け継がれた。

馬主交代後の緒戦のピムリコフューチュリティで、エクィポイズは圧巻のパフォーマンスを見せる。スタートで大きく出遅れ、直線入口で絶望的な位置にいたが、直線でライバルのトゥエンティグランドやメイトを鮮やかに差し切って大逆転勝利を収めたのだ。しかも蹄鉄を2つ落鉄していたことが判明、そのことを知ったファンや報道陣は驚嘆した。騎乗していたソニーも、「誰も見たことがないすごいレースだった」と愛馬に賛辞を贈った。

このレースが2歳最後の出走となり、16戦8勝の成績で2歳シーズンを終えた。当時はサラブレッドに対する年度表彰は行われていなかったが、競馬サークルはエクィポイズとジェームズタウンの2頭を最優秀2歳牡馬として評価した。

2歳時の実績によりケンタッキーダービーの本命として目されることとなったエクィポイズは、3歳シーズンの緒戦を勝利で飾り、クラシック戦線に向けて順調なスタートを切った。しかし次のチェサピークSでよもやのシンガリ負けを喫すると、腎臓病と裂蹄を患っていることが判明した。それでも三冠レースの1戦目プリークネスS（現在とは順序が異なっていた）に出走、結果メイトの4着に敗退した。この状態では本来のパフォーマンスが発揮できないことを悟った陣営は、ダービー回避を決意した。なおこの年のダービーとベルモントSはともにトゥエンティグランドが勝利し、3歳クラシックレースの勝ち馬は全て前年にエクィポイズがピムリコフューチュリティで一蹴したメンバーという結果になった。

4歳になり、1年のブランクを経て競馬場に戻ってきたエクィポイズは、復帰戦のハンデ戦でいきなりレコード勝ちを収めると、3か月の間に7連勝を飾り、瞬く間に最強馬の名声を取り戻した。このうち、メトロポリタンHではメイトやベルモントS2着馬のサンメドウらを相手に馬なりでゴールし、観客から万雷の拍手で迎えられた。また6月の1マイルのハンデ戦の勝ちタイム1分

34秒4は、当時の世界レコードを塗り替えるものであった。

8戦目のアーリントンHでは61ｋｇの酷量を課せられ、2着に敗れて連勝はストップしたが、ウィルソンHの1着を挟んで出走した第5回ホイットニーSでは勝利を収め、馬主に初の自身の名の冠レース優勝という栄誉をもたらした。

秋は連戦の疲れが出たのか取りこぼしが多く、5着・1着・3着・2着の結果で、14戦10勝でシーズンを終えた。この年の成績は後に年度代表馬に相当するものとして評価されることとなった。

明けて5歳シーズンを迎えたエクィポイズは、ホイットニーの専属であるベテラン調教師のトーマス・ヒーリー厩舎に移籍した。この年も好調なスタートを切り、前年同様にシーズン開始から7連勝を記録、このうち9月の14ハロン戦のサラトガCでは、前年に16ハロンのジョッキークラブゴールドCを勝ったガストを撃破し、豊富なスタミナも持ち合わせていることを証明した。この勝利の後に裂蹄の症状が悪化したようで、続く2戦は3着・2着に敗れたものの、この年は9戦7勝2着1回3着1回という文句のつけようもない好成績を残し、2年連続で年度代表馬相当の評価を受けた。

華やかな実績を積み重ね続けるエクィポイズであったが、賞金面では不遇といえる状況に置かれていた。本馬の全盛期であった1932年頃は、1929年に発生した世界恐慌の影響でアメリカの工業生産は恐慌前の半分程度に落ち込み、その影響は競馬にも及び、レース賞金額の削減をもたらしていたのである。当時の賞金王のサンボウは恐慌以前に競走馬としてのキャリアを開始していたため、恐慌の影響を大きく受けることになったエクィポイズは労働者の如く走り続けてもその記録を上回ることができずにいた。賞金王の名誉を奪取するには、サンボウを数段上回る実績を挙げる必要があり、そのために長く現役を続けなければならなかった。

6歳になったエクィポイズは賞金王を目指して現役を続行、フィラデルフィアHとディキシーHを連勝し幸先の良いスタートを切るが、3連覇が掛かったメトロポリタンHで進路妨害を取られ1位失格、ここから歯車が狂い始める。次走のサバーバンHで3着に敗れた後、再び裂蹄が悪化し、さらに腱損傷を発症したことにより夏シーズンを棒に振ってしまった。5か月休んだ後の復帰戦も敗退、次走オーナーの名を冠したホイットニーゴールドトロフィーHは勝って馬主孝行なところは示したものの、この年は6戦3勝でほとんど賞金加算はできなかった。

7歳を迎えたエクィポイズ陣営の視線は西海岸に向けられた。前年に開場したばかりのサンタアニタ競馬場の目玉レースとして、総額10万ドルの高額賞金レース・サンタアニタHが創設されたのだ。年明け早々にカリフォルニアへ旅立った本馬は前哨戦に出走、緒戦は不利を受け2着、2戦目は進路妨害を取られて1位降着と、勝ちはしなかったものの衰えを感じさせない走りを示した。

記念すべき第1回サンタアニタHの主役と目されたのは、本馬エクィポイズであった。このレースを勝てば獲得賞金レコードを更新するということもあり全米の競馬関係者の耳目を集めることになったのだが、結果は伏兵アザカーから7馬身半差の7着という案外な着順に終わった。騎乗したソニーは「単純に走ろうとしなかった」と語ったが、レース後に前年発症した腱損傷が再発、陣営は引退種牡馬入りを決断した。

引退後、ホイットニーの牧場で種牡馬生活を送っていたエクィポイズは、4シーズン目の1938年に大腸炎を発症、10歳という若さでこの世を去ってしまった。短いキャリアながら、ラストクロップのシャットアウトがケンタッキーダービーとベルモントSの二冠を制し、1942年にリーディングサイアーを獲得、名種牡馬の早すぎる死が改めて惜しまれることとなった。

現在は直系のサイアーラインは途絶えてしまったが、2代母の父にエクィポイズを持つトムフールが活躍、さらに種牡馬として名馬バックパサーを輩出し、その血は現代に大きな影響力を及ぼしている。バックパサーはエクィポイズの形質をよく受け継いでいたと言われ、また彼同様に裂蹄に悩まされた。その対処法として本馬から得られた治療ノウハウが活かされたという話も伝わっている。

（本文：アホヌラ）

凍神伝〝砂吹雪〟

トーシンブリザード

▼史上唯一頭、南関東四冠馬

父	デュラブ
母	ユーワトップレディ
母父	プレイヴェストローマン
生年	1998年
性別	牡
毛色	黒鹿毛

日本（船橋）

生涯成績 30戦9勝
主な勝ち鞍 南関東四冠（ジャパンダートダービー、東京ダービー、東京王冠賞、羽田盃）、かしわ記念、京浜盃、全日本3歳優駿ほか

光り輝く世代

２００１年のクラシック世代は烈光世代と別称したくなる。日刊競馬編集長・柏木集保氏をして〝光り輝く世代〟と呼称されたこの世代。アグネスタキオン、ジャングルポケット、クロフネ、マンハッタンカフェ、ショウナンカンプ……各馬、短・中・長・クラシックディスタンス、ダート……得意のカテゴリーで激しく炎を迸らせ、己の勇姿を記憶の奥底まで焼き付けていった馬が多い。エルコンドルパサー、グラスワンダー、スペシャルウィークらの世代のように長期政権は築けなかったものの、そのわずかな時間に放った光は、彼らをも凌駕するほどの脅威的パフォーマンスであったのだ。

彼らに同じく、果てしないポテンシャルを剣舞した名馬が、地方競馬にいたことを、我々は忘れてはならない。南関東史上唯一の無敗三冠にして、今後もう二度とお目にかかれない四冠馬とは、トーシンブリザード、彼のことである。完全絶後の四冠というのも、その内の一冠が杜絶してしまったが故。

南関東クラシックロードは、以下の通り。

《南関東クラシック》※2001年まで

①羽田盃（ダート1600m）
▼
②東京王冠賞（ダート1800m）
▼
③東京ダービー（ダート2000m）
▼
④ジャパンダートダービー（ダート2000m）

1995年以前、南関東クラシックは現在とは異なり、羽田盃と東京ダービーを春に開催し、秋に東京王冠賞を開催するという、いわゆるヨーロピアンスタイルをとっていたが、1996年以降はアメリカンスタイルへとモデルチェンジ。短期間で一気にチャンピオンを決定づける様相へと様変わりしたのである。そして1999年に中央馬や全国のダービー馬と覇を競うジャパンダートダービーが創設され、これら四つを制した馬が四冠馬の称号を得られるのだ。

現在では東京王冠賞が消滅してしまった為、もう二度と四冠馬が現れることはない。もう永遠に勝ち取ることの不可能なタイトルとなってしまったのである。

不敗神話

東京王冠賞の廃絶が決定した2001年。四冠のチャンスがある最後の年、まさに天から舞い降りるかのように、一頭の鬼神が降臨。父デュラブ、母の父はブレイヴェストローマンといういかにもダート馬らしい血統馬。その初陣は船橋1000mとなった。2000年の9月21日、4番ゲートから秋田実騎手を背に2番手追走から素軽く抜け出し圧勝。

しかし、トーシンブリザードより以前に鮮烈なデビューを飾っている馬がいた為、話題性ではイマイチだった。その馬というのがロイヤルエンデバーという馬で、当時話題沸騰のラムタラ産駒な上に皐月賞馬イシノサンデーの半弟という輝かしい血統背景も影響し、圧倒的1番人気と見るも鮮やかな大差勝ちの連続で2連勝を決めていた。11月10日の山茶花特別（ダート1500

ｍ）で2頭は早くも激突。ロイヤルエンデバーが大きな期待を集めての1番人気となり、トーシンブリザードは2番人気に甘んじた。レースは完全なマッチレースとなり、3コーナーをカーヴし、最終コーナーを迎える時点で完全に他馬は視界の外。激しい叩き合いになるかと思いきや、驚くほどトーシンブリザードは冷静沈着としており、早朝窓に現れる夜露を甘目かしく拭うように、ロイヤルエンデバーを軽く一捻り。楽々と1馬身差という決定的着差をつけ快勝。3着馬は死に物狂いで追撃を試みたが、8馬身差も千切られ、息も絶え絶えの惨敗を喫している。

　トーシンブリザードは3戦目に交流重賞・全日本3歳優駿に参戦。ＪＲＡからはダートで3戦全勝、北海道3歳優駿を圧勝してきた後のダービーグランプリ馬ムガムチュウや函館3歳Ｓ勝ち馬マイネルジャパン、ダート2戦2勝のマイネルエーレ、さらにはロイヤルエンデバーに中部地方で連対率１００％のレタセモアも名を連ねたことにより、7番人気という伏兵扱いだったものの、レースでは悠然とした足取りで立ち回り、強烈な伸び脚で他馬を封印。ロイヤルエンデバーに鼻差、されど永久不変に大きな鼻差を突きつけ、見事重賞制覇を完遂。翌年まで羽を休めることとなった。

　年が明け、乗り込むは大井競馬場。クラシックの重要な試金石となる京浜盃（ダート１７００ｍ）へと参戦。直線を迎えた時、後方8番手という絶望的状況から36秒5というにわかには信じ難い豪脚を駆使し、驚天動地の大勝。大井の馬場は深い砂で、余程の高性能を包含する駿馬でない限りはこれほどの上がりを計時することなど出来ない。

　この1戦以降、誰もがトーシンブリザードに特別な視線を注ぐようになり始めた。殷賑に流布する絶対的評価を完全統制し、トーシンはクラシックへと帆を向けた。

　一冠目である羽田盃（ダート１６００ｍ）。ここは京浜盃とは打って変わり、逃げるフレアリングマズルを早くも2番手で睨む形。直線を迎えたところで「先導ご苦労」と耳打ちするかのように交わし去るや、簡単なゴーサインが送られただけで超加速を開始し、2馬身差、3着のゴッドラヴァーには8馬身の大差をつけ史上に残る大楽勝で一冠目を戴冠を果たした。

　二冠目の東京王冠賞（ダート１８００ｍ）も全く同じ

レースぶりで、まるで羽田盃のリプレイビデオを再生しているかのような錯覚を起こしてもおかしくない内容だった。またも軽いゴーサインが出ただけで全く追われることなくフレアリングマズルに2馬身の圧勝。

三冠目、南関東馬最大の勲章でもある東京ダービー（ダート2000m）。ここも前二冠と同じ展開。フレアリングマズルが逃げ、トーシンブリザードがこれにピタリと後をつけ、そしてゴッドラヴァーが2頭を目標に脚を溜める……という筋書きだ。ただし今回は水も浮く不良馬場。距離もチャンピオンディスタンスへとシフトされ、直線は逆転もあるのでは……とほんのわずかな死角に穴党はこっそり期待を寄せた……がしかし、それは簡単に潰えることとなる。トーシンブリザードはダービーの直線であるにもかかわらず、馬なりのまま先頭に躍り出て、後はもう完全に他陣との差を広げるのみ。フレアリングマズルは力尽き、ゴッドラヴァーが差し込んだところがゴール。ブリザードは4馬身差の圧勝。感動に乾ききった都民たちを鼓舞する砂塵のブリザードを巻き上げる、史上初・無敗三冠達成の夜。人々はアブクマポーロ、メイセイオペラにつづく地方の英雄誕生を祝福し、期待を膨らませた。

永劫不滅の四冠馬

待望が大望へと変移する中挙行されたジャパンダートダービー。トーシンブリザードは単勝元返しの1・0倍で出陣。戦友のゴッドラヴァーにはケント・デザーモが御し、ダート大差勝ちの2戦2勝馬バンブーシンバ、端午S勝ち馬のイシヤクマッハ、名古屋優駿勝ちのナリタオンザターフが参戦する中の単勝元返し――。

南関東三冠戦もそれぞれ1・0倍、1・1倍、1・1倍という断然の圧倒的1番人気だったが、中央馬を相手にしての単勝元返しなど、意味が違う。もう二度とお見受け出来ない光景なのではないか。

先導役を三冠レースで務めていたフレアリングマズルが戦線離脱したため、今度はトーシンブリザード自らが他馬を率いた。レースを完全掌握。馬なりのまま直線加速し、他馬が詰め寄った瞬間に軽く追われるだけで猛然の伸び、凍神は闘神へと変身し、威圧的後光を全身から放散しつつ、ウイニングポストへと轟進。東京砂漠の夜に、凍える砂吹雪が吹き上がる！

「東京の、真夏の夜にブリザード！　トーシンブリザード圧勝!!」

——及川暁

大井競馬場に大歓声と名実況が見事なアンサンブル。それはトーシンブリザードの奇跡の南関東四冠を心から祝う、地方最強馬誕生を祈念しての合唱だった。

まるで地方の皇帝。ルドルフのような威光を全身から放つ当時のブリザードは、私も目にしている。あの四冠を見た時は心打ち振るえ、感動を全身で噛み締めた覚えがある。それは中央クラシック三冠が確実とされていたアグネスタキオンがターフを去った直後ということもあったろうが、実に心に深く刻まれる1戦だったことに間違はいない。

はたしてジャングルポケット、クロフネらとどちらが強いのか？　ファンのみならず、その衆目は地方競馬界全体へと波及していた。

しかし——……

南関東四冠達成から数日後……骨折が判明。重度の故障により、長期休養明けを余儀なくされ、中央挑戦は棚上げの形となった。本来ならば、セントライト記念へと挑むプランが用意されていたらしく、無念の想いは数年の時をえた現世でもふつふつと沸き立つ。

暗渠暗鳴

トーシンブリザードは生まれ故郷・浦河でじっくりと静養し、佐藤賢二調教師の元へと舞い戻ってきた。凍神の放つオーラにはまだ陰りなど微塵も見られず、大きな不安と期待が入り混じる中、暮れの大一番・東京大賞典へと臨戦することとなる。

ここはこれまでで最強の相手が陣容を連ねた。ジャパンカップダート初代勝ち馬ウイングアロー、フェブラリーS馬ノボトゥルー、ダートステイヤーのリージェントブラフ（後の川崎記念馬）、浦和記念など地方・障害を駆け回るレイズスズラン、南関東二冠馬サプライズパワー、さらには同期のライバルであるフレアリングマズルとロイヤルエンデバーも復帰しての参戦で、古豪ドラールアラビアン、イナリコンコルド、東北・岩手最強馬トーホウエンペラー、そしてダービーグランプリを勝ってGI馬となったムガムチュウも顔を揃え、さすがのトーシンブリザードも馬群に沈むか……との危惧も、2番人気に支持され、3番手追走から直線急追されるも、3着に粘り込んだ。初の古馬相手、しかも骨折休養明けのGIとしては上々たる好内容。翌年はもうこの馬の砂時代が訪れるに違いない。黒船が去った日本ダート界を見つめる誰もがそれを予感していた。

主戦を務めた船橋の名手・石崎隆之騎手もブリザードに寄せる信頼は絶大なものがあり、「色んな名馬に乗ってきたが、あれほど賢い馬はいない」と語っている。

年明けて、遂に訪れた中央緒戦は、フェブラリーS（ダート1600m）。芝スタートに戸惑い、後方の位置取りも、最後の直線ではアグネスデジタルに喰らいつく2着。中央GIも夢ではない、手の届くところに……あったはずだった。

ここから、トーシンブリザードは別馬のような生涯を辿ることになる。

ダイオライト記念（ダート2400m）で5着惨敗。つづく、かしわ記念で見事復活の狼煙を上げるも、かつて東京の夜に吹き荒れたあの凍えるブリザードはもう、吹雪いていなかった――……

帝王賞で1番人気に推されるも、8着惨敗……その後2度目となる骨折に見舞われ、一年半もの長期休養。最悪なことに、その間に蹄を悪くし、その影響がトーシンブリザードの成長力・精神力、すべてを蝕んでいった。もうかつの凍帝は、もう……どこにもいなくなっていた。

帰還を果たすも大敗の日々。かつて史上最強の幻影が浮遊したあの日々……復活を夢見、祈望に暮れるファンを傍目にトーシンブリザードは暗い凍える路をトボトボと俯いて後にする。

的場、内田博といった地方きっての名手の手綱でも彼を救うことはついに叶わず、トーシンブリザードは生涯成績30戦目を迎えたところで、競馬場に手を振った。

その潜在能力は間違いなく史上屈指のものだった。

あの東京砂漠を吹きぬいた真夏の凍てつくブリザードは、背筋を戦慄に震わせたあの夜は。

「ハイセイコーの再来」とオールドファンに謳われたあの時間は。

史上ただ一頭、地方競馬史に屹立する四冠の闘神だけが抱擁を許された、奇跡の時間だったのかもしれない。

地方の誇りよ！
砂吹雪よ!!
いまこそここに吹き荒れろ――！
地方競馬から現れる英雄は次代、いつ現れるだろうか。
（本文：兼目和明）

Wonderlust
～いにしえ幻の名馬たち～

スペイン真・史上最強馬
カポラル

カポラル。1958年生まれ。8戦7勝3着1回。三冠は逃すも、西ダービー、グランプレミオナシオナル、ヌーヴェルアン賞など大レースを圧勝楽勝の連続で制する。スペイン競馬界において「史上最強」の称号を欲しいままとする伝説の存在である。

永遠に輝くふたつ星II
インヴァソール

▼ウルグアイ史上最強にして南米史上最強、ヤタストと共に輝く名馬

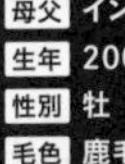

父 キャンディストライプス
母 クエンドム
母父 インタープリート
生年 2002年
性別 牡
毛色 鹿毛

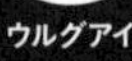

ウルグアイ

主な勝ち鞍 ウルグアイ三冠（ポーラデポトロリョス、ジョッキークラブ大賞、ナシオナル大賞）、BCクラシック、ドバイWC、ピムリコスペシャル、サーバーバンH、ホイットニーH、ドンH、エルエンサーヨ賞ほか

ウルグアイ競馬の復活

「南米のスイス」と謳われた福祉国家ウルグアイであったが、1950年代後半ごろから経済の陰りが見え始めた。さらに左翼ゲリラ闘争から軍事政権時代を経て、国内経済は活力を失い、それに歩調を合わせるかのようにウルグアイ競馬も南米での地位を下げていった。アルゼンチンと共に南米競馬を牽引してきた面影は完全に消え去り、1985年に他の南米諸国と共に国際セリ名簿基準委員会でパート1国を認定を受けるも、1992年にはパート2国へと格下げとなった。そして、1997年のモンテヴィデオ＝ジョッキークラブの破産により、首都モンテヴィデオの競馬は休止に追い込まれた。そもそもウルグアイで競馬は、サッカー、バスケットボールに次ぐ人気スポーツである。首都競馬が休止の状況にあっても、地方競馬では引き続き多くのファンを呼び寄せていた。そして2003年、アメリカ資本の協力を経て、モンテヴィデオの競馬は再開された。国内の政局も安定し経済も上向きとなる中、ウルグアイ競馬は今、新たな時代へと入っている。

復活の最中にあるウルグアイ競馬を世界に印象付けたのは、1頭のアルゼンチン産馬であった。馬術のイタリア代表としてオリンピックにも出場したアレッサンドロ＝ミゼロッキは、サラブレッド生産の夢をもってアルゼンチンに渡ったのが1979年のこと。そして13年を経た1992年、ブエノスアイレス郊外にクラウサン牧場を設立した。そしてさらに10年を経た2002年に誕生した1頭の牡馬がインヴァソールであった。父キャンディストライプスは仏2000ギニー2着などの戦歴を残し、引退後はアルゼンチンで種牡馬入りして多くの活躍馬を輩出していた。母はクエンドムの父インテルプレテは、アメリカで絶えてしまった名馬ナシュアの父系を継承する快速馬であった。

ウルグアイでスタッド・トレスデ・エネーロの名義で共同馬主をしていたパブロ＝ヘルナンデス、ファン＝ルイス、ルイス＝アルベルト＝ビオバドの3人は、競走馬を購入するためアルゼンチンの牧場を巡っている途中で、クラウサン牧場のインヴァソールに一目ぼれをしてしまった。パブロ＝ヘルナンデスはその時の印象を「まるでキューピットの矢が刺さったかのようだった」と後に述べている。2万ドルで購入されたインヴァソールは、モンテヴィオのマローニャス競馬場へと移送され、アニバル＝サンマルティン師の下でデビューすることになった。

2歳の秋、2月27日の未勝利戦（ダ1100m）でグスタボ・J・ドゥアルテの鞍上でデビューすると2着に6馬身3／4差を付けて圧勝した。しかし、右後脚の種子骨骨折が判明し、骨片の除去施術を余儀なくされた。再び競馬場に戻ってきたのは、5か月後の8月7日、エルエンサーヨ賞（G3、ダ1500m）で、2歳王者ポトリオードをはじめ、2歳重賞3勝のオフエンパッパラッジ、ブラジル産馬ビーバックフィズら、同世代の重賞ウィナーを従えて勝利し、3歳クラシックの大本命となった。

インヴァソールの3歳クラシックは圧巻であった。初戦のポーリャ＝デ＝ポトロリョース（G1、ダ1600m）を5馬身3／4差、第2戦のジョッキークラブ大賞（G1、ダ2000m）を3馬身半、最終戦のウルグアイダービことナシオナル大賞（G1、2500m）を6馬身半引き離し、史上21頭目の三冠馬となった。この3

冠ですべて2着に敗退したポトリフラッシュは、のちにアルゼンチンでG1競走に勝利したことを考えると、インヴァソールの能力が図抜けていたことを想像できよう。

1月6日に開催される国際競走ホセ＝ペドロラミレス大賞（G1、2400m）で史上5頭目の四冠馬をめざすと思われたが、ここでドバイのシェイク＝ハムダン殿下からインヴァソール購入のオファーがあった。インヴァソールが国内に留まり無敗の四冠馬となれば、シスレイ以来82年ぶりの快挙であり、ビオバドの弟は売却に難色を示したが、140万ドルという巨額の提示に、パブロ＝エルナンデス、ホアン＝ルイス、ルイス＝アルベルト＝ビオバドの3人はインヴァソールの売却を決めた。2万ドルで購入した牡馬の価値が70倍にまで跳ね上がったということである。

インヴァソールはフロリダで調教を積まれた後、2006年3月25日のドバイミーティング、UAEダービー（G2、ダ1800m）へ出走するも、勝ち馬ディスクリートキャットから7馬身も引きはなされた4着と大敗した。

アメリカに戻ったインヴァソールは、5月のピリムコスペシャル（G1、ダ9・5F）で移籍後初勝利を上げると、東海岸に転戦し、サバーバンハンデキャップ（G1、10F）、ホイッターニーハンデキャップ（G1、9F）と連勝し、ブリーダーズカップ＝クラシックの最有力となった。

前哨戦であるジョッキークラブ＝ゴールドカップを目指したが、レースの一週間前に発熱により回避。直接にブリーダーズカップ＝クラシックを目指すことにした。

11月4日、チャーチダウンズ競馬場で開催されたブリーダーズクラシック（G1、ダ10F）は、13頭立てとなり、プリークネスステークスなど6連勝の3歳馬バーナーディニ、西海岸の古馬3大競走をすべて制した7連勝中のラヴァマン、ヨーロッパからは英国2000ギニーとクイーンエリザベス2世ステークスしたジョージワシントンなど強敵が参戦してきた。1番人気はバーナーディニで、2番人気にインヴァソールは支持された。レースは、中段に控えたインヴァソールが第3コーナーから外をまわって追い上げ、直線に入り先頭を走るバーナーディニを強襲し、最後は1馬身差を付けて勝利した。ウルグアイを離れたインヴァソールであったが、オーナー

は変われど、ウルグアイ人にとってインヴァソールの活躍は国家の英雄であり、競馬場や場外馬券売り場など、最寄りのサイマルキャスト（勝馬投票を行う海外競走ライブ放映）には彼の走りを見ようと多くの人が集まり、その勝利に熱狂した。この勝利により、2006年のワールド・サラブレッド・レースホース・ランキングで世界1位となり、さらエクリプス賞で年度代表馬に選出された。また、生産国であるアルゼンチンでもカルロス＝ペレグリーニ賞の特別賞が贈られた。

インヴァソールの次の目標は、唯一の敗北となったドバイミーティングでの汚名返上であった。年が明けた2007年2月のガルフストリームパーク競馬場のドンH（G1、ダ9F）を2馬身差で勝利してG1を5連勝で、3月31日のナドアルシバ競馬場、1着賞金600万ドルのドバイワールドカップ（G1、2000m）に向かった。ここで、唯一の敗北を喫したDiscreet Catをはるか後方に置き去りにし、最後の直線で一騎打ちのなったプレミアムタップを1馬身3／4差退け勝利した。

これがインヴァソール劇場の最後の幕となった。アメリカに戻り、東海岸の夏季開催を目標に調整が行われていたが、調教中に古傷である右後脚に故障を発生し、6月23日に引退を発表した。生涯成績は12戦11勝。3大陸で、偉業を達成したパーフェクトと言える競走成績であった。

引退後、インヴァソールはアメリカで種牡馬生活に入り、2013年にはアメリカ競馬名誉の殿堂博物館の殿堂入りを果たした。2015年からは、3年のリース契約でウルグアイの新進気鋭の生産牧場のクアトロ＝ピエドラスで供用されている。自身の成績を超える産駒を期待するのは酷であるが、自身のデビューの地で活躍馬が現れることを期待したい。

苦難を乗り越えたウルグアイ競馬の未来は明るい。

（本文：大岡賢一郎）

夢のカリフォルニア
エンペラーオブノーフォーク
▼カリフォルニアから旅立った全米黎明期の名馬

父 ノーフォーク
母 マリアン
母父 マルコーム
生年 1885年
性別 牡
毛色 鹿毛

アメリカ合衆国

生涯成績 29戦21勝［21-2-4-2］
主な勝ち鞍 アメリカンダービー、ブルックリンダービー、ブロンクスS、スピュインテンデュイビルS、コニーアイランドスウィフトS、ドレクセルS、シェリダンS、トルバドールS、ロウヤーズS、プロスペクトH、ケンウッドS、ハイドパークS、レイクビューH、アルジェリアS、サラトガS、ヴァージニアS、ケンタッキーS、テネシーSほか

1960年代に作曲されたママス・アンド・パパスのヒットで知られるJ．フィリップス作曲のポップチューン、そしてそれをアレンジしたウエス・モンゴメリーのジャズ、『夢のカリフォルニア』には、そんな黄金時代の記憶と、発展に暮れるフロンティアの面影を想起させるメロディーラインが奏でられている。

オレンジ、レモン、ブドウといった果樹栽培が盛んで、第二次対戦後には航空宇宙産業をはじめ、シリコン・バレーを中心とした電子工業などの最先端技術が目覚ましい進化進展を見せている。まさに〝夢〟の地カリフォルニアだが、自然環境は過酷を極める。東部に位置する盆地には、デス・バレー（死の谷）と呼ばれる標高マイナス86ｍの砂漠地帯が広がっている。この地の炎威は凄まじいものがあり、記録としては某年の夏、日中の気温が

1848年、カリフォルニアに金が採掘されるやいなや、僅か1年で10万人が押し掛けるという空前の大騒動が巻き起こった。それは一攫千金を夢に見る者たちの〝ゴールドラッシュ〟の幕開けを意味していた。

58℃を超えたという話が残されている。1849年、とある一団が迷い込み、死ぬような苦難の末、なんとか脱出することに成功。デス・バレーの由来はここにあるという。

そんな荒廃した砂漠の地にも名馬は降誕する。

金のようにラッシュとはいかないが、数十年に一度の割合で、「夢の地」カリフォルニアに名馬は出現するようだ。本馬エンペラーオブノーフォークは、蜃気楼のごとく砂の世界へ舞い降りた、カリフォルニア最初の名馬である。

エンペラーオブノーフォークが生まれたのは、ランチョデルリオ牧場。父ノーフォークも晩年を過ごすこの牧場で生を受け、1歳時にエリアス・ジャクソン・ボールドウィン氏に落札され、カリフォルニアの地に育っていく。

かの有名なワイアット・アープ保安官（『OK牧場の決闘』）の親友とも言うボールドウィン氏は不動産事業と投資事業で富を築き上げた大事業家であり、カジノ事業にも進出を図るほど大のギャンブル好きで、大変な競馬好きでもあったという。その好きが高じては、なんとサンタアニタ競馬場を買収し、自ら整備に取り掛かることで、カリフォルニアの地の競馬レベルを向上させるという努力を惜しまず行っている。

エンペラーオブノーフォークは生涯29戦しているが、これをたったの2年で消化している。ただでさえ苦境の中での競走生活を営まなければならないにも関わらず、エンペラーオブノーフォークにはあまりにも凄絶なローテーションが組まれていた。

デビューはイリノイ州はシカゴへと遠征し、ケンウッドS（ダ1000m）。あっさり勝ち上がると立て続けにハイドパークS（ダ1200m）、レイクビューH（ダ1200m）と、8日間で3戦を消化。そこから間をさほど空けず、クイックステップS（ダ800m）で3着と初黒星を喫してしまうが、休養もせずNYサラトガ競馬場へ遠征。ここでも連闘に次ぐ連闘で、2週間の間に4連走。サラトガS（ダ1000m）、ヴァージニアS（ダ1200m）、ケンタッキーS（ダ1200m）、さらにはテネシーS（ダ1200m）と連勝を続け、ニュージャージー州はマンモスパーク競馬場へ乗り込みセレクトS（ダ１２００ｍ）へ出走。さすがに疲れを見せ、8着と初めて馬券外に沈んでしまう。

この陽炎まで溶けてゆきそうな炎暑の8月、これらのレースはすべて遠方のニューヨーク・サラトガまで列車で移動してのもの。

しかし、まだまだローテーションは止まらない。同じくNYはグレーヴセンド競馬場はアルジェリアS（ダ１２００ｍ）へ出陣。

ここにはレースランドという豪傑が出走してきた。レースランドも鉄のように頑強な馬で、生涯に１３０戦70勝という成績を残すモンスターホースである。エンペラーオブノーフォークはレースランドと一騎打ちになるが、これを2着に沈め、完勝。

レースランドはこの後、セントルイスフューチュリティS、アーリントンホテルS、キャピタルSを勝ち、最優秀2歳に選出されている。

続くプロスペクトH（ダ１２００ｍ）でも１８４戦68勝という戦慄の成績を残すジェラルディーンという女傑がエンペラーの前に立ちはだかってきた。エンペラーオブノーフォークはここでもあっさり斥けるかに見えたが、さすがに疲労困憊の色を見せ、2着と惜敗を喫している。またも一ヵ月で4レース、その内の2戦はジェロームパーク競馬場まで運送され、４日間でこなしている。とてつもないタフネスぶりである。

これ程までの超過密ローテーションが組まれていたにも関わらず、エンペラーオブノーフォークは期待に応えて激勝をつづけた。その鮮烈な強さは〝砂上楼閣の皇帝〟と賞嘆されてしかる程のものであった。

砂の皇帝陛下の１８８８年、3歳の始動戦はテネシー州はナッシュビル競馬場に決定。トルバドールS、ロウヤーズSと鯨飲し、グレーヴセンド競馬場へと向かう。現ドワイヤーSのブルックリンダービー（ダ２０００ｍ）へ出走。

ここまで短距離ばかり使われてきたエンペラーオブノーフォーク。果たして１６００を越える距離に対応できるのか？　衆目の視線が集約されることになる中、脅威的ライバルが出走してくる。ウィザーズS、ベルモントS、トラヴァーズSを全て掻っさらうサーディクソン

の出馬である。この圧倒的不利な状況を打開すべく、陣営は「生きる伝説」である当時はおろか、現代競馬の視点から見ても史上最高レベルの騎乗技術を持つという、アイザック・マーフィーに騎乗依頼を打診する。

マーフィーはこの神頼みを快諾し、類まれなる手綱捌きでサーディクソンを置き去りにゴール板を通過していった。

続くブロンクスS（ダ1800m）、スピュインテンデュイビルS、コニーアイランドスウィフトS（ダ1400m）と凱歌の行進を続け、NY州に踵を返し、シカゴへと鼻を向ける。

アメリカンダービー（ダ2400m）への挑戦であった。レースランド、ジェラルディーン、サーディクソンに続き、ここにはこの時代を生きた最強女王の1頭ロサンゼルスが出走してきた。ロサンゼルスは生涯成績110戦48勝を上げる豪牝で、ラトニアダービー、マンモスオークス馬のタイトルを掲げ、タイロS、スピナウェイS、ケナーS、フォックスホールSと大レースを勝ちまくってここへ臨んできている。しかし、エンペラーオブノーフォークは何の問題にもせず、圧勝。その強さは長距離においても全くの不変であった。

返す刀でドレクセルS（ダ1600m）、シェリダンS（ダ2000m）を捥ぎ取り、ワシントンパーク競馬場へ向かう。

エンペラーオブノーフォークの脚部には明らかに何らかの異常が起きていた。しかし、もはや彼はただの皇帝ではなく、当時を生きる民衆の憧れを一身に集めるスーパーホースとなっており、そう易々とレースから降りる訳には行かなくなっていた。

シェリダンSの際にすでに痛めていたという脚をかばいながら、ワシントンパークにおいて開催された非公式の訓練用競走へ出走。

距離は1600m。集まった熱き眼差しを向ける者たちへ、最大限の能力を持って応えるエンペラーオブノーフォーク。

尋常ならざるレースぶりを演舞し、なんと当時のトラックレコードを2秒も更新し、1:38フラットで走り抜けたという。

脚の機能不全の兆候が見られる状況でこの強さである。

あまりに厳しすぎる過密スケジュールがここに来て彼の体を蝕み始めたのだろうか……

脚部の状態は混迷の色を深め、エンペラーオブノーフォークは引退の2文字を覚悟しなければならなくなっていった。

巨体を躍動させ短距離から長距離までこなす、幅広い適応能力。同時代を生きた歴史的豪傑たちを払いのけた絶対的絶真スピード。

灼熱の大地と重積ハンデをモノともしない強靭なる精神力。

〝Califolnia Wonder（カリフォルニアの驚異）〟と呼ばれた伝説のサラブレッドは、カリフォルニアのファンと競馬場にいとまごいし、砂塵の中へと消えていった。

引退後の1907年12月15日、サンタアニタ競馬場がリニューアルオープンを果たしたこの日、生まれ育ったその地の発展を見届けるかのように、静かに息を引き取った。

彼が他界した直後、その訃報が届くやいなや、サンタアニタで働く全ての従業員がボールドウィンステーブルへと集まり、エンペラーオブノーフォークを囲い、冥福を祈ったという。その光景はまるで本当の皇帝が家臣に囲まれながら最後を迎える……そんなシーンそのままであったと伝えられている。

死後も砂の皇帝は「カリフォルニアで生まれた史上最高の競走馬」と呼ばれ、人々に語り紡がれる遥かなる伝説となった。

――……ジャズの音色がとろけるようなネオンと呼応し、夜の街へ流れて往く……『夢のカリフォルニア』。

エンペラーオブノーフォークが去った〝楽園〟は、その後名馬不毛の地となり、厳冬の時代を迎える。

砂塵の皇帝の胤子たちは、遠く大西洋を越え、英国でレディジョセフィンを輩出。その娘であるムムタズマハルが世界中へとそのスピードを拡散させていた時、カリフォルニアの地にスワップスが出現した。世界レコード、レースレコードを量産する彼のスピードを背景に、世界中でカリフォルニアに端を発するスピードのゴールド

ラッシュが起きていた。

エンペラーオブノーフォークが没した70年後、「夢の楽園」が確かにそこには作られていた。

追記メモ

☆エンペラーオブノーフォークは、死後3頭のアメリカンダービー馬と共に埋葬されたが、後にサンタアニタ競馬場のパドックに立つマルタ十字架の下へと移され、カリフォルニアを見守っている。

☆1988年、エンペラーオブノーフォークは栄えある米国競馬の殿堂入りを果たした。（本文：兼目和明）

神聖なるロンギノス

ツイストアンドシャウト

▼ギリシャ神話の島へ降誕した歴史的白毛の最強馬

父 キャロラインズスターン
母 ツイストアゲイン
母父 サレーレオス
生年 1987年
性別 牡
毛色 白毛

キプロス共和国

生涯成績 26戦19勝［19-6-0-1］
主な勝ち鞍 マラソノストロフィー（GIダ2450m）2回、ジューンカップ（GIダ2100m）2回、キプロスデモクラシーカップ（GIダ1600m）2回、アントリペトリカップ（G2ダ1200m）四連覇ほか

心まで染まるような紺碧の海に囲まれた美麗なる島キプロスは、地中海の東端に浮かび、1万年以上もの歴史を紡ぎながら、いつの時代もその重要な役割を担ってきた。

アフリカ、ヨーロッパ、そしてアジアと、三大陸の交差する場所に位置していた事が大きく、多種多様な文化と思考性が混在し、特にギリシャとトルコの文明を上手く調和、融合させ、新たなるアイデンティティを構築するに至り、新たなるレゾンドトゥルの胎動を見るに至った。

そのキプロスはギリシャ神話の舞台として知られ、アフロディーテ（ヴィーナス）誕生の地として、全世界から天国のような情景を向けられている。

ギラギラと輝く太陽の光を音韻として、キラメキを絶えず奏でるエメラルドグリーンの海譜を背景に、ゆったりと時間の流れる中、競馬も、馬も人々から宝愛され、育っていった。

地中海やエーゲ海における競馬の歴史は以外にも古い。英国による洋式競馬が芽吹く以前、ローマ時代におけ

る戦車競走がこのエリアでは盛んであり、キプロスの首都ニコシアから22ｋｍほど離れた場所にあるアカキという村で、１９３８年、村の農家が偶然にも、とある邸宅の中からモザイク画を見つけた。このモザイク画は紀元前4世紀頃の邸宅のギャラリーの一部と考えられ、キプロスの考古学者らによって解析された。モザイク画は幅25ｍをゆうに超え、モザイク画に描かれているのは、「ヒッポドローム」と呼ばれる屋外の専用競技場が行われている様が描かれており、馬や騎手の名前を表すであろう、古代ギリシャ語も書き添えられている。

キプロスにおける近代競馬の産声は19世紀（１８００年代）末にあると言われ、記録上では１８７８年に最古の記録が見られる。現在では、ニコシアレーシングクラブという非営利団体によって、開催運営・管理統括がなされていっている。

さて、本題に入ろう。本馬ツイストアンドシャウトは、キプロスが世界に誇る歴史的名馬であり、同国史上最強の名馬と崇敬されし絶対の存在である。

数々の三冠馬、二冠馬、ハイパフォーマンスを示してきた名馬、あらゆる名馬、名牝、豪傑らを差し置いて、ナンバーワンの孤高の存在と語り紡がれていっている。

それもそのはず……この馬は白毛なのである。白毛馬は突然変異とされるが、能力まで突出したという存在は中々例が無い。それもＧＩ級競走を制した白毛の名馬というのは、１９２２年、フランスの２０００ギニーであるプール・デッセ・デ・プーラン（芝１６００ｍ）を制したモンブラン号で、この馬は登録上「栗毛」であったが、実際は純白な馬で、突然変異の白毛馬だった。しかし、当時はまだ「白毛」という概念が希薄で、登録する上での毛色にも存在していなかった。日本で有名なのが関東オークスを８馬身差圧勝したユキチャンだが、ＪＢＣレディスクラシックが当時あれば、ＪＰＮ１ホースにはなれたかもしれない。

白毛では無いが、白毛に近い芦毛馬で伝説的強さを見せたのが18世紀のアイルランドで20連勝を記録したフィルク。18世紀の米国でヒート競走において無敵を誇り、8戦7勝2着1回の成績を残したリール。同じく18世紀米国において57戦42勝の戦績を残したアリエルなど、こういった名馬たちが神話のような存在となりて細々と語り継がれていっている。

純粋な白毛馬でＧⅠ級競走を複数回制した馬は、このツイストアンドシャウトのみであり、全世界を通じて史上最強の白毛馬と言って過言では無い。

ツイストアンドシャウトは、生粋無垢のキプロス産馬であり、その牝系のメールラインはキプロスで生まれた牝馬と、ギリシャで生まれ育った競走馬を掛け合わされて降誕した。

父キャロラインズターンは、フランスで競走生活を送り、リステッドレースで3着するのが目立ったような凡庸な馬であったが、キプロスへと渡り、スーパーサイアーとしての大輪を咲かせた。

キプロス競馬史に残る名種牡馬であり、リーディングサイアーに輝くこと15回。１９８０年から１９９５年もの間、キプロス生産界に君臨した。

ツイストアンドシャウト以外にも、カップレースを勝ちまくるエリアソン、ベイカー、メパタワー、さらにはキプロス史上ベストスプリンターと褒称されるカローナ（生涯成績20戦13勝。2着5回。カップ戦を7度も勝った名馬）など、続々と名馬、名優、名競走馬をスプロールさせていった。

その中でも突出、傑出した盲亀浮木、優曇華の存在こそ、このツイストアンドシャウトなのである。

白毛馬の誕生だけでも、奇跡的な邂逅であるにも関わらず、その馬が一国の頂点、おろか世界最強級のポテンシャルを放散せしうる存在へ天界飛翔する確率は天文学的な話となる。

青い幸福の卵を産む白いツバメのような存在だ。ツイストアンドシャウトはクラシック登録が無く、裏街道からキプロス最強の玉座へと辿り着いた。キプロスにて史上最強馬候補に上げられる馬たちは、そのほとんどが三冠馬以上に裏街道から駆け上がっていった馬たちが多い印象。キプロスにおいては「カップ」戦に勲章の重きが置かれ、それを一つでも多く勝ち取る事が名馬への階段となる。

ツイストアンドシャウトが勝ったレースは19勝中13がカップレース。ダート１２００ｍから２４５０ｍ、全ての距離で勝ち鞍を上げるという離れ業も簡単に成し遂げている。

その特異な出で立ちも、島民たちの心に刻まれている

誘因なのであろう、その真っ白な馬体とは対照的に、勝負服は漆黒の「黒」で、前両脚にはオレンジ色のバンテージを装備していたが、そのバンテージは煤切れており、まるで戦火を潜り抜いて来た勇者を想起させるような、歴戦の辛苦を滲ませた印象を見る者に抱懐させた。

キプロスで伝説的走りを披露し、神話の中語られる伝説の白馬たちのような存在へと同一視されるになった。キプロスはおろか、マルタやギリシャ、地中海を見渡しても、このツイストアンドシャウトに比肩するような存在は見当たらない。キプロスのホースマン、ファンたちは彼を〝グレート・ホワイト・スタリオン〟と呼び、心酔、讃美し称えた。

太古の昔日より、白馬は翼を持ち、世界を渡る事が出来たり、角を持つなど、通常とは異質な物を持つ神聖な存在とされて来た。ペガサスやユニコーン、さらには7つの頭を持つというウッチャイヒシュラヴァス、8本の脚を持つスレイプニルなど……これらの伝説の白馬らは、民俗学的にはイエス・キリストを表すサインであったり、危険への警告である占術や予言の記号でもあった。

白馬はその稀さ、特徴的なシンボルを示す僥さから、儀礼的な役割や敵対勢力を征服する場面において、英雄や神の化身、その依り代、もしくはその象徴とされた。

日本でも、瓜生島伝説（島にある恵比寿像の顔が真っ赤に染まると島が沈むと伝えられており、愚鈍な若者など悪しき存在の愚行により、その顔が染められ、本当に島が沈むという民俗学的民話）に白馬に乗った翁が現れ、島民に避難を促したり、ベルギーにおいても、天空から光り輝く騎士団が白馬に乗って現れ、天から光を放つ攻撃で人々を救ったという話も残されている。

世紀末の救世主、聖人や神々の乗り物として神聖なる存在とされる白馬。ツイストアンドシャウトもまた、白馬神話の瞬く紺碧のターコイズスカイの下、奇跡的に降臨した史上最強の白毛馬、奇跡の白毛である。

（本文：兼目和明）

トウホクビジンの思い出

2014年の12月、トウホクビジンを担当する厩務員の三谷好（このむ）さんから連絡があった。

「笠松の主催者にビジンさんの引退式をやってくれって頼んだんやけど、ぜんぜんウンと言ってくれんのよ」

確かに笠松競馬場でそういうイベントがあったという印象には乏しいところ。オグリキャップが死亡したときには偲ぶ会が開催され、ラブミーチャンの引退時にはセレモニーが実施されたが、それ以外ではあまり記憶がない。

しかしながらトウホクビジンはファンが多い馬とはいえども、すごい実績を残したのかと言われると微妙ではある。重賞は5つ勝っているものの、そのすべてが地方競馬の重賞。とはいえ、そのすべて自地区限定戦ではなかったという点は賞賛できるところで、そういった面を含めて記憶に残るタイプの馬だったことは間違いない。だからこそ、年明けの1月8日の白銀争覇がラストランということが新聞にも掲載されたわけで、レース当日はたくさんのファンが笠松競馬場を訪れることは想像に難くないことといえた。

それなのに通常とおりに淡々と競馬開催を進めていけば、わざわざトウホクビジンを見に来たファンから不満が出ることはまちがいない。そうでなくても昨今は誰もが意見を全世界に発信できるという世の中である。私が笠松競馬場にコンセンサスを得るための電話をかけた理由は、三谷さんに頼まれたという点が第一ではあるが、そういったところを加味して「何かやらないとまずいだろう」とも考えたからだ。

それでも引退式までは、全体的なバランスを考えるとちょっと厳しい。なので、レース後に勝っても負けてもウイニングランをさせてくれないか、そしてその際に、ゴール入線後すぐにレースリプレイが流れる通常の流れを少し待ってもらうことはできないか、と提案することにして話を持っていくことにした。しかし案の定、先方の反応は薄かった。

それでもなんとか、全体の開催運営に支障が出ない範囲でということで承諾していただくことができた。電話でのやり取りではあったが、コンセンサスを得られたのは幸いだった。

私が三谷厩務員と知り合ったのは、たしか２０１０年の川崎記念のあとだったように思う。レース後にバックヤードの駐車場を歩いていたとき、大江運送の馬運車の助手席から声をかけられたのだ。そのときのトウホクビジンは4歳で、まだ通算33戦。これから有名になる馬だとは、誰もが思っていなかったことだろう。しかしトウホクビジン、そして三谷さんとは何回も顔を合わせることになり、自分の記憶に頼るだけではトウホクビジンのいつのどのレースを見たのか、ごっちゃになりすぎてわからないくらいだ。それほどたくさんの遠征をしたおかげで、２０１０年の夏ごろから「どこにでもいる」キャラクターとしてファンに認知されていったように思う。

その２０１０年、さきたま杯で4着に入った実績がありながら、地方所属馬限定の重賞で連対できなかったという特異な成績の持ち主。しかし数多く走っているうちに、この馬の好走パターンが読めてきた気がしていた。

それは「左回りで、長く差し脚を使えるコース形態」が合っているということ。このころ、南関東での遠征時に騎乗していた本橋孝太騎手は「右手前に替わると一気に伸びる」と言っていた。左回りだとカーブでは左手前で走り、直線に入ったところで右手前に替えられる。右回りだとその逆になるために、相手関係が下がっても結果につながらなかったところがあったのだろう。

それを考慮して２０１０年12月のクイーン賞では△を打った。参加賞続きの成績、前走の浦和記念から中13日、完全に「その他大勢」というのが、おおかたのファンの見方だろう。しかしハンデ戦で52ｋｇ、直線の長い船橋競馬場という条件は歓迎材料といえるはず。果たしてトウホクビジンは10番人気ながら後方からジワジワと伸びてきて、3着にまで食い込んだのだ。

「トウホクビジンに印をつけていたのは浅野さんだけやったね」

レース後、三谷さんにそう褒められた。ただ、私はそのとき北海道にいたのが残念。それでも馬券は静内場外で買っていたので、三谷さんに胸を張って返事ができたことは幸いだった。

しかしそれ以後は（私事ではあるが）馬券的相性がいまひとつだった。そもそも3着以内に入ることが少なかったのだが、しかし2012年の絆カップは盛岡競馬場。左回りで直線が長いという条件にピッタリ合っていたのに、馬券を買うことをすっかり忘れていたのだ。結果は最後方からの瞬発力が爆発しての差し切り勝ち。7番人気での1着は、3連単が23万馬券になった。

絆カップのあとは交流重賞とはいえ惨敗続きで、前年3着だったクイーン賞でも11着。しかし正月の川崎競馬の大師オープンはイケると踏んで、気合を入れて勝負した……のだが、結果は3着にクビ差届かずの4着。手綱を取った佐藤友則騎手は満足そうな顔をして速攻で東京ドームに向かい（新日本プロレスです）、私はちょっと不完全燃焼な気持ちをもちつつ、彼のあとを追って東京ドームに向かった。

そういうトウホクビジンの〝走るツボ〟がわかっていたのに、翌2013年のシアンモア記念ではテレビ番組のロケ中だったために馬券が買えなかったのが痛恨の極み。6番人気での1着は、2着が3番人気馬、3着が1番人気馬という組み合わせでも3連単が16万馬券だった。その春の黒船賞のとき、高知競馬の実況アナウンサー、橋口浩二さんに「これでばんえい競馬以外の地方競馬場での全場出走を達成するので、馬場入場のときに紹介してください」とお願いするほど、トウホクビジンのファンになっていたというのに。

しかしその年の秋、トウホクビジンの最後の勝利を見る機会には恵まれた。11月19日、笠松グランプリのあとの最終レース。東海地区の格付けは、賞金額による絶対的なものではなく、賞金獲得順による相対的なもの。だからそのときに在籍していたのはA2クラスだった。それなのに単勝は2番人気。ただしオッズは2・2倍で、1番人気馬とは僅差。でも私としては1着固定しかありえないわけで、それを貫いたおかげで払い戻しの列に並ぶことができた。

そのときのトウホクビジンは7歳。もともと右前肢に若干の問題を抱えていたそうで、三谷さんも常に心配していたのだが、その道の大ベテランである三谷さんと巡り会ったからこそ、１６３戦を完走することができたのだろう。加えて、トウホクビジンも三谷さんも体が丈夫。体力があることは何よりも重要と感じさせてくれるコンビだった。

しかし8歳になると、パフォーマンスという点には陰りが見えてきた。2月に出走した地元Ａ２戦でも2着まで。そのレースも私は現地で見ていたのだが、残念無念としか言いようがなかった。それでも気温が上がれば調子が上昇するのがトウホクビジン。5月のシアンモア記念ではナムラタイタンという大きな存在に連覇を阻まれたものの2着は確保。「左回りで直線の長い舞台」での高い適性を再確認させてくれた。

だからこそ、その年の12月のクイーン賞では期待したのだ。シアンモア記念以降は惨敗に次ぐ惨敗で人気はガタ落ち。加えてダートグレードレースでの地方他地区所属馬なら、単勝の需要は記念馬券とマークカードの塗り間違い以外、ほとんどありえない。

しかしそのレースの直前に、一部のメディアからトウホクビジンの引退情報が報道された。これだけ有名になった馬だから、現役生活のあとにも関心が寄せられるのは当然のこと。そのために馬主さんは「繁殖牝馬セール」にノミネートすることを考えていた。しかし結果が伴わないことに対するリスクはどうしても残る。どうにかうまく行き先を得ることができないものか。そう模索していたころ、ほかの馬の商談で訪れたビッグレッドファームで岡田繁幸氏にトウホクビジンのことをポロッと漏らしたとき、「その血統ならウチで引き取りますよ」という言葉が舞い降りてきたのだ。

冒頭の三谷さんからの電話があったのは、そのあと。クイーン賞、東京大賞典、そして笠松の1月開催というラスト3戦も決定していた。ならばクイーン賞は最後の大チャンスになる。発表されたハンデ重量は51ｋｇ。ＪＲＡ勢との差が最低でも3ｋｇしかなかった点はちょっと不満に感じたが、この条件ならいい勝負ができるはず。そう信じて船橋競馬場に向かった。

やはりというか当然というか、単勝人気はＪＲＡ所属馬の独壇場。ハンデ51ｋｇの馬は7頭いたが、そのすべてが「その他大勢」という数字を示していた。とはいえ、ファンの評価はトウホクビジンにとっては関係のないこと。自分の今できるマックスを発揮するだけだ。

私もそれだけに注目した。だからレース直後はどの馬が勝ったのかなどは眼中になかった。最後の直線で見ていたのは後方から差を詰めてくる黄色と赤の勝負服、中野省吾騎手の姿だけ。1、2、3、4、5。

ゴールの直前でなんとか5着に届いたように見えた。やはりこの舞台なら上位争いになるじゃないか。

ただ、トウホクビジンよりも鋭い伸び脚を披露した馬が1頭いた。それは赤い勝負服。もしや、同じ厩舎のタッチデュールではないか。

しばしの時間ののち大型ビジョンに映った到達順は、4着がタッチデュールでトウホクビジンが5着。急いで検量室前に向かうと、馬主さんと笹野博司調教師が報道陣に囲まれていた。掲示板の5分の2を笠松所属馬が占めたのは快挙と言っていいだろう。そして5歳のタッチデュールが8歳のトウホクビジン姉さんを差し切って、「その道は私が引き継ぎます」と示したのではなかろうか。

年が明けて1月9日。金曜日の笠松競馬場には、やはりたくさんのカメラを持ったトウホクビジンファンが集まっていた。競馬グッズを扱う「愛馬会」の売店前では、三谷さんたちのグループが作った「トウホクビジンのクリアファイル」が配られ、長い列ができた。

ラストランの2時間前。私が実況アナウンサーの西田茂弘さんと〝ウイニングラン〟のときに放送する内容についての打ち合わせをしていると、馬主さんがちょうどそこを通りがかった。

「今日はよろしくお願いします。西田さんの〝逃げ作戦〟っていう実況、好きなんですよ」

好スタートを切ったトウホクビジンが先手を主張し、2コーナーのところで「トウホクビジンの逃げ作戦」と盛り込んだところは、さすが西田さんと唸らされた。

トウホクビジンを見守るファンの気持ちはおそらく、無事に走り終えてくれることがすべてだっただろう。ただ、鞍上の佐藤友則騎手は本気で勝ちに行っていた。

「このメンバーならハナを切れることは間違いないので」

有終の美を飾る気持ちで臨んだものの、最後の直線で後続各馬に追い抜かれ、ラストランの結果は6着だった。

向正面まで走ったトウホクビジンは、踵を返して後検量に向かうほかの馬を背中に見て、そのまま3コーナーへと進んだ。三谷さんもゲート裏から検量室に向かうマイクロバスには乗らずに待機して、4コーナーでトウホクビジンに引き綱を付けて外ラチ沿いに誘導した。佐藤友則騎手の目には涙。彼にとって苦しい時期に光明を与えてくれた恩があるトウホクビジンは、彼、そしてたくさんのファンの記憶に残る、奇跡の名馬である。

「ラストランを終えたトウホクビジンが、馬場を一周して皆様にその姿を披露いたします。

鞍上は47回目のコンビとなった佐藤友則騎手。佐藤騎手の手綱では、2012年、盛岡の絆カップ、2013年、同じく盛岡のシアンモア記念と、2つの重賞タイトルを獲得しました。

走った競馬場の数は19か所。地方競馬では、ばんえい競馬を除いて現在実施されているすべての競馬場に蹄跡を残しました。

2006年4月26日に、北海道のグランド牧場で誕生した牝馬が残した足跡は、全国の競馬ファンの記憶に残ることでしょう。

重賞勝利は、3歳のときに福山競馬場の若草賞、笠松競馬場の岐阜金賞。6歳のときに、姫路競馬場の姫路チャレンジカップと、盛岡の絆カップ。そして7歳のときに、盛岡でシアンモア記念と、全13勝のうち5勝。

ダートグレードレースで5着以内に6回入線した実績もあり、そのすべてが左回りの競馬場という点も、特徴的な戦績として残りました。

地方競馬のほとんどのダートグレードレースに出走したタフネスガールは、その血を後世に残すという舞台に活躍の場を移します。

おつかれさま、トウホクビジン。

全国行脚、トウホクビジン。

無事是名馬、トウホクビジン。」

（本文：浅野靖典）

矢野アナの
世界競馬場コラム

ロイヤルターフクラブ競馬場（バンコク）

日本から手軽に行ける海外の旅行先と言えばアジアの国々（と地域）。そのうち、競馬を開催しているのは、香港、マカオ、韓国、シンガポール、マレーシア、タイ（ここまでは行ったことがある）、フィリピン、インドなど。香港国際競走でおなじみのシャティンや、同じ香港のハッピーヴァレー、シンガポールのクランジ競馬場あたりは設備も立派で、海外競馬初心者にとっても行きやすいところだと思う。

タイの首都バンコクにも、ロイヤルバンコクスポーツクラブが所有する競馬場があり、年間を通してほぼ1週おき（日曜日または土曜日）に競馬が開催されている。2018年9月までは、バンコク市内にもう一つ、ロイヤルターフクラブ競馬場があった。私が10年ほど前にタイ競馬を初観戦したのはこちら。そこで行われていた競馬が、なんともうさん臭くておもしろかった。

出走馬はトラックに積まれてやって来る。スタンド裏の装鞍所で馬装を整え、前のレースの馬が引き上げてくるのとすれ違うように本馬場に入場。すぐにスタート地点へと向かう。ここでいったん騎手が下馬。なんと彼らは金属探知機で身体検査を受けていた。それが済むと早くもゲートイン。でもなかなかスタートしない。

場内には途切れることなく何かが放送されている。すると突如、ファンが馬券発売窓口に長い列を作った。聞いたところによると、ほとんどのファンが1番人気馬の単勝を買おうとするそうで、場内にアナウンスされていたのはどの馬が1番人気か、という情報だったらしい。それが入れ替わった途端に馬券が売れる。ひとしきり行列がなくなったところで、ようやくレースがスタートした。

そんな怪しい競馬なんて手を出せない？　いやいや、そういうおどろおどろしさを楽しめるのも海外ならでは。世界の競馬は驚くほど奥が深い。

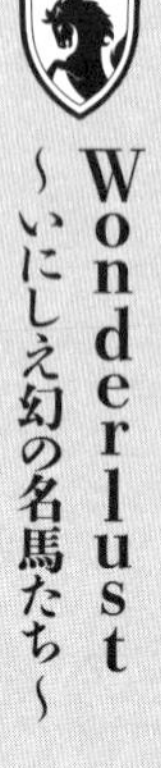

ペルー最初期の名馬
ラベアータ

ラベアータ。39戦20勝。ポリャデポトランカス（芝１６００ｍ）、ペルーダービー（芝１８００ｍ）を優勝したペルー原産の名馬。ペルー最初の女傑。生産頭数が一桁から多くとも20頭未満の時代に生まれながら、輸入馬を圧倒する活躍を見せた。

聖白神駒
イクワ

イクワ。１９２７年生。生涯成績６戦６勝。ポーランドに生きた神話級の伝説的名馬。１００％純潔のアラブ（サラブレッドの血が一部入ったアラブ種、アングロアラブとは全く違う。本当の純潔アラブ馬である）であったが神威的競走能力と驚異的ポテンシャルを解き放ち、当時を生きたサラブレッドたちを震え上がらせた。ポーランドオークス、ポーランドダービーをどちらも圧勝。それもキャンター同然で騎手が鞍に腰を下ろしたままの本当の楽勝だったという。レコードタイムを連発し、当時のヨーロッパ、それもポーランドの自然そのままの馬場、当時の調教技術や騎乗技術、そしてアラブだったことなどを踏まえ、その上、全力を出し切らないまま記録したタイムとしては信じ難いタイムを残している。またその馬体も当時の純潔アラブとしては破格のもので、体高が１５３ｃｍ、体長が１８１ｃｍもあったという。

【・第Ⅷ章・】

天命

運命の刻。
宿命を背負い、
数奇な運命を辿った

奇跡降臨　永遠の貴公子
トウカイテイオー

▼その生涯、すべてが劇的　日本競馬史上最高のドラマティック・スーパーホース

父 シンボリルドルフ
母 トウカイナチュラル
母父 ナイスダンサー
生年 1988年
性別 牡
毛色 鹿毛

日本

生涯成績 12戦9勝［9-0-0-4］
主な勝ち鞍 クラシック二冠（皐月賞、日本ダービー）、ジャパンC、有馬記念、産経大阪杯、若葉S、若駒S ほか

一九九一年の日本ダービー。パドックを周回する十八頭の馬達。その中の一頭の鹿毛馬に目を奪われた。

私は恋に落ちたのだ……

くっきりとした流星を額に頂き、後にテイオーステップと呼ばれる独特の歩様で歩く彼に。

ダービーは圧倒的な一番人気、皐月賞と同様の大外枠だった。スタート直後六番手につけ、最後の直線で抜け出し、後続を大きく引き離しての一着だった。

父子二代の無敗の二冠馬の誕生である。父ルドルフより強い勝ち方と言われた。

だがレース後、歩様に異常が見られ、レントゲンの結果、左後肢に骨折全治六か月と判明する。これで三冠の夢は潰えた。この時、全国テレビでこのニュースが流れ、世間の関心も高かった。

翌年の春四月、テイオーは大阪杯から復帰となり、この時、騎手は持ったまま、まるで追う事なく圧勝する。次は春の天皇賞で、メジロマックイーンとの二強対決が注目を集めた。テイオーは二千四百以上の距離は未経験だったが、鞍上岡部騎手が「地の果てまで走りそう」とコメントし、問題は無いかと思われたが……レースは、テイオーは馬群に飲まれ喘いでいた。

流星が馬群に飲まれた。結局抜け出せないまま後続にも抜かれ、五着に敗れる。その後右前肢に剥離骨折が判明し、休養を余儀なくされてしまった。

二風谷の育成センターで療養の後、九月に帰厩して本格的な調教が始まるが、風邪を引いたために調整が狂い、復帰初戦の秋の天皇賞（十一月一日）にはぶっつけになってしまう。背水の陣で臨むレースだった。復帰初戦にもかかわらず一番人気に支持された。

ダイタクヘリオスとメジロパーマーの激しい競り合いで殺人的なハイペースとなり、岡部騎手と折り合いが付かず、最後の直線で失速、先行馬は総崩れとなる展開となり、七着に敗れてしまう。

次は二十九日のジャパンカップである。この年から国際GⅠと認定され、イギリス二冠牝馬や二頭の現役イギリスダービー馬、オーストラリア年度代表馬と言う錚々たるメンバーで、史上最強のメンバーと言われた。

テイオーは日本馬としては最上位だったが、生涯最低の五番人気となった。道中、四、五番手を追走し、最後の直線で抜け出し、ゴール前でオーストラリアのナチュラリズムとの叩き合いを制して一着でゴールする。

日本馬の勝利は、シンボリルドルフ以来七年振り三頭目、父子二代での勝利であり、トウカイテイオーは日本馬初の国際GⅠ馬となった。この時、いつもは冷静な岡部騎手がガッツポーズをした事が有名である。

年末の有馬記念、ファン投票で一位で選出された。岡部騎手が騎乗停止になったため田原騎手に乗り替わりとなり、絶好調と報道され一番人気に支持される。ところがレースでは全く良いところなく、終始後方を走り、生涯最低の十一着に敗れてしまった。不可解な負け方だった。

田原騎手曰く、追切りの時は問題無かったが、二、三日の間に変わってしまった、そうである。

年明けすぐ、左中臀筋を痛めている事が判明して休養に入り、宝塚記念を目標に調教が始まるものの、再び剥離骨折が判明し、再び休養に入ってしまった。

復帰がほぼ一年振りの有馬記念。岡部騎手はビワハヤヒデを選び、テイオーを捨てた。最終的には、去年騎乗

した田原騎手がテイオーの鞍上に座った。

誰もが思った。テイオーは終わった、もう復活はありえないと。

調教師も「力は出せる状態にあるが……」と歯切れが悪く、田原騎手も「順調に来た馬相手には苦しいかも」とコメントしている。出走十四頭中テイオーを含む八頭がGⅠホースと言う顔ぶれで、テイオーは四番人気となった。馬連が低かったから、人気はあまりなかったようだ。誰も期待していなかったという事だろう。

運命のゲートが開く。テイオーは後方待機でコースを走った。次第に進出していき、先頭を走るビワハヤヒデに迫っていく。激しい叩き合いとなって、半馬身先行したところがゴールだった。

実況アナウンサーは皆、「テイオー奇跡の復活‼」と叫んだ。田原騎手は、「日本競馬の常識を破った事を褒めてやってください」と男泣きに泣いた。田原騎手はいつも傲岸不遜と呼ばれ、歯に衣着せぬ言動で物議を醸す事が多かった。その彼が泣いたのだ。この時の映像を見る度、彼のその後を思って複雑な気分になる……

この時の勝利が高く評価されて、テイオーはＪＲＡ特別賞を受賞した。

翌年も現役続行となるものの、四度目の骨折が判明し、引退が決まった。骨折を乗り越えた馬は星の数ほどいるが、四度骨折して三度復活し、さらにGⅠを勝った馬を他に知らない。テイオーの競争生活は、本当に骨折との闘いでもあった。

馬主の内村正則氏がシンボリルドルフの種付け株を手に入れた時、本当はトウカイローマンに付ける予定だった。ところがローマンの現役が伸び、急きょ妹のトウカイナチュラルが選ばれたそうだ。

最初は代用品だった訳で、体格も華奢で、あまり評価は高くなかった。

仔馬時代のテイオーは、人の肩位の高さの牧柵をしょっちゅう飛び越えて出歩いていたそうだ。助走もなくひょいっと飛び越え、牧場関係者はその度肝を冷やしたとか。

飛び越えた時転がって側溝にはまった事もあったそうで、その時ばかりは青くなったそうだが、テイオーは怪我一つなくケロッとしていたそうである。

飛び出す仔馬は珍しくないが、必ずぶつけたりこすったりしてどこかしら怪我をする。テイオーが怪我しなかったのは天性のバネがあったからだろう。

仔馬時代のテイオーの評価は高くなかったが、育成に行くと、乗った人が皆その乗り味を絶賛した。体の柔軟さは抜きんでていた。

栗東に入厩したある日の事。装蹄のため洗い場に入る時、テイオーは何と直角に曲がって洗い場に入ったそうだ。その様子を見た柿元装蹄師は思わずあっと声が出た、と著書で書いている。歩様を見れば、繋ぎの柔らかさにさらに驚いて、「ダービー馬が来たな」と言ったそうだ。これほどの繋ぎは見た事がなかったからだ。その予言が見事に当たった事になる。

さて、トウカイテイオーと言うサラブレッドの血統を遡ってみよう。

ウォッカが牝馬のダービー馬となって、ダービー馬クリフジが取り上げられたが、実は牝馬のダービー馬はもう一頭いる。ヒサトモである。史上初の牝馬のダービー馬がテイオーの母方を遡ると出てくるのだ。写真を見ると、雄大な馬格の骨太な馬だったようである。その母は星友。明治から大正、昭和の初め頃にたくさん輸入された牝馬の一頭である。星の字を持つ馬はアメリカからで、綺羅星のごとくたくさんの名馬を産んだ。ヒサトモは強い勝ち方でダービーを制した。後にクリフジがダービーを勝った時も、ヒサトモの方が評価が高かった。

期待されて繁殖入りしたが、その子らはパッとしなかった。競走馬として活躍した牝馬は母となるといまいち、と言うのは良くある話で、ヒサトモもそうだったようだ。

時代は戦争一色となっていき、不受胎が続く彼女は次第に忘れられていく。

戦争が終わって競馬が再開した時、深刻な馬不足だった。農耕馬が走るような状態で、一九四九年十六歳になったヒサトモに現役復帰の話がきた。馬主が経済的に困っていたというのもあったらしい。彼女は地方競馬を転々として走った。その絶対的な能力で勝ちながら……

人間も飢えていた時代だった。馬に充分な飼い葉も無かっただろう。空腹を抱えながらヒサトモは走ったのだ。

若くなかった彼女には過酷過ぎたのだろう、浦和競馬場で、調教を終えて戻る途中に倒れてひっそりと死んだ。ヒサトモが悲劇の名牝と呼ばれる理由である。

彼女の娘はブリューリボン一頭だけで、細々とその血が残っていた。

トウカイテイオーの馬主となった内村正則氏が、馬主資格を取って初めての持ち馬を探して馬産地を巡っていた時の事。面白い馬がいる、と紹介された牧場に行ったら、一頭だけ馬房に入れられている馬がいた。聞けば、この二歳牝馬は生まれつき脚が変形していてセリに出たものの売れなかったのだそうだ。内村氏は思った。もしこのまま売れずにいたら、この馬は処分されてしまうのだろうか、と。そう思うと気になってならず、とうとうその馬を買い取ってしまったそうである。

この馬こそ「面白い馬」だった。ヒサトモの血を引いた、細い糸だった。ブリューリボンの孫であり、ヒサトモのひ孫だったのだ。トウカイクインとなって走り始め、内村氏に六勝をもたらすのである。その血統を調べ、ヒサトモに辿り着いた内村氏は、この血統はいつか大物を出す、と確信し、ヒサトモの血を引く馬を全て買い取ると決めた。

もし、内村氏が脚の悪い二歳牝馬を気にしなかったら、気にしてもそのまま流していたら、後のオークス馬トウカイローマンも、トウカイテイオーもこの世に存在しなかった事になる。運命の巡り合わせというか、縁と言うか、その不思議さは人の人知を超えた何かの采配なのだろうか。

テイオーの父はシンボリルドルフ、その父はパーソロンである。

アイルランドからやって来たこの種牡馬もまた、珍しい血統で、世界的に見ればもう日本にしか残っていない。

さらに遡っていくと、トゥルビヨンと言う馬に行きつく。フランス語でつむじ風と言う意味を持つこの馬も、また不思議な馬生を送った馬でもある。生産者兼馬主はマルセル・ブサック氏。繊維業で財産を築き、ディオールのオートクチュールの庇護者として名声を博した。

トゥルビヨンは凱旋門賞を始めいくつもの重賞を勝ち、種牡馬としてもリーディングサイアーに何度もなり、大成功する。直子のジェベルとファリスもまた種牡馬として成功し、彼の名声は高まっていく。ブサック氏はトゥルビヨンにこだわっていたようで、強いインブリード、つまり近親交配を何度も行った事でも知られている。トゥルビヨンの2×2、つまり異母兄妹同士の組み合わせである。ダビスタも真っ青の危険な配合だ。この時産まれたのがコロネーション、フランス語読みだとコロナティオンで、この牝馬は凱旋門賞を始め幾つもの重賞を勝つ。ブサック氏の名声は不動のものとなっていく。コロナティオンは競走馬として類まれな能力を示したが、大変神経質な馬、音や光の刺激などに過敏に反応するような馬だったようである。引退して繁殖入りしたものの、その濃すぎる血のせいか、死産と不受胎を繰り返し結局一頭も子を残せなかった。結局彼女は見限られ、その死がどうであったのは誰も知らない。

近親交配の成功とその弊害の実例として良く挙げられる。実際のところ、思ってはみても実行はできないだろうから。コロナティオンには全妹がいるらしい。記録に残っていないところを見ると、こちらはまったく駄目だったようである。

第二次大戦後、ブサック氏の繊維業は傾いて斜陽化していき、トゥルビヨンが一九五四年に死ぬ。新しく馬を導入するものの、結局全て失敗に終わってしまい、晩年は全財産を失ってひっそりと生涯を閉じたそうである。フランス一の大富豪からすべてを失って無一文、まさに激動の人生だった。

ブサック氏は何をしたかったんだろうか。おそらくだが、トゥルビヨンを再現したかったのではなかろうか、そんな気がしてならない。極端な近親交配も、その逆のアウトブリードも、トゥルビヨンを生み出すため、と考えれば筋が通るように思うからだ。トゥルビヨンこそ、ブサック氏にとって夢と希望であって、人生そのものだったのかもしれない。

後世、ブサック氏は頭がおかしいとか、とんでもない変わり者、変人、と悪口ばかり叩かれている。でも、この人物は凱旋門賞を権威あるレースとして格上げしたり、様々な改革をした。フランス版ミスター競馬としてフランス競馬の発展に大きく貢献した事だけは確かである。

毎年、ロンシャン競馬場でマルセル・ブサック賞という重賞レースが行われている。

もし現代にブサック氏が現れてテイオーを見たら何と言うだろうか。ブラヴォーと拍手喝采するだろうか、そ

れともため息をついてかぶりを振るだろうか……

トウカイテイオーは、九億円のシンジケートを組んで種牡馬となった。毎年産駒がクラシックレースに出走したが、結局一頭も勝ち馬が出なかった。

メジロマックイーンの娘達がステイゴールドとの組み合わせで息を吹き返したように、どこかに黄金の配合があるはずなのだ。

テイオーの血が蘇ったら、その名前が輝いたら、と思うと胸が高鳴ってしまう。

その名馬の額に流星が輝いていて欲しい、と思ってしまうのである。

ＪＲＡが二〇〇〇年に行った「二十世紀の名馬大投票」で、テイオーは父ルドルフを抜いて五位に入った。テイオーはその美しい容姿と共に、圧倒的な強さとガラスのようなもろさを見せた。その二面性に人は惹きつけられたのだと思う。

強いだけではない、儚さに……

（本文：久遠篤聖）

生涯成績 14戦7勝［7-1-2-4］
主な勝ち鞍 日本ダービー、ニエル賞、大阪杯、京都新聞杯、毎日杯、黄菊賞ほか

「奇跡の名馬」

キズナはこの本の題名にふさわしい名馬といえる。

２０１１年3月11日。多くの犠牲者を出した東日本大震災。その復興への一助となすため、ノースヒルズのオーナー、前田幸治氏と前田晋二氏は、その年の秋に東京競馬場で特例として実施されたマイルチャンピオンシップ南部杯をトランセンドで制し、その優勝賞金から一千万円を被災地の自治体に寄付した。

そのほかにもたくさんの寄付をして、復興への支援をしていた前田オーナーが、大地震を機にクローズアップされた言葉「絆」を、期待している若駒に命名するのは自然に浮かぶことだろう。

しかしながら、馬名をつけるにはルールがある。ＪＲＡおよび地方競馬で走った馬の名前は、重賞優勝馬や繁殖入りした馬などを除き、その馬が引退してから5年間は使用できないことになっている。

キズナには先代がいたのだ。

初代のキズナは２００４年生まれの牝馬。デビュー戦では5着に入ったものの、その後は6戦連続で2ケタ着

順。3歳時の1月20日のレースを最後に現役から退き、地方競馬にも繁殖にも立場は移動しなかった。

その1月20日、つまり2007年の1月20日がひとつの運命。もし先代のキズナが勝利を挙げて3歳の秋以降もJRA所属だったり、または地方競馬でタフに走っていたりした場合には、キャットクイルの2010にキズナという名前をつける希望は叶わなかったことになる。

「(2012年の)年明け早々に社長から、キズナという名前を確保しておけと言われました」と教えてくれたのは、大山ヒルズの齋藤慎ゼネラルマネージャー。その当時は「キズマ」という馬がオープンクラスで活躍しており「馬名が似ているから登録協会に却下されるか心配でしたよ」という齋藤さんの心配もクリアして、2011年の秋に北海道から鳥取県の大山ヒルズに移ってきたキャットクイルの2010は、無事にキズナと名付けられた。

母のキャットクイルは、1995年に桜花賞などを制したファレノプシスを誕生させた。しかしその後は流産があったり不受胎があったり、決して順調というわけではなかった。実際、キズナが受胎する前の年もディープインパクトを配合したが不受胎。高額な種付け料を支払うにはリスクが大きい繁殖牝馬といえたが、それでも前田オーナーは最良を追い求めるために再びディープインパクトを配合するという決断をした。

そしてファレノプシスから15年、新冠で誕生した牡馬は早々に「すばらしい」と評価されたそうだ。

「ただ、そういう話は毎年伝わってくるんですよ」とは、キズナの育成をメインで担当することになった神田直明マネージャー。しかし新冠から大山ヒルズの地を踏んだキズナをひと目見た瞬間「これは間違いない」と確信したそうだ。

事実、2012年の4月初旬に2歳馬の取材で大山ヒルズを訪問した私に対し「当然、1位指名にしますよね?」と神田さんは聞いてきた。育成馬に対して慎重な評価をすることが多い神田さんにしては珍しいと思える一言。それは、私がこの馬を信じようと決意した瞬間でもあった。

2歳6月に栗東トレセンに移動する予定が立てられたが、無理をせずに夏を越してからの入厩に変更。10月7日の新馬戦は1番人気に応えて勝利を挙げた。

齋藤さんはこの勝利を、凱旋門賞を観戦しに訪れていたフランスで聞いた。その翌日の凱旋門賞はオルフェーヴルが出走して、クビ差で2着。日本のファンがその惜敗に悔しがっているとき、齋藤さんは「ウチの馬で勝つ」と決意を新たにしたそうだ。

ただ、その機会が1年後にやってくるとは予想していなかったに違いない。

新馬戦を制したキズナは1か月後に黄菊賞を圧勝。デビューからの2戦で手綱を取った佐藤哲三騎手は落馬による大けがのために以降の騎乗が不可能になったが、その後は武豊騎手に託された。

しかしその初戦となるラジオNIKKEI賞2歳ステークスでは先行するも伸び脚ひと息で3着。年明け初戦となった弥生賞もクビハナクビハナという僅差ではあっても、結果としては5着だった。

「もしかしたらこの馬には運がないのかも……」

弥生賞の日に中山競馬場で用事があった私がいた部屋は、偶然にもノースヒルズの関係者が陣取る部屋のとなり。中山競馬場に臨場していた神田さんから出た弱気なコメントは、ダービーに出られるかどうかさえ怪しいというその時点での状況からポロッと出てきた本音だろう。

しかし陣営はあきらめていなかった。

続く毎日杯を制して本賞金を追加して、ダービーへの出走権を確保。京都新聞杯でも鋭い末脚を発揮して優勝し、日本ダービーでは単勝1番人気に支持されるまでになった。

そして5月26日。夢にまで見た戴冠。1年前に神田さんが教えてくれた自信は本物だったのだ。

事業で成功している人には、そういう人だけに備わっている〝嗅覚〟のようなものがあると思う。東日本大震災を経て特別な意味を持つようになった「絆」という言葉を、その世代の頂点に立つ馬に命名した〝嗅覚〟。さらには命名できる環境にあった奇跡。これらを偶然だと言うには無理があるような気がしてならないのだ。

日本ダービー馬の称号を得たキズナは、凱旋門賞に挑戦することになった。フランスでの初戦となったニエル賞では、本当に届いていたのかと思えるほどのきわどいハナ差勝ち。凱旋門賞ではトレヴ、オルフェーヴル、インテロに後れをとっての4着だったが、これからもチーム・ノースヒルズのチャレンジは続いていくことだろう。

凱旋門賞を終えたキズナは、現地で一緒に滞在していた神田さんと一緒に帰ってきた。
「よく頑張ったと思いますよ。それしかないです」
検疫のために滞在していた競馬学校で、神田さんは私にそう話した。キズナは2016年に種牡馬入り。2017年からはその夢を託された産駒が誕生することになる。奇跡の名馬がもつ不思議な力は、きっと次の世代に受け継がれていくことだろう。（本文：浅野靖典）

Wonderlust
〜いにしえ幻の名馬たち〜

トリニダードの伝説
ジェットサム

ジェットサム。1941年生まれ。いまだにトリニダード競馬史上最強と謳われる伝説の名馬。日本で言うなればシンザン、ロシアで言うなればアニリンのような存在か。40戦26勝。2着5回3着3回。2歳からチャンピオンに君臨し、ブリーダーズS、ダービー、ダービートライアルS（現ミッドサマークラシック）、クレオールチャンピオンS、TTCプレートなど大レースを次々と鯨飲していった。トリニダード競馬の表彰はジェットサムアワーズと名付けられている事からも、この馬の偉大さが窺い知れよう。

完全無欠をキャンバス（競馬場）に ネアルコ

▼偶然の大種牡馬　イタリアから世界を制圧したテシオ天命の名馬

父 ファロス
母 ノガラ
母父 ハーヴェサック
生年 1935年
性別 牡
毛色 黒鹿毛

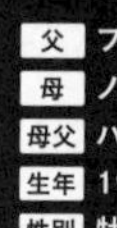
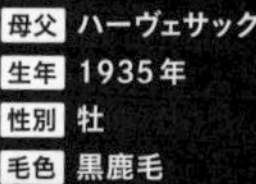

イタリア

生涯成績 14戦14勝［14-0-0-0］
主な勝ち鞍 パリ大賞、デルビーイタリアーノ（イタリアダービー）、パリオリ賞（イタリア2000ギニー）、ミラノ大賞典、エマヌエレフィリベルト賞、伊グランクリテリウム、クリテリウムナチナオーレ、インペロ大賞、農林水産大臣賞、チェウスラ賞、テヴェレ賞ほか

源平合戦を描いた軍記物・平家物語によれば、平時忠は「平家一門にあらざれば人非人たるべし」と言い放ったと伝えられるが、昨今の競馬界は「ネアルコの血を持たざればサラブレッドでない」と断言してもそう間違いではないほど、血統的にはネアルコの影響力が絶大なものとなっている。何しろ20世紀を代表する種牡馬のノーザンダンサーもミスタープロスペクターもシアトルスルーも、日本のトップサイアーのサンデーサイレンスもトニービンもブライアンズタイムも、全てネアルコの子孫にあたるのだ。２０１６年に日本で種付けされたサラブレッドのうち、ネアルコの血を持たない種牡馬は1頭もいなかった。もはや現在生産されるサラブレッドの99%以上はネアルコの子孫であると言えるだろう。

これほど現代競馬に影響を及ぼしているネアルコも、一つ間違えば種牡馬として成功を収めるどころか、この世に生を受けていたかどうかも分からないというエピソードを持っている。偶然が生んだ名馬として、本書のタイトル「奇跡の名馬」の呼び名が実にしっくりくる馬ではなかろうか。

競馬史に触れたことがある人間であれば、イタリアが生んだ世紀の天才馬産家、「ドルメロの魔術師」の異名をとるフェデリコ・テシオの名は誰もが知るところであろう。著書「サラブレッドの生産」に記されているような複雑な配合理論に基づいてか、彼が所有する繁殖牝馬ノガラの1934年繁殖シーズンの種付け相手にテシオが当初選定したのは英セントレジャー勝ち馬のフェアウェイであった。中距離馬のノガラに当代随一の長距離の名馬を配合することで、理想とする真のステイヤーの誕生を夢見たテシオは、フェアウェイが繋養されているダービー卿の牧場に連絡を取った。しかし初年度産駒のデビューを控えていたフェアウェイの人気は非常に高く、この時もすでに満口との返答を受け、種付けの機会を逸してしまった。テシオは仕方なくフェアウェイの5歳上の全兄ファロスと配合するため、ノガラをフランスに送った。10ハロンのチャンピオンSの勝ち鞍はあるが、それを超える長い距離での優勝経験がないファロスとの配合は、テシオが思い描く理想とは異なるものであった。

ファロスの馬体は小柄であり、テシオはその特徴を受け継ぐことを懸念していた。果たして誕生した仔馬はそれほど大柄ではなかったと言われているが、成馬になった時の体高163cmは現在のサラブレッドと比べても遜色ないものである。それはともかくとして、均整の取れた馬体に恵まれたネアルコはその優れた素質を早くから発揮し、テシオがこの年から開始した二元育成方式（冬季に温暖なイタリア南部での放牧地に拠点を移す育成方法）の舞台であるオルジアタの牧場では、強気な性格もあいまって同世代のリーダーとして君臨していたという。強靭な精神力を備えており、何があっても全く動じない一方、感情表現の少ない可愛げのない馬であったとも語られている。

ハードトレーニングを課す調教師としても知られていたテシオは、ネアルコにさまざまな課題を与えた。わざと体重が重い騎手や騎乗技術の未熟な騎手を乗せるなどの困難な試練にことごとく耐えたネアルコは、ついにテシオからの高評価を勝ち取り、彼の提携者マリオ・インチーサ・デッラ・ロケッタ侯爵との共同所有馬としてイタリア国内でデビューすることとなった。主戦騎手は翌年にリーディングジョッキーを獲得することになるピエトロ・グベリーニが選定され、ネアルコが走った全14戦のうちの13戦で鞍上を務めることとなった。

2歳の6月から11月までの7戦を走ったネアルコは、イタリア2歳最強馬決定戦のグランクリテリウムを含めた全てのレースで楽勝、最優秀2歳馬の評価を得た。このシーズンのレースはいずれも1500m以下の距離であったが、本馬の圧倒的なスピードに抗し得るライバルは存在せず、全て馬なりの勝利であったという。

3歳になったネアルコはさらに連勝を重ねる。2400mの伊ダービーでは若干の距離不安説も囁かれていたが、蓋を開けてみれば2着に大差勝ちの圧勝に終わった。

同じ2400mのインペロ大賞も6馬身差で圧勝。なお当時のイタリアの3歳路線は、ミラノ大公の名前を冠したエマヌエルフィリベルト賞、国王から賞金が寄贈される伊ダービー、そしてローマ帝国を意味するインペロ大賞が大競走として知られており、ネアルコはその全てにおいて勝利を収めた。

続いてネアルコは古馬混合戦の3000mのミラノ大賞に駒を進める。この時テシオは本馬のスタミナ能力を測るため、自厩舎の3歳馬ウルソネとビストルフィを相手にサンシーロ競馬場で実戦形式の調教を施すこととした。ウルソネは後年テシオがネアルコを差し置いて自身の最高傑作と讃えたカヴァリエーレダルピーノの産駒で、後に伊セントレジャーを制するステイヤー。ビストルフィは伊ダービーではネアルコの3着に屈したものの、この調教の直後にフランスへ遠征してイスパーン賞を勝つことになる中距離馬である。調教形式は54kgの斤量を背負ったネアルコに49・5kgの軽量のウルソネが並走、残り1600m時点でネアルコと同斤のビストルフィが新たに加わるという、ネアルコにとって極めて不利な条件のメニューであったが、ネアルコは楽々と2頭に先着した。テシオはこの結果に満足して愛馬をレースに送り出し、本番でもウルソネを破って勝利を収めた。

その1週間後、テシオはパリまで丸1日を超える列車輸送を敢行、ネアルコを当時のヨーロッパ最高賞金額を誇るパリ大賞に出走させる。この遠征は以前から計画されており、テシオと鞍上のグベリーニ騎手にとっては前年の同レースで2着に敗れたドナテロの雪辱を誓ったものであった。このレースには英ダービー馬ボワルセル（シンザンの祖父）や地元仏ダービー馬シラなどの錚々たる

メンバーが揃って登録していたが、ネアルコの活躍は父ファロスが繋養されているフランス国内でも広く知られており、本馬は堂々の1番人気に推された。

前日にロンシャン競馬場でテシオ流のハードトレーニングを施されていたネアルコは、初コースの不利を感じさせることもなくレースに勝利、ヨーロッパ最強3歳馬の勲章を得たのであった。

このレースの4日後、イギリスのブックメーカー事業で財を成した富豪マーティン・H・ベンソンがネアルコを6万ポンドの高額でテシオから購入した。この額はサラブレッド購入費としては史上最高額を更新するものであった。ベンソンはニューマーケット近郊に所有するビーチハウススタッドでサラブレッド生産を行っており、英ダービーを制した名馬ウインザーラッドをやはりその時点での最高額である5万ポンドで入手して繋養していた。しかしウインザーラッドは蓄膿症を患ったために種牡馬としての失敗が既に濃厚とみられており、ベンソンは代わりの種牡馬としてネアルコに白羽の矢を立てたのである。

この頃のイタリアは、ネアルコが生まれた年にベニート・ムッソリーニ政権が起こしたエチオピア侵攻以来緊迫した情勢の只中にあったため、このトレードにはテシオが愛馬を他国に逃す意図もあったとも言われる。もっともテシオは自家生産馬を種牡馬として自らの手元に置かない方針を採用していたため、彼が意図する通りの売却であったことは間違いない。事実、大戦前に連合国側に馬が渡ったのは幸いであったと言え、例えばネアルコの2歳下のベッリーニ（リボーの祖父）は大戦中にテシオが同盟国ドイツの馬産家に売却したが、敗戦の混乱により消息不明の憂き目に遭ってしまった。

ネアルコを購入したベンソンは、本馬を一度もレースに出走させることなく、早々に牧場に送った。ベンソンが設定した種付け料は400ギニーで、新種牡馬ながら既にトップサイアーとなっていたフェアウェイやハイペリオンと同額という強気の価格であったにも関わらず初年度から予約が3年先まで埋まるほどの大人気ぶりであった。ただし世界情勢が緊迫していたことからこの時期のヨーロッパでは全体的に馬産が縮小傾向にあり、交配数は1年間で10頭～20頭と、現代と比較すると極めて少数に留まっていた。

ネアルコが初年度の種付けを終えた後の1939年9月、ナチスドイツのポーランド侵攻により第二次世界大戦が勃発、翌1940年にはイギリス本土もドイツ空軍による空襲に晒されるようになる。ニューマーケットにも爆撃が及んだため、ベンソンはネアルコをウェールズ地方へ一時的に疎開させた。ニューマーケットに再び戻す際、ビーチハウススタッドにはネアルコ専用のシェルターが作られ、その後実際に使用されたこともあったという。オーナーの措置により戦禍を免れることができたネアルコは、大戦後も無事に種牡馬としてのキャリアを続けることができた。

種牡馬としての実績は一流で、英国のクラシックを勝ったダンテ、サヤジラオ、ニンバスなど一流馬を続けざまに輩出、1947年から3年連続で英愛リーディングサイアーに輝いた。

またそれ以上に「種牡馬の父」としてはさらに優秀で、大生産者として名高いアガ・カーン3世が生産したナスルーラは英愛で1回・北米で4回のリーディングサイアーを獲得、カナダの実業家エドワード・プランケット・テイラーが生み出したニアークティックは20世紀で最も成功した種牡馬のノーザンダンサーの父となった。彼らをはじめとしてネアルコの直仔は合計100頭以上が世界中で種牡馬入りし、その子孫を通じてその血脈を世界中に爆発的に広げ、冒頭に記したような状況が生まれることとなったのである。

競走馬としても種牡馬としても文句のつけようのない実績を残した珠玉の名馬は、1957年、繋養先のビーチハウススタッドで癌のため死亡、22歳の馬生に幕を閉じた。

（本文：アホヌラ）

Special column 08

知る人ぞ知るオススメ競馬グルメ

たかさご家　日の出町店

筆者、超一押しのラーメン店がこの『たかさご家』である。

京急日ノ出町駅前、駅を出てスグ目の前にあるお店。

横浜に住んでいた頃、かれこれ約6年間足繁く足を運んではラーメンを食べながら店長はじめスタッフの方々と競馬談義に熱くなった思い出のお店なのです。

スタッフの方々はみんな競馬好き！

特に店長は熱い方で、マヤノトップガンの大ファン。

トップガン好きの方は絶対に足を向けて頂きたいラーメン店。気さくに競馬の話をしてみてください。きっと盛り上がること間違いありません。

ちなみに私も横浜を訪れる際には顔を出そうと思っています。もしかしたら皆さんにお会いできるきっかけの場所になるかも……しれませんね（笑）。

朝の5時までやってくれるのもＧｏｏｄ！

ウインズ横浜のすぐ近くにあるので、休憩がてら立ち寄るもよし、競馬が終わってからラーメンに舌鼓を打って1日の反省会をするも良し……馬の博物館の帰り……はたまた横浜観光の際に訪れるのもまた一興。

マヤノトップガン

看板に「とんこつラーメン」とある通り、お味は豚骨ベースのダシに醤油ダレを合わせた、鶏油の抜群に利いた正統派スープ。

私の場合、実家で母の拵えてくれたラーメンを思い出す味で、一口で気に入ってしましました。

トッピングで玉子、チャーシュー、ほうれんそう、のり……

一度食べたら、病みつきになること間違いなし！

ぜひ一度足をお運びください。

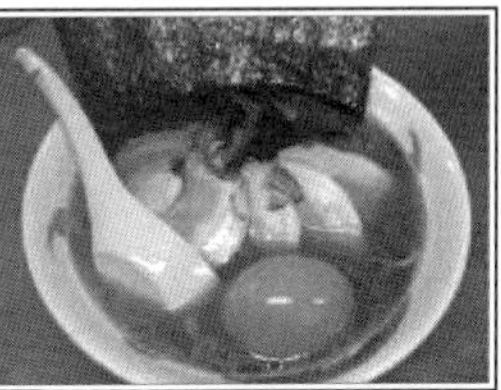
【メニュー】ラーメン（並）600円／キャベツラーメン 700円／チャーシューメン（並）800円／ライス 100円

ラーメン百馬

店内に入ると、蹄鉄や左馬の将棋駒、おもちゃの馬など、あらゆる馬が出迎えてくれる。

なぜかほのぼのとして落ち着く雰囲気がそこにはある。いい意味でラーメン屋さんぽくない、いい雰囲気が醸し出されている。たくさんの人に愛されている店なんだと、その節々から感じられる。

オリジナルのチロルチョコ、テーマソング、ロゴマークやオリジナルTシャツまであって、すごい！　の一言。

『百馬』の由来は『百旨』からとのことで、「百人の人に旨いと言われたい」との願いが込められているそうです。

細部の一つ一つまでこだわりがある所も、共感が持てました。

何より、店長さんがすっごくいい方！会ってみれば分かるはずです。

東京競馬場へ行っ

店内の様子その①　店長おススメの本やファンキー・モンキー・ベイビーズのモン吉さんのサインも。モン吉さん常連らしいですよ。チラシも店長直筆であったかみがあります。

た帰りは、「百馬」へGo！

《営業時間》
AM11時00分〜24時00分
休みは不定休。

《アクセス》
八王子駅から降りて南口。南口を出てすぐ目の前のエスカレーターを降りずに右手へ。右手に線路、左手にスーパーアルプスの細い道をまっすぐ行くと階段がありますので、そこを降りてまっすぐ！

店内写真その② テーブル席では靴を脱いでマッタリ。家族や友人と来ても楽しそうですね。

パワーブレンドTANAKA(たなか)のサイキックご主人

南千住の小学校前にそのお店はあります。数々の番組で取り上げられ、一部では超有名なお店。
サイダーの炭酸を強めたり、味を濃くしたり薄くしたり……できる！

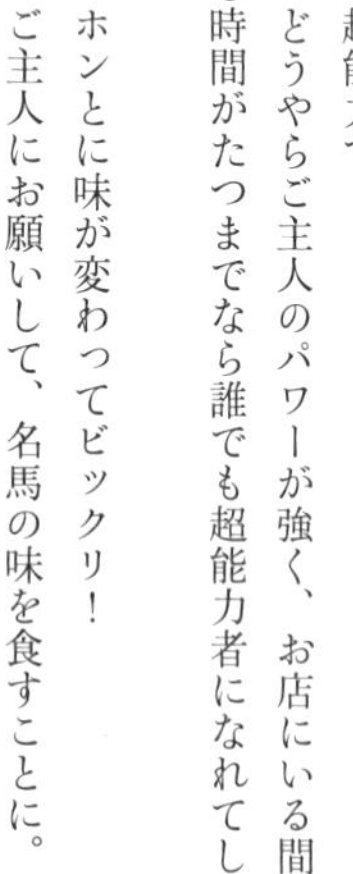

超能力で!!
どうやらご主人のパワーが強く、お店にいる間から少し時間がたつまでなら誰でも超能力者になれてしまう！
ホンとに味が変わってビックリ！
ご主人にお願いして、名馬の味を食すことに。

★ディープインパクト
★オルフェーヴル
★シンボリルドルフ
★ハイセイコー
★オグリキャップ
★ハルウララ

以上の馬たちの味のたこ焼きを食べました（笑）。
自分の味にすることもできますし、イチロー、長嶋監督やら本田圭介やら小泉首相、安部首相に志村けん、木村拓

哉などの超有名人から過去の偉人、アニメキャラの味にいたるまで……味を変化させることができるのである。指パッチンで変えれるなんて……もぉ『ジョジョ』や『SPEC』の世界である（笑）。

さて、気になる味は以下のとおり……

※人により味覚の違いはありますので、若干異なる場合もあります。

★ディープ
↓高級な（？）イメージの薬、森の中にいるような新鮮な空気な味。

★オルフェ
↓癖の強い濃い味。キムタクの味に似てました。

★ルドルフ
↓土っぽい（笑）。それも田舎の（笑）。

★ハイセイコー
↓薄口……ほぼ無味に近い感じだが、非常にクリーミィー。

★オグリ
↓相当濃い味。たこ焼きスナックみたいな味。

★ウララ
↓薄いが上品な質の味。

ぜひ皆さんも名馬の味のたこ焼き、楽しんでみてください！　ここへ行けば、未知の体験が90％出来るはずですよぉ♪

営業時間：12時～夜22時
休業日：水曜日

（本文：兼目和明）

たこ焼きを焼くご主人。すごい人です！
焼きそばでもやってみたかったなぁ……

矢野アナの
世界競馬場コラム

08

いつか行ってみたい競馬場

アメリカでは、クォーターホースによる超短距離戦が各地で行われている。ロサンゼルス郊外にあるロスアラミトス競馬場は、そのレースで有名なところ。短いものではわずか1ハロン。十数秒で勝負が決まる。

カウンティフェアと呼ばれる共進会の余興に開催される競馬もおもしろい。カリフォルニアのストックトンで見たレースの中には、ラバの競馬もあった。そういうレースでも馬券は発売されている。その時は、連戦連勝の本命馬が人気に応えて快勝した。あれはラバのディープインパクトだったのだろうか?

ドイツ・ハンブルグ競馬場では、ダービーウィークの名物として、池に入る障害戦が行われている。その名もSeejagdrennen。無理やり翻訳すれば〝水浴び競走〟だ。池は、馬の頭と背中が水面に出るくらいで、けっこう深い。これは今まで見てきた競馬の中でも1、2を争う衝撃的なレースだった。

まだ見ぬユニークな競馬はたくさんある。スイス・サンモリッツのホワイトターフは、いつか見に行きたいレースの筆頭候補だ。凍結した湖の上を舞台に開催される冬の風物詩。平地、繋駕競走の他、スキーを履いた騎手を馬が引っ張って争う氷上ならではのレースも行われる。

ドイツ・クックスハーフェンの砂浜で開催される〝Duhner Wattrennen〟にも行ってみたい。別項で紹介したレイタウンのコースはほぼ直線だが、こちらは周回コース。トロットのレースが名物のようだ。インターネットの映像を見ると、馬場にはいくらか海水が残り、馬は水しぶきを上げながら走っている。後ろの馬は砂ではなく水をかぶるわけだ。

競馬場での観戦経験はあるが、イギリスのダービーもグランドナショナルもまだ見たことがない。チェコ版グランドナショナルと言われるヴェルカパルドゥビツカの観戦も夢の1つ。これからも当分の間、海外競馬行脚を続けなくてはならないようだ。

＼ 矢野アナが訪れた全競馬場リスト ／

▼日本
東京
中山
京都
阪神
中京 / 中・地
新潟 / 中・地
福島
小倉
札幌 / 中・地
函館 / 中・地
北見
旭川 / 平・ば
帯広 / 平・ば
岩見沢 / 平・ば
門別
盛岡
旧盛岡
水沢
上山
三条
宇都宮
足利
高崎
大井
川崎
船橋
浦和
名古屋
笠松
金沢
園田
姫路
紀三井寺
福山
益田
高知
佐賀
荒尾
中津
[39]

中・地は中央と地方
平・ばは地方平地とばんえい

▼Australia NSW/ACT
Albury
Ballina
Bankstown/H
Bedgerebong
Broadmeadow
Bulli/H
Canberra
Canberra/H
Canterbury
Coffs Harbour
Fairfield/H
Gosford
Goulburn
Grafton
Harold Park/H
Hawkesbury
Kembla Grange
Menangle Park/H
Newcastle/H
Nowra
Penrith/H
Randwick
Rosehill
Warwick Farm
Wyong
[25]

Hはトロット

▼Australia VIC
BBallarat
Ballarat/H
Benalla
Bendigo
Bendigo/H
Caulfield
Cranbourne
Echuca/H
Flemington
Geelong
Geelong/H
Kilmore
Kyneton
Melton/H
Mildura/H
Moe
Mooney Valley/G・H
Mornington
Pakenham
Sandown
Seymore
Swan Hill
Wangaratta
Wangaratta/H
Warrnambool
Werribee
Yarra Glen
[27]

Hはトロット
G・Hは平地とトロット

▼Australia Others
Cheltenham
Gawler
Globe Derby/H
Morphetville
Murray Bridge
Oakbank
Port Lincoln
Victoria Park
Albion Park/H
Doomben
Eagle Farm
Gold Coast
Gold Coast/H
Ipswich
Redcliffe/H

Sunshine Coast
Ascot
Belmont Park
Gloucester Park/H
Pinjarra
Pinjarra/H
Elwick
Launceston/H
[23]

Hはトロット
Australia合計75

▼Asia
Happy Valley(HK)
Sha Tin(HK)
Macau
Ipoh(M)
Kranji(SIN)
Royal Selangor(M)
Penang(M)
Meydan(UAE)
Nad Al Sheba(UAE)
Narn Lerng・BKK(T)
Patumwan・BKK(T)
Seoul(K)
Pusan(K)
[13]

HK=香港
M=マレーシア
SIN=シンガポール
UAE=アラブ首長国連邦
T=タイ
K=韓国

▼USA
Aqueduct
Arlington Park
Atlantic City
Bay Meadows
Belmont Park
Buffalo/H
Calder
Churchill Downs
Delaware Park
Delmar
Emerald Downs
Fairmount Park
Finger Lakes
Golden Gate Fields
Goshen
Harrah's Philadelphia
Harrington/H
Hawthorne
Hazel Park/H
Hollywood Park
Keeneland
Lone Star Park
Los Aramitos/Q
Maywood Park/H
Meadowlands
Monticello/H
Monmouth Park
Northfield Park/H
Philadelphia Park
Pimlico
Plainridge Park/H
Pocono/H
Red Mile/H
Santa Anita
Saratoga
Saratoga/H
Stockton
Suffolk Downs
Thistledown
Yonkers/H
[40]

Qはクオーターホース
Hはトロット

▼Canada
Ajax Downs/Q
Fort Erie
Geogian Downs/H
Mohawk/H
Rideau Carleton/H
Woodbine
[6]

Qはクオーターホース
Hはトロット

▼UK
Aintree
Ascot
Bath
Brighton
Carlisle
Cheltenham
Doncaster
Epsom
Exeter
Ffos Las
Folkestone
Fontwell Park
Great Leighs
Great Yarmouth
Kempton Park
Leicester
Lingfield
Newbury
Newmarket
Nottingham
Plumpton
Salisbury
Stratford upon Avon
Southwell
Taunton
Thirsk
Warwick
Windsor
Wolverhampton
York
[30]

▼France
Amiens
Angers
Argentan
Auteuil

Bordeaux
Caen/H
Cagnes-sur-Mer
Chantilly
Clairefontaine
Compiegne
Deauville-Touques
Dieppe
Enghien
Evreux
Fontainebleau
Laval/H
Le Lion d'Angers
Le Mans
Longchamp
Lyon-Parilly
Lyon-Villeurbanne
Maison-Laffitte
Marseille-Borery
Marseille-Viveaux
Mesley du Maine
Moulins
Nancy
Nantes/H
Nimes
Pau
Saint-Cloud
Toulouse
Vancennes/H
[33]

Hはトロット

▼Ireland
Bellewstown
Curragh
Laytown
Leopardstown
Limerick
Punchestown
Roscommon
[7]

▼Europe
Baden Baden (G)
Flankfult (G)
Hamburg (G)
Munchen-Riem (G)
Capannelle (It)
Ravenna/H (It)
Sansiro (It)
Tordivalle/H (It)
Alkmaar/H (N)
Mons-Ghlin (B)
[10]

G=ドイツ
It=イタリア
N=オランダ
B=ベルギー

▼New Zealand
Addington/H
Ellerslie
Hastings
Pukekohe/H
Riccarton
Rotorua/G･H
Winton/H
[7]

Hはトロット
G･Hは平地とトロット

▼South
Clairwood Park (SA)
Kenilworth (SA)
Turffonteine (SA)
La Plata (Ar)
Palermo (Ar)
San Isidro (Ar)
[6]

SA=南アフリカ
Ar=アルゼンチン

UK
France
Ireland
Germany
Italy
The Netherlands
Belgium
USA
Canada
Australia
New Zealnd
Rep. of Korea
Hong Kong
Macau
Singapore
Malaysia
Thailand
UAE
Argentina
South Africa
Japan
21−266 (227)

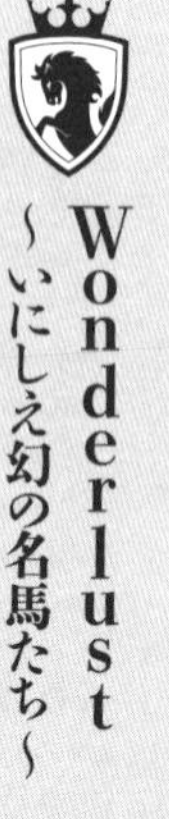

Wonderlust ～いにしえ幻の名馬たち～

チリの女レコードブレーカー
ラセクスター

ラセクスター。１９５７年生まれ。芝ダート不問でスーパーレコードを記録した女傑。エルエンサーヨ（芝２４００ｍ）にて2:26.0のレコード。この年の日本ダービーのタイムが超特急二冠馬コダマの2:30.2（ちなみにこのタイムは当時のダービーレコード。日本ダービーが史上初の30秒台超えを記録したのが１９７２年ロングエースの2:28.6。26秒台突入が１９８２年バンブーアトラスの2:26.5。25秒台突入が１９９０年アイネスフウジンの2:25.3)。日本と南米の違いはあれど、いかにラセクスターのタイムが驚異的かが実感できよう。ダートにおいても手のつけようの無い、身震いするほどの強さを見せつけた。イポドローモチリ大賞典（ダ２０００ｍ、現在２２００ｍでチリ最高の賞金が褒賞される国内最大のレース）を古馬を相手に大勝。ここもスーパーレコード〝2:02.01〟。その他にもポーラデポトランカス、エルダービーにも勝利している。

バハマ競馬史上最強馬
カウントゾリック

カウントゾリック。１９６９年生。父パイメーカー、母カウンテス、バハマに生まれ、バハマの地で育てられた土着の名馬であり、バハマ競馬史上最強にして最高の名馬である。最優秀2歳馬に選ばれ、１９７３年、１９７４年と2年連続の年度代表馬にも輝いた。16馬身差の独走など、爆発的なスピードを武器とした馬で、〝キングオブサラブレッド〟と呼ばれた。主な勝ち鞍としては、プライムミニスターカップ、ＢＲＣカップなど。

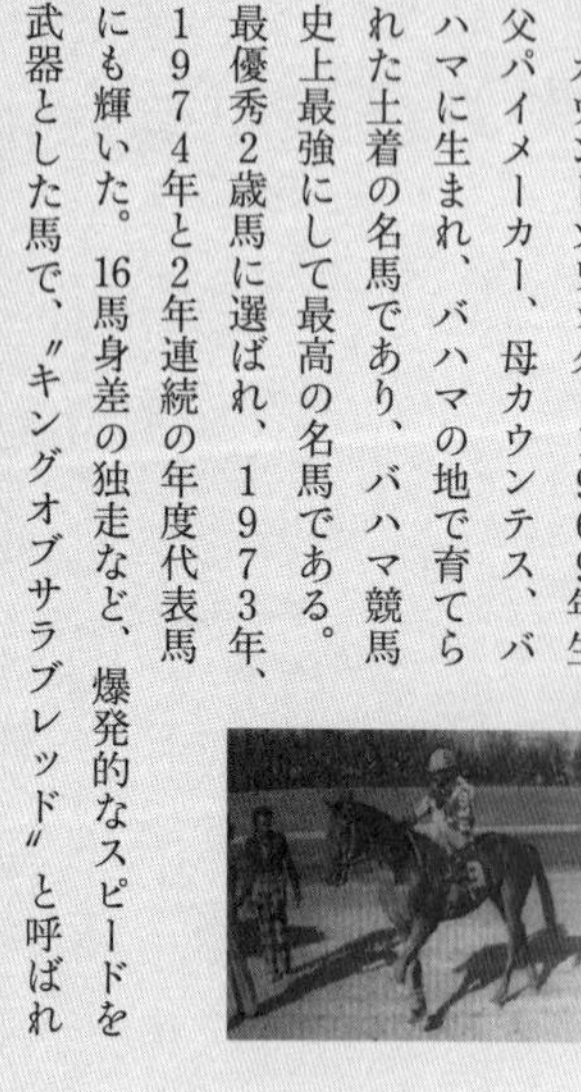

【・最終章・】

奇跡の名馬

金色の暴君 オルフェーヴル

▼絆を繋いだ奇跡の日本競馬史上最〝狂〟三冠馬

父	ステイゴールド
母	オリエンタルアート
母父	メジロマックイーン
生年	2008年
性別	牡
毛色	栗毛

日本

生涯成績　21戦12勝［12-6-1-2］
主な勝ち鞍　日本クラシック三冠（皐月賞、日本ダービー、菊花賞）、有馬記念2回、宝塚記念、フォア賞連覇、産経大阪杯、神戸新聞杯、スプリングS、凱旋門賞2年連続2着ほか

偶然が織り成した絆の奇跡

ディープインパクトが2005年に牡馬クラシック3冠を達成した6年後に日本競馬史上7頭目となる牡馬クラシック3冠馬が登場した。その馬の名はオルフェーヴル。オルフェーヴルは競馬ファンから、「破天荒」「狂っている」などといわれ気性面で問題があったが、多くの人を魅きつけて止まない魅力をもっていた。

〝金細工師〟と名付けられたこの馬が、日本競馬の悲願であり〝夢〟である凱旋門賞を目指すこととなろうとは、まだ誰も知らない。

オルフェーヴルは奇跡のような偶然の連続が重なって生まれてきた馬であり、その三冠達成も運命の導きのような物を感じざるを得ないものであった。オルフェ三冠達成の2011年は、前代三冠馬ディープの産駒たちがデビューし初となるクラシック戦線を迎えた年。そのディープインパクトを育てた池江調教師が勇退したのもこの年だった。その池江泰郎調教師が手掛けたメジロマックイーンはオルフェの母父、またオルフェの父となるステイゴールドも池江師の管理馬だった。さらには、メジロ最高傑作であるそのメジロマックイーンの故郷、メジロ牧場はこの年に倒産となり、競馬界から姿を消していくこととなった。まさに時代の節目であり、遷移変革の時。

そしてまた同年、皇帝シンボリルドルフが崩御した直後、皇帝からバトンを受け継ぐかのように、オルフェーヴルは三冠馬に輝いた。運命が命運を紡ぎ、発信されたシグナルにオルフェは共鳴し、ディープインパクトが三冠馬となった10月23日同日に、金細工（三冠）を紡ぎあげたのである。

母オリエンタルアートは、仔馬の成績不振から、社台経営首脳陣は手放す事さえ検討に入れていた時期であった。そんな最中、ドリームジャーニーが活躍し、またそのタイミングに呼応するかのようにディープを付ければ、ドリームジャーニー以上の産駒が期待できるとして、オリエンタルアートの放出を取り止めた経緯がある。ところがである。ディープの仔が付けども付けども受胎せず、三年連続で流れ、ディープBOOKFULLから致し方無く、ステイゴールドに付けたところ、一発で受胎。これらの一つでも欠ければ、オルフェが宿る事なく、またこの世に降誕することもなかったのである。

全兄にドリームジャーニー（GⅠ3勝）という血統のオルフェーヴルはデビュー前から注目されていた。8月の新潟芝1600mでデビューし、中団からの競馬をして直線では池添謙一騎手のゴーサインに反応して鋭く伸び余裕の手応えでデビュー戦を勝利した。

しかし、ゴール後にオルフェーヴルは止まろうとせず、池添騎手を振り落として逸走する。

結局、オルフェーヴルは馬運車で運ばれ口取り写真もできなかった。

2走目となった芙蓉ステークスでは中団からの競馬をしていたが、残り900mで少し首を上げて前に行きたがる素振りをみせた。

直線では新馬戦のような切れ味をみせるも、スローペースで逃げたホエールキャプチャ（後のヴィクトリアマイル馬）に届かず2着となる。

初重賞となった京王杯2歳ステークスでは、これまでの2戦とは違い後方からの競馬となったが、ずっと折り

合いがつかずに、ちぐはぐな競馬をして11着と惨敗する。
池江泰寿調教師はこのレースに自信があり、「中山競馬場では取りこぼす可能性があっても、東京競馬場では絶対に負けるとは思っていなかった」と後に語っている。
そして、この気性を改善するために、今後のオルフェーヴルの課題は「我慢をさせること」となった。調教ではオルフェーヴルを1頭だけにして自立を促し、レースでは勝ち負けよりも折り合いを重視することにした。

大震災を乗り越えて

年が明けて3歳となったオルフェーヴルの初戦はシンザン記念。

オルフェーヴルはスタートをゆっくりと出て、後方からの競馬で折り合いに徹した。しかし、オルフェーヴルはやはり前に行きたがる素振りをみせて折り合いを欠いてしまう。それでも池添騎手は馬群で必死になだめた。それが功を成して、直線では新馬戦、芙蓉ステークスで見せた切れ味を発揮して2着となる。

次走のきさらぎ賞では中団からの競馬からメンバー最速の上がりを叩き出したが、3着と敗れてしまう。しかし、収穫の多いレースとなった。

今までの池江調教師、池添騎手の努力が少しずつ実り始めていた。

そして、皐月賞トライアルレースのスプリングステークスにオルフェーヴルは出走する。

例年では中山競馬場で行われるスプリングステークスだが、東日本大震災の影響から阪神競馬場で行われることとなった。出走メンバーには朝日杯フューチュリティーS馬のグランプリボスなどがいたが、オルフェーヴルはこれまでの競馬と違い最終コーナーでは先頭集団に並び直線では実力馬たちを差し切った。レース後に池添騎手は、「完璧でした。折り合い」と池江調教師に伝えた。

牡馬クラシック1冠目の皐月賞。この第71回皐月賞は東日本大震災の影響から東京競馬場で行われた。スプリングステークスで完勝したオルフェーヴルだったが、これまでの安定しない成績と左周りが嫌われたのか、4番人気となっており、1番人気には弥生賞を勝ったサダムパテックが支持されていた。

オルフェーヴルは中団から競馬をして、長い東京競馬場の直線で馬群を割って突き抜けて1番人気のサダムパテックに3馬身差をつける。圧勝といっていい内容だった。この勝利により池添騎手は初となる牡馬クラシック優勝となった。そして、笑顔弾けるその中に、ダービー制覇への確かな手応えをつかんでいた。

台風の影響で朝から降り続ける雨。一日中雨が降り続けた結果、不良馬場となったダービー。皐月賞馬となったオルフェーヴルはダービーで堂々の1番人気に支持された。

オルフェーヴルは後方4番手から最終コーナーから徐々に進路を外に出して、馬群のなかを割って加速する。しかし、そのオルフェーヴルの外から青葉賞馬のウインバリアシオンが迫ってきていた。ラスト200mではウインバリアシオンはオルフェーヴルに1馬身差以内には迫ってきていたが、そこからオルフェーヴルはもう一段と加速する。そして、ウインバリアシオンに1・3／4馬身の差をつけてダービーを制した。着差こそ2着のウインバリアシオンには1・3／4馬身だが、3着のベルシャザールには8馬身以上の差をつけていた。

この勝利により池江調教師は最年少のダービートレーナーとなり、同時に「オルフェーヴルはヨーロッパでもやれる」と確信を抱いた。それもそのはず。オルフェーヴルのダービータイムは2分30秒台であり、ヨーロッパの2400mの重馬場で見られるような時計だった。馬場も全く苦にせず、むしろ皐月賞以上の圧勝となったこの一戦に、自信を掴まない理由などなかった。

日本ダービー（2011年）

黄金の三冠馬

秋初戦となった神戸新聞杯。ダービー馬オルフェーヴルとダービー2着のウインバリアシオンが早くも激突し、レース前から一騎打ちムードになっていた。

レースでは逃げるスマートロビンを最後の直線で楽々と外から捕らえるオルフェーヴル、そのオルフェーヴル

を目標にラストスパートをかけるウインバリアシオン、しかし、オルフェーヴルとの差は縮まらずに離された。オルフェーヴルは楽々とラスト600mを32・8秒と極上の切れ味を出しウインバリアシオンに2・1/2馬身の差をつけて完勝する。

神戸新聞杯前の調教の様子が抜群に良く管理する池江調教師は日本の伝説の5冠馬であるシンザンを引き合いに出した。

「シンザンがナタの切れ味なら、オルフェーヴルは斬鉄剣の切れ味」

ナタやカミソリなどではなく、鉄すら切れるといわれた名刀の名を出すほどに、池江調教師は今までの名馬とは異質の瞬発力を垣間見た。たしかに販路を馬なりで、唸るような手応えで駆け上がるオルフェーヴルは、金色夜叉のような戦慄を覚えるオーラを逆らせていた。

そして、3冠目となる菊花賞。オルフェーヴルは1・4倍と圧倒的支持を受けて、ディープインパクト以来の3冠達成に注目が集まった。

そんな中、「オルフェーヴルを3冠馬にする」という、想像もできない程の重圧を、池添騎手は感じていた。

レースではオルフェーヴルを中団の馬群の中に入れて進める。ダービー、神戸新聞杯をオルフェーヴルの2着となったウインバリアシオンは最後方からの競馬となった。オルフェーヴルは最終コーナーの坂の下りから加速して、一番大外に進路をとり、早くも先頭になった。池添騎手はラスト200mまでは追っていたが、追い込んでくるウインバリアシオンとの差がつまらないことを確認し、勝利を確信するとゴール前では追わずの完勝となった。

史上7頭目の3冠馬が誕生した瞬間だった。躍動する栗毛の馬体は黄金の輝きを放っていた。これまでに誕生した三冠馬はすべて鹿毛馬か黒鹿毛。日本競馬史上において初めてとなる栗毛の三冠馬は、新時代の黄金皇帝となるべく、有馬記念へと向かった。

有馬記念は一流古馬との初対決。このときの有馬記念には今までにない豪華な有馬記念となっていた。出走メンバーの全てが重賞勝ち馬であり、そのうちの9頭がGIを勝利している。GIを7勝し前走のジャパンカップを制した名牝ブエナビスタが2番人気となっており、そのブエナビスタよりも支持を集めたのが牡馬3冠のオルフェーヴルで、単勝オッズ1番人気の支持を受けていた。

レースでは超スローペースで究極の瞬発力勝負になり、その瞬発力勝負に適性があった強豪エイシンフラッシュを3／4馬身差つけて制する。着差こそ僅かだが余裕も感じられた。

池江調教師はこの勝利からも、凱旋門賞制覇に確かな手応えを感じとっていた。

伝説の敗戦

有馬記念後に、池江調教師は凱旋門賞制覇に向けて、オルフェーヴルの脚質の幅を更に広げようと考えていた。そのために2、3番手からの先行で競馬できるように脚質転換を池添騎手に指示してそれを古馬初戦となった阪神大賞典で実行する。年明けの始動戦は、かつてナリタブライアン、ディープインパクトら三冠馬たちが鮮烈なパフォーマンスを魅せ付け、絶好のスタートを切った舞台、阪神大賞典に決定した。本の伝統長距離GⅠの天皇賞（春）のトライアルレースとして歴史ある阪神大賞典。

その阪神大賞典には天皇賞（春）馬のジャガーメイル、ヒルノダムール、菊花賞馬のオウケンブルースリ、長距離GⅠ好走歴があるトウカイトリック、ナムラクレセント、今後の成長が期待される素質馬ギュスターヴクライなど、古豪のステイヤーが集まるレースとなった。その中でも単勝オッズ1・1倍と絶大かつ圧倒的支持を集めた。スタートからオルフェーヴルは先行の位置をとりに行き、先頭から3番手の位置で競馬をする。

ナムラクレセントが大胆にレース途中から逃げる形になり、オルフェーヴルはナムラクレセントの後ろにつけ2番手からレースを進めた。

しかし、少し勢いがついたのか、オルフェーヴルはナムラクレセントをも交わして先頭に出て、なんと逃げる形になった。このときの池添騎手は、「逃げても勝てる」と思っていた。

そして、1頭になった直後にオルフェーヴルは外ラチに向かって一気に逸走していく。

鞍上の池添騎手が手綱を引き、オルフェーヴルが減速していく。

「オルフェーヴルが故障した⁉」

競馬場はもちろんのこと、テレビ画面の向こう側も悲鳴があがったに違いない。誰もが最悪のシナリオを考えた。しかし、オルフェーヴルは最後方まで下がった位置から、もう一度加速して一気に馬群にとりついた。

オルフェーヴルは最後の直線で先頭に立っていた内のギュスターヴクライに迫っていたが、さすがに力尽きたのか、オルフェーヴルは2着となる。

レース後に、池添騎手は「一頭になるとやってしまう」と嘆いた。

パトロールビデオをみれば、オルフェーヴルがどれだけ外に膨れていっているのかがわかる。

阪神大賞典（2012年）。右端にポツンと見えるのがオルフェーヴル。

この大暴走から、オルフェーヴルに調教再審査が下り、これに合格しなければ天皇賞（春）に出走できないという事態にまでなった。天皇賞（春）に出走するために池添騎手は普段よりもオルフェーヴルと時間をかけてコンタクトをとり、見事にこの調教再審査に合格する。

輝きを取り戻して

あの大暴走の阪神大賞典から迎えた天皇賞（春）では、オルフェーヴルは1・3倍とここでも圧倒的支持を受ける。

オルフェーヴルはまずまずのスタートを切るも、スッと下げて後方3番手からの競馬をしていた。

レースの途中から逃げる形となったビートブラックが最終コーナーをまわる頃には馬群は動き出していたが、それでも先頭のビートブラックからは15馬身以上離れていた。

池添騎手も手綱をしごいてオルフェーヴルを動かすも反応が鈍かった。オルフェーヴルは最後の直線では大外に進路をとるも、あの豪脚は発揮されず逃げたビートブラックはおろか馬群から抜けるといったこともなかった。結局、オルフェーヴルは11着と大敗をしてしまう。

スタンドからレースを観ていた池江調教師は唖然とした。

レース後、池添騎手は「展開に恵まれたビートブラックは別にしても、他馬はあの位置から交わしてほしかった」とコメントをした。

このオルフェーヴルの惨敗には、「いつもよりも馬の状態が悪かった」「阪神大賞典でオルフェーヴルに精神的なダメージが残った」「馬場がオルフェーヴルに合わなかった」「初めてメンコをつけたので、オルフェーヴルが戸惑った」などの敗因が挙がったが、池添騎手、池江調教師は明確な原因を突きとめられていない。

この惨敗により池江調教師は、「この着順では凱旋門賞を目指すとは大きな声でいえない」といい、凱旋門賞挑戦のプランは一度白紙になった。

オルフェーヴルは宝塚記念に向けて調整をしていたが、慎重に体調を見極めてレース出走を決めたのはレースの4日前だった。

「完璧までいかないが、7割にはもっていける」そう池江調教師はレース前に記者陣にいった。宝塚記念では1番人気に支持されるも単勝オッズ3・2倍とここ2戦よりも低い支持となった。ここ2走のレース内容、状態面での不安などがあり、当然ともいえるオッズだったが、オルフェーヴルは内から伸びて2番人気のルーラーシップに2馬身差をつけ優勝する。この勝利によりオルフェーヴルの凱旋門賞挑戦が正式に決まった。

宝塚記念後の7月15日に、オルフェーヴルは凱旋門賞の前哨戦にフォワ賞を使うこと。そして、オルフェーヴルの鞍上は池添騎手から凱旋門賞の優勝経験があり、フランスのリーディング経験もあるスミヨン騎手への乗り替わりが決まった。

この発表をうけて、池添騎手は「本当にショックだった」と語っている。

海外初戦、そして、その先の凱旋門賞を見据えたフォワ賞。

フォワ賞は5頭立ての少頭数となり、オルフェーヴルのペースメーカーとして帯同馬のアヴェンティーノが逃げて、オルフェーヴルは最後方からの競馬を選択した。最後の直線ではオルフェーヴルは最内に進路をとり、GIを3勝しているミアンドルに1馬身という差をつける。

勝つには勝ったが余裕はあまり感じられず、池江調教師は「世界の壁を感じた。もっと楽に勝てると思った」

とコメントしている。

手をすり抜けていった金色の夢

凱旋門賞では18頭と前走とは違い多頭数となり、オルフェーヴルは最外の8枠18番となった。スミヨン騎手は前走のように折り合いを重視して後方から2、3番手でレースを進めていた。そして、最後の直線まで完璧に折り合い、オルフェーヴルを馬群から外に出して前が開いた状態で一気に加速をしてゴールまで300mの地点で先頭に立った。そこからもう一段ギアを上げて2番手のソレミアに2馬身ほどの差をつけた。それがラスト150mの地点だった。

誰もがオルフェーヴルの勝利を確信し、日本馬初の凱旋門賞制覇を確信した。

ところが……である。

ラスト100mでソレミアがオルフェーヴルに迫ってきたのだ。

こうなると、勝ちを確信していた日本の競馬ファンはまさに天国から地獄へ突き落とされたかのような心境に突如として立たされた。

ラスト50mでオルフェーヴルにはまだ1馬身のリードがあった。しかし、ソレミアが確実に一完歩ずつオルフェーヴルとの差を詰めていく。そして、栄光のゴールからほんの20mの地点でソレミアがオルフェーヴルを交わした。

差はわずかにクビ差だった。

レース後、スミヨン騎手は「抜け出すとソラを使ったり、斜行する癖があるのは聞かされていたが……もっと強い馬がいてくれたら（併せ馬の形になり）結果は違っていたでしょう」と、肩を落とした。

凱旋門賞後の現地テレビのインタビューにて、スミヨン騎手は、「（もし叶うのなら）2週間後のチャンピオンステークスでフランケル（歴代史上最高レーティングを記録した最強馬）と戦って、オルフェーヴルが最強だと証明したい」と話した。

しかし、オルフェーヴル陣営は首を横に振り帰国することとなった。

三冠馬対決

帰国後初戦となったジャパンカップ。ここには同じ勝負服の牝馬3冠馬のジェンティルドンナ、宝塚記念2着のルーラーシップ、エイシンフラッシュ、フェノーメノ、ローズキングダムといった強敵が揃っていた。また外国馬では、凱旋門賞馬ソレミア、この後に香港ヴァーズ優勝、ドバイWC2着、春の天皇賞3着となるレッドカドーらも来日。凱旋門賞馬来日から、リベンジの色も濃くなった一戦となった。

最高の状態までに仕上げた凱旋門賞の反動からオルフェーヴルの体調は万全とはいえなかったが、「能力で勝てる」とオルフェーヴル陣営は考えた。

オルフェーヴルは後方5番手から競馬をして、同年の天皇賞（春）を制したビートブラックが緩みのないペースで逃げた。先頭のビートブラックが最後の直線に入るときには2番手以降に10馬身以上の差をつけていた。

オルフェーヴルは後方から馬なりで先頭から3番手につきラスト400mで池添騎手が追いだした。そのときはオルフェーヴルの内にジェンティルドンナがいてオルフェーヴルと併せ馬の形になった。ところが、ラスト200mの地点でビートブラックとオルフェーヴルに挟まれる形だったジェンティルドンナの進路がなくなりオルフェーヴルと何度か接触する。なんとか進路を確保したジェンティルドンナとオルフェーヴルの2頭のマッチレースとなりゴールまでビッシリと併せていたが、ゴールではジェンティルドンナが僅かに出ていたように感じた。

ジャパンC（2012年）三冠馬対決。
オルフェvsジェンティル。

ジェンティルドンナとオルフェーヴルの接触の件で、レース後に審議となった。

審議は20分以上となった。結果はジェンティルドンナのハナ差勝利となった。

レース後に、池添騎手は「この判定には納得できな

い」と嘆いた。しかし、全くオルフェーヴルの価値を下げるような一戦ではなかった。ジェンティルドンナは三冠達成し、秋三戦目であり、ここをメイチに仕上げられており、東京2400mはオークスで5馬身差かつレコードで制したベストコース。対するオルフェは海外遠征帰りかつ、状態落ちもある中、ジェンティルとの斤量差は5kgもあった。これ程の不利な条件下でも、ジェンティルドンナ程のスーパー女傑と鼻差なのだから、やはりオルフェーヴルは怪物なのであると、誰しもが思い知らされた。

この敗戦から数日後にオルフェーヴルの5歳現役続行がオーナーサイドから発表され、凱旋門賞再挑戦も、また同時に発表された。

もう一度、金色の夢を目指して

暴走となりリズムを崩してしまった阪神大賞典の教訓をいかして、2013年のオルフェーヴル5歳の初戦を大阪杯とした。

大阪杯では前半1000mが61・5秒で通過し、スローペースでの瞬発力勝負となった。

そこでオルフェーヴルは33・0秒でラスト600mをまとめて余裕すらも感じるようにゴールを駆け抜けた。

その後の宝塚記念では牝馬三冠を達成しジャパンカップでオルフェーヴルを下したジェンティルドンナ、皐月賞、菊花賞、有馬記念を制したゴールドシップ、天皇賞（春）を制したフェノーメノを加えた4強対決といわれ空前絶後の豪華メンバーになるのではないか？と言われていた。

しかし、この4強対決は実現することはなかった。

オルフェーヴルは6月13日の追い切り後に、運動性誘発肺出血を発症し宝塚記念を回避することが決まった。しかし、症状としては軽症であったため当初の予定通り凱旋門賞挑戦のプランに変更はなかった。

去年と同様にフォワ賞から凱旋門賞と連戦することと、その鞍上にまたスミヨン騎手を起用することが決まり、フォワ賞ではオルフェーヴルは去年と違い3番手から先行の競馬をする。そして、最後の直線ではスミヨン騎手が余裕たっぷりにラスト300mで追い出した。

その直後にオルフェーヴルは加速し、2番手以降を離していく。

スミヨン騎手は二度三度後ろを振り返り、ムチを入れずの完勝となった。

去年よりも余裕があり、先行をしての完勝。間違いなく去年よりも凱旋門賞制覇への手応えを確かなものにしていた。

宝塚記念回避というアクシデントがあったが、去年のフォワ賞よりも内容がよく、陣営は凱旋門賞制覇に確かな手応えを感じていた。

去年の凱旋門賞のゴールのラスト50mまでは勝利を確実につかんでいたオルフェーヴルは去年と同じく1番人気に支持された。

この年の凱旋門賞にはメンバーが揃った。無敗でフランスオークスをレコード勝ちのトレヴ、フランスダービーを勝ち、プランスドランジエ賞をステップに異質のローテで臨んできた地元の3歳、仏ダービー馬アンテロ。ディープインパクトの息子で父と同じ主戦、日本の至宝・武豊を鞍上に挑む日本ダービー馬キズナ。パリ大賞馬で後にクラシックディスタンスGⅠを勝ちまくるフリントシャー。英ダービー馬ルーラーオブザワールド。5連勝中の愛セントレジャー馬リーディングライト。当時の英最強古馬アルカジーム。チェコへ移籍したミアンドル。カルロスペリグリーニ国際大賞馬でブラジルから移籍のゴーイングサムウェア、カタールダービー馬ヴェリーナイスネーム、加国際S馬ジョシュアツリー、ゴドルフィンのペンライパビリオンも虎視眈々。社台ファーム総帥、吉田照哉氏の持ち馬でもあるピリカも出走してきていた。

オルフェーヴルは去年とは違い中団の馬群でレースを進めて、最後の直線まで折り合いをつけているようにみえた。そして、最後の直線では無敗の名牝トレヴが馬なりで先頭に並んだ。そのトレヴを目標にオルフェーヴルは追い出し、その外に今年の日本ダービー馬でニエル賞も制したキズナも共に動き出す。

少し差が縮まっているようにみえたが、そこからトレヴは更に加速しオルフェーヴルを引き離した。決定的な差がついていき、トレヴがゴール板を駆けていった時、5馬身の差がオルフェーヴルに着けられていた。無敗の凱旋門賞馬誕生の瞬間だった。

トレヴには完敗といっていい内容だった。

この２０１３年の凱旋門賞という舞台でトレヴに勝て

る馬は、おそらく世界でいなかったと思える圧巻の競馬だった。

トレヴがこの後に凱旋門賞を2連覇するほどの歴史的名馬である。

スミヨン騎手は、「相手が強かった」と肩を落とした。

ヨーロッパの芝レースでの馬場適性ではその深い芝の造りからか、スタミナがかなり問われる。また、馬群が凝縮してレースが進むので、馬への精神的、肉体的なストレスもあるだろう。そして、凱旋門賞は斤量差が他のレースよりも如実に現れる。

勝った牝馬のトレヴは3歳牝馬で斤量が54・5kgに対して、オルフェーヴルは5歳牡馬なので59・5kgとなり差は5kgもある。このような条件で10年、20年に一度の名牝といわれるトレヴと凱旋門賞の舞台で戦うのは酷だった。

夢は遥か、未来の空の彼方へ

凱旋門賞後に、オルフェーヴルのラストランは有馬記念に決まり、同時に有馬記念後に引退式をすることも決まった。

ピークまで体調をもっていた凱旋門賞から帰国後の有馬記念は、出来に関していうのなら池江調教師は「八分の出来」と評価した。

ラストランの有馬記念を、オルフェーヴルは小回りコースの中山競馬場の最終コーナーを後方から一気に馬なりで加速していく。

誰もがそのスピードに追い付けなかった。

直線では2着のウインバリアシオンに8馬身、3着のゴールドシップに9・1／2馬身もの大差をつけて圧勝してしまった。

レース後、池添騎手は「この馬が世界一強い！」と豪語し、叫んだ。

引退式では、寒空の下でなかなか落ち着かない動きをみせるオルフェーヴル。

もしかしたら、オルフェーヴルは、「まだ俺はやれる」と嘶いていたのかもしれない。

凱旋門賞という夢の金細工完成ははるか未来の空の彼方、子供達の代に託される事となる。

世界的にも競走馬の能力は上がり、そして適性を考えられてよりその馬の専門性が高いレース（距離適性、コース適性、馬場適性など）を使われることが多くなった。

例えば、この時代にいた歴史的名馬フランケル（歴代最高レーティング、イギリス無敗馬）、ブラックキャビア（オーストラリア無敗馬）、トレヴ（凱旋門賞2連覇）などが他国の競馬場で走ったとして、自国以上のパフォーマンスを発揮することは困難なのではないだろうか。この点から古馬が斤量面で不利な凱旋門賞を2年連続で2着になったオルフェーヴルは、競走馬としての総合力は世界的に高いレベルにあったことの証明である。

斬鉄剣の秘密

「斬鉄剣の切れ味」と評されたオルフェーヴルは、重馬場になればさらに信頼度はアップ。菊花賞時のオルフェのストライドは7・32m。対して不良馬場だったダービーでは7・63m。GⅠ級はもちろん、通常の競走馬ならば、馬場が悪くなれば成る程その歩幅は短くなる。これは人間にも同じことが言え、あのディープインパクトを持ってしても例外ではなかった。オルフェーヴルの〝斬鉄剣〟とは、この異能の才を指す。加速力は史上屈指のものを誇り、道悪でもその切れは失われない。それどころか倍速倍加するのだから、鬼に金棒だ。この重馬場適性は母の父メジロマックイーンから受け継いだものだろう。父系のディクタス、サンクタスらの重厚な血もそれをフォローするものだろうが、マックイーンは重馬場で恐ろしいまでの強さを見せていた。重馬場で［2-1-0-1］。着外はあの有名な天皇賞1着降着の悲劇。あの時はスイスイと2着プレクラスニーを6馬身も引き離していた。2着敗戦の1戦も本格化前、初芝でソエが出ていた状態で走ったゆきやなぎ賞だから、これは致し方ない。父メジロティターン、つまりオルフェの母父父は、91～94年の阪神開催で11戦7連対。連対率63・6％で、マックイーンを除外しても8戦4連対。連対率50％。ティターンの母系はリマンド×ヒンドスタンという古めかしい欧州血統で、おそらく非凡な渋馬場適性の源泉はここにあると思われる。日本で育まれたヨーロピアン血統。そこに〝サンデー系特有のキレ〟が加味され、それを直線で持続させるスタミナを父母両者から受け継いでいる。それが一瞬のキレを支える補助をしている。

これが〃斬鉄剣〃と呼ばれるオルフェの特殊能力の正体だ。よくディープインパクトとの比較を取り沙汰されるオルフェーヴルであるが、良馬場ならディープ、重馬場ならオルフェーヴルに軍配が上がるのではなかろうか。

金色なりし絆の王

無限大とも思えるほどの圧倒的ポテンシャルと猛々しい程の気性難。そのギャップと黄金色に輝きを放つ栗毛の馬体。そして、そのキャラクターから、いつの間にか愛される三冠馬となっていた馬だった。奇跡の連続から誕生したものの、同期ディープ産駒たちに期待は全て奪い取られ、大震災の災禍の中、絆を手繰り寄せるかのように運命を引き寄せ三冠を達成。いつも遠く感じていたオルフェの走る姿を、いつからかだろうか。ファンは近くに感じるようになり、愛おしいまでの名馬となっていた。

池江調教師、池添騎手そろって「この馬こそ世界一」と豪語したばかりか、フランスでの主戦を務めたクリストフ・スミヨンにして『オルフェーヴルは私が騎手人生で出会った最高の馬です。凱旋門賞で最後方の位置取りから、残り300mで先頭に立った馬を私は他に知りません』とまで言わしめた。

騎手と馬との信頼関係、競馬に絶対が無い事、凱旋門賞の難しさ、人と馬の織り成すドラマと絶大無比なるポテンシャル。夢と絆を紡ぎあげ、完成させた金細工はオルフェーヴル物語自身そのものであったのではなかろうか。東日本大震災の際、キーワードとなった「絆」。その金色の糸を過去から未来へと紡ぎあげたオルフェーヴルの記録と記憶は、次なる世代に引き継がれていくこととなる。

（本文：朝霧博人、兼目和明）

真・奇跡の名馬

コリスバール

▼324戦197勝。世界競馬史上最多勝保持馬

父 マイレヴェリー
母 カンポアレグロ
母父 キャプテンアルコック
生年 1935年
性別 牝
毛色 鹿毛

クレブラ島(プエルト・リコ)

生涯成績 324戦197勝［197-86-31-6-1-3］
主な勝ち鞍 ルイスムニョスリベラメモリアル、197勝の世界最多勝利ギネスほか

私はこれまで、『奇跡の名馬』というタイトルを掲げ、世界中のありとあらゆる馬を紹介してきた。その中でも今回紹介するコリスバールは特別中の特別な馬である。何しろ、賞金額が低い競馬後進国の離島に生まれながらも懸命に走り続け、どんな名馬も辿り着くことのできない永遠の金字塔を打ち立てたのだから……。

西インド諸島のイスパニオラ島東方に浮かぶ小さな島、プエルト・リコ。コリスバールは1935年、その領に属するクレブラ島に生まれた。プエルトリコは全体に低い丘陵性の山地からなる。島ではサトウキビ、コーヒー、タバコの生産が盛んだが、セメント、製紙、肥料などの工業もある。

コリスバールはこの地で調教を受け、競走馬としてデビューした。

彼女が生活の拠点とし、営み

フラミンゴビーチ

を送ったクレブラ島は、プエルトリコの東に浮かぶ面積約31平方ｋｍの小さな島である。

　世界でも5本の指に入るフラミンゴビーチ。この海の波音を、眺望を、コリスバールも見聴きしていたのだろうか。

　凄まじいのがやはりこの戦績。１９３７年にデビューし、１９４７年までの10年間も競走生活を続けて紡ぎあげたのが、『３２４』というレース数。そして積上げた『１９７』という勝ち星。これがいかにすごい事かは、幾つか類例を呈示すれば明らかとなる。


１００戦以上レースを消化した世界の主な競走馬たち

★ガルゴジュニア→１５９戦１３７勝
★マジェスティックベンチャー→17戦8勝
★フィッシャーマン→１２０戦70勝
★エクスターミネーター→１００戦50勝

エクスターミネーター

★メリック→２０５戦61勝
★ハートランドヒリュ→１２７戦４勝
★ウズシオタロー→２５０戦15勝
★スタイミー→１３１戦35勝
★レッドラム→１１０戦27勝

ウズシオタローの出走記録を塗り替えたヒカルサザンクロス号

【地方競馬出走回数上位馬一覧（２０１４年10月1日現在）】※ばんえいを除く

★セニョールベスト　４０９戦
★ミヤマリージェント　３２９戦
★タマノジョケツ　３０８戦
★ダイナブロス　３００戦
★アイエスリリー　２８１戦
★カイヨウヒート　２８０戦
★マヤフェアリー　２７８戦

★ハッピーコマチ　268戦
★キクノガイア　268戦
★メイショウハヤテ　267戦
★ベルモントボンバー　267戦
★ヒカルサザンクロス　266戦
★ヒートアップ　263戦

現存する、確認可能な資料・文献を読み解くと、日本競馬史上最多出走記録は……参考記録であるが春木競馬のコガネマル。この馬の残した476戦だと伝えられている。しかし出走数に比例するような勝利は上げられず……

……以上に上げた馬たちも凄まじい成績である。100戦以上消化できる時点で、身体の頑強性と桁外れな健康に恵まれた、本当に「無事是名馬」な偉大な馬たちである。しかし、レース数と比例した勝利数を上げることは、その出走数が多ければ多いほど、奇跡にも近くなる。世界中を探しても300戦以上も無事に出走できた上に、160勝以上の勝利数を上げることができたのはこのコリスバールただ一頭だけなのである。つまり、コリスバールは世界競馬史上に類例を見ないほどの稀有な300戦以上の出走経験記録を持つと同時に、世界競馬史上最多勝利記録を、今もなお保持し続ける馬なのである。

しかもこの馬、本当に信じられないことなのだが、牝馬なのである！

あのキンツェムをも超絶する史上最強の頑強性と精神的強靭性を兼備した歴史的女傑とも言える。

キンツェムも短距離から超長距離まで不問の適性を示していたが、このコリスバールもプエル・ト・リコで施行されている全ての距離において勝ち鞍を、それも殆ど毎回トップハンデを背負いながら上げ続けていた。130ポンド（約59ｋｇ）の酷量を載せ快勝したことも3度あったという。第二次大戦前に生まれた、しかも小柄な牝馬に課せられる斤量としては破格のものであった。

コリスバールの蹄跡

それでは、その生涯成績の足跡を仔細に見ていこう。

まずデビューイヤーの１９３７年は11戦6勝。３歳時は16戦して12勝2着4回のパーフェクト連対。

4歳時が14戦13勝3着1回とこれまたパーフェクトに近い成績。

5歳時から出走数を一気に増やし44戦も消化。6歳時にはついに覚醒期を迎えたようで、51戦37勝2着14回……つまり生涯2度目となる年間パーフェクト連対を達成したのである。

7歳時は生涯最多となる年間出走数53走。

8歳で20戦、9歳で13戦……ついに3着以下の着順も目立ちはじめ、ついに盈虧（えいき。衰えること）の時を迎えたかに見えたが、10歳になって再度の30戦越えの39戦！　そして11歳で35戦し、2年連続の23勝。そしてラストイヤー、12歳時は28戦16勝という成績をターフへ刻み、競馬場を去っていった。

以下に彼女の10年間に渡る成績表を簡易ながらご紹介させて頂こう。

【コリスバール生涯成績】
１９３７年11戦6勝
１９３８年16戦12勝　※パーフェクト連対！
１９３９年14戦13勝
１９４０年44戦28勝
１９４１年51戦37勝　※パーフェクト連対！
１９４２年53戦28勝
１９４３年20戦7勝
１９４４年13戦4勝
１９４５年39戦23勝
１９４６年35戦23勝
１９４７年28戦16勝

【ここに注目！】
★１９７勝は当然ながら世界記録。ギネスブックにも掲載される。
★１９３７年〜１９４２年の5年間は4着以下一度もなし。
★上述記録を戦績に置き換えるとさらに凄みが加わる。なんと……5年間で１８９戦して4着以下一度もなかったのである。
★生涯３２４走し、内３２１戦が5着内入線。

★10歳・11歳で23勝。これもまた世界記録。

まさに「奇跡の名馬」コリスバール。小さな島に降誕した盲亀浮木の名馬は、晨夕、懸命に調教をこなし、ひた向きに生きた。

カリブの夜空に散らばる星たちから、煌めく純粋無垢な瞳を天与され、小さな小さな競馬場を駆け回って圧倒的な力を見せつけた。

島民たちは、この名馬との邂逅をどのような心持ちで受けとめたのだろうか。

幸せを呼び込むという桃色海豚。コリスバールはイルカのようなしなやかなモーションと、俊敏な機動力とを兼ね備えていた。

そんな彼女の姿に重ねてしまう1頭が、川崎競馬のドルフィン号である。

キラキラとまばゆいまでに輝きを放つ白い砂浜と青い海のコントラスト……小さな島の競馬場から〝奇跡〟と言う名の『虹の橋』を世界へ架けたコリスバール。

しかし、残念ながらコリスバールの起こした『奇跡』を知る者は少ない。

ドルフィン。川崎競馬所属の牝馬で、サウスヴィグラスの産駒。ピンクのブリンカーとその走りはコリスバールを想起させる。

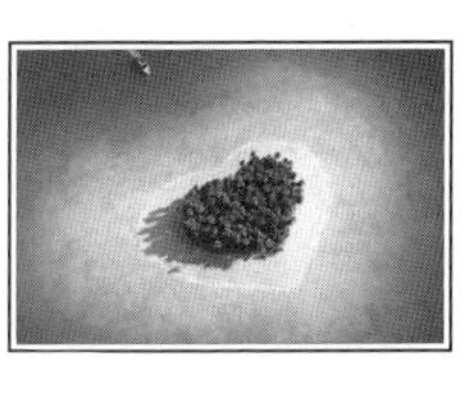

……さざめく波の音が奏でられるビーチに微風が吹く頃、オレンジとピンク色の空が島を包んでいた。

遥か遠く残音残していく鴎たちの声。

海鳥たちはマーマレードエーテルの空へ消えていく――……

斜陽の中、そっと瞼を閉じてみる……
瞑想し夕凪の空に想いを重ねる——……

数十年前の珊瑚の島へ、心と記憶の時間旅行……
するとそこには、待ちかねたように頬摺り寄せてくる一頭の馬が。
天運のポテンシャルを宿した『一角鯨』……
コリスバールが織り成した「324」の物語と「197」の〝奇跡〟。

夕凪の中、漣が奏でるメロディが心の琴線を爪弾き、彼女の記憶と記録は語り継がれていく——……
ほぼ毎週のように走っていたコリスバールは、島民たちにとってもきっと何気ない日常の〝しあわせ〟な1ページのような存在だったのではなかろうか……

プエルト・リコ島の夢の名馬コリスバール。
いつかどこかで回り逢いたい——……

〝奇跡〟をカタチにした存在。

愛おしき彼女こそが――

……

真の「奇跡の名馬」。

追記メモ

★コリスバールの生産者はJ．キャストリロン氏。

★父系を遡ってゆくと名馬ホエールボーンへと行き着く。

★父、母ともに米国生まれの米国育ち。父マイレヴェリーは米国から輸入された種牡馬で米国在籍時は〝クワランティン〟という名前で登録されていた。

★コリスバールの獲得総賞金は$44,341.83。主戦を務めたのはアンゲルT．コルデロ騎手

（本文：兼目和明）

未来仕掛けの追慕回帰線
セピアメモリー

▼おもひでの名馬

父　ボストンハーバー
母　ホームアゲイン
母父　フォーティーナイナー
生年　1999年
性別　牡
毛色　黒鹿毛

日本

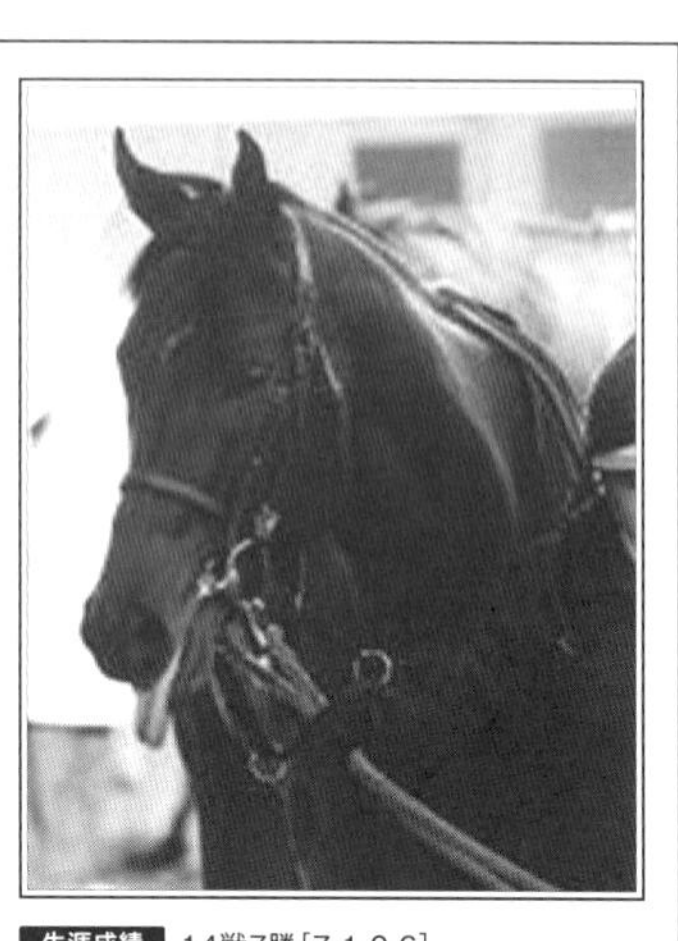

生涯成績　14戦7勝［7-1-0-6］
主な勝ち鞍　京葉S、ブラッドストーンS、青梅特別ほか

あなたにもきっと一度はあるだろう。名前で惚れてしまった馬、自分の想い出を投影し見初めてしまった馬など、自身の叙情詩を馬に重ねてしまった経験が。

最後は、私のそんな一頭を紹介させて頂きたい。


わずか数年間で日本の競馬を牛耳ってしまった感のある金子真人氏。

GI馬・重賞勝ち馬が、数少ない持ち馬の中から次々と現われるばかりか、史上最強のダートモンスターであるクロフネ。NHKマイル、日本ダービーの変則二冠を成し遂げるキングカメハメハ。そして100年に一頭と言っても過言でない究極不敗の三冠馬ディープインパクト、といった歴史的名馬を数多く所有しているのだから驚きである。他にもダート王カネヒキリ、三冠牝馬アパパネ、ドバイWC2着のトゥザヴィクトリー。ディープインパクトの息子であるマカヒキ、ワグネリアンらがダービー馬となり、ダービー4勝という、オーナーとして傑出した成績を収めている。白毛馬史上初のJRA重賞制覇を成し遂げたハヤヤッコや、競馬を知らない人でも一眼見れば目が覚めるような驚愕の末脚を繰り出したブロードアピールなど、活躍の広さも多岐に渡り、その様は正にゲームの様。「リアル・ダビスタ」、「リアル・ウイニングポスト」などと言われるのも、重く頷き了知する次第で、世界一の幸運の持ち主である馬主と言っても過言ではあるまい。

金子氏の持つ馬名に対するネーミングセンスも、素晴らしいとしか言い様がない。そしてほとんどの馬が、その未来仕掛けの魔法でも掛けられたかのように、その名の通り走るのだから、金子氏の相馬眼は本物の中の本物である。当の本人も「馬を見る眼は誰にも負けない」と述べている。

さて、本題へと移ろう。本馬、セピアメモリーのネーミングも趣向の施された良い名前である。母ホームアゲイン、そして母母 Away from home からの連想なのだろう……私がこの名を眺めていると、ジョン・デンバーの名曲『Take me home, country road』が胸中を流れてくる。

そして想い出すのは学生時代の淡い記憶……

「あの人は今どこで、何をしているのだろうか……――」

セピアメモリーは米国で生を授かると海を渡り、2001年11月11日、東京競馬場の芝1400mでデビュー戦を楽勝。明らかにダート向きの血統であるが、水分を多分に含んだ不良馬場が彼に味方したのであろう。5馬身差もの大差を付けての圧勝であった。2戦目ではこの大楽勝を受けて断然の1番人気に支持されるも、大敗。3戦目に選ばれたのが、中山競馬場ダート1200m。セピアメモリーにとってのベスト条件の舞台である。ここでまたも目覚めるようなスピードを遺憾無く発揮し、圧勝。タイムは1分11秒6。この当時の2歳馬がダートの1200mにおいて12秒台でも出そうものなら、かなりの高評価で、11秒台というなら、ダート短距離ならかなりの地位まで将来は展望出来るような好タイムであった。500万条件を脱し、明けて3歳初戦はクラシック皐月賞のトライアルであるスプリングSに挑戦。ここは流石に相手も強く、全くの不適正な舞台設定であることも受け、二桁着順の惨敗。勝ったのはタニノギムレット。後のダービー馬であり、2着もNHKマイルカップを勝つ

テレグノシスであった。

クラシックの舞台は、セピアメモリーのスピードと先行力の活かせるステージにあらずと、早々に見切りをつけた陣営は、短距離とダート路線に的を絞っていく。しかし、この馬自身も頑強、屈強な馬体を誇っていた訳で無く、身体を労わりながらの調整が続いていた。

父は米国2歳チャンピオン。BCジェヴェナイルなど、8戦6勝。母方はミスタープロスペクターの血を受け継ぐ快速血統。血統背景からもこの馬の真価発揮の舞台はスプリント路線がベターであり、ダート短距離、それも時計の速い、足抜きの良い、砂の浅い競馬場のダートスプリント戦ならベスト中のベストという見解見識は間違いなく、陣営もその向きに舵を取った。

しかし、続く橘S（芝1400m）を14着と惨敗し、秋も1戦のみで休養を余儀なくされ、戦列復帰は2003年の初夏までずれ込むこととなる。

復帰初戦の1000万下（京都ダート1200m）戦は態勢が今一歩整っていなかったか、8着大敗。どうも関西方面への遠征となると不慣な環境からナーバスになってしまうのか、本領発揮する事が出来ていないようだった。

復帰2戦目は東京の芝1400m、稲村ヶ崎特別に出走し、ここは久々の快勝。快速馬モルフェデスペクタとの叩き合いを鼻差ものして、復活の狼煙を上げたのだった。

しかし、やはり脚部不安が尾を引いてか、連戦叶わず、立て直しに時間を要し、次戦はその年の暮れ、師走の中山開催となった。再度のリスタートとなった今走、颯爽と好スタートを切ると、終始先頭を譲らず、後続に6馬身差の大楽勝。ダート1200mでの6馬身差は大差勝ちと言っていい部類であり、セピアメモリーにとってのベストレースにも近いレースとなった。どうやら、やはり関東サイドでのダート短距離戦はベスト中のベストであったようである。

鮮烈極まる凱歌に、間違いなく本格化を予感した一戦。この勢いを駆って、ついに重賞初挑戦となったガーネットS（ダ1200m）では、流石にペースが違ったか、前走の反動が出てしまったか、15着と大惨敗を喫してしまうが、立て直しの青梅特別（ダ1400m）では、その後4連勝重賞も勝ち、高松宮記念でも1番人気に支持されるプレシャスカフェ、OP特別を勝つトウショウギア、ハギノベルテンポと行った面々を相手に完勝。やはり、セピアメモリーは覚醒の時を迎えていた。

昇級初戦の、なにわS（ダ1400m）は苦手の関西圏のレースということも合間ってか、8着と沈むも、関東圏に舞い戻ってのブラッドストーンS（中山ダ1200m）、京葉S（中山ダ1200m）と連勝。やはり、東京・中山での芝ダート1200〜1400mこそがセピアメモリーの最適のコースであり、能力全開となる舞台なのであった。

その秘めたるポテンシャルは競走相手や時計面から見ても間違いなく重賞級のものがあり、ダートスプリントなら頂点に立ててもおかしくない資質の持ち主であった。

オープン馬となり、さぁこれからという矢先、またしても不運は足音を潜めつつ、セピアメモリーに忍び寄ってきていた。禍福は糾える縄のごとし。骨折箇所が見つかり、またしても長期休養を余儀なくされてしまう。とはいえ、ダート路線は芝路線に比べ長命の競走生活を送る馬がほとんどであり、ダート短距離ならば地方にも、場合によってはアメリカにも、適性に見合ったレースはいくらでもあった。陣営は隔靴掻痒たる想いを抱くも、焦燥に苛まれるほどではなかったはずだった……しかし、突然にして不幸という灰色の手紙は、こちらの意図など図らずして投函されていく。

別れの宣告は、突然にして告げられた。脳内出血。セピアメモリーは、これからという時に、この世界との離別を強いられ、虹の橋を渡った。

馬名とは「未来仕掛けの言の葉」だと思う。

そしてそれを想い心ふるわす人の心によって、慕情の回帰線は描かれていく。

色褪せても色褪せぬ想い。

暮れ泥む街影の坂道、夕虹がゆらぐ茜空を背景に描かれる虹音（ななね）の譜線は、心の吟線へと乗せられていく旋律ライン。

めぐる時代、移りゆく景色の中、風の唄が流れていく。

セピアメモリーの走る度、交錯する思い出……その一端に懐かしみを抱きつつ、彼の走りに声援を贈ったあの日——……。いまはその日々もセピアに色褪せ、『カントリーロード』を歩んでいる——。

「おもいで」の馬、セピアメモリー。

名前惚れと、不思議な哀愁で彩ってくれた、〝私の名馬〟である。

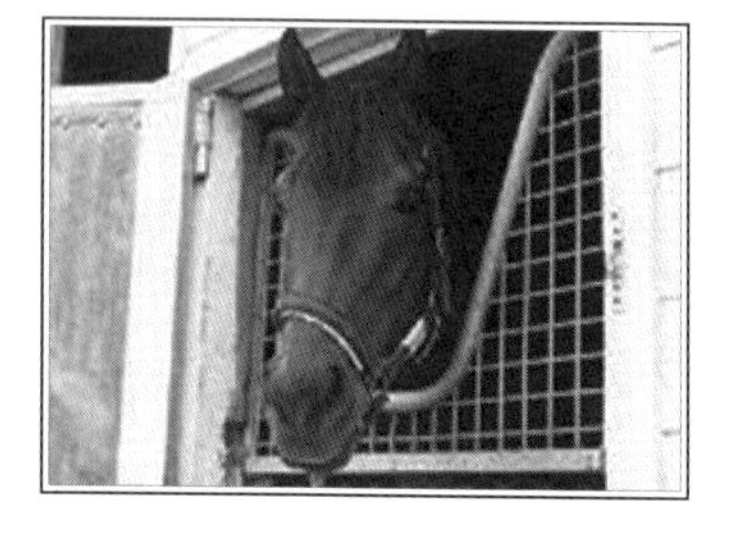

著名人・評論家・有名人の選ぶ、僕の私の『奇跡の名馬』

ブルーメンコの思い出

カキツバタロイヤル

父　ロイヤルタッチ
母　ホウヨウリリー
母父　アンバーシャダイ

今回一番書くことに思い悩んだ一頭がいます。思い入れがありすぎて書くことに困ってしまった一頭。

〝カキツバタロイヤル〟。

出会いは2010年1月13日の船橋競馬場。そこで私は地方競馬では初の予想イベントに出演したのですが、その予想レースの1つでもある「フレンドリーブーツ特別」に出走していたのがカキツバタロイヤルでした。カキツバタロイヤルは元々、笠松競馬場の森山英雄厩舎からデビューし、ずっと笠松で走っていたお馬さんなのですが、3歳秋から船橋競馬場の函館一昭厩舎に所属を移しその日は船橋へと転厩3戦目でした。転厩した1、2戦目は優勝。この日は3着だったカキツバタロイヤル。イベントに出演していたため、カキツバタロイヤルの姿は見ておらずこの日は名前だけ記憶して終わりました。

しかし再会はそう遠くありませんでした。

1月27日。地方競馬をもっと知りたくて川崎競馬場へと行き、当時の場長である田崎元場長と共に10Rガーネットスター賞（B2）のパドックを見ていました。私はパドック予想が大好きなので、ワクワクしながら見ていると、あれ？　一頭とても雰囲気がやわらかくていいお馬さんがいる！　しかも厩務員さんに甘えているけど、厩務員さんもそっと受け入れてあげていい感じ！　思わずご一緒していた田崎さんに「田崎さん、あのお馬さんオープン級ですよ!!　絶対これから楽しみですよ！」と熱弁し、急いで新聞で名前を調べたらそこには「カキツバタロイヤル」の文字が。恋に落ちるとはこのことで、それからカキツバタロイヤルを追いかける日々が続きました。どんなに忙しくてもなるべくカキツバタロイヤルのレースだけは見たくてどこへでも行くようになりました。

現地に行って一番印象に残っているエピソードは弥生特別（A3）が行われた浦和競馬場に行った時のこと。私はカキツバタロイヤルの本馬場入場前に自分のお財布が無いことに気が付きました。「あ！　馬券売り場に忘れてきた！」そう言うと、交番に行かないと！　と慌ててくれる同伴の知人。しかしもうすぐカキツバタロイヤルの本馬場入場が始まってしまう。お財布も気になる。でもでも私はカキツバタロイヤルが見たい！　そんな脳内での10秒ほどの戦いの末、「とりあえずレース見てからお財布は探す」という結論に達しました。そうこの時、カキツバタロイヤル∨お財布という図式が成り立った記念日でもあります（良い子はまねしないでね）。カキツバタロイヤルが優勝したのを見届けてから、やっと浦和競馬場内の交番に行くとなんと警備員さんがお財布を届けてくれていました！　「すぐ追いかけたのだけど、見失っちゃったらしくて届けてくれたんだよ」とのこと。あの時の警備員さんありがとう！

気が付けばB3クラスからA1クラスまでコツコツと階段を上ってきたカキツバタロイヤル。そんなカキツバタロイヤルが初めて重賞レース「サンタアニタトロフィー」に挑戦をしました。

忘れもしない2010年7月28日大井競馬場。

笠松や名古屋ではタイトルを手にしていたものの南関東での重賞初挑戦というのもあってか、このレースでは6番人気と伏兵くらいの評価でした。

レースは中団やや前目の馬群で進めますが両サイドを他馬に挟まれ、揉まれながらレースを進めます。

小さい馬だし揉まれながら初めての重賞のペースにも戸惑っていないか少し不安になりましたが、最終コーナーで外に持ち出し直線に入ると抜群の手ごたえで先頭に立ちます。

先頭に立って粘りこみを図るところを内から1番人気のボンネビルレコードの猛追をうけますが最後は頭差で凌ぎきって、南関東の重賞初挑戦にして初優勝という快挙を成し遂げます。

管理する函館一昭調教師と本多正賢騎手にとっても記

念すべき重賞初制覇となりました。

それからもカキツバタロイヤルは走り続け、なんと10歳まで元気な姿を見せてくれていました。カキツバタロイヤルは430kg台と小柄な馬体でありながら、大きなお馬さん達に果敢に立ち向かい走り続けた8年間。

サンタアニタトロフィーを2勝、川崎マイラーズ優勝、9歳での埼玉新聞栄冠賞優勝と南関東の重賞は4勝。間違いなく地方競馬を代表した名馬の1頭だと私は思っています。たくさんの人に愛されながら現役引退したカキツバタロイヤルは生まれ故郷である山田政宏さんの牧場（日高町）に帰ったのち、今は種牡馬として新冠町万世にあるベルモントファーム内のクラック・ステーブルさんにいるそうです。子供も勝負根性が強く息の長い子になってほしいですね。

今は亡き本多正賢騎手へ。

私に地方競馬の魅力を教えてくれたのは間違いなくカキツバタロイヤルでした。

移籍後、慣れない環境下でもすぐに持前の能力を発揮できたのは、カキツバタロイヤルが強いのはもちろんですが、その頃、主戦騎手だった本多正賢騎手のおかげだと思っています。

今まで最高に楽しいレースを見せてくれて本当にありがとうございました。

▼カキツバタロイヤル

生年：2006年
性別：牡
毛色：鹿毛
生涯成績：70戦15勝［15-9-18-28］
主な勝ち鞍：サンタアニタトロフィ連覇、川崎マイラーズ、埼玉栄冠賞、駿蹄賞、新緑賞、ガーネットスター賞、ダイオライト記念2着ほか

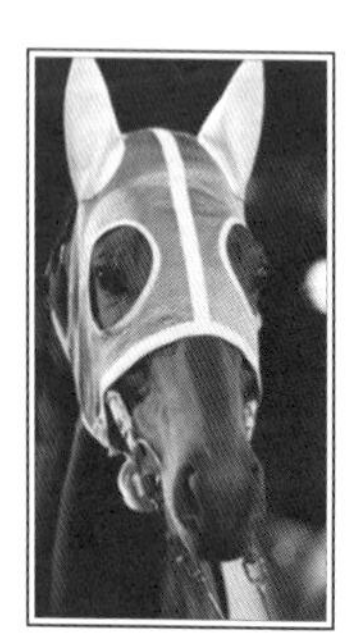

古豪伝説

カンパニー

父 ミラクルアドマイヤ
母 ブリリアントベリー
母父 ノーザンテースト

私は昔からおじさんが好きなんじゃないかと周りから言われていました。

例えば中学時代、周りは同年代のアイドルに夢中になっている中、私はシャ乱Qのつんく♂さんを好きになり（今も好き）、同じくらいに中井貴一さんが好きになり（やっぱり今も好き）、その頃、ブラザートムさんの連載が毎月楽しみで（私の尊敬する人）、「聖良はおじさん好きだ」と言われてきたけれど、まさかお馬さんでもその性質が出るなんて……。

私が初めて競馬場に行って競馬観戦をしたのがマネージャーに連れて行ってもらった、2009年10月11日、第60回毎日王冠。

秋の天皇賞のステップレースとして出走してきたウオッカが断然の1番人気でした。春競馬でG1を連勝し秋の天皇賞連覇を狙うウオッカは出走頭数が少ない事もあり、2番人気でも10倍がつくほどの支持率です。しかし私が注目していたのはウオッカではありません。

その馬の名は「カンパニー」。

この頃の私はまだ競馬予想を始めてそれほどのキャリアはなく、競馬の知識などを教えてもらっていたマネージャーからは、「ウオッカには勝てないよ、カンパニーも掲示板にはのるだろうけど……」とアドバイスされていました。当日のカンパニーは4番人気という評価。この時点で重賞6勝もしていましたが、G1レースではあと少しという競馬が続いていたので、多くの人はマネージャーと同じようにそれくらいの評価なのだろうと思いました。

加えてこの時のカンパニーは8歳馬です。競馬知識がまだ浅い私でも競走馬としての能力が落ちていても、不思議はないという事は分かっていました。

私は知識が浅い分、専門誌などを読みあさって、過去の色々なレース映像はなるべく見るようにしていました。実はこの時点でカンパニーという馬にすでに興味を持っていたのです。

ですから当日までに気になっていたカンパニーの過去のレースも見られるだけのレース映像はこの日までに見ていたのです。マネージャーの予想は信じない（笑）。この頃から徐々に自分の目と感覚を信じることにしていたのです。

本場馬入場となり各馬が返し馬を始めます。大歓声に包まれたスタンド前をウオッカがゆっくりと練り歩く中、その離れた後ろでカンパニー鞍上の横山典騎手が、前を行くウオッカを指差しカンパニーに笑顔で何か囁いていました。

「いいか、あいつを差すんだぞ。いいかあいつだぞ。わかったか」

カンパニーはまるで言葉を理解しているかのようにジッとウオッカを見ていました。

鞍上の横山典騎手は私の好きな騎手の一人です。

乗り方が柔らかくお馬さんを一番に思い、無理と思えば絶対に無理をさせない騎乗をする騎手だからです。馬に合わせて常識にとらわれず、その馬、そのレース展開に合わせて、どんな状況でも万能にレースを運ぶ職人肌な騎手だと思っています。実際にカンパニーの脚質にも変化をもたらせました。それまでは後方待機で直線勝負がカンパニーのレーススタイルでしたが、初騎乗となった２００８年の中山記念で道中2番手のまさかの先行策。

そこで2着馬に1馬身4分の3の着差をつけ見事に勝利しています。今までのように後方から差し届かずのような競馬が多かったカンパニーの脚質に幅をもたらせてくれたのです。

毎日王冠の話に戻ります。

レースはウオッカが好スタートを決めて、競りかける馬もなくスピードの違いから、そのままウオッカが逃げてレースは進みます。カンパニーは中団から内に進路を取り虎視眈々と脚を溜め、3コーナー過ぎから徐々に進出を開始します。ウオッカが馬なりのまま2番手グループに2馬身ほどのリードを保ち先頭で4コーナーへ。直線に入ったウオッカはまだ楽な手応えで後続を突き離そうとしますが、カンパニーが最内を突き2番手グループまで押し上げウオッカに猛追します。残り200メートルを過ぎてもウオッカとの差はまだ2馬身ほど。しかしウオッカの外に進路を取ると渾身の力を振り絞り着実にウオッカとの差を縮め、最後はウオッカに1馬身差をつけてゴールしました。横山典騎手がウオッカを標的にしてレース展開を的確に読み、カンパニーがそれに応じて能力を存分に発揮するという、まさに人馬一体となっての勝利となりました。このレースを見て私はますますカンパニーを好きになった事は言うまでもありません。それにしてもこの時の競馬場内の静まり返りようと言ったら（笑）。

8歳の秋にして重賞7勝目を飾ると勢いそのままに、次走の秋の天皇賞でG1勝利の悲願を達成しました。しかも8歳馬のG1勝利は中央競馬初の快挙。

その後、11月22日のマイルチャンピオンシップが引退レースと発表されました。

その日も私はオーディションの話がありましたが、ターフで見られるカンパニーの最後のレースが見られないなんて……。前日の私は夜も眠れないほどでした。こんな気持ちのままオーディションに行っても後悔するだけだ！　私はまだ夜が明けないうちにマネージャーに連絡をして了解を取り、早朝6時に飛行機を取って京都競馬場へと向かいました。小雨が降りしきる中、パドックもゴール板前も最前列に場所を確保し、カンパニーをたくさん見つめていました。

レースでは1番人気に応えての1着となり、カンパニーは有終の美を飾りました。寒空で手もかじかみながら一生懸命にカンパニーの写真を撮っていた私。その時撮った写真とカンパニーのがんばれ馬券は今でも私の宝物です。

中央競馬の平地競争での常識を覆したカンパニー。

その業績を称えられてＪＲＡ賞特別賞を受賞しました。歳を重ねて大成するお馬さんはたくさんいますが、８歳にして大成したお馬さんはカンパニーくらいなものでしょう。

馬の世界でもやっぱりおじさま好きなのかな★（笑）

▼カンパニー

生年：2001年
毛色：鹿毛
生涯成績：35戦12勝［12-4-1-18］
主な勝ち鞍：天皇賞（秋）、マイルCS、毎日王冠、中山記念連覇、マイラーズC、産経大阪杯、関屋記念、京阪杯、ベンジャミンSほか

小さな巨人　ドリームジャーニー

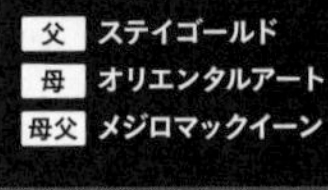

「夢のような旅路」。

私が新たなお仕事を始めるという意味でも、私にとって生涯忘れられない競走馬の一頭です。

私の中でジャーニーといえばこのレース。２００９年第50回宝塚記念。この年から競馬予想を自分のブログで始めたのですが、新聞社の紙面にて宝塚記念の予想を掲載してもらう事となりました。それは私の競馬関係のお仕事の初舞台。このレースではディープスカイが圧倒的1番人気に支持され、ドリームジャーニーは7・1倍と大きく離れた2番人気でした。だけど展開を考え、紙面に掲載した私の本命馬は「ドリームジャーニー」。

レースはほぼ全馬が揃ったスタートを決め、その中からスクリーンヒーローがハナを主張しますが1周目のゴール板を過ぎた辺りからコスモバルクが先頭にたち、そのまま脚を緩めずリードを広げて大逃げをうちます。

前半１０００メートル通過は59秒０とやや早い流れですが、コスモバルクの大逃げでのもので、後続としてはそれほど早くはなく流れます。

後続中団に位置したドリームジャーニーは少し前を行くディープスカイを徹底マーク。

3コーナー過ぎにはコスモバルクと後続との差はみるみる縮まり、ドリームジャーニーもまくり気味に進出をし、各馬一団となって4コーナーへ。

直線に入るとまずはスクリーンヒーローが先頭に立ちますが、サクラメガワンダーがそれに並びかける。

その2頭をめがけてカンパニーが差してきますが前が壁になり抜けきれない。

そしてその外からディープスカイが伸びて来ます。

しかしさらに大外から伸びたドリームジャーニーの豪脚が上回り、先に抜け出したサクラメガワンダーも一気に抜き去り1着でゴール。

上り3ハロンはメンバー最速の34秒3、終わってみれば2着に1馬身4分の3をつける完勝で朝日杯以来2年半振りのGI2勝目を手にしました。

私はお仕事の都合で現地に応援には行けませんでしたが、テレビの前で声が枯れるほど応援をして見事優勝してくれたドリームジャーニーにすっかり魅了されてしまいました。

その後、年内最終戦に選んだのが第54回有馬記念。私は中山競馬場まで行き、ドリームジャーニーのがんばれ馬券を握りしめレースを観戦しました。マネージャーから有馬記念は年内最後のドリームレースだから、大好きな馬を買った方が良いよと言われ、迷うことなくドリームジャーニーのがんばれ馬券を1000円購入したのです。1000円と言ったら少なく思う方もいるかと思いますが、競馬を始めて間もない私には初めての高額馬券(笑)。

このレースでドリームジャーニーは再び自慢の豪脚を披露してくれます。

レースはスタートでドリームジャーニーは出遅れ、後方に置かれてしまいます。

大方の予想通り、ダービー2着馬のリーチザクラウンがハナを切り、前半1000メートル通過は58秒6とハイペースで進みます。

1番人気に支持されたブエナビスタは後方からレースをすると予想されたものの、6番手と好位に位置します。

向こう正面でスリーロールスが故障を発生し場内は騒然となり、直後の3コーナーからマツリダゴッホがまくり気味に進出し、4コーナーを先頭で向かえます。

直線では早めにブエナビスタがマツリダゴッホを交わし先頭に立ちますが、その外からドリームジャーニーが猛然と追い込んできます。

その他の有力馬を尻目に直線で並んだ2頭の叩き合いはゴールまで続き、最後は半馬身差でドリームジャーニーが叩き合いを制し優勝しました。

同年での春秋グランプリ連覇という史上9頭目の偉業

勝となりました。

同じ426kgでの出走と、有馬記念史上最軽量馬の優を達成。さらにこのレースでの馬体重はデビュー当時と

その後のレースでは惜しいレースはありましたが、一度も勝てずに2011年の宝塚記念を最後に引退する事になります。その年の9月には札幌競馬場でドリームジャーニーの引退式が行われる事になり、当時の私はオーストラリアへ馬の勉強のために留学中で、引退式への参加は叶いませんでした。

帰国後、どうしても会いたかった私は北海道の牧場までジャーニーに会いに行きました。

ドリームジャーニーは現役時代に担当していた山下調教助手から聞いてはいましたが、相変わらずヤンチャな面を見せ現役時代と変わらない元気な姿を私に見せてくれました。

そうそう、ドリームジャーニーは、虫の「あぶ」が大嫌い！　あぶが少しでも近くに来るとジャンプやキックを披露してくれます（笑）。自分の馬房から顔を出して様子を見ていたお向かいのヴァーミリアンさん、危うくジャーニーのキック（とばっちり）が当たりそうになって、慌ててよけていました。本気で焦っていました（笑）。

「夢のような旅路」。

ドリームレースと言われるレースを連覇し、その名の通り「夢のような旅路」をしたドリームジャーニー。

まだまだ夢の続きは子供達で見せてね、ジャーニー。

▼ドリームジャーニー

生年：2004年
性別：牡
毛色：鹿毛
生涯成績：31戦9勝［9-3-5-14］
主な勝ち鞍：有馬記念、宝塚記念、朝日杯フューチュリティS、産経大阪杯、神戸新聞杯、小倉記念、朝日チャレンジカップほか

閃光のダービー馬 エイシンフラッシュ

父 キングズベスト
母 ムーンレディ
母父 プラティニ

２０１０年４月18日、私は中山競馬場にいました。この頃、私は某新聞社のコーナーにて、Ｇ１出走馬の取材のお仕事をさせてもらっていたのです。この日は第70回皐月賞。

レースは１番人気に応えてヴィクトワールピサが牡馬の１冠目を制しました。しかし私はその勝馬ではなく、ある一頭の馬の取材がしたくて、全レースが終了した競馬場内のその厩舎に訪れていたのです。私には勝馬よりも目を惹かれた一頭がいました。

その馬の名は「エイシンフラッシュ」。

ドイツ重賞馬という母を持ちますが血統的にはそれほど注目はされておらず、明け３歳で重賞の京成杯を勝利していたものの、皐月賞までにトライアルレースを回避するなど順調さを欠き、休み明けという事もあって当日は11番人気という低評価でした。皐月賞の結果は３着。おそらくその時は「レース前の下馬評を大きく覆す大健闘の着順」と言うのが、多くの競馬ファンの評価だったのだと思います。しかし私は順調さを欠いてこれだけの走りが出来るこの馬に、すっかり魅了されていました。競馬に「たられば」が禁物な事は十分承知ですが、「もし順調にこれていたら、どんな走りが出来たのだろう」。「この馬はこれから楽しみだなぁ」と印象を持ちワクワクしていた私。そんな私に親切に取材対応してくれたのはフラッシュの担当である久保調教助手。久保さんは、何の面識もない私に色々とお話をしてくれました。後で知った話ですが、レース後に取材に来たのは私だけだったそうです。その後のエイシンフラッシュの活躍を考えたら信じられないような話だけど、聞いたときは嬉しかったな。「フラッシュを取材するなんて相変わらずマニアックだね」と言われていたこの日を覆したのが。誰もが知るレース。

そう、2010年5月30日東京競馬場。第77回日本ダービー。

前走、皐月賞3着とはいえやはりフロックと思われたのか、最終的に7番人気という低評価でした。しかしパドックでフラッシュの姿を見た瞬間、私は優勝を確信していました。なぜなら皐月賞と比べて格段に踏み込みが強く、目から表れる内からの闘志。「一変するってこういうこを言うんだ」。その迫力にひらすら目を奪われていました。

レースは確固たる逃げ馬不在で戦前の予想通りのスローペースの中、エイシンフラッシュは中団の内に位置してレースを進めます。前半1000メートル通過は61秒6の超スローペースでレースは進み、隊列が決まった向こう正面から3コーナーまでは淡々とした流れ。

3コーナー過ぎから中団グループが進出を開始し、4コーナーで馬群はひとかたまりになり直線を向かえます。残り200メートル付近で5頭程の叩き合いの中からローズキングダムが、いったんは抜けますが残り100メートル付近でエイシンフラッシュが一気に交わし去り、差し返そうとするローズキングダムの猛追を抑えきって1着でゴール。勝ったエイシンフラッシュは日本ダービー歴代最速の上り3ハロン32秒7を記録。名前の由来通り、閃光の如く究極の決め手勝負で世代の頂点に立ったのです。休み明けの皐月賞で3着になった結果を決してフロックでない事を自ら証明しました。馬主の平井豊光さん、調教師の藤原英昭さん、そして主戦ジョッキーの内田博幸さんは日本ダービー初制覇となりました。

その後、エイシンフラッシュは夏場を休養にあて秋は菊花賞を目指す事となりましたが、トライアルの神戸新聞杯2着の後、菊花賞の追い切り後の歩様の乱れから筋肉痛が判明し、2冠目を狙った菊花賞を断念する事となります。目標をジャパンカップに切り替え古馬に交じっての競馬となったのですが、急遽の予定変更が響いたのかレースでは伸びきれずに8着。続く有馬記念でも出遅

れなども響き最後の直線も伸びを欠き7着と敗れ、3歳後半は本来の力を発揮出来ずに終わる事となります。

古馬となったエイシンフラッシュは国内だけではなく海外のレースにも、積極的に挑戦しますが惜敗などはあるものの日本ダービーから、5歳秋初戦の毎日王冠まで勝ち星には恵まれずにいました。

しかし5歳の秋、7年ぶりに天覧競馬となった天皇賞を2戦目に選び、エイシンフラッシュは約2年5ヶ月ぶりに復活を遂げる事になります。

するためオーストラリアに留学中でした。当時、私は馬の勉強をも心は一緒（笑）。ネット中継でレースを観戦し、遠いオーストラリアから声援を送っていました（笑）。離れていて

鞍上には新たにミルコ・デムーロを起用し、同世代の強敵や勢いのある若駒の精鋭達に交じり5番人気でレースを迎えます。レースは快速馬シルポートが大逃げを図り、1000メートル通過が57秒3のハイペースのまま進みます。中団後方からレースを進めたエイシンフラッシュは徐々に進路を内へと移していき、4コーナーでは最内を突き内ラチ沿いにコースをとったまま最後の直線へ。内ラチ沿いを鋭く伸びたまま残り200メートル過ぎに先頭に出ると、そのまま1番人気のフェノーメノの追撃を抑え優勝しました。世代最強となった日本ダービーと同じ東京競馬場で見事復活を遂げたのです。その後のウイニングランではメインスタンドまで向かい、鞍上のデムーロが本場馬で下馬しヘルメットを脱ぎ、レースを展覧した天皇皇后両陛下に向かい、膝を折って深々と最敬礼したのも皆さんの記憶に残っているかと思います。

その後6歳になった翌年にG2の毎日王冠で優勝するものの惜敗が続き、その年のジャパンカップでは押し出されるように先頭に立ち逃げをうったものの、慣れない戦法が響いたのか10着と惨敗。年内引退を決め引退レースとして選んだ有馬記念の直前で、歩様の乱れからレースを回避し、そのままを引退する事となってしまいました。G1勝利としては日本ダービーと天皇賞の2勝でレース生活を終える事となりました。

2013年12月23日中山競馬場。エイシンフラッシュ

の引退式が行われました。オーストラリアから帰国していた私はもちろん中山競馬場にいました。エイシンフラッシュと出会って3年7ヶ月。
悔しい思い出、
うれしい気持ち、
また歯がゆい思い。
本場馬入場曲と共に現れたエイシンフラッシュの姿を見て、たくさんの事を思い出し涙が止まりませんでした。

黒鹿毛の馬体を輝かせながら閃光の如く直線を駆け抜けたエイシンフラッシュ。
パドックで同じ馬の比較の大切さを教えてくれたのもフラッシュでした。あのダービーでのフラッシュを見た時の衝撃がなければ、私はパドック予想を始めていなかったです。

エイシンフラッシュ、私にとって忘れられない名馬の一頭です。

▼エイシンフラッシュ

生年：2007年
性別：牡
毛色：黒鹿毛
生涯成績：27戦6勝［6-3-7-11］
主な勝ち鞍：日本ダービー、天皇賞（秋）、毎日王冠、京成杯

不屈の末脚

ツルマルボーイ

父 ダンスインザダーク
母 ツルマルガール
母父 サッカーボーイ

通算7勝を挙げたツルマルボーイが得たG1タイトルは、安田記念のひとつのみ。

それでもこの書籍のラインナップに加えさせていただいたのは、完全に個人的な事情である。つまり私の「奇跡の名馬」。

最初の理由は2003年の産経大阪杯。その時期に私はグリーンチャンネルで天皇賞（春）に向けて制作された「赤き血のブレイン」という番組で、出走が予想される馬を牧場などで取材する撮影チームの手伝いをしていた。

そのときに担当したのは日高地方の馬たちで、生産牧場での取材にツルマルボーイも加えていた。ただ、そのときのツルマルボーイは、前年に宝塚記念2着、京都大賞典2着があるものの、春の天皇賞に出るかどうかは不透明。生産牧場の濱本泰彰さんも「どうかなあ」と話していたほどで、ツルマルボーイを取り上げるかどうかはある種のギャンブルだった。

それでも強行したのは、今にして思えば若気の至り的なところがあったように思える。前年の天皇賞（秋）に出走して11着に敗れ、それから休養に入っていたツルマルボーイの始動は、2000mの産経大阪杯。ここで惨敗したなら取材スケジュールは白紙になる。

普通に馬券を買って見守るのとはまったく違う緊張感。レースはいわゆる「行った行った」の展開で、前に行った3頭がそのまま粘り込む形になったが、最後の直線でツルマルボーイが猛然と差を詰めてくる姿はテレビ画面で確認できていた。

どこまで届いてくれるのか……

結果はマイソールサウンドをハナ差かわしての3着。これならおそらく天皇賞に行ってくれるだろう。直前に回避することになったとしても、映像を使うことには違和感がない。

そんな安堵感もあって、思わず濱本さんに電話してしまった。あの3着はツルマルボーイと橋口弘次郎厩舎をはじめとした陣営のみなさまには失礼な話なのだが、私にとっては「奇跡」だった。

天皇賞（春）はヒシミラクルが勝ち、サンライズジェガーが2着で馬連万馬券。社台グループの生産馬がイングランディーレだけという特異な年に行われたなかで、ツルマルボーイは4着。2番人気での4着だったが、それでも個人的には満足度がある着順だった。

しかしながら、ツルマルボーイは勝ち星をなかなかつかめない状況が続いた。

連覇を狙った金鯱賞はタップダンスシチーの2着。宝塚記念はヒシミラクルの奇跡に負けて2着。休み明けで臨んだ天皇賞（秋）もまた2着。

天皇賞のとき、東京競馬場に臨場していた濱本さんは、レース直後に魂が抜けたような顔で薄く笑みを浮かべていた。

重賞で2着5回。G1で2着が3回。天皇賞の後はジャパンカップで15着、有馬記念で4着。翌年の産経大阪杯は前年と同じように差を詰めてきたが6着。その状況では、前年のような期待をかけるのは少々厳しいというのが正直なところだった。

その結果、陣営が選んだのは安田記念。2歳7月の小倉で1200mの新馬戦を制した馬だが、それ以後の勝利はすべて1800m以上という馬である。ただ、この時期に芝を主戦場とする古馬のトップクラスが選べるのは、安田記念か金鯱賞、あるいは休養して宝塚記念というところ。馬群から離れた最後方を追走して、最後の直線だけで2着に食い込んだ前年秋の天皇賞を思えば、東京競馬場ならマイル戦でも期待できるのではないかという考えは、私のなかには少しあった。

その2日前、濱本さんから東京競馬場で合流しましょうと連絡があった。

安田記念のパドックに出走馬が入ってくる直前に合流し、周回する18頭をチェック。しかしどの馬がどんな雰囲気とか、まったく頭に入ってこない。馬券を当てるために見るパドックが、その日はまったく違うものに感じられた。

濱本さんもいささか上の空といった表情。かわした会話もフワフワしたもので、5階の来賓席に座ってからも言葉を発しにくい空気が続いた。

そんななか、斜め後ろの席から知り合いの競馬記者さんが「そこ、当たる席だよ」と声をかけてくれ、ふと携帯をチェックした浜本さんが「あれ、中京の5万馬券が当たってる」と笑うなど、なんとなく雰囲気は悪くないのかなという感じはあった。

しかしレースはやはり、客の立場で見るのとは違う緊張感があった。勝つのはたった1頭だけ。そして負けることがほとんどというのが実際のところだ。

雨で照明が入り、薄暗いなかでの安田記念。ツルマルボーイの鞍上は、それまでの横山典弘騎手から安藤勝己騎手に代わっていた。これまでは大外一気で結果を残してきた馬。雨模様のレースでもあり、テーブルに備えられている小さなモニター画面では、どの馬がどこにいるのか正確に把握することは難しかった。

それでも4コーナーを曲がり終えて最後の直線に入るところで、オレンジ色の帽子が大外にいるのが確認できた。

「また大外か」

そう反射的に声を出してから数秒後、オレンジ色の帽子がもうひとつあることに気がついた。

「内だ、内！」

その声を出したのは残り400mあたりだったか。大外のオレンジ色は、最後方からの追い込みに賭けたダンツジャッジ。ツルマルボーイはそれより1列前で脚を溜めていたのだ。

そこからはひたすら「ボーイ、ボーイ！」と机を叩きながら叫ぶのみ。レースは総勢4名で見ていたのだが、ゴールの瞬間はもろ手を挙げて濱本さん以外の3人は絶叫し、そして濱本さんをもみくちゃにした。

当の本人は、何が起こったのかわからないという表情でポカンとしている状況。それでも次第に生産馬のG1初制覇が理解できたようだった。そして芝コースの上での表彰式。馬主の鶴田任男さんもG1での優勝は初めて。2年もの間、勝ち星から遠ざかっていたツルマルボーイが挙げた、奇跡の勝利だった。

ツルマルボーイという名前は、管理していた橋口弘次郎調教師がつけたもの。「母がツルマルガールだからね。

単純なほうがいいんですよ」と後日、笑いながら教えてくれた。鶴田オーナーは橋口師と同じ、宮崎県三股町の出身。そのコンビでは菊花賞に出走したツルマルミマタオー、都城市にある「母智丘（もちお）」という公園から名前をとったツルマルモチオーなど、郷土愛あふれる名前の馬を世に送り出してきた。

その集大成のひとつとして、ツルマルボーイは大舞台を制した。鶴田オーナーはその数年後に亡くなってしまったが、そのときの満足気な表情は今でもすぐに思い出せる。

産経大阪杯での3着、そして安田記念の優勝。個人的な話で恐縮だが、ツルマルボーイは私の心に残る奇跡の名馬なのである。

▼ツルマルボーイ

生年：1998年
性別：牡
毛色：鹿毛
生涯成績：32戦7勝［7-6-3-16］
主な勝ち鞍：安田記念、金鯱賞、中京記念、メトロポリタンSなど

走る労働者、走る功労者

サンエムキング

父　ナグルスキー
母　サンエムスピード
母父　スティールハート

この馬の名前をちゃんと知っている、憶えているという人は、一体全体どれ位いるのだろう。

　高崎競馬で十四歳まで走り、廃止になった後、水沢競馬に移籍して、さらに走ったすごい競走馬なのだが。高齢で現役を続ける馬はいるのだろうが、サンエムキングは若い馬と変わらないローテーションでなおかつオープンクラスで走り続け、掲示板を滅多にはずさなかった。こんな馬がどれくらいいるだろう。

　高崎競馬に通い始めた時、彼はすでに百戦を越えていた。

　大晦日に行われる高崎大賞典。その出走馬の名簿にサンエムキングの名前があった。その名簿を見ながら、若い男二人連れが、

「あり得ない、百戦だってよ」

と、指差して笑っていたのが彼だった。中央競馬ファンなのだろうが、正直とても不快だった。

　高崎大賞典当日、初めてサンエムキングを見た。

　意外に小柄できゃしゃで、背中の肉こそ落ちていたし、毛艶は若い馬に比べれば悪かったけど、鶴首になって闘志満々歩いていた。

　平成六年十一月、サンエムキング新馬戦デビュー、九着。その後なかなか勝てず、七戦してようやく勝ち上がった。コンスタントに走るものの大きい所は勝てず、調教師は次第に矯正馬具に傾倒していく。

　一時は障害に転向する話も出たが、サンエムキングは、どうやら全く才能が無かったらしい。

　中央時代、騎乗した騎手は、松永さんや藤田さんやら、実にそうそうたる顔ふれで期待されていたのだろうか。

八歳を迎え、いよいよ頭打ちだとされたサンエムキングは高崎へ移籍する。

最初の周藤調教師は矯正馬具を全て外してしまう。大英断だった。自由になったサンエムキングは四連勝するのである。その後、高崎で水を得た魚のように走り始める。

彼は鋼の脚と呼ばれるくらい故障しなかった。丈夫だという事もあったが、走り方が所謂じり脚というやつだった。切れる脚は故障との背中合わせなのだ。

いつも先行抜け出しだった。こつこつと一つずつ、確実にサンエムキングは走った。

地方競馬、と言うと一段も二段も低く見下す人が多いが、記録ホルダーは地方の方が多いのだ。

中央と比べれば何もかも貧相で、粗末だけれど、温かみのある手作り感は、そこにいると和む。

我が街、我が競馬場で走る馬に思いを掛けると楽しさ倍増だと思うのだが、どうだろうか。

競馬をピラミッドに例えると、中央が天辺で地方は底辺である。底辺を支えているのは、サンエムキングのような馬達なのだ。

走る労働者とも言える彼等が、実は競馬界を支えているのだと思う。

高崎競馬の最後のレース、高崎大賞典は降雪のために中止になり、サンエムキングは岩手水沢へ。明けて十四歳。さすがに寄る年波には勝てず、ついに、鋼の脚は引退の時を迎える。

獲得賞金は三億二千十七万四千円。いつの間にか3億を超える額を稼ぎ出していた。

高崎が廃止になって、サンエムキングがどうなるのかわからず、最悪な結果を予想していたが……

JRAの手帳に、種牡馬として載っていたのだった。この時ばかりは神に深く感謝して涙した。生きていたのだ。

青森で種牡馬となったサンエムキング。種付け希望は一頭だけだったそうだ。

だが、不受胎。翌年は一頭も無く、種牡馬としてやっていくのは厳しいと登録抹消となる。

サンエムキングは再び群馬へ。前橋の群馬馬事公苑へとやって来る。今度は乗馬となるために。

そのために去勢手術が施されるが、その途中で彼の心臓が止まってしまうのである。
この世での役割を全て終えたとでも言うように……
死ぬ十日ほど前のサンエムキングの写真を見た事がある。その顔は穏やかで、あどけないとも言える表情だった。たくさんの人に愛され、愛した優しい馬の顔だった。

▼サンエムキング

生年：1992年
性別：牡
毛色：鹿毛
生涯成績：156戦19勝［19-24-22-91］
主な勝ち鞍：高崎記念、太平記記念、スプリンターズ賞、東国賞、新春杯、織姫賞、開設記念、師走S連覇、竹秋Sほか

金船よ、今日はどこ ゴールドシップ

父 ステイゴールド
母 ポイントフラッグ
母父 メジロマックイーン

２０１５年12月27日の有馬記念、ラストランだった。

世間では〝ゴルシ〟と呼ばれているようだが、私は彼を「ゴルちゃん」と呼んできた。

強い時は滅茶苦茶強いのに、負ける時はあり得ない負け方をする。

密かに、ゴルちゃんはすごい天才なのではないかと思っていたのだが、関係者の皆さんの話を総合すると本当に天才だったのだ。

不可解な負け方をした時も、彼的に気に食わない何かがあって、今日は走らない、と決めたのではないのか。

何と言っても、凱旋門賞の負け方だ。

何でこんな遠くまで来て走らなくちゃならないんだ、と思ったんじゃないだろうか。調子は良かったから、あんな負け方をするのが不思議、と調教師が語っていたが。

普通競走馬はパドックを周回する時、今日は調子が良さそうだとかいまいちだな、とかわかるものだが、彼に関してはまったくわからない。

走ってみなくちゃわからないのだ。

そこが面白いし、可愛いなと思ってしまうのである。

関係者の皆さんはさぞかしご苦労された事だろう。

四歳の秋までのゴルちゃんは、ダービーこそ五着だったが、まさに不沈艦と呼ばれるほど安定した成績だった。ところが以降変わってしまう。

ゴールドシップが二頭いた、と言われるほどの変化だった。

おそらくだが、四歳の秋まで彼は自分が何者かわからなかったのではないのか。この頃ゴルちゃんは、自分が特別なのだと悟ったのではないか、と思うのである。

あの歴史的出遅れの宝塚記念の時、隣に入っていた

トーホージャッカルが暴れ、ゴルちゃんはうるさいと吠えたのだそうだ。どうにか落ち着いたと思われ、ゲートが開くと同時に立ち上がってしまって……

競馬場がどよめいた。三秒遅れでのスタートだったが、ゴールした時、一着のラブリーデイと一・五秒差まで縮めていた。彼は別次元を走っていたのだ。

母方のお爺さん、メジロマックイーンは武豊とのコンビで安定した勝ち方をした名馬だった。

その父はメジロティターン。強い時は強かったが、不可解な負け方をする事があったのだそうだ。ゴルちゃんの不可解さは曾お爺さんに似たのだろうか。

母方を遡ると、「星旗」という馬が出てくる。

大正から昭和の初め頃に英国とアメリカからたくさんの牝馬が輸入される。英国からの馬には種の字を当て、アメリカからの馬には星の字を当てて。

星の馬からは綺羅星のごとく名馬が誕生していく。

星旗からは、他に昭和三十一年ダービー馬ハクチカラが出ている。

ゴルちゃんの出身牧場は有限会社出口牧場である。家族経営の牧場で、星旗の血が大切に残されていたのだ。

メジロマックイーンことマックだが、その血統はとてもレアなものなのである。今生きているサラブレッドは、ネアルコと言う馬の影響を受ける馬ばかりだが、マックは影響を受けていない。

世界中を探しても滅多にお目にかかれないという珍しい血統で、星旗の血にこのレアな血が合わり、さらにステイゴールドが加わってゴルちゃんは誕生した。

実は世にも珍しい血を引いているのだ。

ゴルちゃんはこれからは仔馬の父となり、優秀な子を残す事が大切な役割となる。現役時代に故障はしなかったけど、それは極めて優れた身体能力を持っていたからだそうだ。

普通の競走馬が、一生に数度しかないほどの絶好調の時、これがゴルちゃんは当たり前だったのである。全身がバネで、ショックアブソーバーで、だからこそ故障しなかった。

この優れた身体能力は子に受け継がれるはずである。優れた身体能力で走った馬として有名なのはディープインパクトがいるが、種牡馬として成功しているのは誰もが知るところであり、ゴルちゃんもそうなるのではないかと大いに期待してしまう。

ゴルちゃんの祖父メジロマックイーンだが、実は印象的な一枚の写真がある。

種牡馬入りして最初の種付けシーズンを迎える前に、生産者を集めての展示会のもので、引き出されたマックは、本当に緩み切った顔をして集まった人達を眺めているのである。口をカパッと開け、目じりを下げ、馬ってこんな顔をするんだ、と驚いた。

周りの人間達が真剣そのものであるだけに余計面白い写真だった。

マックは、周りの状況を理解して落ち着いて行動する、と言う馬だったそうで、どうやらゴルちゃんはそういう所を受け継いでいるらしい。

気難しい馬であった事は確かだけれど……

最後の有馬記念、もしかしたらもしかするかも、と密かに皆期待したが、そこはゴルちゃんである。一筋縄ではいかない。この破天荒な葦毛馬は、人の思惑などどこ吹く風、我が道を駆け抜け、ターフを去って行った。

▼**ゴールドシップ**

28戦13勝
獲得賞金13億9776万7000円
2009年3月6日生まれ
北海道日高　出口牧場
父：ステイゴールド
母：ポイントフラッグ
母父：メジロマックイーン
主な勝ち鞍：クラシック二冠（皐月賞、菊花賞）、有馬記念、宝塚記念連覇、天皇賞（春）、阪神大賞典三連覇、神戸新聞杯、共同通信杯ほか

ダート王国の貢献者

テスタマッタ

父 Tapit
母 Difficult
母父 Concern

※アホヌラ（優駿達の蹄跡管理人）

コパノリッキー、ダノンレジェンド、オールブラッシュ、そしてテスタマッタ。2008年の開業から10年足らずの間に、栗東・村山明調教師に二桁のGI級タイトルを勝ち取らせた所属馬のラインナップだ。この厩舎の黎明期に先陣を切って活躍した馬が、本稿の主人公テスタマッタである。その戦歴を眺めると、GI級2勝の栄誉はもとより、レース選択・騎手起用・疾病対処法・遠征技術などの多くのノウハウを厩舎にもたらし、今日のダート王国の繁栄に少なからぬ貢献を果たした馬、筆者はそんな印象を感じ取る。

テスタマッタはタピットの初年度産駒として米国ケンタッキー州で生を受けた。今や米国屈指の人気種牡馬として押しも押されもせぬ存在となった父だが、当初は並のGI馬としか見られておらず、ましてや未勝利戦を1勝しただけの牝馬との仔であるテスタマッタに対する評価は良血とは程遠かった。2歳時のバレッツマーチセールにおいて1ハロン10秒6の好時計を叩き出したものの、落札価格はわずか6万ドルに過ぎなかった。

我が国に輸入されたテスタマッタは、9月に開業を迎えたばかりの村山師のもとに入厩する。10月に京都競馬場の芝のマイル戦で内田博幸騎手を背にデビューを迎えたテスタマッタは、後に京成杯を勝利するアーリーロブストを破って新馬勝ちを飾った。村山厩舎にとっても初勝利という門出となった。

次走に選ばれた芝2000mのエリカ賞は、ダービー馬アドマイヤベガやキングカメハメハを送り出した出世レースとして名高い。勝てばクラシック出走が現実味を帯びるところであったが、後に主戦騎手となる岩田康誠騎乗で臨んだ結果は4着。この敗戦で潔く春のクラシックに見切りをつけた陣営は、テスタマッタを4か月休養させる。

皐月賞当日に阪神競馬場で復帰したテスタマッタは、そこから芝レースを3戦消化するもいずれも着外。この結果に、芝レースに固執するべきでないと判断した陣営は、ダートへの転向を決意する。

日本ダービー当日の東京競馬場、ダート1400mの平場条件戦に出走したテスタマッタは、スタートで後手を踏むも後方待機から追い込みを決め、後の重賞馬エーシンビートロンを下して2勝目を挙げた。余談であるがこのレースの鞍上を務めた四位洋文騎手は、一昨年のウオッカと前年のディープスカイでダービーを2連覇していたにも関わらず、この年のダービーでは乗り馬がいなかった。筆者はこのレースを現地観戦していたのだが、雨の中怒涛の追込みを見せる姿に、鬱憤晴らしの執念を感じたものである。

関西に戻って出走した阪神ダート1200m戦の出石特別でも若干スタートで後手を踏むも、上がり3ハロン34秒4という驚異的な末脚を繰り出し勝利した。なおこの上がり時計は、驚異の追込みとして名高いブロードアピールの根岸Sで計時された34秒3と比べても遜色がない。勿論条件が異なるため単純比較はできないが、彼の身体能力がこの時点で相当高いレベルにあったことが窺える。

ダート戦を連勝したテスタマッタは、余勢を駆ってJpn1ジャパンダートダービーに駒を進める。800mの距離延長と重賞未出走が不安視され、単勝人気はライバルの重賞ウイナー3頭が2倍から4倍前後の数字で拮抗していたのに対し、テスタマッタへの支持は11・8倍の4番人気に過ぎなかった。なおテスタマッタと同じセールで12万ドルの値で購買された同馬主のスーニもこのレースに出走しており、Jpn1全日本2歳優駿に優勝した実績により1番人気に支持されていた。

レースは中央馬が先頭に固まる展開となり、エリカ賞以来の騎乗となった鞍上の岩田騎手は集団の後方、ライバルの動きを背後から注視できる位置につけた。直線に入ると馬群の真ん中を割って力強い末脚を披露し勝利、見事に3歳ダート馬の頂点に立った。

3連勝でJpn1をものにしたテスタマッタの前途は

洋々と思われたが、早くもこの秋には苦難が訪れる。秋初戦は盛岡の南部杯を目標に調整されていたが、出走賞金不足により除外の憂き目に遭う。代わりに出走することとなった別定戦の武蔵野Sでは3歳馬にとって酷な58kgの斤量が課せられることとなる。クリストフ・スミヨン騎手を背に出走したレースでは、前走で下したワンダーアキュートから1秒遅れた11着に大敗してしまった。続く浦和記念では、地方馬2頭に先着を許し3着に終わった。この時騎乗していたスミヨン騎手の指摘により喉頭蓋エントラップメントを発症していたことが判明、手術を行うことになりここで3歳シーズンを終えた。なお父のタピットも現役時代に喉の手術を受けた経験がある。

明けて4歳となったテスタマッタは、鞍上を岩田騎手に戻して出走した川崎記念で3着と好走した。次走のフェブラリーSでは、今後幾度となく同じレースで争うことなるエスポワールシチーとの初対決となり、一歩及ばず2着。成績がようやく安定してきた矢先に、不運にも右橈側手根骨を骨折していることが判明、春シーズンを全休することになってしまった。

骨折は軽度であり、秋には早くも復帰戦を迎える。この時岩田騎手は落馬による骨折で戦線離脱しており、替わりに内田騎手が鞍上を務めることになる。しかし復帰後の日本テレビ盃と南部杯では4着・6着と結果が出せず、結局この年は未勝利で終えた。

年が明け、5歳になったテスタマッタは川崎記念に登録するも左肩の出が悪くなったため出走を取り消し、次にフェブラリーSを目指すも賞金不足で除外されてしまう。思うようにレースに使えずにいたが、抽選を突破して出走した仁川Sで3着に入り、ようやく復調の兆しを見せた。そんな中、5日後の3月11日に東日本大震災が日本列島を襲う。

被災した中山競馬場は当面開催ができなくなったため、4月上旬までの重賞は阪神競馬場に移設され、中山で3月27日に行われるはずだったGⅢマーチSも桜花賞当日の阪神最終12レースに被災地支援競走として実施されることとなる。このレースにテスタマッタは四位騎手とのコンビで出走、4コーナーで力強い捲りを見せ、58kgの斤量を物ともせず1年9か月ぶりの勝利を重賞の舞台で見事に飾った。

次走の東海Sでは、四位騎手が同日のオークスに騎乗するため福永祐一騎手に乗り替わって4着。夏には再び四位騎手とのコンビで函館のオープン特別を2戦するも勝利には届かなかった。秋は武蔵野S7着を経て大目標のジャパンカップダートに臨むも、出遅れた上に折り合いを欠き、結果生涯最低着順となる12着と大敗を喫してしまった。

どうにも歯車が噛み合わない状況を打開するため、陣営は次走の東京大賞典でおよそ2年ぶりに岩田騎手を鞍上として起用する。結果はスマートファルコンとワンダーアキュートのハナ差接戦から2馬身差の3着と、復調の気配を見せる。続く年明けの根岸Sでも斤量面での不利を跳ね除けて3着に粘り、本番のフェブラリーSに向けて手応えを感じさせた。

迎えた2月19日のフェブラリーSでは、前年のJCダート上位馬が揃い踏むハイレベルのメンバー構成と、大外枠からの発走が嫌われ、テスタマッタの人気は単勝24・3倍の7番人気と戦前の評価は低かった。しかしゲートが開くと、スタートも折り合いも完璧といえるレース運びを見せ、直線では岩田騎手の激に応えて鋭い追込みを決め、栄光のゴールを駆け抜けた。勝利騎手インタビューに東京競馬場の5万人のファンが注目する中、岩田騎手が放った「ヤッテマッタ」の台詞は、その後一部の競馬関係者（筆者の周辺を含む）の間で静かなブームとなっていった……と思う。

この2012年はテスタマッタにとって生涯で最良のシーズンだったといえる。フェブラリーS後はかしわ記念3着、帝王賞3着、ブリーダーズゴールドC2着、JBCクラシック5着と、勝利には一歩届かないものの入着賞金を堅実に獲得していった。しかしこれらの敗戦では道中しばしば折り合いを欠き、持ち味の末脚を温存できずに終わる競馬が散見されるようになる。

7歳になったテスタマッタは前年と同じローテーションで、根岸S6着からフェブラリーS連覇を狙うが、直線で前が詰まる不利もあり7着に終わった。次のかしわ記念では、この年JRAに移籍した戸崎圭太騎手と初コンビを組んで挑むも4着。引き続き戸崎騎手鞍上で臨んだ1400mのさきたま杯で、現役最後のとなる勝利を挙げた。

帝王賞は折り合いを欠いて5着に終わり、この夏は

休養に充てる。秋初戦として陣営が選んだレースは1200mの東京盃。かかってスタミナを消耗する負けパターンを繰り返していたため、強気の気性が生きるとみてスプリント路線に舵を切ったのである。ここでの2着に手ごたえを感じた陣営は、JBCを初めて開催する金沢競馬場でのJBCスプリントに川田将雅騎手を鞍上に配して挑む。このレースでは後藤浩輝騎手が生涯最後のGI級勝利となる気迫の騎乗でエスポワールシチーを優勝に導き、テスタマッタはライバルから2馬身遅れた4着となった。

続くジャパンカップダートは最低人気まで評価を落とし、結果も8着と振るわなかった。8歳になった翌年もフェブラリーSを目指すが、前哨戦の根岸S7着後に右前繋部浅屈腱炎を発症し、ついに現役生活を退くことになった。なお、根岸Sでコンビを組んだ田辺裕信騎手は、乗り馬がいなくなったフェブラリーSで同厩のコパノリッキーの鞍上に起用され、最低人気による勝利という大波乱を起こすことになる。

引退後、テスタマッタは韓国に輸出され、済州島の緑原牧場にスタッドインした。当地での人気は絶大で、韓国全体の生産頭数が1500頭に満たないにもかかわらず、100頭以上の繁殖牝馬を集める超人気種牡馬となっている。国際化を進めている韓国競馬界に身を置く彼の産駒が、かつての日本でのライバルの仔たちと鎬を削ることになる日も近いだろう。

▼テスタマッタ

生年：2006年
性別：牡
毛色：鹿毛
生涯成績：37戦7勝［7-4-7-19］
主な勝ち鞍：ジャパンダートダービー、フェブラリーS、マーチS、さきたま杯ほか

超光速神話

アグネスタキオン

父 サンデーサイレンス
母 アグネスフローラ
母父 ロイヤルスキー

競走馬と時代を共有してきて、衝撃を受けた馬は何頭かいるが、ここではアグネスタキオンを書きたい。

伝説となっている2000年のラジオたんぱ杯3歳ステークスGⅢ（現在の表記では2歳）をみたときは本当に興奮した。

レース前の予想では、前々走、前走の2戦ともレコード勝ちをしたクロフネが勝つと思っていたし、キャリアがありレベルが高い札幌3歳ステークスを勝ったジャングルポケットがおそらく2着にあがるだろうと思っていた。レースが始まる前までの私のアグネスタキオンの評価は、将来的にはアグネスタキオンがクロフネ、ジャングルポケットを逆転する可能性もあると思っていたが、まだ新馬戦の1戦しかキャリアしかないアグネスタキオンがクロフネ、ジャングルポケットに勝つ想像がどうしてもできなかった。

しかし、レースでは4コーナーから楽々と先頭に立ったクロフネを目標にアグネスタキオンが動き出し、「さあ、クロフネにどこまで迫れるか」とみていたら、瞬間的にアグネスタキオンが加速しクロフネを離した。私はその急加速に衝撃を受けゴール前ではアグネスタキオンの鞍上の河内騎手が流す余裕もあったことに愕然とした。

そして、タイムをみると、なんとアグネスタキオン、ジャングルポケット、クロフネまでの上位3頭が当時のレースレコードを更新していた！

このときの私は競馬歴が浅かったが、「恐ろしいものをみてしまった」と戦慄した。

年が明けて、2001年のクラシック戦線が始まり皐月賞トライアルレースの弥生賞にアグネスタキオンが出

てきた。

パドックでアグネスタキオンが出てきたときに、異様なざわめきが起こった。

当日の馬場はどろんこ状態の不良馬場だった。不良馬場はアグネスタキオンにとっては初めての経験となり、もしかしたらボロ負けもありえるのではないか？　と思った。

しかし、アグネスタキオンはここでも私の想像以上のレースをする。

アグネスタキオンはラジオたんぱ杯3歳ステークスのように最終コーナーから馬なりで加速しラスト200mを切り独走状態に入り、そのまま5馬身で圧勝した。

不良馬場という課題を楽にこなしたアグネスタキオンの天才性に当時の私は今までにない興奮を覚えた。

出走メンバーが強化された皐月賞ではあったが、アグネスタキオンは1・3倍とダントツの1番人気の支持をされた。「どんな勝ち方をするのか」、勝つことは当然とされその勝ち方まで期待されたアグネスタキオン。

アグネスタキオンはこの皐月賞でも結果を出した。2着ダンツフレームに1・1／2馬身、3着ジャングルポケット2馬身と本来なら文句のつけようのない完勝だった。

しかし、どこか物足りない。私だけでなく、こう感じた競馬ファン、競馬関係者は多くいたと思う。

別路線から参戦してきて能力を評価された3番人気のダンツフレーム、ラジオたんぱ杯3歳S以来の再戦となる2番人気のジャングルポケットを見事に抑えての完勝なのだから、本来は文句もつけようもないはず。しかし、

「私が今までイメージしてきたアグネスタキオンとは何かがズレている。私は今までの内容からあまりに過度に期待していたのか……」

そのような疑問がしばらくは胸につっかえていた。

そして、皐月賞から2週間が経った後にアグネスタキオンは屈腱炎により引退する。

あの皐月賞後の故障……いや、もしかしたら、不良馬場の弥生賞後に異変みたいなものがあったかもしれない。今となっては全てが憶測でしかありえない、皐月賞後のアグネスタキオンの物語は存在しない。

アグネスタキオンの引退後、アグネスタキオンに敗れたジャングルポケット、クロフネ、マンハッタンカフェ、ダンツフレームの世代レベルがどれくらい高かったのか、それをその後のレースで証明していく。

少し各馬のその後について書いてみる。まずはアグネスタキオンが走った3レースを参考までに書いておこう。

アグネスタキオン

ラジオたんぱ杯3歳S（GⅢ）1着
弥生賞（GⅡ）1着
皐月賞（GⅠ）1着

ジャングルポケット

ラジオたんぱ杯3歳S（GⅢ）2着
皐月賞（GⅠ）2着
【アグネスタキオン引退後戦績】
ダービー（GⅠ）1着
ジャパンカップ（GⅠ）1着　☆3歳馬で日本の一流古馬、外国一流馬に勝利
天皇賞（春）（GⅠ）1着　1着はマンハッタンカフェ

クロフネ

ラジオたんぱ杯3歳S（GⅢ）3着
【アグネスタキオン引退後戦績】
NHKマイルカップ（GⅠ）1着　レコード
ジャパンカップダート（GⅠ）1着　7馬身差　世界レコード　※2016年夏季時点で未だ抜かれず。
☆3歳馬にして国内外最強クラス（前年覇者ウイングアロー、当時の全米最強級リドパレス他）に圧勝。

マンハッタンカフェ

弥生賞（GⅢ）4着
【アグネスタキオン引退後戦績】
菊花賞（GⅠ）1着
有馬記念（GⅠ）1着　☆3歳馬にて日本の一流古馬に勝利
天皇賞（春）（GⅠ）1着

ダンツフレーム

皐月賞（GⅠ）2着

【アグネスタキオン引退後戦績】
安田記念（GⅠ）２着
宝塚記念（GⅠ）１着

と、アグネスタキオンに負けた馬たちが古馬のGⅠ路線でめざましい活躍をしているのがわかる。なかでも驚きなのが、３歳馬とまだ心身ともに出来上がっていない状態で、古馬路線の頂点ともいえるジャパンカップ、ジャパンカップダート、有馬記念を勝利している点だ。この実績もあって、この世代を「最強世代」に挙げる競馬ファンも多い。

ラムタラの章で神秘的な馬は滅多にいないと書いたが、アグネスタキオンもまた神秘的な馬だった。
あまりに早過ぎる競走生活と種牡馬生活、そしてこの世すらも速く駆け抜けていった（アグネスタキオンは２００９年に死亡）。記録にも記憶にも残る２００１年世代の名馬たちのクロフネ、ジャングルポケット、マンハッタンカフェが種牡馬として今も活躍しているのをみると、ふとアグネスタキオンが現実の時間軸にいない不思議さが残る（この執筆は２０１６年）。そして、アグネスタキオンの存在自体がまるで幻のように錯覚してしまうのである。

▼アグネスタキオン
生年：１９９８年
性別：牡
毛色：栗毛
生涯成績：４戦４勝
勝ち鞍：皐月賞、弥生賞、ラジオたんぱ杯

宿命と黄金時代の狭間で

キングヘイロー

父　ダンシングブレーヴ
母　グッバイヘイロー
母父　ヘイロー

日本競馬史上最強の98年クラシック世代。その中でもその潜在能力を認められ、ファンに愛されながらチャンピオンの座につけなかった伏竜鳳雛の名馬、それがキングヘイローである。

超が三つついても足りないほどの超一流の血統構成。父は欧州最強馬ダンシングブレーヴ、母は米国でGⅠを勝ちまくった名牝グッバイヘイロー。

キングヘイローは生まれながらにGⅠホースとなるのはもちろん、王者となることを宿命づけられていた馬だった。

キングヘイローの成績が物足りなく感じるのは、我々がそれだけ彼に期待し、いかに重い使命を与えていたがためなのだ。彼の持っていた素質は間違いなく同期のエルコンドルパサー、グラスワンダー、スペシャルウィーク、セイウンスカイ、エアジハードらにも負けないものを持っていた。

しかし、彼はその待て余さんばかりのポテンシャルを常に発揮できなかった。

まず気性に問題があった。内枠に入り、外から被せられると戦意喪失。かといって外枠ではかかって暴走してしまう……。

さらには馬場も選ぶ馬だった。野芝はダメ、洋芝は大好き。

注文の絶えない、自分の気持ちを突き通す、良く言えば天衣無縫な性格の持ち主だったのかもしれない。そんな彼の馬生を顧みていこう。

デビューは秋の深まった京都の芝1600m。外に膨らむも素質でカバー。2戦目、黄菊賞は出遅れるも爆発

的末脚で快勝。そして初の1番人気、初の重賞勝利となったのは3戦目の東京スポーツ杯2歳S。（ちなみに当時の主戦だった福永騎手もこのレースが初重賞勝利。）このレースでは1:48.0というレコードも記録。結局このタイムは、コスモバルク登場まで並ばれることさえなかった。

ラジオたんぱ杯ではすばらしい末脚で追い込むも2着。年明けて弥生賞でライバル2騎・スペシャルウィーク、セイウンスカイと初対戦。3着完敗だったが、皐月賞でこそは……の内容だった。

そして本番、皐月賞ではスペシャルウィークに生涯唯一となる先着を果たし、セイウンスカイを追い詰める2着……これならいつかはGⅠに手が届く……誰もがそう思った。

しかし、ここから長く暗い屈辱の迷路へと、キングヘイローは踏み込んでいってしまうのだった。

悪夢の始まりは日本ダービー。かかり、大暴走。見せ場すらない14着という大敗。〝ナイトメアの日々〟とでも言うべきメロディーが、キングヘイローの背景に流れはじめる……。

三強と呼ばれたにもかかわらず、一冠も手にできなかったクラシック戦線。

路線転向、乗り替わり……中距離から短距離、短距離からダート路線へ……それでも、どうしても獲れないNo.1。

担当した坂口調教師へ浴びせられる罵詈、罵声……。悔恨と苦悩の日々……。

「なんとかこの馬にタイトルを……」

中距離からマイル路線、さらにはダート挑戦、そうしてスプリント界へ矛先を向けた。

勝利のためなら、もう形振り構わず挑んでいった。

キングヘイローを信じ、待ち続けた坂口調教師とファンに……そして誰よりもキングヘイロー自身にその瞬間はやってきた。

高松宮記念1着。GⅠ制覇。

積年の想いが結実した瞬間だった。

ほんとうに遠かった栄光……坂口調教師は号泣してい

た。そしてファンも……。

『僕はキングヘイローが好きです。競馬を中学1年の時から好きでした。当初はクラシック候補だったあの頃も、ダービーを逃げたあの頃も、全ては今となっては過去の思い出です。キングヘイローと共に競馬に燃え、キングヘイローと共に競馬を知り、キングヘイローと共に競馬を楽しみました。いつまでたっても獲れないチャンピオンの称号。歯痒さ、もどかしさが先行し、同期の馬たちは素晴らしい成績を収め、その間にもキングヘイローは惨敗を繰り返していました。それだけの事があってか、宮記念では涙が溢れてきて「キングヘイローに出会えて良かった」と思いました』――JSEより一部抜粋。

当時、筆者も高校生であり、馬券を手にできる環境になど無かったにも関わらず、馬券抜きでこのキングヘイローに魅せられ、追いかけ続け、そして高松宮記念ではテレビの前で号泣した。一頭の馬を巡り、ここまで嬉し涙を声も上げて泣いたのは、後にも先にもキングヘイローしかいない。それほどに彼に夢中だった。心の底から涙が溢れ、それをどうにも止められなかった。顔を揉みくちゃにして泣き喚いた事を覚えている。

また意外なところからも声援は届く。

「滋賀県栗東町キングヘイロー様」の宛名で、大阪拘置所より届いた封筒の手紙には、こう記されていたという。

「本当に感動しました。私も早く更生して、社会復帰して、再びキングヘイローを応援したいです」

無数のファンから愛されたキングヘイローだったが、結局GⅠはこの一勝に止まってしまい、ターフを去っていった。

２００1年1月11日。旅立つ勇者を見送るために、坂口調教師、担当厩務員さん、そして福永祐一ほか、大勢の人々が集まった。

冬空の下、想いは悠かなる昔日の日々を越え、こみあげていった――。

彼の見せた直線最終最後の1F……届きそうで届かない、『光』を求めるみんなの想いが、その一閃には込められていた――……。

キングヘイロー

父：ダンシングブレーヴ
母：グッバイヘイロー
母父：ヘイロー
生年：1995年
性別：牡
毛色：鹿毛
生涯成績：27戦6勝［6-4-4-13］
主な勝ち鞍：高松宮記念、中山記念、東京新聞杯、東京スポーツ杯3歳Sほか

【追記】

キングヘイローがターフを去ってから18年の歳月が流れた……キングヘイローの産駒からもローレルゲレイロ（スプリンターズS）やカワカミプリンセス（オークス、秋華賞）といったGIホースが現れ、種牡馬としてもそれなりの成功を収めていた時、2018年の5月21日、ダービーウィークに〝ヘイロー現象〟と言われる、滅多に見れない稀少な自然現象が東京の空に現れた。この週のダービーを福永祐一は優勝。念願悲願のダービージョッキーの称号を勝ち取った。キングヘイローのダービー挑戦から実に20年経っての栄冠であった。この「ヘイロー現象」は、祐一のダービー戴冠の予兆だったのではないかと囁かれた。そして、さらに時は流れ、2019年3月19日。キングヘイローは天へと旅立った。

その週は偶然にも、自身初、そして最後のGI制覇ともなった高松宮記念の開催週であった。何か不思議な繋がりを感じずにはいられない、そんな想いが往年のファンの胸中を去来する中、行われた高松宮記念。

かつてキングヘイローの手綱を取った福永祐一騎乗のミスターメロディが優勝。インコースを付き、セイウンコウセイと競り合った瞬間、その瞬間、その一刹那である……確かに、私の目にはキングへイローの姿がミスターメロディに重なって見えた。

もうその瞬間に涙腺は崩壊した。天国のキングへイローがダービージョッキーとなった戦友・福永祐一を安心して旅立っただけでなく、最後にもう一度一緒に走りたかったのだと。キングへイローの最後の末脚が乗り移ったがごとく斬進したミスターメロディがセイウンコウセイを凌ぎ切って優勝を果たした。

まさに天国の盟友へと捧げるGⅠ勝利だった。

福永騎手は勝利ジョッキーインタビューにて次のように語っている。

「そういうのってあるんですかね。キングへイローが後押ししてくれた。あの馬には色々な事を教わりました。でも、僕はあの馬に何もしてあげられなかった」

きっと天国からキングへイローも成長した友の勇姿に胸を熱くしているだろう。

安心して天への旅路を往く前に、もう一度、祐一と走り、栄冠を掴み取りたかった……

その舞台を自身の勝ったGⅠ競走を選んだのかもしれないと……そんな叙情に駆られた。この世には確かにあるのだ。人知を超えた不思議な力。切っても切り離せない、目に見えない運命の糸で繋がれた「絆」というものが。

本当に大好きな馬。自分の人生の一部であり、私の競馬観はこの馬により形成されていった。生まれ変わりがあるのなら、次の世界でも、貴方のようなサラブレッドに巡り会いたい。本気でここまで思える存在に出会えた事に、キングへイローに再度、敬愛と敬礼、そして大きな拍手を送りたい。

例年より、早く桜風が吹いた午後。春の日差しの公園。空を見上げ、涙を拭った――。

何かが終わり、何かが始まる予感を、果てのない蒼空が心へと告げていた。

Wonderlust
～いにしえ幻の名馬たち～

エロス
ジャマイカ競馬史上最強・最速・最高の短距離馬

エロス。1988年生。生涯成績41戦29勝。2着4回、3着2回。ジャマイカ競馬が見た歴代最高の短距離馬と言われるのがこの馬である。CTLカリビアンスプリントチャンピオンシップ5勝（1991～1994年まで四連覇。1996年に競走生活復帰後にも優勝）はダントツの史上最多勝であり、レッドストライプスプリントも4勝、ベンソン&ヘッジスゴールドカップ、チェアマントロフィ2回と実績でも史上最高の勲章を重ね上げた。そのスピードもすさまじく、5Fで56秒4、6Fで1:08.4というトラックレコードをマーク。驚くべきことに1000m、1200m、1300m、1400mすべてでレコードを保持していた。完全なスプリンター特化という訳でなく、1800m近辺の距離までならカバーしており、1830mの1:50.0という、強烈なレコードタイムも記録している。ジャマイカ競馬の殿堂入りも果たしており、ジャマイカ競馬の関係者、評論家、ファンが一同にこれまでに見た最高のスプリンターはエロスという結論は揺るぐことの無い、不変の解答となっている。しかし、不運にもエロスは去勢されてしまっており、その類稀なる天性のスピードを後世へと継承することは叶わなかった。

ブリガンド
ハンガリー伝説の障害王

ブリガンド。1870年生。ハンガリー伝説の障害馬。現在のチェコ共和国の誇る世界最難関の障害レース、ヴェルカパルデビツカを1875年に制し、1876年、1877年と連覇。合計3回も制した名馬。

第Ⅱ部 Fターフメモリー

世界記録集完全版

世界に散りばめられし、目を疑うような、究極絶烈震かつ永久不滅とも思える記録をご覧頂きましょう……。

世界最多連勝記録(無敗で)

1位　56連勝　カマレロ(プエルトリコ)
2位　54連勝　キンツェム(ハンガリー)
3位　39連勝　ガルゴジュニア(プエルトリコ)

日本最多連勝記録(デビューから)

1位　22連勝(伝説)　第二メルボルン(横浜根岸・池上、サラ系・牝)

この記録は間違いであると、通りすがり様より情報をご提供頂きました。事実上の1位は下のシュンエイのものになります。あえて〝幻の伝説〟として、このまま表記させて頂きたく思います。

2位　20連勝　シュンエイ(国営、アングロアラブ種)
3位　19連勝　チアズファンシー(公営・佐賀)
※生涯成績28戦21勝
4位　18連勝　トウケイニセイ(公営・岩手)
5位　17連勝　ベルモントアクター(公営・船橋)
※南関東記録

世界史上最多連勝記録(途中から)

1位　49連勝　コフレス(プエルトリコ)
2位　44連勝　コンダード(プエルトリコ)
3位　33連勝　ウィンクス(オーストラリア)
次位　29連勝　ドージマファイター(日本、公営・足利)

※日本最高記録

世界史上最多勝記録

1位　487（350（ヒート競走）＋97（繫駕速歩））勝　ゴールドスミスメイド

クイーンオブトロッター。獲得賞金36万4200ドル、当時の世界レコードが80年近く破られずに残った。121戦92勝。1857年4月に生を受けた歴史的名繫駕速歩競走馬。〝クイーンオブトロッター〟の異名を取り、ライバルたちは皆畏怖の念持って敬遠したという。1864年から1877年まで走り続け、引退レースでは約20歳以上も若い牡馬を相手に圧勝し、ファンへと惜別を告げた。古の米国繫駕速歩競馬の神話的女傑の話である――。

2位　359勝　ブラジェ

繫駕速歩競馬の王国スウェーデンが生んだ史上最多勝記録を誇る伝説のトロッター。生涯出走回数ではフィンランドのレイパスに譲るが、勝利数では世界一。477戦359勝［359-54-55-0-0-9］。

3位　348勝　レイパス

フィンランドが生んだ超神話的名馬。1951年にデビューし1965年まで14年間も競走生活を続けた。勝利数も全世界1位となる348勝。生涯1300戦。この記録はもう人類滅亡、競馬消滅のその日まで破られることはないだろう。

▲レイパス

4位　342勝　シスライン

北欧繫駕の神話的名馬。生涯成績386戦342勝。［342-17-16-0-0-11］。

5位　335勝　イングマール

北欧競馬伝説の300勝以上を上げた5頭の内の一頭。生涯成績417戦335勝。［335-32-41-0-0-9］。レジェンドファイブ5頭の成績を合計すると……

3280戦1701勝！！！　もはやこの世の物とは思えぬ数字……とても5頭で上げた成績とは思えない……すご過ぎる。

6位　317勝　ヴォンカウス

レイパスに同じくフィンランドにて記録を打ち立てたヴォンカウス号。1961年に生まれ、1977年まで競走を続け、生涯出走数は700戦に達した。

7位　264勝　シングルジー

父：アンダーソンウィルクス
母：リトルジプ
生年：1910年4月4日
性別：牡
毛色：鹿毛
調教国：米国
生涯成績：436戦264勝
［264-88-37-47］

▲シングルジー

額に浮かぶ〃G〃の文字を連想させる流星が命名の由来だという、歴史的ペーサー。オーナーであるW．B．ベアフット氏の故郷、インディアナ州ケンブリッジシティにはシングルジーの壁画まであり、その街のノースグリーンストリートの一角には、彼が眠る墓碑がメモリアルとして残されている。

人々万民から慕われ、愛された歴史的名馬である。14年間にも渡り走り続け、繋駕速歩競馬で唯一となる10万$ホースにも輝いた。

額に浮かぶ"G"の星。偉大なる勝利数は永久に語り継がれよう。

8位　244勝　カリプリンセン

379戦244勝［244-77-51-0-0-7］。スカンジナビアの誇る芦毛の怪物。

9位　239勝　モルテンブラジェソン

372戦239勝［239

▲モルテンブラジェソン

-16-23-18-66-10]。史上最多勝馬ブラジェを父とする豪傑馬。父子合わせての戦績は849戦598勝という凄まじさ。

10位　229勝　ステッグベスト
北欧繋駕速歩競馬の大種牡馬となる。生涯成績389戦229勝。[229-83-50-17-0-10]。

11位　219勝　コムネスブランド
戦績308戦219勝[219-9-10-3-57-10]。

12位　218勝　カーク
271戦218勝[218-22-23-0-0-8]。

13位　206勝　モブ
繋駕速歩競馬で活躍した後、馬車馬として活躍。生涯成績307戦206勝。[206-13-14-10-54-10]。

14位　203勝　クラース
タッドジョン
334戦203勝。[203-26-29-22-47-7]。

15位　200勝以上　古代ローマの戦車競走に使われた馬名不詳の馬

▲古代ローマの戦車競争

16位　197勝　コリスバール(プエルトリコ)　※平地競走最多勝利
17位　160勝　ヨウコノ(プエルトリコ)
18位　152勝　コンダード(プエルトリコ)

日本史上最多勝記録

1位　トーオクオー　104勝(ばんえい、ペルシェロン種)294戦104勝
2位　コガネマル73勝(公営・春木競馬アングロアラブ種、障害含む)
3位　フクパーク62勝(公営・園田アングロアラブ種)

日本生涯不敗連勝記録

1位　ホウリン　16戦16勝(船橋・小檜山悦雄厩舎)
父：ミキノチカラ
母：福里
母父：セントオー

アングロアラブで昭和38年8月から昭和39年3月に掛けて記録。16連勝達成後、故障。その後殺処分となり、人知れずこの世を去っていった。

2位　ツルマルサンデー　15戦15勝

荒尾・佐賀競馬で活躍していた父サンデーサイレンス、母ツルマルベッピンというなかなかの良血馬。最初は中央競馬に所属していた。

3位　クリフジ　11戦11勝

真の不敗記録？　18戦17勝（17戦17勝）

ピットライデン（福山・鋤田久厩舎）

父：ピットボーイ

母：クインマウンテン

母父：ホクトライデン

1987年に生まれたアングロアラブで、高知競馬でデビュー。当時は打越慶男厩舎に所属しており、田中守騎手の手綱で初戦を迎えると520kgという破格の巨体で他馬を威圧し、なんど3秒5も2着馬につける衝撃的大勝でデビュー戦を飾る。その後も圧勝楽勝の連続で、常に1秒以上の大差勝ちをするのが当たり前。福山競馬に移籍してもその強さに陰りは無く、連勝を続けていたが……。1991年7月6日にB3特別（ダ1600m）にてレース中に故障し競走中止。もしこの馬が無事ならばどこまで連勝を伸ばしていたのだろうか？

世界生涯不敗連勝記録

生涯成績73戦73勝
繋駕速歩競馬史上、世界最強最高の名馬　ダン・パッチ

ダンパッチ。1896年生。生涯成績73戦全勝。繋駕速歩におけるキンツェムのような存在。父ジョーパッチェン、母ゼリカ、母父ウィルクスベリー。ダンパッチは繋駕速歩において史上最も偉大であり、世界に名を馳せる存在。世界繋駕速歩競走における最高の名馬と断言していい名馬中の名馬である。73戦して一度も負ける事が無かったと伝えられている。キ

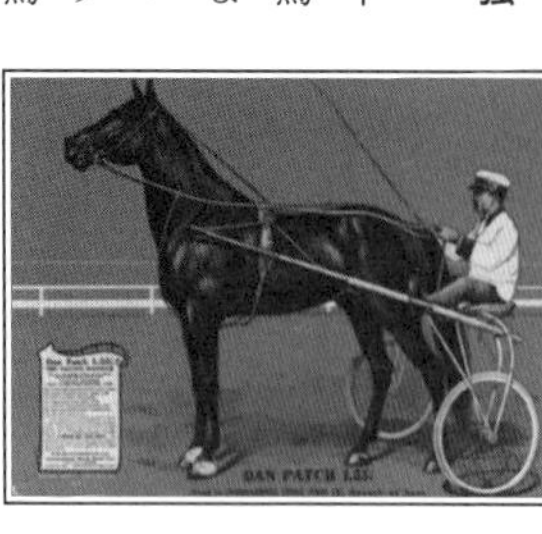

ンツェムの54戦不敗も奇跡だが、ダンパッチのこの記録も未来永劫に不滅のミラクルレコードと言えよう。ヒート競走（※）において2回のみ敗れたことがあったというが、そのいずれでも2勝以上をダンパッチが上げ事無きを得ていた。

※ヒート競走：競馬において、同一の組み合わせの競走馬によって複数回のレースを行うことによって優勝馬を決定する方式の競馬。1回のレースを1ヒートと呼び、ある馬が2回ないし3回優勝するまで続けてヒートが行われた。

次位54戦54勝　キンツェム（ハンガリー）

世界GI史上最多勝記録

史上最多GI優勝数　25勝
ウインクス（2011年生、豪国、父ストリートクライ）

生涯成績：43戦37勝

GI勝ち鞍一覧：コックスプレート四連覇、クイーンズランドオークス、エプソムH、チッピングノートンS四連覇、ジョージライダーS四連覇、ドンカスターカップ、ジョージメインS三連覇、コーフィールドS、クイーンエリザベスS三連覇、ターンブルS連覇、ウィンクスS

ウィンクスは33連勝のオセアニア記録を打ち立て、三年連続の年度代表馬、世界最高賞金獲得女王（21億2000万）、そして今後もう達成不可能であろうコックスプレート四連覇の大偉業を打ち立てた。オーストラリアのみならず、オセアニア史上最強馬であり、南半球史上最強牝馬と断言して良い。国際GI四連覇トリプルの記録を打ち立てる馬も、向こう100年は出現しないであろう。何より、足掛け4年も無敗を貫いた成績を、裏街道でなく、自国の最高レベルのレースを走り続け、国際レースを勝ち続けた。現代競馬でもはやありえないほどの桃源郷をターフで表現し続けた名馬の中の名馬、ウルトラスーパーホースである。

史上2位（障害競走史上1位）　22勝
ハリケーンフライ（2004年生、愛国、父モンジュー）

生涯成績：42戦26勝

GI勝ち鞍一覧：チャンピオンハードル2回、アイリッシュチャンピオンハードル4回、ロイヤルボンドノヴィスハードル、フューチャーチャンピオンノヴィスハードル、チャンピオンノヴィスハードル、パンチェスタウンチャンピオンハードル、ハットンズグレースハードル、ディセンバーフェスティヴァルハードル2回、ラボバンクチャンピオンハードル3回、モルジアナハードル3回、リヤンネアーハードル

3位はジョンヘンリーの16勝。

同一レース連覇記録

同一レース5連覇

ゴールデンマイラー（牡、イギリス）

チェルトナムゴールドカップ5連覇、1932年〜1936年にかけて達成。

ケルソ（セン、アメリカ）

ジョッキークラブゴールドカップ5連覇。1960年〜1964年にかけて達成。

マニカト（牡、オーストラリア）

ウィリアムレイドS5連覇。1979年〜1983年にかけて達成。

マンハッタンボーイ（牡、アメリカ）

ペースヘヴンセーリングハンディキャップハードル5連覇。1986年〜1993年にかけて達成。

ファーザーフライト（牡、イギリス）

ジョッキークラブカップ5連覇。1991年〜1995年にかけて達成。

マクダイナモ（セン、アメリカ）

ブリーダーズカップグランドナショナル5連覇。2003年〜2007年にかけて達成。これはGI級競走の最多連覇記録でもある。

平地GI競走の連覇記録は4連覇

タイザノット（せん馬、オーストラリア）

チッピングノートンS（1999年〜2002年）
ヴィニーロー(牡、アイルランド)
　愛セントレジャー（2001年〜2004年）
イェーツ(牡、アイルランド)
　アスコットゴールドカップ(2006年〜2009年)
ゴルディコヴァ(牝、フランス)
　ロトシールト賞（2008年〜2011年)

　しかし、上には上がいるもので……

同一レース6連覇
ビーズウイング(牝、イギリス)
　ニューキャッスルゴールドカップ6連覇。1836年〜1842年にかけて達成。
ブラウンジャック(牡、イギリス)
　クィーンアレクサンダーS6連覇、1929年〜1934年に達成。
ゴッズソリューション(牡、イギリス)
　レースアラウンドヨークシャーハンデキャップ6連覇。1985年〜1991年にかけて達成。

　まだまだ上には上がいる!!……

同一レース7連覇
ドクターシンタックス(牡、イギリス)
　プレストン・ゴールド・C7連覇。1815年から1821年にかけて達成。
フランクピカード(牡、イギリス?)
　グランドスティープルチェイスアットディエペ7連覇。1853年〜1861年にかけて達成。
アルカポネII(牡、フランス)
　ハイヤジョセリン賞7連覇。1993年〜1999年にかけて達成。
リスクオブサンダー(牡、フランス)
　ラトウチェカップ7連覇。1995年〜2002年にかけて達成。

　そして、極めつけの世界記録は……

同一レース8連覇（世界記録）

リーピングプラム（セン、アメリカ）

グラスミックハンディキャップ8連覇。1995年〜2003年にかけて達成。

世界記録保持馬リーピングプラム。この永遠の金字塔を破る馬は現れることがあるのだろうか？

世界史上最多連敗記録

1位　192連敗　マイネアトリーチェ

父：タマモクロス
母：ブライトステージ
母父：ラッキーソブリン
［0-2-6-184］（牝／日本・笠松）
生年：2003年4月22日

同期はあのディープインパクト。そのディープが三冠を達成する2005年10月23日の京都競馬場第4レース、2歳新馬でデビュー。結果は9頭立て6着。その後、中央競馬では6戦0勝に終わり、金沢の服部健一厩舎へ移籍。しかし、移籍後も連敗を重ねてしまう。兵庫、愛知、笠松と所属を代えるものの連敗は続き、2012年1月9日の笠松競馬場第2レースで敗れ連敗数新記録となる180連敗を記録した。その後1度も勝利することなく、192戦0勝の成績で2012年7月16日に競走馬登録を抹消。

2位　179連敗　カンムリホルダー

父：ロングニュートリノ
母：グロウゲンザン
母父：リヴリア
［0-6-11-162］（牝／日本・園田）
生年：2001年5月1日

3位　165連敗　エリザベスクィーン（牝／日本・園田）

4位　161連敗　ハクホークイン（牝／日本・浦和）

▲カンムリホルダー

5位　159連敗　サシカタ（牝／日本・国営）
6位　140連敗　シャッフル（牝／日本・園田）
7位　135連敗　ドナチェパ（牝馬。米領プエル・トリコ島にて記録。日本馬以外では最多連敗記録保持馬。1998年生まれ）
8位　124連敗　★オーロエネ（牝馬。オーストラリア・障害競馬にて記録）
9位　120連敗　トサノカオリ（牝／日本・北海道）
10位　116連敗　ブラックハーロック（牡／日本・園田）
11位　113連敗　ハルウララ（日本・高知）
12位　111連敗　イリヤジョウオー（アラブ／牝／日本・川崎）
13位　108連敗　グレースアンバー（牡／日本・名古屋）

▲ドナチェパ

オーロエネは1974年生まれ。写真は調教師のジョージ・チトス氏との一枚。

またヨーロッパの最多連敗記録は、2001年にサウスウェル競馬場の障害戦で記録された100連敗。記録してしまったのはキザールクロセットという16歳の高齢セン馬で、飛越に失敗してのものだった。この時騎乗していたケント騎手は「今日は調子が良くなかった（笑）」とジョークでインタビューに答えていたという……。

中央競馬・国営競馬の連敗記録

中央競馬

94連敗　テンケイ

1957年から1960年まで連敗し続けた。1957年が17戦、58年に37戦、59年は28戦、60年に12戦と猛ペースで消化。内50敗が障害戦のものだったという。

国営競馬

111連敗　トキツバキ

1951年から1953年にかけて連敗を記録。わずか3年間でテンケイを超える連敗記録。想像を絶するような酷使をされたことだけは間違いなかろう。

オマケ

世界史上最多連敗の予想家　216連敗

ニュージーランドのヘラルド紙の名物記者、ビル・パティスン氏がその人。本命に推した216頭中、86頭が1番人気。連敗がストップしたのは1981年4月28日。エスラリー競馬場の第4レース、単勝1・1倍のホットキャットが1着。ついに連敗地獄のドロ沼を抜ける。しかし、この歴史的（?）勝利を上げたのち、またも108連敗してしまうのだった……。また彼は、あまりに当たらないのを逆手に取り（?）、『UNWELCOME FAVORITE』＝「有り難くない本命」と自ら題した予想コラムを紙上にて連載していたという。

プロの予想家ではないがメディアへ予想を公開し続けていたタレントでこの記録を更新してしまった芸人がいる……

236連敗

シャンプーハットこいで氏がその方。最恐の逆神王の名を欲しいままにした（?）……4年9ヶ月間もの間的中がなかったという。

世界史上最多出走記録

1位　レイパス　1300戦（フィンランド、繋駕速歩競馬）

ここでも登場。フィンランドが生んだ超神話的名馬。1951年にデビューし1965年まで14年間も競走生活を続けた。勝利数も全世界1位となる348勝。生涯公式競走1300戦。ゲーム

の世界でも到底不可能と思えるこの記録1300走は、もう人類滅亡、競馬消滅のその日まで破られることはないだろう。着度数は［348-115-57-43-737］（優勝-2着-3着-4着-5着以下）。

2位　ゲルニカ　776戦（スペイン）

競走年間22年。1912年～1934年。バスク地方のとある農夫の農耕馬として生まれた白駒は、その純白麗美な舞う様な走りが見たいと、負けても勝っても、雨の日も日照り続く日も、1日4戦5戦を問わず走り続けていたという。

3位　ヴォンカウス　700戦

▲ゲルニカ。平地競走225戦（ヒート競走含む）＋繋駕速歩302戦（ヒート競走含む）＋障害競走198戦＋草競馬51走

▲ヴォンカウス

4位　コトブキライアン（ばんえい）　488戦

［37-59-60-66-68-198］2002年6月1日にデビューし、2016年3月20日まで出走し続けた。

5位　ブラジェ（繋駕速歩競馬）　477戦

［359-54-55-0-0-9］繋駕速歩競馬の王国スウェーデンが生んだ史上最多勝記録を誇る伝説のトロッター。生涯出走回数ではフィンランドのレイパスに譲るが、勝利数では世界一。

6位　コガネマル（牝馬）　476戦（公営）

7位　クイックシルバーS　464戦

▲ブラジェ

クイックシルバーS。1949年生まれ。オランダの誇る歴史的名トロッター。生涯成績464戦142勝、2着76回、3着44回。

8位　シングルジー　436戦(繋駕速歩競馬)

9位　セニョールベスト　409戦(高知競馬)

▲クイックシルバーS

10位　ヒブラゼ　406戦(米国競馬)

1935年に生まれ、14年間も走り続けた名馬。着度数[79-73-52-202]。

12位　ステッグベスト　389戦(北欧繋駕速歩)

13位　カリプリンセス　379戦(北欧繋駕速歩)

14位　モルテンブラジェソン　372戦(北欧繋駕速歩)

15位　トヨタカ　374戦(ばんえい)

16位　イエロー　350戦

イエロー。1981年生まれ。オランダ繋駕速歩競馬の殿堂馬。生涯成績350戦70勝。2着50回、3着36回。

17位　アントン　348戦

アントン。1959年生まれ。オランダの名馬。生涯成績348戦93勝、2着60回、3着41回。

18位　スターオブゴールドスター　334戦

スターオブゴールドスター。1976年生まれ。オランダの強豪馬。生涯成績334戦65勝、2着55回、3着44回。

18位　クラースタッドジョン　334戦(スウェーデン繋駕速歩)

次位　ミヤマリージェント　329戦(高知)

ちなみにJRA記録はハートランドヒリュの127戦。日本繋駕速歩競馬（昭和43年廃止）ではビージーキングの271戦が最高記録。

3日間で5戦3勝2着2回……
平地・速歩・障害……
レースの次にまたレース

〝仙人風呂〟なのか〝千人風呂〟なのか、その名の由来は不明だが、この馬が刻んだ上記の記録がどれほどの凄い記録なのかというのも、世界競馬史に残る世紀の大記録であることも、断片のみでは判然さっぱりわからない。
それでは、その内約を仔細になぞって行くことにしたい。

時は大正9年。秋季函館競馬初日、第一Rの速歩競走（繋駕速歩競馬3500m、2頭立て）にセンニンブロという黒鹿毛の馬出走し勝った。センニンブロはこの後小休憩を取り、同日第六Rにも再び登場。ここはフソウという馬の2着に敗れるが、なんと翌日また出走し、第六Rでイサミという馬の2着。ここまでは明治・大正期の競馬であればたまに見かける光景であったが、このセンニンブロという馬、恐ろしくタフだったようで、最終日の3日目にも参戦してきたのである。まず第一競走の速歩競走（4000m）で圧勝。さらに、脅威的にもつづけて次の第二競走にもすぐさま顔を見せ、ここでも鮮烈な勝鬨を上げるのであった。しかもこの競走、障害競走だったのである。

つまり、このセンニンブロ、3日間1日も休むことなく、立て続けに出走し続け、なおかつ平地・速歩・障害という全く異質の三競走で勝利。しかも連対率100％をキープしたままで、最後の日には2レース立て続けの連闘。ダービーの翌日にダービーを勝ったラッシュアウェイという米国馬もいたが、こちらはさらに凄まじい。これが世界競馬史最短の連闘異種競走勝利記録である。

さて、もう一頭空前絶後の連戦連勝記録を残した馬を紹介する。それがモノトニーである。

【モノトニー】

明治2年、横浜根岸競馬の秋季開催にて、ブリタニアカップ、チャレンジカップ、バンカーズカップ、レジャーカップ、売却ハンデキャップステークスと、5連勝。なんと2日で5勝してしまったのである。無人の荒野を行くがごとくの大勝の連続も、風刺雑誌の『ジャパン・パンチ』は、彼の馬名にかけ、「全く単調（モノトナウス）なレースでつまらない」と痛切に書記。完全に皮肉られてしまった。これが2日間における世界最多勝利記録数である。

1日で8走した馬もいたと、札幌育種場競馬場の記録に残っている。

ちなみに、近代日本競馬における連闘最高記録はラガービッグワンの12連闘。1995年6月10日～8月27日まで12週連続での出走。出走したレースは全12戦とも未勝利戦。最高着順は3着3回が精一杯だった。

現代競馬において、もはやこれらの記録を更新することは永遠に不可能。それというのも、昭和39年から1頭の馬を2日連続して使用することが禁じられた為である。

それまでは土曜に出走した馬が日曜にまた出走してくるということもあったのだが、もう二度とこうした酷使をすることは出来ない。さらに、昭和44年からは出走してから4日を経過しなければ競馬に使うことも禁じられ、現世においては「出走した日から起算して5日以内に施行される競走については、出馬投票することができない」という規定が設けられている。永久不滅の世界記録を持つ馬が、日本競馬の忘れ去られた時間の海にモノクロの残影を今も浮かべている——……。

同着世界記録集　～世界同着メモリアル～

アパパネミリオン

日本競馬史上、初となるGⅠ1着同着劇となった2010年の優駿牝馬（オークス）。内サンテミリオン、外アパパネ。雨中の乙女が織り成した激闘は、本年のみならず競馬史上に残る奇跡のレースとなった。

馬券の当りハズレを完全超越。こんな機会に邂逅（めぐりあう）ことはもうないだろう。

しかし、世界は広い。本項ではこれまで紹介したものも含め、ありとあらゆる同着の数々を紹介したい。

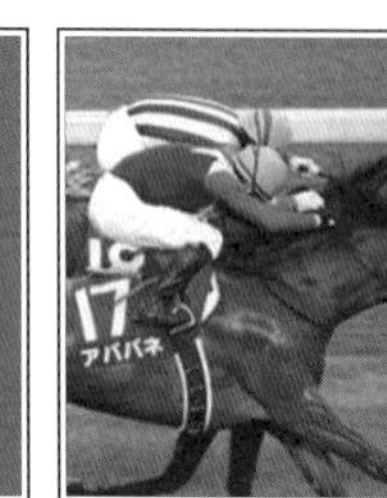

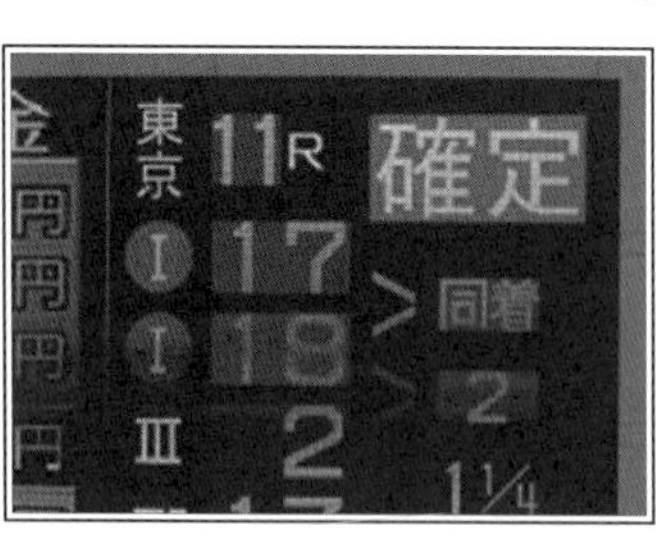

ダービー1着同着史

その昔……まだ写真判定が導入されていなかった時代（写真判定が始まったのは20世紀に入ってから）、あまりに際どい決着は完全に判別できる訳もなく、協議の結果、同着として処理されていたことが多々あった。

２００年以上の歴史を持ち、燦然と偉光を放つ世界の頂点の一つである英ダービーでも同着は存在している。１８８４年のダービーがそれで、勝ち馬はセントガティエンとハーヴェスターの2頭。また、１８２８年には１着同着と見なされた2頭カドランドとザコロネルが決勝レースを行い、結果カドランドが栄えあるダービー馬に輝いた。

ちなみ世界主要各国のダービー史を見渡したところ、同着となったレースは他に19例存在する。その詳細については、別記参照されたい。

しかし、その何れもが同着となった場合はそのまま平穏に収まっていた。また目視で勝敗を決定できないほどの接戦だった場合は決勝レースを行い、何れかをダービー馬に選定してきている。

ところがである……このどちらにも該当しないとんでもない事件が起きたことがある。

事件は１８８２年のドイツ。その年のクラシック第一弾メール・ミュンヘンス・レネン（ドイツ２０００ギニー、芝１６００ｍ）を快勝し、ダービーでの二冠を狙ってきたトラーケンバーグという馬が本命に目されていた。対抗格にはオーストリアのダービーを快勝して遠征してきたタウルスが挙げられていた。ホームで負ける訳にはいかない……負ける訳ないトラーケンバーグだったが、距離経験あるタウルスに大苦戦！　2頭がデッドヒートを繰り広げ、寸分の差もないままそのまま並んでゴールイン！　観衆が湧きに沸いたのは言うまでもないが、焦点はただ一つ……。

「どっちが勝ったのか!?」

長い審議の末、導き出されたのが同着であった。

しかし、これに納得いく訳のないトラーケンバーグ陣営はもう一度再戦だと言って譲らない。それもそうだ。相手は別国の馬、雪辱の機会はそうはない。隣国とは言え、現代のように交通網も同機関があまりにも脆弱な時代。ここで再戦して倒さねば、もう威厳は取り戻せない……かもしれない。

なんと、このあまりにも荒唐無稽の要求はあっさりと受け入れられ、90分後再度対戦することに。

しかし、しかし、しかし、これが悲惨な結末を生んでしまう！な、なんと……トラーケンバーグはタウルスに3馬身以上も千切られ、完敗を喫してしまったのである（笑）。しかし、公式の優勝決定戦のマッチレースではなかったため、トラーケンバーグのダービータイトルは歴史の中残り続けることになるのであった……。

世界のダービー同着劇　※前述の3例は除く

フランス
・1882年ダンディン&セントジェームス
・1886年サイコモア&ウパス
・1908年キンテッラ&シーシック
アイルランド
・1924年ハイネ&ゾディアック
・1934年パトリオットキング&プリメロ
ドイツ
・1872年ハイメネエウス&シーマン
・1875年パルミュラ&シンドラー
・1893年ゲェイアー&ハンデンブルグ
ロシア
・1886年（第一回）
ベルギー
・1951年
チリ
・1965年
ペルー
・1948年
ジャマイカ
・1944年
アルゼンチン
・1894年ジェネラルラヴァル&ポルテナ
オーストラリア　※AJCダービー
・1919年アーティレリーマン&リッチモンドメイン
・1935年アルンガ&ホーマー

カタール　※カタールダービー（ドーハ競馬場右回り、芝２０００ｍ）
・２０１５年ルージュランナー＆タナフ

日本競馬における同着劇

地方の1着2頭同着
　昭和46年11月27日の笠松競馬

三頭同着という奇跡。


奇跡を超える奇跡。3頭が1着に並ぶ――。

　そんな光景が英国では写真判定の導入以前に10回、導入後の１９８６年まででも5回、計15回記録されているという。一方、米国でもやはりそれは存在し、１９４０年以来17回も3頭同着の記録がある。１９８１年10月にリンカーン競馬場、同年12月サフォーク・ダウンズ競馬場で記録されたものが一番近年のものとして記録に残る。

日本競馬の3頭同着史

　明治13年（１８８０年）6月9日、春季横浜競馬3日目の最終競走終了後の別当競走で記録されたものが最古とされる。距離は１６００ｍ。斤量は各馬56・6ｋｇで5頭が出走。デイジーチェイン、チェックメイト、アナンデールの3頭が鼻面を揃えてのゴールイン。15分後に3頭による優勝決定戦が行われ、アナンデールが優勝。2着にはデイジーチェインが入った。しかし、チェックメイトがゴール直後に落馬するという不可解なアクシデントが発生。直ちに審議が執り行われ、厳重なる精査の結果、デイジーチェインの機種が故意にチェックメイトに馬をぶつけたものと審判が下り、チェックメイトが2着に繰り上がったという。

　大正9年（１９２０年）10月30日、秋季横浜競馬2日目の第7競走（各内国産馬1マイル）に7頭が出走。奇跡はこのレースで起きた。

　レッドウイング（牝6）、ラトニヤ（牝6）、トコナツ（牝7）の3頭が同時にゴールイン。正規番組で3頭同着が記録されたことになる訳だが、レッドウイングは大正時代に日本レコードを記録したこの時代の名馬であり、また大正末期の名馬たちの母ともなった駿馬である。また一方で、トコナツはナスノなどの昭和初期の名馬を産んでいる。日本競馬史に残る母たちの1着同着劇だった。

昭和26年（1951年）11月17日、大井競馬アラブE2クラス、ダート1200m。オワリユタカ、カザリン、サガミヒメの3頭が1着3頭同着となった。また昭和46年（1971年）11月27日、笠松の11レースにおいても3頭1着同着があった。さらに、昭和61年8月20日の川崎競馬初日の第10R新涼特別（ダート1600m）。テスコカチドキ、アーノルドフジ、トランスワンダーの3頭同着。

平成の世に入ってからの3頭同着は、平成16年7月4日の高崎競馬6Rの1件。

GI級競走で3頭が同着になった事例は2件のみ。

川崎競馬の3頭同着決勝写真

まず1例目。これは1944年の米国はアケダクト競馬場で行われたカーターハンデ（ダ1400m）で起きた。この競馬場でレコードも記録しているウェイトアビットが登場。しかし予想外の苦戦を強いられ、ブラウニー、ボシュエットという2頭と共に鼻面を並べてゴールイン！

結果、これが史上初となる、GI級競走、およびステークスにおける3頭同着となった。ウェイトアビットは生涯成績87戦19勝、2着16回、3着17回という強豪馬。他にはヴォスバーグハンデ、ベイショアハンデ、ロングストリートハンデ等を制していた。

GI級という括りなら2例となるが、クラシック競走における3頭同着というと世界でたったの1例しかない。

これが起きたのは南欧・情熱の国スペインにおいてである。スペインのクラシック三冠体制は1952年に整備され、マドリッド競馬場が休止となる1996年まで開催されていた。その内容は以下の通り。

スペイン・クラシック三冠レース
♂の三冠レース
シメラ賞（芝1600m、スペイン2000ギニー、1920年創設。創設時1800m）
↓
ヴィラパディエルナ賞（芝2400m、スペインダービー、1952年創設）
↓
ヴィラメジャー賞（芝2800m、スペインセントレジャー、1921年創設）

♀の三冠レース
ヴァルデラス賞（芝1600m、スペイン1000ギニー、1961年創設）
↓
ビーモンテ賞（芝2400m、スペインオークス、1952年創設。創設時は2000m）
↓
ヴィラメジャー賞（※上記に同じ）

この奇跡が舞い降りたのは、まさにクラシック施行開始初年度となる1952年。この年のスペイン三歳牡馬はアユコという馬が二冠を達成。初年度にしていきなりの三冠馬出現か!?　……と巷は大騒ぎ。さらにここへと初代オークス馬に輝いたエデラも参戦し、大激戦が展開されることに。観衆は湧きに湧き、セントレジャー最後の直線でボルテージは最高潮へと達した。

なんと二冠馬を蚊帳の外に、女王エデラとミカド、ミュリジョという伏兵が壮絶なデッドヒートを繰り広げ、3頭並んでゴール板を通過したのである。

結果……なんと！

3頭同着！

なんと、1レースで3頭ものセントレジャー馬、GⅠ

（級）馬、クラシックウィナーが誕生してしまったのである！　しかも、その内の1頭は牝馬だというのだから、これはもはや永久不滅の奇跡的大記録と言っていいだろう。

【奇跡の中の奇跡！　ダービー4頭同着!!】

ウルグアイの二冠目、ジョッキークラブ大賞の1890年、第1回はなんと4頭が同着となったという。おそらく全世界のクラシック、ダービー、GI級走で唯一となる4頭同着である。

一方、繋駕速歩競馬においても、非常に輪をかけて極稀にだが、3頭1着同着ということも起きている。

その史上最初となるのが、1953年の10月、米国フリーホールド競馬場にて起きた同着劇と言われている。

パッチオーヴァー、ペイネホール、ペニーメイドという3頭が鼻面を揃えてのゴールイン。偶然にも3頭とも頭文字がP、日本語にするとぱ行の馬名だったのは単なる偶然なのだろうか……？

1着4頭同着

昭和8年4月28日愛媛県三芳での春季競馬にて。日本競馬史においてはこの1事例のみ。

英国でも4頭同着が数件報告されている。

最古の記録として残るのが、1808年ボグサイド競馬場の50ポンド・プレートとされている。また1851年の4月26日、ザホー競馬場のオムニバスSではデフォルター、パルチエリナ、レーンディーヴァ、ゼスクエアオブマルトンの4頭が1着同着。1855年の10月22日、

昭和8年4月28日愛媛県三芳での春季競馬。10頭立ての1600mにて行われたこの競走にて、なんと一着が4頭、それらから半馬身差で3頭が同着。それからまた半馬身差で3頭が同着という世紀の大接戦。

ニューマーケット競馬場の10ポンドスイープSでは5頭立てで発走され、ゲームスター、レディゴライトリー、オーバーリーチ、アネクスペクテッドら4頭が1着同着という記録。

これら3事例がそれである。

また、同着ではなかったが、ゴール前で6頭が横一列に並ぶという超大接戦が展開された事がある。

2009年の8月22日土曜日、米国はサラトガ競馬場の9レースにて起きている。

《同着アラカルト》

2戦連続同着になった馬　キョウエイヤヨイ
生涯に3回も同着を経験した馬　ストレンジメグロ
2戦2勝同着2回の馬　イソエイイーグル

しかも同着になった相手まで同じである上に、2頭とも騎手まで一緒だったという。1回目の同着は2001年11月30日。2回目は同年12月30日で、相手はプリンスガーデナーという馬だった。同馬は結局その後出走することなく引退。同着のみしか経験したことのない無敗馬という珍記録を残し姿を消したのであった。

騎手の夫婦1着同着

この珍記録は2006年6月6日、名古屋競馬の6日目（これだけ〝6〟が揃った時点で何か起きそう）の6R……ではなく、2Rで起こった。

この日このレース、名古屋競馬の看板娘である宮下瞳騎手が騎乗したのはヘイセイチャンス。一方同レースには夫である小山騎手もメイショウタンドルに乗って参戦していた。2頭は1頭を挟み、内と外で同時にフィニッシュ！　判定の結果はなんと同着！　夫婦で同着というのは史上初のケースであった。さすがは仲の良い夫婦。見事な共同作業であったとしかいいようがない（笑）。

同一種牡馬による1着同着

2016年10月1日、阪神競馬場5Rで行われた新馬戦（芝2000m・11頭）にて起こった同着。

中団追走から一旦は抜け出した福永祐一騎手騎乗の3

番人気スズカフロンティア（牡2、栗東・橋田満厩舎）と、外から猛然と追い上げてきた川田将雅騎手騎乗の1番人気サトノアーサー（牡2、栗東・池江泰寿厩舎）が並んでゴール。写真判定の末、この2頭の1着同着となった。勝ちタイムは2分4秒8（稍重）。後続は5馬身も引き離されてしまっていた。2頭とも父がディープインパクト。世界競馬史上唯一となる同一種牡馬での同着劇。ディープは種牡馬としても奇跡を起こす。

史上最多出走頭数

66頭

1929年3月22日。英国マージサイドに位置するエイントリー競馬場でのグランドナショナルにて記録される。

平地競走史上最多出走頭数

58頭

1948年3月13日。英国リンカーン競馬場のリンカッシャーハンディキャップというレースで記録される。2013年8月10日、モンゴルにて催された18000mの競走にて4429頭の出走という記録もある。

負担重量・史上最重量世界記録

93kg

日本にて、キリキヨという牝馬が記録。小柄だが、異常な程の筋力があったという。岩本亀五郎調教師が園田の騎手時代、鍛錬場競走で跨った際の記録だとされる。

記録年代：昭和20年代初期

記録地：園田

ちなみに同馬は前走で88kgを背負って勝っていたという。タマツバキの83kgを超える馬がいたとは……。ちなみにサラブレッドの最高負担重量勝利記録は、1932年3月10日、札幌競馬の抽選馬競走に出走したフラミンゴーの77kg。

しかし！

190・5kgを背負って芝の1マイルを勝った馬がいるという記録も見つかった。190・5ポンドの誤りである可能性が高いが、190・5ポンドでもキロ換算すると86kgをオーバー。キリキヨに続く記録ということになる。しかし、190・5kgが本当だとすると、とてつもない超絶的記録となる。

ばんえい競馬での負担重量勝利(出走)記録

1100kg

ハルトカチ　1969年10月19日　旭川競馬・農林水産大臣賞典にて記録。

シャリイチ　1971年10月10日　旭川競馬・農林水産大臣賞典にて記録。

負担重量・史上最軽量世界記録

32kg

1854年の4月、エプソム競馬場にて行われたシティ&サバーバンHにて、マークアンソニーという3歳牡馬がこの斤量で出走したという記録が残されている。いったいどんな騎手が騎乗したのか？

もう一つ、同じような信じられない記録が残されている。

同じく英国にて記録された。1865年のケンブリッジャーH（芝1800m）にフランス伝説の名馬にして19世紀欧州史上最強とも称されるグラディアテュールが出走。この時グラディアテュールが背負わされたのは138ポンド（約62・6kg）。

対して対戦相手馬には裸同然の軽量が宛行われた。この時最軽量斤量となったヌーという馬は斤量が35kg（77ポンド）だったという。その斤量差27・6kg差という凄まじさ。これが恐らく現代まで通しての斤量差世界記録と思われる。

ヌーは2着と好走し、グラディアテュールは距離が短すぎたこととこの狂気じみた斤量差が災いし、着外と大敗している。

牽引重量世界記録

35m、23t

1951年、ソヴィエト連邦にてフォースという馬が牽引したこの重量が世界記録とされている。

ちなみに2頭力を合わせて牽引した世界記録としては、1990年、米国ミシガン州にて402mに渡り、130・9tもの重量を凍結路貨物のソリを引いて牽引成功したと伝えられている。

世界2位となる記録ははるか一世紀以上前に記録されており……128t。1893年、2頭のクライスデール種が橇を使って運んだ木材は128トンもあったという。これはアフリカゾウ22頭分もの重量。恐るべき牽引力。

クライスデール種の牡馬

跳躍力
2m47cm

この記録は1947年の2月5日、チリにて記録されたもので、以降名ジャンパーが世界各地、恒河沙なまでに光来したものの、誰一馬として並ぶ者すら現れていないというアンタッチャブルレコード。達成した馬の名は、ファーソ。

冬競馬の風物詩・中山大障害。あのレースで登場してくる名物「大竹柵」。あの高さが160cmであることを思うと、驚愕の記録である。この記録達成の時、ファーソは16歳という競技馬としてはかなりの高齢を迎えていたが、馬としてのポテンシャルが全開となるより若い時代に、ジャンプホースとして活躍していれば、もっと高い障害を飛ぶことさえ可能であった筈と言われる。

父：ヘンリーリー
母：トレミュラ
生年：１９３３年
性別：牡
毛色：栗毛
国籍：チリ

ファーソは自身の世界記録をも凌駕する、非公式の劇烈な記録もマークしている。これは年月が定かではないが、25人の観衆を前に、フレッド・ウェタックＪｒの手綱で跳越したとされる〝**2m89cm**〟。

世界最長の一完歩

跳びが大きく、一完歩あたりの飛距離が半端ではないと言われるブエナビスタやクロフネだが、日本馬で最も〝飛んでいた〟のはご存知の通りディープインパクトだ。

世界競馬においても、〝飛んでいた〟馬はいる。オセアニアの伝説的英雄ファーラップや米国史上最強馬セクレタリアトなどがその代表例。

※競走馬の平均的な一完歩は６・６ｍで、７ｍ弱あればかなり凄い部類に入ります。ちなみに、人間の平均的完歩（一歩あたりの歩幅は）60～70ｃｍ。

名馬たちの一完歩

★セクレタリアト　７ｍ38ｃｍ
★ディープインパクト(3歳時)　７ｍ54ｃｍ
※マールボロＣ勝利時の記録。
★ディープインパクト(4歳時)　８ｍ20ｃｍ
※菊花賞時の記録。
★ファーラップ　８ｍ27ｃｍ

しかし……これら偉大な名馬たちの栄光の記録を凌駕する記録が存在した！

〝８ｍ30ｃｍ〟

これは１９５１年、スペインのバルセロナにて、アマドミオという馬により達成された。

しかし！　これをも上回る記録が存在した!!　世界最長の一完歩記録はこれだ!!

"8m40cm"

1975年に南アフリカのヨハネスブルグにて記録されたという驚愕の一完歩。わずか11完歩とちょっとで100mを走り抜く計算。なんという脚力の持ち主か。

馬が2足歩行で歩いた最長距離

29.09m

この記録は2009年、イタリアにてドックという馬が、グレゴリー・アンセロッティ氏の手綱で記録されたもの。ギネス記録のテレビの中でのチャレンジであった。

世界競馬史上最多連続重馬場出走記録

35戦全戦重馬場

この記録を達成したのは英国のブリアンウッドという牡馬。超教学的な程に、超常的雨馬だった。五日間連続開催の、この馬が出走した日だけが重馬場で、その他の四日間はすべて良馬場だったという記録が、13戦以上もあった。

さらに驚くべきは1981年7月2日、エプソム競馬場にて出走した時の怪異である。ブリアンウッドは第6レースに出走登録していたが、1～5レース良馬場。7～9レースも当然良馬場。雨が降る兆候が全くなかったにも関わらず、6レースになった途端、偏西風に吹かれ真っ黒な一塊の雲がやってくると、競馬場は土砂降りの大雨に見舞われた。そして馬場監視委員は「やや重」と発表。ところがである。6レースが終了するや否や、競馬場は晴れ渡り、馬場もあっという間に乾き、良馬場へと変更されたという。

生涯35戦、全戦重馬場で走ったブリアンウッド。彼の4代母シンギングレインが雨を呼んでいたのだろうか

――。彼は引退後、雨不足に悩む米国はソルトレイクシティーへと渡り、ケント・ユーザック氏の下で余生を送った。それまで乾燥に喘いでいた土地は慈雨に恵まれ、嘘のように雨不足は解消されたという。

スピード記録ベスト3　※人を乗せての状態で

1位　ブラックキャヴィア　72・12km／時（どのレースかは不明。サラブレッド種）

全世界競馬史上、最速短距離女王はやはり超怪物。200mのラップにて9秒98を記録。世界競馬で史上唯一頭、斤量を背負った公式戦で200mで10秒を切ったサラブレッド。

2位　ウイニングブリュー　70・76km／時（2008年5月14日　サラブレッド種）

ペンシルヴァニア州のペンナショナル競馬場にて計測された記録。レコード記録時、ウイニングブリューは2歳。しかも牝馬だというのだから驚きである。

3位　ビッグラケット　70km／時（1945年　サラブレッド種）

メキシコシティにて記録された世界記録。400m……20秒4というスーパーワールドレコード。このスピードを維持できた場合、ダート1600mを1分22秒台で走破するという信じ難いもの。

4位　？？？（クォーターホース）　68・51km／時

※400mにての記録。

次位　チベット馬　67・04km／時

しかもこの記録、海抜4500mの山間でマークされたものだという（『ホースメイト』第10巻、P25-26より引用）。サラブレッドも顔負けの10kmを8分57秒（！）で走った際のスピードレコード。はたしてディープやオルフェが10kmを9分切って走れるだろうか？海抜4500mの高山地帯で……。

世界競馬史上最大着差

501馬身差

この記録は日本において記録された。1970年の5月1日、阪神競馬場にて開催された阪神障害S（春）には4頭の出走馬が登録。現在ならばレース不成立となるが、当時の規定によりレースは発走。ところが4頭中3頭が落馬するという未曾有の事態に。唯一競走を続けたツキヒデキングは無事ゴールイン。単勝以外の馬券は返還か……と思いきや、まだレースは続いていた。

なんと、落馬した3頭の内の1頭が満身創痍、必死の再騎乗により、レース再開。しかし、フラフラになりがらようやくゴールへと辿り着いた時、すでに1分23秒5もの時計差がついてしまっていた……。これを馬身差に換算してみると……

1秒→6馬身差

0秒5→3馬身差

……として考えられることから、(60秒×6)+(23秒×6)+3＝360馬身+138馬身+3馬身＝501馬身……となる。

その他の大差記録

有名なものが米国古競馬の象徴マンノウォーがローレンスリアライゼーション(ダ2600m)にてフードインクを100馬身ちぎったという記録がある他、セクレタリアトのベルモントSにおける31馬身差勝ちがある。ちなみに日本の平地競走では2010年2月2日に佐賀競馬場でエイシンイッキが記録した5秒3差、障害競馬においてはシンボリクリエンスが1992年の中山大障害(春)にてマークした8秒6差が広く知られている。平地の日本GI級競走では1968年の天皇賞(春)においてヒカルタカイによって記録された2秒8差が最高記録である。しかし、これらのレコードは皆、写真判定が導入され正確な記録として計測されはじめてから残っているもののみ。過去にはとてつもない大差勝ちがあったかもしれない。今世紀における障害競走の、正確に記録された公式の世界史上最大着差は、57馬身差となっている。

セクレタリアトの31馬身神話

これは2017年11月25日にヘイドック競馬場で行わ

れた、英国における障害シーズン最初のGI戦ベットフェアチェイス（登録競走名ランカシャーチェイス、芝25F125y＝約5143m、障害数19）において記録されたもので、2・1倍の1番人気に応えてブリストルデメイが優勝をしたが、2着馬キューカードに対し、今世紀に入ってからGI競走で最大となる57馬身差をつけている。

次点となるのが2016年4月7日にエイントリーで行われたGI・4歳ジュヴェナイルハードル（芝16F209y）でアップルジェイドが記録した41馬身差となっている。

公式記録で「道路一本分の長さ」と発表されたこともある。1952年のアルゼンチンにて史上最強馬ヤタストが記録。ジェネラル・ピュレドン賞（芝4000m）で馬身差換算不可能・後続が霞むほどの超・超絶大差大勝（当時、現地の新聞では「道路一本分の長さ」とあり、凄まじい着差であったことが偲ばれる）。

ブリストルデメイの57馬身差勝ち

ダービーの記録としては、イタリアダービーの20馬身差。1958年のニコロデラルカが記録。レコードのオマケ付きだった。

次点はドイツダービーの12馬身3／4差。1981年のドイツダービーでオロフィノが記録している。日本ダービーでは8馬身差をつけた1955年のオートキツが最大馬身差記録。

その他クラシック競走の大差勝ちとしては、1859年の英2000ギニーにてマヨネーズという馬が20馬身差というとてつもない大差勝ちを記録。テスコガビーの桜花賞が13馬身であったことを鑑みると、直線1600

こちらはアルゼンチン四冠馬ボタフォゴ（18戦17勝）が1918年11月3日に見せたグレイフォックスとのマッチレースでの70m大差勝ち。

mでマークした記録としては常軌を逸したものがある。古のGI競走では1866年のアスコットゴールドカップでグラディアテュールが40馬身差で大圧勝したという記録がある。

海外の平地競走で記録に残るものとして史上最大着差となったのは、2007年のドミニカ共和国で開催されたシモン・ペンベルトン杯（ダ1100m）でドミニカ史上最強馬シコティコが記録した69馬身差。スタートから勢いをつけて後続を引き話すと、最終コーナーを出るころには50馬身近い差をつけ、最後は2着に69馬身差をつける驚嘆すべき圧勝を見せつけた。ドミニカ共和国では5～6頭による少頭数の競馬が通常で、下級レースでは往々に着差が付きやすいのだが、それにしてもシコティコが見せたこのパフォーマンスは規格外であった。

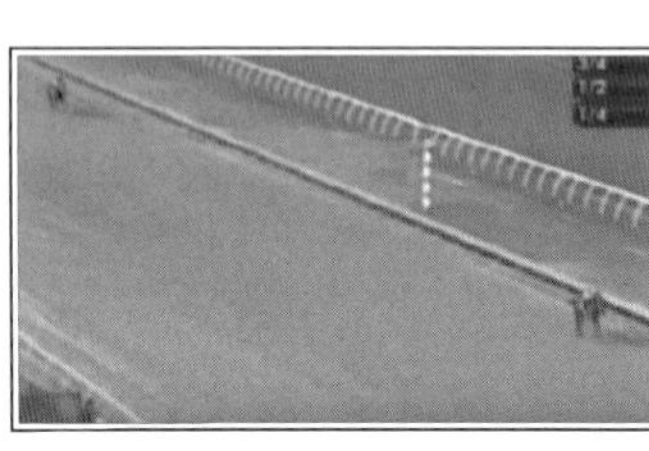
2014年、フェオドール号。すでに歴史的大差勝ち確定の状況。ゴールまではまだ150m近くある。

オープンクラス以上の古馬も含めた平地レースでの史上最大着差は2014年、米国はマウンテニーア競馬場にて行われたダート3600mのマラソンレースで、フェオドール号によって記録された49馬身差。2着馬と3着馬の差も凄まじく、33馬身差もあった。

オマケ① 着差、『1月2日』

競馬番組『みんなのKEIBA』2017年7月16日の放送にて起きた珍事。

中京10レース「シンガポールターフクラブ賞」。レースはM.デムーロ騎乗のキンショーユキヒメが5頭がなだれ込む接戦を制したわけだが、このレース結果がテレビ画面に大きく映し出された際、いつものよう

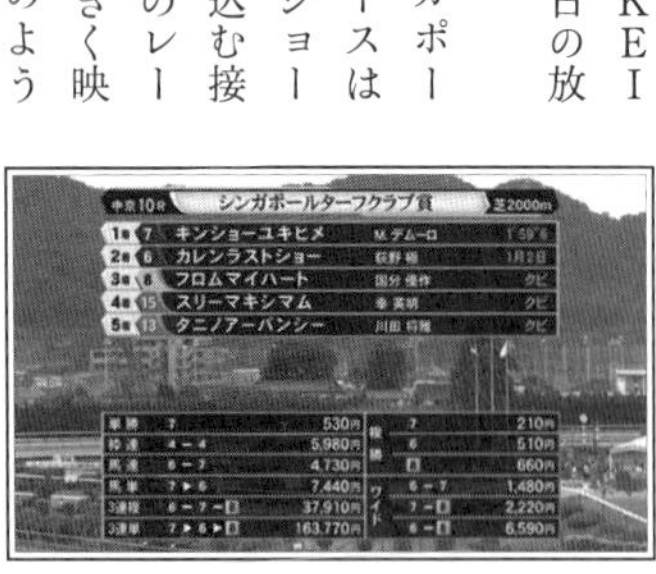

に「1～5着」までの馬番と名前が並び、騎手名と1着タイム、そしてそれぞれの着差が出されていた。問題は、「着差」の記述である。

1着は、「1'59"6」と表記されたキンショーユキヒメ。2着は、2年目の荻野極騎手が騎乗したカレンラストショーだったのだが、「着差」の部分に書いてあったのが……「1月2日」(笑)

どうやら1／2馬身差の入力ミスによりこの誤表示が起きてしまった模様であるが……。

オマケ②

優勝したにも関わらず、タイムオーバーになった馬

タイムオーバーとは、1着の馬から、その国の競馬法の規定で定められた秒数を離されてしまった馬が、出走停止のペナルティを受けることを言うが、まさか1着の馬がこの制裁を受けることになろうとは……。

この珍事が起きたのは1920年のチェコにて。同国最大の障害競走ヴェルカパルドゥビツカ（障害6900m）のことだった。この障害競走の難易度は世界屈指であり、また危険度も群を抜くものがある。何しろ、完走馬無しが1回あり、たった1頭が完走し、その馬が優勝なんてこともあったのである。あのグランドナショナルですら、最低の完走頭数は2頭であり、完走馬ゼロなんてことは今だに無い。それは、いかにこの障害競走が想像を絶するものか、それを雄弁に物語る一つの指針となっている。話を元に戻そう。1920年のこの競走、次々と出走馬が脱落し、なんと残るは1頭、ジョナサンという馬のみになってしまった。必死にゴールを目指すジョナサン……がしかし、時間がかかるかかる……競馬場で固唾を呑んで見守っていたファンたちも随分時間が掛かるものだと、時計へ目をやると、なんと10分も経過しているではないか！

これはとんでもないことになったと、観衆は異様な沸き立ちを見せ始め、ジョナサンへと声援を送った。皆の応援に応え、フラフラになりながらようやくゴールに辿りついた時には20分以上が経過。記録上に残されたその驚愕の勝ちタイムは……

20分15秒（笑）。

いや笑っては失礼ですな。しかし……遅い。遅すぎる。おそらく史上最低の勝ちタイムでしょ……これ。

ジョナサンと陣営はチェコ最高の障害競走を優勝した！　……と大興奮だったが、当時のチェコ競馬の規定により、〝タイム・オーバー〟となり、失格処分。天国から地獄とはまさにこのこと。陣営は失望のどん底に叩き落とされた……。

ところが話はこれで終わらず……数十年後、規定が変更されたことを受けてか、一転して優勝が認められたのでした（笑）。ジョナサンと陣営にとって、あまりにも不運かつ〝遅すぎる〟戴冠式だった。

オマケ③
デッドヒートの1、2着馬除き、全馬レース放棄した事件

空前絶後の大珍事。パキスタンはカラチ競馬場にて起きたこの事件は空前絶後の大ハプニングである。

２０１１年の3月、とある日の第6レースにてそれは起きた。2頭がデッドヒートをスタート後間も無く展開。

グングン後続を引き離し、2頭以外は完全に勝負圏外となってしまう。普通ならば、どんなに離されていようと勝負を捨てずにゴールを目指すものである。しかし、2頭を除く全馬の全騎手はなんということか、勝負を放棄。全馬ゆっくりと歩き出し、ゴール前に集合し、輪乗りのような状況に。

1着馬がゴール板を過ぎてから、約1分30秒後、1頭がゆっくりと歩み出し、常足（なみあし）でようやく3着ゴールイン。優勝馬がゴール通過後、1分34秒もの時間が経過してからの事であった。

その後、続々とゴールを全馬目指して歩き出し、レースは終了。信じられないことに、レースは不成立にもならず、審議もなく終結している。

一頭の牝馬の産駒の勝利数『100勝』以上

この記録は日本のアラブの繁殖牝馬ルーナが記録。あのパシフィカスすらビワ・ナリブー・ビワタケの勝利数あわせても40にすら満たないと言うのに……。

脅威の繁殖牝馬ルーナ
初仔　オールウイン号→7勝
二番仔　ルナパーク号→27連勝　※27勝以上確定。
三番仔　タイコウ号→10連勝2回含む27勝。
四番仔　ラミーホープ号→南関東で10勝
五番仔　カンパク号→19連勝含み29勝。
六番仔　ミスルーナ号→不明。
計100勝以上間違いなし。

ダービーにまつわるレジェンドレコード

ダービー馬3頭出産

ファウスタ。あのリボーやネアルコらを育てた〝ドルメロの魔術師〟こと、フェデリコ・テシオ氏の愛娘であるファウスタは2歳№1となるや、翌年にはイタリアダービーとイタリアオークスを勝つ歴史的金字塔を打ち立てた名王妃。14戦9勝。

自身もダービー馬となり、そして3頭もダービー馬を輩出した、世界でも唯一頭の偉大な母である。メソリニ（1919年）、ミケランジェロ（1921年）、メロッツォダフォルリ（1922年）。

現役で親子ダービー制覇

ニュージーランド競馬で起きた珍記録。

1873年に生まれたソングスターという馬が、1875年の下半期、2歳の時点で野合にて種付。その子馬は1876年に生まれ、ホーンバイと名付けられるが、子供（ホーンバイ）の生まれた年にソングスターがニュージーランドカンタベリーダービーに優勝。

そしてその3年後、1879年にホーンバイがニュージーランドカンタベリーダービー馬に輝く。こうして現役のダービー馬がダービー馬の親となり、親子ダービー制覇を果たしてしまう……という、現代競馬では絶対にありえない、空前絶後の記録が誕生。場合によっては、親子ダービー馬対決が実現していた可能性すらある。

2日連続でダービー制覇

米国のラッシュアウェイという馬がその馬。1936年（昭和11年）5月22日、当馬はイリノイ・ダービーに快勝。その直後、汽車による300マイルの大移動を敢行。翌23日には、ラトニア・ダービーに出走し楽勝している。2日連続でダービー制覇という、離れ業をやってのけて見せたのであった。

補足トリビア

驚くことに、同馬は汽車の車内で床に寝転び、一晩中熟睡していたという。

※馬は通常、睡眠時間が極端に短く、たいていの場合立って眠る。（せいぜい一日2～3時間しか横にならず、首を投げ出してグッスリと寝込むのは合計30～40分にすぎないという。）

また馬は、横になっても30分以上そのままの姿勢でいることはほとんどないとされている。

自国ダービー3勝馬

自国のダービーを数回も……勝つ！

そんな奇跡の珍事を起こした馬がいる。

マレーシアのオポージングフォースという馬がその馬で、ペラダービー（芝2400m）を2001年、2002年と連覇。さらにこのレースがGIへと昇格すると、2005年にもう一度優勝！　なんと自国のダービーを3回も勝ってしまった。世界広しと言えど、自国の同じダービーを3回も勝った馬は、この馬しかいない。

牝馬のダービー優勝が33回もある国

ウオッカが日本ダービーを勝ち、競馬界を震撼させ、世間のド肝を抜いたのは記憶にも新しい。

我が国・日本での牝馬によるダービー制覇はたったの3例。

1937年のヒサトモ、1943年クリフジ、そして

2007年のウオッカ。

スピードとスタミナの総合力と底力を希求される2400mというクラシックディスタンスにおいて、屈強な強豪牡馬を相手に、体の完成しきってない牝馬が一緒に走るということは、過酷を極める。ましてや勝つというなれば、それは超然たる快挙であり、同時にその牝馬が壮大無辺のポテンシャルを秘めている何よりの証明となる。

世界を見渡して見ても、ダービーを牝馬が勝ったという事例は非常に数少なく、稀有な事象であることが簡単に窺える。例えば、本場のダービーである英国ダービーでは、200年以上の歴史を持つものの、たったの6頭しか制していない。また米国ケンタッキーダービーでもたったの3頭、アイルランドダービーも2頭のみ。ロシアダービー6頭、フランスダービー10頭、ドイツダービー11頭、イタリアダービー11頭、AJCダービー（オーストラリア）8頭、ナシオナル大賞（アルゼンチン）14頭……と、日本よりも遥かに長いダービーの歴史を持つ国を見て見ても多い国で10頭前後なのである。

しかし！

なんと33頭もの牝馬がダービー馬となった国があるのである！

それが……カナダ。

1864年のブルネットを皮切りに出るわ出るわ……創設年の1860年～1900年の40年間の内、約半分の16回を牝馬が勝っているのである（笑）。そして2009年現在、牝馬の優勝回数は33回を数える。しかも、カナダで史上初の三冠馬となったのがこれまた牝馬なのである！

クィーンズウェイ

父：オールドコーニング

母：クリソーベリル

母父：ヴァーデュン

生涯成績：52戦12勝。2着8回、3着4回。

カナダ史上初の三冠馬。

1932年に、牝馬ながら牡馬のクラシックレースを完全

制覇。（写真協力：カナダ競馬の殿堂）

なんとも分析に困る史実である（笑）。カナダのダービー・クイーンズプレートは現在ダートの2000mで催されているが、この牝馬が勝ち星を量産した時代は、遥かに条件は過酷で、ダートの3200mや2400mの距離で施行されていた。つまり、牝馬にとっては非常に勝ちにくい、高く切り立った峰のような存在であったはずなのである。その時代に勝ちまくったということは、やはり途轍もなく強い牝馬であったということも考察できるが、一方で牝馬のレベルにも疑問符がつくこともまた事実。しかし、勝者に傷がつくということはない。

初勝利・デビュー戦がダービー。そしてその1戦で引退

「この馬はダービーを勝つために生まれてきた」、そう称賛されたのは10戦全勝で日本ダービーを制し、その一週間後にこの世を去ったという名馬中の名馬トキノミノルであるわけだが、このトキノミノル以上に、ダービーを勝つためだけに生まれてきたと言える馬が存在した。

その名はアマトー。彼は1838年の英ダービー馬なのだが、なんとこの馬、デビュー戦がダービーだったのだ。

ダービーという一生にただ一度の檜舞台を生涯初体験となるレースにして奇跡の勝利をもぎ取ったアマトー。しかしなんと不幸な事か、アマトーはレース後に間もなく死亡してしまう。結局、生涯たった一回のレースがダービーだったのである。

彼を偲んでエプソムの町には『アマトー』という宿屋ができ、毎年ダービーが近づくとその宿の井戸のそばに予想が貼り出され、それがまたよく当たったという。正にダービーのためだけに生まれてきたと言っても過言でない馬、アマトー。偉大なダービー馬が、競馬の母国イギリスに存在していた。

英オークスでも同様の例があり、1911年のオークスを制したチェリモヤ。生涯唯一の出走がオークスとなり、初出走初勝利をオークスで飾り母となった。

34年もの間、開催休止となっていたダービー

世界中には燦然と輝くあまたのダービーが存在しているが、なんとその途中34年間も競走が休止されていたダービーがある。

それが……

ルーマニアダービー
……なんである。ルーマニアダービーは、その創設は1875年と古く、創始年度はあのケンタッキーダービーと同じ。第一回は芝2000mで行われ、勝ち馬はギゼルダ。1875年～1886年・第一回から第11回の11年間は2000m、1887年から1895年の8年間は芝2200mへと条件が変更され、1896年からは現行の芝2400mへと落ち着いた。ちなみに全年度とも例外なくバネアサ競馬場で施行されている。

開催が休止されたのが1961年からで、1995年の34年間、国家の大きな変動の影響をもろに受け、34年間もの長期間に渡り、この国のダービーは眠りにつくことになる。その間にルーマニア共和国はルーマニア社会主義共和国……そして現代の〝ルーマニア〟としての遷移をたどるに至った。

しかし……このダービー、とんでもなく珍名馬が勝っているのである。


第2回がコーラ。

1889年の第11回はロッテリア（笑）。

1892年、1893年とパルティザンという同名馬が優勝（笑）。

1940年にはS．O．Sという馬が優勝し、救済（?）を求めた（笑）。

救いを求めた翌年はボア（笑）。

1944年にゴルフが優勝し、その翌年にモタン。

何がもたねーよ（笑）？

そうかと思えば、1946年にはモスキート（日本語で〝蚊〟）が優勝し、ドラキュラばりに血を吸ったらしい。

1954年にはついに（?）マックが優勝し、競馬史上初となるマックとロッテリアの名が同競走史に刻まれるという夢の競演が実現。

そしてトドメとばかりに1958年にはギャルが優勝しましたとさ（笑）。

同名馬2頭のダービー制覇
フランスダービーにてモナルクという馬名の馬が1855年と1887年に優勝。

史上最小のダービー馬

1840年の英国ダービーを勝ったリトルワンダーという馬は、体高が145・8cmしかなかったと言われている。単勝オッズ51倍で優勝しているが、替え玉疑惑もあった。

ダービー連続勝ち馬的中記録

〝7年連続勝ち馬的中〟

的中させたのは……なんと犬！

ジムという名のこの犬は、超能力を持っており、胎児の性別を言い当てる、ワールドシリーズの優勝チームを当てるなど驚異的な才能を見せ、ケンタッキーダービーの勝ち馬を7年連続で言い当てたという（モールス信号を自分で打って返答）。

英語だけでなく、スペイン語、ギリシャ語、ドイツ語などどの言語で命令してもそれを理解したという。1925年に生まれ1937年まで、周囲の人々を驚かせ続けた。

牝馬によってもたらされた永久不滅の歴史的大記録

史上最多全戦全勝記録

キンツェム　54戦54勝（55戦55勝）

史上最多勝記録（平地競走）

コリスバール　197勝

史上最多連対記録（平地競走）

ファッション　36連対（生涯成績36戦32勝）

欧州大陸史上最多勝

カテリーナ　75勝

南米大陸史上最多勝

フロルデロート　54勝

史上初のジャパンカップ連覇

ジェンティルドンナ

国民の休日を作らせた史上初にして唯一の競走馬

トリニカロール

牡馬古馬混合の国際GⅠ級競走を6連覇

ラマラデッタ、ジオロジー、カプシーヌ、モンエトワール、ストラデッラ、ラトゥーケ。ドイツ最高峰のバーデン大賞を第1回のから6回まで牝馬が優勝。しかも、全馬フランス産馬かフランスの調教馬であった。

……いかがだろうか。ここに列挙したような記録は、果たして我々現代人が生きている間に更新されるような事があるのだろうか。

同一種牡馬によるGⅠ競走最多連勝記録

7連覇

イタリアダービーにおいてシグノリオ産駒が1917年～1923年にかけて達成した7連覇記録が最高。

シグノリオ（Signorio）。日本では1971年～1974年にかけてオークスを4連覇したパーソロンの記録が最高。

同一種牡馬によるレース占拠率記録

そのレースに出走した馬の父の、そのレースにおける割合。

100%

この記録は1955年のペルーダービーで記録される。

全出走馬の父がすべてポスティン産駒という物凄い占拠率を記録。秘ダービー5勝、秘オークス8勝、ナシオナル大賞9勝という未曾有の大成功を収めた歴史的名種牡馬。それほどの大種牡馬であった。ポスティンの代表産駒は三冠馬リオパ

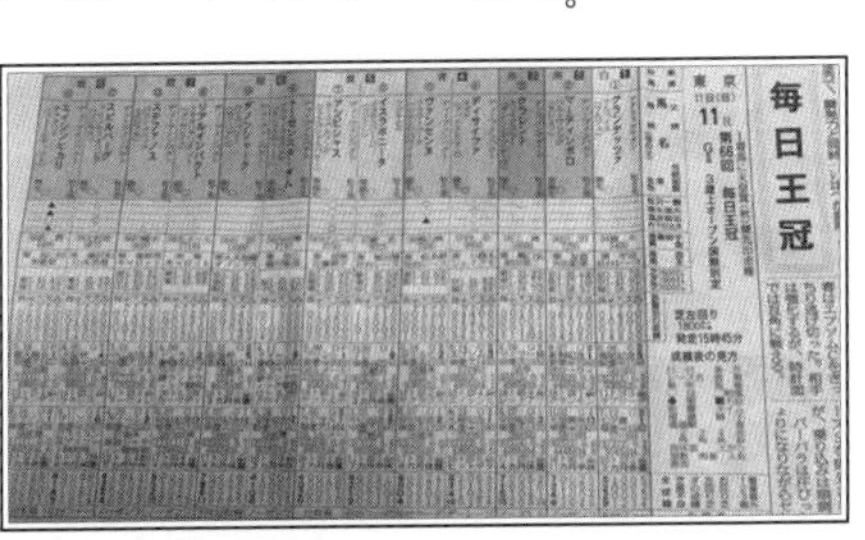

2015年の毎日王冠の出馬表。13頭中10頭がディープ産駒で占められた。結果はエイシンヒカリ1着、ディサイファ2着でワンツーフィニッシュ。

リャンガ、四冠牝馬パンプローナなど。

日本での記録は……

76・9%

ディープインパクトが2015年の毎日王冠にて記録。出走馬13頭中10頭が同産駒で占められた。

日本競馬史上最高&最低馬体重記録

最高馬体重勝利記録　626kg　ショーグン

2014年5月17日、京都競馬12レース、ダート1800m出走時に記録。

最高馬体重出走記録　640kg　ショーグン

2015年1月17日、京都競馬8Rダート1900m戦出走時に記録。

史上最高馬体重記録　2976kg　ビッグジム

ビッグジムというクライズデール種の馬が記録。体高は160cmあったという。

最高馬体重勝利記録(ばんえい)　1225kg　サカノタイソン

2001年11月11日、北見競馬第11競走出走時に記録。

最高馬体重出走記録(ばんえい)　1228kg　キンカップオー

1996年1月16日、帯広競馬にて記録。

▲ビッグジム

最低馬体重勝利記録　338kg　メロディーレーン

最低馬体重出走記録　313kg　バジガクモミジ

歴代2位がライデンハヤテの320kg。栃木県宇都宮競馬にて競走していた牝馬。

中央競馬ではグランローズの330kg。GI優勝馬の記録では1971年のオークスを勝ったカネヒムロの384kg。

こちらも350kg以下しかなかったと言われる史上最低馬体重の障害馬オータジマ号。

父トサミドリ、母ヒデヒカリ、母父ダイオライトという血統の牡馬。障害で18戦12勝という優秀な成績を残し、

1959年の春の中山大障碍（現在の中山グランドジャンプ）を優勝。

中央引退後は地方・南関東大井へと移籍。後の天皇賞春・有馬記念馬となるオンスロートを、晩年にも関わらず撃破するという性能の高さを見せた。小柄ながらダートでは相当のポテンシャルを秘めていたようである。

最低馬体重勝利記録(ばんえい)　675kg　テーコー

1971年8月15日、帯広競馬にて記録。

最低馬体重出走記録(ばんえい)　650kg　エスアイトップ

1972年5月28日、帯広競馬にて記録。

世界最高齢優勝記録

メイダン

父：???
母：???
母父：???
生年：1869年
性別：牡
毛色：栗毛
調教国：英国

1869年にエジプトで生まれたというアラブ馬で、血統不詳。12年間に渡りフランスと英国で平地競走を続けた。主な勝ち鞍にプンニャカップ。

しかし、ここからが圧巻で、なんと障害競走へと矛先を向け、23歳でスティープルチェイスに優勝したと記録には残されている。もしこれが事実ならば、史上最高齢で優勝した競走馬ということになる。

平地競走の世界記録

最高齢優勝馬
18歳

リヴェンジ（1772年生、牡、イギリス）
マークスマン（1808年生、セン、イギリス）
ジョーロックス（1833年生、牡、オーストラリア）
ワイルドアスター（1901年、セン、イギリス・フランス）
ソニーソマーズ（1962年、牡、イギリス）

以上の馬たちはなんと、18歳にして見事優勝を飾っています。

人間に換算すると……70歳中盤くらい……。もうスゴイとご苦労様ですの一言に尽きます（笑）。

最高齢出走馬
22歳　クレッグモアボーイ（1940年生、牡、イギリス）

1962年6月9日、ファーネス・セリング・ハンデキャップというレースに出走し、4着と好走。人間の年齢でいえば、80歳ちょいくらいですね……。無事是名馬とは正にこの馬のためにあるような表現ですよね（笑）。

アラブ馬も含めた世界最高齢優勝馬
19歳　アルジャバル（イギリス）

2002年6月9日、イギリスにて勝利を上げる。純血のアラブ馬。

牝馬の世界最高齢優勝
20歳　ゴールドスミスメイド

▲ゴールドスミスメイド

真・世界最高齢優勝記録
26歳　ジョンキユ

父クレベル、母ジョンキキウデボア。1925年（大正14年）生まれのアングロノルマン種の速歩用競走馬。

1951年（昭和26年）、帯広競馬場のレースに出走し記録された。繁殖牝馬として、すでに11頭の母馬となっていたが、戦後間もない頃で競馬場は競走馬不足に喘いでいた。そこで駆り出された同馬は、信じられないことに驚異的競走能力を見せ、2着以下を約100m（約33馬身差以上）も突き放し、超大差勝ちを果たしたという。

日本牝馬の最高齢優勝記録　※平地競走での最高記録
15歳　ヒサトモ

初となる牝馬による日本ダービーを制した歴史的名牝。1800〜3200mの距離を万能にこなし、26戦して14-3-5-5。なんと着外なし。75kgを背負って牡馬相手に2着したこともある豪牝。古馬になってからもオープン6連勝の後、秋の帝室御賞典（天皇賞）を勝つなど活躍。

しかし、期待に反して走る馬はまったく出ず、悪いことに1946年〜1949年まで連続不受胎と生産者を落胆させた。結局、終戦の年1945年に生まれたブリューリボン（牝馬・父セフト）が最後の産駒となった。

繁殖牝馬引退後、地方・神奈川は戸塚競馬場へと送られ、柏・八王子と駆けた。地方初出走は4着と敗れるも、1949年11月8日、幸か不幸か地方初勝利を上げる。しかし老体にはあまりに過酷なハードローテーションから心身ともに限界を超え、ついには雪が降る浦和競馬場で心不全により絶命したという。調教後間もない、静かな最後だったという。

あまりにも酷く哀れな最期。食糧難に貧困に窮する絶望的この時代。墓も作られなかった彼女がどんな末路をたどったかは、想像に難くない。しかし、誰もそれを責めることはできない。現代のように何もかもが満ち溢れた光に照らされた時代ではなかったのだから……

しかし、彼女の残した唯一の牝駒ブリューリボンの牝系は数十年の時を経て奇跡の復活を果たす。

彼女の奇跡の血を継ぐトウカイテイオーの登場である。競馬のロマンがここに集約されている——。

日本牝馬の最高齢出走記録　※平地競走での最高記録
16歳　スウイトレース

彼女の名はスウイトレース。

馬柱を拡大するので、その年齢に注目して頂きたい……

な、なんと16歳！！！

人間の年齢に想定すると約70歳！！！！！！！

もちろんこの記録、この後17歳や18歳でスウイトレースは出走していたかもしれないし、他の非公式なレースでこれ以上の年齢で出走していた馬がいたかもしれないが、記録として残るものとしては、我国最高齢の牝馬の出走記録はこの岩手の農耕馬スウイトレースの16歳が最高記録となるであろう。

ちなみに、日本サラブレッド最高齢勝利記録はオースミレパードの16歳。

NO. 10 RACE 第十競走　Distance 距離 800 M.
Hafe Bred B Class 中間種系乙馬　Start 發走時刻 AM PM 4,00.
Prizes 1…¥1,800 2…¥500 3…¥300 4…¥200 5…¥100

No. Horse 馬番號	Horse's Name 馬名	Jockey 騎手	Weight 重量	Sex 性	Age 年齢
1	Hatsuhime ハツヒメ		56	牝	5
2	Hanaogi ハナオギ		57	牝	6
3	Meishin メイシン		56	牝	5
4	Kaitaku カイタク		58	騸	12
5	Kitahime キタヒメ		55	牝	5
6	Iokaringo イオカリンゴ		52	牝	4
7	Sweetrace スウイトレース		57	牝	16

日本障害界の牝馬による最高齢出走記録

10歳　コウエイトライ

父：オペラハウス
母：ダンツビューティー
母父：ホリスキー
生年：2001年鹿児島産
性別：牝
毛色：鹿毛
生涯成績：58戦12勝（内障害34戦11勝）
主な勝ち鞍：阪神ジャンプS4連覇、小倉サマージャンプ連覇、東京オータムジャンプ、新潟ジャンプSほか

こんなに凄い！　コウエイトライ

・九州産馬の障害重賞制覇は1980年阪神障害Sのツカサパワー以来26年ぶり（2006年小倉サマーJ）
・九州産馬のJRA重賞2勝以上はゴールドイーグル以来29年ぶり（2006年阪神ジャンプS）
・北海道産以外の内国産馬によるJRA重賞最多勝利記

録（それまではビワハヤヒデの7勝）を更新
・グレード制以降、障害重賞を制した牝馬は過去にテンビーエースとメジロベイシンガーの2頭（ともに1勝）だけで、牝馬ながら障害でここまで活躍したのはかなり稀有な例と言っていい
・２００６年から二年連続、中山ＪＧ1を走ってもいないのにＪＲＡ賞・最優秀障害馬で得票、最優秀4歳以上牝馬でも1票
・障害重賞8勝はグランドマーチス、バローネターフの2頭を抜いて、障害重賞単独最多勝記録更新
・ＪＲＡ史上初の同一重賞Ｖ４（２０１０年阪神ジャンプＳ）
・誕生から「10年5ヶ月12日」での出走は、牝馬の最高齢出走記録（２０１１年阪神ジャンプＳ）

日本牝馬の最多連勝記録
26連勝　トモエゴゼン

父：サトホース
母：ライトベンツ
母父：タガミホマレ
生年：１９６７年

金沢競馬が誇る桜幻の伝説女帝。北陸地方で無敵を誇り、牡馬相手にも大レースを大勝。２００３年に荒尾のキサスキサスキサスが24連勝を記録したが、この馬の記録に並ぶまでにはいかなかった。

最年長デビュー記録
13歳

２０１３年10月1日の門別競馬にてデビューしたマーチャンダイズ号が記録。父ホワイトマズル、母ロングシンシア（母の父ワッスルタッチ）という血統の同馬。このデビュー戦は大差10着に惨敗している。その次戦も大敗しているが、２０１７年3月時点でもまだ現役だという……他では6歳でデビューという記録がある。

２０１２年9月25日、同じく門別でデビューのコマチャン（牝馬）という馬が記録。父メイショウドトウ、母グランチャコ（母父グランドロッジ）のこの馬は、デビューから4連勝している。

２０１７年3月29日には高知競馬にてメモリーバッカス（父ネオユニヴァース）という6歳のせん馬が、苦難

を乗り越えて6歳デビュー（2着）を果たしている。
中央競馬では２０００年5月6日の福島競馬にてタイキシャトルの弟、タイキチェイサーが日光特別（９００万条件）にいきなり出走し、6歳デビューでメインレースを優勝という珍記録を打ち立てている。

【長寿記録】

世界最高長寿のサラブレッド
42歳　タンゴデューク（1935～1978年）
人間にすればなんと、１６０歳台という驚異の記録。
さらに……

ポニーの世界最長寿
56歳　シュガーパフ
シェトランドポニーとエクスムーア種の雑種１９５０年に生まれ、２００７年5月30日永眠。お茶目で人懐っこく、

乗馬用として活躍。引退後はボッティングさんが引き取り、世話をしていた。
ちなみに米国ヴァージニア州においてはテディ・Eベアというポニーが55歳まで生きたという記録が残っている。

世界最長寿の双子馬　※記録更新中！
25歳　ビル&ベン
当たり前ですが……2頭そろって25歳。
１９８３年年生まれの双子馬。大抵の場合、双子や三つ子、多頭数が母馬の胎内で見つかった際は母体におよぶ危険を防ぐために1頭のみにし、悲痛だが、もう1頭は殺処分の運命を辿る。生まれてきても体に障害を患っていることがほとんどで、長生きすることなどは滅多にない。彼らこそ、〝真〟の〝奇跡の名馬〟なのかもしれない。
現役時、彼らは英国の動物園

で子供たちを乗せる馬車馬として人気を博していた。現在はウェールズの牧場にて余生を静かに送っている。

史上最長寿の馬
62歳　オールドビリー(イギリス、1760~1822年)

英国では有名な話らしく、運河のはしけ船をひく使役馬として、ごくごく普通一般の農家で飼われていたのだという。飼い主はエドワード・ロビンソン氏。サラブレッド種とクリーブランドベイ種の混血馬。

人間にすれば、240歳台というとてつもない、永久不滅の大記録。

ちなみに、人間の最長寿はフランスのジャン・ルイーズ・カルメンさんの122歳(1875~1997年)。なんと画家のゴッホにも会ったことがあるらしいです。

しかし、240歳(62歳)という記録は人間の最長寿の2倍であり、到底辿り着くことのできない年齢。オールドビリー、ほんとうにすごい馬です!

※参考記録としてラッセというポニーが1919年に生まれ1987年の5月2日まで生きていたという記録も。これが本当なら68歳という驚愕的記録になるが……。信憑性はオールドビリーに間違い無い。

世界2位はアイルランドのシャイン号で51歳。

一方……

日本記録　サラブレッド最長寿記
40歳　シャルロット

父：アローエクスプレス
母：サローング2
母父：トラフイック
生年：1979年

性別：牡
毛色：鹿毛
生涯成績：61戦2勝

シャルロットは１９７９年５月14日、北海道は静内に生まれ、『アローハマキヨ』の名で地方競馬で61戦2勝の成績を上げた。引退後は乗馬クラブを転々とし、現在は長野県佐久市のスエトシ牧場に飼養されていた。２０１９年８月３日、老衰のため永眠。

日本全馬種を含めた最長寿記
次位　35歳3ヶ月11日　シンザン
録
37歳5ヶ月　マリージョイ

▲シンザン

栃木県にある筑波ライディングパークで繋養されている牝のアングロアラブ。競走馬名はスインファニー。マリージョイは馬術競技馬名である。競走馬としても馬術競技馬としても大きな成績を残した馬ではない。２０１１年に日本における軽種馬の長寿記録を更新した。

父ダイリン、母トネチドリ。１９７６年に門別の太田二郎によって生産される。競走馬としてはスインファニーという名で、おもに紀三井寺競馬場、道営競馬に所属した。記録に残る範囲では１９７８年から１９８０年にかけ走り、通算成績は35戦3勝、２０６・９万円の賞金を稼いだ下級馬に過ぎなかった。引退後の経歴は詳しく伝えられておらず、不明瞭だが、馬術競技馬として活動していたと思われる。その後、２０１０年にサラブレッド系競走馬カネケヤキ（１９６１～１９９５。１９６４年二冠牝馬）が持っていた牝の軽種馬の長寿記録を更新し、２０１１年にはシンザン（１９６１～１９９６。１９６４年三冠馬）が持っていた日本の軽種馬の長寿記録35歳3か月11日を更新した。２０１３年８月16日永眠。

最高齢出産記録
35歳　小桜

この馬はばんえい競馬の牝馬で、人間の年齢に換算すると、なんとなんと150歳という歴史的……というよりありえない（笑）超大記録！

サラブレッドの記録
27歳　ミスリラ

他ではシル、モーニングヴィボーションらの25歳がつづく。さらなる記録更新はあるだろうか。

世界最高生涯出産頭数記録
23頭出産

エストニアの牝馬ヒルダが記録したと言われる。1890年中期から後期に誕生し、また彼女の子として1925年に生まれた牝馬も17頭を生涯に残すという大記録を打ち立てている。

最高齢種付け記録
31歳　ミスティック

1985年、米国はメリーランド州のウインドフィールズファームにて種付けを行い、翌年仔馬が誕生した。この例が記録に残る物で、最高齢の種付け成功年齢記録とされている。

ミスティックは1954年生まれ。父レリック。

日本種牡馬の最高齢種付け記録
29歳　チャイナロック

ハイセイコーの父として名を知らしめた偉大な〝性豪〟。次点はノーザンテーストの28歳。

『驚愕の馬格』記録室

史上最大の馬　サンプソン
（イギリス、1846年生）

体高21・25ハンド（215・9cm）。19世紀の英国に生を受けたサンプソンは4歳時の体高が215cmもあり、体重はなんと

1524kgもあったという。

20世紀の記録として残るのは……

ドクタールギアー(1903生)

体高：21ハンド（213cm）

体重：3940ポンド（1787kg）

ブルックリン(1928年生)

体高：19・2ハンド（195cm）

体重：3200ポンド（1452kg）

▲ドクタールギアー

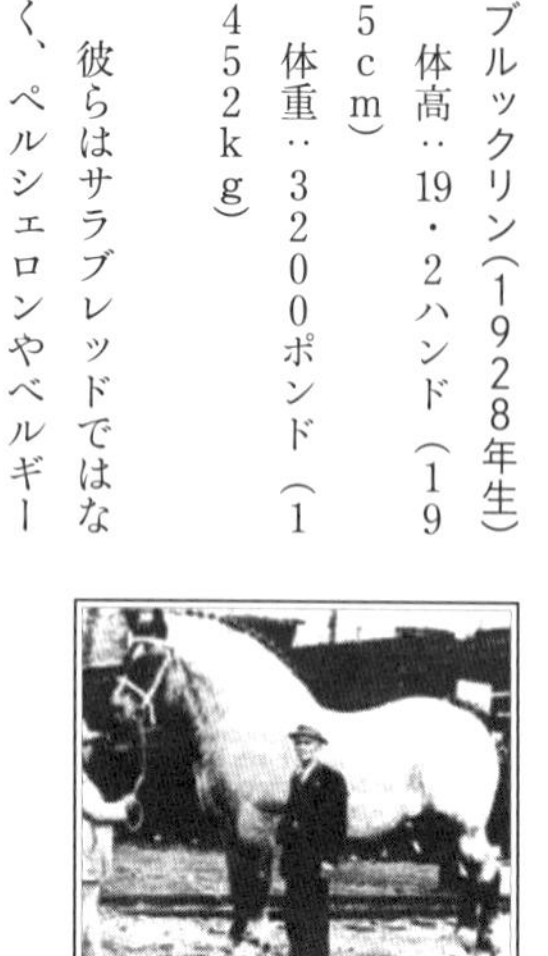

▲ブルックリン

彼らはサラブレッドではなく、ペルシェロンやベルギーという巨大な馬格を誇る種の馬なのだが、それを踏まえてみてもあまりに巨体すぎる。

現在世界最大の馬　デューク

体高：200cm

体重：1t

隣の人とポニーが子供に見えます……!!

▲デューク

ちなみに、牝馬の世界最大級馬は1966年7月15日に生まれたウィルマ・デュ・ボス。188cmの体高を有し、1973年の4月には1459kgを記録。実はこの時、ウィルマは妊娠しており、その時の腹周りは365cm（3m65cm）にもなったという。出産後の彼女の体重は1088~1134kgに落ち着いたとされる。

史上最小の馬　リトルパンプキン（1973年生）

体高：35cm

体重：9kg

リトルパンプキンは小型のポニー種よりもはるかに小さく、驚くべきことに、なんと定規一本分の大きさしかなかったという。

そのポニー種の史上最小記録としては……

オードリー（1895年生、ポニー種）
体高：36cm
オードリーは剥製にされ、100年以上たった現在も博物館にて展示されているという。

また、現在最小の馬としては……

ブラックビューティー
体高約：48cm
当馬はギネスの認定も受けた、現在の世界最小馬である。

2007年現在、最小の馬　タンベニーナ
体高：約42cm
体重：約27kg

記録更新!!

アインシュタイン
体高：35cm
体重：26kg
人間の赤ちゃんくらいの大きさしかないようで、ご覧のとおりまさに定規一本

タンベニーナは、こんなにも小さい

分のミニサイズ。

両親が通常サイズにも関わらず、ポニーサイズで生まれてきた不思議な馬チョコレート号

この馬は1956年にニュージーランドで生まれた栗毛の牝馬で、「チョコレート」と命名された（毛色からの命名と推察される）。しかし、どうしてポニーサイズで生まれてしまったのかは結局分からず終いで、今となっては突然変異の一種として考える他なくなってしまった。

この馬の父はフロリゼルの血を継ぐマッソワ、母がサンイロー系のパトラという馬なのだが、面白いことに父の馬主名が〝マクドナルド〟、父の母が『エヴァンゲリヲン』という、何ともファンシーな名前がチラホラ血統から顔を覗かせてくれるところが感慨深い。なんだか、現代日本の〝萌え～〟を先取りしたような馬である（笑）。

驚愕の身体的特徴

世界一の尻尾を持つ馬　サマーブリーズ

〝3・8メートル〟（12フィート・6インチ）

米国のカンザス州に暮らす牝馬。2011年11月現在、ギネスブックにも載った最長の尾を持つ馬である。

大人2人が持ってようやく

……

がしかし！　これより上はやっぱりいるのです。

ライナス号

尻尾〝6・48メートル〟（17フィート）

鬣（たてがみ）〝5・48メートル〟（11フィート）

1884年、米国はオレゴン州に生まれ、営みを送っていた馬。成長

するごとに毛も尋常ではない成長スピードをみせたという。1891年には2世も誕生したが、同じような容姿をしていたという。

しかし……歴代最高最長記録は……

史上最長の尻尾　チヌーク号

〝6・6メートル〟（22フィート）

1890年代の米国、幸か不幸か……見せ物小屋で人気者となった幻の馬。金色の毛色パロミノの影響もあってか、神々しい雰囲気すらあったという。

見せ物小屋で雄姿を見せるチヌーク

一方、史上最長のタテガミを持つ馬は……

マウド号

〝5・5メートル〟（18フィート）

カリフォルニアに生きた馬で、そのタテガミは異様なオーラを取り巻いていたという……

史上最長の尻尾を持つポニー

チーフ号

〝3・9メートル〟

体高の3倍の長さの尻尾を持ち、その重さたるや300ポンドもあったとのこと……。

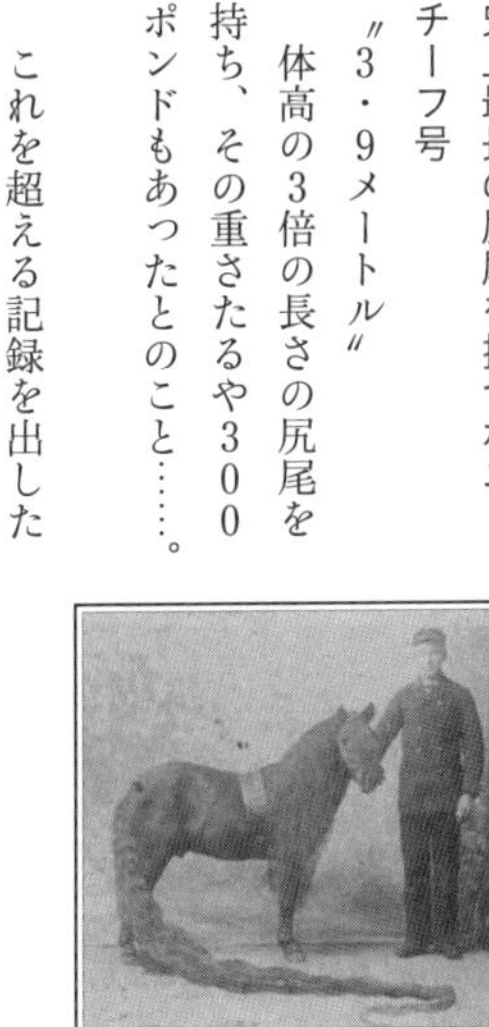

これを超える記録を出したポニーが21世紀に入り誕生！

その記録は……

〝4・08メートル〟

米国インディアナ州ニューパレスタインにあるブルックウッド農場に飼われているシェットランドポニーの

ゴールデンシャンテ号の記録。2010年の7月24日に計測されたものだという。ジャニーン・スパークス氏所有で、「トッパー」というニックネームで親しまれているのだとか。

奇妙な装備の記録

真珠のイヤリングをして競走していた馬

1917年、フランスで生まれたイフウインターカムズという雌馬がその馬。父はグランクリテリウム勝ち馬のブリュールール、母はデュリア賞など7勝を上げたバンゼット。流線型の馬体で鹿毛の美しい馬体の馬だったという。

1919年8月、ニューマーケットでデビューし、英仏にて3シーズンに渡り活躍し、大玉真珠のイヤリングを煌かせながら、10勝を上げた。

なぜ、イヤリングをして競走生活を送っていたのか?

時は遡り、1918年11月11日。この日の午前5時、ドイツ代表のエルツベルガー団長はフランス、コンピエーニュに停車した四両編成の列車の中、休戦条約に調印。第一次大戦が終わりの鐘を告げた。

この完全終結となる40分前、第一次大戦最後の銃弾と呼ばれる銃撃があった。

場所はフランス最東部のストラスブール。ドイツ人兵士を威嚇しようと連合国軍側が発砲した一撃が流れ玉となり、不幸にも一頭の馬の耳朶を貫通。馬は突然の出来事に狂奔し、卒倒。何とか助け起こされ、治療を施されるも、馬主のフィリップ・ジョバンニ氏は大きく肩を落とし落胆した。

それもそのはず。良血の期待馬である、その馬が耳に穴を開けられてしまった。競走馬にとっての耳は、重要な部位である。他馬の接近する蹄音を聞き取り、風向きを察知し、鞭の撓る音で戦意を高める――。

しかし、耳に穴が開いてしまっては、その穴を通る風の音で正しい判断が下せなくなってしまうのである。泣く泣くジョバンニ氏も乗馬用馬として育てる決心をしていた。

そこで意外な第三者から、救いの手が差し伸べられる。

フランスの女流作家マリカ・ロミトリ女史がこの馬を買い取りたいと名乗り出てきたのである。

彼女は、この馬を競走馬としてデビューさせようと考えていた。ハンディを抱えても懸命に走るその姿が、戦争で傷ついた人々を勇気付けてくれるに違いないと確信しての発言だった。

この話を伝え聞き、胸打たれた米国大手の真珠業者パール・ブライトリーのウィリアム・グール社長が「もしよろしければ、このイヤリングをつけてやってください」と真珠のイヤリングを贈ってきたのである。

こうして世界でただ一頭、イヤリングを付けて走る競走馬が誕生した。イフウインターカムズは、嫌がることもなく、むしろそのイヤリングを自慢げに見せびらかすように、嬉々として走り回ったという。

口紅をして競走していた馬

リップスティックという米国の牝馬がその馬。

また、この馬の初仔となるヘイルトゥビューティー(「美女万歳」!という意味。未出走)、そして彼女の初仔、スティックトゥビューティー(「美女に首ったけ」という意味。3勝)彼女らも口紅を塗って走っていた。

なぜ口紅をして走っていたのか?

それは一人の美少女が起端となっている。

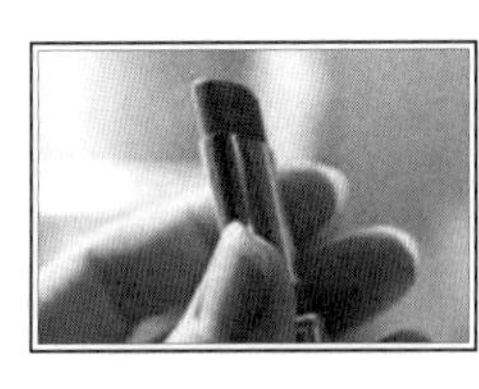

1956年のニューヨークにて、化粧品メーカー主催によるミス口紅コンテストが開催された。3000名の中から選ばれたのはジョセフィン・マーロー。弱冠18歳の少女だった。彼女の父親は牧場経営をしており、その年に生まれた牝馬の中で一番鼻筋の通った馬に、プリティージョワと名付けた。〝ジョワ〟は娘ジョセフィンの愛称で、娘のミス口紅を記念しての命名だった。

しかし美人薄命の言葉のとおり、ジョセフィンは20歳でこの世を去った。一方プリティージョワも不幸に見舞われ骨折。繁殖入りし、上記のリップスティックを産んだ。

口紅をつけたのは、ジョセフィンの母親であるマーロー夫人の提案から。「あの娘の思い出を、何かの形で残しておきたい」という、娘を想う親の愛情が生んだ珍事であった。

麦わら帽子をかぶってパドックを周回していた馬

故・浅見国一調教師の管理馬たちがその馬。

エアロフォーム勝負服やゴム製の腹帯など、いまは当たり前となっている競馬用具の導入、先進的取り組みを精力的に行っていた浅見厩舎の馬たちは、夏の小倉開催や新潟開催のパドックにて、麦わら帽子をかぶり、周回していたという。写真が今も残っており、ファンも目で涼を得たに違いない。

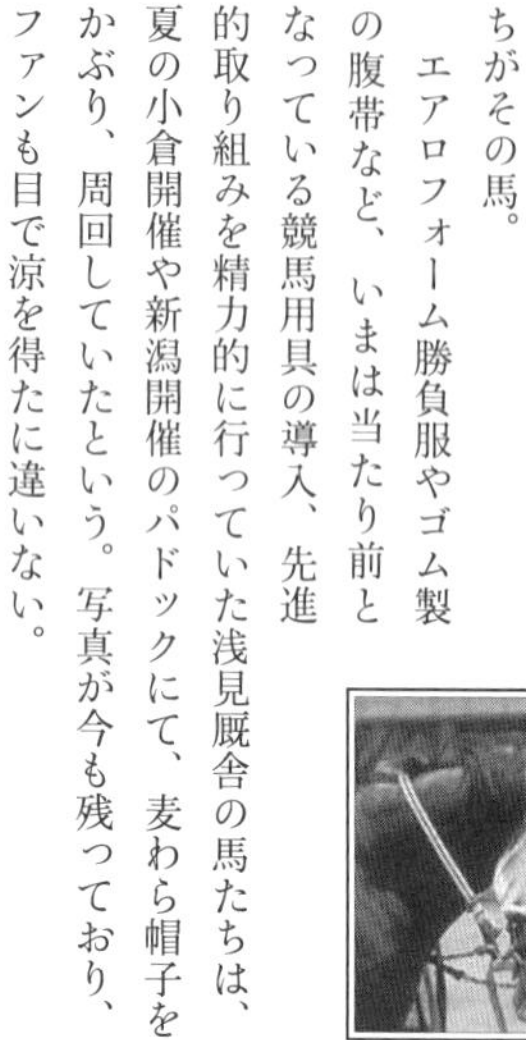

シャドーロールがアザラシだった馬

シャドーロールがアザラシのぬいぐるみという、可愛らしい装備をいた馬が、金沢競馬のイチャキナ号。

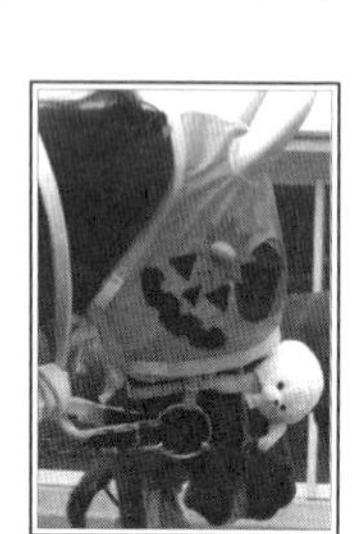

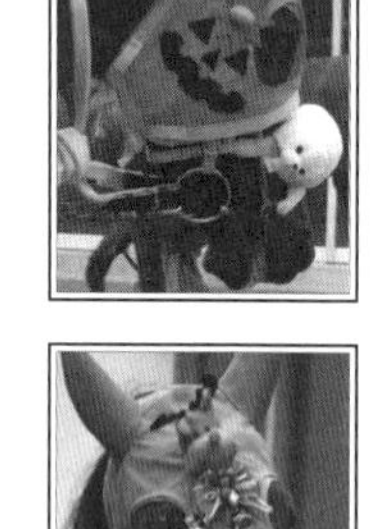

こちらはクリスマスバージョン

イチャキナは一般公募で馬名が決められた。その由来となったのが、『いちゃきい』という能登（石川県）の方言で、『可愛らしい』という意味。「レースでは見せ場をあまりつくれない時もありますが、小さい体で一生懸命頑張っているので、せめて見た目だけでも可愛くいこう！ということで、こうした装備を……という流れで」とは管理されていた加藤和義調教師の笑顔の弁。

世界最古！ 不滅の継続！
ウルトラミラクル・スーパー・レコード

1929年8月6日。
英国ブライトン競馬場にて記録。
芝1200m

1:06.15（1分6秒2）

保守年数：85年。

北半球の芝1200レコードをいまだ継続。

現在の世界レコードは南アフリカのフォヴズフェイヴァリットが2000年にマークした1分05秒68。時代や調教・騎乗技術、そして馬場状態を考慮すると、真のワールドレコードはこちらか。芝6ハロンの世界的施行回数を踏まえれば、いかにこの記録が偉大なものか、容易に想像できよう。2029年まで破られなければ、レコード達成から100年目を迎える。果たしてレコード100周年なるか――。

このタイムをマークしたのはファーマーズコルト。

正式には無名のセン馬。

所有者はF．Fermer氏。

ブライトン競馬場。創設は1783年という壮大なる歴史を持つ。1990年7月26日には、チェイスザドアという馬が、1マイル1分30秒9というヨーロッパの馬場とは思えないタイムで駆け抜けている。

史上最長走破距離

2252万6000m　福島安正〝バロン福島〟

福島少将はベルリンから日本まで、2年で約1万4000マイルを走破したと伝えられている。

これは騎馬を通じての人類の走行距離としては史上最長距離を誇るもの。マイナス60℃の環境時も耐え抜いての歴史的偉業であった。その強靭なる精神と謙虚な立ち居振る舞いから〝サムライ・ロンググライダー〟として崇愛されている。ちなみに……走破した14000マイルをキロ換算すると……

2万2526km！

メートル換算すると……

2252万6000m!!

ちなみに騎乗した馬たちは、その後天皇家へと献納されたという。

その他関連あるアラカルトを列記。

史上最長の競走距離

1位　1000km（100万m）　モンゴルダービー
※下写真は『ナーダムの子供競馬』

次位　75km（7万5000m）
　エジプト、サハラ砂漠にて行われていたという耐久レース。

※エンデュランス競走では
　400km（40万m）が最長。

1000マイル競走
　1728年、5月1日に英国実施されたという1000マイル（1600km、16万m）競走がある。これは、1頭の馬に同一の騎手が騎乗し、

1000時間以内に1000マイルを走らせるという、時限式のレースとなっていた。1000マイルというと、およそ札幌から岡山の距離にあたり、1000時間というと41日と16時間に相当する。

　このレースから25年後、ふたたび超ロングディスタンスレースが企画される。1754年4月22日、300マイル競走（482・8km）が施行されたのである。3日間のタイムリミットと、乗らずに曳いても良いという条件が設けられていた。完走したのは牝馬で、騎乗していたのは32・2kgの負担重量の少年であったという。最後は馬主が騎乗を代わり完走したと記録には記されている。

　初日は24マイルを走り、休憩を2回挟んで後半は48マイルを走破。2日目の内容は、24マイルを走る毎に休憩を取り、後半は残り36マイルを走り抜いた。最終日、24マイル走破毎に2回休憩を取って、最終最後の48マイルを走り（歩き）抜いた。

1日における史上最長走破距離
311・6km（311600m）

20時間で達成。ドン種。

史上最長最短最速走破距離
4752km(475万2000m)

84日間で記録達成。アーカル・テッケ種。

1万マイルを旅した人馬

1925年、エイム・チェフリー教授が、マンチャ(15才)とガトー(16才)という少年2人と共に、馬に乗って1万マイル(16090km)を歩き通した。スタートは南米アルゼンチンのブエノスアイレス。そこから約2年半の月日をかけ、北米のワシントン市に到着。途中には、越えるのが世界で最も困難な地域や危険な国が存在していたという。

この旅に使われた馬は『クリオージョ』という品種の馬で、世界最後の騎馬民族であるガウチョが乗る種の馬として知られる。

正確な走破距離は……

史上2位となる

1万5360km!!!

史上最長走破時間
120時間

1945年、5日間耐久レースへ出走し、見事優勝したターランというアハルテケ種の馬が最長の継続走破時間。この間、人馬ともに停止はもちろん、食事・睡眠すら一切とらず5日間走り通しでアシュハバード、モスクワ間を走破した。タクラマカン砂漠においても走り続けていたという。

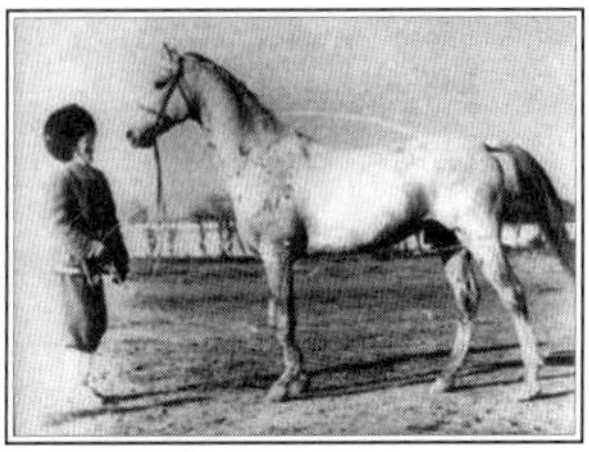

エンデュランスレースでの記録

オーストラリアのエンデュランス競走は世界最長距離を誇る事で有名。この競走名はトムクゥイリーゴールドカップ（400km）。1981年に始まる世界最高峰エンデュランスレースである。第一回のテストレースを制したアラブ馬シャザンダは伝説として語り継がれている。

シャザンダ号

それもそのはず。シャザンダはこの第一回のクゥイリーカップ以外にも、84kg（13ストーン0・5ポンド）という超常絶する酷量を背負い、600マイル（96万5606・4m）もの距離を走破したこともあったというのである。にわかには信じ難い記録である。

その他驚異的記録

■1991年、米国騎兵用馬が5日間で483kmを走破したという記録がある。

■年代は不明だが、アラブ馬が482・7kmを522分で走破したという。

■これも年代不詳。オーストライアンストックホースが4日間で274kmを走った。しかも、この時の気温は37・8℃という炎暑に見舞われての記録だった。

■日本においては、8世紀頃、信濃官用馬がたったの1日で196kmを走破した記録が残されている。

世界レコード表

※2019年10月1日現在までの記録。

芝部門

※《 》内は日本レコードになります。

■400m 20秒94（1996年 イヴニングスノー）

■800m 46秒3（1996年 ハフタナフタ）

ハフタナフタはカナダの競走馬。57戦11勝の強豪で栗毛のセン馬。

【真のスーパーレコード】 44秒8（2006年 ディープインパクト）

2006年の天皇賞春にて記録した驚愕の時計。3200mの距離で、800mの世界レコードをも超越するという震天動地のミラクルレコード。ディープインパクトの真のポテンシャル、真骨頂の「空飛ぶ走り」の全てがこのタイムに凝縮されている。2017年の天皇賞でディープインパクトの世界レコード3分13秒4はキタサンブラックに1秒更新されるが、この4Fタイムはもはや永遠に塗り替えられない、真の世界レコードタイムと言えよう。その時の天皇賞で記録の3F33秒5も天皇賞で更新できる馬も現れるとは思えない。

他で驚愕の4ハロンは、2019年の神戸新聞杯でサートゥルナーリアが記録した**「44秒1」**という超絶タイム。しかも、ほぼ馬なりでマークしたもの。また、1997年、フランス・ニエル賞でパントルセレブルの記録した「44秒4」も伝説である（2着）。

■1000m 53秒07（1997年 ロコモティヴ）

ロコモティヴはアルゼンチンで競走し、5戦3勝の戦績を残した快速馬。

《53秒7 カルストンライトオ 牡 平成14年8月18日 新潟競馬場》

■1100m　1分00秒2(1995年　ペンブローク)
ペンブロークは米国で活躍したサラブレッドで、1990年の1月30日に生まれた。父ゴーンウエスト、母父ボールドネシアンという血統で、生涯成績18戦7勝2着2回3着3回という記録を残した。勝ち鞍にはページS、バドワイザーブリーダーズカップH、ベッドサイド・プロミスH。当レコードは1995年7月15日、ハリウッドパークで記録。
≪1分04秒9　トミヨルカ　牡　昭和45年7月11日福島競馬場≫

■1200m　1分05秒68(2000年　フォブズフェイヴァリット)
フォヴズフェイヴァリットは南アフリカのセン馬。
≪1分06秒5　アグネスワールド　牡　平成11年7月17日≫

■1400m　1分17秒78(2000年　アレジ)
南米の競馬場で記録されたもの。
≪1分19秒0　マグナーテン　セン馬　平成14年7月14日　新潟競馬場≫

■1500m　1分25秒15(2012年　エーディエール)
エーディエールは米国の競走馬で、栗毛のセン馬。2005年生まれで、39戦8勝2着7回3着10回という成績で、JケネスセルフシェルビーＣｏ．ボーイズ&ガールズクラブS連覇（芝1600m）など2013年まで競走生活を続けていた。

★前レコード：1分26秒2(1994年　コートラーク)
コートラークは米国の競走馬で、黒鹿毛のセン馬。85戦12勝2着17回3着14回の豪傑で、6歳時にWRを記録するというタフネスぶりを見せ付けた。
≪1分27秒4　ドゥーカ　牡　平成29年7月29日　札幌競馬場≫

■1600m　1分30秒3(トロワゼトワル　牡　令和元年9月8日　中山競馬場)

■1マイル(1609.3m)　1分31秒23(2010年マンデュラー)
マンデュラーは2004年生まれの米国産馬で、25戦7勝の戦績を残した。ワールドレコードは2010年6月6日マンモスパーク競馬場にて記録した。

■1700m　1分38秒0(1980年　トールド)

トールドも米国の競走馬。鹿毛の牡馬で、32戦13勝2着7回3着2回という成績を残した。レコードは1980年の9月14日に記録。
≪1分39秒5　サラキア　牝　平成30年8月5日　小倉競馬場≫

■1800m　1分43秒4（1991年　コストロマ）
コストロマはアイルランド生まれの黒鹿毛の牝馬。2、3歳時は愛国で競走生活を送り、4歳に米国移籍。メキメキと力を付け、26戦12勝、イエローリボン招待S、サンタバーバラHなどGIを3勝を上げる。レコードは1991年10月20日、サンタアニタでマークした。
≪1分43秒9　グランデッツァ　牡　平成26年5月17日　京都競馬場≫

■1900m　1分51秒2（1976年　トゥーネルヴィル）
黒鹿毛のセン馬で米国に育つ。1971年4月8日生まれ、45戦13勝の成績を残した。レコードは1976年2月7日、ブーゲンビリアハンデにて記録。他にもコースレコードを樹立するも、1977年10月3日、レース中に故障し帰らぬ馬となる。その速さが祟ったのだろうか。
≪1分54秒1　ニチドウタロー　牡　昭和55年4月19日　阪神競馬場≫

■1・1／4マイル（2016m）　1分57秒16（1999年　レッドジャイアント）
2004年生まれの米国馬で父ジャイアンツコーズウェイ。通算成績は12戦6勝。ワールドレコードは2008年サンタアニタ競馬場にて行われたクレメント・ハーシュ・ターフチャンピオンシップ似て記録。他にはヴァージニアダービー（芝2000m）にてコースレコード1分59秒2を記録している。

■2100m　2分07秒0（1972年　ロベルト）
ブライアンズタイムやシルヴァーホークの父となる歴史的ヒール。ベンソン&ヘッジズゴールドカップにて、英国の伝説的英雄ブリガディアジェラドに唯一となる土を付けた英ダービー馬である。

■2200m　2分08秒7（1999年　キャストアドリフト）
≪2分9秒7　ネプチュナイト　牡　平成31年4月21日　京都競馬場≫

■2300m　2分17秒64（2006年　ジャイアン

トホープ）
２００２年生まれの米国産馬。７戦３勝の成績で南米に渡る。レコードはガルフストリームパーク競馬場で記録。
≪２分18秒３　セイウンエリア　牡　平成11年５月９日　東京競馬場≫

■２４００m　２分20秒６（アーモンドアイ　牝　平成30年11月25日　東京競馬場）
サラブレッドが歴史上２４００mのチャンピオンディスタンスを２分20秒台で走った歴史的瞬間。

★前レコード
①２分21秒９８…１９９９年　アシデロ（公式記録）
②２分21秒１…１９９９年　ウォークオブフレイム（参考記録）
コートラークは米国の競走馬で、黒鹿毛のセン馬。

（１９９９年　ウォークオブフレイム）

≪前日本レコード２分22秒１　アルカセット　牡　平成17年11月27日　東京競馬場≫

■２５００m　２分28秒２（２０１９年　ルックトゥワイス　牡　令和元年５月26日　東京競馬場）

■２６００m　２分37秒０（１９７８年　トムスイフト）
米国の名牝シュヴィーの初仔。１９７３年に生を受け14戦３勝の成績。１９８９年に後ろ脚を骨折し、安楽死となる。
≪２分37秒１　メロディーレーン　牝　令和元年９月28日　阪神競馬場≫

■３０００m　３分01秒０（２０１４年　トーホウジャッ

▲トーホウジャッカル（菊花賞2014年）

トーホウジャッカルが更新するまでは3分02秒5が世界レコードだった。ブラジルの歴史的名馬ナルヴィクが1959年にガヴェア競馬場で記録したものと、ナリタトップロードが2001年に阪神競馬場でマークしたものが最速だった。それを1秒5も一気に縮めたスーパーレコード。写真はナルヴィク。

カル　牡　平成26年10月26日　京都競馬場）
■3200m　3分12秒5（2017年　キタサンブラック　牡　平成29年4月30日　京都競馬場）
■3600m　3分37秒3（1927年　ダコタ）
セントサイモンの孫に当たる栗毛の英国馬。

目を疑うようなタイムが並ぶ中、日本馬4頭も名を連ねました。
中でもすごいのが3600mの3分37秒3という時計。1927年にマークされ、今だ更新されることがないのです。開催される機会の乏しい距離とはいえ、それを踏まえてみても破格のレコードタイムと言えるでしょう。
ちなみに日本レコードはエアダブリンの3分41秒6。

史上最速の3ハロン　29秒6（カルストンライトオ）
2002年の新潟競馬場、直線1000mのアイビスサマーダッシュのテンの3Fで記録。
ちなみにその時のラップタイムは「9秒8‐10秒2‐9秒6」という驚異のもの。
後半上がりの史上最速は……31秒6（イルバチオ）
2003年の新潟競馬場、直線1000mのアイビスサマーダッシュにて記録。
直線競馬でなく、コーナー周回ありの競馬での史上最速3Fは……31秒8
オーストラリア史上最強の女傑ウインクスが幾度も記録。高速馬場でもない馬場でこの記録は凄まじ過ぎる。

日本記録では……
31秒9（オースミグラスワン）
2008年の5月10日、新潟競馬場の新潟大賞典（芝2000m）で記録。
2015年4月26日には京都競馬場、マイラーズC（芝1600m）でディアデアマドレも31秒9を記録。直線がすでに3ハロン戦に入る新潟競馬場は3ハロンが出て当然ゆえ、これが正真正銘の史上最速記録と言えよう。また同年の5月3日にも31秒9をサトノギャラントが記録。こちらは新潟競馬場の芝1600mであった。

【2歳馬】

32秒0（ジャストドゥイング）

2014年9月28日、新潟競馬場の芙蓉S（芝1800m）で記録。

しかし、新潟競馬場新馬の優秀性を判断するバロメーターの一つに、新潟競馬場以外の芝2000mでの上がり3ハロンを見るとその将来性がはっきりと判断できる。

アグネスタキオンは33秒8、ラスト1ハロンは10秒8という凄まじい記録を出している。さらに、あのディープインパクトも阪神芝2000mでデビューし、上がり3ハロンの33秒1を記録。これは、2000m以上で行われたデビュー戦で世界史上最速の上がり3ハロンであった。

この記録を破ったのが、またディープの子供。シルバーステートであった。2014年10月の紫菊賞（芝2000m）で32秒7という空前絶後の3ハロンをほぼ追われる事なく記録。ところが、このシルバーステートの記録をデビュー戦で超越し、またディープの持つ2000mでのデビュー戦上がり3ハロン世界レコードを超えたのが、またしてもディープの仔ワグネリアンとヘンリーバローズ（シルバーステート弟）。

32秒6（ワグネリアン）

実質上の2歳馬史上最速の3ハロンかつ、2000m以上で行われた2歳デビュー戦における世界レコード。加え、これは中京競馬場の全距離古馬も含めての史上最速3ハロンレコードでもある。

2017年7月16日の中京競馬場のメイクデビュー（芝2000m）で記録。2着ヘンリーバローズも32秒8を記録している。これも父ディープの記録超え。

ダート部門

※《　》内は日本レコードになります。

■400m　20秒4（1945年　ビッグラケット、1993年　オニオンロール）

■500m　26秒4（1946年　タイスコア）

▲タイスコア（先頭馬）

タイスコアは1941年に米国に生まれた栗毛の牝馬で、79戦27勝という凄まじい戦績を上げた幻の女傑。レコードは5歳時に記録した。

■600m　31秒01(2005年　エクラット)

エクラットは2000年のミレニアムイヤーに生を授かった電光石火の超速馬で、2005年11月28日、レミントン競馬場で驚愕の3ハロンを計時。ネヴァーシェイムドのWR31秒3を更新した。

≪33秒8　マルカベンチャー　牡　平成24年6月10日　京都競馬場≫

■800m　42秒4(2005年　トリンケット)

※上がり3Fでの記録。

★前レコード：43秒2　1993年　アドベンチャーサムラヴ、1996年　ハフタナフタ

ハフタナフタのプロフィールは【芝部門】を参照されたい。……というか芝ダート不問かコイツは(笑)。

アドベンチャーサムラヴは1980年代の晩年から90年代初頭にかけて米国で活躍した快速セン馬。あらゆるレースを制し、56戦16勝2着16回3着9回という、とてつもない成績を残した。

■1000m　53秒6(1981年　メズモ)

メズモは南米アルゼンチンで1977年に生まれ、競走していた栗毛の馬。この記録芝だった……という話も……。芝1000mでも1981年に53秒3という時計を記録。

≪56秒9　ルベーゼドランジュ　牝　平成26年8月9日　小倉競馬場≫

■1100m　1分00秒4(1957年　レシュエージョ)

1954年、南米アルゼンチンに生まれた鹿毛馬で、1957年のパレルモ競馬場で行われた1戦で記録。

≪1分06秒6　セントフォード　牡　昭和45年1月11日　東京競馬場≫

■1200m　1分06秒3(1995年　ジーマレア)

ジーマレアは1991年にアメリカ合衆国に生まれ競走生活を送った。61戦17勝2着13回3着5回と、これまた壮烈な戦績を残した韋駄天。

≪1分08秒7　ビクトリーテツニー　牡　平成20年12月14日　中山競馬場≫

■1300m　1分13秒1(1995年　ラッキーフォー

エバー）
1989年米国生まれのセン馬。
≪1分16秒1　サトノファンタシー　牡　平成28年11月12日　東京競馬場≫
■1400m　1分19秒2（1980年　リッチクリーム）
1975年に生まれた黒鹿毛の牡馬。25戦8勝、トリプルベンドH、アックアック招待Hなどのビッグレースを制し、レース名にもその名を残したほどのスピードスターだった。
≪1分20秒3　マテラスカイ　牡　平成30年7月8日　中京競馬場≫
■1500m　1分26秒0（1997年　オーサムデーズ）
1992年に米国に生まれた鹿毛のセン馬。母はカリフォルニアの牝馬チャンピオンだった。
≪1分29秒6　インターネイティヴ　牡　昭和62年7月12日　札幌競馬場≫
■1600m　1分32秒2（1996年　リンコンアメリカーノ）
1992年生まれのアルゼンチン調教馬。レコードは1996年の7月26日、パレルモ競馬場で記録。
1マイル＝1609mとする距離では……
1分32秒24　ナジュラン（50KG）2003年
1分32秒25　ドクターフェイガー（62KG）1968年
実質的レコードホルダーはドクターフェイガーでは？
≪1分33秒3　クロフネ　牡　平成13年10月27日　東京競馬場≫
初ダートで日本レコード。翌年のJCダート馬に9馬身差の大差勝ち。
日本競馬でダート1600mにおいて34秒台を超越したのはいまだクロフネのみである。

クロフネ　衝撃の武蔵野S

■1700m　1分39秒0（1956年　スワップス）
カリフォルニアの生んだ歴史的名馬。数々のレコードタイムを量産。ダート2600mにおいても未だ破られない2分38秒1というタイムを保持（ちなみ日本レコードはエリモローラの2分43秒3）。
≪1分40秒9 ロンドンタウン 牡 平成29年8月13日 札幌競馬場≫

■1800m 1分44秒91（2011年 アリストシティー）
2004年に南米アルゼンチンにて生まれ育った芦毛の超特急。生涯成績は44戦22勝、2着8回、3着4回。2011年8月22日、パレルモ競馬場にて行われたグランプレミオジェネラルサンマーティン（ダ1800m）にて世界レコードをマークした。

★前レコード 1分45秒0（1988年 シンプリーマジェスティック）
GIのビッグタイトルには手が届かなかったものの、44戦18勝、多彩なG2勝ちのあるカリフォルニアダービー馬。レコードは1988年のゴーデンゲートフィールズ競馬場の9ハロン戦で計時。種牡馬入りも果たす。
≪1分47秒6 スマハマ 牡 令和元年7月14日 中京競馬場≫

■1900m 1分52秒2（1973年 リヴァリッジ）
1969年に生まれた米国二冠馬。2歳チャンピオン、古馬チャンプにも輝き、殿堂入りも果たしている。
≪1分53秒7 ワンダーアキュート 牡 平成23年5月22日 京都競馬場≫

■2000m 1分57秒8（1980年 スペクタキュラービッド）
三冠は惜しくも逃すもGIを勝ちに勝ちまくった歴史的スーパーホース。
≪2分00秒4 スマートファルコン 牡 平成22年12月29日 大井競馬場≫

■2100m 2分05秒9（2001年 クロフネ 牡 平成13年11月24日 東京競馬場）
永遠に語り継がれる世界レコードの一つとなるであろうJCダートの2分5秒9。いまだに6秒台にすら突入できる馬は現れていない。当時の砂厚が7

cm。現在では9cmとなっているが、それでも7秒台前半すら現れない状況を鑑みると、この時計の価値は絶大である。前年王者ウイングアローに7馬身、上がり3F35秒8を流しながら記録……史上最高レベルのJCダートで史上最高のパフォーマンスを示した、日本競馬史上最強ダートホースの記憶はレコードと共に輝き続ける。

■2200m　2分12秒29（2013年　ブラッドマネー）

2010年生まれのアルゼンチン調教馬。13戦6勝2着3回という成績。レコードは2013年10月14日にマーク。

≪2分16秒0　エナオーギ　牡　昭和57年2月20日　東京競馬場≫

■2300m　2分22秒3（2001年　ハギノハイグレイド　牡　平成14年5月19日　中京競馬場）

■2400m　2分24秒0（1973年　セクレタリアト）

説明不要の米国史上最強馬。あの31馬身差の時のミラクルスーパーレコードである。

≪2分28秒6　グルーヴィンハイ　牡　平成19年2月18日　東京競馬場≫

■2500m　2分30秒99（1995年　ドリアングレイ）

ドリアングレイはアルゼンチン調教馬。1991年に生まれた高速ステイヤーで、レコードは1995年の6月19日のパレルモ競馬場で記録した。

≪2分38秒6　サトノトップガン　牡　平成21年12月12日　中山競馬場≫

■3000m　3分03秒0（1939年　アウレコ）

芝のタイムと間違えてるんじゃないの？　と言いたくなる時計ばかり（笑）。

特筆はダート史上最速の上がり3F、更新される前の記録31秒3をマークした馬の年齢はなんと2歳！　ちょっと信じられません……。

それから、やはりクロフネはすごいですね。世界に入っても全く見劣りするタイムではありません。

また3000mのレコード保持者は、今から80年近く昔の馬にも関わらず、菊花賞でセイウンスカイが計時した当時の世界レコードを上回るという凄まじさ！　何じゃこりゃ（笑）。

芝・ダート両方で世界レコードを出した究極の二刀流

ヌーア

芝2400ｍ　2分22秒8（1950年）
ダ2000ｍ　1分58秒2（1950年）

芝・ダートの両方のチャンピオンディスタンスにて当時では考えられないようなレコードを記録。

記録したのは1950年代。

要は30年近くこのタイムに迫れる者はいなかった訳で、現代にヌーアがいた場合、どれだけのタイムを計時できるだろうか。

ヌーアは1945年英国生まれで、米国にて調教されたアガ・カーン殿下の持ち馬。31戦12勝2着6回3着3回。三冠馬サイテーションを4回、アソールトを1回撃破。ナスルーラ産駒のスピードを象徴するような名馬であった。

オ・マ・ケ

日本海記念【ダイニヒメチドリ】怪時計の謎

この世には、到底信じることの出来ないような、とんでもないレコードが存在する。

2010年のNHKマイルCにてダノンシャンティが3歳春にして1マイル1分31秒4という怪記録をゴール板へと槌雷させた瞬間は戦慄に鳥肌が立ち、目を疑ったものだが、驚愕的空前絶後の夢幻レコードと称歌讃嘆されたるタイムが世界には散在している。

それは例えばセクレタリアトのダート2400ｍ2分24秒0であったり、南米にてクリスタルハウスという馬が記録した芝2000ｍ1分55秒2という記録。上がり3Ｆ31秒3をダート戦で叩き出した馬などだ。

これらのレコードタイムは地球上で記録されたとは思えぬほどの震天動地の超絶的もの。

まさに空中に浮遊する庭園のような存在であり、滔々たる歴史の潮流にたゆたう全き虚ろの一角白鯨と言えよう。

日本にも、こうした震撼に身を委ねるほかないミラクルレコードが存在する。

それが１９７６年９月26日、上山競馬場にて開催された日本海記念（ダート２３００ｍ）で６歳（旧齢７歳）牝馬のダイニヒメチドリが記録した２分21秒７というタイム。

現ダート２３００ｍの日本レコードが、２００２年にハギノハイグレイドが東海Ｓでマークした２分22秒３。これは現在も破られていないばかりか、世界レコードでもある。しかし、30年以上も前の地方競馬の牝馬がすでに世界記録を保持していたのである。

しかも……さらに驚愕すべきことに、ダイニヒメチドリはアングロアラブなのである。

廃競馬場に封印された伝説のレコード。このタイムは真実のものなのか。

調査を進めてみたところ……

実際は２分31秒７である可能性が高かったようなのである。とは言え、このタイムでも凄まじい。このレースはアラブの豪傑であるレオグリングリンやドウカンガバナー、上山晩年のアラブ最強馬ペルターブレーヴも勝っているが、彼女のタイムには程遠い。以下に列記してあるので、ぜひ比較検討して頂きたい。

◆１９７６年　ダイニヒメチドリ　牝６
良２分31秒７（２分21秒７？）
◆１９７７年　オーナーズホダカ　牡８
良２分34秒２
◆１９７８年　イソシオ　牡９
やや重２分39秒６
◆１９７９年　ホクトパーシャ　牡６
良２分38秒２
◆１９８０年　ホマレダッシュ　牡６
不良２分35秒８

・
・
・
◆1988年　ドウカンガバナー　牡8
良2分35秒5
※三連覇達成時。
・
・
・
◆1992年　レオグリングリン　牡6
良2分38秒0

いかがだろうか？　ダイニヒメチドリのタイムがいかに絶烈たるものかご理解頂けたと思う。2位となるのがダイニヒメチドリ勝利の翌年のオーナーズホダカの2分34秒2。なんと2秒5差。

ちなみにダイニヒメチドリの2分31秒7というこのタイムは、サラブレッドの超一流ダート馬たちとほぼ同等のものである。いくつか例をあげよう。初代JCダート馬ウイングアローが旭川ダート2300で記録したタイムが2分32秒5。メイショウトウコンが2分31秒3。サカラートが2分32秒2……近年の北海道競馬で最強クラスだったギルガメッシュが2分36秒2……タイムパラドックスが2分31秒4……

……

これ以上はもう何も言うまい。

時の流れに埋もれし伝説のスーパー・ミラクル・タイム。

〝2分21秒7〟

〝ダイニヒメチドリ〟

謎が謎を呼ぶ、いまや神話のようなレコードタイムの話である。

【ダイニヒメチドリ】
父：クモノチカラ
母：ガーネツト
母父：タカラボシ
生年：1970年
性別：牝
毛色：鹿毛
生涯成績：49戦10勝

馬券配当記録室

※２０１８年12月末現在までの記録となっています。

●単勝記録

１位　５万６９４０円　リバティホール

２０１４年４月26日、福島競馬場・第８Ｒ

芝１２００ｍ、４歳５００万下16頭立てにて⑪番最低人気のリバティホールが優勝し記録。

２位　５万５８７０円　タチバナヒメ

１９５５年10月22日、阪神競馬場・第６Ｒ

アラブ限定の芝２０００ｍ、オープン特別８頭立てにて⑥番最低人気のタチバナヒメが優勝し記録。

３位　５万２２８０円　タイコウオー

１９６１年11月11日、京都競馬場・第８Ｒ

アラブ３歳特別競走、芝１４００ｍ17頭立てにて15番人気の⑩番タイコウオーが優勝し記録。

４位　４万９４１０円　シルバーシカイナミ

１９８０年11月15日、京都競馬場・第２Ｒ

３歳未勝利戦、芝１４００ｍ16頭立てにて最低人気の⑬番シルバーシカイナミが優勝し記録。

●複勝記録

１位　１万６１１０円　ヴィヴィアン

２０１０年６月26日、福島競馬場・第２Ｒ

３歳未勝利、芝１２００ｍ。16頭立ての最低人気、ヴィヴィアンが3着入線し記録。

2位　1万4390円　クリーンイメージ

2012年7月28日、小倉競馬場・第10R

唐津特別（500万）、ダート1700m。16頭立て15番人気のクリーンイメージが3着入線し記録。

3位　1万4080円　トゥルーフレンド

2012年3月25日、阪神競馬場・第2R

3歳未勝利、ダート1800m。16頭立て12番人気のトゥルーフレンドが2着入線し記録。

●枠連記録

1位　12万3410円

1着トゥルースターフ（6番人気）

2着シンナンプウ（8番人気）

1977年2月22日、小倉競馬場・第2R

4歳未勝利、芝1600m、8頭立てにて枠連③-⑧で決着し記録。

2位　10万6440円

1着ナンヨーアマゾネス（9番人気）

2着ブランドスリム（15番人気）

1997年3月29日、中山競馬場・第1R

4歳未勝利、ダート1800m、8頭立てにて枠連②-②で決着し記録。

3位　10万3430円

1着フミノストーム（12番人気）

2着トーワスキー（14番人気）

2001年8月11日、小倉競馬場・第11R

TVQ杯（1000万）、ダート1700m15頭立てにて枠連②-②で決着し記録。

●ワイド記録

1位　12万9000円

2着ディスカバー（15番人気）

3着メイショウナンプウ（14番人気）

2017年12月3日、中京競馬場・第7R

500万円下、ダ1800m、16頭立てにて⑪-⑮で決着し記録。

2位　12万4860円

2着ランニングウインド（16番人気）
3着アドマイヤガスト（12番人気）
２０１７年12月7日、中山競馬場・第７Ｒ
５００万円下、ダ１８００ｍ、16頭立てにて③-⑭で決着し記録。

3位　10万９１００円
2着スカルラット（16番人気）
3着アデステフィデレス（12番人気）
２０１２年5月26日、東京競馬場・第2Ｒ
3歳未勝利、ダ１６００ｍ、16頭立てにてワイド①-⑯で記録。

4位　10万６３６０円
2着キングザブルース（14番人気）
3着マキシムギャラント（16番人気）
２０１２年1月9日、中山競馬場・第2Ｒ
3歳未勝利、ダート１８００ｍ、16頭立てにてワイド⑭-⑯で記録。

5位　10万５３７０円
2着ディーエスサンダー（13番人気）
3着ダイコシャデ（16番人気）
２００２年2月10日、東京競馬場・第４Ｒ
3歳５００万、ダート１６００ｍ、16頭立てにてワイド⑥-⑧で記録。

●馬連記録

1位　50万２５９０円
1着メイショウギリー（13番人気）
2着デンコウグリーン（12番人気）
２００６年9月6日、中京競馬場・第３Ｒ
3歳未勝利、ダート１７００ｍ、16頭立てにて馬連⑦-⑭で決着し記録。

2位　44万６５５０円
1着ランニングウインド（16番人気）
2着アドマイヤガスト（12番人気）
２０１７年12月7日、中山競馬場・第７Ｒ
５００万円下、ダ１８００ｍ、16頭立てにて馬連③-⑭で決着し記録。

3位　44万２３７０円
1着カイトチャン（11番人気）

2着カサウンドコラード（12番人気）
２０１８年３月18日、中共競馬場・第３R
３歳未勝利、ダート１９００m、13頭立てにて馬連⑨-⑪で決着し記録。

４位　43万７３９０円
1着ゼンノエキスプレス（16番人気）
2着カネスベネフィット（12番人気）
２００５年10月22日、東京競馬場・第12R
３歳上１０００万下、ダート１４００m、16頭立てにて馬連③-⑪で決着し記録。

５位　43万１９７０円
1着アジアンホープ（13番人気）
2着サクラダモン（11番人気）
２００７年９月９日、阪神競馬場・第６R
３歳未勝利戦、芝１６００m18頭立てにて馬連⑤-⑭で決着し記録。

●馬単記録

１位　１４９万８６６０円
1着メイショウギリー（13番人気）
2着デンコウグリーン（12番人気）
２００６年９月６日、中京競馬場・第３R
３歳未勝利、ダート１７００m、16頭立てにて馬単⑭-⑦で決着し記録。

２位　１０８万７３９０円
1着カイトチャン（11番人気）
2着サウンドコラード（12番人気）
２０１８年３月18日、中共競馬場・第３R
３歳未勝利、ダート１９００m、13頭立てにて馬単⑨-⑪で決着し記録。

３位　１０２万１１６０円
1着ゼンノエキスプレス（16番人気）
2着カネスベネフィット（12番人気）
２００５年10月22日、東京競馬場・第12R
３歳上１０００万下、ダート１４００m、16頭立てにて馬単③-⑪で決着し記録。

次位　90万６２２０円
1着タガノロックオン（10番人気）
2着シークレットベース（12番人気）

２０１０年11月20日、京都競馬場・第７Ｒ
２歳５００万下、芝１４００ｍ13頭立てにて馬単①-⑬で決着し記録。

●三連複記録

1位　６９５万２６００円

1着メイショウギリー（13番人気）
2着デンコウグリーン（12番人気）
3着シャリバン（8番人気）
２００６年９月６日、中京競馬場・第３Ｒ
３歳未勝利、ダート１７００ｍ、16頭立てにて⑦-⑨-⑭で決着し記録。

2位　５５０万８８３０円

1着ディスカバー（15番人気）
2着スズカフューラー（6番人気）
3着メイショウナンプウ（14番人気）
２０１７年12月３日、中共競馬場・第７Ｒ
５００万円下、ダ１８００ｍ、16頭立てにて⑪-⑭-⑮で決着し記録。

3位　３３４万５３９０円

1着アードパーク（11番人気）
2着デルマビシャモン（14番人気）
3着サニースペシャル（6番人気）
２０１２年４月７日、中山競馬場・第２Ｒ
３歳未勝利戦、ダート１２００ｍ、15頭立てにて⑦-⑫-⑭で決着し記録。

4位　２８８万７３６０円

1着エターナルロマンス（11番人気）
2着マイネルフォルザ（12番人気）
3着ブラックデビル（10番人気）
２００８年３月23日、中山競馬場・第３Ｒ
３歳未勝利戦、ダート１８００ｍ、15頭立てにて⑨-⑭-⑮で決着し記録。

●三連単記録

1位　２９８３万２９５０円

1着ミナレット（14番人気）
2着ヘイハチピカチャン（12番人気）

2同着ファイヤーヒース（10番人気）
２０１２年８月４日、新潟競馬場・第５R
メイクデビュー新潟、芝１４００m、17頭立てにて⑧⇒⑥＝⑭で決着し記録。

こんなんいつかとってみたいですな～！

ちなみに2着が同着だったため「８‐14‐６」と「８‐６‐14」の2通りの当たり配当が発生。そのうちの「８‐６‐14」の組み合わせの倍率が29万８３２９・５倍。つまり、馬券の最低掛け金の１００円でも２９８３万２９５０円になる計算。４０８０通りある組み合わせのうち３８５０番人気。この馬券の的中者は一人だけだったという。

2着が同着になると配当が半分ほどになるので、もし同着ではなく、「８‐６‐14」の組み合わせだけだった場合は１００円が５０００万円を超える配当になっていた。

すさまじいですね……。

ちなみに、もう一つの組み合わせ「８‐14‐６」の倍率は14万９１６５・2倍。１００円が１４９１万６５２０円になります。これもJRA主催レースの高額配当ベスト5に入るほどの金額でした～。

この配当記録は全公営ギャンブル含めての日本史上最高配当金額（WIN5などの重勝式馬券等は除く）である。

■競輪や競艇の記録

競輪……２００６年９月21日に奈良競輪場で開催された第10競走で出た、三連勝単式の４７６万７００円が最高配当。

競艇……２０１１年５月22日に行われたボートレース徳山の第2レース。三連勝単式の配当の68万２７６０円がトップです。

オートレース……２００６年５月23日の伊勢崎オートレースで飛び出した、三連勝単式の配当１５７２万１７２０円が最高額。

2位　２７９２万９３６０円

1着アリオンダンス（11番人気）
2着ロッジポールパイン（9番人気）
3着ミシゲルナガイワシ（15番人気）
2015年9月21日、中山競馬場・第1R
2歳未勝利、ダ1800m、15頭立てにて④⇒⑭→⑱で決着し記録。

3位　2294万6150円
1着ディスカバー（15番人気）
2着スズカフューラー（6番人気）
3着メイショウナンプウ（14番人気）
2017年12月3日、中共競馬場・第7R
500万円下、ダ1800m、16頭立てにて⑮⇒⑭→⑪で決着し記録。

4位　2180万2320円
1着ランニングウインド（16番人気）
2着アドマイヤガスト（12番人気）
3着グレイスニコ（6番人気）
2017年12月7日、中山競馬場・第7R
500万円下、ダ1800m、16頭立てにて③⇒⑭→⑪で決着し記録。

5位　2070万5810円
1着ストレイトガール（5番人気）
2着ケイアイエレガント（12番人気）
3着ミナレット（18番人気）
2015年5月17日、東京競馬場・第11R
ヴィクトリアマイル（GⅠ）、芝1600m、18頭立てにて⑤⇒⑦→⑱で決着し記録。
GⅠ競走史上最高配当でもある。

6位　1950万7010円
1着ゲティスバーグ（9番人気）
2着カリスマミッキー（15番人気）
3着シルクフラッシュ（6番人気）
2011年2月13日、小倉競馬場・第4R
3歳未勝利、芝1800m、16頭立てにて⑧⇒③→⑬で決着し記録。
この馬券を姫路場外で100円購入したのは50代の男性と40代の女性のカップル。姫路市在住の男性が競馬歴30年以上、女性は競馬ビギナーだが、男性が軸馬1頭を決め、女性が相手を決める購入方法で超大穴馬券を的中させたという。

7位　1846万9120円
1着ゼンノエキスプレス（16番人気）
2着カネスベネフィット（12番人気）
3着ケイアイカールトン（3番人気）
2005年10月22日、東京競馬場・第12R
3歳上1000万下、ダート1400m、16頭立てにて③⇒⑪→④で決着し記録。

8位　1655万9120円
1着ベルモントピノコ（8番人気）
2着ブライティアベスト（12番人気）
3着クリノジャンファン（15番人気）
2006年9月9日、中山競馬場・第9R
汐留特別（500万下）、芝1200m、16頭立てにて⑥⇒②→⑪で決着し記録。

9位　1491万6520円
1着ミナレット（14番人気）
2着ヘイハチピカチャン（12番人気）
3着ファイヤーヒース（10番人気）
2012年8月4日、新潟競馬場・第5R
メイクデビュー新潟、芝1400m、16頭立てにて⑥⇒⑧→⑭で決着し記録。

10位　1457万5600円
1着タカノキング（8番人気）
2着ベストバウト（13番人気）
3着モエレジュンキン（3番人気）
2010年1月16日、京都競馬場・第4R
3歳上500万、ダート1200m16頭立てにて⑩⇒③→②で決着し記録。

地方競馬のキロク
※三連複以外はすべて地方がレコード！
●単勝…20万5760円（2001年7月18日　姫路競馬第2競走）
●複勝…7万5180円（2005年3月7日　佐賀競馬第1競走）
●枠連…25万8840円（1997年1月14日　高知競馬第2競走）
●枠単…72万9000円（1997年11月29日　中津競馬第10競走）
●馬連…53万6750円（2010年12月21日　園田競

馬第3競走）

●馬単…330万8610円（2006年5月20日　盛岡競馬第7競走）

●ワイド…28万6620円（2001年11月5日　浦和競馬第1競走）

●三連複…547万0730円（2003年1月7日　川崎競馬第8競走）

●三連単…2669万3120円（2017年6月27日　大井競馬第12競走）

最終レースのロマンティックナイト賞にて。14番人気のプラチナバディが優勝。2着に15番人気のメジャーメアリー。3着に9番人気のグットドディユの大波乱となった。的中票数は2票。

次位　2488万0720円(2010年4月6日　大井競馬第7競走）

●七重勝単勝式…717万3310円（2013年2月11日　帯広競馬第5～11競走）

●五重勝単勝式…1469万6060円（2013年8月9日　園田競馬第7～11競走）

●トリプル馬単…7476万7615円（2015年2月23日　大井競馬第10～12競走）

配当ではありませんが……

馬番の珍記録

【人気順と着順が全て同一に揃って決着したレース】

2005年7月3日（日）に行われた函館9R松前特別（芝2600m、6頭立て）がそれ。

1着には1番人気のテイエムジェネラスが入り、2着には2番人気トムディアマンテ。3着には3番人気のミキノマーベラスが入った。以下、6着まで全て人気順の決着となった。

GIレースでは……

1994年11月20日（日）に京都競馬場で開催されたマイルチャンピオンシップがそれ。

ノースフライトが優勝。1着から5着まで、人気順通りの決着となった。

伝説の騎手・ホースマン列伝

ここは世界中に実在した伝説の騎手たちの記録を記したアーカイヴスです。

騎手になるためには？

騎手になるためには、騎手免許の試験に合格する必要がある。

騎手免許の試験を受けるには、競馬学校の騎手過程に入学して勉強しなければならない。その騎手過程の入学条件は、中学卒業以上で、「20歳以下（地方競馬）」あるいは「20歳未満（中央競馬）」となっている。しかし、18歳以上の合格者はほとんどいない。実際、高校の卒業を待って入学試験を受けるのでは遅いといわれている。できれば、15歳か、16歳、遅くとも17歳までに競馬学校の入学試験を受けなければ、騎手になるのは難しい。

ただし、競馬学校に入学できなくても、厩舎に就職し、調教や騎乗を習い、騎手免許試験を受けるという方法はあるが、競馬関係の法律や馬に関する学問まで独学で勉強するのはかなり苦難を極める。

競馬学校は、中央競馬と地方競馬のそれぞれに設置されている。中央競馬が「JRA競馬学校（千葉県白井市）」で、地方競馬が「地方競馬教養センター（栃木県那須塩原町）」。JRA競馬学校は3年間、地方競馬教養センターは2年間通うことになる。入試倍率は、どちらも10倍前後と狭き門。JRA競馬学校に合格する方が難しいといわれている。

騎手になるための基本的条件

年齢・学歴は中学卒業以上で20歳未満。視力は裸眼左右0・8以上（眼鏡、コンタクトレンズの使用は不可）。

体重は46・5kg～44kg以下（生年月日により異なる）。

これらの条件を満たした者だけが競馬学校騎手課程に入学できる。

騎手課程在籍期間中は年齢区分毎に上限体重が指定され、いかなる理由であっても、この体重を超過することは認められていない。なお、卒業時の上限体重（指定体重）は、全生徒一律47・5kgとなっている。

【古代ローマの神騎手】　ディオクレス

ディオクレスは、イベリア半島生まれ。24年間で4257回にも渡り戦車競走の御者として出走。優勝2900回、2着861回、3着576回、受賞4着1回、着外1351回、重賞競走92勝。

上記の成績を上げ、9頭を100勝馬へと導いた。

【真のモンキー乗り】　サリー

三重県伊勢市有滝町にある、伊勢乗馬センターで飼われている猿の騎手。当センターを管理する橋爪軍児氏の手で育てられた猿で、ほかにもキューピー、ハッピーと2頭の猿もいるという。

【ロボライダー　エレクトリック・ジョッキー】

米国はデビット・クマエ氏の発案品。特許も取得されたという。

遠隔操作を可能とし、本当に馬を操作する事も可能。際にレースでも使用され、票を投じられた事もあった。作成したのはテネシー州のチャールズ・マクヴィノム氏。

【世界最古のシマウマライダー】　ロスチャイルド男爵

ヴィクトリア朝時代の高貴で、類まれなる技術を持っていたという。その技巧はシマウマすら掌握するほどだった。4頭のシマウマを手玉に取り、バッキンガム宮殿へ貨車を引かせて参上したという逸話も残されている。

シマウマで競馬もしたらしいが、公的記録として残されておらず、どんな競走記録だったのかは定かではない。また、その4頭のレーシング・ストライプたちがその後どんな経緯を辿ったかについても不明である。

【鎌倉時代の不敗騎手】　こますけのぶ

狛助信。鎌倉時代の説話集。橘成季（たちばなのなりすえ）編。1254年（建長6）成立。20巻。

その巻の15・第481話に記されている幻の名手。当時の競馬（くらべうま）にて無敗を誇っていたらしく、大変な名声を博した名手だったという。ある日の競馬に勝利した直後、門の閂（かんぬき）に頸を引っ掛け、あえなく命を落とす。

【2年で14000マイルを走破】
福島安正〝バロン福島〟

これは『世界記録集』にも掲載済みの偉大なるホースマンの記録である。福島少将はベルリンから日本まで、約1万4000マイルを走破したと伝えられている。これは騎馬を通じての人類の走行距離としては史上最長距離を誇るもの。マイナス60℃の環境時も耐え抜いての歴史的偉業であった。その強靭なる精神と謙虚な立ち居振る舞いから〝サムライ・ロングライダー〟として崇愛されている。

ちなみに……走破した1万4000マイルをキロ換算すると……

2252 6 km！

メートル換算すると……

2252万6000m!!

信じ難い伝説の騎手がここ日本にいた……。

ちなみに騎乗した馬たちは、その後天皇家へと献納されたという。

【真・伝説の名手】 大野市太郎

横浜根岸に端を発する明治競馬における、日本人騎手の草分け的存在にして、真の伝説の騎手と称えられる存在が彼、大野市太郎である。「イチ」の愛称で親しまれ、44歳まで現役を続けた。神奈川県出身で、1876年、明治9年のデビュー。

ちなみに、根岸競馬における日本人第1号は松村亀吉、もしくは久保田太郎とも言われている。最大のライバルは神崎利木蔵。この二人が近代日本競馬の黎明期を引っ張った。

【アルバイトで騎手を務めた警官】
ウォルター・ロクストン

明治初頭に来日。警官として神奈川県警に雇われの身となった彼は、1880年（明治13年）～1885年（明治18年）にかけて、当時、春と秋に三日ずつ行われていた横浜競馬に騎手として出場している。また1884年（明治17年）には、上野不忍池で行われた共同競馬に日本人騎手へまじり、ただひとりの外国人騎手として出場したと、史実に残っている。

さらに、明治15年10月31日の横浜競馬では、全9レースのうち、合計5レースを彼が勝っている。

「春秋二回の競馬の時、職務を休んで競馬の騎手をしたい。それを認めてくれるなら月給が今の2／3以下でも結構」と語っており、余程の競馬好きであったことは間違いない。

【見習いのままリーディングジョッキー】 村口繁一

わずか28年でその生涯を閉じた薄幸の伝説騎手。村口騎手は大正4年5月2日に生を受け、小倉の坂本勇次郎厩舎に所属でデビュー。偉業達成は昭和16年のこと。平地で12勝・障害で30勝を上げ、なんと見習い騎手でリーディングに輝いてしまったのである。

しかし、翌年の10月4日、阪神競馬4日目第八競走に騎乗した彼は、2周目の第三障害で落馬し、昏睡状態に陥ってしまう。その10日後、彼は目を開くことなく、この世を去ってしまったのであった……。ＪＲＡ創設前の偉大なジョッキーの話である。

【義足の騎手】　高橋政治郎

彼、高橋騎手は富山の山村出身。小学校卒業と同時に上京し、馬術に明け暮れた。戦時中は乃木大将が騎乗する馬の調教に従事していたが、安田伊左衛門の呼びかけにより競馬の世界へと足を踏み込む。片足を失ってしまったのは、大正4年7月に起きた落馬事故が原因と推考されている。

義足になってからの活躍は足を失う以上のもので、想像を絶する血の滲む努力が彼を支えていたものと思われる。全国にファンがおり、引退後も調教師として日本競馬に尽力した偉大な人物である。

【明治・大正時代、欧州で大躍進を遂げた日本人騎手】赤石孔

彼こそが欧州仕込みの伝説の日本人騎手であり、ヨーロッパ流モンキー乗りを日本へと持ち込んだジョッキーなのである。

赤石騎手は明治27年11月13日、福島市生まれ。福島中学2年時修学後、騎手募集に応募し、ヨーロッパへと単身乗り込んだ。英国、フランス、ドイツ、オーストリア、チェコと、競馬の本場の舞台に身を投じ、肌で当時最高レベルの競馬を体感。昭和2年に帰国し、当時の根岸競馬へと新風を吹き込んだ。鞭持ち替えの早業は「一鞭千両」と称えられたという。昭和14年まで根岸で騎乗。３００戦36勝、2着35回、3着34回の成績を残した。

【昭和期の米国で１００勝以上上げた若者】　仲村直己

彼は１９４４年に生まれ、米国へ留学。サンフランシスコに身を置いていたが、当地の競馬に魅せられ、ついには騎手となってしまったという。１９７０年から騎乗し、１９７５年の５年間で１４３５戦１３４勝という成績を上げた。この１３４勝という記録は武騎手の記録をも遥かに凌駕するもの（武豊が本腰入れて５年アメリカにいれば十分に更新可能だろうが）。
　しかし、その後の消息は不明ままである。

【伝説のばんえい騎手】中西関松

　ばんえい競馬界の伝説の騎手・中西関松氏（故人）は、戦前から各地の草ばんばで手腕を発揮していた。競馬大会があると聞けば、馬を引き連れて出かけて行った。昭和22（１９４７）年に旭川でばんえい競馬が始まったときには、これぞ自分の進む道と悟り、騎手の道を本格的に歩み出すが、しばらくは山仕事も続けていたという。

　騎手専業になったのは昭和40年代（65年〜）ごろ。中西氏のそもそもの仕事は運送業。騎手になってからも、レースのない期間は馬とともに山へ入り木材運びをしていた。当初はみな兼業騎手だったという。その後、30年近くも名騎手としてばんえい競馬をもり立てた。初期の記録がないため定かではないが、通算２０００勝は上げただろうといわれる。後継の育成にも力を注ぎ、教えを受けた騎手や調教師が今も現役で活躍する。

【ミスターばんえい】金山明彦

　史上初めてばんえい騎手として通算３０００勝を挙げ、「ミスターばんえい」と呼ばれ、ファンに愛された。通算成績は１９７１２戦３２９９勝うち重賞88勝。ばんえい競馬最高峰のレースである『ばんえい記念』を６勝した。１９９９年に調教師試験に合格し、同年末に騎手を引退した。

【益田から世界へ吹いたカミカゼスタート】道川満彦

　日本国外で活躍する日本人騎手のパイオニア的存在。騎手課程受験に失敗したため、翌年益田市の実家に戻り、１９７４年に益田競馬場・高橋勇厩舎よりデビュー。以後１９８８年まで益田競馬のトップジョッキーのひとりとして活躍した。

しかし、地方の弱小競馬場ゆえに賞金水準が低いことから、トップジョッキーでも年収は400万円前後にとどまり、妻が共働きしなければ生活が成り立たない状況にあったため、1980年代に入ると日本国外への移籍を視野に入れるようになる。これには益田競馬関係者らから抵抗を受けたが、「他地区の地方競馬への移籍はしない」ことを条件に、1988年、移籍に必要な無制裁証明書（クリアランス）の発行を受けることに成功し海外へと拠点を移すことになった。

1988年までの地方競馬通算成績は5585戦1033勝。1989年にマレーシアに活動拠点を移すと、初年度にマレーシア・シンガポール地区（当時はひとつの競馬地域を構成していた）のリーディングに輝く大活躍。その発馬の鮮やかさは「カミカゼスタート」と称されるほどだった。その模様は風の便りか日本へも口伝され、同年5月には同じ島根県人という関係もあったのだろう。シンガポールを訪問していた竹下登首相（当時）の激励を受けるにあたっている。

順風満帆な騎手生活がようやく訪れたかに見えたが、八百長の噂が立てられ、道川も関わっているという濡衣を着せられてしまう。この名誉毀損に憤慨した道川は裁判を起こし勝訴。ところが、この一件以降、道川騎手は精彩を欠くようになっていく。

その後、日本へと戻り、JRAの騎手試験を受験。以後1994年まで計3回挑戦するが、結果はいずれも不合格であり、中央競馬の騎手として凱旋するという道川の夢はかなわなかった。1994年6月、地方競馬全国協会から地方競馬では初となる短期騎手免許を交付され、高知競馬で騎乗。

その後騎手を引退してマカオ競馬で調教師への転身を図るが、管理馬が思うように集まらず、1996年インドのハイデラバードで騎手に復帰するも、結局騎乗機会には恵まれず、1997年12月14日にアラブ首長国連邦のアブダビで騎乗したのを最後に騎手を引退した。

【怪人と言われた謎深き古の名騎手】ハーレー・B・コリンス

昭和20年代、根岸、上野で活躍した騎手。「怪人」とまで言われたが、波乱万丈の生涯を送った。父はポルトガル人。母方が判然としないが、白人と南海人種の混血？ あるいは香港生まれの英国人？ だったと伝えられる。容貌は日本人風だったという。横浜生まれ（南清に生まれ、その後横浜へ来た）という諸説もある。

メール新聞、ヘラルド新聞など新聞社に勤めた後、騎手に転向。御下賜を受けるほどの活躍をするも、度重なる怠惰、背信行為により騎手職を免除される。その後は火災保険金詐欺疑惑を起こし、神戸、上海と転々と渡り歩く。明治37年ロシア人女性を伴い横浜のホテルに宿泊中に露探容疑をかけられ逮捕されてしまう。重禁固11年で服役するも、特赦により39年4月出獄。しかし、明治40年2月27日天津駅で爆裂薬を所持しているところを見つかり逮捕された。

【「こっぺーさん」の愛称で親しまれた大正期伝説の外国人騎手】ハロルド・W・コッフェー

大正期の日本で大活躍したオーストラリア人の名騎手。名前の綴りは〝Coffey〟と書く。明治41年秋、C・ダウン氏がホートニップ（プリンスチャーレー）を輸入した際に同行し初来日。来日前には１９０６年のアスコットヴェールSをアントニウス号、１９０７年のQTCセントレジャーをイングルウッド号で制覇している。１９０５年のメルボルンカップでは2着もあり、本国オーストラリアでもその腕は確かなものを誇っていた。大正時代当時の日本における騎乗技術では完全に群を抜いて突出していた。

【日本競馬史上初となる、初騎乗＆初勝利＆ＪＲＡ初の外国人騎手】ロバート・アイアノッティ

ＪＲＡ史上初となる外国人騎手かつ、史上初となる初騎乗初勝利の偉業を達成した幻の騎手が彼、アイアノッティである。

日本でのデビューは１９５５年。イタリア系のアメリカ人で当時21歳。日本に来た理由は１９５３年に徴兵さ

れ、日本に駐留する部隊に配属されることになったため。母国では16歳で見習い騎手となり、フロリダのとある競馬場を舞台に招聘されるまで、約4年の活躍。通算1200戦414勝の成績を収めていた。

日本在住の間に体重を7kg以上も増やしてしまったことを受け、日本で騎乗することを決意。知り合いだった矢野幸夫調教師に相談し、矢野調教師の元に馬を預けている馬主たちが身元引受人となることを同意。日本中央競馬会も矢野調教師の申し出を受け、アメリカ領事館との間で3年の契約を結んだ。さらにJRAは農林水産省へと外国人騎手の出場を認めるよう省令の改正も申請した。こうした働きかけを受け、無事免許皆伝。除隊後は矢野厩舎で住み込みながら働き、初騎乗の時を待った。

こうして迎えた1955年3月5日、東京競馬場の第一レース。騎乗馬タジマオーは1番人気。出遅れるものの、道中から早くも先頭を奪い、一気の加速。10馬身ほど引き離し、そのまま逃げ切り勝ちを収めた。しかし……これが最初で最後の勝ち鞍となってしまう。JRA通算成績はわずか22戦1勝。どうしてこの一年のみのキャリアで身を引いたのか……いまとなっては謎のままである。

【JRA史上初の短期免許交付の外国人騎手】
マイク・ベネツィア

日本中央競馬会の発足以後、外国人騎手として初めて短期間の騎乗許可を得て騎乗した騎手。日本では「ミカエル・ベネジア」と表記されていたこともあった。

ニューヨークのブルックリンで生まれ、ベルモント競馬場を主戦場として騎手を務めた。米国では25年間で通算2313勝を挙げ、デビュー初年には1日6勝を記録、翌年には192勝を挙げ、ニューヨーク地区の人気騎手として活躍した。その人柄から、騎手仲間や記者からも慕われていたという。

日本では1974年の1月から3月にかけて、関東を主戦場として騎乗し、25戦2勝という成績を残した。当時、日本ではまだ短期免許交付という制度は存在せず、JRAが特別に騎乗許可を与えてのものだった。

なお短期免許交付制度は1994年から始まり、その第一号はリサ・クロップ騎手。日本を去った後は引き続き米国・ベルモントを中心に騎乗を続けていたが、引退を決めた後に騎乗したレースにて不慮の事故に遭いこの世を去ってしまう。NY競馬協会では彼の業績を称え、1989年よりマイク・ベネツィア記念賞という賞を設け、ニューヨーク地区の騎手や記者、ファンなどの投票を集め、スポーツマンシップとシティズンシップの模範となる騎手を表彰している。

【カタツムリでも勝たせる男】　フレッド・アーチャー

1857年1月11日、イングランド領チェルトナムのセントジョージ病院に生まれる。

1867年、後にセントサイモンも手懸けることになるマシュー・ドーソン調教師の下、騎乗訓練を積み、1868年12歳でデビューし、1870年障害競走で初勝利。覚醒したのは1873年を迎えた頃で、17歳の若さでクラシック優勝。勢いそのままにリーディングジョキーの座まで勝ち取り、1876年には当時としては超常絶する200勝を達成し、若干20歳の若さでクラシック完全制覇を達成。あまりに驚異的な勝率に〝The Tinman（金の男）〟の異名で賞賛され、ついには「アーチャーが乗ればカタツムリでも勝てる」とまで吹聴されるほどになる。

1883年にはドーソン氏の姪・ヘレン夫人と結ばれ、幸せの絶頂に立つと、勝利数はさらにペースアップ。577戦241勝という、信じ難い数字まで叩き出す。ところが不幸にも長男が出産直後に亡くなり、長女出産の際にはヘレン夫人まで命を落としてしまう。これ以降、アーチャーには暗い影がついてまわるようになるが、騎乗技術はなんら陰りなく1885年には年間246勝の金字塔を打ち立てる。英国三冠もオーモンドで成し遂げたが、178cmの長身がゆえ減量に煩悶し、ついには体調不良、腸チフスと様態を悪化させてしまう。苦難と幻覚との闘いの果て、拳銃を咥えて引き金を引いてしまうのだった。29歳の若さだった。

【世紀の名手、史上唯一人の《ナイト》】
ゴードン・リチャーズ

1904年5月5日、英国はシュロップシャーのドニントンウッドで生を受ける。幼少時より家で飼われていたポニーに跨り、7歳になる頃には家族をポニーで送迎するまでになっていたという。

15歳を迎えるとジミー・ホワイト氏の下、本格的に鍛錬を積み、1921年にレスター競馬場で初勝利し、1925年には118勝もの勝ち鞍を上げて自身初のリーディングを獲得。1944年には英国競馬史上初の3000勝騎手となったものの、どうしてもダービーが勝てない。それは世界の七不思議の一つと揶揄されるほどであった。その一方で、歴史的大活躍を評価され1953年、騎手として初めて【ナイト】の称号をエリザベス女王から授かった。これが幸運を呼び込んだのであろう。同年勲章授与の一週間後、はじめてダービーに優勝した。騎乗馬はピンザ。通算で4870勝し、26回リーディングジョッキーになった、史上最も偉大な騎手と断言していいだろう。

【伝説の名手、ダービー9勝の世界記録】
レスター・ピゴット

英国バークシャー出身。調教師であった父の影響を受け4歳から乗馬をはじめ、12歳でデビュー。

身長173cm（騎手としてはかなりの長身）が災いし、減量で苦心するが、奇抜な騎乗スタイルを次々と披露し神懸かった騎乗を見せるものの、厳重注意を度々受けてしまっていた。しかし、溢れる才能を全開に18歳でダービーを優勝すると、1964年から8年連続でリーディングに輝き、全盛期を迎えると、ダーリア、シャーガー、ニジンスキー、アレジッド、サーアイヴァーら歴史的名馬を駆り世界を股にかけて席巻した。母国英国のザ・ダービー9勝をはじめ、英国クラシック30勝、フランスのクラシック8勝、アイルランドのクラシックを16勝。59歳まで現役で活躍し、4大陸、35カ国で勝利を挙げた伝説の騎手。冷静沈着かつ、正確無比の騎乗技術、完璧なまでに乗りこなす。まさに20世紀英国最高のジョッキーである。

そんな彼も1985年には鞭を置き調教師へと転身。しかし脱税をしたがため3年の実刑判決を受けてしまうことに。ところが、ここからが驚異的で、1年の服役後、なんと騎手へと復帰し、わずか10日後にGⅠ優勝という奇特な偉業を成してしまうのであった。

【米伝説の名手にして、米国史上最高の騎手】
アイザック・バーンズ・マーフィー

1861年4月16日生まれ。没年1896年2月12日。1955年、米国競馬の殿堂入り。米国伝説の黒人騎手にして史上最高の名手と呼ばれる神格的ジョッキー。ケンタッキー州フランクフォート出身。

11年間騎乗し、生涯成績1412戦628勝。史上最高の勝率44%を記録した。この記録は全世界においていまだ更新されておらず、もはや破ることは不可能の記録の一つとされている。ケンタッキーダービー三連覇、そしてケンタッキーオークス&ダービー&クラークHを同一年に制覇した史上唯一の騎手である。

ニックネームは〝Colored Archer〟。これは同年に活躍した同じく英国のレジェンド騎手フレッドアーチャーに端を発するものである。

肺炎により命を落とし、ケンタッキーホースパークのエントランスに亡骸は移された。彼の隣には米国伝説の最強馬マンノウォーが眠る。1995年には、年間最高勝率を誇った騎手へ表彰されるアイザック・マーフィー賞が創設され、アーリントンパーク競馬場では彼の名を冠したアイザック・マーフィーハンデキャップが創設されている。

【時代に翻弄された米露伝説のアフリカ系黒人騎手】
ジミー・ウィンクフィールド

1882年4月12日生まれ。没年1974年3月23日。2004年米国競馬の殿堂入り。

1898年16歳で騎手デビューするも4頭の発馬機による事故が原因で、たった1戦で騎乗停止となってしまう。

１９００年に復帰し、以後１９０３年まで米国で騎手を務め、１９０４年からはロシアで騎手となる。ケンタッキーダービーを１９０１年１９０２年と連覇した他、ロシアにおいて歴史的大活躍。ロシアダービー3回、ロシアオークス5回、モスクワダービー2回、ワルシャワダービー2回、皇帝賞3回という空前絶後の成績を極寒の地で上げ、生ける伝説となった。ロシアにおいてリーディングジョッキーを3度獲得、１９１７年にロシア革命が起きると今度はフランスへ拠点を移し、サンクルー大賞、ドーヴィル大賞、ユージンアダム賞などを勝利。２５００勝以上を上げ、50歳で引退。調教師としても成功を収め、１９７４年に亡くなるまでパリ郊外のメゾンフィラットの農場で余生を過ごしたという。

【19歳の若さで全米リーディングに輝くも、その表彰式直後に死亡した悲劇の名手】アール・デュー

19歳の若さで全米リーディングの座を獲得しながら、表彰式の日に殉職した悲劇の名騎手。

１９２１年に生まれ、騎手であった父の影響を受け、騎手を志す。１９３７年にシカゴを拠点としてプロとして騎手生活をはじめる。この時でまだ若干16歳。即座に頭角を表し、ニューオリンズにてリーディングを獲得し、１９３９年までトップを守り抜いた。

１９４０年には２８7勝を上げ、全米リーディングに輝き、翌年の2月には、リーディングジョッキーの表彰と記念の金時計の授与式が当時の主戦場となっていたアグアカリエンテ競馬場にて行われた。そして、その授与式後の第6レースに騎乗することになった。しかし、その競走において騎乗馬が直線半ばで故障し、落馬したところへさらに2頭の馬が激突。頭蓋骨骨折による脳内出血の為、救急車で運ばれたが、車中で絶命。わずか20歳の若さで全米のトップ騎手に上り詰めながら、表彰式当日の事故による死は、悲劇としか言いようのない、あまりにもショッキングな出来事であった。彼が無事であったなら、どこまでその成績を伸ばしたのであろうか。

代表的騎乗馬はミオランド号（写真の馬）。生涯成績50戦18勝2着10回、ポトマックH、サンファンカスピトラーノH（2回）、ニューイヤーH、サンアントニオH、サンパスカルHなどを制した。

【南米伝説の黒人騎手】　イザベリーノ・〝ネグロ〟・ディアス

1858年に隣国ウルグアイのビラデラウニオンで生まれ、15歳ごろにモンデヴィデオにて競馬界に入り長く騎手兼調教師として活動した。黒人奴隷の末裔であったが、彼の卓越した才能が身を助け、馬主からファンから絶大な支持を獲得し、歪んだ骨格から〝リゴレット〟の愛称で親しまれた。

1885年にアルゼンチンの有力馬主らに誘われてブエノスアイレスに渡ると、1889・1890年と2年連続で首位騎手を獲得。1891年には名馬カモスでアルゼンチン・ウルグアイ両国のインテルナシオナル大賞（現、カルロスペリエグリーニ大賞とホセペドロラミレス大賞）を制覇した。1892年にはその手腕を請われブラジルのリオデジャネイロでも活躍。翌1893年からはアルゼンチンに専念し、1893・1894・1898・1899年と首位騎手を獲得し多くの主要競走を制覇した。

【史上初の1万勝騎手】　ジョルジ・リカルド

1961年9月30日、ブラジル・リオデジャネイロ生まれ。競馬一家に生まれ、自身も騎手を志す。

アルゼンチンと地元ブラジルに拠点を置き、次々と勝ち星を量産。2008年1月9日、アルゼンチンはサンイシドロ競馬場にて世界初となる10000勝を達成。デビューは1976年で、1982年にGI初制覇。そしてブラジル競馬における25年連続リーディングという大記録を打ちたて、現在も活躍中。

〝リカルジーニョ（Ricardinho　小さいリカルド）〟の愛称で知られ

るリカルド騎手は、世界最多勝記録を再び打ち立てることを騎手生活の最大の目標としていたが、近年は深刻な病気と怪我に悩まされてその達成を阻まれていた。

ホルヘ・リカルドに関する数字

通算勝利数	1万2,845勝	
通算騎乗回数	約7万回	
G1勝利数	180勝以上	
リーディングタイトル獲得	30回	(ブラジル26回、アルゼンチン4回)
シーズン自己最多勝利数	477勝	(ブラジル1992-93年シーズン)
アルゼンチンにおけるシーズン最多勝利数	467勝	(2007年)
ラテンアメリカ大賞(G1)優勝回数	5回	

世界最多勝利の変遷

※《 》内の年数は前記録を破った年代。

《2006年12月1日》ラッセル・ベイズ(米国)史上2人目の1万勝

《2003年4月》ラフィット・ピンカイJr.(パナマ)が9530勝

《1970年9月》ウィリー・シューメイカー(米国)が8833勝

世界最多勝騎手ランキング

1	ホルヘ・リカルド	1万2,845勝
2	ラッセル・ベイズ	1万2,844勝
3	ラフィット・ピンカイJr.	9,530勝
4	パブロ・ファレロ	9,083勝
5	ビル・シューメーカー	8,833勝
6	パット・デイ	8,803勝
7	デヴィッド・ゴール	7,396勝
8	エドガー・プラード	7,287勝
9	佐々木竹見	7,153勝
10	クリス・マッキャロン	7,141勝

的場文男騎手の記録更新前の記録。

世界最多勝記録を塗り替えた騎手たち

勝利数	騎手名	初勝利年・国/最終勝利年・国	記録達成年
2,587*	ジョージ・フォーダム	1851年英国/1883年英国	
2,748*	フレッド・アーチャー	1870年英国/1886年英国	1886年
3,260	サム・ヒーピー	1899年英国/1940年ベルギー	1934年
4,870*	サー・ゴードン・リチャーズ	1921年英国/1954年英国	1947年
6,032	ジョン・ロングデン	1927年英国/1966年米国	1956年
8,833	ビル・シューメーカー	1949年米国/1990年米国	1970年
9,530	ラフィット・ピンカイ Jr.	1964年パナマ/2003年米国	1999年
12,844	ラッセル・ベイズ	1974年カナダ/2016年米国	2006年**
12,845	ホルヘ・リカルド	1976年ブラジル/アルゼンチン	2007年**

* 英国のみにおける勝利数

**2007年から2013年においてベイズとリカルドの勝利数は拮抗し首位は頻繁に入れ替わった。

≪1956年≫
ジョニー・ロングデン（米国）が6032勝
4870勝↓ゴードン・リチャーズが記録。

琉球伝説の名手たち

瀬名波のイリヤラ
屋良朝乗
　読谷が生んだ天才騎手。紺色の着物と袴をまとい、二尺五寸（約76cm）の鞭を手に自在に馬を手繰ったという。

与那嶺のターリ
　北谷村、現在の嘉手納町で無敗を誇ったという。

幸地のタンメー
　馬上から、しかも走らせた状態で地面のカンザシをすくい上げたという逸話を残す名手。嘉手納町出身だったという。

上謝名のブッセーカナヤッチー
　今帰仁の豪傑。三国志に登場する関羽の生き写しと絶賛されていたらしい。

ポール・カライ
　ハンガリー出身。第78回ハンガリーダービー（芝2400m）を67歳という高齢で制した。
　かなり異色の経歴の持ち主で、プロボクサーになるがジョッキーへと転身。リーディングジョッキーの座に立ったかと思いきやハンガリー動乱のため米国へと亡命し、ダービージョッキーの夢は断たれたかに見えた……いや、それなら米国で騎手になっちまえと、米国のジョッキーに本当になり、1718勝を上げる大活躍！ところが今度は八百長事件に巻き込まれ、罪無きまま服役することとなってしまう。不運にも米国競馬界から追放され、民主化された祖国へと帰還。そんな波瀾万丈な騎手人生の果てに待っていた栄光は、夢にまで見た母国のダービー制覇だったのであった……。

ちなみに彼にダービーの栄冠をプレゼントしたのはロドリゴ。生涯成績38戦11勝、他にはハンガリーセントレジャー（芝２８００ｍ）などを制した歴史的名馬。

日本最年長騎手

山中利夫　62歳

２０１２年７月15日、第７回金沢競馬２日目第１競走の騎乗を最後に現役を引退した。元春木競馬のリーディングジョッキー。金沢競馬所属。２０１２年５月７日の第１レースにてブライアンズメテオ号に騎乗し見事勝利。これにより、最年長勝利記録を更新。

〔参考記録〕

日本では明治９年生まれの坂東角太騎手が昭和９年春の札幌・騎乗速歩に騎乗。地方競馬では昭和３年生まれの海方昭三騎手が平成４年の樹氷賞をティーボイスで勝利。翌５年にはアラブの蔵王賞をルビーキャップで勝利。

世界史上最年長騎乗記録

ハリー・ビーズリー　83歳

アイルランドの障害戦コリティアン・プレートにて、モーリーという自分の持ち馬に自ら騎乗したという記録がある。ビーズリー騎手はアイルランドでは名の知れた障害騎手４兄弟の一人であった。１８９１年にはグランドナショナルも優勝している。

そんな彼がこの記録を作ったのは１９３５年６月10日。自分の持ち馬であるモーリー（牝）に騎乗し、アマチュア騎手のためのレース、『コリンティアン・プレート』に出走。結果、５頭立ての４着と健闘している。

世界最長寿騎手記録

騎手を務めた人物の史上最長寿者は英国の……

フォークナー　１０４歳

１０２歳で馬に乗ったという記録も持つが、この時の落馬で大怪我を負ってしまう。驚くべきことに32人の子供がおり、皆競に関わる職に就いたというからすごい。

英国のアップルフォートで静かに暮らしていた世界最長寿の騎手である。

世界史上最年少競馬騎乗記録

???　9歳

南アフリカにて記録される。

しかし、競馬ではなく馬に騎乗したという括りにするとさらに上があり……

世界史上最年少騎乗記録

2歳8ヶ月

2013年8月9日、モンゴルにて世界最大の馬のパレードが行われた際記録されたもの。

世界4大ダービー優勝騎手

世界四大ダービー

①英ダービー
②ケンタッキーダービー
③フランスダービー
④アイルランドダービー

スティーヴ・コーセン(米国)

英ダービー　1985年　スリップアンカーで優勝
ケンタッキーダービー　1978年　アファームドで制覇
愛ダービー・仏ダービー　1989年　オールドヴィックで勝利

世界ダービー最年少優勝騎手

11歳　ホセ・ヴィエラ

1884年アルゼンチンダービーにてウルグアイの少年がこの偉業を成し遂げた。

〈次位〉15歳　アロンソ・クレイトン（アフリカ系米国人騎手）

1892年ケンタッキーダービー

〈次位〉15歳　ジェームズ・パーキンス（アフリカ系米国人騎手）

1896年ケンタッキーダービー

※英ダービーは18歳が最年少記録。当時見習いだったレスター・ピゴット騎手が1958年、ネヴァーセイダイで優勝。

世界ダービー最多連覇騎手

5連覇　フェデリコ・リゴーリ
伊ダービー　1919〜1923年
4連覇　セルヒオ・バスケス
チリダービー　1979〜1982年
3連覇　スティーヴ・ドノヒュー
英ダービー　1921〜1923年

三連勝&三連続レコード記録

※騎乗したレースを三連勝、そしてその三戦すべてでレコード勝ちするという珍記録。

伊藤勝吉（日本）

昭和4年10月6日に記録。

見習い騎手で一日5連勝

岡潤一郎（日本）

1989年6月18日札幌競馬場の4Rから8Rにかけて勝利。ちなみに単勝転がしを元手100円で成功させた場合、配当が330万を超えていたという。

その将来を非常に期待されていたジョッキーだったが1993年1月30日、京都競馬7Rでオギジーニアスに騎乗した際に落馬。意識不明の重体に陥り、同年の2月16日、帰らぬ人となった。享年24歳の若さだった。

生涯1戦0勝の騎手

「一生涯でわずか1戦、しかも大差のシンガリで1頭も馬を交わすことなく去っていったプロ騎手」

人生は上手くいくことばかりではない。狭き門を潜り抜けてプロになったとしても、そこには数々の試練が、巨壁となり立ちはだかる。折角プロフェッショナルの騎手免許を手にしたにも関わらず、たった1戦で諦めてしまったジョッキーがいる。しかも稀少な女性騎手だったからこそ、なんとも口惜しい。

「もぅマジ無理ィ！　勝てないから私やめるぅ〜！」

……なんて女子高生のような、あまりにも放擲な理由にも似た理由で辞職してしまった。もちろん、上記のようなふざけた発言ではなかったのだが……。その詳細を記そう。

この伝説（?）のジョッキーは、大井の三坂博厩舎に在籍していた澤江鮎美騎手がその人。

澤江鮎美騎手　生涯成績：1戦0勝
　１９８７年7月27日　大井第3競走　エドサンホマレ号　結果12着。

出遅れではなかったがいいスタートでも無く、無事にゲートを出た彼女であったが、１４００という短距離戦だけに新人でダッシュをつけられなかったことは致命的だった。ポジション取りの激しい最初のコーナーですでに最後方。勝負どころから徐々に離されてしまうものの、直線で懸命に追い始めた。しかし、馬を動かせるほど、自身に余力が無かったようで、殿り負けを喫してしまう。ほろ苦いデビュー戦となった。検量所前で下馬したときにすぐ〝初騎乗〟の印象を取材した記者のとったインタビューでは、次のように述べている。

「大井競馬場の直線が本当に〝長いなあ〟と実感しました。だって追っても追ってもゴールに辿り着かないんだから……」

息も絶え絶えに彼女は答えたという。

それから数ヶ月して彼女は忽然と姿を消してしまう。周囲からは「澤江が男と逃げた」という噂が立ったのだが、真相は、騎手はあきらめたが、馬が好きなので馬からは離れられないという理由で、厩務員さんと、馬輸送をやっている東都輸送の社長の、宮城にある牧場に転職したというのが事の顛末であったという。騎手生涯で一頭も馬を抜けなかった彼女。しかし、そんな彼女も現在、結婚して幸せに暮らしているという。

実は同じようなジョッキーがもう一人いる。37戦して0勝2着もたったの2回という成績で姿を消してしまった植谷美奈子騎手。……実にもったいない……。

折角、騎手免許を取得したのにたったの一戦で自分に見切りをつけてしまった潔さ（?）……。

人生ってわからないもんだよなぁ……。

しかし！ 世界にはレースに出走する事無く、競馬直前で騎手の道を断たれてしまった騎手もいる。

一生涯でわずか1戦、デビュー戦で落馬してしまい道を断たれた薄幸の騎手

キャスパー・ハーウッド騎手

騎手としてのデビュー戦で落馬。それもレース中では無く、スタート前の輪乗りの時に落馬。

１９５３年の5月16日、英国エプソム競馬場の第二レースの4歳馬による下級条件戦でそれは起こった。メフィストフィリーズという牝馬に騎乗してのデビューとなったハーウッド騎手であったが、この牝馬の名前通り（馬名の意味がゲーテのファウストに出てくる悪魔）の不運をもたらす。雲の影に驚き、動転し前のめりになって暴れたところで、ハーウッド騎手は落馬。骨盤を骨折し、騎手として絶対必須の前傾姿勢を取る事はおろか、歩く事さえままならぬ程の重傷を負う。

騎手人生は断たれるも、俳優として成功を収めたハーウッド氏。１９７３年、映画『ウィークエンド・ラブ』で英国におけるアカデミー賞に当たるＧＢＡ賞の助演男

優賞を受賞。この記者会見を見たエプソムジョッキークラブが、彼へのお祝いとしてエプソム競馬場での騎乗機会をプレゼント。１９７４年の6月19日、エプソム競馬場にて、メフィストフィリーズの曽孫に当たるブルートパーズという6歳の牡馬に跨り、向こう正面からスタートし、盛大な拍手に送られながらゴールイン。

「キャスパー・ハーウッド騎手、トップでゴールインしました。優勝タイムは20年と一ヶ月と3日でございます……」という場内アナウンスが流れたという。

死亡しながら優勝した騎手

フランク・ヘイズ騎手

１９２３年2月、米国はNYはベルモント競馬場にて起きた事件。

スウィートキス号に騎乗したヘイズ騎手は、不幸にもレース中に心臓発作を起こし、死亡してしまう。しかし、騎乗姿勢を変えず、手綱も握りしめたまま、死亡後も騎乗を続行。スウィートキスは彼の魂が乗り移ったかのごとく激走し、見事優勝を果たす。しかも、このレース障害レースだったのだから驚きである。

1日で平地・繋駕速歩・障害の3鞍を勝った騎手

稲葉幸夫騎手

これは昭和九年、12月1日、土曜日の中山競馬場で樹立された珍記録。達成したのは稲葉幸夫（元騎手・調教師）氏。

記録の内容がまた凄まじく、第2競走の平場がアラブの競走（１６００ｍ）で5馬身ぶっちぎり。第5競走の繋駕速歩競走（５０００ｍ）が圧倒的1番人気馬を大差、2着馬を8馬身置き去りにしてのレコード勝ち。そして最後の障害競走（２６００ｍ）が、障害では非常に珍しい単走という、現代競馬では到底なしえない境遇を取り巻いての記録達成。

アラブ競馬は現在、極限られた一部の競馬場でしか開催されておらず、繋駕速歩は完全に廃止。これだけでも日本競馬では永遠に達成不可能な怪記録である訳であるが、全鞍5馬身以上ちぎり、しかも障害が単走という舞台設定は、もう二度と起こりえない状況ではないだろうか。

兵役に服役しながら世界一を獲得した騎手

S．ブーランジェ騎手

ロンシャン競馬場開設１００周年を迎えた１９５７年、これを記念しアベイユドロンシャン賞、ムーランドロンシャン賞が創設された。この年の凱旋門賞に優勝したのが53倍の大穴となっていた地元フランス馬のオロソ。本馬に騎乗していたのが軍服姿の兵役中の若手騎手であるS．ブーランジェ騎手であった。この騎乗のため、１日だけ休暇が許されたのだという。

たった1日で3つの競馬場で勝利を挙げた騎手

ジェンナ・ジュベール騎手

米国の女性騎手ジュベール騎手がこの偉業を24歳の若さで記録。２００９年の5月14日、ピムリコ競馬場、ペンナショナル競馬場およびチャールズタウン競馬場においてそれぞれ1勝する快挙。３つのレースを制するにあたって、同騎手は２２０マイル（約３５４ｋｍ）を車で移動し、さらにレースで約2マイル半（約４ｋｍ）騎乗したことになる。

ジュベール騎手のこの記録は、ピムリコ競馬場でクロエズソング（Chloe's Song）に騎乗し第２競走に勝った午後1時40分から始まった。同競馬場での他の２レースは着外となってしまったが、彼女はその後92マイル（約１４８ｋｍ）を移動し、ペンナショナル競馬場で午後6時47分に第1競走をプローヴミーギルティ（Prove Meguilty）で制した。そして今度は１２８マイル（約２０６ｋｍ）を移動し、チャールズタウン競馬場で午後11時6分にカヴァーマイシックス（Cover My Six）で第９競走（最終レース）を制した。

双子騎手

これまで3組の双子騎手が活躍している。

3組の双子騎手

※２００９年3月24日現在

騎手名：ドニー&ロニー・メッシュ
活動期：1993〜2009
出走数：2万5573
勝鞍：3419
ステークス勝鞍：204
収得賞金：7613万4423ドル（約76億1344万円）

騎手名：ジェシー&ジョエル・キャンベル
活動期：1995〜2009
出走数：1万6765
勝鞍：2054
ステークス勝鞍：84
収得賞金：4296万8721ドル（約42億9687万円）

騎手名：マット&マイケル・ストレート
活動期：2008〜2009
出走数：505
勝鞍：58
ステークス勝鞍：0
収得賞金：72万8050ドル（約7281万円）

最も重い騎乗停止処分を受けた騎手

12年間騎乗停止　ダレン・イーガン騎手

2016年の2月8日、BHA（英国競馬統轄機構）が見習騎手へ、〃負ける方への賭け〃に関与する八百長事件を起こしたとして、12年間の騎乗停止処分を科した。この事件は〃競馬界に大きな衝撃を与える事件〃として扱われた。

イーガン騎手は2015年11月、ギャンブラーのフィリップ・ラングフォード（Philip Langford）氏と共謀して不正を行ったと裁決された。2013年7月にラングフォード氏が負ける方に賭けた2頭の馬を減速させたと判断されたのだ。ラングフォード氏はこれにより5万ポンド（約800万円）以上を手に入れたという。

イーガン騎手は、BHAに対して「どうしてもお金が必要だった」というEメールを送信しただけで、不正への関与について一切言い訳をしなかった。懲戒委員会は不正を証明する報告書にこう記している。

「この不正は、

（1）競馬界に大きな衝撃を与えた。

（2）両者によって徹底的に隠ぺいされた。

（3）両者に多額の不正利益をもたらした。

（4）イーガン騎手はラングフォード氏の負ける方への賭けを的中させるために2度にわたり騎乗馬を減速させた。」

イーガン騎手は、2013年7月12日にインペリアルスピリット（Imperial Spirit）、その4日後にトレゲレス（Tregereth）に騎乗し、これらの馬の能力を十分に発揮させなかったと判定された。ラングフォード氏のベットフェア社（Betfair）のアカウントは、トレゲレスが出走した翌日に停止された。そして、ベットフェア社とベットダック社（Betdaq）のエクスチエンジ賭事において、同氏がイーガン騎手の騎乗馬が負ける方に83万8870ポンド（約1億3422万円）を賭けて、5万3560ポンド（約857万円）の利益を得たことが明らかになった。八百長の扇動者とされたラングフォード氏は競馬界から永久追放された。少なくとも15年間は、この処分の解除を求めることはできない。

英国で最も将来を嘱望されていた見習騎手の1人であったイーガン騎手は、2012年に47勝を挙げたが、鎖骨骨折のためにリーディング見習騎手のタイトルを逃していた。

これは酷い！　騎乗停止でなく免許取り消しでもいいいありえない騎手

R・ダシルヴァ騎手　騎乗停止1日

ゲートに入ろうとしない馬に砂をかける。

D・カボシュ騎手　14日間の騎乗停止

ゲートに入ろうとしない馬の脇腹を殴る

V・カレロ騎手　14日間の騎乗停止

予後不良になった馬に鞭とダートの塊を投げつける。この愚行を行なった愚か者はもう一人おり、J・ローズ騎手がその一人。こちらは30日間の騎乗停止。

R・チャパ騎手　9ヶ月間の騎乗停止

レース中に騎乗馬に鋭利なものを刺す。

R・チャパ騎手　2回とも5年間の騎乗停止
レース中に電気ショック装置所持（2回）。

冒険家になった騎手

リチャード・ダンウッディ

元障害リーディング騎手のリチャード・ダンウッディ(Richard Dunwoody) 氏は、２００８年には南極点までの48日間におよぶ673マイル（約１０７７ｋｍ）の徒歩旅行を敢行し、２００９年には１０００時間で１０００マイル（約１６００ｋｍ）を歩き、２０１７年には日本列島の最南端から最北端までの２０００マイル（約３２００ｋｍ）を徒歩で縦断した。

さらに、２０１８年には北朝鮮の平壌マラソンにも挑戦。なぜそこなのか？　の問いに、「北朝鮮に行ったことがないので、どのようなものか見てみたいと思っています」と述べた。

しかし、自分の興味本位のためだけにこのような冒険を繰り返している訳ではない。負傷騎手基金（Injured Jockeys, Fund：ＩＪＦ）とエボニーホースクラブ（Ebony Horse Club　ブリクストン）のためにできるだけ多く資金を集めることが彼の隠れた目的。目標額は２５００ポンド（約38万円）。

勝負服アラカルト

中央競馬（ＪＲＡ）では馬主ごとに服色が定められている。服色の登録は馬主が行い、勝負服そのものは、競走馬を預託している調教師が所有と管理を行う。一部の騎手の中には騎乗回数が多い馬主の勝負服を所有・管理しているケースもある。

勝負服の製作場所

制作メーカーは福島県福島市にある合資会社河野テーラー。

勝負服の登録

勝負服の登録は馬主登録と同時に行うか、所有馬が初め

河野テーラーで作られた勝負服たち

て出走する直前にＪＲＡに登録する。使用できる色と柄は競馬施行規則に定められており、柄についてはその寸法について明記されている。

使用できる色

白・黒・赤・青・黄・緑・桃・水色・紫・薄紫・鼠・海老・茶の13色で、胴と袖に使用可能。

帽子アラカルト

日本競馬において競走時に装着する帽子は、１９５７年以前、勝負服同様、登録する義務があった。帽子がヘルメット仕様に替わったのは、１９５７年のこと。その前年にダービーにてエンメイ号の落馬事故あり、その際に阿部正太郎騎手が重傷を負ったことがきっかけと言われている。また１９５３年の国営競馬時代に年間に４人もの騎手が尊い命を落としていることが発端とも言われている。中央競馬会の関係者は騎手を守る為の打開策を検討し、米国の競馬雑誌『サラブレッドレコード』にヘルメットの記事を見て導入に踏み切ったという。

ここで、出走馬の識別を容易にするために連勝式の枠番別に帽色を決めようということに。

この時に決められた帽色は以下の通り。

1枠　白
2枠　赤
3枠　青
4枠　緑
5枠　黄
6枠　水色
※当時は6枠制

一方、地方競馬では一足早くヘルメットを導入。１９５３年1月27日に東京、神奈川、埼玉、群馬、千葉、茨城、栃木、長野、山梨の1都8件で構成する関東地方競馬組合が、騎手服の導入とともに枠番別の帽色を決定した。この6枠制の色は、1枠から白、黒、赤、青、黄、緑。つまり地方競馬では6枠制のときから現行の色だったのだ。これが地方競馬に浸透していった。

1963年　8枠連勝複式制導入。

中央競馬では1〜6枠は以前と同色で、新たに7枠＝茶色。8枠＝黒と決定された。

この8枠制、当初は東京・中山・京都・阪神のみでの採用だった。ほかのローカルでは平均出走頭数が6頭を下回る状況だった為で、8枠にする意味がなかったのである。（全競馬場での8枠制が実施されたのは1969年）

これに対し、地方競馬側は8枠連複制を導入した際、中央競馬会との間で帽色の統一について話し合いをしようと歩み寄り、会議を行っている。中央競馬会からは理事2名、地方競馬側からは1名の計3名が出席してのものだった。このときに中央競馬会が強く反対したのが〝黒〟の使用だった。縁起が悪いという理由からだったそうだ。しかし地方側の代表は、「スタンドから一番遠い位置からでも、容易に色を識別できることが最重要。そのためには一目で識別できる黒は絶対に外せない」と真っ向から対立。代案を提示できなかった中央側に対し、地方競馬側は3ヶ月の準備期間を取り、色彩学の専門家に話を聞き、欧米に専門家を派遣したりするなど研究を重ねた。

その結果、従来地方競馬で使用していた6枠の色に、7枠は橙、8枠は桃というのを足して会議に出した。その結論は67年1月の「優駿」に記載されている。

「正月の中山、京都の両競馬から従来の連勝番号別色別帽を地方競馬と統一し、ファンの便宜をはかるため次のように変更になった。なお、第2色、第3色は従来通り四つ割、八つ割の染分帽を使用する。1白、2黒、3赤、4青、5黄、6緑、7橙、8桃。」

こうして現在の帽色が決められた。

現行の帽色

1枠　白
2枠　黒
3枠　赤
4枠　青
5枠　黄

6枠　緑
7枠　橙
8枠　桃

帽色配色の起源

帽色の配列の由来・起源は競輪にあるという。

昭和23年に競輪が小倉で初めて行われたときのこと、自転車に番号札を付けただけではどうも判別がしにくいので、当時の小倉市役所（現在は北九州市）の職員が良い工夫を考えていた。たまたま暦を見て「一白、二黒、……」という陰陽五行説にヒントを得たのだという。ただし、それをアレンジして決めたために陰陽五行説と微妙に一致しない。他の競技はこれに倣って色を付けたため必然的に同じ色になった。

当初、競輪は6枠までで、7枠と8枠は後に競輪が他の競技に合わせて、色を決めたとのこと。ちなみに9枠は紫になる。

染め分け帽

同じ枠に同馬主の馬が入った場合は、帽子の色も勝負服も同じことになる。それでは見分けが付かない場合もあるため、大きい数字側の馬に騎乗する騎手が染め分け帽と呼ばれる色が2色に分かれた帽子を着用することになっている。また17頭か18頭立てで行われるレースは7枠および8枠に3頭ずつ入るようになっているが、もし3頭全て同じ馬主の馬が入った場合は、最も大きい番号の馬の騎手が交互8つに色が分かれた帽子を着用することになっている。また、2番目に大きい番号の騎手は前述した4つ分けの染め分け帽を着用する。ただ8つ分け染め分け帽は滅多に見られず、2013年8月10日の第2回新潟競馬5日目第11競走で8枠制になってから初めて使用されている。

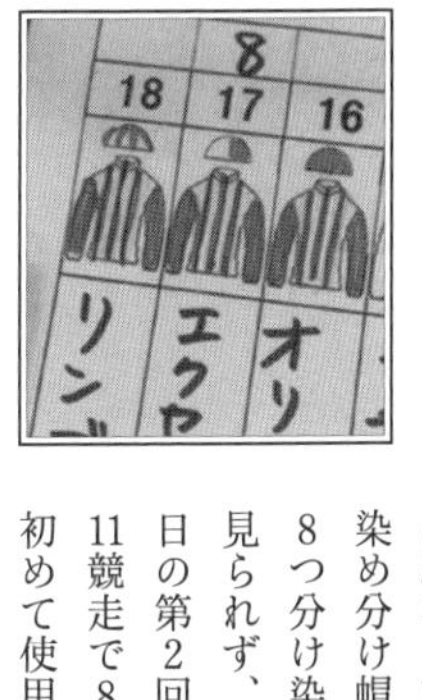

◆多頭出しの珍記録◆

【史上最多多頭出し記録】
9頭出し

　2017年8月5日（土）の新潟競馬場、第2レース、2歳未勝利戦（直1000m、16頭立て）で記録された。（有）ミルファーム所有の9頭、ラテンリズム、ナターシャ、ピカピカ、モッポサン、スプンタマンユ、カーネーション、オマツリサワギ、ドゥルガー、パリモンマルトルが出走。結果はドゥルガーの3着が最先着。

　それまでの記録もミルファームによるもので、2016年8月6日、新潟競馬場、第2レース、同じく千直のレースで8頭出しだった。

【出走全馬同一馬主となったレース】
9頭立て全9頭同一馬主

　2013年7月27日の盛岡競馬場にて行われた第1レース、9頭立てで、全馬（有）ホースケアの所有馬だった。

レコード・ザ・あらかると

　史上最多勝、世界最多勝はお分かり頂けたと思うので、その他の記録をご紹介！

【通算最多騎乗数】　※日本記録
40201回　桑島孝春

　船橋の生んだ、地方競馬史に残る名ジョッキー。ロッキータイガーと臨んだジャパンカップでは、世界の皇帝シンボリルドルフの2着と奮起。その際に見せた風車ムチは今でもファンの語り草だ。晩年は〝くわじい〟の愛称で親しまれ、多くのファンに愛された。

【通算勝利数】　※2018年の的場文夫騎手更新前の日本記録
7153勝　佐々木竹見

　地方競馬が世界に誇る伝説の〝鉄人〟。川崎競馬所属で数々の名勝負を繰り広げた。この記録は2018年に的場文男騎手に更新されるも、大金字塔の大記録である。

　ちなみに**的場文男騎手**は2018年12月時点で

7193勝。7200勝はもちろん、8000勝も夢ではないかもしれない。写真は7000勝のゴール写真。

そして……

【年間最多勝利数】

日本記録　524勝

この記録は2006年にウチパクこと内田博幸騎手がマークしたもの。その内訳は地方463勝、中央61勝。

世界記録　598勝

こちらも日本では馴染み深い豪腕ケント・デザーモ騎手が記録。米国にて1989年に打ち立てたものだ。ちなみに2312鞍に騎乗。

世界史上最多勝率　.440

4割4分。すなわち勝率44%。

米国伝説の騎手アイザック・バーンズ・マーフィー騎手が記録。1412戦628勝。現在米国の最高勝率騎手に与えられるアイザック・マーフィー賞は、彼の名を取ってのもの。日本のレジェンド、武豊の全盛時の記録を持ってしても2割4分。この記録がいかに凄まじいものかが、窺い知れよう。

障害最多勝利数　428勝

本田昌雄。1933年~1960年の、わずか27年間の間で記録された。障害レースの現在の数から見ても、ほぼ更新不能な記録と言える……のかもしれない。

障害世界最多勝利数　4106勝

トニー・マッコイ（イギリス）。1992年3月26日から2014年4月26日までの12年間で達成。

なお障害における年間史上最多勝記録の289勝（2001~2002年に記録）、最優秀障害騎手最多受賞（1996年の創設から2014年まで19回連続）もマークした英国が誇る、伝説にして史上最高の障害ジョッキーである。

女性最多勝利数　日本記録　626勝

宮下瞳騎手が地方・名古屋競馬を中心として紡ぎ上げた金字塔。公営競馬のみで、海外での勝利は含んでいない。

女性最多勝利数　世界記録　3158勝

ジュリー・クローン騎手が1980年～1996年にかけて記録した女性史上最多勝記録。この記録が破られた時は、それはそのまま歴史的女性騎手の登場を意味している。

1日の最多勝利数　日本記録　8勝

これは日本が世界へ誇る天才騎手・武豊がマーク。全盛期の彼の神懸り的騎乗ぶりはもはや〝伝説〟だ。

しかし……上には上がいる！

1日の最多勝利数　世界記録　9勝

この偉大なる記録は、デットーリ……ではない！　米国のクリス・アントリー騎手によって1987年10月31日に記録されたもの。

この日、アントリー騎手はアケダクト競馬場で午後に一気の4勝を上げ、意気揚々と競馬場を後にすると、ナイトレース開催のメドウランズ競馬場へと乗り込み、5勝をかっさらう。1日に2場で騎乗するという荒業……ある意味反則的（笑）なアグレッシヴ精神を発揮したことにより、ここに偉大な記録が生まれたのであった。

ちなみに……騎手の**最高身長騎手**は、ばんえい競馬の**林義直騎手の191cm。最低身長**は、**黒澤愛斗騎手の135cm**。二人が並んだら親子のようでしょうね(笑)。

《参考記録》

1日全レース優勝・11戦11勝

この幻の記録はなんと日本で達成されている。大正時代の佐賀競馬で活躍していた川田若彌騎手が、戦前の春木競馬にて達成したものとされている。

1日の最多騎乗数　18鞍

この記録は2007年の7月30日、アルゼンチンはサン・イシドロ競馬場にて達成された。この日は通常より多い開催ははじめて試みられ、グスタボ・カルベンテ騎手が全レースに騎乗する快挙を達成した。残念ながら未勝利に終わってしまったが、今後破られることのない記録の一つとなりそうだ。

この金字塔が打ち立てられた件に関し、世界一の名手ランフランコ・デットーリも「信じられない。ロボットのようだ」と感嘆の声を上げている。

世界最多連勝記録　14連勝

ティム・モッカシン騎手（カナダ）。２００１年８月24日、カナダ中西部サスカチュワン州のマーキスダウンズ競馬場（サスカトゥーン市郊外）にて三連勝。

翌25日には全７レース完勝。その後６日間の開催休みを経て、９月１日のナイトレースで第１R～第３Rを勝利。第４レースを出走取り消しで欠場し、第５Rを本命のイントリケートスティッチ号で逃げ切り勝ちを収め、世界最多、14連勝の世界新記録を打ち立てた。

それまでの世界記録は１９３３年に英国のG．リチャーズ、１９５８年にローデシアのP．ストローベルらが記録した12連勝。

《その他記録一覧》

通算最多騎乗数
騎手名：桑島孝春
記　録：４０２２３回
備　考：地方通算４０２０１回

通算勝利数
騎手名：佐々木竹見
記　録：７１５３勝
備　考：中央２勝

障害最多勝利数
騎手名：本田昌雄
記　録：４２８勝
備　考：１９３３年～１９６０年

女性最多勝利数

騎手名：宮下瞳
記　録：６８２勝
備　考：地方６２６勝、韓国56勝

年間最多勝利数
騎手名：内田博幸
記　録：５２４勝
備　考：２００６年　地方４６３、中央61

重賞最多勝利数
騎手名：武豊
記　録：４４５勝
備　考：現役、ＪＲＡ３１６勝、地方１０８勝、海外21勝（ＧⅠ１１３勝、ＧⅡ／ＧⅢ３３２勝）
※２０１７年７月９日時点。更新中。

障害重賞最多勝利数
騎手名：白浜雄造
記　録：17勝
備　考：現役、ＪＧⅠ2勝、ＪＧⅡ7勝、ＪＧⅢ8勝

年間重賞最多勝利数
騎手名：武豊
記　録：23勝
備　考：２００５年達成　ＧⅠ6勝・ＧⅡ6勝・ＧⅢ11勝

１日の最多勝利数
騎手名：武豊
記　録：８勝
備　考：現役（２００２年12月7日記録）

複数日の連続勝利数
騎手名：鮫島克也
記　録：10連勝
備　考：現役（２００7年3月3・4・10日記録）

１日の騎乗全機会勝利数
騎手名：渡辺博文
記　録：7戦7勝

備　考：2001年5月28日　福山競馬場
騎手名：赤岡修次
記　録：7戦7勝
備　考：2009年12月20日　高知競馬場

最多連敗数
騎手名：折笠豊和
記　録：810連敗
備　考：2005年10月21日～2013年5月20日

年間最多獲得賞金額
騎手名：武豊
記　録：44億1404万2000円
備　考：2005年

通算最多獲得賞金額
騎手名：武豊
記　録：730億2624万5500円
備　考：2013年12月20日現在

最年長GⅠ級競走勝利
騎手名：岡部幸雄
記　録：53歳361日
備　考：2002年10月27日　天皇賞・秋

最年少GⅠ級競走勝利
騎手名：武豊
記　録：19歳236日
備　考：1988年11月6日　菊花賞

最年長重賞競走勝利
騎手名：岡部幸雄
記　録：54歳30日
備　考：2002年11月30日　ステイヤーズステークス

最年少重賞競走勝利
騎手名：川島正太郎
記　録：17歳297日
備　考：2008年8月18日　クラスターカップ　交流重賞競走

連続年度ＪＲＡＧⅠ競走勝利
騎手名：武豊
記　録：23年連続
備　考：１９８８年～２０１０年

連続年度ＧⅠ級競走勝利
騎手名：武豊
記　録：30年連続
備　考：１９８８年～２０１７年、更新中。

最高齢出走
騎手名：山中利夫
記　録：63歳４日
備　考：２０１２年7月15日　金沢競馬場第1競走

鞭の使用に関するガイドライン

ＪＲＡでの規定では鞭の長さは77ｃｍ未満とされている。

「競馬と生産に関する国際条約」に明文化されている、鞭に関する禁止条項。

馬が怪我をする程（過度に強く）鞭を使用すること。

肩より上方に腕を上げて鞭を振り下ろすこと。

反応（脚勢）の無い馬に対し、必要以上に鞭を使用すること。

明らかに着順の大勢が決した後に、必要以上に鞭を使用すること。

入線後に鞭を使用すること。

ひばら（脇腹）へ鞭を使用すること。

鞭を過度に頻発して使用すること。

頭部若しくはその付近に対して鞭を使用すること。

原則として鞍より前方に逆鞭で鞭を使用すること。

鞭や鞍などの馬具は、ソメスサドル株式会社、鈴木馬具舗にて作成されている。

〈ソメスサドル株式会社〉

明治以来、北海道の開拓を支えてきた馬、そして馬具づくりの技術。「この技を守り、受け継ぎ、世界のマーケットに通用する馬具をつくろう」。そうした熱意・情熱・信条の馬具職人が北海道は歌志内に集まり、頂点を目指すべく立ち上げられた企業である。

炭鉱で栄え、人口5万人に迫る街であったが、石油へのエネルギー転換がすすむにつれて人口が減少。そうした中、新しい企業誘致の一環として1964年にソメスサドルは誕生している。武豊やミルコデムーロなど、あらゆる超一流騎手から頼りにされている名店である。

〈鈴木馬具舗〉

1925年（大正14年）創業。現在の代表である鈴木修氏は、祖父、父に続く三代目で、製作所43年のキャリアを有する。中央・地方問わず全国の騎手から注文を受ける他、皇室の乗馬用や宮内省の鞍も製作している。〝折れにくい鞭の追求〟をモットーとし、東京は世田谷にて日夜研究を続けている。

女性騎手の歴程

女性騎手は能力面で男性騎手と同等であるという研究結果

〝女性騎手は能力面において男性騎手と同等である〟と、リヴァプール大学競馬産業経営学修士課程（ＭＢＡ）が実施した研究は示している。過去14年間のデータを詳細に分析したこの研究は、女性騎手は同等の馬を与えられればその騎乗能力が基本的に男性騎手よりも良くも悪くもないと結論付けている。

またデータは英国において、

（1）プロ騎手免許のうち女性が保有しているのは11・3％に過ぎないこと、

（2）研究対象期間の全騎乗回数のうち女性が騎乗したのはわずか5・2％だったこと、

を明らかにした。

この研究を執筆したのは、北部競馬学校（Northern Racing College）の職場体験学習マネージャーであるヴァネッサ・キャッシュモア（Vanessa Cashmore）氏とリヴァプール大学競馬産業経営学修士課程（ＭＢＡ）の最近の修了者である。同大学は、ＢＨＡ（英国競馬統轄機構）・競馬賭事賦課公社（Levy Board）・競馬財団（Racing Foundation）からの資金援助を受けて、この修士課程を運営している。

キャッシュモア氏はこう述べた。

「この研究は女性騎手があらゆる面で男性騎手と同じぐらい優秀であることを強調しています。この研究結果が女性騎手により多くの騎乗機会が与えられる一助となり、さらに多くの女性が騎手としてキャリアを積む後押しとなることを望んでいます」。

ＢＨＡは、男女の騎乗機会の不均等に対処することを繰返し約束した。これには、２０１７年に設立された〝競馬における多様性促進グループ（Diversity in Racing Steering Group：ＤｉＲＳＧ）〟が協力している。ＢＨＡのＣＥＯニック・ラスト（Nick Rust）氏はこう述べている。

「この研究は、競馬界の多くの人々がある程度感じてきたことに、さらに証拠を提供するものです。女性騎手は男性騎手ほど優秀ではないと考える理由などありません。英国競馬が男女同等の条件で競える数少ないスポーツの1つであることを、私たちは誇りに思います。しかし、女性騎手が男性騎手と同等の騎乗機会を与えられていないのであれば、これを平等とみなすことはできません」。

「〝なぜ女性騎手が男性騎手より少ないのか〟、また、〝なぜ（とりわけビッグレースで）女性騎手の騎乗数が男性騎手よりも少ないのか？〟。私たちはこれらの原因を突き止める決意ですし、ＤｉＲＳＧもこれについて検討するでしょう。競馬は公正性と尊敬の精神に基づいて運営されなければなりません。これらの価値観が英国競馬界のすべての側面をしっかりと支え、参加者全員に公平な機会を提供することが、私たちの目標です」。

ＢＨＡは多様性の問題に取り組み続けており、その一環としてフランスの状況を見守っている。というのも、フランスギャロ（France Galop）は一部のレースで女性騎手に減量特典を与えているからだ。ＢＨＡは今後数ヵ月間において、

（1）フランスの取組みの結果
（2）ＤｉＲＳＧの見解
（3）キャッシュモア氏の研究結果
（4）ＢＨＡ内部で実施されるさらなる統計分析の結果を検討する。それにより、女性騎手に男性騎手と同等の騎乗機会を与えるために取るべき短期的・長期的措置を決定する。

ＤｉＲＳＧのスポークスパーソンであるスザンナ・ギル（Susannah Gill）氏はこう述べた。

「女性騎手の強さや能力については議論がし尽くされてきました。この研究は、そのような議論は脇に置き、変わりつつある考え方や姿勢に焦点を合わせています。そして最も重要なことですが、行動の変化を促すことを重点的に取り上げています」。

「オックスフォード・ブルックス大学は〝競馬界の女性(Women in Racing　競馬界の女性の認知度を高め上級職への採用を奨励することを目的に２００９年に設立されたグループ)〟と協力して英国競馬界におけるジェンダー(男女の差異)の象徴と多様性についての研究を発表しました。これを受けて設立されたＤｉＲＳＧは、これらの重要な領域を強化し、新しい意見や議論を交わす場となるように協調することで、英国競馬界における多様性の課題に挑戦しようとしています。一丸となって取り組むことで、競馬界が様々なバックグラウンドをもつ才能ある人々を歓迎し支援することを保証できます。そうすれば、私たちは皆、均等な機会を得て、英国競馬界の将来の成功のために貢献することができます」。

女性ジョッキーとして６００回以上騎乗して約50勝を挙げているジェンマ・タッティ(Gemma Tutty)騎手はこう述べた。

「私たちは〝女性騎手は男性騎手と同じ能力を持っている〟とずっと言い続けてきました。この研究はそれを裏付けました。これがより多くの馬主と調教師に、とりわけビッグレースで女性騎手を起用するよう説得する際の一助となることを望んでいます」。

リヴァプール大学競馬産業経営学修士課程(ＭＢＡ)の指導教官であるニール・コスター(Neil Coster)氏はこう述べた。

「競馬産業で上級管理職に就くことを目指す人々に、このＭＢＡは技能・バックグラウンド・知識を提供します。最初の修了者が行った数々の研究の中でも本研究は、このＭＢＡが持つユニークな価値を示しています」。

競馬財団のＣＥＯロブ・ヘゼル(Rob Hezel)氏はこう述べた。

「競馬財団が資金援助したＭＢＡの研究において、競馬場で競う個人だけではなく競馬界全体に肯定的な結果がもたらされたことを嬉しく思います。競馬財団は人材育成・教育・研究を支援し続けます。そして、リーダーたちがこの研究結果を受け入れ、現在と未来のホースマンのために競馬産業を向上させる良い機会として捉えることを歓迎します。キャッシュモア氏の研究と、以前行われたオックスフォード・ブルックス大学の研究は、ジェンダー（男女の差異）が競馬界において問題となっていることを実証しました。この問題に対して、オープンで、確かな情報に基づき、建設的な方法で取り組みが行われることを期待しています」。

女性騎手についてのデータ

・２０１６年のプロ・アマチュアの騎手免許保有者７７８名のうち24％が女性。過去10年間、この数字に変化はない。

・プロの騎手免許のうち11・３％は女性が保有（見習騎手を含む）。

・２０１７年６月時点で、競馬の厩舎スタッフの51％が女性。２０１０年の42％から大きく増加。

・２０１６〜２０１７年度において、英国の２つの主要競馬学校（英国競馬学校・北部競馬学校）の生徒のうちほぼ４分の３が女性。

・14年間のデータ分析において、12万８４８８レースの延べ１２５万５２８６回の騎乗のうち、女性騎手はたった５・２％にしか騎乗していない（平地６・５％、障害２・９％）。データ収集期間中、これらの数値は若干上昇傾向にあった。

・女性騎手は平地競走のクラス１の全騎乗回数の１・１％に騎乗し、クラス６とクラス７ではそれぞれ10％と９・３％に騎乗した。

・女性騎手は障害競走のクラス１の全騎乗回数の０・８％に騎乗し、クラス５とクラス６ではそれぞれ３・８％と５・４％に騎乗した。

日本競馬、真の？　女性最初の騎手

ダンロップ夫人
ミッチョル夫人

明治31年に横浜競馬で騎乗し、ミッチョル夫人が勝ったという。

斉藤澄子（京都競馬倶楽部）

１９３６年、世界競馬史上、初の免許取得の快挙を成し遂げた女性。しかし、風紀を乱す惧れがあると農林省から出場禁止を命じられ、実際の騎乗を公式レースで見せることは無かった。

★昭和21年8月10日岡山での女性騎手レース
山陽合同新聞が開催を伝えているが出場者は不明。

岩田富子

本邦初の女性騎手と伝えられる。
昭和23年7月4日の米独立記念日に上山競馬第三レースの騎乗速歩（２８００ｍ）にジャンダーク号に騎乗し、3着に入線したという。セーラー服で微笑む彼女の写真も残されている。彼女は進駐軍の青年兵と逢瀬を重ね、恋慕の果て異国へと渡ったという。

伝説の少女ジョッキー　宇佐見りつ子

昭和25年の帯広競馬に紅一点の参戦。大樹村出身ということ以外はすべて不明。32頭立てのレースに勇躍出走。１００ｍのハンデと観衆の大声援を背に受け、懸命の騎乗も15着と敗れたとのことである。

高橋クニ

昭和41年、水沢競馬で誕生した繋駕速歩専門騎手。
通算２５３戦33勝、2着39回（１９６６〜１９７１年）。

高橋騎手とホマレ号。彼女はホマレに乗りたいという熱情に駆り立てられ、騎手を志望した。ホマレは輸送中のアクシデントにより競走生命を絶たれた馬だったが、高橋騎手の昼夜を問わない懸命の看護により復活を果たした奇跡の馬で、彼女はこの馬へ募る、心底から沸き立つ愛情一本で「乗りたい」と願いそれを実現させた奇跡の女性である。

高橋優子

日本初の平地女性騎手。水沢・高橋武（優子の父でもある）厩舎所属。1776騎乗209勝（1969〜1974年、通算5年6ヵ月）。1969年4月にデビューしたが1974年、急性心不全のため死去。いわくつきの急逝であり、一部闇の情報によれば、競馬関係者から婦女暴行を受けたとの暗澹たる黒い噂も……。

写真右端が優子騎手。端正な顔立ちにうっとりしてしまう。

神野治美

日本の女性騎手として史上初の初騎乗初勝利の快挙を達成した女性。後に同じ名古屋所属の騎手であった横川健二と結婚し、子息である横川怜央が大井所属の騎手となる。彼は日本の平地競馬では史上初の両親が騎手経験者である騎手。

（審査員として紅白出場経験を持つ史上初の競馬関係者にして、地方唯一の紅白出場者）

宮下瞳

日本の女性騎手として史上最多勝利記録である626勝を上げた。2019年現在もこの記録は破られていない。

JRA初の女性騎手

牧原由貴子（増沢由貴子）

田村真来

細江純子

藤田菜七子

2016年3月3日、ひな祭りの日、川崎競馬場にてデビュー。JRAの女性騎手として1日に4勝した唯一の騎手。CMや女性誌の表紙を飾るなどアイドル顔負けの活躍を芸能界でも見せる。これからの飛躍が大いに期待される女性騎手である。

世界の女性騎手

アンナ・リー・アルドレッド

１９２１年4月19日生まれ。米国初の公的免許を受けた女性騎手。１９３９年18歳で騎手免許を取得。６年間騎手を続けるも、身長と体重の面から制限を受け引退。

アメリエル・パトリシア・トフネル

１９４８年生まれ。英国初となる女性騎手。１９７２年5月6日、ケンプトンパーク競馬場のゴヤスステークスに騎乗。これは英国初となる女性騎手が参戦するレースとなり、彼女は勝利を手にする。英国は１９７２年まで女性の参入はジョッキークラブの規則により認めていなかった。

ダイアン・クランプ

１９４８年生まれ。１９９９年まで現役を続けた米国の女性騎手。ケンタッキーダービーに初騎乗した女性騎手。類い稀な騎乗技術を誇っていたという。

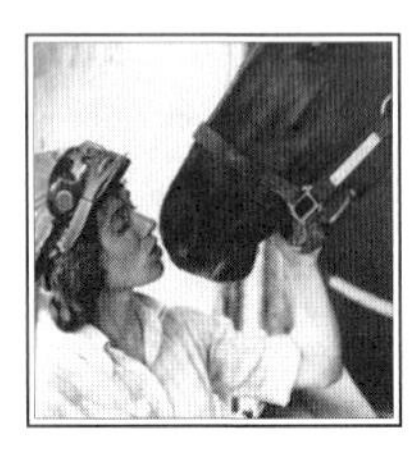

キャスリン・クスナー

１９４８年3月21日生まれ。馬とは無縁の家庭に育つも、幼い頃に見たホースショーを切っ掛けに馬に魅了され、馬に乗ることを志す。高校時代16歳から乗馬に勤しみ、18歳で米国馬術の試験をパスし、同協会からの招待を受け、１９６１年21歳で米国馬術チームの一員として大活躍。１９６８年にはメキシコ五輪の米国代表チームにも選出された。その前年１９６７年にはメリーランドにて騎手免許の申請をするも「女性である」ということのみではねられてしまう。

この件を裁判に持ち込み、勝訴して免許を得ることに成功するも、骨折してしまう。しかし、不屈の精神で立ち直り、１９７２年にはミュンヘン五輪にて銀メダルを獲得。乗馬競技で史上初となる女性によるメダル獲得という偉業を提げ、騎手デビューも果たすと、米国のみならず、カナダからメキシコ、ドイツ、コロンビア、チリ、ペルー、パナマ、南アフリカ、さらにはローデシアにても騎乗。世界的活躍を見せ、殿堂入りも果たした。

ペニー・アン・アーニー

１９６８年11月、ケンタッキー州はルイビルのチャーチルダウンズにて騎手免許を取得するも、女性参入を反対する男性ジョッキーたちがこぞってボイコット。これによりアーニーは騎手生活にピリオドを打つことに。男性のプロバスケットボールの試合にはじめて出場した異色の経歴も持つ。

チェリル・ホワイト

史上初となるアフリカ系民の女性騎手。１９７１年8月15日、17歳で米国にて騎手となる。

ジュリー・クローン

米国はもちろん、全世界で最も成功を収めた最高レベルの女性騎手。通算３７０４勝、重賞１３２勝、１９９３年のベルモントステークスに優勝するなど超一流騎手と呼ぶに相応しい実績をあげ、２０００年8月に女性騎手として初めて競馬の殿堂入りを果たした。また女性騎手の世界最多勝記録も保持している。

マリーナ・レスカーノ

南米アルゼンチン史上初の女性騎手にして、南米大陸史上最高の実績を残した女性騎手。

１９５７年1月5日、アルゼンチンの首都ブエノス・アイレスにあるローマス・デ・サモーラ地区で生まれたレスカーノ騎手は、父親は編集者、母親は英語兼フランス語教師という、競馬とは無縁の家庭に生まれ

育ったが、幼少期に出会った一頭の芦毛の牝馬に一目惚れし、その馬との出会いが切っ掛けとなり、草競馬に出場するようになり、やがてプロの騎手を志すようになった。

当時のアルゼンチンは競馬場に女性が入る事が禁じられ、騎手も男性のみにしか許されていない職種であった。しかし、彼女の登場で規則は次々と変えられていき、女性騎手同士なら参加可能とされ、やがてはそのルールも撤廃された。

歴史を変えたレスカーノ騎手は1974年12月15日のパレルモ競馬場ダート1000m戦でデビュー。デビュー戦は残念ながら4着に終わるが、その4日後には初勝利を上げ、1976年にはアルゼンチンダービーに当たるナシオナル大賞で優勝。アルゼンチン競馬史上でダービーを制した女性騎手は史上初のことであり、これが覚醒のスイッチとなったか、アルゼンチン競馬史に名を残すような名馬たちと出会い、GI級レースを勝ちまくっていく。そして、生涯を通してのベストパートナーとなるテレスコピコと巡り会い、アルゼンチン四冠を制し、世界競馬史上初にして唯一となる三冠女性騎手となる。

1984年、27歳の時、妊娠を機に鞭を置いた。通算勝利数は611勝。これは2016年にルクレシア・カラバハル騎手に抜かれるまで、アルゼンチンの女性騎手最多勝利数であった。

パム・オニール

1979年、オーストラリア初となる女性ジョッキー。

ビル・スミス

非公式記録だが、オーストラリア真の女性ジョッキー第一人者。

ビルは、その頃〝女っぽい〟という蔑称を付けられ、「ビル〝ガーリー〟スミス」という名で知られていた。彼は他の騎手と一緒には絶対シャワーを浴びず、競馬場に来るときには既に勝負服を身に着けていたという。誰ともしゃべらないし、「変な奴」だと思われていたらしい。実際、同僚の騎手たちから裸にされそうになり、裁決委員が止めに入ったことも

あったし、落馬して助けられた時に、洋服を脱がせないでくれと懇願したとも伝えられる。

ビルは、当時のオーストラリアでは条件付きで許されていた調教師の免許も持っており、主に、自分で調教した馬に騎乗していた。トップトレーナーでもトップジョッキーでもなかったビルは、引退してからは国が提供する貧しい人たちのための住居に住み、もともと自分が調教していた馬、シドニーツー号に乗って近所のビール工場に通っていたのを当時の人が覚えている。その後病気に罹り、長い間の療養生活を経て、80歳を過ぎて亡くなった時に、彼が初めて女性であったことが分かった。ビルという名前は通常、男性の名前ウイリアムの略称なのだが、彼女の場合のビルは、ウイマラーナという女性名の略称であった。

シャンタル・サザーランド

カナダ出身、「ジュリー・クローン以来の史上最高の女性騎手」と激賛されるスーパーウーマン。モデルとタレント兼業しており、２０１２年には女性として史上初のドバイWC出場も果たした。

ラタ・ブランディス

チェコ共和国の女性ジョッキーで、障害競馬の名騎手。１９３７年に真の世界最大にして最難関の障害レース、ヴェルカ・パルドゥヴィツカ（芝６９００ｍ）唯一となる女性騎手の優勝という歴史的快挙を達成。いまだこのレースに女性騎手が勝利することはおろか、そのレースの恐ろしさから参戦する女性もほぼ皆無の状態。いまやチェコ競馬のレジェンドとして語り継がれている。

ミロスハラバ・ヘルマンスドルフェロヴァ

チェコのもう一人の伝説の女性騎手。29歳の時、はじめて女性として、クラポム号でチェコスロヴァキアダービーを優勝。それも10馬身差での圧勝で、競馬史

上最も大差勝ちでダービーを制覇した女性騎手と言える。

ダービー馬となったクラポム号は1月20日生まれ。奇しくも同騎手も1月20日生まれで、偶然では片付けられない運命的何かに導かれてのダービー制覇となった。

チェコセントレジャーも名馬ラクムスなどとのコンビで4回も優勝。世界で見ても、自国のクラシックを5勝以上、上げている女性騎手は彼女しかおらず、女性騎手の中でも東欧のみならず、全世界的にも伝説的女性騎手と言って差し支えなかろう。

チョン・カーケイ

カーケイ騎手は、香港競馬唯一となる女性騎手。香港において通算58勝を挙げ、女性騎手として史上最高の賞金を獲得した。２０１６年４月10日にはシャティン競馬場で4勝し、香港の女性騎手の1開催日あたりの最多勝利記録を更新。同時に、10ポンド（約４・５ｋｇ）の減量特典を受ける見習騎手の1開催日あたりの最多

勝利記録も8年ぶりに塗り替えた。

また２０１５〜１６年シーズンには37勝を挙げ、最も活躍した地元騎手に贈られるトニークルーズ賞の第1回受賞者となった。

しかし、２０１６〜１７年シーズン末から怪我に悩まされ、引退を余儀なくされてしまった。

【史上最年少ダービー優勝の女性騎手】
マリア・マルデレーナ・ロサック

２０１０年のチェコダービーを自身の両親が育てたタルガド号で優勝。16歳という若さでダービー優勝の快挙を成し遂げる。パナマにて騎手免許を取得。チェコに戻り騎手生活を送り、巡って来たチャンスを物にした。ダービーの直線では、左へ左へと馬が寄れて行くも、堂々の圧勝。

女性騎手としてどれだけの実績を積み上げて行くか期待されるも、米国へと渡り、女子ボクシング選手へと転身した。

【史上最年長勝利の女性騎手】

1位　62歳　スー・マーティン（米国）

２０１７年1月29日、米国フロリダはタンパベイダウンズ競馬場の第4レースにて、ブルーヘイズオブファイア号牝5歳で優勝。あと約1カ月で63歳になるというマーティン騎手は、7人の子、18人の孫、そして4人のひ孫を持つ〝ひいおばあちゃんジョッキー〟。これが約3年ぶりの勝利でもあった。

「全ての骨を折ったことがある」というほど数え切れない負傷を経験して、足にチタン、腕にもプレートが埋め込まれているマーティン騎手。アマチュアではなく、れっきとしたプロのジョッキー。レースの結果も、当然、公式記録として残されている。

2位　57歳　ダイアナ・キング（米国）

２００７年の6月25日、オハイオ州はシスルダウン競馬場の第7レース、家族が所有するワイヤーリーダー号にて勝利。全米サラブレッド競馬協会（National Thoroughbred Racing Association）の調査では、過去にこれ以上の年齢で勝利した女性騎手はいないとのこと。

この勝利の時点でこれまで2億円近く稼いだという。

その他・女性騎手一覧

★竹ケ原茉耶（ばんえい）
★笹木美典（北海道）
★下村瑠衣（北海道）
★山本茜（名古屋）
★別府真衣（高知）※父は高知所属の調教師別府真司。
★岩永千明（２０１１年12月荒尾競馬廃止後、２０１２年佐賀へ移籍）
★小山紗知伽（佐賀）
★板倉真由子（ＪＲＡ）
★押田純子（ＪＲＡ）
★西原玲奈（ＪＲＡ）
★辻本由美（ばんえい）
★佐藤希世子（ばんえい）
★安田歩（北海道）
★勝賀瀬芳子（北海道〜宇都宮）
★佐々木明美（北海道）
★佐々木亜紀（岩手）

★石川夏子（岩手）
★千田和江（岩手）
★新田弥生（旧姓：吉田）（岩手）
★皆川麻由美（岩手）
★小田嶋志生子（上山）
★和田美由紀（上山）
★徳留五月（旧姓：遠藤）（上山～高知）
★藤塚聡子（新潟～高崎）
★山田真裕美（新潟）
★山本泉（大井～新潟）
★赤見千尋（高崎）
★米田真由美（高崎）
★牛房由美子（浦和）
★木村園夏（浦和）
★平山真希（浦和）※騎手引退後調教師に転向。
★土屋薫（浦和～大井）
★稲川由紀子（船橋）
★鈴木久美子（船橋）
★鈴木千予（船橋）
★溝邉悦代（船橋）
★米井陽子（船橋）
★松沼緑（大井）
★沢江鮎美（大井）
★埴谷美奈子（大井～益田）
★戸川理彩（川崎）
★安池成実（川崎）※騎手引退後調教師に転向。父は元調教師の安池保。
★宮岸由香（金沢）
★山上由紀子（金沢）
★岡河まき子（笠松）
★中島広美（笠松）
★吉岡牧子（益田）※8年間で通算350勝。現代競馬において女性騎手の存在を広めた功労者。引退まで益田のスター騎手でもあった。
★白津万里（福山）
★池本徳子（旧姓：大場～佐藤）（福山）
★森井美香（高知）
★伊藤千織（佐賀）
★藤本美芽（荒尾）
★小田部雪（中津～荒尾）※2001年中津競馬の廃止

ともに荒尾競馬に移籍。
★篠田幸子（中津）
★メアリー・ベーコン（アメリカ）※1978年大井競馬場の招待競走などで来日。
★エマ＝ジェイン・ウィルソン（カナダ）
★リサ・クロップ（ニュージーランド）※1994年にJRAの短期免許を取得し来日（女性短期免許騎手第1号）。2004／5、2005／6と二年連続NZリーディングを獲得している。
★リサ・マンビー（ニュージーランド）
★ロシエル・ロケット（ニュージーランド）※2002年中山大障害優勝、JRAの重賞競走で唯一の女性G1ジョッキー。
★アンヌソフィ・マドレーヌ（フランス）※1999年インターナショナルジャンプジョッキーズで来日。
★アレックス・グリーヴス（イギリス）※1997年ナンソープステークス優勝、欧州の平地競走で史上初の女性GIジョッキー。
★カースティ・ミルクザレク（イギリス）※2011年にイギリス競馬八百長事件で騎乗停止を受ける。
★バーナデット・クーパー（オーストラリア）※大井競馬場に短期免許（期間は2003年8月5日～11月4日）で来日歴あり。
★ヘイリー・ターナー（イギリス）※2006年、2007年シャーガーカップイギリス代表として出場。2011年ジュライカップGI、2011年ナンソープステークスGI優勝。
★カシー・オハラ（オーストラリア）

【女性騎手史上初となるリーディングジョッキー】
ジャクリーン・フレンダ
1995年、イタリアにて世界初となる女性騎手でのリーディングを獲得。

女性最多勝利数
日本記録　626勝
宮下瞳騎手が地方・名古屋競馬を中心として紡ぎ上げた金字塔。
公営競馬のみで、海外での勝利

は含んでいない。

世界記録　3158勝

ジュリー・クローン騎手が1980年～1996年にかけて記録した女性史上最多勝記録。

この記録が破られた時は、それはそのまま歴史的女性騎手の登場を意味している。

世界初となる女性騎手限定のレース

1940年、米国にて開催された女性騎手のみのレースがそれとなる。

世界初の女性装蹄師

シンデレラ・レイズ(1826～1901年)

英国・ニューマーケットにて、代々装蹄を家業とする一家の長女として生を受ける。父親のジョージ・レイズは有名な装蹄師として名を馳せていた。彼女が17歳の時、父ジョージが死去。以後父の遺志を継ぎ、装蹄師を目指し父と親交のあった装蹄師のもとへ住み込みで修業を積み、25歳で独立。女性装蹄師としては破格の技量を持っていたという。

★シンデレラの魔法の靴★

1851年4月8日、シンデレラが開業した記念すべき1日なのだが、この前夜、シンデレラはなかなか寝付けなかったという。ウトウトし始めた頃、父が夢枕に立ち、こう言った。

「仕事場の一番奥の棚……上から三段目の引き出しに入っている物を持って、カンタベリー調教師のところへ行きなさい……」

目が覚めると、シンデレラは父の言う通りに行動してみることに。すると戸棚から出てきたのは金メッキの施された4つの蹄鉄だった。カンタベリー調教師のもとへと持ち寄ると、

「あんたの父さんとワシはまだ若かった頃、一つの夢を語り合ったことがあった。ワシが調教師として一人前になり、エプソムダービーをに出るほどの馬を手掛けるようになったら、その時、あんたのお父さんがお祝いに金色の蹄鉄をその馬に打ってくれると言ったんだ。本当に

用意してくれていたとは……」。この吉夢のお告げに驚嘆しつつ、約束通り金色の蹄鉄をダービーに出走する馬に打った。史上初めて金色の蹄鉄を付けたこの馬、テディングトンはなんとダービーに優勝。何かに導かれるかのように、シンデレラ・レイズと彼女の父、そして父の親友の夢を乗せて走り、見事その夢を叶えて見せたのである。

ばんえい初の女性見習い装蹄師

吉田友美さん

2005年4月、兼ねてよりの夢であった北海道一人旅へ出発。旭川にて旅の資金が底を尽き、これをきっかけに職を当地にて探すことに。その折、装蹄師見習いの募集があることを知り、この世界へと飛び込んだ。

彼女の師も、「下手な男よりよっぽど根性もあるし、仕事の呼吸も早い」と、評価も上々。

日本で唯一人の女性馬の歯科医

伊藤桃子さん

千葉県にあるクローバーホースクリニック所属の、日本でただ一人の馬の歯科医。一週間に100頭の馬を診察するという。

馬の歯は均等にすり減るのが理想なのだが、そうでない馬は顎関節症や人間同様、虫歯や歯肉炎にもなり、治療には工業用の電動やすりを使うこともある。日本の馬の歯科治療は欧米に比べて30年遅れているので、そのレベルの向上に全国を飛び回っている。

伊藤さんは元々トヨタで働いていたという。

「休日には馬と触れ合いリフレッシュしていたが、病気の姉を介護する必要から半年間、休職。その姉から『人生、好きなことをやった方がいいよ』と言われ、馬に関連する仕事への転身を決意した」そうである。

馬から引きずり降ろされ衣服を引き剥かれ暴行された女性

テロワーニュ・ド・メリクールがその女性。パリを中心に活動した、娼婦出身の女性革命家。乗馬服に幅広帽子という男装に身を包んでパリの街を闊歩し、革命のシンボルとして「自由のアマゾンヌ」ともてはやされた。

1793年に起きた事件で、対立する派閥の女性らと揉み合いの末馬から引き摺り下ろされ、さらには、衣服を引き裂かれ、裸にされて暴行されたという。

女性のために、馬と共に闘っていた彼女の最後は、女性たちに蹂躙されるという壮絶なものとなった……。

ちなみに、あのジャンヌダルクも最後は馬から落ち、捕縛され処刑されている。

Wonderlust ～いにしえ幻の名馬たち～

ワンダーポニー ベンガル

ベンガル。1918年生まれ。チャイナポニー史上最強の伝説的名馬。北京と天津を舞台に、1924年春から1926年の夏まで、大きく6開催にかけて勝ちまくったポニーで、どのような種の馬と競っても負けなかったという。その戦績はなんと42戦41勝、3着1回というほぼパーフェクトの成績。全鞍をロイ・ディヴィス騎手が手綱を取っている。チャンピオン級競走（現在で言うGI級レース）には13回も優勝。レコード勝ちも10回記録。〝ワンダー・ポニー〟と呼ばれた、伝説中の伝説的存在のスーパーポニーである。

伯楽仙人列伝
～世界の伝説的調教師・生産者・馬主・評論家たち～

フェデリコ・テシオ

（1869年1月17日～1954年5月1日）テシオはイタリアの馬産家であり、馬主兼調教師。

当時、競馬が始まったばかりのイタリアで、しかも年間10数頭程度の生産馬からリボー、ネアルコ等の世界的名馬を輩出した伝説的ホースマン。そのあまりの異才から「ドルメロの魔術師」と呼ばれた。

幼少の頃に両親を亡くし、モンカリエリで13年間学んだ後、騎兵隊に入隊。最終的には少尉として軍役を終えると、その後両親の遺産を受け継いだテシオは、ギャンブル三昧の日々の中、絵を描いたり、アマチュア騎手をしたりと放蕩生活を送り、世界中を回って馬への研究に勤しんだ。日本にも訪れている。

しかし、リディア・ディ・セラマッツアナとの結婚が転機となり、テシオは29歳になって、1898年ミラノ北部マジョレ湖の近くにドルメロ牧場という小さな牧場を開くこととなった。テシオの調教師人生のスタートであり、伝説の始まりでもあった。

テシオは、その後自身の血統理論に基づいて、数々の名馬を生産しヨーロッパの競馬界で一時代を築くが、唯一のライバルにデル・モンテル氏がいた。モンテル氏は豊富な資金力を背景に、各国から良血馬を次々に導入し、獲得賞金ベースではテシオを上回っていた。さらには1929年には、テシオに先んじてオルテッロで凱旋門賞を制覇。これに触発されたテシオは、インチサ・ロケッタ氏のオルジアタ牧場と提携し、自身の牧場規模を拡大。その後生産されたのがドナテッロやネアルコ達である。

テシオの血統理論はかなり複雑で、著書『サラブレッドの生産』にまとめられている。

その内の一つが英オークス&ダービーを勝ったシニョリネッタに準えた恋愛配合理論。「貴婦人の繁殖牝馬と失業中のうらぶれた種牡馬が路上で恋に落ち、そこから英ダービー馬が生まれた」というエピソードに興味を持ったのである。

そして過去の名馬の血統を丹念に調べ上げ、分析し、「最良の組み合わせが、いつも最良の結果をもたらすとは限らない。血統の相性は確かにある」という結論に達した。

種付け時の馬同士の興奮の度合いが、遺伝力を喚起するエネルギーになるのではないか。テシオはまじめにそう考えたりもした。つまり人間でいうなら夫婦が子づくりのとき、互いがどれだけ興奮し、感じたかによって、生まれてくる子の出来の良し悪しが決まると考えたのだった。

また世界中のあらゆる名馬の誕生日にまで注目。その同日へ生まれるよう配慮して配合したという逸話も残されている。

他の大馬産家とは違って、自身が生産した名馬はあまり自分では使わず、常に新しい血を求めていた。

というのは、各繁殖牝馬に対していろいろな種牡馬があった方が良い、と信じていたからだ。だが彼が選択した外国種牡馬へ種付けさせるために自分の牝馬を輸送させるのが不可能であった時代には自身の生産した最良の3頭の種牡馬、すなわちニッコロデラルカ、ベリーニ、トルビードをドルメロに置き、大部分の牝馬に数年間に渡って配合した。

有名なイタリアの競馬評論家であるフランコ・ヴァローラが残した「馬と猟犬」という記事から引用すると、

「テシオは自分の馬をいつも監督することによって競走馬が成功する機会を著しく増やすことができる、ということを実現して見せたイタリアにおける唯一のホースマンであった。最も進歩した競馬先進国においてさえも、これをテシオと同程度にできていた人がいたか、私は疑問に思っている。」

「テシオがミラノの調教施設とマジョーレ湖畔の牧場との間を掛け持ちで働き、毎日早朝から夕方まで忙しく過ごした時間は膨大なものだ。ほとんど誰からの手助けもなしにテシオは働いた。テシオから直接命令を受ける騎手は別にして、調教師、厩舎の番頭といった人物が彼の傍にいたことはなかった。」

テシオの手がけた14戦全勝の名馬ネアルコはリボーの出現により現代における競馬ファンの評価は少し低いものがあるが、以下のエピソードを耳にすれば、もしかしたらこの馬は……と思うかもしれない。

ネアルコの勝つパリ大賞典（当時最高のレース）の前哨戦の話である。このトライアル戦は歴史上有名なザテトラークやセントサイモンのものと同等と捉えておくべきである。

ネアルコはイタリアの2歳路線を次々と制し、3歳時にはイタリアダービーに勝った。これらの成功に満足せず、テシオはネアルコが3000mをこなせるのか、という若干の疑問を抱いた。そこでミラノのサン・シーロ競馬場でその距離を走らせてみることにした。

テシオはネアルコの相手馬として、3歳馬ウルソーネとビストールフィという2頭の一流馬を選んだ。

ウルソーネは3000m戦に9回出走し、7勝2連対だった。一方ビストールフィはスプリンターだったが、1500mではイタリア最強だった。斤量はネアルコとビストールフィは119ポンド（54kg）、ウルソーネは108ポンド（49・4kg）だった。そこで何と、ビストールフィには途中1400m過ぎからネアルコとウルソーネに併走させる変則レースを行ったのである。

ネアルコが3000mのベテランであるウルソーネよりも11ポンドも重いのだから、ウルソーネを負かすのはありえないことだと思えた。

さらにビストールフィの最も得意な距離を先に1400m走って尚、ビストールフィを負かすなんて全くの空想ごとに過ぎないと思っていた。

しかし、着順は次のとおりである。

1着　ネアルコ　　　　　　楽勝
2着　ビストールフィ
3着　ウルソーネ　　　　　大差

この面白い離れ業をやってのけた後、ネアルコはミラノ大賞典に楽勝し、2日後にパリに向けて出発した。ビストールフィはパリ大賞典の日、ちょうど前のレースである1850mのイスパーン賞に出走した。フランスの最良馬が相手であったが、オッズ8対1で楽勝した。

さて、テシオが先のトライアル戦が十分に意味があったことを示したのはこのパリ大賞典である。騎手のベルグリーニが手綱を解き放つとネアルコが発射された弾丸のように飛んでいくのを見た。イタリアダービーの勝ち馬がその年の英国ダービー馬とフランスダービー馬を破ったのだ。

私はネアルコの先のトライアル戦を真に偉大な馬への賛辞ばかりでなく、テシオが無茶なことをさせたのではない、と記すために、テシオの誠実さゆえにここに紹介することにした。テシオの誠実さが報いられ到底不可能と思われたことが実現したことについて、彼の正確な判断力について、賛辞を呈しなければいけないと思ったからだ。

1911年から1953年まで自国のダービーを20勝したという永久不滅の世界記録を残し、数々の伝説を残した偉大なる魔術師は、史上最強級のサラブレッド・リボーの走りを見届けることなくこの世を去った。

1992年に閉鎖されたドルメロ牧場と凋落の中にあるイタリア競馬。テシオはいま母国の競馬をどんな眼差しで見つめているのだろうか。

ダービー卿

競馬界で最も世界で名の知れたダービー卿は、第12代伯。ランカスター公領大臣を務めたが、専ら競馬の世界で有名である。特にオークスやダービーを創設したことで知られ、前者をブリジット（Bridget）お

ダービー家の紋章

よびハーマイオニ（Hermione）によって二度、後者をサーピーターティーズルによって一度、それぞれ勝利した。

現在は第19代のダービー卿が小規模ながら競走馬の生産者・馬主として活動しており、生産所有馬ウィジャボードは２００４年、曾祖父のサンストリーム以来59年ぶりにオークスを制した。２００５年、２００６年のジャパンカップでは、19代伯がウィジャボードと共に来日している。現在19代伯の息子のエドワードが法定推定相続人となっている。

大岡賢一郎

１９７３年生まれ。明治大学大学院文学研究科博士前期課程修了。競馬史家。

戦前の日本競馬史及び南米競馬史に通じ、『週刊競馬ブック』や『月刊サラブレ』などに寄稿。現在は大正期の公認競馬の成績整理を進めている一方で、散逸した19世紀のウルグアイ競馬の成績記録の復元やマローニャス競馬場（ウルグアイ）の競馬史サイトの立ち上げに協力している。

共著に『海外競馬完全読本』（東邦出版）。２０１０年に『奇跡の名馬』をうみねこから依頼を受け南米馬の執筆に協力。

世界一の南米競馬の権威としても知られ、度々南米の大レースにてプレゼンターを務めておられるようである。

マルセル・ブサック

（Marcel Boussac、１８８９年４月17日～１９８０年３月21日）フランスの実業家。サラブレッド競走馬の生産者および馬主としても知られる。繊維業および競走馬生産者として成功するが、晩年に没落した。

１８８９年４月17日にフランスのシャトールーで生まれる。１９０６年に高校を卒業した直後に家業であった繊維業を継ぎ、持前の才覚で大きく発展させた。第一次世界大戦では軍需に、戦後は民需に応えて「繊維王（le Roi du Coton）」と呼ばれる大富豪となり、様々な分野でパトロンとしても活動を始める。

1946年にクリスチャン・ディオールと出会い、独立したばかりの彼を援助してオートクチュールのメゾンを設立、大成功を収めさせた。この成功もあって、当時ブサックはフランスで最大の資産を誇るに至った。最盛期には繊維業のほか、『ラウロール（L'Aurore)』紙を発行する新聞社、銀行、家電メーカーなども保有していた。

1914年に馬主となり、1919年にフレズネイ＝ル＝ビュファアール牧場を所有してサラブレッド競走馬の生産を開始した。後にはテディの生産者エドモン・ブランから購入したジャルディ牧場を加え、大規模な二元生産を行った。ハーマン・デュリエの未亡人からデュルバンやデュルゼッタを、ロスチャイルド家フランス当主の従弟にあたるモーリス・ド・ロトシルト男爵からザリバやアステリューを購入して生産基盤とすると、ブサックの馬主活動は早くから軌道に乗った。アステリューに加えて、トウルビヨン、ファリス、ジエベルという3頭の自家生産馬が種牡馬としても成功、さらに自家生産馬同士の配合から生まれた競走馬が大競走を席巻した。

彼の所有馬はジョッケクルブ賞（フランスダービー）を12回、凱旋門賞を6回優勝し、仏英両国のクラシック競走をひとつ残らず勝つなど、主にフランス・イギリスで約1800の勝利を挙げ、フランスのリーディングに馬主として14回、生産者として17回輝いた。また、1950年と1951年には英愛でも馬主・生産者リーディングとなっている。

1933年から奨励協会（フランスギャロの前身）の委員に選ばれ、1949年における凱旋門賞への高額賞金設定や前夜晩餐会の発足を主導。各国から一流馬を招致するなど、現在に至る世界最高峰の競走としての地位を整備するにあたっても力を尽くした。そして1959年12月8日にはジョッキークラブの一員以外では初めて会長に選ばれ、1974年12月12日までの15年間その座に就いていた。就任中の1962年から1969年には凱旋門賞を開催するロンシャン競馬場が増改修されている。

ブサックの生産馬には、コロナティオンなど強いインブリードが試みられたものが多いと言われるが、実際にはそれと同程度に、強いアウトブリードを施された生産馬も多い。ブサックの取った独特の手法は遺伝学者から批判の対象となったこともあり、ブサック自身はそれに対して「それでは具体的にどうすべきか説明してくれ。君たちはニックスをどう説明するのだ。」と反論している。

ブサックは自らの4大種牡馬が亡くなると、アメリカのカルメットファームに種牡馬を求め、三冠馬ワーラウェイや、ファーヴェント、コールタウン、アイアンリージを輸入したが、これらはすべて失敗に終わった。またデュルゼッタなどの母である名牝フリゼットの購入にも当たっているが、購入時にはすでに高齢で、こちらも結果は出なかった。

晩年は本業であった繊維業が経営不振に陥り、1978年に破産、それから2年後の1980年にブサックは没した。

ピエール・ロリラード

（1833年~1901年）19世紀末、ニュージャージー州のランコカス牧場を拠点に、弟ジョージ・ロリラード（1843年~1886年）とともに米東海岸のビッグレースの数々を制覇。

最大の勲章は米国産馬史上初の英ダービー制覇。持ち馬のIroquois（1878年生）が成し遂げた。同馬はほかに、英セントレジャー、プリンスオブウェールズS、セントジェームズパレスSなど、イギリスにおける多くのビッグレースを制し、引退後は1892年に米リーディングサイアーに輝いた。

ピエール・ロリラードが生産したアメリカ馬の血がやてヨーロッパで芽吹き、ジャージーアクト（イギリス生産界からアメリカ馬を締め出した悪名高い規則）撤廃の大きな後押しとなったTourbillonやNearcoを生み出した。生産界に及ぼした影響は計り知れないものがある。

モハメド殿下

1949年　ドバイ生まれ。2006年1月、マクツーム家の三男、長兄マクツーム殿下の死去により、ドバイ首長となる。と同時にドバイを含むUAE（アラブ首長国連邦）の副大統領兼首相に就任。71年に22歳の若さでUAE初代国防大臣となりまず、英国で馬主となったのが77年。馬主名義が「ゴドルフィン」。その名は3大始祖の1頭ゴドルフィンアラビアンにちなむ。彼はスタートからわずか10年目の2003年にGI100勝を達成する。冬場を温暖なドバイで調教する方式を確立する。ダルハムホールスタッドなど英、愛、米に4つの牧場を所有している大馬主である。
◆米国首位馬主：9回
◆主な管理馬：ドバイミレニアム、ラムタラ、サキー、オペラハウス、デイラミ、ファンタスティックライト、シングスピール、スラマニ、シャマーダル、エレクトロキューショニストなど他多数

ヴィンセント・オブライエン

１９１７年4月9日　アイルランド生まれ。アイルランドの元調教師。英ダービー6勝など、数々のレースを制した。２００3年には、英レーシング・ポスト紙のRacing Great 100で1位に選出され、競馬界において最も偉大な調教師の一人である。英ダービー馬セクレトの調教師だったデイヴィッド・オブライエンは実の息子。彼のキャリアのスタートは障害競走の調教師として頭角を表す。グランドナショナルを3度勝ち、さらにコテージレーク（Cottage Rake）という馬でチェルトナムゴールドカップを3連覇する。１９５1年、ティペラリー州に厩舎を開設し、平地競走に進出する。１９６2年にラークスパー（Larkspur）で英ダービーを初めて勝つと、その後ニジンスキーやザミンストレルなどで6度制した。中でもニジンスキーではレスター・ピゴット騎手とのコンビでイギリスクラシック三冠を制した。ピゴットは、１９６0年代から１９７0年代にかけてヴィンセント・オブライエンの管理馬で多くの大レースを制した。１９７0年代にはロバート・サングスターとヴィンセント・オブライエンの娘婿であるジョン・マグナーと共にクールモア・スタッドやバリードイル厩舎を設立し、成功を収める。この成功はノーザンダンサー系の競走馬の活躍によるところが大きい。ヴィンセント・オブライエンの調教師引退後、バリードイル厩舎はエイダン・オブライエンに引き継がれた。
◆愛国首位調教師：13回
◆英国首位調教師：2回
◆英国障害首位調教師：2回
◆主な管理馬：サーアイヴァー、ニジンスキー、ザミンストレル、アレジッド、ロベルト、エルグランセニョール、サドラーズウェルズ、ストームバード、など

エイダン・オブライエン

1969年10月16日　アイルランドウエックスフォード生まれ。調教師の家庭に育ち、J．ボルジャー調教師のもとで3年間、助手を務め、23歳からで障害調教師へ。初年度の1993～1994年は首位騎手。クールモアグループに認められて1995年、V．オブライエン大調教師の引退の後を受け、ティペラリー州カッシェルの有名なバリードイル調教場の主に迎えられる（姓名は同じだが、ヴィンセントとは血縁関係はなし）。以後、平地中心の調教師へと移行。愛国ばかりでなく、英国、仏国、米国など世界中で大きな足跡を残している。ガリレオで英・愛ダービーを制した2001年には欧州クラシック7勝を含め、欧州GI全78レースのうち22勝をマークする。他に英・愛ダービー、ブリーダーズCターフのハイシャパラルなど名馬多数を手がけた。

◆愛国首位調教師：9回

◆英国首位調教師：2回

◆愛国障害首位調教師：5回→現在進行形。今後もタイトル量産は間違いなし。

◆主な管理馬：ジャイアンツコーズウエイ、ガリレオ、ロックオブジブラルタル、ハイシャパラル、オラトリオ、イエーツ、ジョージワシントン、ディラントーマス、リップヴァンウィンクル、ソーユーシンク、キャメロット、オーストラリア、ハイランドリール、ウィンター、マジカル、ジャパンなど他多数

大川慶次郎

1929年2月6日生まれ、1999年12月21日永眠。日本の競馬評論家。東京府北豊嶋郡王子町15番地（現在の東京都北区王子）出身。慶應義塾大学文学部心理学科卒業。予想家としては通算4度パーフェクト予想を達成し、「競馬の神様」と呼ばれファンに親しまれた。

サラリーマンを経て新田新作（メイヂヒカリの馬主）の秘書となり、その後予想業を転々とした後、日本短波の解説者に。『ケイシュウNEWS』で予想家として活躍、その後『スーパー競馬』『日刊スポーツ』の専属解説者として活躍した。

【名言と逸話の数々】

・競馬とは？　の質問に……

「それは、僕の『天職』です。けっして運命論者じゃなく、むしろごりごりのリアリストである僕が……、これだけは運命論者になっちまう。競馬ははじめから（僕の前に）天職として用意されていたとしか思えません」

・パドック解説時の名言

「馬鹿によく見えますね」

・動物としての馬を知らないで予想をたてる予想家や競馬記者に対して……

「動物学を修めろとは言わないが、馬がどういう動物かくらい勉強すべきだ」

・「競馬の神様」という称号に関して

「競馬の神様だなんて、とんでもない。単に人がつけたニックネームだ。べつに俺は神でもなければ才人でもない、ただの大川慶次郎だ」

・倒れてから意識を取り戻すことはなかったが、家族が競馬中継やＧＩのファンファーレを聞かせると脳波が強く反応したという。なお、入院後の検査でかつて癌を患った肺の状態も悪化していたことが判明。診察した医者は「よくこの状態で普通に呼吸ができていたものだ」と言ったという。

・「神さまに戒名なんか要らない」という家族の意向により、大川に戒名はつけられなかった。

・生前最後の予想となった有馬記念。大川が予想した優勝馬はグラスワンダーだった。大川の死から5日後、グラスワンダーはスペシャルウィークを際どいハナ差で退け優勝、大川の「生前最後の予想」は見事的中した。数日後、大川家に差出人「グラスワンダー」の花束が届いたという。

清水成駿

１９４８年生まれ。２０１６年8月4日永眠。父の経営する印刷会社が請け負っていた縁で競馬専門紙の『1馬』に入社し、旧東京系のトラックマンとなる。後に解説者となり、編集長も務める。同紙で長年に渡り担当したコラム「今日のスーパーショット」をはじめ、ラジオやテレビ中継、はたまたスポーツ紙、週刊誌などで「走らせる側に立って考える」という独特の予想理論を展開。

人気薄の馬に敢然と本命を打ち「孤独の◎」として人気を集めた。鋭く辛辣で、重みのある予想論説は人気を博し、東京スポーツの一面を、例えば「成駿◎ウオッカ」などと飾るのは当然だった。

2001年以降は文筆業に専念するとして一旦身を隠すが、2003年から再度登場。以降は『競馬最強の法則』などで活躍していた。自身が1983年に出版した『マジで競馬と戦う本』は約30万部は売れたという。この記録が本当ならば、古今を通じて最も売れた競馬本という事になる。

「競馬は経済」と唱え、調教師試験に「血統」の問題も入れるべきと提唱。

そして彼と彼の生きた時代を象徴するのが、次の一文である。

「かつてギャンブルファンは怒っていた。銀行員も先生も、罵声を轟かせていた。決まりそうになれば、そのまま！　外れれば馬鹿野郎！　か八百長である。そんな怒りが重賞レースでは、地の底から沸き上がる大歓声となった。競馬場には喜怒哀楽が渦巻き、何物にも替え難い自由があった。だが今は紳士に淑女、それにジーパンの若者、罵声が横断幕に変わり、怒りは手拍子にかき消された」

尾形藤吉

（1892年3月2日〜1981年9月27日）1908年より騎手となり、1911年からは騎手兼調教師として初代ハクショウ、アスコット、1936年より専業の調教師となってからは11戦無敗のクリフジ、八大競走3勝を挙げ、日本馬としてはじめてアメリカの重賞競走を制したハクチカラなど数多くの名馬を手掛けた。日本中央競馬会（JRA）が発足した1954年以降だけでも年間最多勝を12回記録し、通算1670勝および東京優駿（日本ダービー）8勝をはじめとする旧八大競走39勝、

重賞189勝（1932年以降）は史上最多勝利記録。
さらに門下からはそれぞれJRA騎手顕彰者の保田隆芳、野平祐二、同調教師顕彰者の松山吉三郎ら数々の人材を輩出した。その幾多の功績により日本競馬界において「大尾形」と称される。1964年黄綬褒章、1966年勲五等双光旭日章受章。2004年、調教師顕彰者に選出。同じくJRA調教師の尾形盛次は長男、尾形充弘は孫。

■調教師成績　※1954年以降

平地　1着：1471　2着：1168
　3着：1056
　騎乗数：8406　勝率：.175　連対率：.314

障害　1着：198　2着：178
　3着：149
　騎乗数：932　勝率：.212　連対率：.403

計　1着：1669　2着：1346
　3着：1205
　騎乗数：9338　勝率：.179　連対率：.323

藤吉は馬を購買する際の要点として、まず血統を最重視したといい、馬体では「胸の張り、あばらの張りがよいのと、皮膚が薄いのをえらぶ。背中から腰うつりが良く、『名馬の尾だくさん』といわれるとおり、尾毛が多く、付け根の丈夫な馬がよい。膝下は骨太で、腱、球節（くるぶし）、繋（くるぶしと足の間）が丈夫なもの。蹄はあまり浅いのはよくない」と述べている。藤本冨良は藤吉の馬選びについて「見たところモサッとしたような、（中略）太めと細めの二つに分ければ、太めの馬を好んでいたようだ」としている。

非常に厳格だったことでも知られ、挨拶には特に厳しかった。人には厳しかった反面、馬に対しては折檻することを厳禁していた。娘の恵美子によれば「馬は神様に祀られたもので、世の中でいちばん正直な動物だ」と口癖のように言っていたといい、馬をいじめるようなことは一度もなかったという。

往時の競馬界では、「この世界で本当に先生といえるのは、尾形藤吉ただひとり」ともいわれていた。松山吉三郎は、藤吉の頭には常に競馬人の地位向上があり、そのため礼節について特に厳しく注意したのだとしている。

弟子に対しては周囲を観察し、馬ばかりではなく時事を知り、出来事について自分なりの意見を持つことを促し「人のことや世間のことが判らんのに馬のことが判るようにはならんぞ」としばしば説いていたという。松山は「先生がいなかったら、馬の社会はもっともっと遅れていた」と述べている。また、藤本冨良は「あの方は紳士でしたし、貫禄もあった。調教師としてあれだけの人望家というか、信頼のおける人物は、もう出てこないでしょう」と評している。

アガ・カーン殿下

（1877年11月2日〜1957年7月11日）第一次世界大戦後に本格的にイギリスでの競馬活動をスタートした。当時のダービー卿の調教師であるジョージ・ラムトン調教師と、当時の一流の血統評論家であるヴィリエ中佐をアドバイザーとして、1921年以降の競り市で多くの高価な幼駒および繁殖牝馬を買い集め、オーナーとしての最初の10年のうちに4回のリーディングを獲得する大成功を収めた。このうち1922年に購買した牝馬ムムタズマハル（Mumtaz Mahal）は、2歳牝馬として驚異的なスピードを示し〝Flying Filly〟と呼ばれる活躍を遂げたが、繁殖入りしてからもその子孫からマームード、ナスルーラ、ロイヤルチャージャーなどを輩出し、現在のサラブレッド血統の多くにその血を残している。

また功績として自己が所有していた馬を高額で買い取りたいとの申し出には気前よく応じておりマームード、ナスルーラ、バーラムといった名だたる名馬が海を渡っている。これによりアメリカの血統レベルが大幅に向上され、その後のアメリカの馬が欧州を席巻する要因にもなっている。エプソムダービーでは5頭の所有馬が勝利しているが、そのうちで最強だったのは、無敗で三冠馬となったバーラム（Bahram）である。また、リーディングオーナーを13回、リーディングブリーダーを9回獲得するという記録を残している。サラブレッド生産事業は息子のアリ・ハーンに引き継がれ、その後アーガーとアリが1957年に相次いで亡くなると一時中断された

が、後継者のアーガー・ハーン4世は後にサラブレッド馬産を本格的に再開し、現在に至るまで有力な生産者としてフランス・アイルランドを中心に活躍している。
所有馬は日本の馬産にも大きな影響を与えており、セフトやヒンドスタンが種牡馬として日本に輸入されリーディングサイアーを獲得し、幾多の名馬を送り出している。

ヘンリー・セシル

1943年1月11日　スコットランドのアバディーン生まれ。2013年6月11日永眠。調教助手を経て、1969年に調教師免許を取得し独立し開業する。クラシック競争を得意とし、英国23勝、愛国6勝、仏国3勝、合計32勝、の欧州の主要クラシックを制するなど、76～93年までの間に英国首位調教師を10回獲得するなど96年の年度代表馬ボスラシャムやレファレンスポイントやコマンダーインチーフなど多数の名馬を管理していた。

〃ナイト〃の称号をエリザベス女王から与えられた史上唯一の調教師。史上最強馬フランケルを育て、そのレース振りを見届けるかのようにこの世から去っていった。
◆英国首位調教師：10回
◆カルティエ賞特別功労賞：1回
◆主な管理馬：オーソーシャープ、レファレンスポイント、コマンダーインチーフ、ディミヌエンド、ボスラシャム、オールドヴィック、ラムルーマ、フランケルなど他多数

寺山修司

（1935年12月10日～1983年5月4日）歌人、劇作家。演劇実験室「天井桟敷」主宰。「言葉の錬金術師」の異名をとり、上記の他に俳人、詩人、演出家、映画監督、小説家、作詞家、脚本家、随筆家、評論家、俳優、写真家などとしても活動、膨大な量の文芸作品を発表した。競馬への造詣も深く、競走馬の馬主になるほどであった。メディアの寵児的存在で、新聞や雑誌などの紙面を賑わすさまざまな活動を行なった。

寺山の競馬との出会いは1956年。ネフローゼで入院中、同室の韓国人から賭博とともにそれを学んだ。1962年、山野浩一氏と親しくなったころから足繁く競馬場に通うようになり、1963年、アローエクスプレスの半姉ミオソチスに心酔して競馬エッセイを書き始め、競馬を人生やドラマになぞらえて語るなどの独特の語り口で人気を博した。

虫明亜呂無

大正12（1923）年9月11日、東京生まれ。評論家、翻訳家。ドナルド・リチー著『映画芸術の革命』の翻訳、『三島由紀夫文学論集』の編纂、記録映画『札幌オリンピック』の脚本、小説『シャガールの馬』が直木賞候補になるなど幅広い分野で活躍した。主な作品に『スポーツへの誘惑』『ロマンチック街道』。平成3（1991）年6月15日死去。

文芸、映画、スポーツと幅広いジャンルに独自の美文で活躍した評論家虫明亜呂無は、日本中央競馬会機関誌『優駿』にも、騎手論、観戦記を始め秀逸な名文を数多く残している。

虫明が競馬に興味を持ったのは、早稲田大学の学費を援助してくれた恩人が馬主だったからだった。「その人が、人はいかに生きるか、生き抜くかという問題を競馬で語ってくれた。競馬というのは何かわれわれに教えるところがあるだろうということが競馬をやり始めた動機」と『優駿』の座談会で語っている。競馬の魅力を問われ「人間というのは99％データを尊重しなければいけない、九分九厘までを信じて、あとの一分一厘で勝負しなければならないということに魅力を感じます」と応じた虫明を、同席していた劇作家の寺山修司は「虫明さんは、記録で競馬するというか、記録という形で現れる宿命的なものを一生懸命いじっている感じ」と評している。

アルフレッド・グウィン・ヴァンダービルト2世

（1912年9月22日〜1999年11月12日）アメリカ合衆国のヴァンダービルト家の相続人、ルシタニア号の沈没により亡くなった英雄アルフレッド・グウィン・ヴァンダービルトの長男。母親は制酸薬ブロモ＝セルザーの発明家アイザック・エドワード・エマーソンの娘マーガレット・エマーソンで、アメリカでもっとも裕福な女性であり、国内外に少なくとも7軒の大邸宅を所有する女主人であった。彼の祖父コーネリアス・ヴァンダービルト2世はアメリカのもっとも著名な実業家の1人であり、曽祖父コーネリアス・ヴァンダービルトはニューヨーク・セントラル鉄道の創立者、ニューヨークのグランド・セントラル駅の建築者であり、海運業および鉄道事業の一族企業の祖である。

母親に連れて行ってもらったプリークネスSを見て競馬の魅力に惚れ込む。20世紀の米国競馬を語る上で切っても切り離せない程の人物で、ネイティヴダンサーを世に送り出した事が最大の功績。

ホセ・コルヴィダル

1892年8月17日生まれ。プエルトリコの歴史的大馬主。馬主としてデビューしたのが1931年。同年1月に初勝利。以降、通産勝利数4252勝。クラシック勝利数なんと

177勝。カマレロ、カルディオロゴ、2頭の三冠馬のオーナーとなる。クラシック三冠馬を個人馬主が2頭も輩出するのは世界でもかなり稀な例。個人馬主としてのクラシック勝利数は永久不滅の世界記録。

【カポエイラの達人の調教師】

メストレ・ビンバ

カポエイラ近代化の父であり、カポエイラへジョナウの創始者でもある、メストレ・ビンバ（1899～1974年）。彼はサルバドールに生まれ、12歳からカポエイラの修練を始めると、当時民俗芸能へと遷移しかけていたカポエイラに疑問を抱き、実戦的要素やバトゥーキという格闘技の技術を取り入れ、カポエイラへジョナウというカポエイラの新たな形を創りあげ、カポエイラの発展と地位向上に生涯を捧げたのだった。

偉大な格闘家も調教師として馬と向き合っていた。

調教師をしたのは、サルバドールの競馬場で、生活の糧を得るためであったが、彼は大変な苦労人で、調教師の他にも炭鉱作業員、大工、倉庫管理人、港湾作業員など、多種に渡る職種に就いたり、掛け持ちしたりしていたという。

【所有馬が5連勝した馬主】
マイケル・バックリー

バックリー氏は、ケンプトン競馬場の障害競走において、3月23日の2連勝に続き、4月20日に3連勝し、5連勝という快挙を成し遂げた。いずれもニッキー・ヘンダーソン調教師とアイルランドのバリー・ゲラーティ騎手とのチームによる記録。5連勝は、彼にとっては信じられないような出来事であり、40年間競馬に携わってきた同氏だが、ハットトリック（3連勝）の記録でさえ1回しかなく、彼自身それを思い出せなかったほどだった。

【世界最高齢の競馬ファン】
109歳　ラルフ・ホア

グロスター在住のラルフは現在109歳で、英国で3番目の高齢者である。

ラルフは、ずっと前にチェルトナム競馬場で過ごした日々を次のように回想している。

「ずいぶん長い間、チェルトナムに行っていません。アークル（Arkle）が優勝したチェルトナムゴールドカップ（1964年~1966年）は全部見たと思います。その後も2、3度行きました。あの雰囲気と、第1レースがスタートした途端に沸き起こる興奮を、もう一度体験したいです」

また「最初に競馬場へ行ったのは、第2次世界大戦が始まった頃だと思います。30歳ぐらいに競馬を覚え、ギニー競走とダービーはいつも楽しみにしていました。ダンテ（Dante　1945年英ダービー馬）には特別な思い出があります。これまで見た中で最高の馬です。2歳だった同馬がストックトン競馬場（1981年閉場）で優勝する場面を見たのを覚えています。それに、目の前でサー・ゴードン・リチャーズ（Gordon Richards）騎手が（1947年に）グッドウッド競馬場のスチュワーズカップで優勝したことも思い出します」とも語っている。

不名誉な調教師たち

コブラの毒を保有していた調教師

p・ビアンコーヌ調教師

馬具室の冷蔵庫にコブラの毒を保管していた模様。果たして何に使おうとしていたのか？

詐欺調教師

M．ジョン・デイ調教師

馬主から委託料を騙し取り、詐欺容疑で即逮捕される。調教師免許は10年間停止となった。

競馬史上最大最悪、競走馬大量虐殺事件

競走馬28頭毒殺

1986年にイタリアで競走馬を大量毒殺する事件が起きている。イタリアはメジャー厩舎でのこと。当厩舎在厩馬18頭が死んでいるのを厩舎スタッフが発見。警察が調べたところ、ヒ素による毒殺であることが判明。

犯人は簡単に見つかり、かつて同厩舎に自分の持ち馬を預けていた家庭医とその息子が、調教師に恨みをもち、飼葉桶にヒ素を混入させたことが分かった。二人の犯人は犯行をくらますため、近隣他厩舎の馬10頭にもヒ素を与えて殺していたことがその後判明し、一度に計28頭の大量毒殺が明るみとなった。

競走馬の大量毒殺事件としては他に類をみない悪質な犯行である。

最多勝利馬主

マリオン・バン・バーグ氏（米国）　4775勝

年間最多勝利馬主

ダン・ラサター氏（米国）　494勝

年間最多賞金獲得馬主

アレン・ポールソン氏（米国）　909万ドル（1ドル110円換算で9億9990万円）

クラシック競走世界最多勝馬主

ホセ・コルヴィダル氏（プエルトリコ）　177勝

日本の馬主記録

※2013年12月20日現在。

通算最多勝利　　馬主名：社台レースホース
　　　　　　　　記録：3295勝　　中央競馬

通算個人馬主最多勝利　馬主名：松本好雄
　　　　　　　　記録：1181勝　　中央競馬

夢幻の記録・史上最年少馬主

4歳　函館大政

大政氏は明治37年生まれ。明治41年8月12日の函館競馬にて、フジコシという馬に千歳孫作騎手が乗り、勝利を上げた記録が残されている。これが本当ならば、日本競馬史上はおろか、世界競馬史上最年少の馬主ということになる。馬主となった経緯は不明瞭。

世界競馬史上最多勝利調教師

デイル・ベアード（米国）　8100勝

※1962年～2000年5月に記録達成。

2019年、ペルーのファン・V・スアレス調教師がこの記録を更新！

世界競馬史上年間最多勝利調教師

ジャック・バン・バーグ（米国）　496勝

※1976年に記録する。

世界年間最多賞金獲得調教師（日本除く）

ダレル・ルーカス（米国）　1780万ドル（1ドル110円換算で19億5800万円）

※1988年に獲得。

通算最多賞金獲得調教師（日本除く）

ダレル・ルーカス（米国）　1億7700万ドル（1ドル110円換算で194億7000万円）

GⅠ最多連覇調教師

エイダン・オブライエン（愛国）　愛ダービー7連覇

2006年～2012年。ディラントーマス、ソルジャーオブフォーチュン、フローズンファイア、フェイムアンドグローリー、ケープブランコ、トレジャービーチ、キャメロット。

ダービー最多連覇調教師

エイダン・オブライエン（愛国）　愛ダービー7連覇

2006年～2012年。ディラントーマス、ソルジャーオブフォーチュン、フローズンファイア、フェイムアンドグローリー、ケープブランコ、トレジャービーチ、キャメロット。

同じ騎手と調教師でのGⅠ連覇記録

フェデリコ・テシオ&F．レゴーリ騎手（伊国）　伊ダービー5連覇

1919年～1923年。メソニエ、ギベルティ、ミケランジェロ、メロッツォダフォルリ、チーマダコネリアーノ。

次点

W．アーナル騎手と調教師の名前は不明だが、英2000ギニーにて1814年～1816年にかけて達成したという3連覇がそれとなる。

永久不滅の大記録

10年間でクラシック同GⅠ級競走最多9勝

ロバート・ロブソン（英国）　英1000ギニー10年間で9勝

（1818年～1823年）〝調教師の帝王〟と呼ばれた伝説の名伯楽。ワクシー、ホエールボーンら両ダー

ビー馬を手掛ける。ホエールボーンは現代サラブレッドに絶大な影響を与え、その8割がこのファラリスの系統に属する。牝馬を扱うことに長けていたようで、オークス13勝、1000ギニー9勝の永久不滅の大記録を成し遂げる。この記録は世界規模で見ても未だ破られていない。もはや更新不可能と言える大記録と言えよう。

次点

エイダン・オブライエン調教師の愛ダービー8勝。2006年～2015年の10年間で記録。

クラシックGⅠ級競走世界最多勝

ジョン・スコット（英国）　英国クラシック40勝

ジョン・スコット調教師は、〝北の魔術師〟の異名をとった歴史的伝説の調教師。英国初代三冠馬ウエストオーストラリアンを育てた他、王室所有のザコロネルも育成。種牡馬の帝王ストックウエルの父ザバロンもスコット調教師の管理馬であった。打ち立てたセントレジャー16勝という記録は英国はおろか、世界的に見ても三冠目、セントレジャーに該当する競走をこれ以上勝った記録は他に無い。永久不滅の大レコードの一つと言えよう。

英国クラシック勝利数ランキング　※2018年12月末時点

1位　40勝　ジョン・スコット（1794年～1871年）
2位　35勝　ロバート・ロブソン（1765年～1838年）
3位　30勝　エイダン・オブライエン（1969年～）※2017年10月時点。
4位　28勝　マシュー・ドーソン（1820年～1898年）
5位　25勝　ヘンリー・セシル（1943年～2013年）

1位2位はもはや伝説、神話の中の記録。まさに神の領域。しかし、オブライエン師ならばこの記録を更新するのも時間の問題かもしれない。

日本の調教師記録一覧

通算最多勝利数

調教師名：田原義友　記録：３０１５勝

備考：益田競馬

年間最多勝利数

調教師名：雑賀正光

記録：２９０勝

備考：高知競馬・２０１２年

通算最多重賞勝利数

調教師名：尾形藤吉

記録：１２８勝

備考：中央では通算最多勝調教師（１６７０勝）

年間最多重賞勝利数

調教師名：藤沢和雄

記録：13勝

備考：１９９７年

通算最多獲得賞金額

調教師名：藤沢和雄

記録：２８０億０８９２万０８００円

備考：２０１３年12月20日時までの集計

年間最多獲得賞金額

調教師名：池江泰寿

記録：23億８６０１万７０００円

備考：２０１１年

連続重賞勝利年数

調教師名：伊藤修司

記録：27年

備考：１９６５年～１９９１年

GⅠ競走最多勝利数

調教師名：藤沢和雄

記録：28勝

備考：２０１７年７月時点

年間GⅠ競走最多勝利数

調教師名：岩元市三

記録：５勝

備考：テイエムオペラオー５勝

調教師名：池江泰寿

記録：５勝

備考：オルフェーヴル４勝、トーセンジョーダン１勝

日本競馬史上最年長調教師

八木正雄　92歳

川崎競馬所属の調教師。1917年2月23日から11月24日まで、73年間調教師を勤めた。

世界競馬史上最年長調教師

ジェリー・ボゾ　96歳

現役の北米競馬調教師。記録更新中。

次点　96歳　ノーブル・スリーウィット

2000を超える勝ち星を挙げた同調教師は、調教師として、また厩舎地区の指導者として、過去数十年間にわたりカリフォルニア州競馬界でよく知られた人物であった。2006年の4月、同調教師が95歳の時、管理馬のスリーアットワンス（Threeatonce）がサンタアニタ競馬場での未勝利クレーミング競走に優勝し、北米で最高齢の勝利調教師となった。

ヴェルトハイマー兄弟

ファッションブランド・シャネルのオーナー。またフランスを拠点とする馬主および競走馬生産者でもある。兄アラン、弟ジェラール。所有馬にゴルディコヴァ、ソレミア、アンテロ、コタシャーンなど。

明治時代・根岸競馬　黎明期におけるホースマン

ニコラス・フィリップス・キングドン

（1829年～1903年）

1863年（文久3）来日。生糸貿易商を営む傍ら馬主兼騎手として数々の競走に優勝。日本レースクラブ党起人の一人。

エドウィン・ウィーラー

（1841年～1923年）イギリス公使館付き医師として来日。15年間日本レースクラブの副会長を務め、開催時には馬体の検査責任者をしていた。

トーマス・トーマス

（1842年〜1923年）1861年（文久元年）来日。手形仲介業を営む。モリソン・ストラッチャンと共にタータン厩舎を経営。日本レースクラブ発足後、開催執務委員として、馬場取締委員を務めた。

ジェームス・ペンダー・モリソン

（1844年〜1931年）貿易商を営む。日本レースクラブ50年史の編集にトーマスと共に関与。横浜居留地で行われた洋式スポーツの多くに関わった。

ジェイ・ハーバート・モーガン

（1868年〜1937年）

アメリカ合衆国・ニューヨーク州バッファロー生まれ。1920年（大正9）2月、日本フラー建築会社の設計技師長として来日し、東京・丸

ビル、日本郵船ビルなどの建設に携わった。1923年（大正12年）の関東大震災で被害を受けた根岸競馬場を立て直しにかかり、1929年に着工。同年の11月2日より新スタンドでの競馬が開催されるに至った。

日本各地の伝説のホースマン

斎藤伝次郎

1889年6月、農家の長男として生まれた伝次郎は将来有望な青年と、（庄内町）栄村村長から白羽の矢を当てられ、稲作技術と稲の改良品種の指導を職務とした。昭和18年には村長へ就任、戦争終了とともに公職を去ると、その情熱のすべてを馬に捧げた。

馬の話が大好きで、一旦話し出すと真夜中の3時4時まで延々と話が続いたという。また馬好きな婿が盆や正月にやってくると、庭に馬を出しながら眺め、馬の話で

盛り上がり、他の人が宴席に加われず困り果てたこともあったらしい。

農耕馬が大車輪の活躍をしていたこの時代、伝次郎は飼うだけに飽き足らず、競馬開催を挙行してしまう。恐るべき馬への熱情である。また馬の水墨画も残しており、絵画のみならず達筆かつ弁舌も優れていたという。土地改良地区理事長や町議会議員にも当選し、人生最後のその日まで、社会奉仕に力を注いだ。昭和42年（１９６７年）10月12日、永眠。その驚嘆に値する指導力と行動力の源であるエナジーの根底にあるのは、馬へと漲る熱き想いがあったからではなかろうか。

高橋世波音

横浜みなとみらいにて、馬車タクシーを展開するのは高橋世波音さん。２００７年の5月に開業。北海道のご出身で、元々は小樽でポニー馬車を走らせていた。奥様との結婚を機に横浜へと移住すると、共に連れ添ってきた2頭で引き続きポニータクシーを営むことにしたという。物珍しい光景に、行く人、すれ違う人、行き交う車、皆の視線が留まる――。

「昔はこれが普通の光景だったんですけどね……普及させていきたいですね」と熱い情熱を述懐する高橋さん。2頭のポニーたちは茅ヶ崎にある養豚場で飼養されており、朝トラックで高橋さん自らが運ぶとのこと。

２０１３年9月末日、筆者はホースキャンプ茅ヶ崎を訪問。高橋氏に取材を試みている。その際、高橋さんはカムイ号を「綱」（手綱ではなく！）一本で手繰る騎乗技術を披露。

また印象的一語も残している。

「馬たちに仕事を与えてあげなきゃいけない。馬たちが人間社会で共生していく為には、昔のように馬たちに仕事がないと、人の理解は得られない。農業が駄目なら他の仕事を考えてあげて、社会から必要とされる存在にならないと」

心無い若者から絡まれる……警察に通報され揉め事になるなど、苦労も絶えないが、その試みはメディアを通し世間へと広まっていっている。『もやもやさまぁ〜ず』、『ひるおび！』など、有名な番組にも出演され、ご自身の活躍と馬たちの頑張りを伝えた。

久野マサテル

30年前にとある記事にて与那国馬の存在を知った久野氏は一念発起、単身与那国島へと渡り、与那国馬の復活へと尽力。その努力は結実し、絶滅寸前だった頭数も回復の傾向を辿り、ついには浜競馬、さらには琉球競馬も復活させるに至った。

「与那国馬ふれあい広場」「うみかぜファーム」経営。在来馬の保存と重要性を掲げ、今もひた走り続けている異色偉大なホースマンである。

西田重規

１９０２年、明治35年生まれ。大正時代に九州で活躍した伝説的犂耕技術者。ワラ一本で馬を操り、さらには馬耕を完遂させたという伝説を残している。１９１８年（大正７年）に東洋社に犂耕技術者（教師）として入社。同期に入社した岡政雄、中川茂幸とはその互いの技術の高さから、東洋社の三羽烏とも言われた。

堂前与一

１８７７年、明治10年生まれ。広島県で活躍していたという、農林大臣賞を3回受賞した伝説の削蹄師。

「農業の神さん」と呼ばれ、農耕にも精通した人物であったらしく、例えば形状の異なる田のどこから入って鋤きはじめ、どこで鋤き終わればうまく鋤けて効率的であるかを読むことが出来たという。

小田嶋熊吉

削蹄名人と称された伝説の削蹄職人。彼が考案したおおぶりの削蹄刀。熊包丁は、鎌よりも平らで柔らかい部分も正確に切れたという。熊吉氏は、脚を引きずる馬を安値で買い付けてきては、熊包丁で削蹄した。彼の手解きを受けた馬はたちまち歩様が良くなり、高値で売れたという。

一方、彼は相馬眼や観察眼にも長け、道から聞こえてくる蹄音だけでその馬に適切な削蹄方法を言い当てたという嘘のようなほんとの逸話もある。明治天皇の召馬の世話を担当していたときには、「熊じい、熊じい」と呼ばれ親しまれた。

福永守

福山競馬に君臨した超・伝説の装蹄師。その名声は中央競馬の超一流も震撼させた程。1929年に生まれ、2013年夏にこの世を去った。

装蹄に関する卓抜した技術をもち、医学的に治療が困難と診察された数多くの馬を歩行・走行可能な状態にまで回復させた実績から「馬の神様」と称され、「現代の名工」にも選ばれた。競馬界でこの称号を獲得した史上初にして唯一の人物。福永自身は「骨折と腱断裂以外の脚の故障は全部治してみせる」と断言していたという。

1952年に装蹄師の免許を取得するも、福山競馬場に仕事がほとんど無く、全国行脚の修行の旅に出る。

若かりし頃はまだ日本に装蹄の技術があまり広まっていなかったため、屠殺場に入り浸り馬の体の構造（筋肉血管や腱の仕組みなど）を研究し尽くしたと伝えられる。

また、自分に合った蹄刀類を自分で作るためだけに刀鍛冶屋に弟子入りしたり、木工職人に弟子入りして木を削る訓練を行うなど、修行、鍛錬は多岐に渡った。

さらに結婚して間もない頃には、自宅の小屋に馬の脚数十本ぎっしり並べ、それぞれの脚に合った装蹄の研究をしていた。脚は腐ってくるため、妻が防腐のために脚の表面を焼いて腐敗を防いでいたという。

数々の伝説、逸話を残している。

中央競馬の日本ダービーを優勝するタヤスツヨシは、屈腱炎で引退後、北海道に帰る前に福永氏の装蹄を受けるためだけに広島へ迂回して北海道へ向かったと口伝されている。

また、自分の装蹄を担当する馬を管理する調教師に「当てエビ」と言われるも納得できず、本当に当てエビでこうなるのかと、別の馬の脚を棒で強く殴り同様の症状が出てくるか経過観察した（結果当てエビでないことが分かり、専門書に記載されていた当時の常識が覆された）……などなど、枚挙に暇が無い程のレジェンドなのであった。

彼が育てた代表馬として2頭紹介したい。

一頭目がセイシヨウ。昭和35年の東京ダービー（当時は「春の鞍」）馬である。ダービー優勝後、蹄骨を骨折し屠殺寸前のところを福永氏の研究材料として助けられ、万全の装蹄を施し福山競馬場でデビュー。死の淵から生還したセイショウは、デビューから圧勝楽勝の連続で、自身のレコードタイムをまた自身で塗り替える（しかも、時には64ｋｇもの酷量を背負ってその快挙をやってのけていた）という、手の付けられない強さを見せ続け、ついには18連勝の福山競馬記録も達成。セイショウは、福山競馬史に残る伝説の名馬へと昇華したのであった。

もう一頭がセリーセクレタリー。マウントリヴァーモアの甥にも当たる超良血マル外。中央競馬でデビューするも怪我と気性難に泣き、引退。福永氏が引き取り、治療を施すと益田競馬場で復帰。無双無敵の16連勝を飾り、種牡馬入りも果たした。同期はタイキシャトル、サイレンススズカ、メジロブライト、シルクジャスティス、マチカネフクキタル、サニーブライアン、クリスザブレイヴ、メジロドーベル、シーキングザパール、キョウエイマーチらが名を連ねた超強豪世代。ダートなら中央でもやれたのではなかろうか。しかし、その素質も福永氏の〃神の手〃が無ければ、闇の中消えていっただけであったことは間違いない。

識名朝三郎

琉球は八重山諸島に浮かぶ小浜島の在来種である「小浜馬」。在来種最速と言われる幻の品種。この小浜馬の復活に尽力された方が識名氏である。小浜島で生産された馬は、車も電話もない時代、広い石垣島で役馬や乗馬として高く評価された。

しかし、昭和40年代に入ると、モータリーゼーションの波が押し寄せ、車に取って代わられ相対的に姿を消して行ってしまった。

「当時の優れた馬は、今で言うとベンツ」と識名さん。

「ただベンツは金さえあれば何台でも買えるけど、名馬はそうそういなかった」

小浜馬は小柄だが足が早いことが最大の特徴だったと語る識名氏は、小浜馬復活を願い、決起。与那国島で小浜馬の血を母方に持つ馬を発見し、馬の親睦会を兼ねての競馬大会を実施。そこで小浜血統の馬は別物の走りを見せ、周囲を驚かせたという。この熱心な努力が実り、島を上げての種の保存活動が開始され、小浜馬の繁殖活動に力を注いだ。またウムゲー（羈［おもがい］）や鞍作りに長け、出来上がったそれらと交換に純血の小浜馬を手に入れるという交渉にて馬を集めたという。

日本在来種として有名な琉球の馬種と言えば、宮古馬と与那国馬。

しかし、八重山諸島の小浜島にも小浜馬という馬種があったと伝えられている。

喜界島の喜界馬や、かつて仙台にいた仙台馬、明治期の根岸横浜競馬で大活躍を果たした南部馬など、日本在来馬は多種多彩であった。しかし、高度経済成長に伴う自動車の波勢に追いやられ、その役目を失墜させられていった。やがて記憶の中からも漸減してゆき、いまや忘却の時を迎えるに至ってしまった。

競馬
都市伝説
column
★★★★★

Deepな夜にはVodkaの美酒を ～数奇なる運命の2頭～

ディープインパクトとウオッカ。日本近代競馬に流星のごとく舞い降り、革命的躍進を見せ、ファンを虜にし、日本競馬自体の在り方まで変革させた偉大なるカリスマ2頭。

この平成を代表する歴史的名馬2頭が、平成の幕引きと共に、令和元年にこの世から旅立った。

あまりにも偉大過ぎた2頭の功績を永遠に讃えるべく、このコラムに筆をとった。奇跡的かつ運命的な巡り合わせを持って2頭は生まれてきたのだと、読了された時きっと貴方は確信する――。

ディープインパクトに関わる運命の数字

【1】三冠レース時の馬番の一致

これは運命の悪戯なのか、それともただの偶然なのか、ディープインパクトが勝った皐月賞、日本ダービー、菊花賞の馬番が主戦騎手である武豊の初制覇と同じ馬番だったのである（ただし、菊花賞は下一桁のみ。出走頭数の違いからか？）。その内約は以下の通り。

☆皐月賞
武豊→『14番』
ナリタタイシン

ディープインパクト→『14番』

☆日本ダービー
武豊→『5番』
スペシャルウィーク

ディープインパクト→『5番』

☆菊花賞
武豊→1『7』番
スーパークリーク

ディープインパクト↓『7番』

【2】主戦騎手の年齢

初代不敗の三冠馬シンボリルドルフの主戦を務めたのは岡部幸雄だったのだが、無敗の三冠を達成した年、彼は『36歳』だった。そして2005年、武豊騎手は『36歳』で無敗の三冠を達成した。

【3】"21"

ディープインパクトは『21』年振りに無敗の三冠を達成したわけだが、菊花賞勝利後までにつけた着差をすべて足すと、『21』になる。ちなみに『21』は「究極」を意味する数字である。凱旋門賞でも『2』枠『1』番となった。

【4】"6"

ディープインパクトの三冠神話のプレリュードとなった皐月賞。ディープインパクトは出遅れるも馬なりで楽勝し、史上1『6』頭目となる無敗の皐月賞馬に輝いた。

また2着は『シックス』センスだった。ディープインパクトはつづく日本ダービーを無敗で勝ち、史上『6』頭目となる無敗の二冠馬に。

そして10月23日、第『66』回菊花賞、月と日付を足すと(1+0+2+3=『6』)またも『6』となるこの日、ディープインパクトは史上2頭目となる無敗の三冠を達成し、史上『6』頭目となる三冠馬に。

2着は馬番『6』かつ、『6』番人気のアドマイヤジャパンで『6』着がアドマイヤフジ。彼らアドマイヤ勢の日本ダービー初制覇は、ディープインパクトが三冠を達成する『6』年前に当たる、1999年(9を反対にすると『6』)の『6』月『6』日、第『66』回日本ダービーで武豊騎手騎乗のアドマイヤベガ(皐月賞、菊花賞はともには『6』着)により達成されている。そのアドマイヤベガを父に持つのが『6』着アドマイヤフジ。ちなみに、『シックス』センスには『6』馬身差つけていた。

さらには、武豊騎手の登録番号が『666』で当日『6』鞍に騎乗しており、2005年のJRA開催GI

勝利数が『6』だった。また、菊花賞は7番↓『6』番で決まったが、一つ前のレースが『6』番↓7番で決まり、馬連配当が『66・6』倍で決着するなど、異様なまでに『6』という数字がディープインパクトにはまとわりつくのである。

また、ディープインパクトのGI『6』勝目となったジャパンCは、昭和5『6』年の創設で、ディープインパクトが勝った年は、200『6』年の11月2『6』日で第2『6』回。ディープインパクトは宝塚記念からマイナス『6』kgの馬体重43『6』kgで『6』枠『6』番から発走し、楽勝。2着には同じ『6』枠のドリームパスポートが入線。この2着で同馬の2着は通算『6』回目。ディープインパクトはこの勝利により、GI『6』勝目、そして『6』冠馬に見事輝いた。そして、この勝利により、サンデーサイレンス産駒の通算GI勝利数が『66』に（サンデー自身のGI勝利数も『6』。さらにサンデーの誕生年は198『6』年。死没した際は1『6』歳だった）。ちなみに、前日のジャパンCダートは、『6』文字名コンビの『アロンダイト』と『ごとうひろき』騎手が優勝を飾っている。ジャパンカップ優勝により、武豊騎手の通算GI勝利数が5『6』勝になり、池江調教師の通算GI勝利数は1『6』勝に。

ラストランの有馬記念。200『6』年の12月24日、2＋4＝『6』となるこのクリスマス・イヴのグランプリ、ディープインパクトは圧勝でターフを去った。武豊騎手はオグリキャップ以来1『6』年ぶりの優勝。そしてJRA重賞23『6』勝目だった。そして200『6』年の武騎手のJRA通算GI勝利数も2005年に同じく『6』勝だった。

さらに付け加えるなら、ディープインパクトの初重賞制覇が3月『6』日の弥生賞だった、日本ダービーの史上最高の単勝支持率を記録したが、それ以前の記録はハイセイコーの『66・6』%だった、三冠達成時の勝ちタイムが3:04.『6』だった、ディープインパクトの引退した年が200『6』年だった、またディープインパクトが初の敗戦を喫した有馬記念の馬番が『6』だった、さらには菊花賞のプレゼンターに呼ばれた井上和香さんが「いのうえわか」で『6』文字、ディープインパクトに初めて土をつけたハーツクライが『6』文字名、凱旋門賞でディープインパクトを破ったレイルリンクも『6』文字名だったとか、挙げれば切りがないほど。

２００7年、新種牡馬の中では最多となる２０『6』頭に種付けを行い、セレクトセール当歳馬セールにて産駒が初めてセリに出された際は、２日間で総勢３『6』頭が登場。初年度産駒がデビューは『6』月２『6』日にサイレントソニックが勝利し、産駒の中央競馬初勝利を記録。産駒２『6』頭目の勝ち馬で２００５年（平成17年）にアグネスタキオンが記録した25頭を抜きＪＲＡ２歳新種牡馬の勝馬頭数の新記録を達成する。勝ち上がり頭数だけでなく、産駒出走初年度の勝利数、総獲得賞金記録全て父サンデーサイレンスが持っていた４億９０６２万５０００円の記録を１『6』年ぶりに更新する。

産駒の初のＧＩ制覇がマルセリーナで、『6』文字名馬。初のダービー制覇を成し遂げたディープブリランテは『6』戦目でのダービー優勝。そしてこれが産駒の通産ＧＩ『6』勝目となった。

そして２０１『6』年ディープ産駒第『6』世代に当たるこの年に、それまで未勝利だった皐月賞と菊花賞を産駒が優勝。クラシックレース完全制覇を達成しただけでなく、皐月賞とダービーでは上位３着までを自身の産駒で独占してしまった。

考えても見れば、『6』という数字はこの地球を支配する数でもある。１分は秒算すれば『6』０秒だし、１時間なら『6』０分になる。そしてこの地球が誕生してから４『6』億年もの歳月が流れたことも、これだけの名馬ともなれば何か大きな天命が起因しているようにも思われてくる。

【5】"1"

ディープインパクトは２００２年（ちなみにこの年は馬年）に父サンデーサイレンスと同じ3月25日に降誕したわけだが、父サンデーサイレンスはその年にこの世を去っていった。そのサンデーサイレンスが生まれ育った地、アメリカでは２００『1』年９月『11』日、世界を変えることになる大惨事・同時多発テロ、いわゆる9・『1』『1』が起こる（足すと「2」になる）。その「2」年後、ディープインパクトは『1』歳を迎え、競走馬としての道を歩んでいく。2005年、ディープインパクトが無敗の三冠を達成した年、アメリカは衛生探査機を使った『ディープインパクト計画』を実行し、大成功。そして競走馬ディープインパクトは『11』年振りの三冠馬に。またディープインパクトは全出走レースで圧倒的単勝『1』番人気に推されているのだが、なぜか『1』・『1』倍が多い。SS産駒が手にすることが出来ずにいた〝トリプルクラウン〟のタイトル。サンデーサイレンス産駒が登場してから『11』年の時を経て、ディープインパクトは三冠神話を完遂させた。ちなみに父サンデーサイレンスは『11』00万ドルで買われ、日本へとやってきたのだが、最初の種付け料は『11』00万円だった。

【6】〝4〟

ディープインパクトは200『4』年のデビュー戦、『4』番で、デビュー。『4』馬身差の圧勝で見事デビューを飾ったわけだが、そのラストランも奇しくも『4』番で優勝し、引退戦を飾った。ちなみにこの日はクリスマスイヴで2『4』日であった。ちなみに『4』歳馬の優勝はディープインパクトの勝利により、『4』年連続となった。また、同年にジャパンCと有馬記念を制した馬としても、史上『4』頭目となった。

【7】〝51〟

ディープインパクトは『51』億円のシンジケートが組まれ種牡馬入りした訳だが、引退レースも第『51』回の有馬記念となり、その雄姿を一目見ようと来場した観客の数も11万72『51』人という運命的な巡り合わせとなった。

【8】〝7〟

まとわりつく〝1〟と〝6〟の数字を足すと、三冠を達成した菊花賞の馬番『7』に！ディープインパクト

『7』戦『7』勝、〃33・3〃の神脚で〃三〃冠達成！

ちなみに、この時に記録した33・3は今だに3000m以上で記録された世界史上最速の3ハロンである。3000を超える距離のマラソンレースで33秒前半、本気を出せば32秒すら出せたであろうディープは唯一無二の究極サラブレッドと言えよう。

ウオッカの運命数〃4〃

ウオッカは〃4〃という数字に纏わりつかれた名馬だ。その運命数に導かれるが如く日本ダービーを勝利したのである。

まず、生まれたその日に命運は決まっていたのかもしれない……200「4」年の「4」月「4」日に、母タニノシスターの「4」番仔として生を受け、「4」文字名〃ウオッカ〃と命名される。その後順調に成長を遂げ、馬番「4」番でデビュー。主戦の鞍上を「四」位騎手とし、GIを勝利すると、2007年の「4」戦目で第7「4」回を数える日本ダービーに出走。レース当日は皇太子殿下が行啓し、時の内閣である安部首相夫妻も来場。父タニノギムレットのダービー制覇の時は当時の総理である小泉純一郎氏が来場していたことからも、まさに運命的。ウオッカは馬体重マイナス「4」kgで出走すると、ディープインパクトの33・「4」を凌駕する史上最速の上がり3F33・0という壮烈な末脚を魅せつけ優勝。あまりにも歴史的な牝馬によるダービー制覇はなんと6「4」年ぶり。2着のアサクサキングスは1「4」番人気。3着アドマイヤオーラは「4」番人気だった。ちなみにウオッカ以外の牝馬のダービー馬は2頭いるが、ヒサトモ、クリフジと、不思議なことに「4」文字名の牝馬しか勝っていない。

さらに驚くべきは、ウオッカを生産したカントリー牧場が、この歴史的勝利で創業から「44」年で「4」頭のダービー馬を輩出させたということである。

そのあまりの桁外れな強さから、女ディープとも言えるウオッカだが、まんざらディープと関係がない訳ではない。それというのも、父タニノギムレットがダービーを勝った２００２年にディープインパクトは誕生。ギムレットとディープの主戦騎手が武豊である点でリンクしてくる。武騎手のダービー制覇は「４」度ある訳だが、タニノギムレット以外はすべてサンデーサイレンス産駒。その1頭だけ異質なタニノギムレットは馬番3番でダービーを制し、武騎手へ3度目のダービー優勝をもたらした。時は流れ、初の種付けから「４」年後の２００７年、今度は娘が同じ馬番3番でダービーへ……久遠の咆光を瞠若たるパフォーマンスで輝かせるのであった。

またウオッカは「４」走目で必ず勝っており、そのいずれもがGIレース。

劇的ダービー制覇、復活の安田記念、絶望的展開からディープスカイを差し切って連覇を果たした安田記念（この連覇で獲得賞金10億円突破。また牝馬では最多となるGI級競走6勝目となったヤマニンゼファー以来3頭目、そして牝馬とは１９５２年、１９５３年に連覇したスウヰイスー以来の安田記念連覇）……その全てが、ウオッカにとって分岐点となるドラマティックな勝利であった。

その安田記念もまた「４」づくしの因果レース。グレード制を導入した１９８４年以降、牝馬による安田記念制覇は１９９「４」年のノースフライト以来１「４」年ぶり3頭目であり、東京優駿に優勝した馬がその後に２０００m未満のGIまたはJpnI競走に優勝したのは史上初であった。また2着につけた3馬身１／2の差はGI格付けされた１９８「４」年以降の最大着差であった。

ジャパンカップは3度目の挑戦で勝利するが、この勝利で牝馬によるジャパンカップ制覇は「４」頭目であった。

ウオッカは「４」年連続でGIを勝ち、「４」年連続でJRA賞を受賞。生涯で下一桁が「４」番となったのが「４」回であった。またレコードも「４」回記録した。

①阪神JF　1:33.1（2歳レコード、レースレコード）
②エルフィンS　1:33.7（レースレコード）
③天皇賞（秋）　1:57.2（コースレコード）
④ヴィクトリアマイル　1:32.4（レースレコード）

　これも運命だったのか、海外は「4」戦のみとなった。また5「4」kgの斤量を背負ったのは「4」回(直前で出走取消たエリザベス女王杯含む)。ダービー優勝を果たした最愛のパートナー「四」位騎手騎乗は12回(直前で出走取消たエリザベス女王杯含む)。最後の手綱を取り、念願のジャパンカップ制覇を手繰り寄せた「ルメール(「4」文字)」の騎乗は2回。合わせると1「4」回の騎乗となっていた。引退後、母となり、初仔はボラーレと「4」文字名が命名された。

　ウオッカは「3」がもう一つのサイド運命数だったようで、牝馬による史上「3」頭目のダービー優勝、史上3頭目の安田記念連覇、「3」日の日には必ず優勝、「3」着は生涯「3」回、「3」枠「3」番で唯一の出走取消。「3」番で歴史的ダービー制覇と「3」もやたら絡む。

　運命数となる「3」と「4」を足すと「7」に。

　200「7」年5月2「7」日、第「74」回、日本ダービーに通算「7」戦目に出走し歴史的第偉業のダービー制覇を成し遂げる。

　こうしてみてみると、ディープもウオッカも「7」戦目に競馬界の歴史に残る上に競馬史の転換点ともなる歴史的第金字塔が打ち立てられた事となる。

　いかがだろうか。偶然なのか、奇跡なのかは神のみぞ知る。

　日本競馬に屹立する牡牝2頭の永遠のカリスマは「4」と「6」の運命数に導かれ、日本競馬を牽引し、我々を新たな世界へと誘ってくれていったのである。

　信じるか信じないかはアナタ次第。しかし、2頭の栄光は未来永劫に不変のものである。これだけは間違いない。

　あまりにも偉大な2頭、英雄と女帝に今宵、祝福の杯(さかずき)をそっと上げよう。

兼目和明

おわりに
～サンセット・エピナーレ・メロディ～

ディープインパクトの三冠達成からはや14年、引退から13年の時が経過しようとしている。

前作『奇跡の名馬』はディープインパクトの強さ、偉大さ、その伝説、すべてを未来の競馬ファン、馬を愛する全ての方々へ語り継ぐために創ろうと思い立った作品であった。もちろんディープだけでなく、キンツェムの神話を語り紡ぐのももう一つの目的で、2頭の奇跡と共に選りすぐりの世界的名馬を選出し、完成させたのが前作である。

2頭は特別中の特別であるが、他の全109頭もすべて私の、そして手に取ってくださった方々にとっての奇跡の名馬であると思っている。

『奇跡の名馬』執筆、出版は私の長年の夢であったが、今作は前回を超える正真正銘の集大成であり、渾身の一冊と確信している。

思えば、故・石川ワタル氏の書かれた『世界名馬ファイル』、故・山野浩一先生の『伝説の名馬1～4』を受験勉強の傍に読みふけり、ZARDの名曲を耳枕の背景として見つめ続けたタイキシャトル、キングヘイロー、グラスワンダー、エルコンドルパサーらの活躍があって、その「時代と世代」が私の競馬観の基盤となった経緯がある。

日本の名馬の本はある。世界の名馬をまとめた本はある。しかし、日本の名馬も、世界の名馬も、競走馬以外の名馬も一纏めにした名馬本は、私の知る限り無い。

競走馬以外の名馬も数多、星光銀河の数程いるに関わらず、スポットライトが照らされるのは、いつも競馬のスターホースだけ。それもあまりに勿体無い話である。

他方、「最強世代」「黄金世代」はどの世代か？　の議論は競馬ファンの間で語られるが、世界規模で見た史上最強の世代が議論される事はない。はたまた、「三冠馬」の称号に関しても同意のことが言えよう。語られるのは日英米の三冠馬のみ。全世界に三冠レースは散在しており、そこには当然トリプルクラウンを完遂させた三冠馬が名誉と栄誉を胸に鎮座しているのである。

今回の名馬本では、騎手、馬主、調教師、評論家、記者、その他ホースマンらにも前作で補綴できなかったものを、あらゆる観点から目を向け、あらゆる記録も綴り上げたアーカイヴにもなっている。大変貴重な写真も10年以上掛けて収集させて頂き、可能な限り掲載させて頂いた次第である。しかし、調べに調べ、研究を重ねている〝全世界の三冠馬〟に関してのデータ資料掲載、真・世界最強世代の論究論考とその答えは、残念ながらページオーバーとなり、次回作に持ち越しとなってしまった。これについては深く謝辞を述べたい。

たしかに日本の競馬は大きな進化を遂げた。競馬ファンも馬券戦略のレベルが上がり、この決着でこれだけしかつかないのか？　と驚愕の眼差しで電光掲示板を見つめる瞬間も1日で一度や二度ではない。競馬関連の書籍で圧倒的に売れているのも馬券の攻略本である。しかし、馬券を当てる事だけが競馬ではないと思う。そこに馬と騎手がいて、そしてまた調教師、馬主、主催者、それらの関係者、そして何よりファンがいる。馬という存在、概念一つに多念多想が絡み合い、運命共同体のごとく、その時代ごとの色を見せ、命の旋律を暦譜の中、確かに蹄跡を残し続けてきた。歴史を作ってきたのである。そこには確かに大きな命運の鼓動が脈打ち、歴史を作ってきたのである。

私は、本書を通し、それを馬を愛する全ての方々、未来の子供達へ語り継ぎたいと願い続けている。

私の生きた証としてではない。本書に記した、世界中の古今東西南北に実在した名馬たちの生きた軌跡を伝えたい。

こんなにもすごい名馬がいたのだと。これほどに誇り高く生きた女傑がいたのだと。また、これほど命を賭して人に寄り添ってきてくれた偉大なる存在があったのだと。

本来は2017年の7月、出版の予定であったが、蝸牛のあゆみのごとく遅々として執筆が進まず、2年近く要す事となってしまった。

前作はディープインパクト産駒のデビューに合わせての発刊であったが、今回はオルフェーヴル産駒のデビュー年度に合わせたいと考えていたのである。

無念にもそれは叶わぬ事となったが、多大なご協力、ご支援を賜り、ここにこれだけの、自信を持って送り出せる作品に仕上がったことは喜ばしいことであり、この場を借り、パレード出版部の皆様、特に本著編集・制作をご担当して頂き、誠心誠意、熱心にご対応頂くださった下牧さん、前作担当の本橋さんには感謝の言葉しかない。

加え、前作に引き続き、盤古の世界競馬より連綿と続く玲瓏たる古知識にて監修、ご指導を頂いた大岡賢一郎氏はじめ、快く多数の名馬ストーリーの執筆頂いた桜井聖良さん、浅野靖典さん、そしてトリを飾るオルフェーヴルを共作頂いた朝霧博人氏に加え、競馬メディアでご多忙の中、ご協力頂いた矢野吉彦アナウンサー、荘司典子さん、Ｙｏｕｔｕｂｅｒうまっぷることとりさん、そして、夢の一つでもあった「おってけ！３ハロン」の特別版を寛大にも私の希望に沿って描いて下さった松本ぷりっつ先生、さらに加えては久遠篤聖氏、Ｔ・Ｋ氏、この本の製作に携わり、お力添えを頂いた全ての方に、心よりの御礼の言葉を贈らせて頂きたい。

本著が目を通して下さった方々の心の片隅にでも残り、何かの切っ掛けになれば、それがどこかで生きる馬の幸せに結びつき、貴方自身の奇跡へとも繋がってくれるのなら、これ以上の幸喜は無い。その夢念夢想をしたためて、結びとしたい。

エピナーレ

ザザーン　ザザァ……

ザザーン……

桜桃色の砂浜へ
寄せては返す漣。

葵風に乗って飛翔する海鳥の声。

流れ行く街並みの中
オレンジに染まる茜色の坂道。
赤い夕日がこの町染めて――……

12年ぶりに廻り会えた
愛おしく　懐かしい
あたたかで

変わらぬ笑顔の頬笑みを。

真夏に降る雪の夢見て出会えた奇跡を。
いつも傍で一緒に居てくれた
誰よりも愛おしいアナタを。

忘れられない、忘れたくない。

気付けばそこにある、そこにいてくれる、限りなき尊き存在。

ただ想うだけで――

彼の姿を、彼女の声を

ただ心にその俤、写すだけで

時を

空を

国を

そして
歴史と記憶の海をも越えて
滾り寄せ溢れる
生命の物語。

聞こえないか。
彼の彼女の蹄音が――

見えるだろう？
彼の彼女のあの走り――

そこに「風」は吹いている。

ターフからの想い出
忘れぬ限り……

「僕がいるよ」
「俺がいるだろ」
「わたしがいるから」

心に風は吹く。
「忘れない君を」
いつの世までも――……

伝え語り「再会（あ）いたい」。
何度でも　何度でも

私の魂と記憶がこの世界から消失したとしても
私の思い出がすべて失われたとしても

未来へ伝えたい。
未来の子供たち、馬を愛する人たちへ――……

いまふたたび風が吹く。
絆の風が。
時代を超えて、生命を乗せて

語り継ぎたい名馬たちの記録と記憶。

心の音色、聞かせて欲しい。
遠く、遠く、ずっと遠く……寄り添ってきた人と馬、そのメモリーの譜線にのせて。
新たな『奇跡』の始まりを、私の記憶で伝えたい。

本書『奇跡の名馬Ⅱ　～Fターフメモリー～』および前作『奇跡の名馬』にて収録した全世界の名馬、そして馬にまつわるあらゆる記録、逸話の数々はすべて実話であり、事実を綴ったものである。

私を支えてくれる最愛のNへ。
たとえ来世でも心愛するN・Sへ。
この世界に生まれた全ての馬たちとその馬たちを愛した万民へ。

令和元年、新時代到来のいま
平成と共に去った
偉大なる世紀の天馬ディープインパクトへ。

そして
未来の世界
馬を愛してやまない、本書を手に取ってくれた貴方へ。

この本を贈る――。

2018年　街角がイルミネーションに煌めく聖天の春待月
心躍る有馬記念の候

兼目和明

日本の馬にまつわる民俗祭事

日本各地に残る、もしくはつい近年まで受け継がれて来ていた、馬に関わる祭事、民俗等を紹介したい。

特に有名な物から知る人ぞ知る秘祭まで、7つの民俗祭事を取り上げている。これら以外にも散在する数多の民俗の背景には、遥かなる昔日の頃より、人と馬とが寄り添って紡ぎ上げて来た命の記録と記憶が根付いており、それはまた人が馬を想い、馬も人のことを思う相思相愛の抒情詩そのままのように感じられてならない。

チャグチャグ馬っこ　岩手県盛岡市

毎年6月15日、南部駒の産地である岩手県盛岡市周辺で行われる祭事。

この日、農家はすべての役馬を休ませ、華やかに馬を飾り、鈴を付ける。その後、着飾った幼い子供をその馬に乗せ、滝沢の馬の守護神・蒼前神社（駒形神社とも言う）へ参拝し、それから盛岡市の八幡宮へ参拝し、帰路は市内を練り歩く。〝チャグチャグ〟というのは、鈴の音に由来している。はじまりは旧藩時代。愛馬の無事息災と豊作を祈願し始められたのが、その起源とされている。

桐原神社のわら駒祭り　長野県長野市

長野県長野市では、2月になるとわら駒づくりが始まる。昔は各家の男性がわら駒を作り、神社に奉納したという。しかし、現在では作り手がめっきり減ってしまった。

3月8日のわら駒祭り当日、氏子総代の家を出た人々が神社

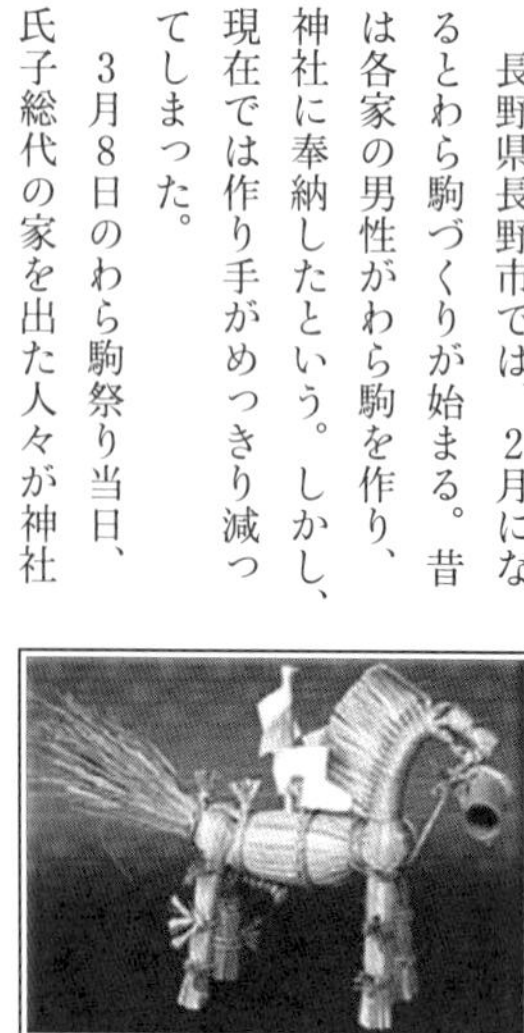

へと向かう。わら駒は神社に奉納されると、後は訪れる人たちを待つばかり。神社を訪れる人々はみな、参拝を済ませると、わら駒を授与され帰路の途につき、家路を急ぐ。ここには昔、大きな牧場があり、馬の産地だったのだという。それがこの祭りの由来になっている。藁駒には優秀な馬の誕生と成長とを願って行われていたのだが、現在では家内安全を願って催されている。藁駒は、幸せをもたらす神の馬。願いの中身は変わっても、祈りを捧げる人々の、わら駒への想いは決して変わらない。

藁駒の製作風景

●利賀村の初午　富山県利賀村

富山県利賀村は一年の三分の一が雪の中という山里。ここ利賀村では200年以上も初午の祭事が行われている。初午とは、毎年2月初めの牛の日に行う稲荷の祭礼で、全国各地で行われている。利賀村の初午は子供たちが主役。1月15日、神主役を演じる子供を先頭に、子供たちの行列が家々を廻る。

子供たちは家に入ると、まず神主の子供が祈りを捧げる。次に二名の子供が踊りの準備に取りかかる。一名がわらで作られた鈴付きの馬の頭を持ち、もう一名は赤い紐で結わえられた馬の尻尾を支える。いわば、「馬の獅子舞」と言えよう。さらにもう一名の子供が太鼓を打ち、調子を取り始める。

すると、「馬」が踊り始め、子供たちは一斉に唄を歌う。その後、「すっとこ坊主」扮する子供が可愛らしい詩を披露する。稲荷の祭日、田の神である稲荷の神が、馬に乗って現れるのだという。この祭事は、その神に一年の豊作を祈願するために行われている。

雪に閉ざされ、薄暗い家の中に〝シャンシャン〟という鈴の音を立てながら舞う「馬の獅子舞」には、なんとも幽玄な趣がある。雪が深々と降りしきる中、静かな山村の家々に、子供たちの元気な歌声が響き渡る――。

●添川地区の「馬引き」　山形県新鶴岡市藤島添川地区

山形県は新鶴岡市、藤島の添川地区にて伝え紡がれる小さな祭事の一つ。

12月14日、集落にある八幡神社にて奉られている木馬を引き出し、「馬、見てくれちゃ」「馬きたぞぉ」の掛け声と共に、子供たちが地区内を引いて歩くという行事。大人たちはそれに賽銭をあげ、出迎える。夕方6時ごろから始まり、夜の11時ごろまでかかるのだという。賽銭は上級生の子供が一人ひとりに分配するとのことだ。

●お馬冷やし　山形県庄内町大野地区余目

山形県は庄内町の大野地区にて、300年以上続いている伝統行事「馬冷やし」。この祭事は地元民のみでひっそりと行われてきたという。

大野八幡神社にまつられている3体の〝神聖〟な木馬を春と秋の年2回、男児が洗い清める。かつて存在した農耕用の馬に対する感謝と豊作、集落の平和を願う行事とされている。300年以上の歴史を持つ伝承行事。地元民のみが参加を許される秘祭中の秘祭で、類型に属する祭事はこのほかに見当たらない、民俗学上でも非常に興味深い習俗の一つである。

行事に参加するのは男子の小中学生が主であり、大野八幡神社にまつられている3体の〝神聖〟な木馬（約45cm）を、境内の前に流れる小川で洗い清める。開催は毎年春の5月5日と9月9日の2

回。かつて存在した農耕用の馬に対する感謝と豊作、集落の平和を願う行事とされている。

深い闇夜が覆う午前零時、馬冷やしに参加する男性16人が同神社に集まる。近くの井戸水で顔と手を清め、神社から木馬3体を運び出す。木馬を水で清める重要な「馬持ち」を担うのは小中学生の男児3人と決められており、3人は木馬に着せている「馬服（ばふく）」を丁寧に脱がせると、「ハーイハイ」と独特の調子で声を発しながら、近くの用水路に向けて大人とともに歩いてゆく。

馬冷やしを行う小川

間もなく、馬を清めるための用水路「馬冷やし河戸（こど）」に到着すると、木馬を水の中に入れ、20mばかりの間を「ホイ、ホイ」と掛け声をかけながら数往復し、感謝の念を込めながらゆっくりと水をかける。木馬を洗ってやりながら運動をさせる、そんなことを表現した行動なのだという。さらに、10杯の水を飲ませるしぐさを7回繰り返す。

やがて、綺麗に洗われた木馬を小川から上げ、春はヨモギと菖蒲の葉で拭いてやり、秋は菊の葉でふいて再び社殿に安置し、行事は終了する。

このあと、少年たちは頭屋（現在は社殿）に集合し、茶菓の接待を受け、未明に帰宅するのだという。この祭事の由来は、偉大なる伝説の名馬にある。その馬は今から300年以上も前に忽然と誕生。類まれなる能力を包括し、その容姿も顔が黒く、体が真っ白という珍重・稀少な馬であったという。

私は、この馬を地名に因んで『余目（あまるめ）』と呼ぶことにした。この『余目』は農耕に使うのは憚られると、天皇へ献上したところ、返礼として一頭の木馬が

「馬冷やし河戸」。階段になっていて降りられるようになっている

下賜されたのだという。これを受け、大沼作兵衛と奥山源右エ門という百姓がそれぞれ1頭ずつ、計2頭の木馬を作り、八幡神社へ奉納したのだという。

この3頭の木馬が今も祭りに使われている三頭の木馬だとされており、神馬だから洗い清め、水を飲まさなければいけないと、祭事は始められたのだと言われる。

〝余目〟はこんな馬だったのだろうか……？

地福のトイトイ　山口県山口市阿東地福

山口県山口市阿東地福の集落一帯に古くから伝わる民俗行事。

小正月の夜、毎年1月14日に子供たちが藁で作った縁起物の馬の人形（藁馬）を持って各戸を巡り、笊に入れた藁馬を玄関口に置いて、「トイトーイ！」と声をかけて隠れる。家人は藁馬の返礼として笊に菓子や餅を入れる。子供たちは家人に見つからないようこれを回収して帰るが、この時、家の者に見つかってはいけない。見つかると水をかけられる。この水がかかると、縁起が悪い、風邪を引くと言われている。

２０１２年、国の重要無形民俗文化財に指定された。

地福の集落

〝といとい〟の起源

その濫觴は江戸時代中期、各地の村落の辻に、建立が流行した道祖神に因む物だとされる。1月14日、村人が道祖神の周囲の草を刈り、道祖神を洗い清めた。その日、子供たちは大きな藁馬を作り、これを台車に乗せて道祖神に参拝したという。大人たちはこの労を労うべく、餅、菓子、果物でもてなしたとされる。後に、この道祖神祭りは各戸にて行われるようになっていったらしい。

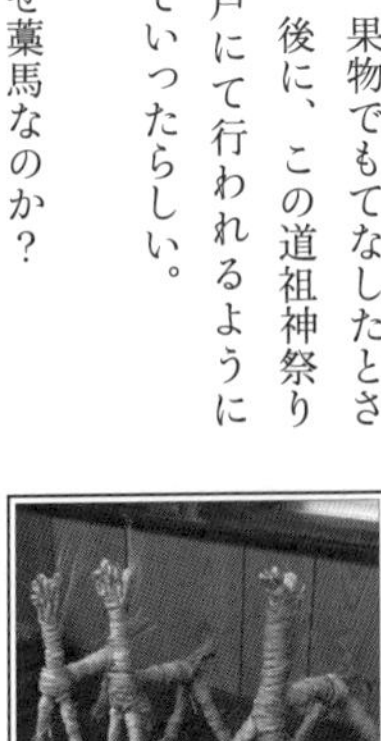

●なぜ藁馬なのか？

①民俗学的に、馬は神の依り代という記号である。

馬は武士や高貴な貴族の乗り物であり、イコール神の乗り物と考えられてきた。神が乗ってやってくる神聖な者という認識がある。しかし、馬を収める訳にもいかない。そこで絵馬や藁馬の存在が希求されてくるのである。

②土着の農耕馬への感謝を込めての祭事ゆえ。

戦前にはこの地でもたくさんの馬が飼われていたという。古の頃より、人に寄り添ってきた馬たちへの感謝、謝辞の念を込めて、五穀豊穣を祈るため。

③昭和初期頃まで、家々それぞれで馬を飼っていたが、そうした馬が納屋を放れ、他家の門口から入っていくと、「入駒」といって大層喜んだという。

この祭事はそれに端を発するものと伝えられている。

※ちなみに牛が入り込んでくると良くない、縁起が悪い、人が死ぬと言われ、実際に牛が入り込んだ家では不吉な不幸が舞い込んだ。（三ヶ月の間に家族を2人も亡くされた方からお話を聴きました）

以上の3つの理由が主として挙げられると思われるが、おそらくは③の意向が強いと推考される。以前は山口県、中国地方の島根、広島の沿岸部を除くほぼ全域、農山間部を中心として盛んに行われていたという。しかし、いずれの地域でも廃れ、地福にのみ伝わるものが最後の民俗と言われる。

夕方18時、宵闇に村落が包まれた後、子供たちが公民館に集合し、といといが始まる。

出発時の様子。私、筆者も同席させて頂きました。この日は山口新聞の記者さん、香川県から民俗資料館の方が1名、そしてその他の記者の方が2~3名という取材陣でした。

民家の玄関前に置かれた藁馬。「といとい」の歴史を遡及していくと、いまとは違ったルールが設けられていたことが多々見られる。幾つか挙げておきたい。

・昔は水を掛けられた方が縁起が良かったこともある。

もともと子供の行事として昼間に行われていたが、青年らが農事用の手縄などを夜間に行うようになり、「水掛」が始まり、以降夜間に移っていったらしい。「水をかけてやった」「上手くよけた」などと、駆け引きを楽しんでいたという。水を一杯かけられた者はその年、水利が良いと言われた。

・大人の回る地域もあった。

・藁馬ではなく、絵に描いた馬を使っていた時もある。

・一部の部落で子供たちが勝手に行っていたが、廃れるのは勿体無いということで、子ども会が立ち上げられ、今の形の民俗文化が引き継がれていった。

といといが終わると公民館へ再度集合し、頂いたお菓子をみんなで分け合い、温かいお茶、お汁粉、沢庵などが子供たちへ振舞われる。

(私も頂きました。とっても美味しかったです。本当にありがとうございました)

●春駒　沖縄県那覇市、新潟県佐渡市相川町、山梨県塩山市一ノ瀬

竹馬から発達したと言われる民俗芸能で、新しい春を迎えた年のはじめに、馬の頭の作り物を身につけて家々を回り、歌ったり踊ったりして御祝儀をもらう門付け芸。この祭事は、佐渡の相川町、山梨県の塩山市一の瀬、沖縄の那覇市で行われていた。中でも沖縄の無形民俗文化財のジュリ馬は有名である。

ジュリ馬

那覇の三大行事は旧暦の二十日正月、五月のハーリー船競漕、十月の綱引き大会なのだが、ジュリ馬は二十日正月のメイン行事。「ジュリ」というのは遊女のことで、漢字では「尾類」という字で表記される。

この日は、朝早くから商売繁盛と琉球の繁栄を祈る祭りが行われるが、午後になると町の守護神と王様に続いて、紅型（沖縄の民族衣裳）を着飾った若い娘たちが、馬の首をかたどった木の板を帯の前にはさみ、行列を成して踊り歩く。

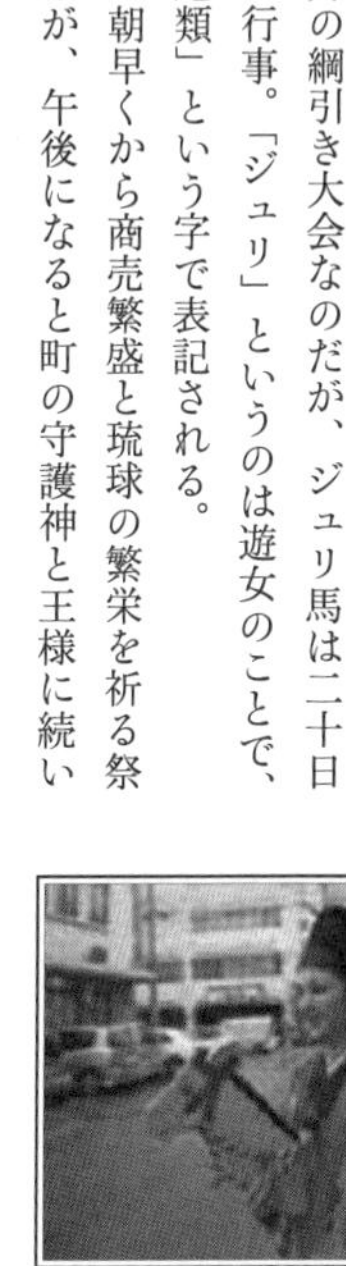

ジュリ馬の起源については『那覇市史』でも明らかとなっていない。一説としては、「昔、首里のある娘が遊女となったが、親兄弟に会いたいと思っても、汚れた身を考えると会うこともできない。そこで、一年に一度遊女たちと華やかな行列を繰り出し、見物に来たなつかしい親兄弟たちの姿を見た」という話がある。

しかしこの祭事、婦人団体から「女性の人権無視の象徴である」という声が起こり、江戸時代から続いた無形民俗文化財も、現在では見られなくなってしまった。

週刊Gallopで好評連載中!

なんといっても英雄とよばれた馬ですからね!!
競馬を知らない人でもその存在を知ることになったスター中のスターですよ!!
いやーオレ史上最強はフランケルだと思うわ
いやいやそこは皇帝シンボリルドルフじゃない?
わい　わい
オレはエルコンドルパサーだと思う!!
シーザスターズは?
サイレンススズカ!!
ナリタブライアン!!
トウカイテイオーでしょ!!
いや…やっぱ最強はウオッカちゃんじゃない?
ブルブル
コテンパンにされたトラウマが…
メンタル弱いな
まあでも…強い馬ってのはいっぱいいるんだな…
そうですねェー

お前らもいつか
そう言って
もらえるように
がんばれよ!!
ハイ!!
そして
いつか
このオレみたいに
奇跡の名馬と
呼ばれるよう
になれ!!
だから先パイ
その意見一般的
じゃないっスよ
エーーイ
こんな本
あてになる
ものかっ
ちょ
コラ
!!
ばしーー
世の中の意見は
違うぜ!!
「ドリジャニは
奇跡の名馬だと
思いますが みなさん
はどうですか」…と
カチャ
カチャ
2:名無し@競馬
奇跡とまでは・・・www
3:名無し@競馬
自演乙
4:名無し@競馬
ドリジャニ知らないです
兄ちゃん
誰が本当の
名馬かなんて
誰にも決められ
ねーよ!
オ…
オルフェ!!
メンタル
弱いなーー

みんなそれぞれ
自分の中に 感動をくれた
忘れられない馬がいてさ
それが
その人にとっての
奇跡の名馬
なんじゃ ないの？
お…
お前
いいこと
言うな…
じ～ん
オルフェ先パイ
かっこいー！
オレにとって
兄ちゃんは
あこがれの名馬
だよ
うおおお
オルフェーヴルぅ
ーっ
オレ
まちがってたよ
オーイオイオイ
こうやって言ってくれる
人も いるってことだよな
てことで兼目に
オレのページ
つくるように
言ってくるわ
全然
わかってない
!!
ガーーーン
こうしてドリジャニに脅された兼目氏は
（しぶしぶ）桜井聖良さんに
執筆を依頼し、本の一部に
加えてもらえることに
なったとかならんとか…。
めでたし
めでたし！

《参考文献》

書籍

★兼目和明『奇跡の名馬』（2010年）パレード
★青柳健二（写真）、斎藤修（監修）『地方競馬の黄金時代』（2009年）戎光祥出版
★石川ワタル『世界名馬ファイル―バイアリータークからラムタラまで』（1997年）光栄
★石川ワタル、合田直弘、奥野庸介、サラブレッドインフォメーションシステム『海外競馬完全読本』（2002年）東邦出版
★海外競馬編集部『海外競馬完全読本2006―2007』（2006年）東邦出版
★山野浩一『伝説の名馬Ⅰ』（1993年）中央競馬ピーアールセンター
★山野浩一『伝説の名馬Ⅱ』（1994年）中央競馬ピーアールセンター
★山野浩一『伝説の名馬Ⅲ』（1996年）中央競馬ピーアールセンター
★山野浩一『伝説の名馬Ⅳ』（1997年）中央競馬ピーアールセンター
★福浦好明『サラブレッドの十戒』（2008年）ベストブック
★Myriam Baran（原著）、吉川晶造（翻訳）『伝説の馬100頭』（2007年）恒星社厚生閣
★E.H.Edwards（原著）、楠瀬良（翻訳）『新アルティメイトブック馬』（2005年）緑書房
★末崎真澄『馬と人間の歴史　考古美術に見る』（1996年）馬事文化財団
★競馬歴史新聞編集委員会『競馬歴史新聞』（1998年）日本文芸社
★競馬歴史新聞編集委員会『新装版・競馬歴史新聞』（2008年）日本文芸社
★市川健夫『日本の牛と馬』（1981年）東京書籍

★根岸競馬記念公苑、馬事文化財団『馬ふしぎ展　珍品奇品から幻獣まで』（1999年）馬事文化財団
★立川健治『文明開化に馬券は舞う―日本競馬の誕生』（2008年）世織書房
★立川健治『地方競馬の戦後史―始まりは闇・富山を中心に』（2012年）世織書房
★青木義明（著）、栗山求（監修）『世界の名馬5代血統表』（1999年）競馬通信社
★岩井宏實『絵馬に願いを』（2007年）二玄社
★吉田幹治『グレート・スタリオン・ガイド』（1997年）アスペクト
★野村晋一『概説馬学』（1997年）新日本教育図書
★サラブレ（編纂）『サラブレッド・ヒーローズ　名馬最強列伝』（2007年）エンターブレイン
★本村凌二『馬の世界史』（2001年）講談社
★本村凌二『競馬の世界史―サラブレッド誕生から21世紀の凱旋門賞まで』（2016年）中央公論新社
★日本中央競馬会総合研究所『サラブレッドの科学』（1998年）講談社
★江面弘也『サラブレッドビジネス―ラムタラと日本競馬』（2000年）文藝春秋
★山本雅男『競馬の文化誌―イギリス近代競馬のなりたち』（2005年）松柏社
★高崎武大『競馬都市伝説―アッ!と驚く馬たちの奇談』（2008年）双葉社
★江上波夫・木下順二・児玉幸多（監修）『馬の文化業書』全十巻（1993~1995年）財団法人馬事文化財団
★Rüdiger Robert Beer（原著）、和泉雅人（翻訳）『一角獣』（1996年）河出書房新社
★田中貴英『ザ・競馬トリビア―史上最強の珍記録・怪事件』（2003年）廣済堂出版
★田中貴英『ザ・競馬トリビアⅡ　知られざる名馬&名騎手篇』（2004年）廣済堂出版
★日本中央競馬会『世界百名馬』（1979年）中央競馬ピーアールセンター
★原田俊治『世界の名馬―セントサイモンからケルソまで』（1970年）サラブレッド血統センター

★原田俊治『新・世界の名馬』（１９９３年）サラブレッド血統センター
★馬の博物館『根岸の森の物語　競馬は横浜で生まれ育った』（１９９５年）神奈川新聞社
★馬の博物館『馬にかかわる民俗　水をめぐって』（１９９２年）馬事文化財団
★根岸競馬記念公苑（馬の博物館）学芸部編『わらうま　その民俗と造形』（１９８８年）
★海部俊樹（著）、志茂田景樹（著）、笹森識（イラスト）、籾山彩恵子（翻訳）『モンゴル馬ダライフレグの奇跡―日本とモンゴル友好のかけ橋になった名馬の物語』（２００６）ＫＩＢＡ ＢＯＯＫ
★梅崎晴光『消えた琉球競馬―幻の名馬「ヒコーキ」を追いかけて』（２０１２年）ボーダーインク
★鈴木慈雄『にっぽん！馬三昧　戦後、全ての都道府県に競馬場があった』（２０１６年）文芸社
★楠瀬良『サラブレッドに「心」はあるか』（２０１８年）中央公論新社
★サラブレ編集部『競馬レジェンド』（２０１７年）ＫＡＤＯＫＡＷＡ
★岡田大『凱旋門賞とは何か』（２０１３年）宝島社
★筒井功『殺牛・殺馬の民俗学』（２０１５年）河出書房新社
★矢野吉彦『競馬と鉄道　あの〝競馬場駅〟は、こうしてできた』（２０１８年）交通新聞社

インターネット

☆うみねこ博物館
☆コンドルは飛んでゆく
☆世界の名馬を日本語で
☆アナログ文庫
☆競馬マニア向上委員会
☆優駿たちの蹄跡
☆異端血統最前線
☆主禁
☆父系馬鹿
☆海外競馬巡回記
☆福山にも競馬があった
☆世界の名馬列伝集
☆ルイルイルイ
☆内国産。または諦観と追憶のアタラクシア
☆競馬資料室
☆ロシアの声
☆日刊競馬で振り返る名馬
☆失われてしまった馬たち
☆宮守村風土記
☆Thoroughbred Heritage
☆Pedigree Online Thoroughbred pedigree
☆Bloodlines.net
☆Great race horses ever
☆Horseracing History Online
☆All horse pedigree

マガジン

★サラブレ
★優駿
★乗馬ライフ
★ホースメイト（第1号～第51号）
★週刊ギャロップ
★週刊競馬ブック
★プーサン
★ナンバー
★ＴＩＭＥ
★ＪａｐａｎＴｉｍｅｓ

★信濃毎日新聞
★琉球新報
★宮古毎日新聞

National MusHall of fame

※参考にさせて頂きました日本・世界の競馬殿堂館
☆馬の博物館
☆競馬博物館
☆Unitede states of America
☆United Kingdom
☆Canada
☆Argentina
☆Peru
☆Chile
☆Venezuera
☆Spain
☆Greece
☆Trinidad Tobago
☆Saint Vincent and the Grenadines
☆Barbados
☆Puerto Rico
☆New Caledonia
☆Austlaia
☆New Zealand
☆Italy
☆Germany
☆Koninkrijk der Nederlanden
☆India
☆South Africa
☆Jamaica
☆Belgium
☆Sweden
☆Korea
☆Poland
☆Panama
☆Mexico
☆Kongeriget Danmark
☆Turkey
☆Russia …他

写真

- ★ＪＲＡ
- ★ＮＡＲ
- ★秋山由美子
- ★大岡賢一郎
- ★井出孫六
- ★Mr.Woolhouzen
- ★ＴＪ
- ★Jorge A. Martinez
- ★Wim en Bas Huybers
- ★Jockeydiener
- ★ＴＪＫ
- ★Grandes Corredores do Brasil
- ★Pictures from the Hungarian Thoroughbred breeding and racing
- ★Jamaica-gleaner
- ★Bloodlines.net
- ★THE ISLAND SUN　...etc.

（敬称略）

また本著のその写真元は私が独自のフィールドワーク・探査・調査・研究の過程で入手したもの、知人・友人から頂いたものを使用している他、全て所有者・またはその関係者・知り合いの編集者などの協力の上使用させて頂いております。

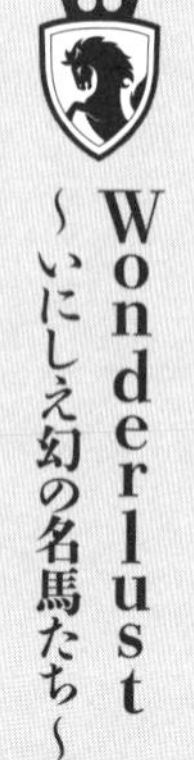

Wonderlust
～いにしえ幻の名馬たち～

幻の白い凱旋門賞馬
モンブラン

モンブラン（モンブランファースト）。1919年生。突然変異としてフランスに邂逅を果たした白毛のサラブレッド。その聖雪のごとき雪白象牙の月の色をした、清楚聖白の白馬だった。それほどの純白であった毛色であるに関わらず、当時はまだ〝白毛〟という毛色が登録上認知されておらず、両親の毛色であった栗毛で彼は登録を受けた。エスペランス賞を制し、フランス2000ギニーであるプールデッセデプーランを勝利。世界競馬においても史上唯一頭となる芝のGI級競走、それもクラシックレースの歴史的勝利を飾った。そして……神話として語り継がれるべきは、1921年の凱旋門賞。モンブランは、凱旋門賞連覇を成し遂げるクサールよりも先頭で凱旋門賞のゴールを駆け抜けたのである。しかし、その背中に騎手はいなかった……。ロスチャイルド・エドアード男爵の所有馬であり、引退後はアルゼンチンへと渡り、種牡馬生活を送った。

ベリーズ史上最強馬
ザゴッドファザー

ザゴッドファザー。1973年生。ベリーズ伝説のスーパー騎手リチャード・チャロ・ラミレス騎手と共に無敵無双を誇った。父ベケット、母スイートアイ。父はアイルランドで生まれた馬で、母はトリニダード産馬。母母母のグレンイーグルはトリニダードの歴史的名牝で、トリニダードダービー、ブリーダーズSを勝った馬。そのトリニダード伝説の女傑の血が、ベリーズで再度花開く事になろうとは誰が予想できただろうか。

スペシャルサンクス

スペシャルサンクス

兼目尚子
ちょめぢ
モカ助
ハク（ホワイトタイガーの赤ちゃん）
小さな探求室
ちとせちゃん
美空
Y子
ゴルゴ
大佐
ぽぷり
初春飾利
アドマイヤマーズ
オウケンムーン
琉球ムーン
国仲涼子
ZARD
Fr.ipside
久米島牧場

ルヴァンスレーヴ
与論島
井出孫六
無
ダンスインザ孫六
サンパウロ生産者協会
坂田哲彦
三峰山神社
ポテクマくん
地福集落の皆さま
東京国際大学
森友多
佐藤功一
福田真吾
大下健吾
大下美冬
ゴードン日ノ出町
たかさご屋・日ノ出

町店
サン歯科医
F-TURF
ルカ
ワム
ミューズ
半蔵
ガチョン
穴予想家
月友
LJH
イケズキ
BLAZIN
ロココ
アスティア
とし
マッサ・イーン
ワック

WIN
サッカーボーイ
Siro
楠丸
春佳
涼風
フォレスト
ゲネシス
マイク
UMAX
特盛
たかたか
げき
コーラスⅢ
フェロー
ヤスダ
ビーン
ゆーき
なお
たか

チークピーシズ
みつる
いっし
mitsumame
ぷっさん
サムライ
でーる
旅人
るい
競馬ズキ
M・C
よしたか
鷹野晴信
ヤン
わをん
レイ
名無し
TURF
頭文字KY
ぬもんちゅが

Dear my Friend, 碧い眼の黄金巨神
コンダード
▼プエルトリコの伝説の幻王神駒

父 ガドスティック
母 プルププ
母父 アリュメェル
生年 1934年
性別 牡
毛色 栗毛

米領プエル・ト・リコ島

主な勝ち鞍 クラシコ・プエルトリコ、コパ・ナヴィダット(2回)、クラシコ・ホセ・E・ベネディクト、コパ・ゴベルナドル、クラシコほか

プエルトリコには偉大な名馬たちが数多く闊歩していたことは、『奇跡の名馬』をご愛読頂いている方にとっては既知のことであろうと思うが、最後の締め括りにプエルトリコの古の名馬を紹介したい。

今回はプロフィールにあえて生涯成績を伏せている。それはこの後、本文をじっくりと吟味し、その驚愕の真実を瞼へと収めて頂きたいが為である。

コンダードの戦績発表の前に、ありとあらゆる書肆、書庫、書牘（しょとく）、書篋（しょきょう）、文献を照査・尋繹することで巡逢叶った絶界烈空、空前絶後の狂震的成績を残した名駿たちを列挙しておこう。

世界に散在する、信じ難き神駒たちの蹄跡を……ここに綴ろう——。

超常的驚愕の成績を上げた伝説の名馬たち

▼コリスバール

〝324戦197勝〟
［197-86-31-6-1-3］

▼ヨウコノ

〝253戦160勝〟
［160-55-15-23］

父：リトルナップ
母：シーセイント
母父：セントジェームス
生年：1936年
性別：牡

毛色：栗毛
調教国：プエルトリコ
主な勝ち鞍：クラシコ・コメルシオ、コパ・ゴベルナドール（2回）、クラシコ・プエルトリコ、コパ・ナヴィダッド（2回）、コパ・ジョージワシントン、コパ・ホセ・セルソ・バルボサ

2歳時には29勝を上げるという世界記録も残している。

▼コフレス

〝138戦119勝〟
［119-11-4-4］

父：クノッピー
母：カラミア
母父：ウォーフェイム
生年：1932年
性別：牡
毛色：鹿毛

調教国：プエルトリコ
主な勝ち鞍：プエルトリコフューチュリティ、コパ・ゴベルナドール、クラシコ・プリマヴェーラ、クラシコ・プエルトリコ、コパ・ナヴィダッド（連覇）、クラシコ・アボリシオン・デ・ラ・エスクラヴィタッド、コパ・プレジデンテ・デル・セナード（連覇）

競走馬生途中からの……史上最多連勝記録、〝49連勝〟を記録したプエルトリコ伝説の名馬。

▼リノックスバル

〝191戦132勝〟
1年間で56戦し46勝。サラブレッド年間最多勝世界記録。

多勝参考記録
①1949年、メイクビリーヴという繋駕速歩馬（トロッター）が53勝を記録したと伝えられている。

②1956年、ヴィクトリーハイが65勝という歴史的スーパーレコードを記録。この馬はペーサーだったが、全馬種を含めた最高記録はこの馬の勝利数ということになる。

▼グラボ

〝68戦38勝〟
［38-25-4-1-0-0］

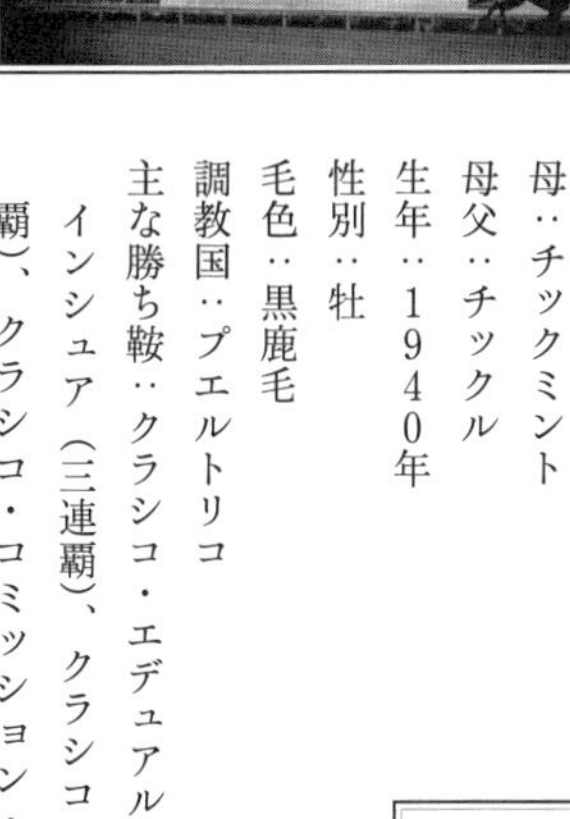

父：グッドシティズン
母：チックミント
母父：チックル
生年：1940年
性別：牡
毛色：黒鹿毛
調教国：プエルトリコ
主な勝ち鞍：クラシコ・エデュアルド・コーティニョ・インシュア（三連覇）、クラシコ・プエルトリコ（連覇）、クラシコ・コミッション・ヒピカ・インシュ

ラー（連覇）、ジーザス・T・ピニエーロ、ディア・デ・ラ・ラサ、プリマヴェーラ

60戦以上消化しながら、生涯連対率92・6％を記録。ビッグレースを使い続け、なおかつ結果を出し続け、その上4着が1度きりあるだけという驚異的安定感を見せた。

▼カデネタ

〝58戦43勝〟
［43-8-3-2-2-0］

父：ルカドール
母：ハットメーカー
母父：タイムメーカー
生年：1955年
性別：牝
毛色：鹿毛
調教国：プエルトリコ

主な勝ち鞍：クラシコ・ルイス・ムニョス・リヴェーラ、クラシコ・コンスティチューション、クラシコ・ラ・オルキデア、クラシコ・ディア・デ・ラス・マドレス、クラシコ・エウゲニオ・マリア・ホストス、クラシコ・ディア・デ・ポンス

ダート1100mで1:06.3の驚異的（当時のものとしては）レコードをマーク。

牝馬で50戦以上消化しながら、生涯一度たりとも掲示板を外す事はなかった。

しかし……それ以上のカリスマ女帝がいた。

▼ラ・フェ

〝129戦46勝〟
［46-28-16-39］

父：プライメイト
母：バンナーベアラー

母父：クワトルブラス
生年：1957年
性別：牝
毛色：栗毛
調教国：プエルトリコ
主な勝ち鞍：クラシコ・コンステチューション、クラシコ・サンチアゴIパンティン、クラシコ・レジメント・65・デ・インファンテリア、クラシコ・ディア・デ・ラ・ラサ、クラシコ・パブロ・カサルス、クラシコ・ディア・デル・ヴァテラノ、クラシコ・エウゲニオ・マリア・ホストス、コパ・ホセ・セルソ・バルボサ

〃プエル・ト・リコ競馬史上最強女帝〃……と謳われる名牝。

ラ・フエ…〃La Fe〃とは、「信仰」の意味。

彼女を崇愛するファンは至福の時間を共有できたことだろう。容姿・レース戦法はダ

イワスカーレットそっくりだったが、取り巻く雰囲気はウオッカの方が似ていたかもしれない。

ガルゴジュニア

〃159戦137勝〃
39連勝馬。

ココリソ

〃122戦81勝〃
［81-29-3-9］
父：コリト
母：アピアレンス
母父：スウィープ

生年：１９４０年
性別：牡
毛色：鹿毛
調教国：プエルトリコ
主な勝ち鞍：クラシコ・コミッション・ヒピカ・インシュラー（3回）、コパ・4・デ・ジュリオ、クラシコ・ホセ・デ・ディエゴ、コパ・ナヴィダッド、トロフェオ・デ・ラ・ヴィクトリア

ココリソの父もすごい……

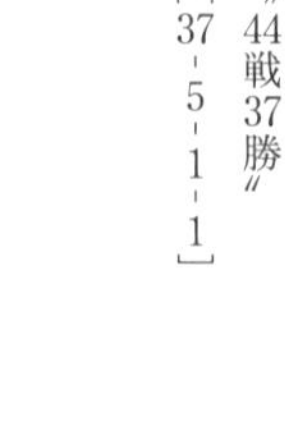

▼コリト

〝44戦37勝〟
［37-5-1-1］

▼カンシオネラ

コリトの娘、最高傑作。

〝37戦26勝〟
［81-29-3-9］

父：コリト
母：コプレラ
母父：ロイヤルミンストレル
生年：１９４３年
性別：牝
毛色：鹿毛
調教国：プエルトリコ
主な勝ち鞍：ルイス・ムニョス・リヴェーラ、コパ・ゴベルナドールほか

プエルトリコの牝馬として最多の23連勝を記録。

▼リボッツヴェルセット

リボーの孫、ＩｎプエルトリコVmbox最高傑作。

〝86戦45勝〟

［45-18-11-6-1-5］

１９７５年生まれの、この馬の持ちタイムはプエルトリコ競馬の常識を転覆させるほどの衝撃度であった。

【ダ１１００ｍ】→1:05.1　１９７９年８月７日記録。
【ダ１４００ｍ】→1:22.3　１９８１年９月13日記録。
【ダ１７００ｍ】→1:42.4　１９８１年５月29日記録。
【ダ１８００ｍ】→1:50.2　１９８１年６月23日記録。

▼ティテ

〝２１４戦１００勝〟

［１００-44-23-23-7-17］

▼カマレロ

〝77戦73勝〟

プエルトリコ三冠、無敗56連勝馬。

各大陸エリア史上最多勝馬　※繋駕速歩・ばんえい除く。

これが完全版。『ヒアーザドラムス』の項にしるしたものは誤り含む。

▽アメリカ大陸

キングストン　138戦89勝

▽欧州大陸

カテリーナ　171戦75勝
大英帝国の誇る歴史的最強女帝。

▽オセアニア

★アングロアラブ★

ジョロックス　95戦65勝
※確認できるもののみ。
◆年度代表馬8回
◆18歳で2勝
◆一年間に31戦30勝2着1回

★サラブレッド★

グローミング　67戦57勝

▼南米大陸

フロルデロート　72戦54勝

▼日本

キノピヨ　96戦62勝

▼南アフリカ大陸

ヒアーザドラムス　59戦33勝

ご覧頂けたただろうか。

これらの名馬は各大陸で最多勝を誇った名馬、年間最多勝記録をマークした馬、そして150戦以上の驚嘆に値する歴史的蹄跡を残した名馬中の名馬たちなのである。

しかし、コンダードの戦績を目にすれば、それらは心の彼方へと消失霧散することだろう……

それでは、コンダードの生涯成績を記そう。

生涯成績
213戦152勝

【152-41-9-3-7-1】

記録的大差で後続を引き離し圧勝。当時を共生したコリスバール、リノックスバルらのさらに上をいく〝ミステリアスモンスター〟。スタートで立ち遅れる癖が無敗記録に瑕疵をもたらすことになるが……ほとんど出遅れても最後は引き離してのウォークオーバーでゴールインだった。プエルトリコ真・史上最強馬はこの馬だろう。敗戦はそのほとんどが出遅れや馬具の不備などの不利を被ってのものだった。

213戦も出走し、掲示板入着率驚異の99・5%！　複勝率90・6%!!　連対率70・4%！！！　これらは全て160戦以上消化した馬の世界記録(World Record)になる!!

もはや言葉にもならない……

150戦以上消化した馬の中では最高の連対率を誇る。永遠なる記録を残した稀覯の名馬コンダード……彼の詳細にルーペを向けてみよう。

プエルト・リコ島の首都サン・ファンの界隈、コンダドは澎湃と波が轟動する、大西洋の海原を臨むリゾート地。ホテルやコンドミニウムが多く立ち並び、観光客や若者たちの声がにぎやかに響き合う。

本馬コンダードの名前の由来はこの街にあると思われ、険路の先に至るまで、パノラミックな眺望が広がる都市（まち）のように、茫洋たる競走生活を展開してゆく。

紺碧の瞳で他馬を睥睨し、震駭させる程の威光を全身から解き放つ黄金の馬体。

小兵ながらも、豪胆なるままに競馬場で躍動。

烈炎のごときに猛るコンダードは、自在の脚質を仙術や宝貝を手繰る神僊（しんせん）そのままだった。黄昏に染まる巨神が繰り出す轟脚に、どんな名馬も平伏すしかなく、プエルトリコの大レースを次から次へと鯨飲日進月歩、勝鬨の咆哮を上げる青い目の黄金獣は、44連勝という絶大なる記録に逢着。この記録を凌ぐ連勝記録は、上述している49連勝のコフレスの記録しか、存在していない。

一シーズンのみで38勝を挙げるという、途轍もない暴君振りを全盛時に見せていたことも心に留めておいて頂きたい。この記録を超えるのは、サラブレッドでは46勝と40勝、という2つのみ。

これらの記録だけでも、いかにとんでもない競走馬であったかが覗いしれよう。

コンダードの口取り写真、その背景には凱旋を祝福する人々が金色の巨神へと祈望の眼差しを向けている。

その中の一人……嫣然と佇む白いワンピースの少女は、寄り添う父へささやくように言葉をかける……

「あの金色に輝くお馬さんは……お父さんの馬？」

父は満面の笑顔、小麦色の肌と対照的な白い歯を見せ言い放った――

「あぁ、そうだ。一番強くて速いお馬さんだよ。お前のために勝ち続ける。最強の名馬さ！」

コンダードの馬主、ホセ・コル・ヴィダル氏の言葉である――。

ホセ・コル・ヴィダル氏、カマレロに続く2頭目の三冠馬（23連勝を記録）で生涯成績64戦56勝。プエルトリコ史上最強の一頭に数えられしカルディオロゴの口取り式。愛娘の手を握り、引き締める表情はすでに次戦を案じてのものか。カメラ目線でニッコリと微笑む少女が愛くるしさを滲ませる、陣営の雰囲気が不思議と伝わる一枚である。

それから数十年の時がたった――

世界を歪めた大戦が終わり、人は皆、過去の名馬など、記憶の片隅にも留めていない……

……どこか空虚な平和の空。

大人になった彼女はコンダードの墓標に語りかける
……

「Dear my Friend, Thank you Condado……」

透き通った碧い海のどこまでも、その言葉は響いていった——

果ての波打ち際に転がる貝殻は、その琴音に耳を欹て、誰かに昔話をささやく日を夢見つづけている——……

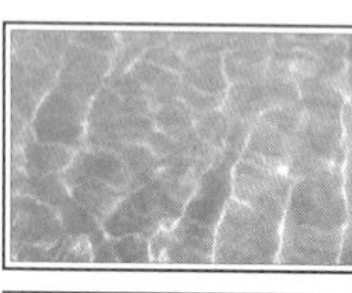

コンダードの関係者一同

◆主戦騎手　ギレーモ・エスコバール
◆調教師　インクス・ラモン・リオベットJr.
◆馬主　ホセ・コル・ヴィダル
◆生産者　テオドロ・ヴィエラ・ソラ

「ありがとう、走り続ける君に——……」

（本文：兼目和明）

著者プロフィール

兼目 和明（けんもく かずあき）
1981年栃木県生まれ。『半落ち』の著者で有名な横山秀夫先生と同じ大学に進学するも、競馬と名馬研究にのめり込む。2005年に翻訳学校で翻訳を本格的に学ぶ傍ら、インターネット上の予想サイト『F-TURF』にて「うみねこ博物館」を担当。2006年のサイト運営終了により以降独立し、超マニアック馬ブログ『うみねこ博物館』を馬友の秋山由美子女史と共に運営し、現在に至る。馬と民俗学の研究が現在のテーマで、稚内から与論・与那国、山形の山奥や伊豆七島と、馬民俗学を追う研究の日々を送っている。2010年に念願の『奇跡の名馬』を出版。協力本に『地方競馬の黄金時代～廃馬場に消えた伝説の名馬たち』（戎光祥出版）、TV出演はABCテレビ・朝日放送「雨上がりの『Aさんの話』～事情通に聞きました！～」（2018／5／22放送分）など。

大岡 賢一郎（おおおか けんいちろう）
1973年東京生まれ。競馬史家。戦前の日本競馬史及び南米競馬史に通じ、「週刊競馬ブック」や「月刊サラブレ」などに寄稿。また、散逸したウルグアイ競馬の成績記録の復元やウルグアイ競馬博物館のサイト立ち上げに協力。現在は、首都圏にある某高等学校で教鞭をとりつつ、明治・大正期の公認競馬の成績整理や南米競馬のデータ集の編纂（へんさん）、世界各国の競馬概史の執筆を進めている。共著に「海外競馬完全読本」（東方出版）。
▼執筆馬…ロイヤルダッド、トリニカロール、イピトンベ、ペトラルク、サンタレン、スプイブリッジ、ポケットパワー、コロラドキング、ウォルフ、ファーウエル、リニエルス、シコティコ、インヴァアソール

桜井 聖良（さくらい せいら）
兵庫県出身。中央、地方を問わず、競馬イベントやメディアなどに出演多数。競馬予想を始めた頃から馬の状態を観察する眼には定評があり、自身の得意とするパドック予想に活かされている。2012年にオーストラリアに馬留学し、ホースマッサージや海外厩務員資格を取得。2015年にはイギリスにて、ホースコミュニケーションの資格も取得。資格を活かし現在はアニマルコミュニケーションを主軸として活動中。
▼執筆馬…ブラックキャヴィア、カンパニー、ドリームジャーニー、エイシンフラッシュ、カキツバタロイヤル

浅野 靖典（あさの やすのり）
グリーンチャンネル「中央競馬中継」のキャスターから競馬業をスタートさせ、現在はライター業を中心に、競馬場内のイベントMC、セリ市場の司会なども担当。ときどきグリーンチャンネルの番組「競馬ワンダラー」でワゴン車の運転手として全国の馬にまつわる土地を巡っている。

▼執筆馬…サンスンイルロ、スマートファルコン、キズナ、ツルマルボーイ

荘司 典子（しょうじ のりこ）

大学卒業後よりフリーアナウンサーとして活動し、グリーンチャンネル「中央競 馬中継」キャスターを長らく担当。現在もグリーンチャンネル出演のほか、競馬場内イベントのＭＣ、ゲストとして の出演も多数。netkeiba.com ではコラム「ダートグレード競走に魅せられて」を担当しており、とりわけ地方競馬への愛情が深い。

▼執筆馬…セレン

朝霧 博人（あさぎり ひろと）

20代前半に競馬場と麻雀荘で現実逃避したダメ人間。そのため競馬、麻雀にはある程度の知識がある。競馬予想では過去のレース映像を主軸に、ラップ、展開などを予想に取り入れる。著者・兼目和明の開催した予想大会「ＦＥＶＥＲ ＴＵＲＦ」では初参戦から三連覇中。自分のメモ用にブログ『朝霧博人の自問自答』を始め、的中馬券はもちろんのこと外れ馬券もアップして醜態をさらしている。

▼執筆馬…ジョワドヴィーヴル、ブエナビスタ、テイエムオペラオー、アグネスタキオン、オルフェーヴル

矢野 吉彦（やの よしひこ）

フリーアナウンサー。テレビ東京・ＢＳテレ東「ウイニング競馬」実況担当。「土曜競馬中継」時代から通算すると、２０１９年４月で30年目を迎える。国内、海外でレース観戦した競馬場の数は２６０カ所を超えた。18年には「競馬と鉄道」を交通新聞社新書から上梓。今はその延長線上で日本の競馬史（主に各地の地方競馬史）を調査中。プロ野球、社会人野球、バドミントン、アメフトなどの実況にも長年にわたって携わっている。

▼執筆馬…アローエクスプレス、キンタロー

久遠 篤聖（Atumi Kuto）

千葉県生まれ。幼少の頃馬に出会い、人生を共にすることを決意する。今も、馬に永遠の片思い中である。

▼執筆馬…ホクトライデン、トウカイテイオー、サンエムキング、ゴールドシップ

うまっぷる ことり

栃木県出身。２０１３年９月に初めて中山競馬場を訪れる。その日はロードカナロアが勝ったスプリンターズステークスが行われ、生まれて初めて見る競走馬の迫力と美しさに大興奮する。メーカーＯＬとして働きつつ、２０１４年よりＹｏｕＴｕｂｅにて競馬チャンネル「うまっぷる」をスタート。毎週末に行われる重賞予想の発表や競馬に関する動画を配信し、そのチャンネル登録者数は１００００人を、再生回数は２００万回

を超えるまでに成長した（2015年12月現在）。現在は転職しWEB系の仕事をしつつ、よりたくさんの人に競馬の魅力を伝えられるよう活動中。週末は自分の時間を大切に、競馬も合わせて楽しんでいる。

▼執筆馬…ジェンティルドンナ

アホヌラ

1982年東京都生まれ。小学生から競馬観戦を始め、大学時代には個人競馬データベースサイト「優駿達の蹄跡」を開設、毎日更新を心がけ現在も運営中。主戦場は南関東地方競馬だが、毎年どこかしらの海外競馬場には足を運び、旅行会社の海外競馬観戦ツアーに協力することも。

【優駿達の蹄跡】https://ahonoora.com/

▼執筆馬…サイレントウィットネス、サイテーション、エクィポイズ、ネアルコ、テスタマッタ

T・K

1981年山形県生まれ。友人の影響で競馬ゲームを始めたのが競馬に興味をもつきっかけとなる。競馬に関しては、年に数回の競馬場通いと名馬や血統に関する著書を読むのがライフワーク。著者・兼目和明の開催した予想大会『FEVER TURF』にて二連覇を果たした初代予想チャンピオン。

▼執筆馬…シンザン、タケシバオー

松本ぷりっつ（まつもとぷりっつ）

漫画家。ブログ「うちの3姉妹」が刊行・アニメ化され脚光を浴びる。現在は不定期続編をまとめた「ぷりっつさんち」、ウェブ漫画「すくパラぷらす」・競馬誌Ｇａｌｌｏｐ等、多方面で連載・活躍中。

オフィシャルブログ http://ameblo.jp/pmatsumoto/

奇跡の名馬Ⅱ —Fターフメモリー—

2019年11月12日　第1刷発行
2022年 9月16日　第2刷発行

著　者　兼目和明（けんもくかずあき）

共　著　大岡賢一郎（おおおかけんいちろう）
桜井聖良／浅野靖典／朝霧博人／久遠篤聖／矢野吉彦
うまっぷることり／荘司典子／アホヌラ／T・K／松本ぷりっつ

発行者　太田宏司郎

発行所　株式会社パレード
大阪本社　〒530-0021　大阪府大阪市北区浮田1-1-8
TEL 06-6485-0766　FAX 06-6485-0767
東京支社　〒151-0051　東京都渋谷区千駄ヶ谷2-10-7
TEL 03-5413-3285　FAX 03-5413-3286
https://books.parade.co.jp

発売元　株式会社星雲社（共同出版社・流通責任出版社）
〒112-0005　東京都文京区水道1-3-30
TEL 03-3868-3275　FAX 03-3868-6588

装　幀　藤山めぐみ（PARADE Inc.）

印刷所　創栄図書印刷株式会社

ISBN 978-4-434-26681-2 C0095